世界海圖史

（前700—1918）

梁二平 著

開明書店

世界海圖史

（前700—1918）

梁二平　著

責任編輯　俞　笛
裝幀設計　鄭喆儀
排　　版　黎　浪
印　　務　劉漢舉

出版　開明書店
香港北角英皇道499號北角工業大廈一樓B
電話：(852) 2137 2338　傳真：(852) 2713 8202
電子郵件：info@chunghwabook.com.hk
網址：http://www.chunghwabook.com.hk

發行　香港聯合書刊物流有限公司
香港新界荃灣德士古道220-248號
荃灣工業中心16樓
電話：(852) 2150 2100　傳真：(852) 2407 3062
電子郵件：info@suplogistics.com.hk

版次　2025年6月初版

規格　16開（240mm×190mm）

ISBN　978-962-459-385-3

梁二平

高級編輯，海洋文化學者。

著有海洋文史地理作品：《誰在地球的另一邊：從古代海圖看世界》《誰在世界的中央：古代中國的世界觀》《中國古代海洋地圖舉要》《中國古代海洋文獻導讀》《敗在海上：中國古代海戰圖解讀》《海洋深圳：深圳海洋文化歷史地標田野調查》《海圖上的中國》《海上絲綢之路兩千年》《世界名畫中的大航海》《漂泊的船：流失海外的中國古船模研究》《風帆五千年：歷史圖像中的世界帆船史》《中國海戰史》《中國海圖史》《世界海圖史》等。

另有著有《關東風情》《中國風情》《花樣生活》《秀場與看客》《肢體的遊戲》《身體的迷霧》《一米陽光》等，部分著作譯介到多個國家和地區。

目錄

序言　海即歷史

第一章　大地與海：泡在「鹹水」裏的世界

○○四　第一節　那些「傳說中的世界地圖」
——阿卡琉斯之盾（荷馬時代）
——阿那克西曼德世界地圖（公元前 6 世紀）
——狄凱爾卡斯世界地圖（公元前 4 世紀）
——埃拉托託色尼世界地圖（公元前 3 世紀）

○一二　第二節　第一幅世界海洋地圖
——巴比倫泥板世界地圖（約公元前 7 世紀）

第二章　羅馬天下：「我們的海」

○一八　第一節　地中海，世界的中心
——普丁格地圖（公元前 1 世紀——公元 5 世紀）

○二三　第二節　地球劃分成五個氣候帶
——世界氣候帶地圖（公元 5 世紀－9 世紀）

○二六　第三節　東羅馬的世界與海洋
——科斯馬斯宇宙圖（約公元 550 年）
——科斯馬斯世界地圖（約公元 550 年）

○三○　第四節　最古老的非宗教世界地圖
——阿爾比世界地圖（約公元 8 世紀）

第三章　「T-O」地圖：「三大洲」與「四條水道」

○三六　第一節　《詞源學》的「天下三分」
——伊西多爾「T-O」地圖（9－11 世紀抄本）
——伊西多爾「V- ロ」地圖（9－13 世紀抄本）

○四二　第二節　《（啟示錄）評註》的「天下四分」地圖
——貝爾多斯方形四大洲地圖（公元 975 年）
——貝爾多斯圓形四大洲地圖（1086 年）

○四六　第三節　從抽象到具象的「T-O」地圖
——花之書世界地圖（1120 年）
——梭利世界地圖（約 1150 年）
——詩篇世界地圖（13 世紀晚期）

○五二　第四節　中世紀最大的世界地圖
——赫里福德世界地圖（約 1290 年）
——埃布斯托夫地圖（13 世紀晚期）

第四章　方圓世界：阿拉伯的世界觀與海洋觀

○六四　第一節　阿拉伯的圓形世界地圖
——馬蒙圓形世界地圖（9 世紀）
——好奇心之書圓形世界地圖（1020－1050 年）

○六八　第二節　阿拉伯的方形世界地圖
——好奇之書方形世界地圖（1020－1050 年）
——伊德里西方形世界地圖（1154 年）

○七四　第三節　阿拉伯的海洋地圖
——伊本豪卡爾地中海地圖（10 世紀）
——好奇之書地中海地圖（1020－1050 年）
——好奇之書印度洋地圖（1020－1050 年）

第五章　波特蘭海圖：早期的航海指南

○八二　第一節　世界最早的航海圖
——比薩航海圖（1290 年代）
——科爾托納航海圖（1290 年代）

○八七　第二節　意大利學派航海圖
——維斯康特海圖（1313－1321 年）

○九二　第三節　馬略卡學派航海圖
——杜塞爾特航海圖（1325 年）
——杜塞爾特航海圖（1339 年）

○九七　第四節　虛構的聖布倫丹島
——匹兹加諾兄弟航海圖（1367 年）

一○一　第五節　中世紀最大的世界航海圖
——加泰羅尼亞世界地圖（1375 年）

一○六　第六節　第一幅有緯度尺的航海圖
——黑海、地中海和大西洋航海圖 貝卡里奧（1403 年）

一一○　第七節　世界的西極，北大西洋的幽靈羣島
——祖阿尼．匹兹加諾航海圖（1424 年）

第六章　印歐新航路：繞行非洲的香料之路

一一八　第一節　誰先繞過了好望角
——毛羅世界地圖（1459 年）

一二三　第二節　最早的葡萄牙語波特蘭海圖
——西非海岸航海圖 佚名（1471－1482 年）

一二五 第三節 最早繪出雙緯度尺的波特蘭海圖
——西歐和西北非洲航海圖 老雷內爾（1484 年）
——大西洋航海圖 老雷內爾（1504 年）
一三〇 第四節 帶來新希望的好望角
——最新世界地圖 馬特魯斯（1489 年）
——最新世界地圖 馬特魯斯（1489－1491 年）
一三五 第五節 繞過非洲大陸進入印度洋
——非洲全圖 蒙塔伯德（1508 年）
——印度洋地圖 老雷內爾（1517 年）
一三九 第六節 「港口收藏家」葡萄牙
——北非洲港口地圖 荷根伯林（1572 年）
——東非港口地圖 荷根伯林（1572 年）
——北印度洋港口地圖 荷根伯林（1572 年）
一四四 第七節 從印度洋到東印度的航路
——東印度羣島地圖 羅德里格斯（1513 年）
——中國海口與中國城地圖 羅德里格斯（1512 年）
一四九 第八節 藏不住的「香料羣島」
——東印度地圖（1519 年）
一五五 第九節 從錫蘭到日本
——日本地圖 多拉多（1568 年）
——從錫蘭到日本的亞洲地圖 多拉多（1570 年）
一六〇 第十節 西方最早繪製的單幅中國全圖
——中國新圖 巴布達（1580 年）
一六四 第十一節 「黃雀在後」，荷蘭入主香料羣島
——香料羣島航海圖 普朗修斯（1592 年）
——荷蘭首次東印度航行地圖 布賴（1595 年）

第七章 新大陸海圖：從「三大洲」到「四大洲」

一七六 第一節 貝海姆與哥倫布的「失算」
——「地球蘋果」貝海姆（1492 年）
一七八 第二節 哥倫布繪製的第一幅美洲地圖
——哥倫布東北大西洋航海圖（約 1492 年）
——哥倫布伊斯帕尼奧拉島地圖（約 1493 年）
一八三 第三節 卡伯特為英格蘭發現北美洲
——德拉科薩世界地圖（1500 年）
一八八 第四節 重新瓜分世界的「教皇子午線」
——坎蒂諾平面球形地圖（1502 年）

一九五　第五節　最早描繪美洲「食人族」的地圖
——昆斯特曼二世波特蘭海圖（約 1502—1505 年）
——南美地圖 普里安烏斯（1595 年）
二〇〇　第六節　從「聖十字地」到「紅木巴西」
——巴西地圖 霍曼和雷內爾（1519 年）
二〇三　第七節　有緯線刻度的世界航海圖
——卡維里世界航海圖（約 1504—1506 年）
二〇六　第八節　第一幅顯示新大陸的印刷世界地圖
——孔塔里尼和羅塞利世界地圖（1506 年）
二一〇　第九節　亞美利加，寫錯名字的「出生證」
——瓦爾德西穆勒世界地圖（1507 年）
二一六　第十節　第一幅「新法蘭西」地圖
——新法蘭西地圖 加斯塔迪（1556 年）
二一九　第十一節　加拿大的「大家拿」路線圖
——新法蘭西地理地圖 尚普蘭（1612 年）
二二二　第十二節　英格蘭第一殖民點「弗吉尼亞」
——弗吉尼亞組圖之北美東海岸圖 懷特（1585—1590 年）
——弗吉尼亞組圖之羅阿諾克島圖 懷特（1585—1590 年）
二二七　第十三節　「加利福尼亞不是一個島」
——美洲北部地圖卜瑞格斯（1622 年）
——太平洋全圖 喬恩（1650 年）
二三三　第十四節　新殖民地的地產銷售圖
——百慕大土地出售地圖 諾伍德（1622 年）
二三六　第十五節　可可從這裏流向世界
——新西班牙可可和煙葉地圖（1665 年）
二三九　第十六節　歐洲新時尚，新大陸掛牆地圖
——美洲掛牆地圖 布勞（1608—1617 年）

第八章　環球航海圖：「發現」太平洋與航行「全球化」

二四六　第一節　誰最先通過了美洲南端海峽
——世界航海圖 雷斯（1513 年）
二四八　第二節　誰誤導了麥哲倫
——舍恩那地球儀（1515 年）
二五一　第三節　這是世界最大河口，不是海峽
——大西洋地圖 阿格尼斯（1536 年）
——世界航海圖 霍曼（1554 年）

二五六　第四節　誰記下了麥哲倫的航跡
——關島航海圖 皮加費塔（1526 年）
——摩鹿加航海圖 皮加費塔（1526 年）
二五九　第五節　第一幅記錄太平洋全貌的航海圖
——世界航海圖 韋斯普奇（1523 年）
二六三　第六節　第一幅環球航海圖
——世界航海圖 阿格尼斯（1544 年）
二六七　第七節　太平洋海圖的興起
——太平洋地圖 帕奇菲奇（1567 年）
——從北極視角描繪麥哲倫環球航線圖 海因里希（1700 年）
二七二　第八節　《薩拉戈薩條約》太平洋子午線
——摩路加羣島地圖 托雷諾（1522 年）
——涵蓋迄今所有發現之世界地圖 里貝羅（1529 年）
二七八　第九節　海盜開啟「全球化」的地理描述
——德雷克環球航海圖 小墨卡托（1589 年）
二八一　第十節　第三位環球航行的探險家卡文迪什
——穿過美洲地圖 卡文迪什（1588 年）
——卡文迪什環球航行地圖 范德（1707 年）
二八六　第十一節　用圓柱投影將地球「扯平」
——圓柱投影世界航海圖 墨卡托（1569 年）
——墨西哥灣海圖 達德利（1646 年）

第九章　南方大陸海圖：南太平洋探險與海岸測繪

二九六　第一節　法國迪耶普學派的「疑似澳大利亞」
——東印度海圖 羅茨（1542 年）
——世界地圖 布魯斯孔（1543 年）
——道芬世界地圖（1545 年）
三〇四　第二節　荷蘭人探索「新荷蘭」
——東印度公司的新荷蘭地圖 塔斯曼（1642 年）
——新荷蘭與南方大陸地圖 塔斯曼（1644 年）
——東印度航海圖 德威特（1675 年）
三一〇　第三節　庫克拉開澳大利亞殖民序幕
——新南威爾士或新荷蘭東海岸地圖 庫克（1770 年）
三一四　第四節　庫克環南北島測繪新西蘭
——新西蘭海岸地圖 庫克（1770 年）
——新西蘭庫克海峽圖 庫克（1770 年）

三一八　第五節　澳大利亞原來叫什麼名字？
——有趣的波利尼西亞航海圖 弗朗茨安東（1789 年）
——新幾內亞和新荷蘭地圖 卡西尼（1789 年）

三二四　第六節　第一幅澳大利亞全境地圖
——澳大利亞全境地圖 弗林德斯（1803 年）

第十章　氣象水文海圖：描繪海洋的脈動

三三二　第一節　風神與風玫瑰
——三十二向風玫瑰地圖 楊松（1650 年）

三三四　第二節　第一部海潮地圖集
——西班牙北部海潮圖 布魯斯孔（1543－1546 年）
——法國北部海潮圖 布魯斯孔（1543－1546 年）
——英格蘭和蘇格蘭潮汐圖 布魯斯孔（1543－1546 年）
——愛爾蘭海岸潮汐圖 布魯斯孔（1543－1546 年）

三三九　第三節　最早的大洋信風海圖
——太平洋和東印度羣島信風海圖 丹皮爾（1699 年）
——太平洋和大西洋信風海圖 丹皮爾（1699 年）

三四三　第四節　全球信風、季風與海流的描繪
——最新全球氣象水文海圖 摩爾（1719 年）
——西印度羣島信風海流海圖 摩爾（1720 年）

三四九　第五節　最早的洋流路線圖
——墨西哥灣流地圖 富蘭克林（1770 年）
——日本黑潮地圖 弗朗西斯（1854 年）

三五三　第六節　海底水流、火山與山脈地圖
——海底水流、火山世界地圖 基歇爾（1665 年）
——北大西洋測深地圖 莫里（1860 年）

三五七　第七節　燈塔地圖，從「一身二用」到現代航標
——鄭和航海圖（1425－1430 年）
——英國和愛爾蘭海岸燈塔和燈船地圖（1863 年）
——通商各關沿海建置警船鐙各地方總圖（1894 年）

第十一章　海怪海產地圖：一半是迷信，一半是探索

三六六　第一節　創世海怪，環抱世界的利維坦
——海怪寰宇全圖（約 1180 年）
——海怪寰宇全圖（13 世紀）

三六九　第二節　西太平洋，中國最早的海怪地圖
——九域守令圖（1080－1086 年）

三七一　第三節　印度洋，塞壬的迷航之歌
——加泰羅尼亞 - 埃斯坦塞世界航海圖（1450 年代）
——熱那亞世界航海圖（1457 年）

三七六　第四節　世界地圖史上「三大海怪地圖」
——北歐航海圖 馬格努斯（1539 年）
——海陸怪物地圖 明斯特（1550 年）
——冰島地圖 奧特里烏斯（1585 年）

三八五　第五節　聖布倫丹探險與鯨魚傳奇
——維拉德斯特斯航海圖（1413 年）
——聖布倫丹航海圖 菲洛波努斯（1621 年）

三八九　第六節　北極東北航道上的大魚場
——斯匹次卑爾根島地圖 埃奇（1625 年）

三九一　第七節　新世界的海上捕獵地圖
——海狸與鱈魚地圖 費爾（1698 年）

三九六　第八節　從全球海怪圖到全球捕鯨圖
——世界地圖 弗蘭尼（1563 年）
——鯨魚海圖 莫里（1851 年）

第十二章　島嶼地圖：摸着「石頭」過海

四〇六　第一節　神祕的「塔普羅巴納島」
——塔普羅巴納島地圖 托勒密（1486 年）
——蘇門答臘島地圖 拉穆西奧（1556 年）

四一一　第二節　中世紀的東極之島
——喀什噶裏世界地圖 喀什噶裏（1074 年）
——瓦克瓦克 地圖 伊德里西（1154 年）
——西潘戈地圖 博爾多內（1520 年）

四一五　第三節　中世紀的西極之島
——加那利羣島地圖 佚名（15 世紀中葉）

四一七　第四節　以神的視角俯視最繁榮的水城
——威尼斯鳥瞰地圖 德巴巴裏（1500 年）

四二〇　第五節　大西洋最「寂寞」的島
——聖赫勒拿島地圖 費爾南德斯（1506 年）
——聖赫勒拿島地圖 洛德韋克斯（1598 年）

四二三　第六節　世界最大的島
——格陵蘭島、冰島和弗里斯蘭島地圖 芝諾（1558 年）
——格陵蘭島、冰島和法羅羣島地圖 鮑文（1747 年）
四二八　第七節　「廣泛模式」的珊瑚島描繪
——全球珊瑚礁地圖 達爾文（1842 年）
——南太平洋諸島環礁地圖 達爾文（1842 年）
四三二　第八節　最早的海島地圖集
——自由島之書之科孚島 邦代爾蒙蒂（1420 年）
——環島航行之塞浦路斯島 索內蒂（1485 年）
——島嶼書之古巴島 博爾多內（1528 年）

第十三章　海峽地圖：海洋的「咽喉」與「門戶」

四四〇　第一節　歐亞橋樑，博斯普魯斯海峽
——君士坦丁堡地圖 博代爾蒙特（1420 年）
——亞速海地圖 托勒密（1478 年）
——達達尼爾海峽專圖 皮里（1526 年）
四四五　第二節　直布羅陀海峽，大力神駐守地中海出口
——北非與伊比利亞 伊斯塔赫里（1173 年）
——包圍直布羅陀戰事圖 費登（1781 年）
四四九　第三節　英吉利海峽，兵家必爭之地
——盎格魯 - 撒克遜世界地圖（約 1025 年）
——英吉利海峽地圖 羅茨（1542 年）
四五三　第四節　霍爾木茲海峽，阿拉伯鎖鑰
——波斯灣地圖 伊斯塔赫里（10 世紀晚期）
——小亞細亞地圖 奧特里烏斯（1595 年）
四五七　第五節　莫桑比克海峽，葡萄牙趟出的新航道
——南部非洲地圖 弗里斯（1522 年）
四六一　第六節　馬六甲海峽，兩大洋的通道
——馬六甲海峽地圖 羅德里格斯（1511－1515 年）
四六四　第七節　麥哲倫海峽，溝通世界的那條「溝」
——美洲南部海峽圖 皮加費塔（1520－1525 年）
——麥哲倫海峽地圖 多拉多（1570 年）
——麥哲倫海峽與南極大陸地圖 奎德（1600 年）
四七〇　第八節　德雷克海峽，天盡頭最寬最深的海峽
——勒梅爾海峽地圖 斯考滕（1619 年）
——勒梅爾海峽與火地島地圖 小洪第烏斯（1635 年）

四七六 第九節　白令海峽，四重地理身份
——世界地圖 加斯塔迪（1569 年）
——亞洲地圖 奧特里烏斯（1603 年）
——穿越帝國的地圖 白令（1735 年）

第十四章　北極海圖：尋找「北方樂土」和「航道」

四八六 第一節　北極西北航道，法英的早期探索
——卡蒂埃發現的聖勞倫斯河流域圖（1543 年）
——世界地圖 貝斯特（1578 年）
——弗羅比舍通道地圖 貝斯特（1578 年）
四九〇 第二節　北極東北航道，荷蘭的早期探索
——巴倫支北極航海圖（1598 年）
四九五 第三節　丟下哈德遜的「哈德遜灣」
——北美地圖 夸德（1600 年）
——哈德遜灣地圖 格里茨（1612 年）
五〇〇 第四節　巴芬的北極西北航道
——哈德遜灣航海圖 巴芬（1615 年）
——北極及其島嶼地圖 皮特（1680 年）
五〇四 第五節　磁偏角與北磁極的描繪
——北極地圖 墨卡托（1595 年）
——包含信風及磁偏角的世界地圖 哈雷（1730 年）
——布西亞半島及北磁極地圖 羅斯（1831 年）
五一〇 第六節　麥克盧爾，東行打通西北航道
——尋找富蘭克林地圖 格林內爾（1853 年）
——東行西北航道 麥克盧爾（1857 年）
五一五 第七節　諾登許爾德，打通東北航道
——「織女星」號北極航海圖 諾登斯基爾德（1878 年）
五一八 第八節　南森，穿越北極
——南森北極航行地圖（1897 年）
五二一 第九節　誰先到達北極點，沒有結論的懸案
——北極探險地圖（1909 年）

第十五章　南極海圖：人類最後的一塊大陸

五二八 第一節　第一位駛入南極圈的航海家
——庫克等航海家南半球航跡圖（1778 年）
五三二 第二節　美國威爾克斯首繪南極大陸
——南半球和南極地圖 平克頓（1818 年）
——第一幅南極大陸海岸地圖 威爾克斯（1840 年）

五三七　第三節　羅斯，尋找南磁極
——南極海圖 羅斯（1840－1847 年）
五四〇　第四節　斯科特，發現南極高原
——南極地圖 阿歇特（1890 年）
——英國國家南極探險隊地圖 穆洛克（1904 年）
五四六　第五節　挪威阿蒙森率先踏上南極點
——阿蒙森南極遠徵地圖（1913 年）
五五〇　第六節　斯科特，悲情遲到者
——英國南極探險隊地圖（1913 年）
五五二　第七節　史詩級的南極探險與救援
——沙克爾頓穿越南極計劃圖（1916 年）
——南極探險、遇險與救援圖 沙克爾頓（1918 年）

第十六章　「全」世界地圖：地理學進入「人類世」

五六〇　第一節　從「上帝的網兜」到「全球」地圖
——托勒密圓錐投影世界地圖（1295 年）
——托勒密球面投影世界地圖（1467 年）
——魯伊斯圓錐投影世界地圖（1508 年）
——羅塞利球面投影世界地圖（1508 年）
五七二　第二節　地球的「心」路歷程
——單心形世界地圖 席爾瓦努斯（1511 年）
——單心形世界地圖 費納烏斯（1534 年）
——雙心形世界地圖 費納烏斯（1531 年）
五七八　第三節　東西半球的世界地圖
——羅茨東西半球世界地圖（1542 年）
——洪第烏斯東西半球世界地圖（1590 年）
——普朗修斯東西半球世界地圖（1594 年）
五八六　第四節　南北半球的世界地圖
——南北半球世界地圖 佚名（1587 年）
——南北半球世界地圖 桑松（1567 年）
五九三　第五節　用「十球」投影完成一個「全球」表達
——四球世界地圖 德威特（約 1668 年）
——十球世界地圖 諾林（1690 年）
五九八　第六節　桔瓣地球，或者一腳把地球「踏平」
——四瓣平面世界地圖 勒泰圖（1556 年）
——三十六瓣平面世界地圖 蒙特（1587 年）

序言

海即歷史

「海」是如何在語言中顯形的？

「上界，天未名，下界，地未名，只有原初之父阿普蘇（淡水）和生養之母蒂阿瑪特（鹹水）……諸神，在混合之水中被創造出來。」這是公元前 2000 年左右的楔形文字泥板《埃奴瑪．埃立什》關於「海」的記述。它是蘇美爾人記錄的最古老的創世詩歌，被收入現存最古老的史詩《吉爾加美什》之中。此時，兩河流域的先民還不會使用「海」這個詞，只是體驗出它是「鹹水」，並認為它是創世元素。

後來，兩河流域的楔形文字消失了，埃及的象形文字也消失了。唯有希臘文字活了下來，成為西方世界最古老的「活文字」。不過，在「前希臘語」的「線形文字」時代，也找不到「海」這個字。這不奇怪，在線形文字之後的希臘文字中，也沒有「海」這個詞。但是，在希臘的原初神、泰坦神和奧林匹亞神的三大神系中，「海」的圖騰已經顯現，並最終被詩人荷馬固化為「海」的概念。

荷馬是歷史上第一個用「海洋化」視角描繪世界的詩人，海洋是詩人的敘事線，也是故事所在的小宇宙。在《伊利亞特》中，泰坦神系的大洋河神俄刻阿諾斯（ωκεανός，天神烏拉諾斯與地神蓋亞之子）之名，被詩人當作「海」來使用。如「當耀眼的太陽沉入俄刻阿諾斯，黑暗就降臨大地」。荷馬開創的這個傳統，一直延續到後世，今天英文「海洋」（Ocean）一詞即來自俄刻阿諾斯之名。

荷馬作為西方世界第一位「神文地理」的塑造者，憑藉他的語言天賦，不僅塑造和定義了「海」，還在《伊利亞特》

第十八卷的結尾「唱」出了一幅世界地圖或者海圖——「阿喀琉斯之盾」。這是一個主觀地理向客觀地理轉換的傑作，它是五層同心圓：第一層是大地、天空和大海，月亮和太陽，還有羣星；第二層是兩座城邦（和平之城與戰爭之城）；第三層是農田，還有果園；第四層是放牧地，有羊羣的牧場和一座舞場；第五層是水流磅礴的環形大洋河（俄刻阿諾斯）。這是一個關於星晨大海的小宇宙。

不過，並沒有一個真實的「阿喀琉斯之盾」地圖流傳下來，後世的「阿喀琉斯之盾」地圖都是文藝復興後，有研究者憑着猜想繪製出來的示意圖，並非真實存在的地圖或海圖。

「海」是何時在地圖中顯形的？

還要說回到兩河流域。1881 年伊拉克裔考古學家霍姆兹德 · 拉薩姆，在巴比倫古城西帕爾（Sippar 今阿布哈巴城，位於巴格達的西南側）廢墟，發現了一塊長 12.2CM，寬 8.2CM 的泥板文獻。經過多年研究，人們發現這塊泥板竟是現在能看到的最早的世界地圖，也是最早的世界海圖。它是大約製作於公元前 7 世紀，其造形與「阿喀琉斯之盾」有相似之處。這是一幅以兩河流域為中心的世界地圖，反映了巴比倫的世界觀：世界是平的、圓的——泡在「鹹水」（海）裏——中心在巴比倫——其他國家圍繞這個中心——最外邊是神怪的空間，人類無法生活。

這是「前地理學」時代的海洋與大地的關係——「世界」泡在海裏。

所謂「世界」：公元前 4 世紀前後，古代中國人稱之為「天下」或「四海之內」；此時，希臘地理學家開始用「oikoumene」即已知「人居地帶」（在古希臘語中，oikos 有戶（house）、家族（family）、人羣（people）乃至族羣（nation）的含義），對應未知「無人地帶」，並用它泛指整個「世界」。羅馬時代，羅馬人認為帝國管轄的範圍就是「世界」（拉丁語 Orbis Terrarum，其中「orbis」是「圈」的意思，「Terrarum」是「土地」的意思，總起來是「環繞大地」的意思）。

漢語中的「世界」來自梵文經典，最早出自唐代翻譯的《楞嚴經》：「何名為眾生世界？世為遷流，界為方位。」這裏「世」是指時間，界是指空間。

現代英語的「世界」（World）的原義，即「生活的舞台」。這個舞台，如果從海洋視來劃分，可以簡約地劃分為：前大航海時代、大航海時代和後大航海時代。

在「前大航海時代」，或者說中世紀之前，歐洲和阿拉伯的語言中，不僅沒有明確的「世界」概念，而且沒有一個明確表述「地圖」的名詞。不同的國家，或根據製作地圖的材料，或根據製作地圖的方式，或根據地圖的表現本質，同一個詞或幾個詞來指代「地圖」。

公元前 3 世紀，古希臘人開始用「pinax」這個詞指代後人所說的「地圖」這類東西。這個詞的原意是「在板上刻畫」。

早期阿拉伯語言中，也沒有與「地圖」嚴格對應的名詞，或叫「Surah」，意為「圖形」，或叫「rasm」、「tarsīm」意為繪圖，或叫「naqsh」、「naqshah」意為圖畫，或叫「Nusqha」意為抄本，還有乾脆叫「Kitab」，即書。

當代英語中的地圖一詞「Map」出現得很晚，它來自拉丁語「Mappa」指的是「布料」。中世紀的世界地圖就叫「mappa mundi」，意為「世界之布」。

法語中的地圖「carte」，源於拉丁文「carta」，指的是文件，是從希臘語莎草紙這個字衍生而來。「carta」，後來也當作「海圖」來使用。

但是概念不清，並不影響地圖的誕生和應用：公元前 2300 年左右薩爾貢一世阿卡德王朝的已經有了泥板地圖。同一時期，古埃及已開始使用莎草紙記錄人類活動，現今存世的莎草紙地圖是公元前 1300 年的都靈莎草紙地圖。

從表現已知「世界」的角度看，古代的世界海圖與世界地圖，幾乎是「共生」。比如，泥板巴比倫世界地圖，就有這種「兩面性」。此後，一直到 13 世紀末，這種「共生」格局才被打破。此間的世界海圖與世界地圖，大體可概括為三種類型：

第一種是古希臘和古巴比倫傳統，認為整個世界就像一隻大圓盤，四周被海洋所包圍，大地位於中央。本書第一章，以「傳說中的地圖」專題論述。但是，除公元 7

世紀的泥板巴比倫世界地圖這一孤證，沒有任何公元前的世界地圖或世界海圖存世。

第二種是公元 5 世紀開始的基督教地理學傳統，它以「T」字分割的世界：上部為亞洲，即東方；左下部是歐洲；右下部是非洲；值得注意的是，這個「T」字還描繪了溝通世界的四條水道：一條是「T」一橫的左半段，為頓河、黑海與愛琴海；一條是「T」一橫的右半段，為尼羅河與紅海；一條是「T」一豎，為地中海，其底部是最西邊的直布羅陀海峽；還有一條是外圈「O」形水道，為包圍世界的大洋。這是中世紀西方世界普遍接受的世界圖景，即所謂「T-O」地圖。這種「T-O」地圖，同時包含時間與空間兩個維度。也就是說，它不單關乎地理，還關乎歷史。從這個意義上講，它也是基督教的「歷史地圖」。本書第三章：以「基督教的世界觀與海洋觀：「T-O」地圖與「四大洲」劃分」專題論述。

第三種是阿拉伯地理學傳統，世界仍被繪成一個圓，四周被海洋所包圍，最顯著的特點是以麥加為中心，地圖方位為南方為上。阿拉伯地理學也部分繼承了托勒密《地理學》傳統，以經緯線來建構地圖的數學模型，比如伊德里西的世界地圖。本書第四章：以「方圓世界：阿拉伯的世界觀與海洋觀」專題論述。

值得注意的是，前邊所說的三種製圖傳統中，歐洲一直是被邊緣化的。在基督教主導的「T-O」地圖中，亞洲在上，耶路撒冷是世界的中央，歐洲和非洲在下。在阿拉伯主導的圓形世界地圖中，南方在上，麥加是世界的中央。歐洲因是日落的方位，造成了它長久不被待見的歷史。在整個中世紀的地圖中，東方的地位是至高無尚的。正是「東方」在世界圖形上的特殊地位，拉丁文的東方（oriens）一詞的「orient」動詞，在後來的英語中就被用來表示一切定位——「東方」成了中世紀地圖確定其餘方位的基礎。

事實上，這三種類型的地圖中，沒有幾件是側重描繪大海與海岸線的地圖，僅有大約誕生在 1025 年的盎格魯 - 薩克遜世界地圖，和大約繪製於 1290 年的赫里福德世界地圖，算是例外。這兩幅地圖中的「海」，已有出色表現，但「航行」的想法還未出現。一直到 13 世紀行將結束時，航海圖才靈光閃現。

海圖時代與文藝復興攜手而來。

讓我們認識一個陌生名詞吧——「波特蘭」。它來自拉丁文「Portolan」，原指用文字所寫的航海指南書。這種流行於地中海的航海指南書中，通常附有圖表和地圖，後來人們就稱這種地圖為「波特蘭海圖」。現存最早的波特蘭海圖，因在比薩發現而被稱為「比薩航海圖」（Carte_Pisane）。此圖作者不詳，大約繪製於 1290 年代。

波特蘭海圖是一種直接服務於航海活動的地圖，其特點是有羅盤玫瑰和恆向線，並以此作為製圖背景和架構。它擺脱了宗教對世界的解釋，重點描繪航向、海岸線和港口。它是世界精確製圖的開端，人類的繪製技術由此進入一個黃金時代。本書第五章：以「早期的航海圖：意大利學派與馬略卡學派」專題論述。

毫無疑問，大航海活動受商業與宗教雙重利益驅動，西方人謂之：「為了香料與靈魂」。從 15 世紀開始，為褒獎並鼓勵葡萄牙、西班牙兩國對於傳教事業的貢獻與支持，幾任羅馬教宗先是為葡萄牙在西非擴張慷慨的授權，而後又為葡、西兩國瓜分世界，將已經被征服和將要被征服的土地一分為二，劃分為「屬於葡萄牙征服的土地」的「東印度」（即葡萄牙領印度 Indias Portuguesas）和「屬於西班牙征服的土地」的「西印度」（即西班牙領印度 Indias Espanolas）。在多幅所謂「最新世界地圖」上，人們可看到「教皇子午線」將地球一切兩半。全球性的海洋殖民帝國，由此而生，先有葡萄牙的無敵艦隊，後有西班牙的「日不落」。海洋霸權像病毒一樣傳染，列強一轟而上，並爭着描繪他們的「紙上家園」…… 地中海各學派的波特蘭海圖，很快就被葡、西兩國「新土地」的東印度、西印度新航海圖所替代；緊隨而來的是荷蘭人、英格蘭人、法蘭西人 …… 航海圖被少數國家掌控的歷史被終結，傳統的波特蘭航海圖淡出歷史舞台。

無庸諱言，大航海除了加速歐洲列強的全球殖民，也給世界帶來了新航線與新發現，引領整個世界從舊時代走入新時代。所以，本書從大航海自身特點出發將這一時期的航海活動與海圖製作劃分為四個階段：第一階段是由葡萄牙王子恩里克開創的，由迪亞士推上頂峰的跨過赤道的近岸航行階段。第二階段是哥倫布開闢的跨大洋航行階段。第三階段是麥哲倫和埃爾卡諾開創的環球航行階段。第四階段是庫克三次進入南極圈開創的極地冰海航行階段。本書第六章至第九章，分專題論述這四個階段的航海圖。順便說一句，為了親身體驗大航海，2024 年 12 月至 2025 年 3 月，筆者專門參加了太平洋世界號環球郵輪旅行，繞地球轉了一圈。

雖然，科學與進步是本書的敘述主線，但「怪力亂神」亦不能完全排除在外。因為西方自荷馬時代就將神力與自然力看作是宇宙「第一動力」。因此西方古代海圖中，海怪是一個獨特的存在，甚至形成獨特的分支——海怪地圖，可謂海圖史奇葩，不可不表。

16 世紀時，歐洲「三大海怪」地圖曾風行一時。耐人玩味的是，這種一半是迷信一半是探索的海圖，發揮着截然相反的兩種作用：一方面恐嚇水手莫要到危險海域航行，另一方面又刺激水手到神祕海域去探索；一方面誇張海怪嚇人、吃人的本能，另一方面又將海怪變為人類的「海產」和「海鮮」。海圖上的風神頭像也是如此，它即是航行中的不可抗力，也是水手要掌握的「好風憑借力」。風神頭像最終進化為風玫瑰和羅盤玫瑰，成為航海圖上不可或缺的導航元素。本書第十章和第十一章，分專題論述了氣象水文航標圖和海怪地圖。

大航海的尾聲是兩極探險。由於極地自然條件的特殊性，這一階段的航海活動與此前的「跑馬佔荒」有着很大的不同。在極地冬雪覆蓋的未知區域，航海家們天然地拋開了傳教、殖民與佔領的前提，來自文明世界的航海家，甚至融入到愛斯基摩人的生活中，學習極地生存的本領。史詩般悲壯的極地航行，不僅展現了航海家的英雄主義，也突顯了他們的協作精神和集體主義，特別是捨生忘死的科學追求，令航海科考達到了前所未有的高度，為後來的極地科考留下了寶貴遺產。本書第十四章和第十五章，分兩個專題論述了南北極地海圖。

本書主要是講古代海圖史，但講到 16 世紀後期，特別是講到尼德蘭學派的墨卡托、奧特里烏斯和洪第烏斯「三劍客」時，就會遇到一個令人迷惑的詞——「Modern」（現代）。比如說，奧特里烏斯 1570 年首次印刷出版的《寰宇劇場》世界地圖集，就被史家稱為「第一部現代意義上的世界地圖集」。這個「現代」從何而來？

據美國《韋氏詞典》講，英文「Modern」一詞首次見於 1585 年。它源自拉丁語「modo」有「剛剛、目前，或最近」的意思。受文藝復興影響，17 世紀之後，這個詞漸漸有了「較好的」含義，用來指自己的時代，有別於已過去的時代（順便說一句，中文的「現代」一詞，出現在晚清，後來多指 1919 年之後的時代）。它最初用來界定文化的新與舊，後來也包含科技方面的進步。不過，真將它用於 16 世紀的地圖學，至少在技術層面難免尷尬。比如，奧特里烏斯的《寰宇劇場》，也只是在統一規格、分類編排和銅版印刷上，有所「現代」。但在編輯思想上，仍是托勒密式「歷史地圖集」的編撰傳統。

那麼，「現代」的海圖呢？

如果把經度都弄不準的海圖稱為「現代」，那就太不「現代」了。古代地圖特別是海圖的製作與「現代」真正發生關聯，至少要到等到 17 世紀。1646 年 73 歲的英國數學家羅伯特·達德利爵士（Dell'Arcano del Mare by Sir）在佛羅倫薩首次印刷出版《海洋之謎》（Arcano del Mare）。它是第一部將已知世界所有海洋和海岸綫彙集到一部大型百科全書中的航海地圖集。它也是第一部採用「墨卡托投影法」繪製地圖的航海地圖集。這是最接近「現代」的海圖集。

但真正「劃時代」的事件出現在 1772 年。這一年，庫克在第二次太平洋探險中首次使用和測試了哈里森剛剛發明的「經度鐘（亦稱航海鐘）」H4 的複製鐘 K1。這是人類第一次在大洋航行中使用科學儀器確定經度。庫克此行繪製的精確的太平洋航海圖，幾乎讓人無法再進行修正和補充了。它標誌着世界海圖測繪與製作真正進入「現代」。陸地測繪方面，1793 年卡西尼四世最終完成全法蘭西大地「三角測量」實測地圖集。世界地圖在大地測量與精確製圖的意義上才真正跨入「現代」。

從古代到現代，以類別而論，本書介紹的海圖可謂博雜多樣：航海圖、海岸圖、港灣圖、海島圖、海峽圖、海怪圖、海產圖、氣象水文航標圖、南北極地圖……這些海圖多屬於文物或文獻，所以本書儘可能地寫明：圖名、年代、作者、尺寸、版本、製版類型、收藏機構，以方便有興趣的讀者引用或查閱。

要說明的是，本書基本不涉及中國古代海圖，因為 2022 年香港開明書店已出版筆者的《中國海圖史》，所以這裏不再贅言。

現代治學講究的是第一手材料，本書所涉及的古代地圖正是一種稀缺且較少被使用的第一手材料；同時，它也是「以圖證史」所需要的紮實「物證」。從原文獻的角度看，本書是一部海洋地圖的文化史;從人類發展史的角度看，本書亦是人類社會「全球化」的鏡像圖鑒。

筆者以「圖說」和「說圖」的方式，試着完成這個寫作的三個任務：

一是反映原本被海洋隔絕的世界是怎樣一步步被發現，又是怎樣被一幅幅奇妙的海圖，以及背後的故事聯繫在一起的歷史。

二是分析不同時代、不同地域、不同文化背景的航海家和製圖師，對陸地與海洋的不同動機、不同理解與多樣化的表達，以及不同的文明和不同的國家的在海洋世紀的「地理」重構。

三是思考人類活動痕跡完全覆蓋地球表面，人類成了地球和海洋的主角，地理學步入「人類世」之後，神明和英雄將在何處安放？誰還會吟唱「當耀眼的太陽沉入俄刻阿諾斯，黑暗就降臨大地」，「波塞冬駕着金色馬車，飛馳大海之上……」

作者 2025 年 4 月 21 日於名古屋

第一章

大地與海：泡在「鹹水」裏的世界

這是世界文學史上最早的最偉大開篇——

歌唱吧，女神！

歌唱帕琉斯之子阿喀琉斯的憤怒；

他的暴怒招致了這場災禍；

給阿開亞人帶來受之不盡的苦難；

很多勇敢的靈魂被打入哈迪斯的冥土……

以昭示宙斯的意志不可違抗。

荷馬以海上爭霸的史詩拉開世界文學史的序幕，也拉開了世界地理學的序幕。

荷馬是個盲人（世界各地的文化傳統中，都把先知先覺的人描述為盲人。彷佛只有這種人才能「看」透凡人看不清的世界），卻是西方「前地理學時代」最偉大的「神文地理」或「人文地理」學家。

荷馬是「海」這個名詞的重要創造者。詩人用大洋河之神俄刻阿諾斯（Ὠκεανός）指代海洋，最終演變成今天西語世界裏的「海」（Ocean）。在史詩中，俄刻阿諾斯不僅代表大海，也被描述為「眾神之父」和「萬物的起源」。

荷馬是第一個用「海洋化」的視角描繪這個世界的人。詩人將大地與海洋的自然力量經過擬神化和擬人化雙重塑造，構建起一個艦隊（詩人還編制了一個展示海權的龐大「船錄」）縱橫衝突不斷的「水世界」，讓諸神與命運在此中較量，進而展示英雄的悲歌。

沒錯，古希臘的地理學建立於詩歌之上。希臘在古風時代（公元前 8 世紀－公元前 6 世紀）之前，還沒有繪製海洋和大地圖像的傳統。荷馬卻憑藉其語言天賦，「唱」出了最早的世界地圖——「阿卡琉斯之盾」。在這個「鑄出大地、天空、海洋、不知疲倦的太陽和盈滿溜圓的月亮……」的盾牌上「……俄刻阿諾斯磅礴的水流，奔騰在堅不可摧的戰盾邊沿。」

在「前地理學時代」，荷馬無疑是最偉大的地理學拓荒者，但他的英雄史詩畢竟是基於想像的文學。真正將人類帶入「地理學時代」的是古希臘的哲學家兼數學家，還有那些「道聽途説」的旅行家兼歷史學家，以及亞歷山大跨大洲征戰的帝國軍隊。

「地球是圓的」這一命題是公元前 6 世紀的數學家、哲學家畢達哥拉斯最早提出的。他從宗教和數學的觀念出發，推想大地既然是神創造的，就應該是完美的形狀，而最完全的幾何形狀是球形。生活在公元前 3 世紀的古希臘的數學家、地理學家、天文學家埃拉托色尼，最早計算出了地球的直徑約為 39690 公里，非常接近現代的測算結果。他還並將「大地」與「描述」這兩個詞組在一起，創建了「地理學」一詞，用以表示研究地球的學問。

需要説明的是，從荷馬時代（公元前 11－公元前 9 世紀）開始，希臘經歷了古風時期（公元前 8－公元前 6 世紀）、古典時代（公元前 5－公元前 4 世紀），再到希臘化時代（公元前 4－公元前 1 世紀），希臘先賢由想像、推測、計算，最終建立了完備的地圖數學模型。當然，這個世界地圖的模型並不是後來的「全世界」，而是「有人居住的世界」，大約是「半個世界」。傳説，亞歷山大圖書館館長埃拉托色尼製作的世界的地圖也只能描繪，從不列顛羣島到印度東邊，從裏海到南邊的埃塞俄比亞，這一地理空間。

古希臘人認為世界是個圓形，那麼「世界圖像」就要有圓心和圓周。當時的地理學家，以希臘城邦最為神聖的德爾菲神廟被定為世界的中心，這個圓的圓周就是大洋河神的巨大水體，環繞整個世界。此外，在考慮到宇宙和地球的關係時，希臘宇宙學家，又將愛琴海的天文觀測中心羅德島，當作世界地圖的坐標原點。無論怎麼看，古希臘都是地球的中心，而地球是宇宙的中心。

必須指出的是，希臘文獻所記錄的公元前的地圖，沒有任何一幅傳之後世。後世學者只能通過古文獻的片言支語「復原」這些「傳説中的世界地圖」，藉以研究古希臘人最初的大地觀、海洋觀，乃至世界觀。

事實上，公元前表現所謂「世界」的地圖或海圖，只有一個孤本存世。它就是公元前 7 世紀的泥板巴比倫世界地圖。此圖，出世即是顛峰，誕生即成絕唱。此後，近千年的漫長歷史中，再無此類作品傳世。人們再看到所謂的世界地圖或海圖時，已是羅馬帝國時期。

古代海洋地圖的「前傳」是一個宏大而近乎空洞的開場。

第一節　那些「傳說中的世界地圖」

——阿卡琉斯之盾（荷馬時代）

——阿那克西曼德世界地圖（公元前 6 世紀）

——狄凱爾卡斯世界地圖（公元前 4 世紀）

——埃拉托託色尼世界地圖（公元前 3 世紀）

荷馬時代（通常被認定為公元前 11 世紀－公元前 9 世紀）是希臘原初神、泰坦神系和奧林匹亞神系的創世時代。人類藉助神力和自然力的存在，來解釋自身的存在。人在追問「我們從哪裏來，要到哪裏去」之前，就已在追問，我們身在何處？這是人類最原始的「地理思想」。

雖然，口頭文學中的所謂「地理」和「地圖」都是口頭的，但人們相信荷馬時代也一定有過關於大地與海洋的二維描繪。從殘存的片片段段的歷史文獻中，可以「見」到一些地圖的身影，只是歷經戰火與時代變遷，它們最終沒能流傳下來。但對於地圖史來說，這些「傳說中的世界地圖」，仍有巨大的「夢回前朝」的認識價值。

「阿卡琉斯之盾」，詩歌建構的「圓盤」世界

荷馬是西方「前地理學時代」的第一位將人與神的居住空間「圖像化」的探索者。他憑藉卓越的語言天賦，為我們「唱」出了最早的「世界圖式」——「阿卡琉斯之盾（Shield of Achilles）」。這幅詩歌版的「地圖」出現在《伊利亞特》第十八卷的結尾。此時，特洛伊戰爭進入白熱化，希臘英雄阿喀琉斯的母親忒提斯，請求火神赫淮斯託斯賜予她兒子一枚盾牌（這位火神曾為宙斯打造過無敵神盾），用來對抗特洛伊王子赫克托耳。荷馬用了一百行視覺化的詩句，栩栩如生地描述了火神赫淮斯托斯如何打造戰盾：

「他鑄出大地、天空、海洋、不知疲倦的太陽和盈滿溜圓的月亮，以及眾多的星宿，像增色天穹的花環，普勒阿得斯、華得斯和強有力的俄里昂，還有大熊座，人們亦稱之為「車座」，總在一個地方旋轉，注視着俄里昂；眾星中，惟有大熊座從不下沉

沐浴⋯⋯他還在盾面上，鑄下兩座凡人的城市，精美絕倫，一座表現婚娶和歡慶的場面⋯⋯在另一座城堡的周圍，聚集着兩隊攻城的兵勇，甲械的閃光連成一片⋯⋯他還鑄出俄刻阿諾斯磅礴的水流，奔騰在堅不可摧的戰盾的邊沿。」

荷馬沒有用此盾表現它在戰爭中的神奇功用，而是藉助它來表現希臘人的宇宙觀。古時的希臘人把地球想像成一個「圓盤」，詩人將這個圓盤變成了一個希臘圓盾。後世的西方藝術家曾多次按照《伊利亞特》的描述還原「阿喀琉斯之盾」。比如，1749 年 9 月倫敦出版的《紳士雜誌》上，就刊登了一幅精緻的但沒有署名的「阿喀琉斯之盾」版畫。

這是一個五層同心圓：第一層是大地、天空和大海，月亮和太陽，還有羣星；第二層是兩座城邦（和平之城與戰爭之城）；第三層是農田，還有果園；第四層是放牧地，有羊羣的牧場和一座舞場；第五層是水流磅礴的環形大洋河（俄刻阿諾斯）。事實上，這個圓盾不止是一幅視覺化的世界地圖，它還是由天空、大地、海洋構成的小宇宙。

古希臘的「神文地理」是其「地理學」的序曲，它以奧林匹亞神系故事表現出地理學與天文學的密切關係，這是古希臘地理學的重要特色之一。「阿喀琉斯之盾」正是

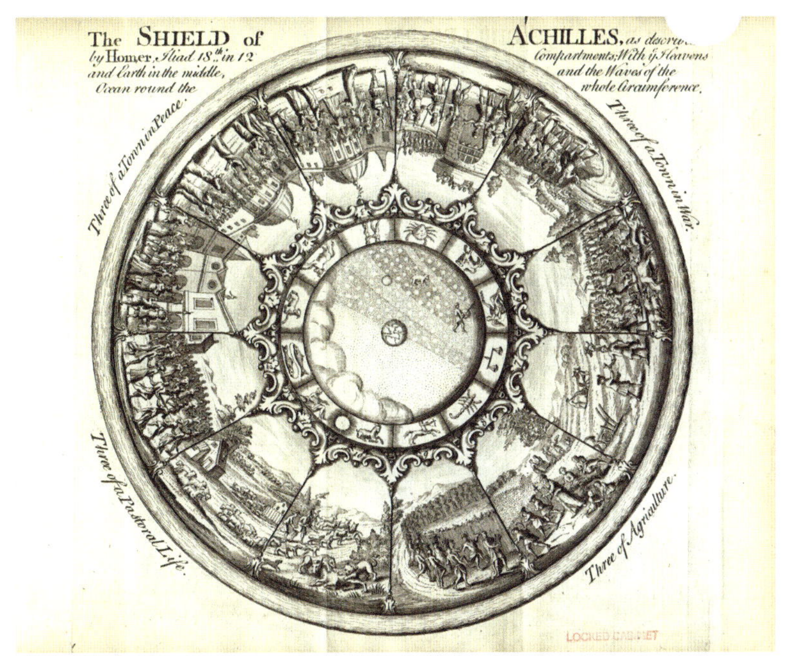

圖 1.1：倫敦 1749 年出版的《紳士雜誌》刊登的根據猜想「復原」的「阿喀琉斯之盾」

將立體的宇宙化為平面圓盤的大膽嘗試。雖然，這是文學描述，但已是「前地理學時代」最好的表現方法。

此時，古希臘人還沒有明確的「世界」和「地圖」概念，但北斗大熊座與大地的關係，海洋在承載人類的「圓盤」中佔統治地位，已經明確，並由此構成希臘人最初的宇宙觀和海洋觀。

阿那克西曼德，世界是圓柱形的

「阿卡琉斯之盾」以「圖像」的形式告訴我們，荷馬時代的希臘人，認為大地是一個平面圓盤，還不知道大海覆蓋的大地是個圓球。

公元前 6－公元前 3 世紀，希臘學者汲取了埃及、蘇美爾、巴比倫、亞述和腓尼基的天文與地理經驗，總結出一套研究宇宙的方法，進而完成了宇宙認知的兩大突破：一是「大地球形説」，二是「測量地球周長」。可以説，沒有這兩項發現，地理學就無從談起，最初的「世界圖式」也無法完成。

真實存在的人物，開始登場。第一個出場的是哲學家阿那克西曼德（Anaximander，約公元前 610 年－公元前 545 年）。他出生於小亞細亞西岸愛奧尼亞地區的米利都城。據史料記載，他發明了日晷的指針，並且安裝在斯巴達的日晷上來測定冬至和夏至、春分和秋分。他還造出一個計時器。另外，他還撰寫了一部遊記《大地環遊》（Periodos gēs，這個書名曾被當作「地圖」一詞來用）。一些人認為，他在這部書裏繪製了描繪出大陸與海洋的輪廓，被認作是第一個繪出「世界地圖」的人。

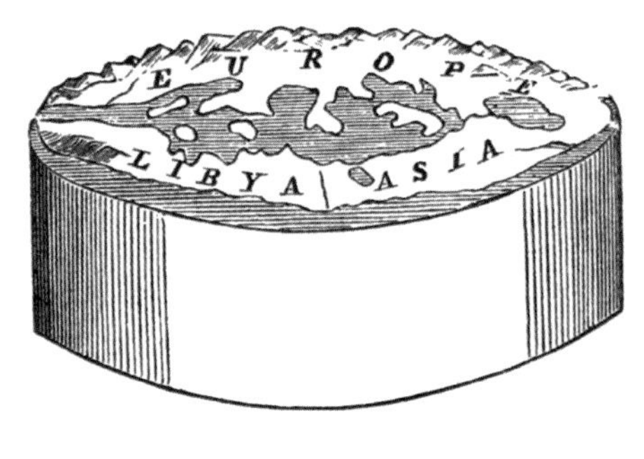

圖 1.2：根據猜想「復原」的「阿納克西曼德世界地圖」

有記載稱，阿那克西曼德的「世界圖式」是圓柱形的，圓柱體的高度是其直徑的三分之一；圓柱頂層是平面的圓形的大地，人類居住在上面，大洋河（海）環繞着大地；太陽、月亮和星星圍繞着大地在輪狀軌道運行。此圖中的大地分為兩部分，北部是歐羅巴，南部是亞細亞（包含着利比亞），亞洲和歐洲一樣大小，希臘在大地的中央，中心點是古希臘城邦共同的聖地德爾斐神廟。歐洲南部與地中海接壤，與亞洲隔着黑海、亞速海，再往東則有里奧尼河。尼羅河向南流入海洋，河流將利比亞（非洲）與亞洲分開。這是一幅以希臘為中心的環地中海地圖。

歷史學家分折，阿那克西曼德可能出於三個目的繪製這幅地圖：首先，它可以用於改善地中海和黑海周圍地區的導航。其次，它可能有助於説服愛奧尼亞城邦聯合起來組成一個聯邦，以消除波斯人的威脅。最後，出於傳播知識的原因，對世界進行自然哲學的概括。

似乎沒什麼人見過這幅地圖，有人説它繪在莎草紙上，有人説它繪在石板上，後世對這幅傳説中的地圖的認識，多來自於米利都的哲學家赫卡泰烏斯（Hecataeus of Miletus，約公元前 550 年－公元前 476 年）的文字記錄。他們是同鄉，也有人説赫卡泰烏斯是阿那克西曼德的學生，而阿那克西曼德是「哲學史第一人」泰勒斯的學生。

可能是受到阿那克西曼德的影響，曾在亞洲和埃及旅行的赫卡泰烏斯，也撰寫了一部遊記，也叫《大地環遊》。此書中，他和阿那克西曼德一樣將世界分為兩個板塊，書分兩卷：「歐羅巴卷」和「亞細亞卷」。這部書後來失傳了，僅在公元 6 世紀的拜占庭地理學家斯蒂芬努斯的著作中保留了若干片段。根據歷史文獻轉述，人們得知赫卡泰烏斯的世界地圖和阿那克西曼德的世界地圖基本一致，或許這兩個地圖，就是一個地圖。但都是「地圓」，而非「地球」概念。

狄凱爾卡斯，發明地理坐標

公元前 6 世紀出生在薩摩斯島（今希臘東部小島）數學家、哲學家畢達哥拉斯，率先提出「大地是球體」這一概念。他認為所有立體圖形中球形最美好，宇宙外形應該是球形的，天球中包括地球在內的所有天體都應是球形。此後，雅典的蘇格拉底和柏拉圖兩位大哲在《斐多篇》和《蒂邁歐篇》中都認同「大地球形説」。

前幾位大哲的「大地球形説」還是猜想，到了亞里士多德（公元前 384－公元前

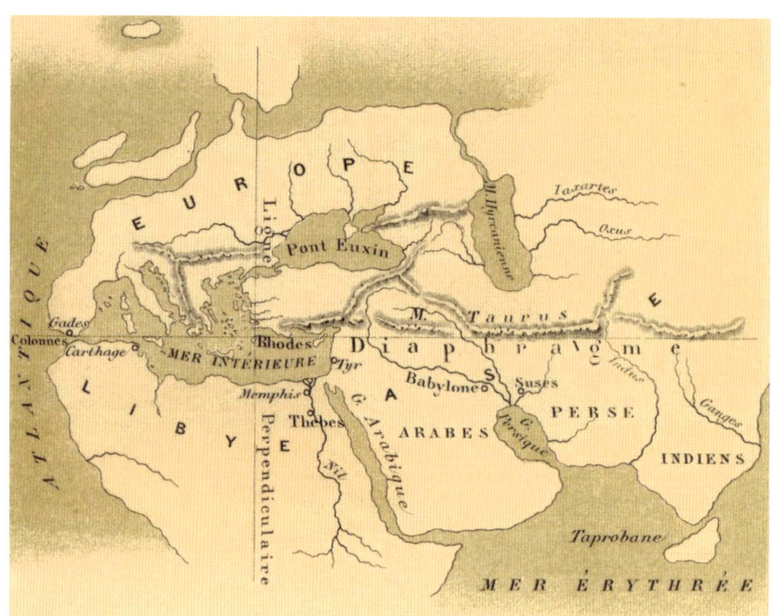

圖 1.3：根據猜想「復原」的「狄凱爾卡斯世界地圖」

322 年）這裏，則發生了質的變化。他在《天象論》和《宇宙論》中，通過月食時月面出現的地影是圓形這一現象，給出了大地是球形的證據。他發現，越往北走，北極星越高；越往南走，北極星越低，還可以看到在北方看不到的新星，這證明大地是球形的。

雖然，亞里士多德對「大地球形説」作了論證，但他沒有繪製地圖。他的學生接續了他的地球探索。這位高足叫狄凱爾卡斯（Dicaearchus，約公元前 350－公元前 285 年），因出生在西西裏島的墨西拿，被稱為「墨西拿的狄凱爾卡斯」。狄凱爾卡斯成年之後，前往希臘成為亞里士多德的追隨者。

狄凱爾卡斯在希臘完成兩部著作，一部是關於希臘的散文集《希臘生活》，一部是地理學著作《大地環遊》。事實上，狄凱爾卡斯沒有一部著作完整傳世，它只存在於後人零碎引用之中。

狄凱爾卡斯堅信地球是一個球體，曾採用三角測量來計算山峰高度。他還進行過地球周長的測量，並繪製了一幅世界地圖。狄凱爾卡斯的世界地圖失傳，但製圖方法被記錄下來。他的世界地圖上，比前人多了一橫一縱兩條參考線；其東西方向延伸的橫線，西邊穿過了大力神之柱，東邊穿過了羅得島；其南北方向延伸的豎線，也穿過了羅得島；這個兩條參考線相當於今天的北緯 36 度緯線和東經 27.5 度經線。這兩條線交匯的坐標原點，在愛琴海東南部羅德島，此島是當時天文和地理知識的重要集散地。

後世復原的狄凱爾卡斯世界地圖與其他傳説中的地圖，最大的不同是圖面上有個十字坐標線，後人將它看作是地理坐標的起源。不過，這個坐標的橫線，並非他的發明。最早在地圖上畫出緯線的是公元前 344 年隨亞歷山大東征的地理學家尼爾庫斯，他第一次在地圖上劃出了一條緯線。

埃拉托色尼，算出地球的大小

猜想——推理——論證——描繪，希臘哲學家幾乎靠「説」，就完成了地球形狀的描繪；接下來，誰會計算出地球的大小呢？這位大師就是埃拉托色尼（Eratosthenes，公元前 275－公元前 193 年）」。他是希臘地理學家，終於不再是講地理學的哲學家了。

埃拉托色尼出生在利比亞海岸的希臘人聚居地昔蘭尼，早年曾在雅典受教育，後受埃及法老托勒密三世邀請，前往首都亞歷山大城出任亞歷山大圖書館館長。據説，他曾寫過兩部地理著作《地球大小的修正》和《地理學》。不過，這些著作都已失傳，只能通過保存下來的殘篇和斯特拉波《地理學》的引文，知道其中的一些內容。

埃拉托色尼《對地球大小的修正》介紹了測量地球圓周的方法，即在已知地球是球體的前提下，他假設亞歷山大城和賽伊尼村（今阿斯旺）大致在同一經線上，利用夏至日賽伊尼村一口陽光可直射井底的深井和亞歷山大高塔正午太陽投影，根據相似三角形的比例關係，算出陽光與高塔之間的角度為 7.2°，即圓周角 360° 的 50 分之一。只要算出亞歷山大里亞城和賽伊尼村之間的距離，再乘以 50，就是整個地球的周長：25 萬希臘裏，約為 39690 公里。這是一個非常接近現代測算的結果。

埃拉托色尼《地理學》第一次使用「地理學」這個詞。他把希臘神話中掌管大地的原初神「蓋亞」（Gaia）衍生「geo」（大地）的詞根，和「描述」一詞「graphy」結合在一起，形成了「Geography（地理學）」這個詞。他也因此被後世尊為「地理學之父」。

埃拉托色尼還繪製了一幅世界地圖，這幅世界地圖也沒有流傳下來。現在人們經常

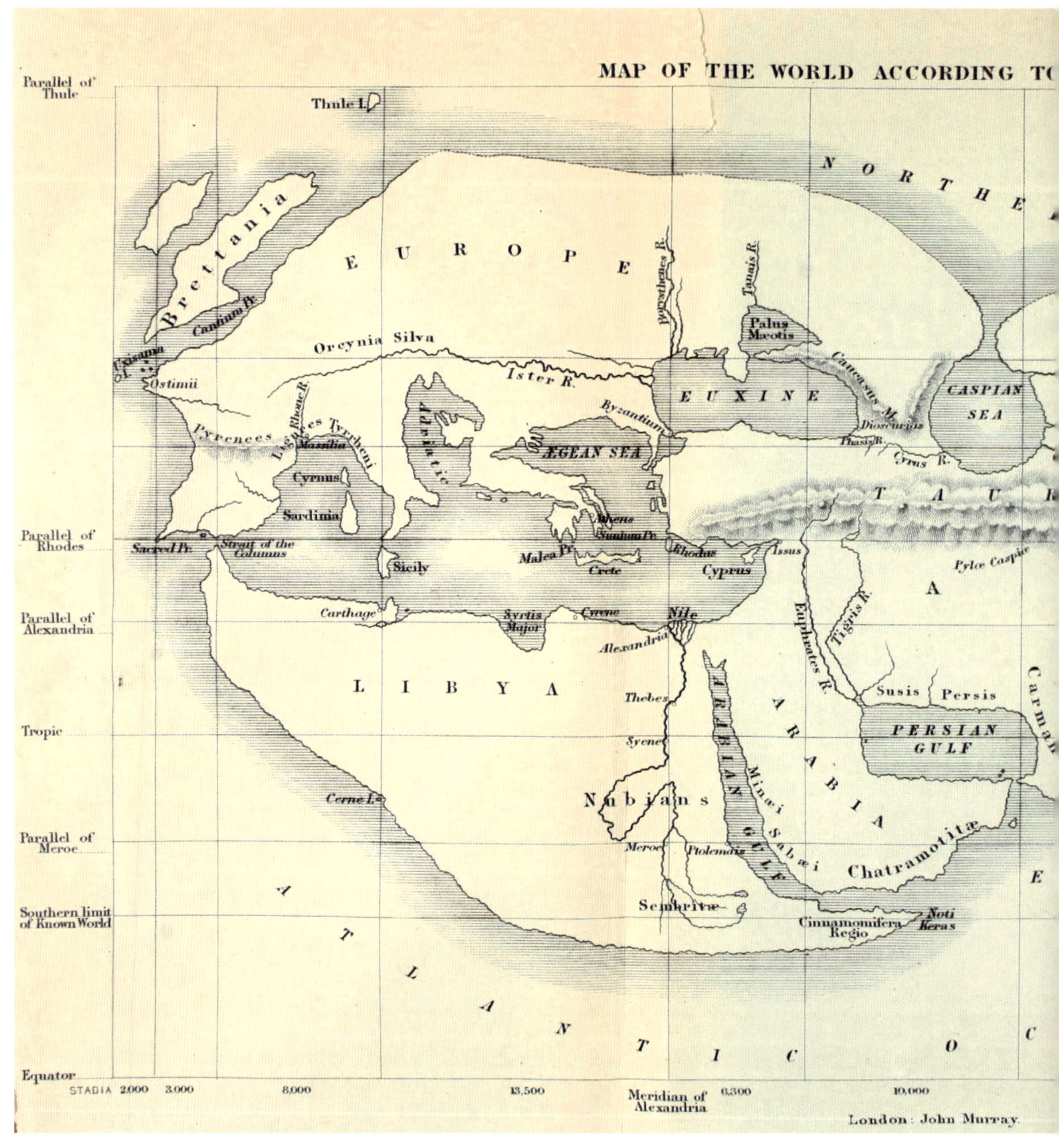

圖 1.4：19 世紀，倫敦的地理學家班伯列根據猜想「復原」的「埃拉托色尼世界地圖」

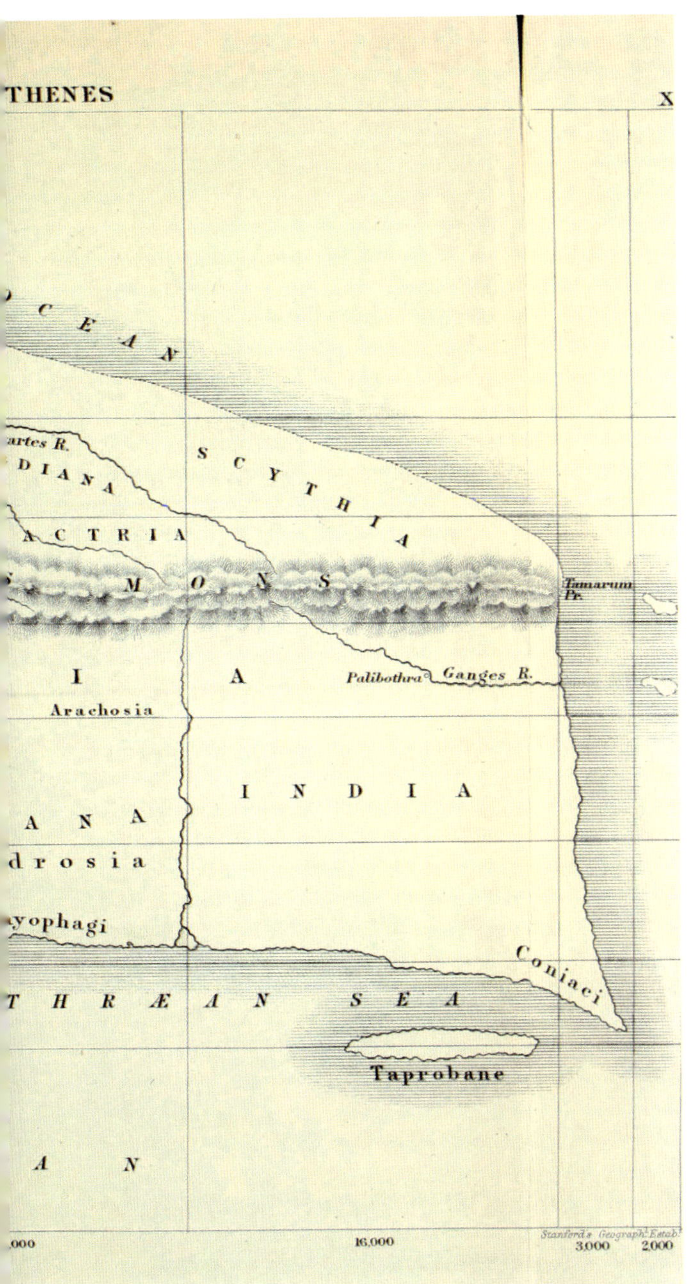

引用的是 19 世紀倫敦的地理學家愛德華·班伯里（Edward Bunbury，1811－1895 年）「復原」的埃拉托色尼世界地圖。

埃拉托色尼利用亞歷山大大帝遠征之後所帶來的地理信息，改進了人居地帶的空間描繪。他在狄凱爾卡斯創立的地理坐標的基礎上，發展出經緯度的概念，並用經緯線來確定地理位置和繪製地圖。他還將地球劃分出五個氣候帶：兩極周圍的寒冷地帶、兩個溫帶地帶、熱帶和赤道周圍的地帶，由此建立起地球的數學模型。可以說，「世界圖式」的數學模型至此確立，剩下的就是套用這一模型描繪世界的製圖實踐了。

需要強調的是，這裏選用的「傳說中的世界地圖」都是後人依據古人的轉述與殘篇「復原」的作品。實際上，古人不太可能繪出這樣的帶有現代意識的「世界圖式」。因此，我們只能將它們當作一種演繹圖，它只具啟發性和參考性，不具實證性。

第二節　第一幅世界海洋地圖

——巴比倫泥板世界地圖（約公元前 7 世紀）

泥巴是人類童年的玩具，或許是兩河流域泥巴太多了，令蘇美爾人成為最會玩泥巴的人，竟然把泥巴玩成了承載文明的工具——泥板文書。考古學發現，至少在公元前 3000 年，蘇美爾人就發明了用泥板文書記錄生活的方法。公元前 2300 年左右，薩爾貢一世的阿卡德王朝，甚至研製出泥板製作的地圖。20 世紀以降，已有多幅兩河流域城市和地區泥板地圖被發現。但是，迄今發現最早的泥板「世界地圖」或「世界海圖」的僅有一幅。

1881 年，伊拉克裔考古學家霍姆茲德 · 拉薩姆（Hormuzd Rassam），在巴比倫古城西帕爾（Sippar 今阿布哈巴城，位於巴格達的西南側）廢墟，發現了一塊長 12.2CM，寬 8.2CM 的泥板文獻。它只是拉薩姆在 18 個月內挖掘並運回倫敦大英博物館近 7 萬塊泥板中的一塊，收藏編號為 BM92687。一直到 1889 年，大英博物館的楔形文字學者才發現這是一幅殘缺的泥板巴比倫世界地圖。有趣的是一百年後的 1995 年，大英博物館的研究員竟然在眾多泥板中，又找到了此泥板地圖右上方的三角形缺塊，從而使此圖又完整了一些。

2016 年筆者去大英博物館拍攝了這塊補上殘片的泥板地圖，它已在 2012 年作為世界歷史名詞正式定名為「巴比倫世界地圖」（Babylonian World Atlas）。展覽牌顯示它誕生時間約公元前 7 世紀，是已知最早的世界地圖和最早的世界海圖。

這塊泥板地圖上方殘存 11 行楔形文字，背面還殘存 27 行楔形文字。正面文字提到了神造萬物、「洪水」和神性「動物」，文尾提到了「薩爾貢」的名字。所謂「薩爾貢」原是指公元前 2371 年統一兩河流域的阿卡德國王（閃米特人的一支）「宇宙四方之王」薩爾貢一世。公元前 700 多年時，兩河流域是新亞述王朝提格拉 · 帕拉薩三世的天下，他的繼承者本應延為「帕拉薩四世」。但是，這個名叫沙魯金的王繼位後，想效仿「宇宙四方之王」薩爾貢一世。於是，自命為「薩爾貢二世」（公元前 722－公元前 705 年在位），薩爾貢王朝一直持續到公元前 609 年，後被新巴比倫所滅。製圖者刻上了「薩爾貢」的名字，似在記錄「薩爾貢二世」的光輝歷史。

這塊泥板地圖中央有作為圓規留下的中心「洞」，證明它是以幾何學方法繪製，它將大地概括為兩個同心圓和圓外八個角（也有人認為是七個角）。這種對大地和海洋的概括，可謂世界製圖史上的孤例。

此圖製圖者在兩個大圓之中，創造了「中央」與「天邊」。內圈是「大地」和「內海」；圖上方是北方，這裏的半圓是今土耳其南部的「山地」；幼發拉底河發源於此，流向南方；圖中央上方橫跨幼發拉底河的長方形城市是巴比倫；幼發拉底河南部的長方形，標註為「河堤」和「沼澤」。圓盤西邊有一個地名加喜特部落的「哈班」城，還有三個小圓圈，有一個寫着「城市」，另外兩個空着，沒有任何標註。圓盤東邊三個小圓圈，第一個圈表示城市，圈下方寫有「烏拉爾圖」（亞美尼亞）、下面一個圈裏寫着「亞述」，接着是一個空圈，下面一個圈裏寫着「德爾」城；最南邊的小圓圈寫着「蘇薩」（伊朗土著埃蘭人的都城，漢謨拉比法典在此出土）…… 這個設計強調了巴比倫的中心地位，側面顯示出當時巴比倫與亞述兩者對古代兩河流域正統統治地位的競爭態勢。這是最早的權力和認識的地圖投影。

圖的外圈是為「鹹海」（據蘇美爾史詩《吉爾加美什》的創世詩記載，最初的世界由「淡水」和「鹹水」的「混合水」構成）。在「鹹海」漂浮着七個（也有人認為是八個）三角形，殘存五個。此圖上的楔形文字稱這些三角形稱為「nag û」。這個詞有「地區」之意，可以理解為「荒島」。

通過泥板背面的註記可知：東北的荒島有「巨大的牆」，可能指北方山脈，這裏「黑暗不能見物」，可能說的是極夜；西北的荒島「白夜如晝」，夏天的夜晚短而明亮；東方的荒島有「公牛以角攻擊來客」；西方的荒島「飛鳥難渡」，即不可能到達，可能是指沙漠或高山之地；東南方的荒島為「太陽升起的地方」；西南方的荒島有「公牛以角攻擊來客」；南方荒島的註文已脫落。註記總結了世界的「四方」，亦即東、西、南、北，最後說明此版本是從更早的舊版本複製而來。

此圖反映了古巴比倫的世界觀：世界是平的圓盤——「圓心」在巴比倫——其他

國家圍繞這個中心——「圓周」是環繞大陸的「鹹海」——圈外邊的是荒島，無法生活。

在蘇美爾神話裏，國王埃塔納（Etana）騎着老鷹在天上俯看人間大地。這塊泥板地圖採用的正是「神的視角」俯視人類生存的大地和海洋。它既視覺化了世俗的權力觀（巴比倫為權力中心），也反映了神話的主旨——神即世界。它巧妙地改變了人類基於陸地認識世界的有限視野，從更宏觀的視角描述人類居住的「鹹海」環繞的世界。

那麼，我們的古代海圖故事，就由此開篇吧。

圖 1.5：公元前 7 世紀左右的泥板巴比倫世界地圖，亦被看作是第一幅世界海洋地圖。左為原圖，右為釋意圖

第二章

羅馬天下：「我們的海」

類首先是認識自己，而後才是認識世界。所以，以自我為中心看世界，是第一世界觀；我是世界的一部分，是第二世界觀。

在華夏大地創造出「中國」一詞的時候，西方世界也創造了「歐羅巴」和「亞細亞」。中國是以中原為核心自我確認；而所謂的「歐亞」，則是以愛琴海為中心。如，「亞細亞」（Ασία）腓尼基語、希臘語的意思是「日出之地」。而「地中海」（Mare Mediterraneum）古拉丁文意思是「陸地中間之海」，即世界中央的意思。

地中海泛希臘化之後，是羅馬帝國統治歐洲的時代。奇怪的是，早期的羅馬帝國接受了希臘文化，卻沒有完整繼承希臘地理學，羅馬人沉醉於自己的經驗世界。羅馬的世界地圖完全是對現實世界的一種直接回應，不很科學，卻相當實用。他們不是靠「經緯」和「方位」表現世界，而是「道路」——陸路和水路。最為經典的例子是普丁格地圖。

希臘人認為誰統治了海洋，誰就可以統治世界。羅馬人則認為誰擁有了道路，誰就統治了世界。所以，羅馬人說「條條大路通羅馬」。這句話反過來理解，更符合羅馬人的原意，即羅馬的道路通往世界，並統治世界。這個帝國最終將地中海，驕傲地說成「我們的海」。這樣，我們就理解了普丁格地圖為什麼把地中海，畫成了一條直直的水道——道路即世界。羅馬人甚至開創的一種地圖類形「帶狀地圖（ZONAL MAP）」。

公元 395 年羅馬帝國最後一位君主狄奧多西一世在他臨終之際，頒佈最後一道詔令，將羅馬帝國分為東西兩部分。公元 476 年西羅馬帝國被日耳曼人消滅，後世歷史學家所說的「中世紀」由此開始。其實，所謂「中世紀」是 15 世紀後期，歐洲人文主義者造出來的一個歷史名詞。史學界界定其時間大體為：公元 476 年西羅馬帝國滅亡，至 1453 年東羅馬帝國滅亡。

中世紀歐洲地理學，有一個拉丁文術語「馬帕蒙迪」（Mappa mundi）。其中的

「Mappa」意為「布料」，現代英語的「Map」（地圖）一詞即源於此。「mundi」指的是「世界」。其完整的意思是「繪在布上的世界」。

西羅馬帝國滅亡，歐洲的先進科學與知識也隨之衰退。人們對希臘地圖學不再感興趣了，唯有羅馬帝國的官員馬克羅比烏斯（Macrobius）寫過一部附有地圖的著作《〈西庇阿之夢〉評釋》，留下了這一時期希臘地理學或羅馬地理學的一點理性之光。

注意，在此地圖上，馬克羅比烏斯除了給地球上的各個氣候帶命名之外，還着重描繪和標註了「七海」的位置。歐亞大陸上最大的海是地中海，地中海上方蘑菇狀的海是亞速海和黑海，右上方的是裏海；圖中央沒有標出「熱帶」的名稱，而是畫了一條筆直的海洋是阿拉伯海，也就是印度洋，中央與其相通的是紅海，右邊與其相通的是印度海，即波斯灣。此時的印度洋，已不再是傳統地理學所認為的「一個封閉的內海」，而是與東方的大海聯通，與環繞世界的大洋相連。這幅看上去是氣候帶地圖，實際上，也是一幅以海敘事的海洋地圖。

此外，公元 6 世紀東羅馬地理學家、商人和傳教士科斯馬斯．印第．科普萊特斯（Cosmas Indicopleustes）的《基督教地形學》中所附地圖，對宇宙與世界，以及世界與海洋的描繪，還有對地中海與印度洋的描繪，都頗具創造性。特別是在地圖的邊上，還繪製了四方風神頭像，這是目前所能見到的世界地圖上最早的風神頭像。

如果為中世紀早期羅馬海洋地圖排個座次，排在第一的必定是科斯馬斯的世界地圖，而位列第二的肯定是阿爾比世界地圖。這幅繪在羊皮紙上的地圖，以地中海為中心，表現了羅馬帝國時代的環地中海重要港口與城市，雖然製作較為粗放，但地理信息比以往任何所謂世界地圖都多。

在中世紀最初幾個世紀，羅馬地理學家的表現，比較接近真實的地理學，可惜他們的作品影響並不強大，神學力量很快壓過了科學探索，歐洲地理學最終墜入神學描繪世界圖景的奇特時期。

第一節　地中海，世界的中心

——普丁格地圖（公元前 1 世紀——公元 5 世紀）

最初的世界就是神的世界，而後是帝王或帝國的世界。

巴比倫或新亞述這類區域帝國的世界觀：世界是平的圓盤——中心在巴比倫；到了跨歐洲際帝國的羅馬時代，又有了新的更實在的帝國世界觀——「條條道路通羅馬」。

羅馬帝國對於未知世界的探索就是征戰，最終把「未知世界」變為「經驗世界」和「現實世界」，羅馬人先把地中海變成「我們的海」，而後再給這個世界一個解釋。如這幅羅馬帝國的帶狀地圖（ZONAL MAP）。

這幅地圖上沒有標註圖名、作者與製圖時間，圖上最古老的信息可追溯到公元 79 年前，圖中可見到龐貝城（此城公元 79 年毀於火山爆發），也可以見到公元 3 世紀建立的梵蒂岡城（拉丁文：Status Civitatis Vaticanae 意為「先知之地」）。據稱，此圖原始版本由羅馬帝國開國皇帝奧古斯都的女婿、羅馬將軍、地理學家和建築師馬庫斯 . 維皮亞尼亞斯 . 阿格里帕（marcus vipsanius agrippa）監製，由出生於西班牙的羅馬地理學之父龐波尼烏斯 · 梅拉（Pomponius Mela）於公元前 1 世紀下半葉製作，後來，不斷有人加入新的地理信息，現存之圖中有 328 年建成的君士坦丁堡城、有 402 年西羅馬帝國的都城拉韋納，還有 5 世紀中葉被毀的位於萊茵河西岸的下日耳曼諸城……這些信息表明，此圖最後完成年代為 5 世紀初期。

現存最早也是最好的版本，據稱是法國北部阿爾薩斯的小鎮科爾馬教士 1260 年代製作的 12 張羊皮紙的抄本，它是所有版本中獨一無二的「古本」。神聖羅馬帝國皇帝馬克西米利安一世（Maximilian I）的圖書館員康拉德 · 比克爾 · 凱爾特斯（Konrad Bickel or Celtes，1449－1508）聲稱 1494 年在圖書館中找到了此抄本，當時已丟失了卷首部分，成為 11 張羊皮紙抄本。

1507 年康拉德 . 凱爾特斯去世前一年，他將此圖贈給了好友奧格斯堡的官員、古董收藏家人文主義者康拉德．普丁格（Knorad Peutinger，1465－1547）收藏，後人由此稱它為「普丁格地圖」（Peutinger Map，也稱波伊廷格地圖）。1598 年這幅地圖由普丁格的親戚、時任奧格斯堡市長出版，正式與公眾見面。1737 年這件寶物被哈布斯堡皇家宮廷圖書館，即今之奧地利國家圖書館收購，成為該館鎮館之寶。2007 年，普丁格地圖被聯合國教科文組織列入《世界記憶遺產》。

古希臘人以數字為出發點，在理論上描述出了一個「數字地球」，它是個球體，有周長，有經緯網⋯⋯古希臘科學家認為，地理現象是淩亂的，沒有個嚴謹的數字與幾何秩序，人們幾乎無法認識和描述世界。奇怪的是，接替希臘人統治地中海的羅馬人，並沒有繼承這套已有的地理學理論，而是活在自己的經驗世界裏。在對經驗世界的地理知識蒐集時，古羅馬人靠的是「道路」。普丁格地圖中央的地中海，就被繪圖者拉伸成了一條水道。事實上，羅馬人稱地中海為「我們的海」，如同「我們的大道」。

筆者曾在香港科學館古羅馬文化展上，看到過普丁格地圖的全本複製件。它是一幅由 11 塊羊皮紙組成的卷軸彩繪地圖，縱 34CM，橫 700CM。現存地圖的東西跨度，從大布列顛到錫蘭；南北跨度，從埃及到尼德蘭。這是羅馬帝國供信使和官方運輸所使用的道路網圖，所以意大利半島佔了整個地圖的三分之一。西方研究者以字母 O-XI 來劃分此圖的 12 段落，以便說明各段所描繪的內容。

從普丁格地圖的第 O 部分，可以看到羅馬艦隊曾衝出地中海，跨過多佛海峽，登上大不列顛島（此圖最西端遺失部分包含了英國、愛爾蘭，西班牙以及非洲的西北部，1916 年由康拉德．米勒重新填補）。圖中所繪泰晤士河可謂「通江達海」的城市交通樞紐。其中的一條河，即是公元前 55 年凱撒大帝登陸的地方，英國有文字記錄的文明史即由此開始。公元 43 年，羅馬克勞狄皇帝在泰晤士河畔建了一個聚居點，取名為「倫底紐姆」（Londinium），即後來的倫敦。羅馬人締造的倫敦，後來成為了帝國遠隔海峽的一個驛站。

普丁格地圖所描述的道路，在古代中國叫「驛道」。驛道主要是用來運送軍需糧草的，同時，也是傳遞軍令的通道。它相當於今天的「國道」，乃國之動脈。羅馬帝國特別重視道路，道通到哪裏，軍隊就開到哪裏，利益就到達哪裏。在古羅馬地圖裏，各

個獨立的公國，統統變成了羅馬人的驛站。道路就這樣成了羅馬時代的權力見證和版圖表達。

此圖涵蓋了西起大不列顛東至恆河的整個羅馬帝國交通路網，標註了 555 座城鎮和 3500 多個地名和道路距離。地圖似乎表明了一些海運航道或河流航道，但沒有清楚地標明它們的出發或到達目的地。

在普丁格地圖中央，也就是第 V 部分，突出描繪的就是羅馬城。通往羅馬城的有呈放射狀的 12 條道路；還有外港奧斯提亞，港口建有防波堤，以及仿埃及亞歷山大燈塔建的一座燈塔，指引夜間來往的船隻；海路、陸路皆通羅馬。

陸地測繪方面，1793 年卡西尼四世最終完成全法蘭西大地「三角測量」實測地圖集。世界地圖在大地測量與精確製圖的意義上才真正跨入「現代」。除羅馬外，此圖還重點描繪了另外兩座偉大的城市，君士坦丁堡和安堤阿（遺址在土耳其的安塔基亞）。

在為實用而繪製的普丁格地圖裏，南北走向的意大利半島被拉長為東西走向。實際上，這個地圖中描繪的線路並非實現地貌，也不是完整的領土概念；圖中除表現距離與十字路口外，還有海峽與港口，河流、山脈、森林和海洋；它是多個地點的匯總，以

圖 2.1：普丁格地圖（局部），由 11 塊羊皮紙組成，縱 34CM，橫 700CM

及軍旅行程指引；借用地圖展示羅馬帝國通達的世界，以及羅馬帝國與歐、亞、非的地理聯繫和羅馬帝國佔領和管轄的橫跨歐亞非的巨大領地。

普丁格地圖的第 VIII 部分，表現的是埃及、敘利亞、阿拉伯。博斯普魯斯海峽上的君士坦丁堡、克里特島和尼羅河三角洲。在地中海南岸，北非呈現連綿的鋸齒狀的阿特拉斯山脈和阿爾及利亞和突尼斯等國，經過羅馬人多次跨海進攻，已然是羅馬帝國的南部邊界線。博斯普魯斯海峽上的君士坦丁堡是黑海和愛琴海之間的通道，也是歐洲進入亞洲的通道，所以，圖中的許多條路都匯向這裏。在尼羅河三角洲的西部，作者繪出了亞歷山大港。

此圖的第 IX、X 、XI 部分，繪出了耶路撒冷，羅馬帝國侵略的腳步，止於巴比倫和美索不達米亞。它的東邊是印度和錫蘭（今斯里蘭卡），對羅馬人來說，就是世界的邊緣了。

普丁格地圖反映了古羅馬人「開拓」世界、認知世界、描繪世界的歷程——這是任何國家都無力完成的巨大空間跨越和最大化的地理邊界——西至大西洋，東至印度洋——這就是當時的「世界」。

圖 2.1（a）：普丁格地圖（局部）通往羅馬城的有呈放射狀的 12 條道路；還有外港奧斯提亞，港口建有防波堤，以及仿埃及亞歷山大燈塔建的一座燈塔，指引夜間來往的船隻

此地圖上並沒有提到神奇的生物、可怕的妖怪。唯一的非功能性註記是已知的文學資料，例如，在西奈半島區域寫有「沙漠，以色列人在那裏遊盪」，在印度區域寫有「這裏誕生了大象」，在最東邊寫有「通往絲國之路」。

普丁格地圖是羅馬官員使用的軍用路線的實用手冊，重要道路都注有此地到彼地的里程。陸路也好，海路也罷，在這個實用手冊中都被整合為「道路」。羅馬人相信只要路通了，軍隊到達了，世界就通了。至於地球是不是圓的，是不是被海洋所包圍，對於羅馬帝國來說，都不重要。

第二節　地球劃分成五個氣候帶

——世界氣候帶地圖（公元 5 世紀－9 世紀）

普丁格地圖展現的是羅馬帝國東征西討「條條大路通羅馬」的世界觀。當時的羅馬地理學家描繪的世界，是帝國有多大，世界就畫成多大。這個跨越歐亞非三大洲的帝國，風光了幾百年之後，最終在狄奧多西一世手中解體。

狄奧多西一世是統一的羅馬帝國最後一位君主，與諸多羅馬皇帝相比，狄奧多西一世不算什麼有豐偉績的人，但他卻推出兩個重大決定：一是公元 392 年頒詔令，獨尊基督教為國教，此前羅馬人信的森林神、花神、灶神、門神等諸神，不再是國家信仰；二是公元 395 年，臨終之際頒佈最後一道詔令，將羅馬帝國一分為二，東羅馬由長子阿卡狄烏斯統治，都城君士坦丁（公元 330 年君士坦丁大帝將羅馬帝國的首都從羅馬東遷到拜占庭，改其名為君士坦丁堡，即後來伊斯坦布爾，東羅馬帝國也因此被 19 世紀的歷史學家稱為拜佔廷帝國）；西羅馬由次子霍諾裏烏斯統治，都城米蘭。龐大的羅馬帝國，分裂為東西兩個部分。

公元 476 年西羅馬帝國被日耳曼人消滅，古代歐洲的歷史終結，後世歷史學家所說的「中世紀」由此開始。西羅馬帝國滅亡，其先進的科學與知識也隨之衰退，歐洲對希臘地圖學已不再感興趣了，唯有羅馬的馬克羅比烏斯寫過一部附有地圖的著作《〈西庇阿之夢〉評釋》，留下了這一時期希臘地理學或羅馬地理學的一點理性之光。

大概在 430 年左右，在古羅馬著名政治家與哲學家西塞羅的名作《西庇阿之夢》的基礎上，羅馬帝國的官員特奧多修斯・馬克羅比烏斯（Macrobius Ambrosius Theodosius）撰寫了《〈西庇阿之夢〉評釋》（ Commentary of Scipio According to Cicero）。西庇阿是羅馬帝國的一位將軍。公元前 202 年他率領羅馬軍隊在最後一次布匿戰爭中，將漢尼拔率領的迦太基軍隊徹底打敗，迫使迦太基帝國臣服於羅馬帝國。西庇阿之夢的內容是，西庇阿在馬西尼薩國王的盛情款待下疲倦地進入夢鄉，他在夢中來到天堂，見到了自己的祖父和父親，他們為西庇阿解讀了宇宙的奧祕。這一夢境他為觀察地球提供了一種上帝視角，他俯瞰大地，看見大地上自極地的酷寒到赤道的熾熱等不同的氣候帶。

馬克羅比烏斯的「評釋」，是對西庇阿「夢境」的解釋。書中加入了古希臘地理學說：地球位於宇宙的中央，日月星辰圍繞地球旋轉，太陽是地球的 8 倍。地球上有四個大陸，其中兩大塊位於南半球，兩大塊位於北半球；在南半球的兩塊大陸中，也有一個類似於地中海的海灣；這四塊大陸被海洋所分割。由於太陽運行位置的不同，地球上出現了不同的氣候帶。無論南半球的兩塊大陸還是北半球的兩塊大陸，都可以劃分為五個氣候帶，即兩個寒帶，兩個溫帶，一個熱帶。寒帶和熱帶都是極端的氣候，或者太冷，或者太熱，人類根本無法居住，只有溫帶才適合人類生活。歐洲人所生活、所知

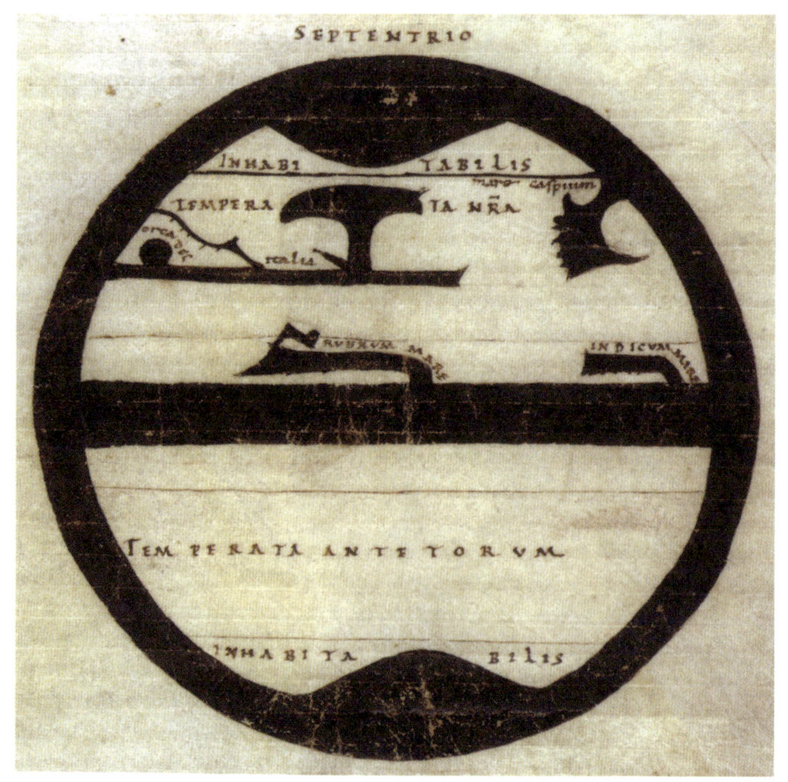

圖 2.2：大約是公元 9 世紀的《〈西庇阿之夢〉評釋》抄本中的世界分帶地圖

道的區域，就位於北半球兩塊大陸中的一塊。在地球上，應當還有三塊可供人類居住的區域。

馬克羅比烏斯在文字「評釋」之外，還附加了地圖。但《〈西庇阿之夢〉評釋》原書和原圖都失傳了，後世所見到最早的抄本是公元 9 世紀之後的抄本。大英圖書館收藏的《〈西庇阿之夢〉評釋》抄本，據推測為 10 世紀抄本，此本附有一幅世界分帶地圖。

羅馬人的世界分帶地圖，保留了以北極星為指引的希臘文化傳統，方位為上北下南。地圖上劃分五個氣候帶：北寒帶（北極圈）、北溫帶（北回歸線）、熱帶（赤道）、南溫帶（南回歸線）和南寒帶（南極圈）。此圖，在南北兩極的寒帶都標註了「INHABITABILIS」（無法居住的）；在北半球的溫帶，標註了「TEMPERATA NOSTRA」（我們的溫帶），也就是歐亞大陸。在南半球的溫帶，標註了「TEMPERATA ANTETORUM」（對面的溫帶），也可能表示已知世界之外的無人居住地區，地球上只有北溫帶適於人居。奇怪的是《〈西庇阿之夢〉評釋》的各種抄本中的世界分帶地圖的赤道南面，並沒有像馬克羅比烏斯所說的有兩塊和赤道北面一樣的大陸，只在赤道南邊畫了一塊大陸。這幅羅馬人的世界分帶地圖上標註的地名極少，但卻重點描繪了意大利半島，並標註「ITALIA」。在意大利西邊，還描繪並標註了「ORCADES」（蘇格蘭北部的奧克尼羣島）。

世界分帶地圖突出描繪和標註了「七海」的位置：歐亞大陸上最大的海是地中海，地中海上方蘑菇狀的海是亞速海和黑海，右上方的是裏海（Mare Caspium）；圖中央沒有標出「熱帶」的名稱，而是畫了一條筆直的海洋是阿拉伯海，中央與其相通的是紅海（Rubrum mare），右邊與其相通的是印度海（Indicammare），即波斯灣。注意，圖中的印度洋不是傳統地理學所認為的「一個封閉的內海」，而是與東方的大海聯通，與環繞世界的大洋相連。

從地圖投影角度看，這幅氣候帶地圖完全沒有考慮地球的球形，分界線全都畫成了直線。另外，此圖只表現了地球有人類所居住的這一面，另一面（即背面）沒有畫出來，按希臘和羅馬人的理念，另一面應當有與之對稱的陸地。

第三節　東羅馬的世界與海洋

——科斯馬斯宇宙圖（約公元 550 年）

——科斯馬斯世界地圖（約公元 550 年）

公元 6 世紀的東羅馬帝國，因地利之便，海陸貿易活動十分活躍，商業昌盛和貴族對奢侈品的追求，使地中海與印度洋的交流成為一種新的文化現象，進而發展出既不完全繼承托勒密傳《地理學》，也不完全受神學控制下的另類的東羅馬地理學，甚至，萌生出一種通過實地考察，促進實際應用的新興地理學。此中，最為史家所樂道的是科斯馬斯．印度科普萊特斯（Cosmas Indicopleustes）的《基督教地形學》（Christian Topography）。

歷史文獻中查不到科斯馬斯的生卒信息，只知道他是一位出生在埃及亞力山大城的希臘地理學家、香料商人和基督徒。他後來成為隱士，不知所終。在東羅馬帝國查士丁尼大帝（公元 526－565 年）執政期間，科斯馬斯曾經幾次乘商船去紅海和印度旅行，並在 547 至 550 年間在亞歷山大用希臘語寫成 12 卷的《基督教地形學》一書。如今，尚有兩三份泥金羊皮紙抄本存世。梵蒂岡圖書館收藏有 9 世紀抄本，西奈山聖凱瑟琳聖修道院收藏有 11 世紀抄本。佛羅倫薩美蒂奇圖書館收藏有 11 世紀抄本。

公元一世紀希臘佚名商人寫了一部《厄立特里亞海的航行》，描寫了從羅馬與印度的海上貿易往來。科斯馬斯是當時極少數體驗過這段航程的商旅奇人。他的名字「Cosmas Indicopleustes」希臘文的原意就是「航海到印度的科斯馬斯」。他的原名字，反而不為人知。

科斯馬斯是第一批以精確的文字、圖表和地圖呈現其地理發現的基督教作家之一。在諸多羅馬學者中，他是少有的真正去過印度的人。這部書採用了一些前人的材料，更多文字是基於他經過紅海到達印度洋的親身體驗及所見所聞，揭示了一些失傳的歷史和地理信息。尤其可貴的是，他還繪製了幾幅地圖作為書中的插圖，表現他對宇宙、大地和大洋的認識。整體來看，這部大書是將通俗地理知識同基督教神學觀念

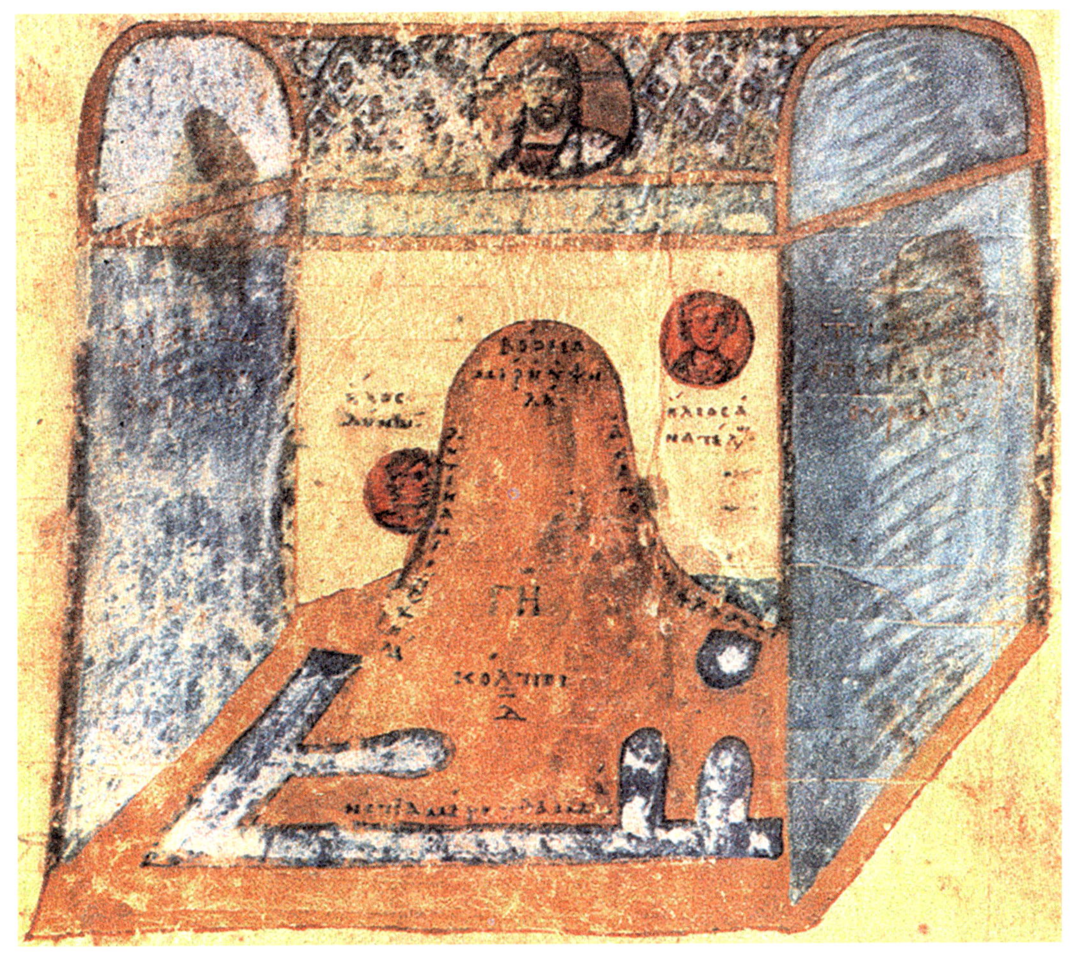

圖 2.3：大約繪製於公元 550 年的科斯馬斯宇宙圖，此為為西奈山聖凱瑟琳聖修道院收藏 11 世紀抄本

相結合的產物。儘管科斯馬斯的著作受到一些批評，但他的地理記錄，仍然是歐洲早期地理學的里程碑。

這幅科斯馬斯宇宙圖，為西奈山聖凱瑟琳聖修道院收藏 11 世紀抄本。此圖表現了他對宇宙與大地的獨特認知：「世界是平的，天空是一個有弧度的蓋子，像一個盒子扣在大地之上」。他認為，宇宙像摩西的約櫃。所以，這幅地圖的整個空間，如矩形神龕

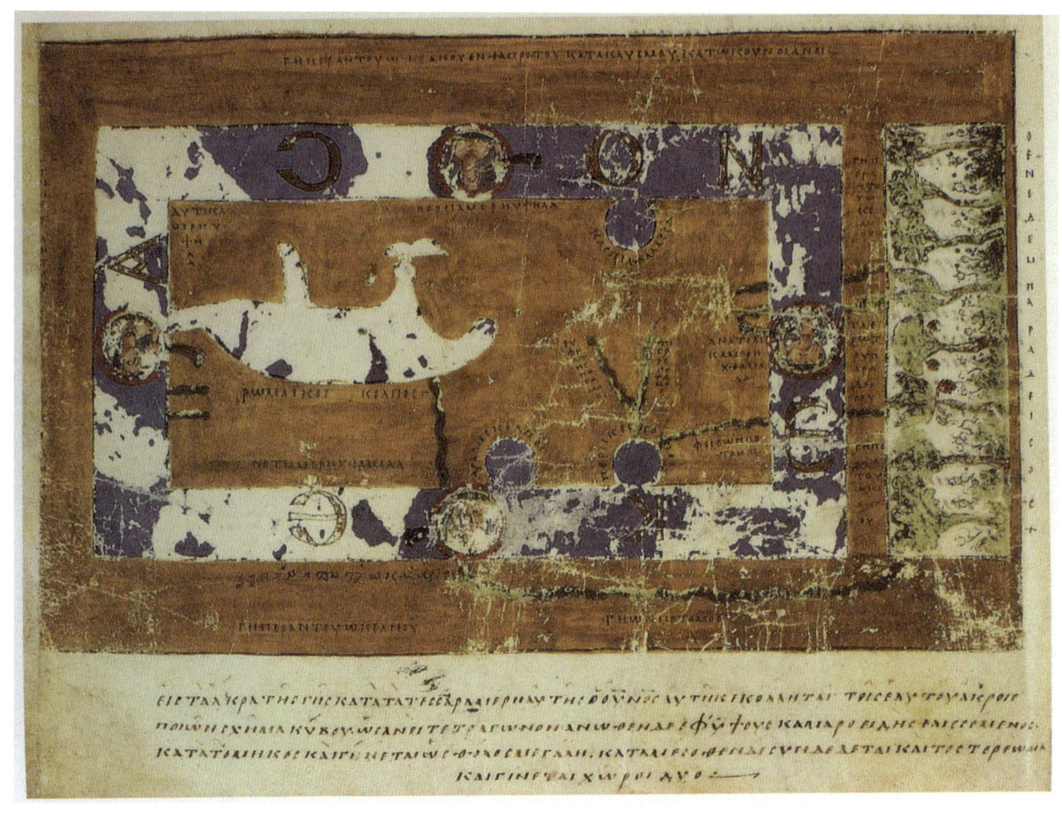

圖 2.4：大約繪製於公元 550 年的科斯馬斯世界地圖，此為梵蒂岡圖書館收藏的 9 世紀的抄本

或會幕，北方還繪有一個基督頭像。大地上有山有海，但海洋並不包圍整個世界，只是包圍有人居住的地區，即亞非歐三塊陸地。科斯馬斯力圖證明古希臘的大地球形說是錯誤的。他的這種觀點，可能受到同時代的猶太人或者東方人的影響。

這幅科斯馬斯世界地圖，為梵蒂岡圖書館收藏 9 世紀抄本。此圖方位為，北方在上。可以說是「T-O」地圖在 7 世紀流行之前，歐洲最重要的「世界圖式」，也是歐洲現存最早的世界地圖（其實是環地中海的世界地圖）。此圖水道是藍色的，土地是黃色，地名用紅色書寫。雖然表現了科斯馬斯認為地球是方形的錯誤觀念，但對羅馬帝國橫跨歐、亞、非三洲的版圖，及其相互間的大陸與海洋的地理關係，卻是真實的描述。

海洋部分：有裏海（右上凹形），羅馬海（中央的地中海），亞得里亞海（地中海西北部海灣），愛琴海（地中海東北部海灣），馬爾馬拉、黑海和亞速海（愛琴海北部海灣），阿拉伯灣（紅海，右下西邊的凹形），波斯灣和阿拉伯海（右下東邊的凹形）。這些海洋地理方位大體正確。注意，地中海的西邊是開放的海峽，印度洋也是開放的（糾正了托勒密的印度洋是封閉的錯誤觀點）；還有，地中海被毫不客氣地標註為「羅馬海」。

河流部分：從伊甸園流出所謂天堂四河，在地下或海底流動。上面兩條河進入了大陸，東邊這條為底格里斯河，西邊這條為幼發拉底河，它們都流入了波斯灣；下面一條是印度河，流入了印度洋；最下面的一條是尼羅河，在大陸上繞了一圈，最終匯入了地中海。這幾條重要河流的入海處，表現得都很正確。

陸地部分：圖右邊是遙遠神祕的東方，小亞細亞只佔據了很小一部分。但作者在這裏按照基督教神學觀念繪製出了樹木花草繁盛的伊甸園。中央的矩形陸地囊括了巴爾干半島、亞洲西部、非洲北部、地中海北岸的亞平寧半島等地區。圍繞着矩形陸地的「大洋之外的土地」，被解釋為：「在大洪水來臨之前，人類也曾在大洋之外的土地上生活，大洪水之後人類就從這裏消失了。」

整體來看，科斯馬斯世界地圖是將通俗地理知識同基督教神學觀念相結合的產物，它一方面展現了現實中存在的裏海、紅海、波斯灣、地中海四大海洋等地理知識，另一方面反映了《聖經》中的天堂與四條河流等基督教神學中的地理觀念。這是科斯馬斯地形學的一大特點。

值得一說的是，此在大地的四個邊上，繪出了向大海吹風的四方風神頭像，它代表四方風。這是現存最早表現四方風神的地圖。風神和風玫瑰後來成為的世界地圖和波特蘭海圖上的重要配置。

第四節　最古老的非宗教世界地圖

——阿爾比世界地圖（約公元 8 世紀）

這大概是中世紀最「精確」的非宗教的世界地圖了。

阿爾比世界地圖（Albi mappa mundi）因出現在阿爾比聖塞西爾大教堂圖書室的手稿之中，故有此名，在中世紀的歐洲地圖中，它是極為特殊的存在。

阿爾比是法國南部比利牛斯塔恩河邊的一座小城。早在公元 4 世紀，這裏就建立了第一個主教轄區，並開始建造聖塞西爾大教堂，所以，這個小城也被稱作阿爾比主教城。2010 年阿爾比被聯合國教科文組織列入《世界遺產名錄》。

收入阿爾比世界地圖的這部手稿，共有 77 個對開頁，其扉頁背面有 18 世紀簽署的收藏標記：「Ex-libris Ven. Capituli Ecclesiae Albiensis」（「阿爾比教堂令人尊敬的手稿集」）。這是一部雜集，也像一部教科書，其中包含多種地理文本，有對人居世界的描述，有 12 個風的名稱和 35 個海洋名稱，還有羅馬帝國行省列表。此外，還有關於語言、語法、以及聖經的註釋和歷史論文。這套手稿很可能是宗教教師的參考書，手稿中的世界地圖應與教學直接相關，或作為冥想的輔助工具。

這幅地圖畫在較厚的山羊皮製作的紙上，紙有黃色「毛」面，原始穿孔，圖縱 27CM 橫 22.5CM。圖上沒留下製作時間，學者們推測為 8 世紀的作品。此圖將已知的人居世界被描繪成一個馬蹄形。方位為上東下西，左北右南。頂部是近東，左邊是歐洲，右邊是北非，中央是地中海，開口是直布羅陀海峽，所有大陸被海水環繞。

它是最早的中世紀世界地圖之一，以地中海為中心的模式，這一點與古羅馬世界地圖如出一轍，但在形式上，它比此前的或此後相當長時間的世界地圖都要更正規很多、實用很多，也豐富很多。

這幅看上去很簡單的地圖，其實描繪並標註了那個時代最為豐富的地理信息，此前和此相當時期的同類地圖，都無法與之相比。

歐洲：Ispania（西班牙）、Britania（布列塔尼）、Gallia（高盧）、Italia（意大利）、Gotia（哥特人之地，指日耳曼尼亞）、Tracia（色雷斯）、Macedonia（馬其頓）、Agaia（亞該亞，指希臘），Barbari（野蠻人的領域）。

非洲：Mauretania（毛里塔尼亞）、Numidia（努米底亞）、Libia（利比亞）、Etiopia（埃提奧比亞）、Egyptus（埃及）。

亞洲：Armenia（亞美尼亞）、India（印度）、Scitia（斯基泰人之地）、Media（米底亞人之地）、Persida（波斯）、Judea（朱迪亞，猶太）、Arabia（阿拉伯）。Desert（沙漠）和 Sina（西奈山）用三角形表示。

城市：(由小圓圈排列表示）巴比倫、雅典、拉文納、羅馬、安條克、耶路撒冷、亞歷山大和迦太基。

島嶼：圖上描繪出地中海最大的五個島嶼：Cyprus（塞浦路斯）、Crete（克里特島）、Sicilia（西西里島）、Sardinis（撒丁島）和 Corsica（科西嘉島）。

河流：Tigris（底格里斯河）、Fison（皮遜河）、Nilum（尼羅河）、Ganges Fluvius（恆河）、Rodanum（羅納河）和 Renus（萊茵河）。河流塗成綠色。

海洋：Adrias（亞得里亞海）、Pontum（黑海）、Iium mare（愛奧尼亞海）、Cyminicum mare（天鵝海）、Rubrum（紅海）、Caspium（裏海）、Oceanum（大洋）包圍當時已知的所有陸地，海和大洋皆塗成綠色。

當然地圖上，難免有些誤差：例如，朱迪亞（猶太 Judea）出現在地中海的東南邊，克里特（ Crete）跑到了塞浦路斯（ Cyprus）的北邊，撒丁島（ Sardinia）則出現在科西嘉島（ Corsica）以北。恆河（Ganges Fluvius）出現在非洲。

此外，還有一點容易被忽略。此圖上劃出了許多，以阿拉伯風格的直線描繪的「國界（省界）」。在那個舊帝國崩潰的時代，它別具意義，而放在世界行政區劃圖的歷史上看，這算是一個「先例」級的描繪。後來，英格蘭人大約在 1025 年繪製的盎格魯 - 撒克遜世界地圖，也有這種風格的直線描繪的「國界」。

2015 年，阿爾比世界地圖被列入聯合國教科文組織的世界記憶名錄。

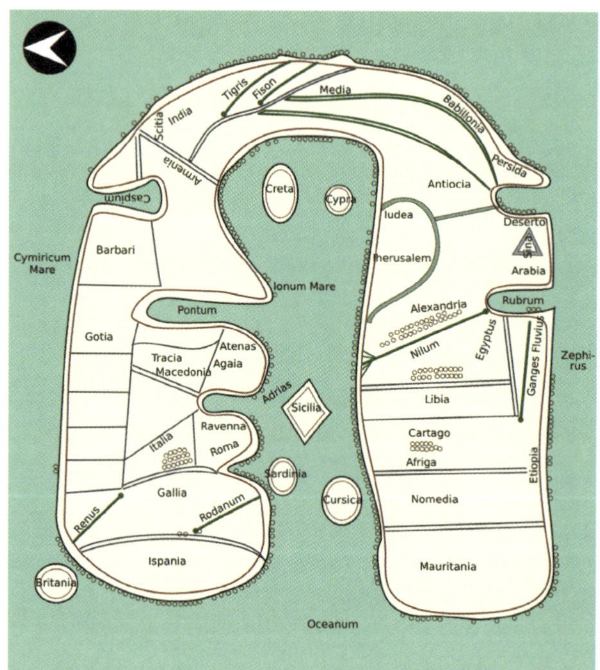

圖 2.5：公元 8 世紀的阿爾比世界地圖（上）與示意圖（下）

第三章

「T-O」地圖：「三大洲」與「四條水道」

羅馬人繼承的希臘地理學，沒能持續多久，自身的實用地理學，也沒能持續多久；公元 7 世紀之後，羅馬地理學被神學所控制，進入千年「黑暗時代」。

公元 7 世紀之後，歐洲人仍認為世界是一個圓球，但對世界的表述與描繪則是依照宗教意識與神話傳説來解釋。我們不能武斷地説，這一時期的製圖師是一羣無知的教士。其實，他們都很有學問，只是願意把宗教信仰放在科學之上來概括地球。

中世紀的世界地圖曾被稱之為「mappa mundi」，大約有 1000 多件得以保存至今，但數量遠遠少於中世紀文學手稿。它們大體可分為三大類型：一是羅馬地圖，二是「T-O」地圖，三是「波特蘭海圖」。前邊講過了羅馬地圖，這裏接着講講「T-O」地圖，後面再講「波特蘭海圖」。

公元 8－13 世紀，歐洲最具代表性的世界描述是「T-O」地圖。這種地圖的繪製目的並非描繪地球特徵，而是要解説一種思想觀念，確切地説是用《聖經》觀念來解釋地球與人類。這種類形的地圖被稱為「挪亞版本」，挪亞（Noah 原意是「安然」）是繼亞當夏娃之後的第二代人類始祖。據説，大洪水之後，挪亞將世界分為三個部分：長子閃得到最大的陸地亞洲，另一個兒子雅弗得到歐洲，還有一個兒子含分到的是非洲——這就是緣自基督教的「三分世界」。「T-O」地圖的「T」字分割的世界：上部為亞洲；左下部是歐洲；右下部是非洲。

值得注意的是，這個「T」字還描繪了溝通世界的四條水道。一條是「T」一橫的左半段，為頓河、黑海與愛琴海；一條是「T」一橫的右半段，為尼羅河與紅海；一條是「T」一豎，為地中海，其底部是最西邊的直布羅陀海峽；還有一條是外圈「O」形水道，為包圍世界的大洋。這是中世紀西方世界普遍接受的「世界圖式」。

有意思的是，所有的存世的「T-O」地圖，皆源自一本著作，即塞維利亞天主教的大主教伊西多爾的《詞源學》。至少從公元 9 世紀開始，「T-O」地圖作為《詞源學》的插圖，就出現在各種抄本中。後來，在不斷傳抄的過程中，又衍生出「V- 口」和「Y-O」

地圖，它們多屬於「三大洲」類形。再後來，又衍生出「四大洲」類形。但萬變不離其中，皆劃歸「T-O」地圖。

在《詞源學》的「T-O」地圖之外，公元 8 世紀，伊比利亞天主教本篤會修道士，人們稱為「列瓦納的貝爾多斯」(Beatus of liebana) 編纂了一部名為《(啓示錄) 評註》的著作。又引出了一系列「天下四分」的「貝爾多斯世界地圖」。「貝爾多斯世界地圖」與所有的「T-O」地圖一樣，東上西下，左北右南；世界被地中海、頓河與尼羅河三大水系分成亞洲、歐洲和非洲三部分。但它與前者最大的不同是，在三大洲之外，又在最南方用一條水道（通常被繪成紅色）分割出一個「第四大洲」。這種世界地圖，大體分為方形和圓型兩種。可以說，伊西多爾世界地圖和貝爾多斯世界地圖統治了 9－11 世紀歐洲世界地圖的基本框架。

幾乎所有中世紀地圖都是配合神學而繪製的釋意圖，而不是作為地理應用的釋意圖。這種局面一直到 11－13 世紀才有所改觀。先是英格蘭人大約在 1025 年繪製的盎格魯 - 撒克遜世界地圖，而後是大約製作於 1150 年的英格蘭的梭利地圖。此圖雖然是「T-O」結構，但圖面內容已大大豐富，在東方以「褲子」形狀描出了波斯灣和紅海；在波斯灣頂部繪出了幼發拉底河與底格里斯河，還有巴別塔；在紅海北部繪出了摩西斷流處，這或是最早在地圖上描繪這一神跡的地圖。接下來是 1262 年的英格蘭詩篇世界地圖。它在圖面首創城市或城堡符號，並加入了多種色彩表現的地貌。比如，恆河和多瑙河等主要河流以藍色繪製，紅海則繪成紅色。最了不起的是英格蘭的赫里福德世界地圖，它與梭利地圖有某種同源性，但它的信息量是空前的，圖上有 1100 多處地名、描繪了 420 個城鎮，記錄了 15 個《聖經》事件，有 33 個動植物，32 個人物和 5 個古典神話場景⋯⋯它對於海洋與眾多水體的描繪更是此前所有「T-O」類形的地圖無法比擬的。

可以說是孤懸於歐洲大陸之外的英格蘭，引領歐洲擺脱了「T-O」地圖的束縛，開始探索新的描繪世界的立場與形式。

第一節　《詞源學》的「天下三分」

——伊西多爾「T-O」地圖（9－11 世紀抄本）
——伊西多爾「V- 口」地圖（9－13 世紀抄本）

公元 380 年羅馬皇帝狄奧多西一世下令，禁止除基督教外的一切宗教活動，基督教隨後成為羅馬帝國的國教。公元 476 年西羅馬帝國被日耳曼人消滅，但羅馬帝國仍在：法蘭克王國在歐洲中西部崛起，至 9 世紀成為查理曼帝國；不久後，法蘭克王國分為東、中、西三家，東法蘭克王國演變為羅馬帝國，1157 年後，改稱神聖羅馬帝國。

可以説，在千百年來的動盪中，基督教始終是歐洲佔有統治地位的宗教，中世紀對世界的解釋，也一直在基督教控制之下。雖然，中世紀被稱為「黑暗的中世紀」，但在藝術史上，還是留下兩大珍寶，一個是教堂建築，一個是經院手抄本及其泥金插畫，而中世紀碩果僅存的世界地圖，多存在於經院手抄本之中。

中世紀歐洲地圖或海圖，可分為三大類型：一是羅馬地圖，二是「T-O」地圖，三是「波特蘭海圖」。前邊講過了羅馬地圖，這裏接着講講高度抽象化的「T-O」地圖，後面再講「波特蘭海圖」。

所謂「T-O」地圖，不是地理學意義上的地圖。它的作者也從未宣稱這些地圖代表真實的地理面貌，它們也從未單獨出現，只是以插圖的形式伴隨着宗教解釋文字出現在相關著作之中。存世的所有「T-O」地圖，皆源自一本著作，即伊西多爾的《詞源學》。

伊西多爾（Isidore of Seviue，約公元 576－636 年）可能出生在北非突尼斯一個富裕的羅馬人家庭中。公元 554 年，當東羅馬軍隊攻打這裏時，他們全家移居到伊比利亞半島的西哥特王國（後來的西班牙）。伊西多爾從小接受了良好的基督教教育，精通拉丁文、希臘文和希伯來文，熟悉基督教教義。大約在 600 年，伊西多爾成為塞維利亞天主教的大主教。他知識豐富，勤於寫作，最著名的作品有兩部，一部是《物性論》（De mtum rerum），另一部是《詞源學》（Etymologies），都是用拉丁文寫的。

伊西多爾的《詞源學》完成於公元 623 年，全書共 20 卷，內容包羅萬象，涉及到當時所有的知識門類，包括七藝（文法、修辭、邏輯、算術、幾何、天文、音樂），醫學，法律，歷史，地理，神學，民族，建築，礦物，農業，船隻，房屋，衣飾，食品，傢具等等。伊西多爾希望通過考察詞彙來源，系統地整理所有知識，完成一部百科全書。

伊西多爾 623 年撰寫的《詞源學》已經不存在了，原稿是否包含「T-O」地圖，尚無定論。但原著中描述世界的細節都與後世看到的「T-O」地圖相吻合，至少從公元 9 世紀開始，「T-O」地圖作為《詞源學》的插圖，就出現在各種抄本中。後來，在不斷傳抄的過程中，又衍生出「V- 口」和「Y-O」地圖，它們多屬於「三大洲」類形。再後來，又衍生出「四大洲」類形。但萬變不離其中，皆劃歸「T-O」地圖。

在地理上將已知世界分為「三大洲」，至少從公元前 5 世紀「歷史學之父」希羅多德的《歷史》中就有所討論。大約在公元 23 年，希臘學者斯特拉波在《地理學》中，詳細記錄了歐羅巴、亞細亞和利比亞（即非洲）地區的地理面貌。希臘地理學的「三大陸」與《聖經 . 創世紀》的「天下三分」，在相當長的時間內共存。

《詞源學》對世界格局的解釋源自《聖經》：洪水過後，只有愛上帝的挪亞一家活了下來。挪亞將這個世界上的三塊大陸分給了他的三個兒子，長子閃得到最大的陸地亞洲，另一個兒子雅弗得到歐洲，還有一個兒子含分到的是非洲——這就是緣自基督教的「三分世界」。挪亞是繼亞當夏娃之後的第二代人類始祖，所以，這種「T-O」地圖，也被稱為是「挪亞版本」的世界地圖。

「T-O」地圖

現存最早的《詞源學》抄本是公元 9 世紀抄本，由西班牙國家圖書館收藏。這部羊皮紙抄本共有 163 個對開頁。在第 116 對頁中繪有最初的「T-O」形三大洲地圖，縱 31CM 橫 20CM，其圖上三段註記文字為阿拉伯文，註記了三塊大陸的分配。

「T-O」形的世界被表現為一個漂浮在海上的圓盤，大地被 T 形的水流分割。有一種說法，「T」象徵「十字架」是宗教符號在地圖中最初的套合；「T」字的橫豎交匯點是聖地耶路撒冷；「T」字左下部是歐洲；「T」字右下部是非洲；「T」字上部為亞洲，

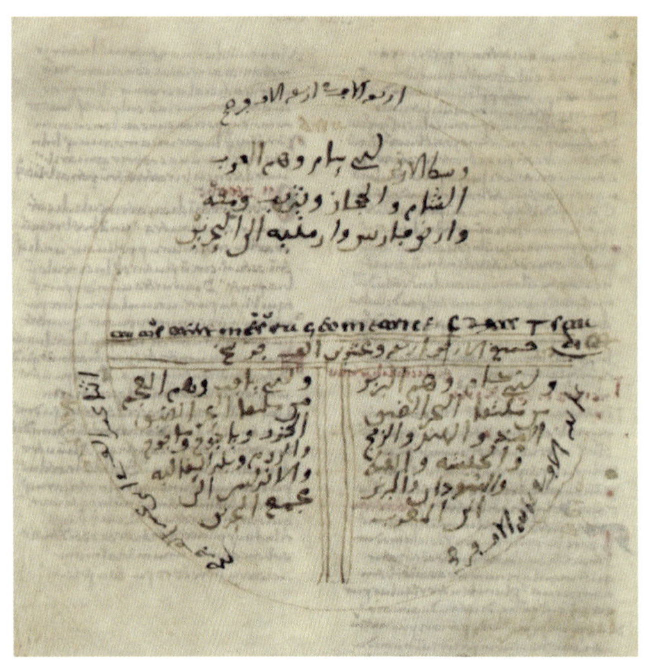

這種地圖皆以東為上，因為這裏是伊甸園所在。由於東方（拉丁文 oriens）在中世紀地圖中的特殊地位，所以成為英語中「方向」（orientation）一詞來源。

注意，這個「T」字還描繪了溝通世界的四條水道：一條是「T」一橫的左半段，為頓河、黑海與愛琴海；一條是「T」一橫的右半段，為尼羅河與紅海；一條是「T」一豎，為地中海，其底部是最西邊的直布羅陀海峽；還有一條是外圈「O」形水道，為包圍世界的大洋。

10 世紀上半葉的《詞源學》拉丁文抄本，現藏法國皇家圖書館。此本所附「T-O」地圖，以大寫拉丁字母標出：ASIA、AFRICA、EVROPA「三大洲」，進一步強化了幾何圖形對地圖構造和對世界格局的概括。

11 世紀的《詞源學》法語抄本，現藏法國皇家圖書館。此本所附「T-O」地圖，更加明確地表現了《聖經》救贖的故事，大洪水之後的世界：地圖四周標有東、西、南、北四個方位詞，其中最上方的東方土地上，寫着「亞洲」和諾亞長子「閃」（Sem）的

圖 3.1：左起為伊西多爾《詞源學》的 9、10 和 11 世紀抄本中的「T-O」地圖

名字；右下方是寫着「阿非利加」和諾亞第二個兒子「含」(Ham) 的名字；左下方寫着是「歐羅巴」和諾亞第三個兒子「雅弗」(Jafet) 的名字。

「T-O」地圖是「觀念先行」的寫照，但為什麼會選擇幾何圖形來解構地圖呢？翻看《詞源學》全書會發現書中的天文學、幾何學部分都繪有大量幾何圖解，「T-O」地圖應當是受了幾何學圖解的影響，將「T-O」框定於地圖之上，以此解構地球。

熱衷於在伊西多爾描述的世界地圖上進行幾何造形的插畫師們，似乎不滿足於「T-O」地圖這一種變形，於是一種與「T-O」地圖相伴而生的幾何模型誕生了。這種地圖以「V」字形和一個方形「口」概括「三分世界」。即所謂的「V-in-square」或「V-in-口」。如果與「T-O」地圖相對應，不妨稱其為「V- 口」地圖。

「V- 口」地圖

這種「V- 口」地圖人們見得不多，研究也少。它並未出現在《詞源學》抄本中，

而是出現在其他「雜著」摘抄《詞源學》的片斷中。

「V- 口」地圖最早的存世抄本現收藏在法國魯昂市政圖書館。它作為插圖收錄在一部 9 世紀的「雜著」手稿中。這部手稿內容繁雜，包含有伊西多爾《詞源學》和公元 811 年以前的各種計算方法與天文學等。這幅「V- 口」地圖與一份「T-O」地圖作為兩幅小插圖同時顯示在一個頁面上。看得出「V- 口」地圖與「T-O」地圖有理論上的同源關係——聖地東方為上，作者在四框外以拉丁文標出「東、西、南、北」；諾亞三個兒子的名字標註在地圖中三大洲的位置上；在「V」字上方標註「SEM」（閃）；右邊標註「Ham」（含）、左邊字跡不清，應當是和「Jafet」（雅弗）。亞洲在「V」字裏面，歐洲在左，非洲在右，亞洲的土地是歐洲和非洲之和。與「T-O」地圖相比，「V- 口」地圖沒有明確顯示「三大洲」板塊由水體分割。

伊西多爾明確地說「世界上有人居住的地方，像輪子一樣是圓形的」。這句話非常清楚地適用於「T-O」地圖，但不適用於「V- 口」地圖。伊西多爾並非「天圓地方」的認同者，所以，此圖「口」形外框，顯得很另類。它應來自某個抄寫員的創作，不是伊西多爾的本意。

圖 3.2：「V- 口」地圖的幾種圖形。左為 9 世紀抄本，中為 11 世紀抄本，右為 13 世紀抄本

接下來看看西班牙國家圖書館「V- 口」地圖的 11 世紀藏本。此圖作為插圖出現在由萊昂和卡斯蒂利亞國王費爾南多一世（Fernando I）及王后桑查（Sancha）於 1047 年委託修道士列瓦納的貝亞吐斯（Beatus）製作的《〈啟示錄〉評論》抄本中。這幅「V- 口」地圖造形沒有變，但在「V」字內外的亞非歐三大洲中，增加了氣候信息的標註：歐羅巴寒冷，亞細亞溫和，利比亞（非洲）很熱。

最華麗的「V- 口」地圖出現在 13 世紀的雜著抄本中，此本現藏法國魯昂市立圖書館。這個泥金插圖也是東方在上，但添加了更為炫麗的色彩、複雜的花紋和哥特美術字，使之在「幾何化」的同時，更加「圖畫化」了。

除了「T-O」地圖和「V- 口」地圖，大英圖書館收藏的英格蘭奧爾本修道院和懷蒙德姆修道院，大約在 1247 年至 1258 年之間共同完成的《詞源學》抄本中，還一種「Y-O」地圖。此圖南半球寫滿地理標註「當我們夏天時，地球的另一邊有冬天，當我們白天時，地球的另一邊有黑夜。」北半球與之分隔，分隔為三大洲。雖然，它也屬「T-O」地圖類型，但卻多繪出了七個氣候帶，加入了希臘地理學的元素。它反映出這一時期歐洲大陸的文化與宗教，對這個孤懸於大西洋中的英格蘭的巨大影響。

最後，不妨總結一下。以上幾種「T-O」地圖，雖然表現各有不同，但核心只有一個，就是確立宗教對世界的解釋。它首先是一種神學意義上的「歷史地圖」；但圖中挪亞三個兒子居住地的分配，也可看作是最早的人類學的人種分佈圖；它也是地圖史上現存最早的三大洲區劃地圖。此外，值得一說的是，這種「T-O」地圖，在切分大陸的同時，有意無意之間，也強化了人們對水道溝通世界的認知。它強調了頓河、愛琴海、黑海、尼羅河與紅海的溝通南北，與地中海的溝通東西的作用，通過極簡明的幾何方式，確立了它們在世界交通中的地位與作用。這也是我們把它看作是世界早期重要海圖的原因。

第二節　《（啟示錄）評註》的「天下四分」地圖

——貝爾多斯方形四大洲地圖（公元 975 年）
——貝爾多斯圓形四大洲地圖（1086 年）

中世紀解釋世界與描繪海洋的任務都被上天交給了伊比利亞半島。

公元 7 世紀，伊比利亞的塞維利亞大主教伊西多爾編寫的《詞源學》，引出了一系列「天下三分」的「T-O」地圖，人們也稱它們為「伊西多爾世界地圖」。

公元 8 世紀，伊比利亞天主教本篤會修道士，人們稱為「列瓦納的貝爾多斯」（Beatus of liebana）編纂了一部名為《（啟示錄）評註》的著作。又引出了一系列「天下四分」的「貝爾多斯世界地圖」。

《啟示錄》是《聖經 · 新約》的最後一章，闡述了基督教象徵寓言和世界末日預言。公元 776 年貝爾多斯編纂的《（啟示錄）評註》匯集了許多學者對《啟示錄》的解說，還配有精美的手繪彩色插圖，比如，亞當與夏娃僅以一片樹葉遮住私處的赤裸的形象，更重要的是序言中，加入了一份手繪彩色世界地圖，其多種後世抄本都被稱為「貝爾多斯世界地圖」。

「貝爾多斯世界地圖」與所有的「T-O」地圖一樣，東上西下，左北右南；世界被地中海、頓河與尼羅河三大水系分成亞洲、歐洲和非洲三部分。但它與前者最大的不同是，在三大洲之外，又在最南方用一條水道（通常被繪成紅色）分割出一個「第四大洲」。

其實，關於第四大陸的理論，公元 430 年左右，羅馬學者馬克羅比烏斯就在《〈西庇阿之夢〉評釋》裏提出：地球上有四個大陸，其中兩大塊位於南半球，兩大塊位於北半球。但在馬克羅比烏斯氣候帶地圖上，赤道南邊只畫了一塊大陸。公元 623 年，伊西多爾在《詞源學》也指出「海洋之外的南方內陸國的第四大陸，因為陽光的照射，所以我們不知道」，但《詞源學》各種抄本中的「T-O」地圖都沒有表現第四大陸。可以說，貝爾多斯《（啟示錄）評註》「四分天下」的理論，不是原創，但貝爾多斯世界地圖上的第四大洲的精彩描繪，則超越了前人。

貝爾多斯《（啟示錄）評傳》原書已經佚失，但此書有眾多抄本存世，據説，存世抄本約有 24 部。這些抄本中發現了 14 幅貝爾多斯世界地圖，這些地圖的色彩運用與裝飾圖案都有濃重的阿拉伯風格，可見中世紀阿拉伯風格在伊比利亞半島的影響。

這些抄本中的世界地圖，大體分為方形和圓型兩種。

方形貝爾多斯世界地圖

西班牙巴塞羅那小鎮赫羅納（Gerona）收藏的《（啟示錄）評傳》抄本中的地圖，被標記為公元 975 年，是目前所見貝爾多斯世界地圖最早抄本，圖縱 28CM 橫 37CM。

這幅方形貝爾多斯世界地圖描繪了十二門徒（此圖上，還沒有畫出十二門徒的肖像）遊走傳教的世界圖景。地圖方位仍保持着以東方伊甸園為上的傳統，上方繪有亞當、夏娃和蛇。大地四周有大洋環繞、大洋中除了海島外，右邊有許多怪魚在游動，左邊有幾條船在劃槳而行。世界中心是地中海，立在圖中央，海水以藍色的線條表示；尼羅河位於地中海右側，流入地中海，多瑙河與頓河在地中海左邊，形成一個三角形。圖左下方的大西洋中，有兩個淺黃色長方形方格，代表着不列顛和蘇格蘭兩個島嶼。

此圖已顯示出與「T-O」地圖最大的不同，就是圖右邊劃有一條直線，這條線繪成紅色，代表紅海和赤道，紅線的另一邊是最為獨特的「第四大洲」，作者在此註明「位於大洋以外最遠的地方，無比炎熱，生活着以大腳遮擋太陽的巨足人」（此圖還沒有畫出巨足人）。這是對《聖經》之外的「第四大洲」的首次描繪。

圓形貝爾多斯世界地圖

有兩件圓形貝爾多斯世界地圖經常被後世引用。一件是法國南部加斯科尼的聖瑟韋修道院發現的圓形貝爾多斯世界地圖，縱 35CM 橫 57CM，約繪於 1050 年。現收藏在法國國家圖書館。另一件是西班牙厄爾·布爾戈·德·奧斯馬（El Burgo de Osma）大教堂圖書館發現的 1086 年的圓形貝爾多斯世界地圖，縱 28CM 橫 37CM。

這兩件兩件圓形貝爾多斯世界地圖表現的內容差不多，但西班牙厄爾·布爾戈·德·奧斯馬大教堂的圓形貝爾多斯世界地圖插畫更為豐富，所以被更多的學者引用。

此圖原為貝爾多斯《（啟示錄）評傳》序言插圖，其完成時間為 1086 年。地圖方位仍保持着以東方為上的傳統，上方的長方形區域是伊甸園，這裏沒有繪亞當、夏娃和蛇，而是繪出創世紀記載的相互交叉的四條河。大地四周有大洋環繞，大洋中繪有許多怪魚在游動。地圖上繪出十二門徒的肖像和他們遊走世界傳教的地方。

此圖的南方，赤道以南，畫出一個大腳怪人。在中世紀歐洲人的想像中「第四大洲」位於赤道以南，必定炎熱無比。所以，這裏生活着一種「獨腳人」他們用扇子一樣的巨足來遮陽，使自己免受烈日暴曬。

美學大師艾柯在他的巨著《美的歷史》中，曾選登了這幅貝爾多斯圓形世界地圖。他認為：西方人這種對遠方民族的想像，至少從基督教的第一個世紀就開始了，比如老普利尼一世紀的《自然史》，就描寫了怪異的人與動物。以此為開端，公元 2 世紀至公元 5 世紀的西方百科圖書中，充滿了此類描述，到了公元 8 世紀，還出現了一本廣為流傳的《怪物志》。貝爾多斯的四大洲世界地圖，恰恰誕生在《怪物志》時代與那樣的氛圍之中。圓形貝爾多斯世界地圖的四周充滿了奇怪的魚類，如，可以把船鋸開的鋸

圖 3.3：《（啟示錄）評傳》公元 975 年抄本中的方形世界地圖，圖左大西洋與北冰洋中畫了六條船

圖 3.4：《（啟示錄）評傳》1086 年抄本中的圓形貝爾多斯世界地圖

魚，或叫不上名字的海怪的大洋環繞。

貝爾多斯世界地圖基本上是用基督教觀念解釋世界，但基督教正統學者都認為在《聖經》中並未出現「第四大洲」的記載，所以貝爾多斯的這種描繪屬於離經叛道。

從海洋地圖角度看此圖還有一個特別之處——它突出描繪了兩個燈塔：一個是圖左下方西班牙北部海岸的科倫納燈塔（亦稱大力神燈塔，建於公元 2 世紀，至今仍在使用），一個是圖中央埃及尼羅河口的亞力山大燈塔。這是現存古代地圖中最早的燈塔描繪的作品之一。

第三節　從抽象到具象的「T-O」地圖

——花之書世界地圖（1120 年）
——梭利世界地圖（約 1150 年）
——詩篇世界地圖（13 世紀晚期）

從 12 世紀初開始，歐洲的世界地圖雖然還保持「T-O」結構，但漸漸融入了半寫實的地理描繪。這種半抽象半具象的世界地圖，在各種中世紀文獻中傳播，讓人們看到了《聖經》之外的對世界與海洋的全新解釋與描繪。

花之書世界地圖

《花之書》（Liber floridus）是伊西多爾《詞源學》、貝爾多斯《（啟示錄）評傳》之後的又一部涵蓋年代學、天文學、地理學、神學、哲學和自然史等學科的「百科全書」。它的作者是法國聖奧梅爾的蘭伯特（Lambert de Saint-Omer 約 1061－1150 年）。

蘭伯特年輕時進入法國的聖貝爾廷修道院，他後來訪問了法國幾所著名學校，奠定了學習語法、神學和音樂的基礎，成為一位編年史家。1120 年蘭伯特完成《花之書》的編輯工作。原書由拉丁文寫成，後來被翻譯成法語，稱為「lelivre fleurissant en fleurs」

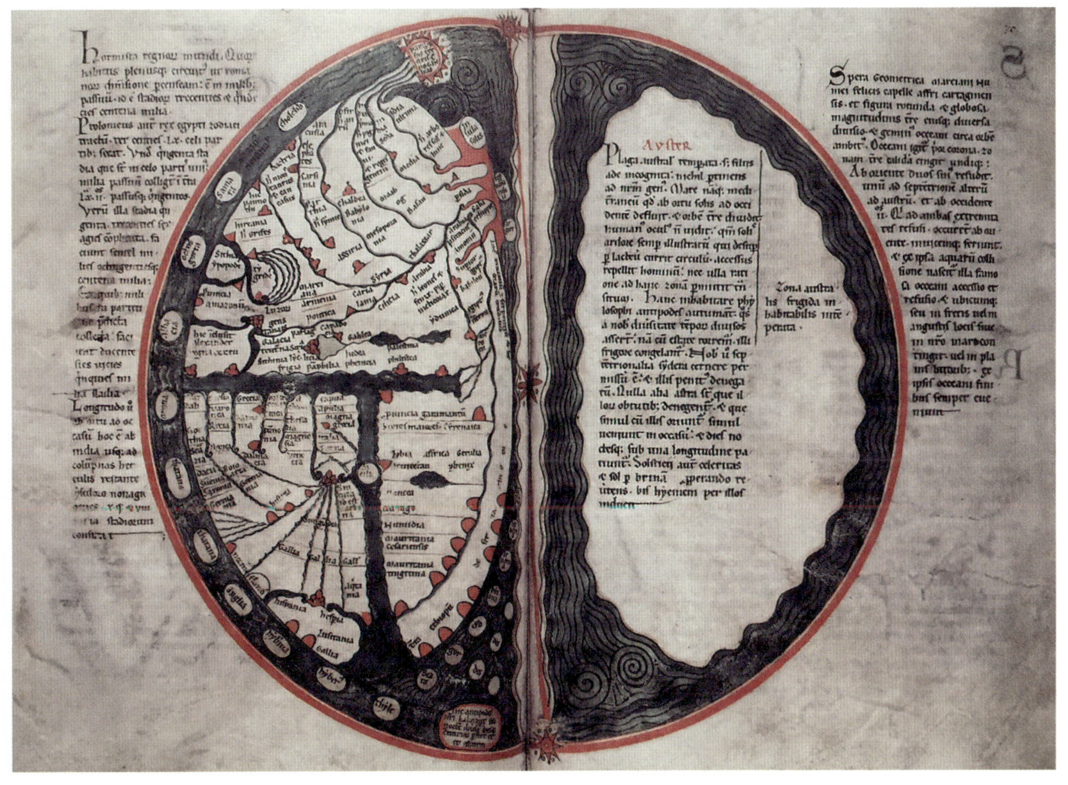

圖 3.5：1120 年完成的花之書世界地圖是一幅「四大洲」地圖。圖中央是赤道，赤道線上畫有三個放射光芒的太陽，表示「四大洲」之不可及

（開花的書）。蘭伯特把這本書看作是從天堂摘下的一束鮮花「讓忠實的蜜蜂飛到它們身邊，並從它們身上汲取天堂的蜜汁。」

目前可知至少有 9 部《花之書》抄本存世，其中一本可能是蘭伯特的原作，保存在荷蘭根特大學圖書館。這些 12－16 世紀的抄本，多來自法國北部或佛蘭德地區。這裏選用的是奧古斯特公爵博物館的《花之書》抄本中的地圖，此抄本完成於 1157－1175 年間。

《花之書》抄本中的世界地圖是一幅「T-O」結構的「四大洲」地圖。但對傳統地圖又有所改造，「第四大洲」也更突出，赤道線上畫了三個放射光芒的太陽，赤道南邊的「第四大洲」是適於人居，卻無法到達的「南方大陸」。此時「第四大洲」理論已成了各種「百科全書」的「共識」。

圖中的歐洲也得到了突出的表現，特別是左下角的加利西亞（今西班牙）已被獨立顯示。此圖的一些抄本甚至將歐洲部分，獨立抄為一頁，使之成為「最早的獨立的歐洲地圖」。

梭利世界地圖

這幅圓形世界地圖，因在英格蘭約克郡熙篤會的索利修道院圖書館中被發現，所以被稱作」梭利地圖」(Sawley Map)，大約製作於 1150 年，圖縱 30CM，橫 20CM。它原載於 12 世紀神學家奧諾里于斯 · 奧古斯托都南西斯（Honorius Augustodunensis，？－1151 年）的涵概歷史、地理和宇宙哲學的百科全書《世界寶鑒》(Imago Mundi，也譯《意象世界》）之中，是一幅解釋世界的插圖。現藏梵蒂岡使徒圖書館。

此圖也是「T-O」結構，但它將地中海處於世界的中央，而不是耶路撒冷。但對於聖經的重要記載，還是有所表現，比如，上方的畫出了伊甸園，在東方以「褲子」形狀描出了波斯灣和紅海。在波斯灣頂部繪出了幼發拉底河與底格里斯河，還有巴別塔；在紅海北部繪出了「摩西劈海斷流處」，這或是最早在地圖上描繪這一神跡的地圖。圖中還描繪了希臘神話中吞吃水手的女海妖斯庫拉和大漩渦怪獸卡律布狄，它們分別被用狗頭（圖中央）和螺旋（西西里島旁）來表示。圖中最突出是 12 世紀業已存在的重要城市的符號。在左下方以顯著的長條形來描繪和註記布列顛羣島。

此圖經常被稱為英格蘭歷史上最早的「世界地圖」。實際上，更早的還有一幅被稱為「盎格魯 - 薩克遜地圖」的英格蘭世界地圖，大約製作於 1025 年（第 13 章會講到此圖）。

詩篇世界地圖

雖然，不列顛島孤懸於大西洋之上，但從公元前 55 年凱撒大帝在此登陸後，其文化就再沒擺脱過歐洲大陸的影響。中世紀，英格蘭繪製的世界地圖和歐洲大陸流行的「T-O」地圖如出一轍。但不列顛島的人，以島國視角看世界的方式，還是與歐洲大陸略有不同，所以，也留下了這一時期的另類世界地圖。

圖 3.6：梭利世界地圖是以地中海為中心的世界地圖，約繪於 1150 年

圖 3.7：詩篇世界地圖成圖於 13 世紀晚期，
它是描述性極強的英格蘭版世界地圖

比如，這福原載於《詩篇》（也稱《聖詩集》）中的世界地圖。這部英格蘭編輯的聖歌集手稿成於 1262 年，其中以加入了這幅英格蘭版的世界地圖。它也由此得名「詩篇世界地圖（psalter world mpa）」。現收藏在大英圖書館。

詩篇世界地圖的圓形地圖部分繪在直徑 8.5 厘米的圓圈內（它應是一幅大地圖的插畫副本），屬於「T-O」結構，世界被分成歐、亞、非三塊大陸。在圓形地圖外，以插圖的形式描繪了耶穌的肖像，他手握「T-O」形地球儀，立在地圖正上方，兩側立有兩個天使。這三個人物形象佔居了整個圖面的三分之一，突顯是造物主創造了世界這一重要主題。圓形地圖內部，還有這一主題的延伸表現。地圖頂繪有伊甸園和蘋果樹，樹旁有亞當和夏娃。

由此可以看出，作為宗教地圖，「T-O」地圖有一個重要使命它要完成基督教的兩個重要母題：一是創世，一是末日審判。這幅地圖完成了表現前者的任務，表現後者的地圖赫里福德世界地圖，下一節我們會講到。

所以，我們說「T-O」地圖表現的它不是單維度的世界，它同時包含時間與空間兩個維度。也就是說，這種地圖，不單關乎地理，而且關乎歷史，所以，它也是基督教的歷史地圖。

這幅地圖可謂中世紀地圖中，插圖與色彩運用得最好的一幅。

先說色彩，此圖沿用意大利手抄本的泥金畫風格，創造性地選用多種色彩表現不同的地貌。比如，紅海繪成紅色，並繪出「摩西劈海斷流處」。恆河和多瑙河等主要河流以鈷藍，也稱「波斯藍」繪製；大面積的海水，全是「土耳其綠」(Turquoise)。其實，土耳其並不產綠松石，因古代波斯產的綠松石，多經土耳其運進歐洲，而得此名。

再來看插圖，此圖突出描繪了重要城市，耶路撒冷處在正中央，羅馬位於其下方，不列顛羣島位於左下方。同時，還以城堡符號表現和標記其他城市。

當然，圖面上最顯眼的是神怪形象。環繞地球的 12 個頭像彷彿在噴水，實際上是在吹風，它們是 12 風神。這些風神源自希臘神話、羅馬神話，逐漸成為歐洲文化及基督教文化的一部分。圖右側整齊排列出 14 種怪物的圖像。在世界邊緣地區非洲的西南海岸、地球的南端，繪出了可怕的奇異部落。

西方人對遠方民族的想像，至少從基督教的第一個世紀就開始了，比如，老普利尼公元 1 世紀的《博物志》中就記述「非洲多神奇部眾，有尼格羅者（Nigroe），王只一目；有塞納默吉者（Cynamolgi），顱作犬形；有阿塔巴提泰者（Artabatitae），四足而行。」以此為開端，公元 2 世紀至公元 5 世紀的西方百科圖書中，充滿了此類描述。公元 8 世紀，出現了一本廣為流傳的《怪物志》。11 世紀初，還出現了一本古英語志怪集《東方奇譚》。

詩篇世界地圖的這組插圖怪物中，最為中國讀者熟悉的是無頭人，西方稱「不萊梅」，中國叫「刑天」。《東方奇譚》說「不列顛以南諸島住着許多不萊梅⋯⋯他們的五官長在前胸或者後背。」此外還有狗頭人，還有吃人的人⋯⋯這些怪物在人類未知地帶排佈，表達了多層意思：對未知土地的恐懼與警告、對未知土地的好奇與探究、展現世界生物的豐富性，同時，也是賣弄作者藝術天分，取悅受眾，刺激銷售。

事實證明，地圖中這類怪物插圖的應用，受到了讀者歡迎，甚至刺激了人們探索世界的興趣。可以說，這幅世界地圖引領了後來更多的插圖介入地圖，形成地圖上的特殊知識體系和話語結構。

第四節　中世紀最大的世界地圖

——赫里福德世界地圖（約 1290 年）

——埃布斯托夫地圖（13 世紀晚期）

中世紀晚期，歐洲出現了兩幅當時最大的世界地圖，僅以尺寸之大而言，就足以表明它們對世界的解釋雖然沒脫離《聖經》，但已然是以實用為目的，並盡最大努力描出已知的世界細節，以及溝通世界的重要水道。

中世紀歐洲的修道院，一直是歐洲天文地理知識、文學藝術和財富的寶庫，許多傳世的著名地圖皆出自修道院。下在要講的這兩幅中世紀歐洲最大的世界地圖，都出自修道院，也都以修道院的名字被後世命名。

赫里福德世界地圖

英格蘭西部有一座保存至今的 11 世紀的諾曼風格大教堂——赫里福德（Hereford）大教堂，教堂牆壁上鑲着一幅從中世紀保存至今的、尺幅最大、最為精美、最為詳細的世界地圖。這幅地圖繪在一張縱 159CM 橫 134CM 的牛皮上，作者是英格蘭理查德家族的三位兄弟，其中有一位可能就是這個教堂的神職人員，因為地圖左下角有一段用諾曼第法語書寫的簽名：「此圖由理查德創作，願所有擁有，讀過，見過，以及聞知此圖的人，能向上蒼祈求耶穌賜福給作者，使作者在天堂裏得到快樂。」這是中世紀極少見的有作者署名的地圖。三兄弟把這幅朝聖指南式的地圖捐贈給赫里福德大教堂。據專家推測，此圖大約繪於 1290 年，而今，它在這座教堂裏已「住」了 700 多年，人們習慣上稱它為「赫里福德世界地圖」。

赫里福德世界地圖與一個多世紀前的英格蘭梭利地圖，有某種同源性，或以前者為底本。它們雖然都是「T-O」結構，但都加入了其龐雜的宗教、歷史和地理信息，特別是對於海洋與眾多水體的描繪，是此前「T-O」地圖無法比擬的。

赫里福德世界地圖上的信息量是空前的，圖上有 1100 多處地名、描繪了 420 個城鎮，記錄了 15 個《聖經》事件，有 33 個動植物，32 個人物和 5 個古典神話場景……地圖外層文字是當時英格蘭上層社會流行的古法文。這是一幅百科全書式的世界地圖，它詮釋了人的生存與死亡及最後的審判，是中世紀最好的思想文化與地理圖解。

我們先來看這幅地圖的外圍：

上一節，我們在詩篇世界地圖中，講過圖中的創世描繪，這幅地圖好似它的續集，在圓圈外頂端三角，表現了末日審判。中央是張開雙手端坐的耶穌，旁邊是幾個天使；左邊一羣人在一個天使引導下從墳墓中出來，走向永恆；右邊的 6 個罪人被捆在一起，由一個天使押解，走向地獄。

不過，這幅地圖並不限於基督教的創世與末日，還包括希臘的上三代神靈的歷史，一直到羅馬帝國的擴張，它有一個複雜的「時間軸」。所以，在地圖圈外的左下角，可以看到羅馬帝國開國君主蓋烏斯・屋大維，請希臘測繪師描繪大地的故事。他正在指導勘測員們「走進這個世界的每一個角落，向元老院報告每一塊大陸，而後加蓋我的寶璽」，下方繪有一個「奧古斯都・凱撒」的印章。

地圖圈外的右下角，描繪的是一位騎士策馬奔向世界之外，卻回首留戀世界，舉手告別，並對一位牽着細狗的隨從說「去吧」，不知說的是去向何方。但地圖的四個角上，分別寫着字母 M-O-R-S ——即羅馬死神的名字，代表着「死亡」。字母「R」恰恰壓在騎士的馬頭上，這真是一個神祕主義的巧妙佈局。

接下我們來看圓形地圖內部。

圖中央留下了圓規扎孔，表明這個圈是用圓規畫出來的，其直徑為 1.32 米。圓周上繪有十二個嚇人的風神頭像和環繞大地的海洋。此圖以東方為上，最上方依舊是伊甸園，圖中央垂直的有島嶼的是地中海，橫在圖中央的是頓河，它的左邊是黑海、右邊是尼羅河。尼羅河北部被認為是亞洲的東邊界。圖中的水體原本是藍色，但經過時間的洗禮多已變成了黑色。

東方，主要是亞洲，佔據了過半版面。13 世紀的亞洲在此被劃分成四大地區：北部地區（塞西亞）、遠東地區（印度）、南部地區（亞洲較遠地區，包括努比亞和埃及）和西部地區（鄰近地區或小亞細亞）。此圖上沒有中國的任何痕跡，只是在塞西亞的位置上標註了「Seres」即絲國。

亞洲的海洋，有許多有趣的描繪：右側紅色的海是摩西斷開的紅海，左側紅色的海洋是波斯灣，它的上游的底格里斯河上有個高大的多層建築是巴別塔。這裏作者用了一段長長的標註：大意是說「這座城，城牆厚 25 米，高 100 米，面積達 100 公里；城牆上，可並排行駛由 24 匹馬拉的戰車。」巴別塔左邊的高加索山脈上繪有諾亞方舟。

歐洲，在地圖的左下方區域。左下方大西洋中的羣島是不列顛羣島，上面標註有許多地名，英格蘭、蘇格蘭、威爾士和愛爾蘭。圖中央向下豎立的是地中海，海中有克里特島，細看島上還有希臘神話中米諾牛的迷宮。這個圓形迷宮中心，留下了圓規的針孔。愛琴海四周有劍魚、海妖，還有歐羅巴騎公牛渡海的迷人小插圖。歐洲主要城市是巴黎和羅馬。

圖 3.8：大約繪製於 1290 年的赫里福德世界地圖，現仍保存在英國赫里福德大教堂

非洲，在地圖的右下方。此圖和梭利地圖一樣，也認為尼羅河的源頭位於今天摩洛哥境內的一個湖。尼羅河最初的流程是自西向東，當它接近非洲大陸的東端時，就消失在沙漠裏，而後又從上埃及流向北方，最後流入地中海。在尼羅河東邊，一條曲折的線條描繪了當年以色列人逃出埃及的路線，還有摩西斷開紅海的描繪。這條線一直通往死海和約旦河，最後靠近聖城耶路撒冷。

13 世紀的地圖，沒有國界，看上去亂做一團。實際上，它有着內在的規律。此圖標註了基督教三個朝聖地：一是地圖正中央的圓形城堡耶路撒冷；二是羅馬；三是聖地亞哥德坎波斯特拉。從英格蘭通往聖地的沿途必經城市被標註得非常仔細。因此，它也被認為是一幅朝聖指南地圖。

此圖中的標註文字，至少有 10 種以上的來源，分別取自《聖經》、基督教典籍、老普林尼的《博物志》等，匯集了地理、宗教、文化和歷史等多門類知識。除了聖經故事，如耶穌受難，大洪水等，此圖中對生物的描繪同樣令人動容。除了駱駝、大象等真實存在的生物，還有獨角獸、狗頭人（Cynocephali）、屹立於非洲大陸的無頭人「不萊梅」（Blemmeys）、有分食父母的食人族，僅有一隻腳的傘足人（Sciapods）等莫名其妙的怪物。地圖上畫有兩個傘足人，一個在印度，另一個在人跡罕至的地球最南端。

赫里福德地圖幾經風雨總算保存到了今天。1988 年，赫里福德教堂因缺少維修費，曾將地圖運往倫敦拍賣，此舉引起當地民眾強烈反對和捐助活動，拍賣最終被取消，此圖現在仍保存在赫里福德大教堂的建築中。2010 年英國佛裏歐出版社出版了一千幅限量版的赫里福德地圖複製品，複製地圖接近於原圖尺寸，用類似羊皮紙的合成纖維紙印刷，並裱於有上下支杆的卷軸帆布上，附有關於此圖的論文。雖然是複製品，但價格也不菲，750 英鎊。

埃布斯托夫地圖

1830 年，德國北部呂訥堡的埃布斯托夫（Ebstorf）鎮的一座女修道院裏，一個名叫夏洛特．馮．拉斯波格（charlotte Von Lasperg）的修女在院內放宗教用具的雜貨間裏發現了由 30 張羊皮紙組成的彩色地圖，縱 3.58 米橫 3.56 米。圖上主要文字説明用拉丁

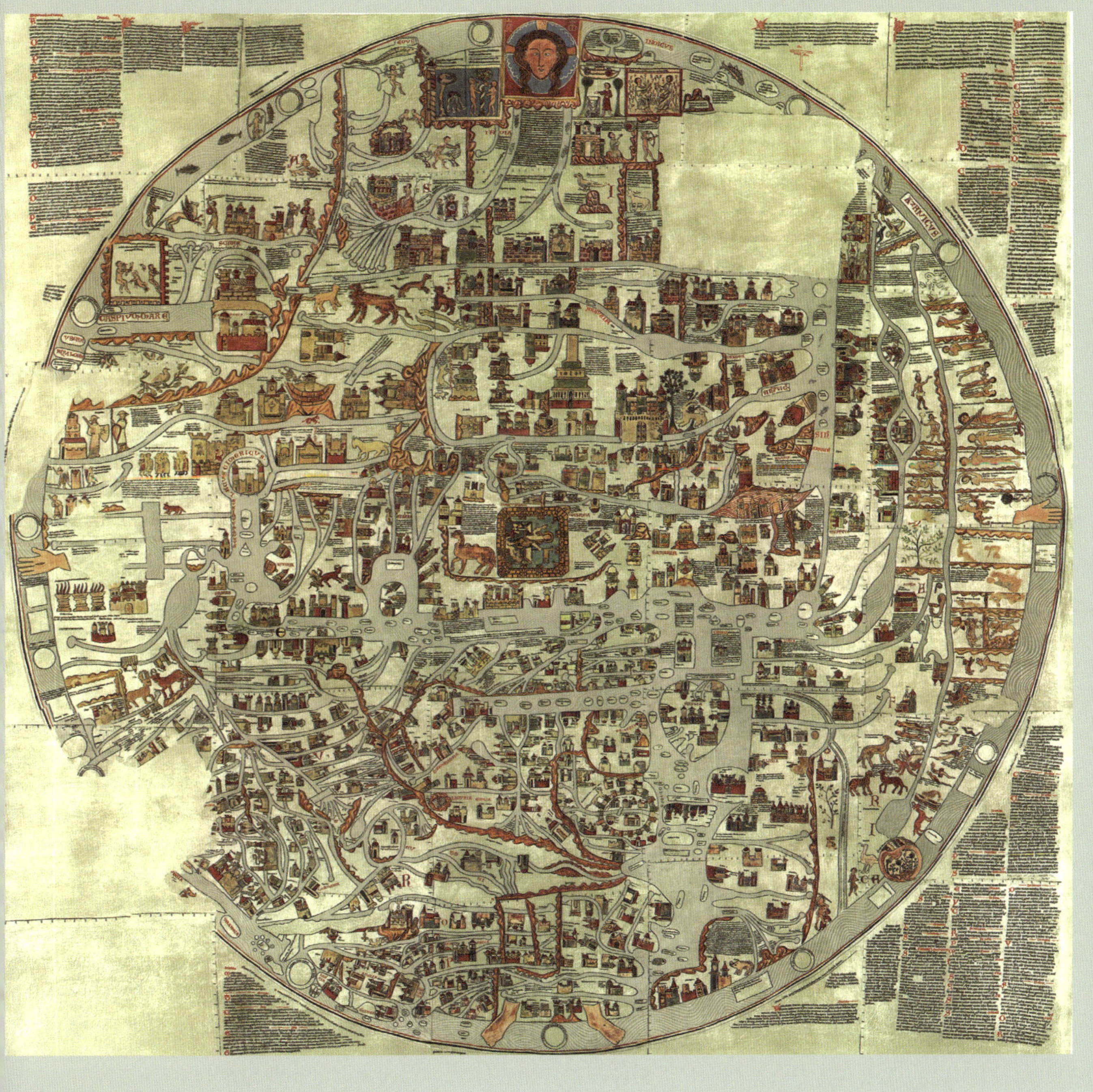

圖 3.9：大約繪製於 13 世紀晚期的埃布斯托夫地圖，原圖毀於戰火，此為複製圖

文寫成，也有一些地名用當時的德文方言寫成。圖上沒有作者簽名，人們推測它應是這裏的修女們創作的作品（圖上卡通式插圖有着女性特點），後世以發現地稱其為「埃布斯托夫地圖」。這幅地圖也沒有繪製時間，人們根據相關信息推測此圖大約成於 13 世紀晚期。

中世紀時，埃布斯托夫鎮的女修道院曾是天主教本篤會修道院。16 世紀宗教改革後，這個本篤會修道院改成新教的修道院。這幅巨大的地圖被發現後，在 1885 年重建存放它的教堂時遭到毀壞，可能遺失了幾張羊皮。後來此圖輾轉各地進行修復，先是運往漢諾威，1891 年又運往柏林，修復後又運回漢諾威保存。1943 年反法西斯盟軍空襲漢諾威，這幅當時歐洲最大的中世紀世界地圖，在戰火中化為灰燼。不幸中的萬幸是，在漫長的修復過程中，專家拍攝了此圖全部照片還在。這些黑白照片成了它唯一的記錄，1950 年代人們根據這些照片製作了埃布斯托夫地圖複製品。複製品收藏在德國歷史博物館。

此圖宗教意圖十分突出，整個大地被圓形的大海洋包圍，大地被鋪排於基督受難十字架上，並被基督巨大的身軀擁抱。圖上端是頭部，下端是腳，代表上東下西；圖左右是兩支手，分別指向南和北，心臟即世界中心，即耶路撒冷。基督頭像旁的伊甸園裏有亞當和夏娃，羣山包圍伊甸園，羣山下方是恆河和它的十二條支流，還有幼發拉底河、底格里斯河還有尼羅河都從此流出，在此下方偏左的位置是中國，同樣被羣山包圍着。

在亞洲北部，其顯著特徵是類似長方形的一個海角延伸到了宇宙之海中，這就是令人毛骨悚然的吃人巨獸家園；城堡堞形線條標示出傳說中的亞歷山大帝為防範外敵入侵而修建的雄偉城牆。在圖的左邊手掌的地方，有幾個冒着火焰的祭壇表示着這裏是世界最北端。

此圖右下方為非洲，作者對非洲的描繪很簡單。它的北海岸和西海岸幾乎徑直從印度洋延伸到大西洋，而南海岸和東海岸則被描繪成一個弧。非洲的主要標誌是尼羅河，它的描繪和梭利地圖、赫里福德地圖一樣，也是源頭在摩洛哥的一個湖，當它流到非洲大陸的東端時，穿入沙漠，又從埃及流向北方，流入地中海。在亞洲和非洲大陸上，四處散佈着各種詭異奇特的人物和動物圖像，還其他一些奇怪的神話人物和精靈們。這類怪物小圖案整地圖上有幾十個之多。

製圖者顯然對歐洲了解更多，但仍採取同樣程式化的手法來進行描繪，歐洲大地分為幾塊，並沒有精確複製海岸線或其他地理方面的細節。

圖上的右上角寫着這樣一段話：「此圖為旅行者指明了方向；並標出了途中賞心悅目的諸多景點，所以此圖對讀者來説頗有用處。」據統計，埃布斯托夫地圖上約有1200條文字註釋，包括地理、歷史、宗教等等。此圖的信息來源有很多，主要是經文和宗教故事，此外是古羅馬作家老普林尼（公元23－79年）《博物志》一類古典時期著作；還有一些來自於中世紀的著作，如1151年出版的《世界寶鑒》（Imago Mundi）等當時流行的宇宙論和地理學百科全書。所以，此圖地理學意義，遠低於它的文化歷史價值，正因如此，它成為中世紀歐洲人的宗教觀和想像世界的代表作品。

第四章

方圓世界：阿拉伯的世界觀與海洋觀

西羅馬滅亡後，千年之間，歐洲地理學幾乎沒有一點進展，再沒產生偉大的地理作品。這很像中國宋朝詩人所說，「天不生仲尼，萬古如長夜」。幸運的是「西方不亮，東方亮」，阿拉伯地理學在此間崛起。

今天所說的「阿拉伯」（Arab）和「阿拉比亞」（Arabia）都是閃族語，前者意為「沙漠」，後者意為「沙漠裏的人」。從 7 世紀初開始，阿拉伯半島各部落以伊斯蘭教為核心建立起統一政權，經歷了四大哈里發短暫的 30 年執政後，隨後向「沙漠」四周迅速擴張……公元 711 年阿拉伯人跨過直布羅陀海峽，攻入伊比利亞半島和比利牛斯山脈，成為地跨亞、非、歐三大洲的龐大帝國。

阿拉伯帝國向外擴張的七百年，是比歐洲「文藝復興」還要早的「科學復興」的七百年。戰爭與商旅活動極大地擴展了阿拉伯人的視野，特別是聖訓「知識，即便遠在中國，亦當求之」和「死於異鄉，即為殉教」，對「求知」與「遠遊」的倡導，激勵阿拉伯人對地理空間和商業空間的不斷探索。

阿拉伯帝國在擁有歐洲、亞洲、非洲的許多定居城市之時，也接受了三大洲不同的文明成果。在歐洲陷入「黑暗時代」之際，阿拉伯擔當起世界科學承前啟後的歷史重任；在以阿拉伯語為官方語言的伊斯蘭世界裏，科學家以開放包容的態度廣泛吸取世界的科學知識，人們可以自由旅行，交換信息、探討學問……來自沙漠的阿拉伯人通過吸納希臘、羅馬、波斯文化的營養，特別是「百年翻譯運動」，構建起全新的阿拉伯文化，發展了新的學科。

阿拉伯地理學正是在這樣的背景下誕生的。阿拉伯原本沒有地理學這個學科。希臘人的「地理學」在阿拉伯人這裏被稱作「長寬學」，或「地名辭典學」，「道路版圖學」。他們將托勒密《地理學》譯為「surat al-ard」即「大地的形狀」。

公元 9－10 世紀開始，一批重要的阿拉伯地理學著作相繼問世，如阿爾 · 花剌子模（Al-Khwarizmi，約 780－850）的《大地的形狀》，蘇來曼（Sulayman）的《中國印度見聞錄》，伊斯塔赫里（al Istakhri，? －957）的《道里邦國志》，雅庫比（al-Ya' qubi，? －987 年）的《列國志》，阿里．馬蘇第（Al-Mas 'ūdī，? －956 年）的《黃金草原和寶石寶藏》。

阿拉伯地理學家借鑒巴比倫、印度、波斯與希臘的地理學成果，和自身旅行實踐與海上探險，製作了一批視野開闊的世界地圖和海洋地圖，在歐洲地理學幾乎缺席和空白的情況下，為世界地理學貢獻了又一個製圖高峰。

新興的阿拉伯製圖學十分獨特，大體上分為兩派。在北非和西地中海的阿拉伯學者，融合了希臘地理學，特別是托勒密的地理學，創建了以數學模型為基礎的製圖學派。在亞洲的阿拉伯學者則多屬於「巴爾希學派」，其創建者為長期居住在巴格達的阿布．扎伊德．巴爾希（Abu Zayd al-Balkhi，850－934）。此學派製作的地圖非常幾何化，運用直線、弧線、圓形、方形、星形等簡單幾何學元素設計地圖。

中世紀的阿拉伯世界地圖大體經歷了三個發展階段：一是 9 世紀馬蒙王朝的承繼托勒密《地理學》時期，為後世留下少量的幾經傳抄的馬蒙世界地圖。二是 10－12 世紀的「巴爾希學派」的抽象繪圖時期，受反對偶像崇拜的伊斯蘭文化影響，阿拉伯學者創作了一批風格獨特的幾何形的抽象地圖。三是 12－13 世紀的伊德里西等地理學家回歸托勒密《地理學》時期，阿拉伯地理學引領歐洲地理學走出了「黑暗時代」。

要提出的是，中世紀阿拉伯的世界觀與海洋觀，有與托勒密《地理學》有相同的地方，即世界由兩個主要的大洋構成，一個是地中海，一個是印度洋；同時，又有發展，認為印度洋不是一個封閉的海洋，是與東西兩邊的大洋相通的開放的大洋；先於歐洲人繪出兩洋相通，非洲南端並不與南方大陸相連的先進海洋圖景。

奇怪的是，阿拉伯帝國是一個航海大國，造船技術與導航技術皆領先於歐洲，卻沒能創作出專門用於航海的地圖，而專門用於航海的「波托蘭海圖」，最終在地中海誕生。

第一節　阿拉伯的圓形世界地圖

——馬蒙圓形世界地圖（9 世紀）

——好奇心之書圓形世界地圖（1020－1050 年）

公元 9 世紀，阿拉伯地理學迎來第一個高峰。

阿拔斯王朝第七代哈里發馬蒙（al-Ma' mun，786－833）時代，阿拉伯海陸商道暢通無阻。海上商道分為兩路：東路從巴士拉港出波斯灣，達印度、中國；南路經紅海，出曼德海峽，通向東非沿岸和附近島嶼。陸上商道以巴格達為中心分為四路：東沿古絲綢之路，達撒馬爾罕，遠至中國；西至敘利亞、埃及、北非、西班牙，達西歐各國；南至也門；北至波羅的海沿岸；對外貿易、戰爭與文化交流，極大地擴大了阿拉伯人的地理視野。

雖然，馬蒙王朝只有 20 年光景，但由於國王對地理學的特別喜愛，使得阿拉伯地理學取得了傑出成就，後世也樂於將這一時期的地理學和世界地圖稱之為「馬蒙地理學」和「馬蒙世界地圖」。

馬蒙圓形世界地圖

馬蒙時代（公元 813－833 年）產生了一位重要的效力於馬蒙王朝的科學家——阿爾·花剌子模（Al - Khwarizmi，約公元 780－約 850）。他是數學家，也是天文學家和地理學家，他依據托勒密的《地理學》及實地勘察計算，編纂了《大地形狀》一書，並修正了當時被視為權威的托勒密《地理學》中的一些謬誤。比如，托勒密認為地中海的東西跨度有 63 個經度，而花拉子模經過重新計算，認為它只有 50 個經度，這與實際情況基本相符。據説，花剌子模《大地形狀》中附有後人所説的「馬蒙世界地圖」（The Mamunic World Map）。此圖記載了地名 537 處，及其經緯度，並劃分了各地的地形和氣候區，闡發了對地球偏圓形狀的創見。馬蒙圓形世界地圖在正確性上遠超之前的任何世界地圖，為阿拉伯地理學發展奠定了基礎。

阿拉伯歷史學家和旅行家馬蘇第（Al Masudi，公元 885－957 年）曾記錄自己看到

圖 4.1：馬蒙圓形世界地圖，成圖於 9 世紀，此圖為 1340 年的抄本

這幅地圖「由馬蒙命令一羣當代學者繪製，再現的世界包括天體、星球、陸地和海洋，有人居住和無人居住的地區，各民族的聚落、城市，等等」。他總結説：「這超越了之前的所有地圖，不管是馬里努斯的《地理學》、托勒密的《地理學》，還是其他人的《地理學》。」

馬蒙圓形世界地圖原圖亡佚，後世看到的這幅直徑 26.5 厘米的馬蒙圓形世界地圖，是阿拉伯地理學家伊本·法德拉拉·烏馬里（Ibn Fadlallah al-Umari，1301－1349 年）1340 年的抄本，現藏伊斯坦布爾託普卡普博物館。此圖上沒有傳説中的「記載地名 537 處」，但仍是典型的托勒密《地理學》學派的世界地圖，圓形地圖外邊畫有圖例，表示經緯度網格為此圖比例尺。圖中經線上劃分了 36 個格，每格 5 度，共 180 度，與托勒密《地理學》所認識的半個地球，基本一致。圖中緯度網格超過了赤道線，表明當時阿拉伯人對赤道南部的東非海岸有所認識。經緯網格覆蓋了大半個地球，這或是，迄今所能見到最早繪有經緯網的世界地圖。

馬蒙圓形世界地圖以南方在上，但沒以麥加和耶路撒冷為世界的中心。印度洋沒有依傳統畫成封閉海域，而是描繪為開放的，東邊與亞洲相通，西邊環繞非洲南端的海域相連。這種認識不僅是對地球的某個區域的認識，而是關係到地球上海洋與陸地分佈的大格局，屬於人類對地球面貌的全局性、根本性的認識。這些描繪為後來的大航海探險提供了理論基礎。

《好奇之書》的圓形世界地圖

馬蒙圓形世界地圖並不是阿拉伯地圖受到托勒密《地理學》學派影響的孤立樣本，此前學者們常用伊德里西大約繪於 1154 年的圓形世界地圖來表示這種托勒密《地理學》學派地圖的傳承關係。不過，21 世紀新發現的文獻證明，伊德里西圓形世界地圖，並非原創而是一個抄本，它的原本出自 11 世紀的阿拉伯地理文獻《好奇之書》。

2002 年 6 月，牛津大學博德利安圖書館，從一個慈善捐助渠道獲得了一部不為世人所知的手稿，原名「Kitāb gharaib al-funun wa-mulah al-’uyun」可以譯為《科學奇聞和大開眼界的奇跡之書》，英文譯為《好奇之書》（The Book ofCuriosities）成為學界通用書名。這是一部阿拉伯手稿抄本，書頁縱 33CM 横 25CM，共有 46 個對開頁。全書沒有作者名字，也沒有寫作時間。學者們最終認定：這部手稿寫作時間在 1020 年至 1050 年期間，從這份抄本所用紙張、墨水和顏料來看，它是 13 世紀的阿拉伯文抄本。

《好奇之書》是一部關於天文和地理的手稿，分為兩卷：第一卷為天文卷，共十章；第二卷為地理卷，共二十四章。地理卷還附有 20 幅彩色手繪地圖，為人們提供了目前所能見到最早、最完整、最精美的阿拉伯地圖集。

牛津大學博德利安圖書館出於保護目的，小心地將《好奇之書》全書拆散，也使 20 幅地圖手稿的展覽成為可能。2012 年 10 月，在牛津博德利安圖書館的「珍寶展」上，筆者有幸看到了消失幾百年後，再次現身的《好奇之書》地理卷的部分地圖。

圖 4.2：《好奇之書》中佚名作者的圓形世界地圖，成圖於 1020 年至 1050 年間

好奇之書圓形世界地圖是一幅世界氣候帶地圖。此前的氣候帶地圖沒有考慮地球的球形，分界線都畫成了直線。此圖糾正了這個錯誤，運用了堪稱「科學」的弧線，從北極方向起，將北半球劃分為七個平行的氣候帶，每個氣候帶按緯線等分。10－11 世紀，阿拉伯地圖中少有經緯度的表現，此圖好似一個「例外」。

此圖用經緯線正交方法描繪已知世界區域，大地和海洋被表現為圓形。不僅如此，還堅持了花拉子模早在 9 世紀提出印度洋不是封閉的海的理論，印度洋被描繪成與東方的大海聯通，與環繞世界的大洋相連的開放的海洋；圖中的非洲大陸赤道以南部分，以一個半圓來表示，通向「無所不包的海洋」。這也是 10 世紀阿拉伯地理學家伊斯塔赫里、伊本．豪卡爾等人關於「非洲南部並不與南方大陸相連」的共同看法。阿拉伯人這種科學描繪，歐洲一直到 1459 年，才在「毛羅世界地圖」中首次表現，並在 1488 年葡萄牙航海家迪亞士的航行中得到證明。

值得注意的是，此圖表現了阿拉伯地理學中的「七海」概念。古波斯人認為數字「七」具有神聖性，他們將世界劃分為七個國家，波斯位於地球的中央，第七國「秦尼」（中國）位於地球的最東方，並用「七海」指代所有的海洋。

公元 9 世紀，波斯歷史和地理學家雅庫比（al-Ya'qubi，? －987 年）在《雅庫比歷史》中寫道：「如果從海路去秦尼，需要橫渡七片大海⋯⋯法爾斯海（波斯灣）、拉爾海（阿拉伯海）、海爾肯德海（孟加拉灣）、個羅海、軍突弄海⋯⋯第七個海叫漲海，就是秦尼海。」10 世紀，馬蘇第的《黃金草原和寶石寶藏》則認為「七海」是指波斯灣、阿拉伯海、孟加拉灣、安達曼海、暹羅灣、占婆海（今越南）和漲海（南海東部）。

此圖描繪出「七海」已「進化」為：大西洋、地中海、黑海、裏海、波斯灣、印度洋和太平洋。特別是印度洋西連大西洋，東連太平洋，是阿拉伯對大洋學說的貢獻。阿拉伯人的「七海」理論，也被歐洲人用來代指世界所有的海。比如，西班牙稱英格蘭著名海盜德雷克為「七海公敵」。

這個圓形氣候帶世界地圖對後世影響很大，後來，伊德里西的《羅吉爾之書》存世抄本中，至少有 8 個抄本的首頁都附有這幅圓形世界地圖。

第二節　阿拉伯的方形世界地圖

——好奇之書方形世界地圖（1020－1050 年）

——伊德里西方形世界地圖（1154 年）

從傳說中的阿卡琉斯之盾到阿那克西曼德世界地圖，再到泥板的巴比倫世界地圖，還有後來流行幾百年的歐洲「T-O」世界地圖、阿拉伯圓形世界地圖，古代世界地圖一直都是圓形，一直到 11 世紀，才有真正的超越地中海視野的矩形世界地圖問世。

迄今為止，人們發現最早的兩幅矩形世界地圖都是阿拉伯人繪製的，它直接影響了後來的歐洲世界地圖和地圖集的矩形模式。

第一幅矩形世界地圖

迄今發現的第一幅矩形世界地圖出自《好奇之書》第 2 冊，第 2 章：關於地球的描繪。這幅作為插圖的彩色地圖，大約繪於 1020－1050 年之間，傳世地圖為 13 世紀抄本。

《好奇之書》方形世界地圖與中世紀倖存下來的基督教和伊斯蘭教的地圖都不一樣，它不再將世界描繪成一個成封閉的形狀，而是呈開放狀，地中海是向着大西洋開放，印度洋是向着後來人們所說的太平洋開放；歐洲和亞洲大陸的北邊，也向着古人尚不知道的北冰洋開放。這種描繪代表了當時非常普遍的一種觀念，即希望將亞速海和頓河、北冰洋與地中海聯合起來。如此，歐洲大陸就成為不與亞洲相連的一個獨立大陸。

這幅方形世界地圖以麥加方向——南為上。圖上方阿拉伯半島的西部靠紅海邊繪有表示天房旁水源的「月牙」。這裏是世界的精神中心，而地圖的中心似乎定在了埃及開羅，當時的法蒂瑪哈里發國的首都。圖上端所繪比例尺，也是同期地圖上鮮見的。

此圖的右邊，也就西邊，作者沒能超越托勒密《地理學》的認識，描繪止於西北非洲海岸。圖的左邊，也就是東邊，一片島嶼被註記為「寶石島，包圍它的山脈像一個籃子」。這是中世紀阿拉伯世界對東邊世界的傳統描述。這島嶼可能是馬來半島，或更遠的中國某島嶼，阿拉伯人和西方人都將此認作世界的「東極」。

圖的左下角，描述了傳說中亞歷山大建造的東方城堡，用以抵禦歌革和瑪各。據中世紀阿拉伯地理學稱，中國北面是歌革和瑪各之地，那裏住着世界以外黑暗力量的統治者……這些信息反映了當時阿拉伯對世界邊緣的看法。

雖然，印度洋與地中海，並沒有描繪出準確的地理具象，完全沒有考慮各個半島與海岸線整體形狀，甚至沒有考慮它地中海西邊的重要海峽，將伊比利亞半島直接畫為一個橢圓。但是，此圖仍具有突出的從海面看海岸的地理視角，甚或可以說，它是阿拉伯地圖中最為詳細的海洋地圖。在印度洋沿岸和地中海沿岸標註了 100 多個港口和錨地，每個港口和錨地都用阿拉伯文字仔細標記。圖上保持了阿拉伯地理學對通海大

圖 4.3：《好奇之書》中的方形世界地圖，是現存最早的矩形世界地圖（南方為上）

河的概括描繪。如，尼羅河、幼發拉底河、底格里斯河、印度河、恆河。

值得關注的是，此圖中已經有了相對成熟的圖例，如，用圓點代表城市，用雲狀和三角形來表示山脈，用紅色三角或半圓代表河源，用或曲或直的藍色條代表河流，用綠色圓圈代表湖泊，用白色小圓圈代表小島……這些圖例，後來被歐洲波特蘭海圖「馬略卡學派」發揚光大。

伊德里西方形世界地圖

如果說《好奇之書》是東西方地圖的集大成之作，那麼伊德里西《羅吉爾之書》則是阿拉伯地圖「希臘化」的一個奇葩。

伊德里西出身顯赫，所以全名特別長「Abu Abd Allah Muhammad ibn Muhammad ibn Abd Aah ibn idris al-Hasani al-Idrisi」，漢譯為阿布．阿布德．阿拉．穆罕默德．伊本．穆罕默德．伊本．阿布德．阿拉．伊本．伊德里西．哈薩尼．伊德里西。這一長串名字包含了宗教、家族、姓氏等多種元素。人們通常稱其為謝里夫．伊德里西（Al-Sharif Al-Idrisi）。在伊斯蘭教中「謝里夫」意為「尊貴的」、「顯赫的」，代表先知穆罕默德之女法蒂瑪的後人。他的姓氏「伊德里西」表明，他是伊德里西王朝的後裔。此外，他的祖上還是第四任哈里發阿里的後裔家族。

伊德里西是幸運的，他出生和成長在兩種文化激烈交鋒又相互融合的地區和時代，成為後世讚賞有加的隔合東西地理學的弄潮兒。1100 年出生於摩洛哥的伊德里西，在不到 16 歲時就離開了摩洛哥，來到伊比利亞半島，後來進入學術高地科爾多巴，並在科爾多瓦大學完成學業。在 1130 年代離開科爾多巴，開始在小亞細亞、匈牙利、法蘭西、英格蘭、馬格里布等地方旅行……歷史沒留下伊德里西 1138 年左右來到西西里王國的記錄。

通常的說法是，羅吉爾二世邀請伊德里斯來到西西里王國的首都巴勒莫，出任宮廷地理學家。大約是 1139 年，伊德里西接到羅吉爾二世委託，請他「寫一本書解釋這個世界的書，並補充先前遺漏的有關土地和國家情況的細節」。此書完成時「恰逢希吉來歷 548 年的閃瓦魯月」，即公曆 1154 年。後世稱其為《羅吉爾之書》。

法國國家圖書館收藏 1325 年的《羅吉爾之書》抄本，是一部 350 多頁紙質大書，共有 70 幅區域地圖，每幅地圖為一對頁，長方形，縱 32CM 橫 48CM。伊德里西創造性地利用經緯線正交的方法，將 7 條氣候帶豎切成 10 行，每部分大約 18°，形成 70 幅網格區域地圖，倘若以每條氣候帶 10 幅地圖，橫排成 7 排，即可拼接出一幅完整的長方形「拼圖版」世界帶地圖。如果，托勒密《地理學》原著中真的沒有世界地圖，那麼，它將是最早將托勒密坐標（並沒採用托勒密投影法）實現圖像化的「世界地圖」。這種以統一的網格表現和查看分區地圖的方法，後來成為製作地圖集的「國際標準」。

《羅吉爾之書》方形世界地圖，最南邊，也就是最上方的一排地圖，是第一氣候帶，即赤道地帶，最突出的附號是尼羅河。這是當時已知「人居地帶」的南方邊界。地

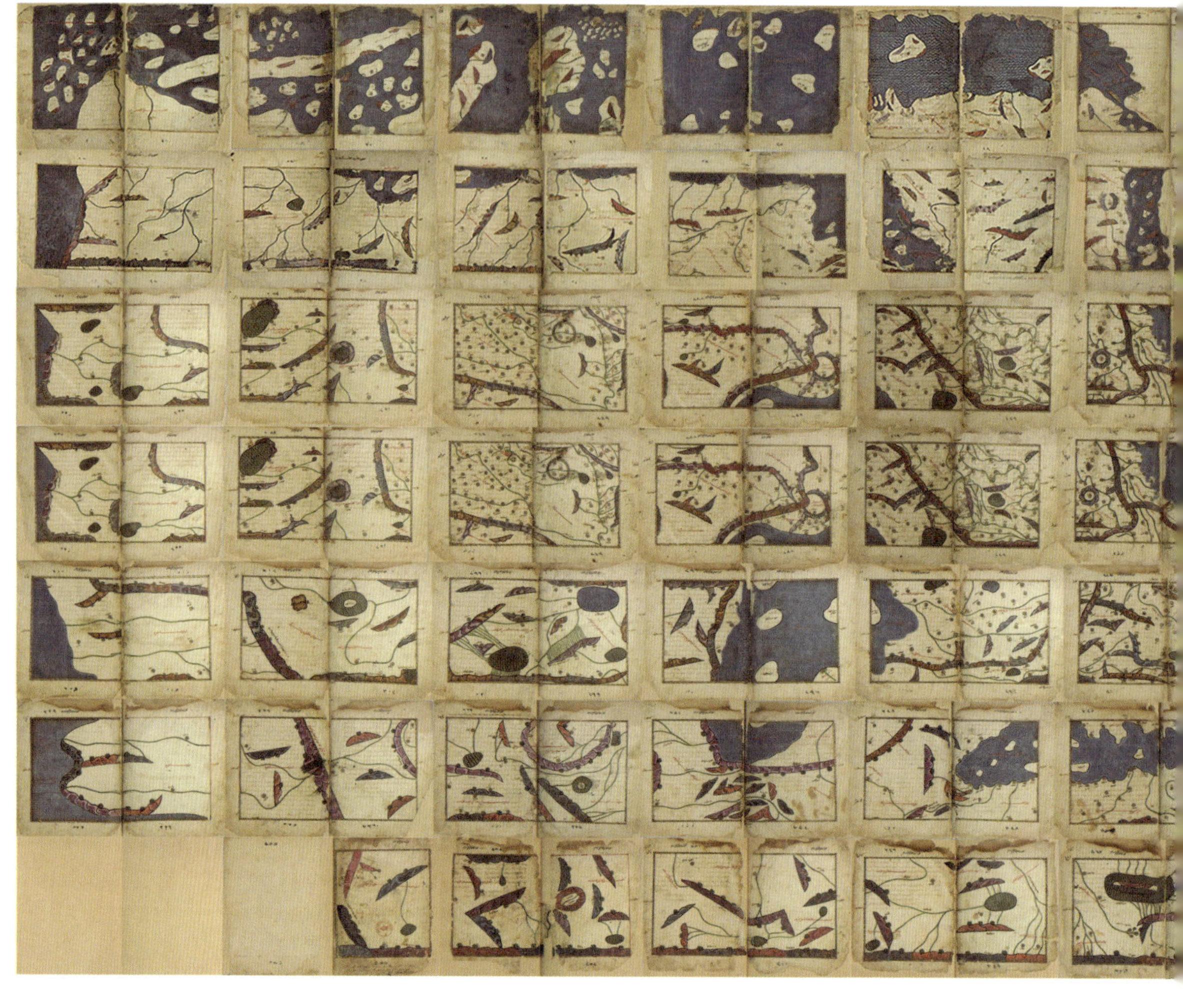

圖最北端，即最下方的一排地圖，為第七氣候帶。這一地區包括斯堪的納維亞和西伯利亞，最北的地方是北緯 64 度，這是當時已知的「人居地帶」的北方邊界。

在這幅氣候帶世界地圖中間的五個氣候帶，是適合人居的中央地帶，這裏存在着不同宗教背景的兩大區域，它包括環地中海地區、紅海、阿拉伯半島和波斯灣等地區，它們之間的地理關係描繪得較為準確，裏海被正確地畫成是個封閉的內陸湖，只是畫得過於大了，東邊大陸或海岸的描繪錯誤較多，整個東亞的海岸線被人為拉直了。

此圖中已知「人居地帶」的西極，即第一至七個氣候帶的最右邊第一個區域。伊

圖 4.4：伊德里西的《羅吉爾之書》中的地圖，拼在一起就是一幅長方形的世界地圖（南方為上）

德里西說：「第一個氣候帶始於西海之西，也稱作陰影之海。因為在它以外，沒有人知道存在着什麼。海上有兩座島嶼，稱為加那利羣島，托勒密從這裏開始計算經度。」這裏是阿拉伯人所說的「暗海」(即非洲西部沿海的大西洋)，是當時認識的大地西極。圖中的西非馬格里布海岸描繪得比較細，公元 7 世紀以後，阿拉伯大軍進入此地，所以，這裏的地理信息較為豐富。

此圖中「人居地帶」的東極，即第一至七個氣候帶的最左邊第十個區域。這裏的「Seres」(賽里斯，絲國) 是托勒密《地理學》描繪的東方的邊界。伊德里西超越了托勒密對東極的描述，除了描繪「Seres」之外，在大地最東邊第一氣候帶的第十個區域，繪出兩個羣島，一是「al-Sila」(新羅 السلى)；二是「al-Wāqwāq」(瓦克瓦克)，應是倭國（日本）的音譯。

托勒密《地理學》原始文本，有沒有地圖，已無原始實證。托勒密《地理學》中出現系列地圖已是 15 世紀的事了。所以，伊德里斯《羅吉爾之書》中的可以拼成一幅長方形世界地圖的 70 幅分區地圖，早在 13 世紀的傳世抄本中就已存在。從這個意義上講，《羅吉爾之書》更像是「第一部可以拼貼和分開的世界地圖（集）」，而這一點長期以來被低估，或忽略了。

第三節　阿拉伯的海洋地圖

——伊本豪卡爾地中海地圖（10 世紀）

——好奇之書地中海地圖（1020－1050 年）

——好奇之書印度洋地圖（1020－1050 年）

中世紀阿拉伯的海洋觀，即世界由兩個大洋構成，一個是地中海，一個是印度洋。

地中海，最初不叫這個名字。荷馬史詩以大洋河之神俄刻阿諾斯（ωκεανός）的名字指代「大海」，當時所指的「海」是東地中海的愛琴海。後來，羅馬人因為了解到這個海位於三大塊大陸之間，稱其為「Mediterraneum」，其中「medi」意為「在……之間」，「terra」意為「陸地」，漢譯「地中海」。公元 3 世紀的「地中海」之名，首次出現在羅馬典籍中。

印度洋，在公元紀年之前，並不叫印度洋，而叫「厄立特里亞海（Erythrea）」。這個名字最早見於古希臘歷史學家希羅多德（前 484－前 425 年）所著《歷史》一書，其希臘文原意為「紅色的海」，即非洲北部與阿拉伯半島之間的「紅海」。當時受視野的限制，所以，把巨大的印度洋也隨之稱為「紅海」。

公元 1 世紀時，有位希臘商人寫過一本《厄立特里亞海的航行》的地理著作。記述地區包括非洲東海岸，向南直到拉普塔（達累斯薩拉姆）；阿拉伯海岸，直到波斯灣和印度河河口；繞過印度半島，經錫蘭抵達恆河河口；繼續向東，還描述了赫里色島（Chryse）；最東至提奈斯地區及其都城提奈（Thinai），但究竟是指哪裏，無可考證。

這是古代西方人，第一次談到從海路接近中國。書中介紹，中國的絲綢、棉花和紗線從提奈斯經過陸路被運抵巴克特利（Bactres）和巴里加扎（Barygaza），經過海路和恆河水道，被運抵馬拉巴爾（Mal-abar）海岸的利邁里（Limyrique）地區。

公元 1 世紀時，羅馬地理學家蓬波尼烏斯 · 梅拉（Pomponius Mela）首次在地理文獻中使用「印度洋」這一名稱。公元 10 世紀，阿拉伯人伊本 · 豪卡勒編繪的世界地圖上也使用了這個名字。

那麼，我們就來看看中世紀時，阿拉伯地理學家描繪的地中海和印度洋。

伊本豪卡爾地中海地圖

伊本 · 豪卡爾（ibn-Hauqal，公元 920－990 年）出生在美索布達米亞（今伊拉克）阿拉伯地理學家。公元 10 世紀的阿拉伯人已建立了橫跨亞、歐、非三洲的龐大帝國，優越的區位條件使阿拉伯人控制了紅海和地中海上的東西方貿易，頻繁的商旅和航海活動，促進了阿拉伯地理學家對傳統的兩大洋，即地中海與印度洋的認識。

伊本 · 豪卡爾在繼承了稍早的阿拉伯地理學家伊斯塔赫里的地理學理論的基礎上，經過長達 30 年的北非、西班牙和西西里島的地理考察，重點研究了阿拉伯世界關注印度洋與地中海。

伊本 · 豪卡爾被認為是最了解地中海盆地的製圖師。他在《地球的面貌》（Surat al-Ardh）一書中繪製了世界地圖、地中海地圖等一系列地圖。由於這一時期阿拉伯帝國統治着西班牙和意大利等地中海沿海地區，所以，他根據自己掌握的第一手資料，在地中海地圖中突出了西班牙和意大利半島的描繪，伊本 · 豪卡爾著作原本已經消失，最早的存世抄本可追溯至公元 1086 年。

這幅地中海地圖與傳統的阿拉伯世界地圖不一樣，它不太風格化，也不是很抽

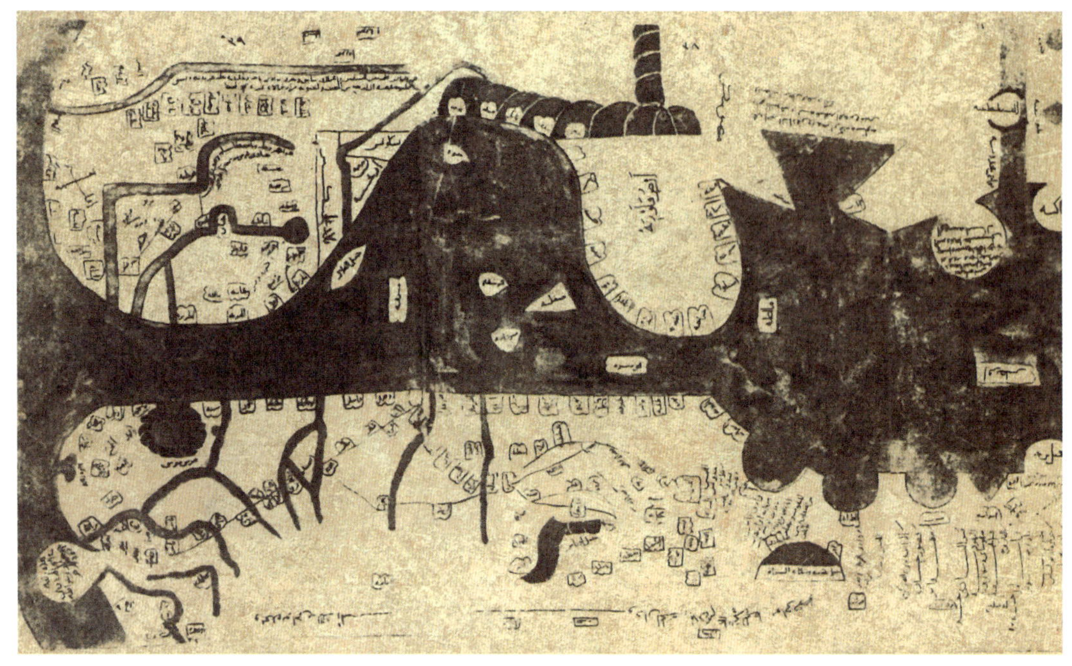

圖 4.5：伊本豪卡爾地中海地圖（10 世紀）

象，但也不是很具象，而是以一種數學地理學與風格化相融合的方法描繪了地中海與北非馬格里布地區。

在中世紀阿拉伯帝國意識中，歐洲並不構成一個明確定義或可界定的實體。歐洲是一個受到周圍海洋限制的歐洲，它的東面，愛琴海、博斯普魯斯海峽和黑海形成一條水道，將土耳其小亞細亞與歐洲大陸分離。在阿拉伯地理學中，常把歐洲說成「bilâd al-Rûm」，意思是「羅馬人的土地」，只有直接受托勒密《地理學》阿拉伯語譯本影響的作者才使用「歐洲」一詞。

伊本．豪卡爾描繪的地中海也是由阿拉伯帝視野構建的，他在著作中說「伊比利亞是一個半島，與加利西亞（西班牙西北部）和法蘭西一側的小大陸（即歐洲）相接：它是整個馬格里布的一部分（北非西部）。」

伊本豪卡爾地中海地圖，西起地中海西端的海峽，東至地中海東岸。海岸線的總體位置是數學地理模型，但西班牙、意大利、威尼斯灣和伯羅奔尼撒半島海岸形狀是風格化的幾何輪廓。它從西到東繪有地中海的重要島嶼：馬略卡島、科西嘉島、撒丁島、西西里島和馬耳他。其最大特點是記錄了許多環地中海的重要港口城市，特別是阿拉伯帝國控制的伊比利亞半島，還有意大利半島，都標註了許多地名，而且所錄地名都是 10 世紀的地名。此圖忽略內陸的表現，表現出鮮明的海岸或港口地圖的特徵。

這幅地圖是早期的、最為詳細的地中海專圖，為後來歐洲人繪製地中海航海圖奠定了基礎。

《好奇之書》的地中海地圖和印度洋地圖

中世紀的阿拉伯繪製地圖的風格是多樣化的，與托勒密製圖學派的數學模型製圖作品相比，「巴爾希學派」的簡約概括的製圖風格更佔主流地位。

《好奇之書》就收入了兩幅重要的古代地中海和印度洋的兩洋地圖。此書中的地圖雖然不是第一手的，但也非常可貴，人們推測出這些地圖大約完成於 11 世紀上半葉。

《好奇之書》地中海地圖，載於第 2 冊第 10 章：「在西海，即敘利亞海及其港口、島嶼和錨地」。作為這一章的插圖，此圖不描繪地理具象，也完全沒有考慮它的各個半島與海岸線整體形狀，甚至沒有考慮它西邊的重要海峽，直接將它畫為一個封閉的橢圓圖形。但也有它的可貴之處，它似乎是為了貿易和航行而設計，這片海域佈滿了 118 個島嶼，周圍有 121 個港口。這是此圖最具實用和最接近真實的信息，也是海洋地圖的重要元素。

《好奇之書》印度洋地圖，載於第 2 冊，第 7 章：「印度洋沿岸城市和堡壘」。和前邊的地中海地圖一樣，也不考慮它的真正形狀，也將其畫為一個封閉的橢圓圖形。它接反映了此時阿拉伯帝國仍按古希臘對海洋的錯誤理解，即海洋是有邊界的。但在印度洋沿岸，作者還是標註了重要的港口城市，這是此圖最具實用和最接近真實的信息，也是海洋地圖的重要元素。

這兩幅海洋地圖，雖然描繪了海洋、海岸、江河入海口和港口，但看得出它們不是為地球導航或兩洋航行設計的，而是具有裝飾性和描述性的，將它們視為視覺輔助工具——有點像兩洋的演示文稿。這種海洋地圖，其實是把海洋抽象化，最大的意義是讓人了解，這些海洋也是世界的特定組成部分，其示意性，遠遠大於實用性。

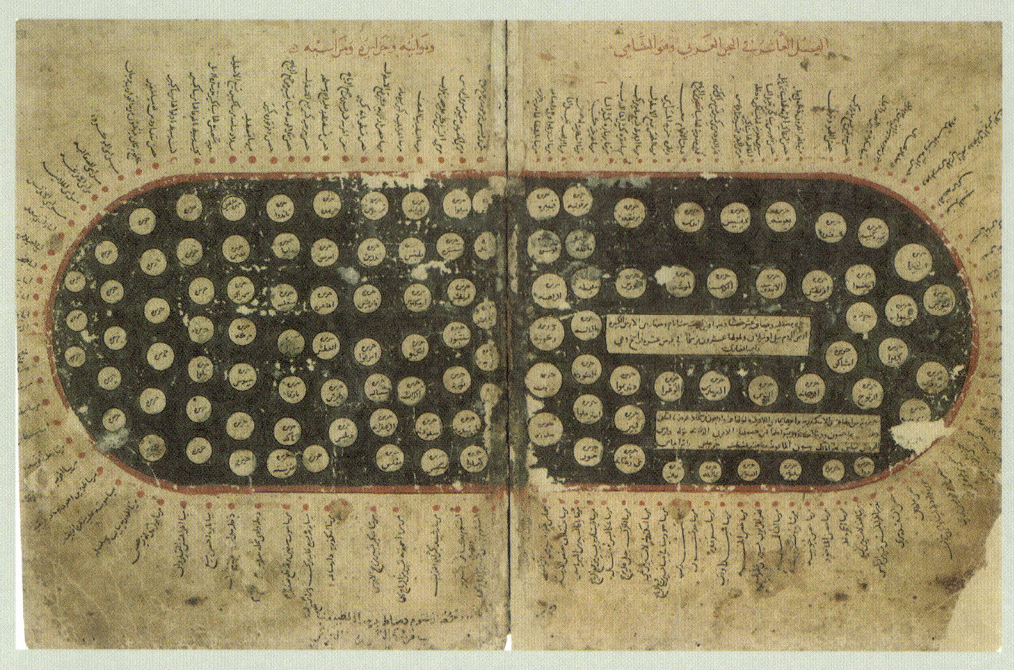

圖 4.6：出自《好奇之書》的地中海地圖（1020－1050 年）

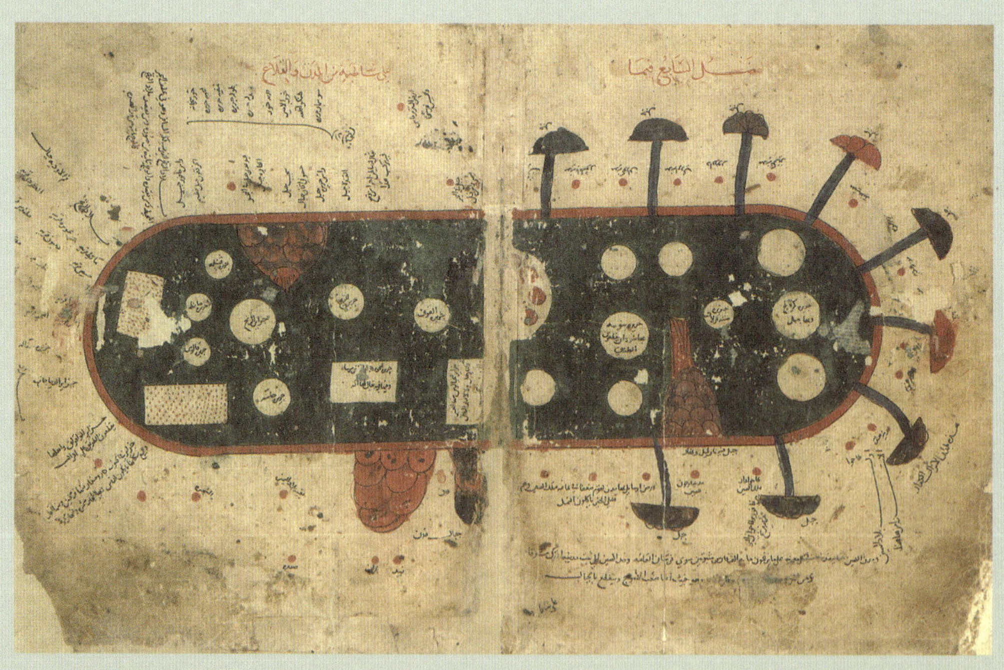

圖 4.7：出自《好奇之書》的印度洋地圖（1020－1050 年）

第五章

波特蘭海圖：早期的航海指南

在中世紀盛行的「T-O」地圖中，那個「T」是大河與大海，那個「O」是包圍大陸的大洋。「海洋」的意思已然存在，但「航行」的想法，未能在地圖中顯現。

10 世紀至 11 世紀，阿拉伯地理學家開始製作突顯海岸線，並詳細標註港口的海洋地圖。如伊本·豪卡爾的地中海地圖，《好奇之書》中的地中海與印度洋地圖。這些地圖已表達出明確的海上貿易目的，港口得到了突出標註，距離引導帆船海上航行，還差一步。

13 世紀，歐洲人漸漸收復被阿拉伯人佔領的南部歐洲和地中海島嶼，開始建立起以亞平寧半島四大航海共和國（阿馬爾非、比薩、熱那亞和威尼斯）主導的海上貿易商圈。

新的海上貿易秩序，促生了一種新的地圖，它就是波特蘭海圖。拉丁語「Portolani」和意大利語「Portulano」都來自更早的希臘語「πεϱ+πλο，Periplus」，意思是「沿……海岸航行」，後來衍變為「書寫的航行指令集結」，也就是「航海手冊」的意思。原始的「波特蘭」記錄了海岸與港口等信息和圖表，有沒有航海圖，很難確定。但後來所說的「波特蘭海圖」一定是依託早前的航海手冊建構的。

現代所說的航海圖，英語為「Nautical chart」，法語為「carte marine」。從詞源上講，英語中「charter」一詞來自古法語「charte」。這個法語詞源於拉丁語「charta」，而這個拉丁語則源自古希臘語「χάϱτης」(khartes)，意為「莎草紙文獻」。這個詞幾經演變成了「航海圖」的代名詞。在「航海文獻」的意義上，它與「波特蘭」的本意一樣。

早期的波特蘭海圖是在羊皮紙上繪製的手稿海圖，它顯示整個地中海和黑海，以及大西洋沿岸；由羊皮紙的尺寸決定地圖的大小，通常在縱 75CM 橫 100CM 的範圍之內；多為小比例尺，約為 1：500 萬，即地圖上的 1 厘米，相當於現實的 50 公里左右。這是自從托勒密《地理學》以來，最早的按照比例來繪製的地圖。它也因此被稱譽為「最早的真正的地圖」，因為歐洲大陸的實測地圖要到 16 世紀前後才出現。

波特蘭海圖的特點，一是所有港口名稱，皆沿着海岸線與海岸線成直角地寫在陸地的一側；二是圖面以羅盤圈和恆向線架構，後來發展出多個羅盤玫瑰，由此構成的獨特的「航海圖背景（意大利語 mar-teloio）」；三是圖面沒有首選方向，若想如閱讀所有地名，必須旋轉地圖來看；四是這種新興的地圖拋棄了以往的宗教地圖的世界觀，不以宗教觀解釋世界，而是面對現實世界和大海，進行真實而實用的描繪和航行指引。

波特蘭海圖的出現，將地圖描繪的主體，從大地模式轉換為海洋模式，嬗變成有別於托勒密《地理學》大地體系的新興且獨立的地圖——航海圖。

有人認為，波特蘭海圖誕生的技術前提是亞平寧半島的航海家在 13 世紀中期已率先在歐洲使用羅盤來領航。傳說阿馬爾菲水手弗拉維奥·吉奧亞（Flavio Gioia）曾在 12 世紀發明了航海羅盤（雖然，歷史學家承認 12 世紀，這裏曾運用羅盤航海，但這是個人物，卻是不可考的傳說人物），使地中海航海進入了一個新階段。這種說法是否準確，尚無定論，但人們在亞平寧半島的西海岸比薩發現的最早的航海圖——比薩航海圖，至少是對此說的一個有力支持。

目前，已發現 13－14 世紀的波特蘭海圖有 30 幅存世，算上 15 世紀的作品，真正的中世紀波特蘭海圖，存世作品僅有 180 幅。這些航海圖主要表現的都是地中海，大體上被分為兩大流派，一個是意大利學派，一個是馬略卡學派。正是這些波特蘭海圖，為歐洲航海家完成了探索和描繪新世界的歷史任務。從這個意義上講，沒有波特蘭海圖就沒有震驚世界的地理大發現。

大航海是文藝復興的重要組成部分，人們將《神曲》、《十日談》、《烏託邦》、《巨人傳》稱作開啟這個時代的巨著，卻很少有人將波特蘭海圖或海圖集看作是開啟這個時代的巨作。其實，按照中國古代的標準，「著作」是專指創造性的文章而言。由此來看，這裏所介紹的前無古人的波特蘭海圖或海圖集，都應列為文藝復興的偉大著作。如果沒有這些海圖，大航海如何成為一個光輝的時代，不可想像。

正是在這個意義上，筆者稱波特蘭是海圖史的黃金時代，或開創黃金時代的時代。

第一節　世界最早的航海圖

——比薩航海圖（1290 年代）

——科爾托納航海圖（1290 年代）

研究南島民族海上遷徙的學者認為，兩千年前這個航海民族就已研究出一套海浪導航系統，並製作出一種椰子葉中脉和貝殼等材料為框架的棒狀航海圖（stick chart）。但此種航海圖最早的發現記錄已是 1862 年，太平洋各博物館的此類收藏，沒有超過二百年的原件。所以，無法將其列為世界最早的航海圖。現存最早的航海圖是在比薩共和國發現的，故稱「比薩航海圖」（Carte_Pisane）。這是一幅作者不詳的手繪地圖，繪在一張羊皮紙上，發現時已有些殘缺，殘圖縱 50CM 橫 105CM，大約繪製於 1290 年代，現收藏在法國國家圖書館。

最早的航海圖出現在比薩，並非偶然。比薩位於意大利中部阿諾河邊，距離利古里亞海約 10 公里。13 世紀時，比薩已發展成為托斯卡納地區最大的城市，圓頂大教堂和世界聞名的比薩斜塔都建於這一時期。此時的比薩與東地中海的各大港口保持着密切聯繫，是地中海重要的航海共和國。

13 世紀初，航海羅盤技術傳入地中海與信風技術相融合，促生了一種與風可能吹來的方向相對應的風玫瑰線，以 16 向進而 32 向的方式出現在航海圖上，擬人化的風神頭像不再引領航海。比薩航海圖正是由兩個代表風向和羅盤的大圓圈架構的。航海圖為什麼要劃圓圈，因為指南針是轉圈定位。拉丁語稱指南針為「compassus」，它是由 com（圓形）和 passus（區分）組合而成，意味着「用圓形區分方向」。此圖中，這兩個圓圈均分成 16 等分的方向，從各等分點引出許多方位的直線佈滿全圖。這種線被稱為風玫瑰線，後人稱其為恆向線（Rhumb Line 也叫羅經方位線、等角線）。此圖上的恆向線方位相當明確：東西南北，是黑線；其 1/2 方位，即東北、東南、西北、西南，是綠線；1/4 方位，即東北東、北東北等等是紅線。

雖然，比薩航海圖上還沒有後期的波特蘭海圖上都有的完整的風玫瑰（wind

rose)，更沒有羅盤玫瑰（compass rose），但已有了極具開創意義的準羅盤圈和風玫瑰線。通過觀察此圖，人們也能推導出製作波特蘭海圖的基本方法：即在尺寸合適的羊皮紙畫出一個中心位置良好的一個圓，或者是兩個頂點連接的圓；圓內建構一個 16 個頂點的正多邊形（16 邊形），圓周上的 16 個頂點，位於圖面可見位置，由頂點放射的 16 條（後來發展為 32 條）風玫瑰線，用不同顏色的繪製，如黑色、綠色和紅色。比薩航海圖包含兩個頂點連接的圓，兩個十六邊形，並且兩個對角與所謂的「地中海橫向軸」相匹配。

不過，如果沒有基本符合數學規則子圖，是無法配合這種複雜的幾何手段構建，進而完成地圖上的全部內容，組成完整的作品。但是，學者們進行了多方研究，還是無法確定子圖是如何測繪又是如何組成整圖。這是個未解之謎。

這幅航海圖高度數學化幾何化的製圖方法，左邊圓的中央是科西嘉和撒丁島，右邊圓的中央是希臘半島。圖上部的中央和右側小圓圈內都有比例尺，看上去就是一場清晰的「海圖革命」或「航海革命」。不過，它在給人們帶來驚喜同時，也帶來幾百年不解的困惑。

此圖上風玫瑰線網格構成的「航海圖背景（意大利語 mar-teloio）」，對海上航行顯然具有導航意義，但專家們至今也無法解釋古人如何使用它，不知道古人根據什麼規則來確定羅盤擺放位置，更無法解釋海岸線與它們的方向或距離的關係如何確立。或許，它更多地用於航路規劃，而不是實際用於海上航行。此外，這種地中海航海圖，沒有考慮地球的球面，只能稱為「平面航海圖」。這種航海圖在經、緯度跨度都很小的地中海（東西長約 4000 公里，南北寬約 1800 公里），無太大誤差，若應於跨洋航行，誤差產生的後果則不可估量。

比薩航海圖是用途明確的波特蘭海圖，圖面精準地描繪了複雜的海岸線，沿岸整齊劃一地標註了港口名，但內陸部分空白，沒有標註任何地名，它是這航海圖重要特質。此圖上，人們可以讀出完整的地中海海岸線和黑海海岸線；地圖的左上方，是不列顛島和泰吾士河，還有歐洲大陸的西海岸；左下是直布羅陀海峽，右上是亞平寧半島的「靴子」；右下方是北非海岸⋯⋯作為海岸和港口指引，此圖極為出色地給出了地中海和黑海區域近千個地名，並且用紅色和黑色來區分主次港口，港口名的標註與海岸成

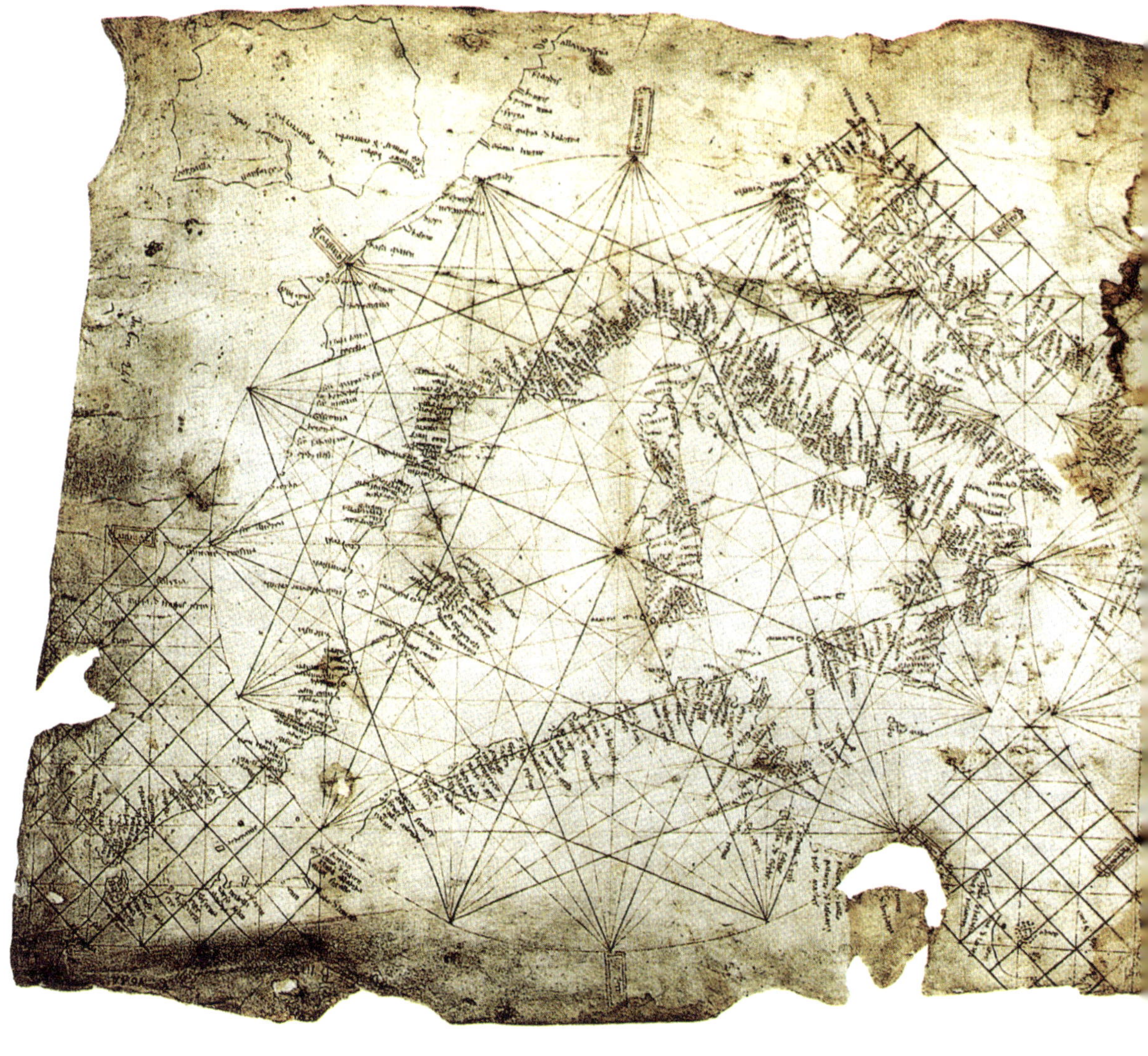

直角，環海岸排列。

通常人們認為，13 世紀僅有比薩航海圖一幅航海圖存世。但是，1957 年，人們在意大利托斯卡納南部的歷史名城科爾托納，又發現了一幅意大利語的波特蘭海圖，沒有作者署名，也沒有製作時間，因在科爾托納城發現，所以被稱為科爾托納航海圖（chart Cortona）。有學者推測它大約製作於 1290 代年，與比薩航海圖在同一時代。至少是世界上現存最古老的兩幅航海圖之一。現收藏在科爾托納的伊特魯里亞學院圖書館。

科爾托納航海圖的倖存的部分，只覆蓋了東地中海，以及黑海和亞述海，有比

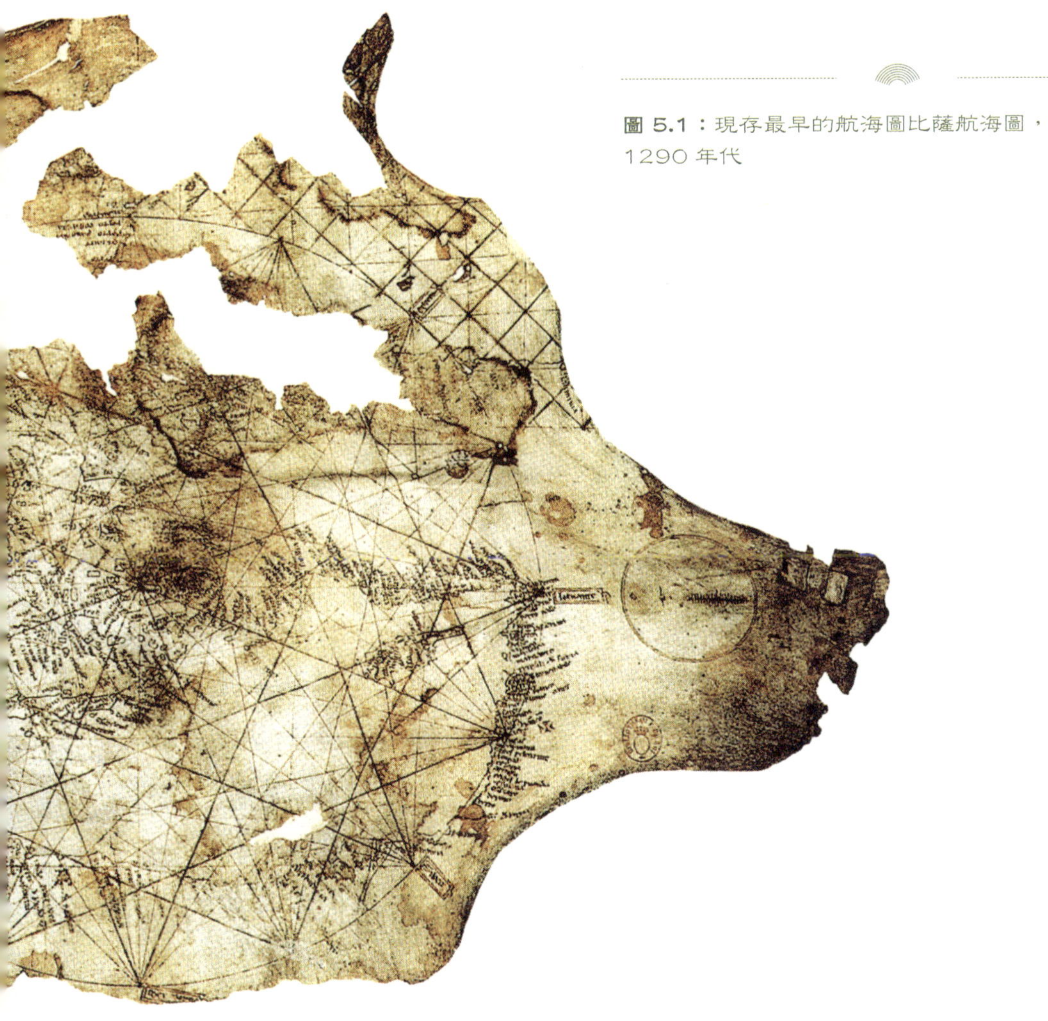

圖 5.1：現存最早的航海圖比薩航海圖，大約製作於 1290 年代

例尺，殘留 111 個地名，似乎有一個西地中海部分，在某個時候被切掉了，剪掉部分或供其他地方使用。對比兩幅航海圖就會發現，他們的製作結構幾乎是一樣的，都是在地中海的橫軸上創建兩個羅盤圓圈，圓周上都有 16 個頂點，兩幅地圖的兩個羅盤圓圈的中央交匯點，都位西西裏島東側，近乎重合。可以說，兩幅地圖有某種共源性。

與此前世界上所有的地圖相比，意大利最早出現的這兩幅航海圖，都有值得稱道的精準性，因此也被稱譽為「最早的真正的地圖」，因為歐洲大陸的實測地圖要到 16 世紀前後才出現。

圖 5.2：科爾托納航海圖，在意大利托斯卡納南部的歷史名城科爾托納發現，大約製作於 1290 年代

第二節　意大利學派航海圖

——維斯康特海圖（1313－1321 年）

早期的波特蘭海圖誕生於地中海，並促生了地中海兩大波特蘭製圖學派，一個是意大利學派，一個是馬略卡學派。比薩航海圖無疑是意大利學派的傑出作品，但這一學派真正的成熟作品是皮特羅．維斯康特（Petrus Vesconte，或 Pietro Vesconte）製作的波特蘭海圖。

維斯康特是意大利學派的「一代宗師」，但歷史文獻中幾乎找不到關於他的記載。這位大師的「姓名」、「籍貫」等有限的個人信息，皆來自其地圖作品上簡短的標註。

中世紀波特蘭海圖製作者皆為匿名，維斯康特算是另類。在佛羅倫薩國家檔案館收藏的一份東地中海航海圖上，赫然顯示一長串拉丁文簽名「Petrus Vescont de Janua fecit istam certam year Domini MCCCXI」即「熱那亞的皮特羅．維斯康特，於我主的 1311 年製作。」這裏有必要說一下「主的年份」。公元 525 年，羅馬資深僧侶狄奧尼修斯·埃克西格斯（Dionysius Exiguus）為改變紀年混亂的局面提出以耶穌誕生那一年定為公元元年，即公元 1 年，以此作為公元前 46 年由尤利烏斯·凱撒施行的儒略歷年份。耶穌誕生之前的時間稱為「主前」（Before Christ，縮寫為 B.C.），耶穌誕生之後的時間稱為「主的年份」（Anno Domini，縮寫為 A.D.）。公元 8 世紀以後，西歐的基督教國家紛紛開始採用這種紀年方法。1708 年，英語中出現了「公元」（Common era，縮寫為 C.E.）的說法，逐漸代替了原本帶有濃厚宗教色彩的「主的年份」。

正是圖上有了這個明確的標注，由此，人們得知這位製圖師的叫皮特羅．維斯康特。其中的「Janua」是熱那亞中世紀的名稱，意思是「門戶」，原意指古羅馬保護家門和城市入口的兩面神「Janus」。英語的一月「January」即由這個詞衍變而來。這個簽名使維斯康特成為「第一位在波特蘭海圖上標註出製作時間、作者家鄉和姓名的製圖師」。這也是我們能看到的維斯康特存世最早的波特蘭海圖作品，圖縱 48CM 橫 63CM。

維斯康特除在作品上簽署日期和名字之外，他還在「亞述海、黑海和馬爾馬拉海

圖 5.3：維斯康特在 1318 年製作的亞述海、黑海和馬爾馬拉海航海圖的左上角，畫上了自己的肖像，並簽上自己的名字和製作時間

航海圖」（這是一幅標準的單圓構建的 16 邊形風玫瑰網航海圖）左上角繪製了一幅作者肖像，並在肖像上方認真地也簽下了作者名字和製作日期：「熱那亞的皮特羅．維斯康特，於我主的 1318 年」。通過這幅肖像，我們可看到維斯康特基本形象，他身穿長袍，頭戴紅色帽子，一副知識階層的打扮。此刻他正俯身書桌，翻開一部對開的大書。中世紀的波特蘭海圖製作者皆為匿名，維斯康特算是另類。

維斯康特是地中海「四大航海共和國」（13－14 世紀，歐洲的多數君主們，除了伊比利亞半島的阿拉貢和葡萄牙王室，都不向自己的商人們提供政治和運營空間，將海上貿易交給了意大利人）之一的熱那亞共和國公民，但他幾乎一生都在為另外一個「航海共和國」威尼斯工作。維斯康特在 1313－1318 年間繪有 6－7 種波特蘭海圖，圓形世界航海圖、西地中海和北大西洋圖、中地中海圖、東地中海圖、愛琴海圖、亞速海和黑海海圖。

其中的圓形世界航海圖，是維斯康特首次將波特蘭海圖應用於世界地圖，並繪製出首個波特蘭海圖的完整風玫瑰。當然，這幅圓形世界地圖是他借用前人的作品。

這個圓形世界地圖源自保利諾．未諾里（Paolino Veneto1275－1344）修士的「分成三個部份的世界地圖」（De Mapa Mundi Cum Trifaria Orbis Divisione），大約製作於 1320 年。這幅直徑 25CM 的地圖通過抹掉對天堂的描繪體現了它的現代性，更重要的是在世界地圖上，第一次出現了關於「契丹王國和它的大汗」（Incipit Regnum Cathay e His Stat Magnus Canis）的描述。也就是說，1300 年馬可．波羅遊記問世後，已經有世界地圖受到馬可．波羅的影響了。這個圓形世界地圖 1321 年被維斯康特改造成圓形世界航海圖。

維斯康特在圓形世界地圖圓周上 16 個頂點加繪了風玫瑰線，並由此構建了十六邊形風玫瑰網覆蓋了整個地球（超越了此前以地中海和黑海為描繪對象的所謂世界航海圖）。此後，兩種世界地圖之間的轉換才變得較為普遍，如 1375 年誕生的加泰羅尼亞世界航海圖。

如果將維斯康特的幾幅航海圖與早幾十年的「比薩航海圖」進行比較，會發現僅僅過了幾十年，波特蘭海圖已有了很大的進步。如，西地中海和北大西洋圖，較為準確地繪出了大不列顛島及其海岸。同時，維斯康特還以不同的旗幟，表現了各個海岸的不同控制者，伊比利亞半島插的是神聖羅馬帝國的旗幟和阿拉貢王國的旗幟，大不

India
Albania
Europa
Germania
Ybernia
Anglia
Francia

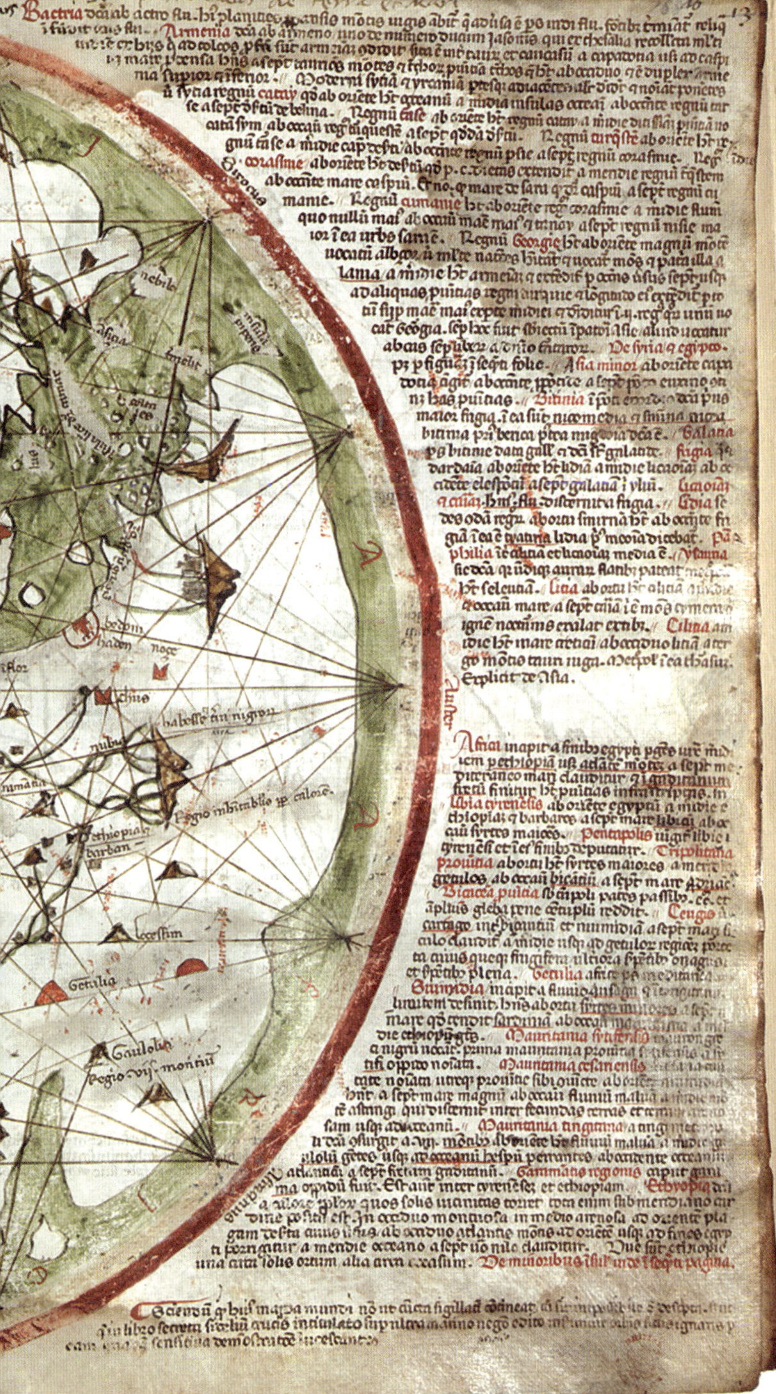

圖 5.4：維斯康特首次將波特蘭海圖應用於世界地圖，並繪出首個的風玫瑰

列顛島上則插着三隻獅子的英格蘭旗幟。

維斯康特還將自己的海圖作品編成「活頁版」的航海地圖集，這也是目前能見到的世界最早的「航海地圖集」。有多部留有他親筆簽名的航海地圖集傳世：如，法國國家圖書館收藏的含有 6 幅地圖和簽名的 1313 年的波特蘭航海地圖集稿本。

維斯康特的波特蘭海圖內容豐富，信息量大，標誌着航海圖正由文字敘述的航海手冊附屬品，走向獨立表達、獨立存在的新路，預示着歐洲地圖學新階段的到來；而他所代表的意大利學派是地中海最先誕生的航海圖製圖學派。

意大利學派確立了以沿海港口和海上導航為目的航海圖模式：一是刻意忽略內陸地名標註，只標註沿海港口，港口名與海岸線垂直標註；二是建立海上中心點和恆向線的定位系統；三是由於航行方向頻繁變化，航海圖沒有規定哪個方位朝上或朝下，而是根據需要旋轉使用；這些製圖原則與製圖風格都是首創。它讓人們脱離統傳的以陸地觀察世界的視角，嘗試從海洋的角度來考察世界，將地圖描繪從大地模式切換為海洋模式，進而將海洋史衍變成為更加壯闊的世界史。

熱那亞，似乎肩負着人類航海事業的某種使命。它為世界貢獻了比薩航海圖，而後又貢獻了傑出的製圖師——維斯康特，當然，後來還貢獻了發現新大陸的航海家哥倫布、發現北美的航海家卡伯特。

第三節　馬略卡學派航海圖

——杜塞爾特航海圖（1325 年）

——杜塞爾特航海圖（1339 年）

波特蘭海圖的馬略卡學派誕生於馬略卡島（也譯馬約里卡島，著名的歐洲古代彩陶，就以此地命名「馬約里卡陶瓷」）。這個伊比利亞半島東南部的島嶼，在中世紀前半期，一直是個獨立的阿拉伯王國，島上的阿拉伯人以及猶太商人們有着悠久的航

圖 5.5：杜塞爾特 1325 年製作的波特蘭海圖被視為從「意大利學派」向「馬略卡學派」轉變的過渡之作。通過微型城市、山脈和河流的描繪，嘗試填補陸地的空白

海傳統，同熱那亞、威尼斯、埃及、突尼斯等的地中海國家保持着長期的貿易往來。

馬略卡島成為意大利之後地中海的另一大海圖生產基地，首先得益於阿拉貢王國（今西班牙西北部）在「收復失地運動」中，於 1229 年「收復」馬略卡島。此後，被稱為「最會作戰的商人」加泰羅尼亞人，於 1238 年攻克瓦倫西亞，1282 年攻入了西西里島，控制了撒丁島，1311 年甚至奪取了雅典……阿拉貢王國還與遙遠的統治波斯區域的伊利汗國（1256－1355 年）建立了「外交」關係。這一切為馬略卡製圖師提供了廣闊的政治、經濟和地理視野。此外，由於阿拉伯入侵時帶來的一大批猶太製圖師和機械工

圖 5.6：杜塞爾特 1339 年製作的波特蘭海圖則被視為「馬略卡學派」的開山之作

匠，使這裏的地圖製作與航海儀器製作水平與繁榮程度，同威尼斯和熱那亞比起來也毫不遜色。這些得天獨厚的政治、文化與技術大融合的條件，促生了獨樹一幟的馬略卡學派波特蘭海圖。

馬略卡學派與意大利學派的波特蘭海圖的最大區別，就是馬略卡派將波特蘭海圖的描述範圍擴大到陸地上，並添加了新的地理符號與插圖。更為重要的是，馬略卡派將波特蘭海圖，從僅僅是表現區域航海地圖演化成描繪已知世界的融合性地圖。

馬略卡學派的早期探索者有三位：一位是安吉里諾·杜塞爾特（Angelino Dulcert），另兩位被稱為匹茲加諾兄弟（Domenico Pizzigano，Francesco Pizzigano）。他們的作品影響了後來的馬略卡學派波特蘭海圖。

杜塞爾特的生卒年月及生平史料不詳，現代學者推測其為熱那亞共和國人，或因家族生意移居馬略卡島，目前發現杜塞爾特共有三幅作品傳世。

杜塞爾特 1325 年製作的波特蘭海圖被視為從「意大利學派」向「馬略卡學派」轉變的過渡之作。此圖通過微型城市、山脈和河流的描繪，嘗試填補陸地的空白。此圖和後來的兩幅地圖都畫滿了恆向線，但都沒有繪出風玫瑰圖。

杜塞爾特 1339 年製作的波特蘭海圖則被視為「馬略卡學派」的開山之作，現藏法國國家圖書館。此圖縱 75CM 橫 102CM，圖面佈滿恆向線，顯示縱橫交錯的直線和網格圖案，似假定的經緯網，但與經緯網完全沒有關係。圖上部分橫向直線上，標劃出了比率尺。但圖上的局部地區與圖的主比例尺又有不同。

值得注意的是，杜塞爾特從中世紀基督教地圖中繼承了某些符號與插圖手段，同時融入了鮮艷明快的阿拉伯繪畫風格，突出了自然與人文描繪，其中一些符號式的畫法，後來成為馬略卡學派的插圖范式。比如，紅海被塗成紅色，並在紅海北部繪出「摩西劈海斷流處」，前者應是繼承了 8 世紀《（啟示錄）評註》中的世界地圖，後者可能承繼了大約繪於 1262 年聖詩集世界地圖。此外，獨特的山形附號，也取自中世紀的地圖，並發展出雞爪形橫跨北非的阿特拉斯山脈圖形。傳説英雄帕爾修斯砍下美杜莎的頭顱後，經過此地，厭倦了擎天的阿特拉斯就請求帕爾修斯用美杜莎的眼睛正對他，將他變成了石頭。阿特拉斯特別高大，因而變成倒下的一座長長的山脈，這座山就是非洲北部的阿特拉斯山脈，此山脈西邊的大海，也被稱為「阿特拉斯海」（Atlantic Ocean），因為在阿特拉斯山脈西邊，也譯為「大西洋」。

此圖首次對非洲西邊加那利羣島之一的蘭薩羅特島進行了現代描繪，稱其為「蘭薩羅特斯．馬羅塞魯斯島」（Insula de Lanzarotus Marocelus）。它指的是熱那亞航海家蘭薩羅特．馬洛切洛（Lancelot Malocello）1300 年曾登陸此島，同時，在此畫上熱那亞十字紋章標記此地，後來許多地圖製作者保留了這一標記。此外，在巴爾干還可以看到與馬其頓有關的最古老紋章斯科普里城的紅色雙頭鷹旗幟。

此圖上，還突出繪製了各地統治者的肖像畫。圖右上角描繪了金賬汗國統治者奧茲貝格汗；圖下方描繪了北非馬里帝國統治者曼薩．穆薩；圖右下方紅海東岸描繪有薩巴王國薩巴女王……這種記錄權力和種族的方法被後來著名的加泰羅尼亞地圖集全面繼承。

20 世紀，人們發現杜塞爾特製作的第三幅航海圖，未署名，因其特徵而被認為是他 1340 年代的作品，現藏大英圖書館。

雖然，杜塞爾特的波特蘭海圖開創了馬略卡學派的畫風，但在航線描繪上，並沒有描繪出更多的大西洋。這個空白不久被匹兹加諾兄弟的波特蘭海圖填補。匹兹加諾兄弟的波特蘭海圖將馬略卡學派推向又一個高峰。

第四節　虛構的聖布倫丹島

——匹茲加諾兄弟航海圖（1367 年）

梅尼科．匹茲加諾（Domenico Pizzigano）和弗朗切斯科．匹茲加諾（Francesco Pizzigano）兄弟二人都是威尼斯製圖師，以製作波特蘭海圖聞名，史稱「匹茲加諾兄弟」。非常難得的是匹茲加諾兄弟，在 1367 年製作的波特蘭海圖上留下了簽名，並註明日期。這幅波特蘭海圖是那個時代倖存的最大航海圖之一，圖縱 92CM 橫 138CM，現收藏在意大利帕爾馬以收藏眾多古代手稿著稱的帕拉蒂納圖書館。

這幅航海圖以超越當時海圖的地理邊界（地中海和黑海）而聞名，它包括大片的大西洋、北部的斯堪的納維亞半島，以及波羅的海和裏海。同時，對加那利羣島進行了擴展描述，顯示了標誌性的七個主島，反映了自波特蘭海圖誕生以來積累的航海知識。

這幅航海圖彰顯了馬略卡學派注重插圖的特色。在加那利羣島北部，匹茲加諾兄弟描繪了一個虛構的聖布倫丹島，並畫了一幅聖布倫丹身穿僧侶服裝的肖像畫，表現對此島最初的佔領。這種聖布倫丹插圖是早期波特蘭海圖中的一個重要符號。

聖布倫丹（Breandán，約公元 484－577 年），亦稱「航行者」。他是愛爾蘭早期聖徒，也是大西洋探險英雄。公元 8 世紀的《布倫丹遊記》記載了他和幾位修士航行大西洋，並到達「上帝應許給聖徒之地」。這部愛爾蘭史詩於 10 世紀初譯成拉丁文，廣為傳播，此後乃至今日，許多探險家仍在尋找聖布倫丹島。

這幅航海圖的地域旗幟表現細膩。在高加索南部（今天的格魯吉亞位置上），精確地畫出耶路撒冷大十字套四個小十字的白底紅字旗。公元 5 世紀時，這裏的執政者就開始使用這種盾徽，或許是對耶路撒冷十字的一種模仿。神奇的是，今天的格魯吉亞國旗就是這個標誌。如此，它成了這個國家「升起」的第一面國旗。

在地圖的西部邊緣，雖然沒有描繪或提及島嶼，但有一個圓盤，上面有一個人伸出手的插圖，還有一個註記：「這裏的海岸上，有一個為保佑水手而立的雕像，因為遠處是黑暗之海，水手無法航行。」可能表現的是赫拉克勒斯柱。

Pizigani 1367

Portolanero
http://en.wikipedia.org/wiki/User%3APortolanero

圖 5.7：匹茲加諾兄弟1367年製作的波特蘭海圖，超越當時海圖的地理邊界（地中海和黑海）而聞名

圖 5.7（a）：匹茲加諾兄弟1367 年製作的波特蘭海圖（局部），聖布倫丹站在以他的名字命名的島嶼旁，它的南邊是加那利羣島，其北部的蘭薩羅特島，畫上熱那亞十字紋章標記，顯示熱那亞航海家最早發現此地。

此圖還提供了西非傳說中的「黃金河」最早也最為精彩的描繪。這條穿過整個北非大陸流入大西洋的河流被描繪為尼羅河同源「月亮山」，即阿拉伯文獻所說的「西尼羅河」，實際上是塞內加爾河和尼日爾河。長期以來，這兩條一直被認為是相互連接，流經馬里帝國黃金生產中心。這裏的註記稱「這裏的黃金之多，甚至被用來鋪屋頂和鍛造兵器。」

當然，真正將馬略卡學派波特蘭海圖送上頂峰的是精於地圖繪製，以及羅盤、鐘錶等航海儀器製造與販賣的克萊斯克猶太商業世家。

第五節　中世紀最大的世界航海圖

——加泰羅尼亞世界地圖（1375 年）

在古代沒有土地權的猶太人，四處流浪，成為散佈於世界各地的手工業者，其中一部分人是當時非常緊俏的製圖師。這裏要講的亞伯拉罕．克雷斯克斯（Abraham Cresques 1325－1387）與其子傑夫塔．克雷斯克斯（Jehudà Cresques 1360－1410）就是馬略卡島猶太世家的製圖師、航海儀器製造與經銷商。這個商業世家傳至後世的榮耀是他們能接到國王的地圖訂單，並製作了波特蘭海圖史上的經典作品。

1374 年，克雷斯克斯父子收到受阿拉貢王國約翰王子（後來成為阿拉貢王朝約翰一世國王）製作巨幅波特蘭海圖的訂單。阿拉貢王國（1492 年它與卡斯蒂裏亞王國共同統一了西班牙）長於航海和海上貿易，約翰王子要求這幅地圖要「超越同時代的所有其他波特蘭海圖，要包含從東方到西方的一切信息」。它將作為禮物獻給約翰工子的表兄——法國查理王子（後來成為法國國王查理六世，1381 年－1422 年在位）。據說，當時是法國國王查理五世希望從阿拉貢國王那裏獲得一份最新、最詳實的世界地圖或世界航海圖。

亞伯拉罕．克雷斯克斯父子運用了包括金、銀粉在內的多種彩色顏料精心繪製，用了一年的時間，最終在 1375 年完成了這幅巨大的世界航海圖，並收到約翰王子 150 阿拉貢金福林和 60 馬磅的報酬。作品由約翰王子送給法國查理王子。1380 年 11 月 6 日，它被法國國王查理五世收藏於法國盧浮宮，至今作為國寶收藏在法國國家圖書館。

這幅波特蘭海圖原來沒有圖名，由於採用阿拉貢王國通用所轄加泰羅尼亞公國的加泰羅尼亞語進行論述和標註，而加泰羅尼亞也常用來代指阿拉貢王國，後世便稱其為「加泰羅尼亞世界地圖」。這幅超大地圖由 6 張雙層羊皮紙拼接而成，原來膠合在木板之上，後來的不斷地翻閱，對摺處斷成兩半，於是被拆分為 12 個頁面，每頁縱 69 厘米，橫 49 厘米，總長 6 米，裝成摺疊屏。它由一幅超大地圖變成了「地圖集」，亦被稱為「加泰羅尼亞地圖集。」

圖 5.8：馬略卡製圖師 1375 年完成的加泰羅尼亞世界地圖，縱 0.70 米，橫 6 米，是中世紀最大的世界航海圖

此圖的前 4 張羊皮紙上是加泰羅尼亞語文本，涵蓋了關於天文、地理和航海方面的圖表、數據資料及文字描述，如日月、星辰、曆法、潮汐、構成世界的四大元素（土、水、火、氣）、世界各大洲的劃分等等；後面的 8 張羊皮紙上繪有巨大世界航海圖，地圖為彩繪，金葉裝飾，被譽為是「中世紀最大、最好看、最完備的世界航海圖」。

此圖反映了這一時期的航海圖特色：一是海岸線的輪廓都相當準確；二是有宗教的內容減少了，突出了一些商貿內容與商道；三是不論海上還是陸上皆被羅盤網絡覆蓋；四是繼維斯康特 1318 年在世界航海地圖上首次繪出「風玫瑰」之後，此圖首繪出了完整的「羅盤玫瑰」，使航海圖的指南系統更加完美；五是大型航海圖不僅用於航海，而且成為一種王室或帝國宮廷的奢華的政權裝飾品。

這幅地圖繪出了北回歸線以北，北極圈以南的歐亞大陸從直布羅陀到中國東海的廣大地區，還包括非洲北部地區。它的信息來源分為三類：一是從中世紀時期典型的圓形世界地圖派生的元素；二是沿用了地中海波特蘭海圖的基本輪廓；三是從 13 和 14 世紀的遊記中吸取最新地理信息，比如馬可．波羅遊記和曼德維爾爵士遊記。

此圖的羅盤網絡不僅覆蓋海面，也覆蓋了陸地，表達了強烈的海上探索和征服世界的慾望。圖中顯示了東西方許多城市，基督教城市用十字標記，其他城市繪有一個圓頂。藍色波浪線用來象徵海洋，重要的港口地名以紅色註記，一些不很重要的地名，以黑色註記。許多地名以拉丁文註記。

此圖廣泛吸取最新地理知識，在非洲西海岸部分，繪有一艘單桅小帆船，旁邊標註「一名叫喬姆費雷爾的船員，在 1346 年尋找黃金之河的航海探險中遇難」。可見阿拉貢國王對西非黃金十分關注。在東方和北方部分，鋪排着濃重的馬可．波羅遊記色彩。此區域繪出了元朝的幾大兀魯斯（即汗國）：金賬汗國、伊兒汗國、察合台汗國和大元帝國，並描繪出每個汗國統治者的畫像：金賬汗國是札尼別汗；伊兒汗國的畫像不知是誰，只是提到他是桃里寺（今伊朗大不里士）的統治者；察合台汗國是卻伯；大元帝國（圖上以彩色粗字標註出「CATAYO」，即「契丹」）是忽必烈；每個汗國城市都用統治王朝的旗幟標註。

地圖上有兩條從西方穿越中亞到達中國的陸上通道，它表現的即是後世所說的「絲

圖 5.8 (a)：加泰羅尼亞航海圖（局部），在中國沿海標註有「Cansay」（行在，杭州）、「Zayton」（刺桐，泉州）和「Mingio」（明州，寧波）

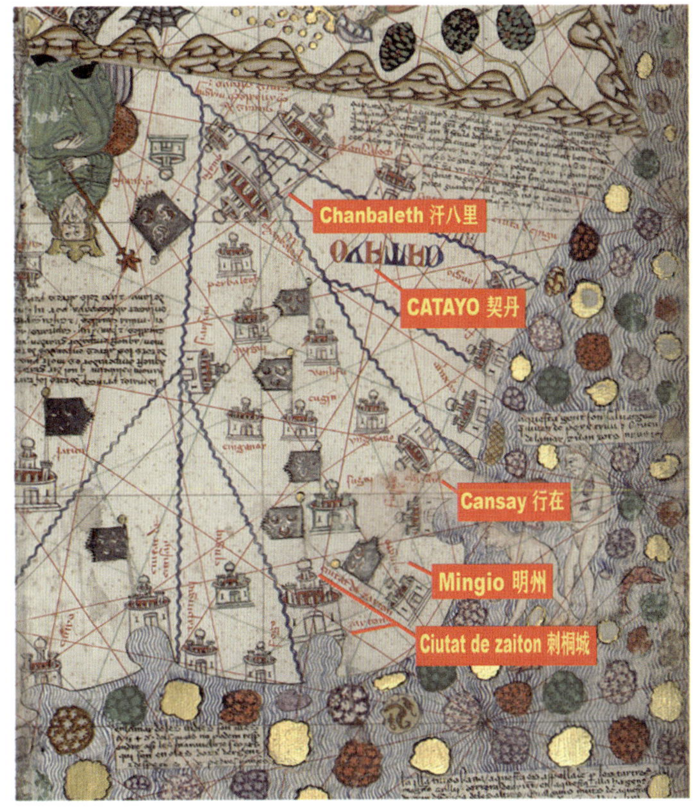

綢之路」。最北邊商道上的那支駝隊，通常被指認為馬可·波羅的父親與叔叔前往中國的商隊。

地圖上關於中國陸地部分與港口部分着墨頗多。中國大地上畫有一條發源於西北地區的大河，它又分為南北兩條大河，北方河有三個支流，南方河也有三個支流。在北方三個支流的北數第三支流入海處，繪的一個小城堡，旁邊註有「Cansay」（行在，即杭州）；在南邊三條支流北數第一條支流入海處，也繪的一個小城堡，旁邊註記「Zayton」（刺桐，即泉州）；在「行在」與「刺桐」之間的那個小城堡被標註為「Mingio」，據寧波學者考證，此是寧波古名「明州」之音譯。

關於中國周邊的海洋部分，地圖上的文字説明寫道：「中國周邊的海洋中有 7548 個島嶼，盛產香料與珠寶」——這些內容顯然來自馬可·波羅。在中國南海之中，繪有個巨大的島，並有文字說明：「島上居民十分奇特，他們高大無比，皮膚黝黑，智力低下，好食人肉。」此島西側畫有一個上半身為女人下半身為魚的海妖塞壬。再向西是中南半島，而後是印度半島。此圖算得上對東方尤其是對中國所做的最詳盡，也最先進的地理描述了。

此圖對今天的南歐着墨不多，這一帶歐洲人太熟悉，但對於「西班牙南部與北非」部分則很下功夫。圖的左側突出展示了直布羅陀海峽兩岸的信息：海峽的寬度，兩岸的海岸線，鄰岸綿延的山脈與散落的城市。作者在非洲部分細心描繪了豐富的黃金與象牙。在西北非位置上手握黃金的應該是西撒哈拉的馬里帝國統治者曼薩．穆薩。這位國王曾因 1324 年赴麥加朝聖時，以一百頭駱駝載着黃金，一路揮霍而名揚天下。這個故事被在亞力山大經商的威尼斯人帶回了歐洲，引起了歐洲人對非洲財富的興趣。所以，曼薩．穆薩被畫到了地圖上，在他的身後還繪出了非洲北部的山脈與有駱駝行走的商道。

在西部非洲的大西洋沿海，作者繪出了對歐洲人意義非常的加那利羣島，它是希臘地理學中描述的世界最西邊界，也是後來西方人打入非洲和跨越大西洋的重要據點。

此圖從加那利羣島「起步」，一直描畫到中國的廣闊地域，匯集了當時最新的地理新知識，也映照出歐洲人開始海上探險的心路。

第六節　第一幅有緯度尺的航海圖

——黑海、地中海和大西洋航海圖 貝卡里奧（1403 年）

這是目前所能見到的 15 世紀的第一幅波特蘭海圖，據稱是熱那亞製圖師弗朗西斯科．貝卡里奧（Francesco Beccario，? －1426 年）的唯一存世的海圖。關於貝卡里奧的生平，歷史留下的記錄很少。幸運的是，他留下了這幅了不起的波特蘭海圖，更幸運的是這幅作品下方還留下的一大段文字說明，使後人得以了解他的生平，和他製作航海圖的珍貴經歷。這段文字的大意是：

「我，弗朗西斯科．貝卡里奧是熱那亞公民，於 1403 年 2 月在薩沃納城製作了這幅地圖，希望通過它消除一些航海疑慮。每一個在海上航行的人都被稱為見證者，通過這一作品和我 1400 年準備的其他作品，使航線以英里或里格為單位，比之前的距離更長。那個時候，我本人和其他製圖師，加泰羅尼亞的、威尼斯的和熱那亞的，以及其他地方的製圖師。他們經常反對我的觀點，具體來說是因為，我拉長了葡萄牙海岸的距離，如從聖文森特海角到菲尼斯特雷海角，以及比斯開灣海岸，還有我對布列塔尼海岸與英格蘭島嶼的描繪。我對上述海岸的發現與修正，得益於西班牙海域的眾多工匠、贊助人、船主、船長的長期經驗和更詳細的敘述。還有其他具有海洋知識的專家，他們已在這些地方和其他海域長期而頻繁地航行。我還將撒丁島的放置做了調整，把它放在此圖中適當的位置。」

由此，我們知道貝卡里奧出生於熱那亞。1400 年前後，他就與加泰羅尼亞、威尼斯和熱那亞的製圖師一起討論和製作航海圖。此前，他都是按照古代大師的傳統繪製航海圖，甚至包括對錯誤的繼承。為了糾正以往的錯誤，他向船主、船長、工匠等有航海經驗的人請教，並於 1403 年 2 月在熱那亞的海濱城市薩活納，製作了這幅包含有黑海、地中海和大西洋的航海圖。正如貝卡里奧所說，此圖將撒丁島放在了它實際所在的位置，也調整了伊比利亞海岸的距離，延長了歐洲西海岸沿海航行的距離。所以此圖純粹是為了修正過往航海圖的錯誤而製作的修正文本，並非可以帶來收入的委託作品。

這幅波特蘭海圖和同斯的此類地圖一樣，都沒有標題。人們只能根據圖面內容稱其為黑海、地中海和大西洋航海圖。此圖縱 93CM 橫 140CM，由兩張羊皮紙拼成。現收藏在耶魯大學拜內克善本和手稿圖書館。

這幅航海圖的右側有獨一無二的，也是目前所見的最早緯度尺，因而備受後世研究者的重視。此圖中央有一個隱性的風玫瑰，以此為中心環繞着 16 個隱性的風玫瑰。緯度尺放在加納利羣島。似乎和托勒密一樣將這條線作為已知世界和未知世界的分界

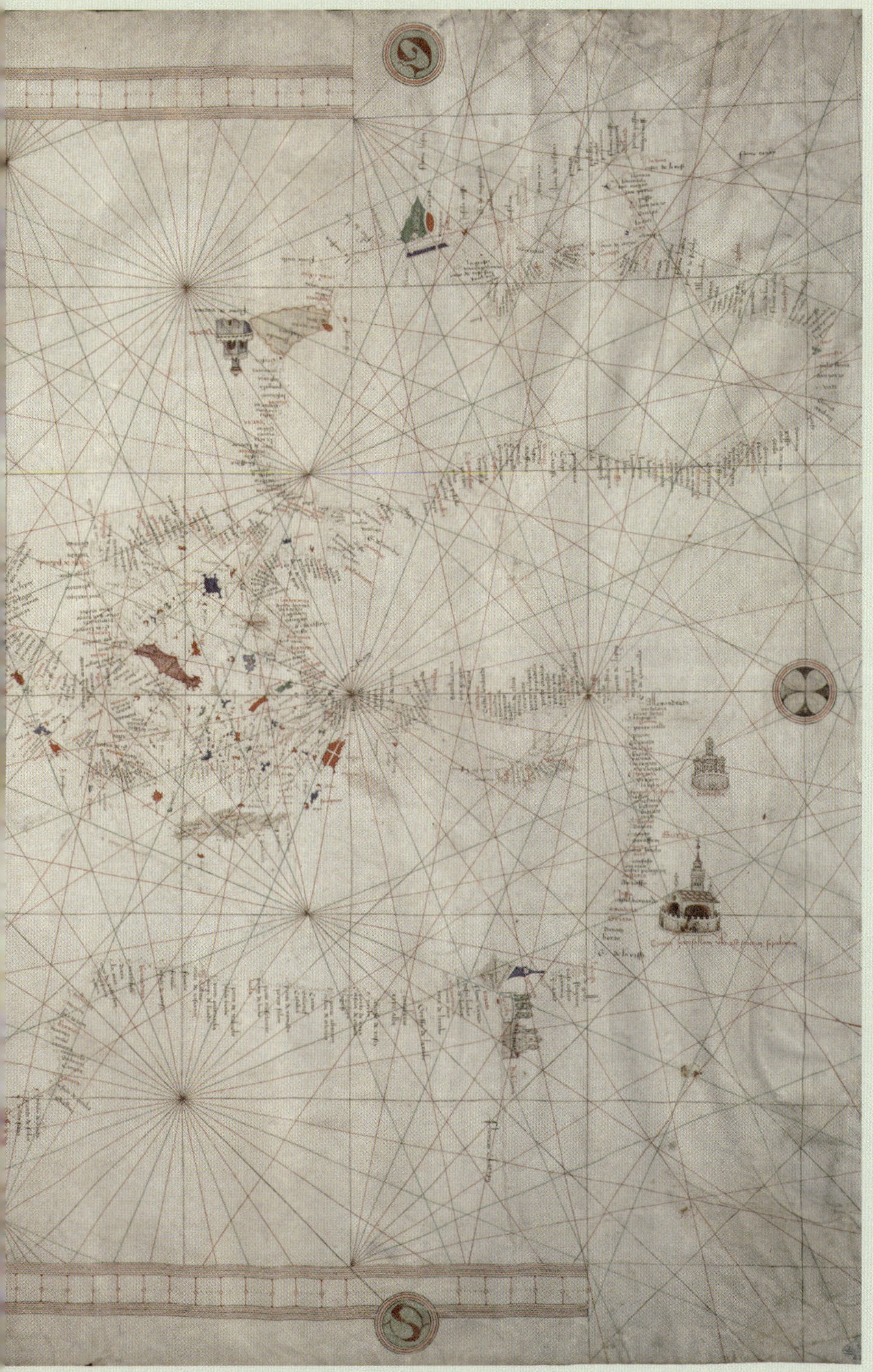

圖 5.9：黑海、地中海和大西洋航海圖是熱那亞製圖師貝卡里奧 1403 年製作現存最早的有緯度尺的波特蘭海圖

線。這條緯度尺，從北緯 26 度到北緯 55 度，並延伸到 58 度的地圖邊緣。由此緯度尺延伸出七條平行線，覆蓋整個圖面，但這些線無法代表平行的緯度刻度，此時的波特蘭海圖都沒有考慮地球曲度。

在寬大的圖面上，貝卡里奧以馬略卡波特蘭海圖的小插圖形式，描繪了當時歐洲最關心的港口和城市。此中最突出的是他的家鄉熱那亞，宏偉的港口，高大的建築，而左邊的馬賽港和阿維尼翁城，右邊的競爭對手威尼斯，都比較小。北部有科隆，是漢薩同盟的重要港口。伊比利亞半島西北是中世紀歐洲繼耶路撒冷和羅馬之後最重要的朝聖地：加利西亞德孔波斯特拉的聖雅各布（聖地亞哥）教堂（主體部分始建於 1075－1211 年）。巴黎城以鳶尾花旗幟表示。左下方是北非西部的提里梅森（標註為 Tirimessen），它不靠海但從 13 世紀上半葉開始成為持續兩個世紀的國都，人們亦稱其為「非斯」。在貝卡里奧的時代，非斯因靠近休達而對歐洲具有特殊的意義。

重要港口和城市得到了突出描繪，東方有亞力山大港口和開羅，以及永遠重要的耶路撒冷。黑海沿岸的大城市是瓦爾納（今保加利亞）。1391 年瓦爾納被奧斯曼佔領，成為帝國的重要港口。它的失守，直接影響了 1453 年君士坦丁堡的陷落。

第七節　世界的西極，北大西洋的幽靈羣島

——祖阿尼．匹茲加諾航海圖（1424 年）

自托勒密時代起，西北非和大西洋就已是地理學家關注的重要對象。

托勒密《地理學》在描繪世界西極時，將距非洲西海岸約 130 公里的加納利羣島作為世界的西極，同時也是所謂「零度經線」穿過的地方（今西經 15° 度左右，北緯

28° 左右）。據稱，公元前 40 年毛里塔尼亞國王尤巴二世的遠征隊最先佔領了此島，見島上有許多軀體巨大的狗，遂稱該羣島為「canes」(加那利島），意為「狗島」。後來，羅馬人又遠征到這裏，見島上風光綺麗，氣候宜人，又把它稱為「Fortuna」(福島）。

事實上，在這條所謂「零度經線」上，除了加那利島羣島，還有兩個羣島，一個是北邊的馬德拉羣島，一個是更北一些的亞述爾羣島——這幾個北大西洋羣島一直被中世紀傳説稱為「幽靈羣島」。

雖然，公元 999 年已經佔領了西北非洲的阿拉伯人開始到大加那利島經商，此後，西班牙卡斯蒂利亞王國亨利三世派法國探險家於 1404 年登陸加那利羣島，但是，關於這一海域的航海圖，很晚才由威尼斯製圖師繪製出來。

這是一幅已知最早描繪北大西洋東海岸神祕羣島的航海圖，繪在一張羊皮紙上，圖縱 57CM，橫 90CM，製圖時間為 1424 年。1953 年人們在著名收藏家托馬斯爵士圖書館眾多手稿中發現了這幅意大利學派的波托蘭海圖。圖上簽名部分似乎修改過，紅外光線掃描顯示簽名為「祖阿尼 · 匹兹加諾」(Zuane Pizzigano）。研究者因此稱它為「祖阿尼 · 匹兹加諾航海圖」。

祖阿尼 · 匹兹加諾出身於威尼斯的匹兹加諾製圖世家，前邊講過的著名匹兹加諾兄弟，可能是他的同族前輩，他們都是馬略卡學派的傑出代表。

祖阿尼 · 匹兹加諾航海圖現收藏在美國明尼蘇達大學圖書館。這幅航海圖沒畫羅盤，但畫出了多方位的恆向線。它描繪了傳説與現實中的北大西洋東海岸的幾個羣島。他首次在的大西洋上用醒目的矩形紅色標出了一座島嶼，並標註「此島名為安提利亞（Antillia)」。這名字來源於葡萄牙語「ante-ilha」，意為「前島」或「對面的島」。島上七小海灣向內陸延伸，每一個港灣旁都標註了一座城市。此島是中世紀歐洲人在大西洋裏虛構出來的「幽靈島」，

在安提利亞島北方海面上，作者還用矩形藍色標出了一座稍小一些的島，名叫「撒旦內兹」(satanazes)，即「惡魔島」。它的北邊傘形紅色小島是另一個未知小島。一些歷史學家推測「幽靈島」傳説可能來自北歐神話。

這個兩個矩形標記的紅藍大島首次在出現在大西洋海圖上。雖然它們被標註為「魔

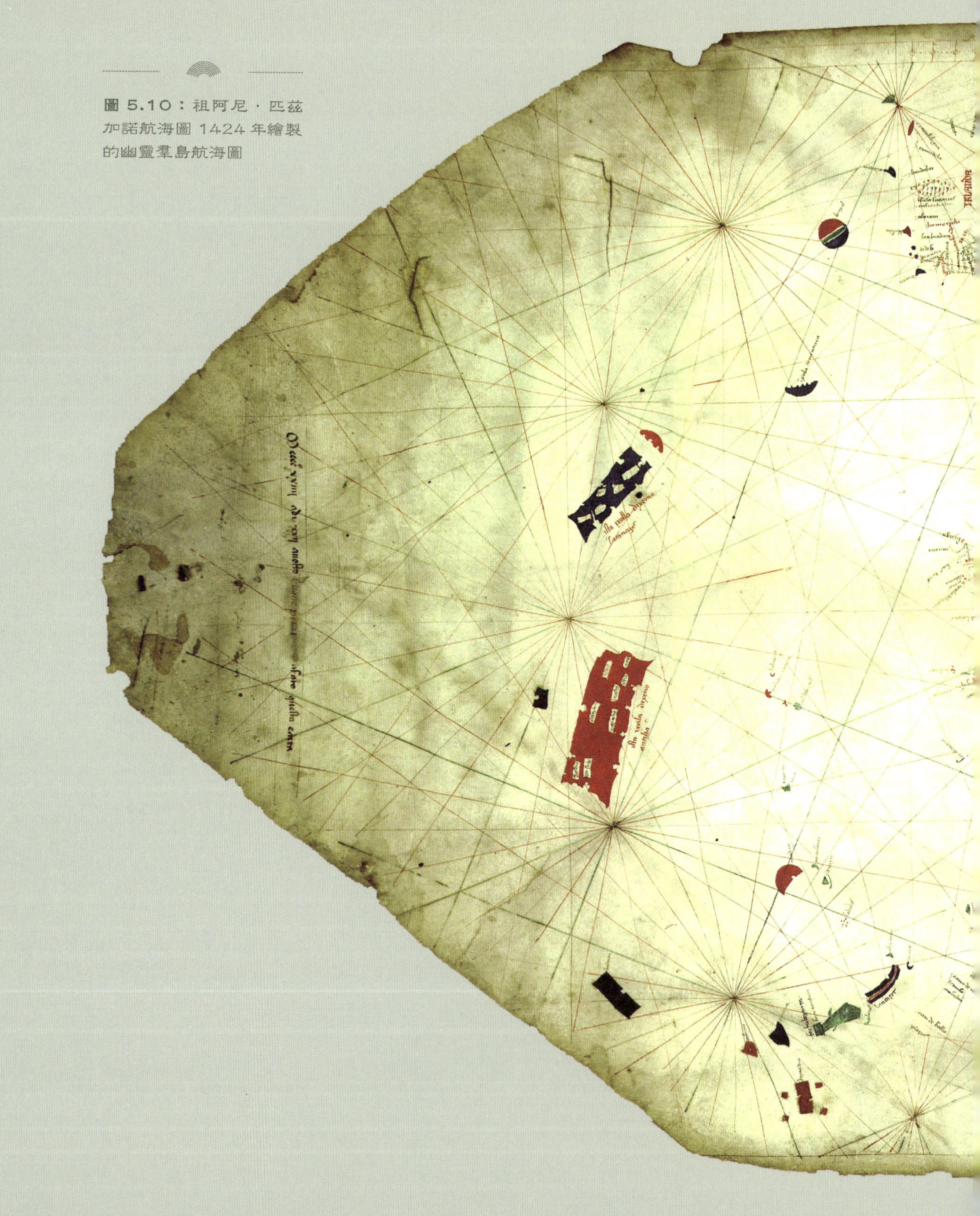

圖 5.10：祖阿尼・匹茲加諾航海圖 1424 年繪製的幽靈羣島航海圖

鬼島」和「幽靈島」，但實際上，這幅波特蘭航海圖是一幅實用地圖，此圖頂部清楚地繪出了一條比例尺：尺子分為八個部分，每一部分進一步細分為 5 格。人們由此分析此圖，它們也是對真實存在的加納利羣島、馬德拉羣島、亞速爾羣島和佛得角羣島的描繪，尤其是此圖下方靠近西非海岸的地方，所繪藍綠島嶼的位置十分接近現實中的加那利羣島，而最南端的紅色小方島，標註為「Himadoro」，周圍環繞着四個較小島，更加接近現實中的佛得角羣島。

雖然，大西洋上的這些島嶼有着「魔鬼島」和「幽靈島」的壞名聲，但伊比利亞半島上的葡萄牙和西班牙，在兩個大陸和兩個海洋之間尋求發展與擴張，必然要面對和征服這些神祕島嶼。事實上，大航海的尖兵葡萄牙和西班牙正是從大西洋開始他們的世界探險與掠奪。幾乎可以肯定地說，葡萄牙國王喬弗洛和他的顧問們研究了類似 1413 年維拉德斯特斯繪製的航海圖，還有 1424 年祖阿尼 · 匹兹加諾繪製的幽靈羣島航海圖等最新航海材料，由此制定了進攻地中海海岸以南的西北非洲計劃，他們相信這裏有一系列富有的黃金國王。

1418 年葡萄牙人發現並佔領了馬德拉羣島，1427 年葡萄牙登陸亞述爾羣島，後來佔領了這一羣島。從 1492 年開始，哥倫布率領西班牙船隊 4 次西航美洲，都是以加那利羣島為基地進行跨洋探險。自哥倫布返航之後，人們對大西洋中的島嶼有了新的認識，安提利亞島等「魔鬼島」和「幽靈島」漸漸從海圖上消失了。

第六章

印歐新航路：繞行非洲的香料之路

從13－14世紀蒙古西征控制西亞和東歐洲大部分地區開始，到1453年奧斯曼土耳其攻克君士坦丁堡，東羅馬帝國滅亡。幾個世紀以來，西方與東方的貿易之路，一直處在戰爭與宗教衝突之中。此間，地中海貿易大多被意大利人壟斷，西歐國家要想擴張，唯有向北非、西非，或者，向不可知的彼岸尋找新的空間。

奇怪的是，率先改寫歷史的竟是蕞爾小國葡萄牙。

葡萄牙（Portugaln）在葡語中是「溫暖的港灣」之意。葡萄牙不止一個港灣，它的西岸是一個港灣羣，因為伊比利亞半島上四條最大的河流全都在葡萄牙西部海岸流入大西洋，這種河海相連的自然條件，為葡萄牙與大海建立了最為緊密的依存關係。

公元711年，阿拉伯人從北非跨海攻入伊比利亞半島。此後幾百年間，伊比利亞人只有兩個任務：一是驅逐摩爾人（光復運動，或再征服運動），二是謀求獨立。1143年葡萄牙藉助十字軍的力量趕走了摩爾人；又藉助羅馬教廷的權威，擺脱了卡斯蒂利亞王國（後與阿拉貢王國聯姻統一西班牙）的控制，正式成立了葡萄牙王國。

葡萄牙是幸運的，獨立後的幾代領袖人物都熱衷於航海。1415年在國王阿方索五世的指揮下，21歲的堂·恩里克（Dom Henrique，1394－1460年）王子攻佔了北非城市休達（今摩洛哥北部港口城市）。葡萄牙通過控制休達港，不僅打開了地中海連接大西洋的入口，還為其海外擴張提供了重要的戰略支點。

人們一直以「向海而生」來肯定葡萄牙對大航海的貢獻，這之中自然有葡萄牙人的「膽識」驅動，但更重要的是，它憑什麼在本不屬於自己的海外土地上恣意「發展」？

從1096年起，歐洲天主教國家發動「十字軍東征」（當然，也不要忽視阿拉伯人從8世紀開始的地中海擴張），開啟了兩大宗教之間的長久衝突。基督教國家由此篤信兩個觀點：第一，基督教王國有權力佔領異教徒的國土；第二，羅馬教皇有權力決定尚未被基督教佔領的土地歸屬權。

1415年攻打北非休達有功的恩裏克王子被羅馬教廷任命為聖殿騎士團（全名為「基督和所羅門聖殿的貧苦騎士團」）在葡萄牙的繼任者，管理騎士團的財產（1307

年法蘭西國王腓力四世曾下令逮捕騎士團成員，沒收騎士團財產，解散騎士團），並將這些財產用於航海事務。此後，葡萄牙的海上擴張就成了聖殿騎士團征服異教徒行動的一部分：1452 年 6 月 18 日和 1455 年 1 月 8 日，教宗尼古拉斯五世兩次發佈「教皇敕書」（Dum Diversas 和 Romanus Pontifex）：將非洲幾內亞以及向南至大陸南端所有陸地，劃歸為葡萄牙國王的征服之地；1456 年 3 月 13 日，教宗卡利克斯特斯三世又發佈教皇敕書（Inter Caetera），將葡萄牙聖殿騎士團征服領地的邊界一直向東推至遙遠的印度。1479 年－1481 年，西班牙與葡萄牙經羅馬教廷調解，簽訂第一個殖民帝國劃分海外勢力範圍的協議《阿爾卡索瓦斯條約》。世界上其它有待發現的土地，以穿過加那利群島的緯綫（約北緯 28 度）為界，北部由西班牙去發現，南部由葡萄牙去發現。

這幾道「教皇敕書」明確賦予葡萄牙非洲至印度廣大區域的壟斷性航海貿易，以及傳佈基督教的特權。這是此後基督教國家的所謂「發現」與「征服」的「法理依據」。

葡萄牙利用羅馬教廷賦予的特權，從大西洋起步，把西非與西歐聯結起來；此間，留下了老雷內爾西歐和西北非洲航海圖；留下了馬特魯斯繪製的第一幅繪出好望角和非洲大陸的最新世界地圖……葡萄牙人繞過非洲後，又開發了新的印歐航線……當達·伽馬被問及將在東方尋求何物時，他毫不遲疑地回答說：「為了香料與靈魂」。

當然，除去宗教與經濟因素，大航海也開創了史詩般的地理發現時代。它大體可劃分為四個發展階段：一是跨過赤道的近岸航行，二是跨大洋航行，三是環球航行，四是極地冰海航行。

迪亞士沿非洲海岸航行，跨過赤道，繞過南非大陸，發現了好望角，完成了大航海第一階段的近岸航行跨越赤道的任務。越過赤道的葡萄牙航海家發現，北極星隱沒在地平線下，傳統的局限於地中海一帶的航海手段與經驗受到空前的挑戰，由此催生了對傳統波特蘭海圖的改良……

第一節　誰先繞過了好望角

——毛羅世界地圖（1459 年）

早期波特蘭海圖，不論是意大利學派，還是馬略卡學派，它們所描繪的海圖範圍，大多沒超出地中海;但它卻孕育了後來描繪「大航海」的葡萄牙學派的波特蘭海圖。

1418 年葡萄牙發現並佔領馬德拉羣島；

1420 年葡萄牙登陸加那利羣島；

1427 年葡萄牙登陸亞速爾羣島；

1456 年葡萄牙登陸並命名佛得角羣島。

率先進行航海探險與海上擴張的葡萄牙，顯然看到了商業保祕的重要性，所以國王下令禁止公開海上新發現，航海圖作為機密文件嚴加保護。後世很少看到早期的葡萄牙學派的航海圖，大概就是這個原因。但這不影響葡萄牙從別的國家竊取航海祕密。在西非航海探險取得初步成功後，為了謀劃更久遠的海上利益。1457 年葡萄牙國王阿方索五世派人到威尼斯卡瑪爾迪找到著名製圖師費拉．毛羅（Fra Mauro），提供充足的經費和葡萄牙海外探險的最新地理成果，希望訂購一份「托勒密世界地圖」之外的全新世界航海圖。

正是毛羅這幅新的世界地圖，為後世學者出了一道難題：早在葡萄牙航海家迪亞士發現好望角之前，就有人繞過了好望角，並且和「印度中國式帆船」有關。弔詭的是，同樣的難題，也出現在南美洲，即麥哲倫穿過以他名字命名的海峽之前，也有了奧斯曼的皮里雷斯繪出的南美甚至南極大陸的地圖，後邊，會講到這個話題。

現在，還是先講講毛羅。

毛羅是威尼斯瀉湖穆拉諾島上的聖米切爾修道院的修道士，這裏有他的製圖工坊，他和另一位助手威尼斯的製圖師安德列亞．比安科（Andrea Bianco）於 1448 年接手葡萄牙國王訂製地圖的工程，經過 5 年的努力於 1453 年完成這幅巨型地圖。葡萄牙國王阿方索五世得到此圖後，特為毛羅頒發了勛章。

由於此圖是威尼斯製圖師完成的，威尼斯當局要求得到一件此圖的副本，這件副本完成於 1459 年。後來，在葡萄牙的重重「保密」中，這份地圖的原件失蹤了，威尼斯的副本反而成了僅存的版本。現收藏在威尼斯馬爾恰那圖書館。

這幅後世所說的「毛羅地圖」是一幅圓形世界航海圖，圓周上有八個羅盤方位，圖中央還繪有一個羅盤玫瑰，雖然沒有畫恆向線，也算是一幅「準波特蘭海圖」。它以極其奢華的金色和天藍色繪製繪在一張巨大的羊皮紙上，圖上的圓周直徑約為 196CM，外框為邊長 223CM 鎏金方木框，體現了文藝復興早期的奢侈風格，被認為是現存最大的中世紀世界航海圖之一，其本質是一幅航海視角的世界地圖。

毛羅地圖沿襲阿拉伯人以南為上的製圖傳統，右上是非洲，右下方是歐洲，左為亞洲，構圖採用傳統的「0」形，但沒有用「T」字結構，佈局向實用與科學方向轉型。地圖四角繪有 4 個小圖，左上為地心說的宇宙系統，右上為月下世界，並討論了潮汐起因，左下為伊甸園，左下為海陸分界，並討論土、水、氣、火四種元素的大小，顯示是在宇宙學框架下描繪地球。

毛羅地圖最神奇的是，在迪亞士發現好望角的 30 年前，就準確繪出容易辨認的三角形非洲南端和他稱之為迪亞卜角的後來的好望角。在非洲西南部有一大段說明，原文為：「Circa hi ani del Signor 1420 una nave over çoncho de india discourse per una traversa per el mar de india a la via de le isole de hi homeni e de le done de fuora dal cauo de diab e tra le isole verde e le oscuritade a la via de ponente e de garbin per 40 çornade, non trovando mai altro che aiere e aqua, e per suo arbitrio iscorse 2000 mia e declinata la fortuna I fece suo retorno in çorni 70 fina al sopradito cavo de diab...」大意是「大約 1420 年，有一條印度中國式帆船穿越印度洋，向西通過迪布角外的男、女島，取道綠色羣島和暗海之間，向西和西南連續航行了 40 天，除了大海，什麼也沒有發現。估計，船行約 2000 海裏。此後，情況不妙，該船便在第 70 天回到迪布角……」在好望角以西的非洲西岸毛羅繪製了一艘收帆停泊的「印度中國式帆船（çoncho de india）」。

毛羅地圖繪成之時，葡萄牙人向南的航海範圍剛剛接近塞拉利昂沿海，尚未過赤道。可是，毛羅地圖不僅描繪出非洲東、西海岸線，還在海岸線及非洲內陸標註出許

圖 6.1：毛羅地圖，終結了中世紀的「T-O」世界地圖結構，向實用與科學方向轉型，並服務於大航海

多地名。同時，地圖上寫着大量註釋和個人理解的批註，增添了很多地理信息，似乎毛羅對非洲大陸已經了如指掌。

毛羅是一位實事求是的製圖家，他在圖說中專門聲明，「在非洲這個地方，尤其是毛利塔尼亞，有人獸怪物……我從未找到任何一個關於此說的證明，還是把探究這類事物的任務留給對此有興趣的人吧。」他不相信，也不會畫不存在的東西。

毛羅地圖對航海史還有一大貢獻，就是他在圖上繪製了十幾艘帆船，並留下了許多關於帆船和航線的記錄。在迪布角東邊，印度洋最南端的一條註記稱：「航行這一海域的大船或稱戎克船，有四桅，其數目可增減，有 40 至 60 個供商人使用的船艙。它只有一個舵，不使用指南針，因為有一個天文家獨自站在船高處手持牽星板發佈航行命令。」旁邊繪有一艘大帆船，船艉有一個軸舵。13 世紀之前，歐洲帆船船尾兩側各有一個四分之一舵，13 世紀之後，向東方學習，也有船艉軸舵。

圖上的「戎克船」，拉丁文原文為「çoncho」。葡萄牙歷史語言學家達爾加多（Rodolfo Sebasta o Dalgado）認為該詞的語源是漢語的「chuen」（「船」）。一般外文詞典（如《英漢大詞典》）將「junk」（即拉丁文「çoncho」）譯作「中國式帆船」，「戎克船」是一種日式譯法。這些關於「戎克船」和「印度中國式帆船」的記錄與描繪，極具突破性意義。有人據此認為，毛羅航海圖表明東方人已先於迪亞士繞過了非洲南端，發現了好望角。

當然，前邊我們也說過，中世紀許多阿拉伯地圖在描繪非洲大陸都會畫出這種非洲之「角」。甚至早在 1389 年，中國的大明混一圖，也將非洲作為一個與南極大陸並不相連的三角形大陸描繪出來。所以，這裏繪出「戎克船」和「印度中國式帆船」也不奇怪。

此外，毛羅航海圖對亞洲的描繪，也有「突破」。他的亞洲的主要信息源於馬可·波羅遊記。在圓圖的 8 點鐘方向，中國東南沿海分別標註出「SERICA」、「CHATAIO」和「Mangi」，即葡萄牙語中的「賽裏斯」、「契丹」和「蠻子」，這些標註指的都是「中國」。此圖還明確標註出元大都（Cambalu）和上都（Xandu），並繪有蒙古大賬逢，不過圖中的中國城市都是文藝復興時期威尼斯建築風格。在元大都位置上，還畫「有獅子

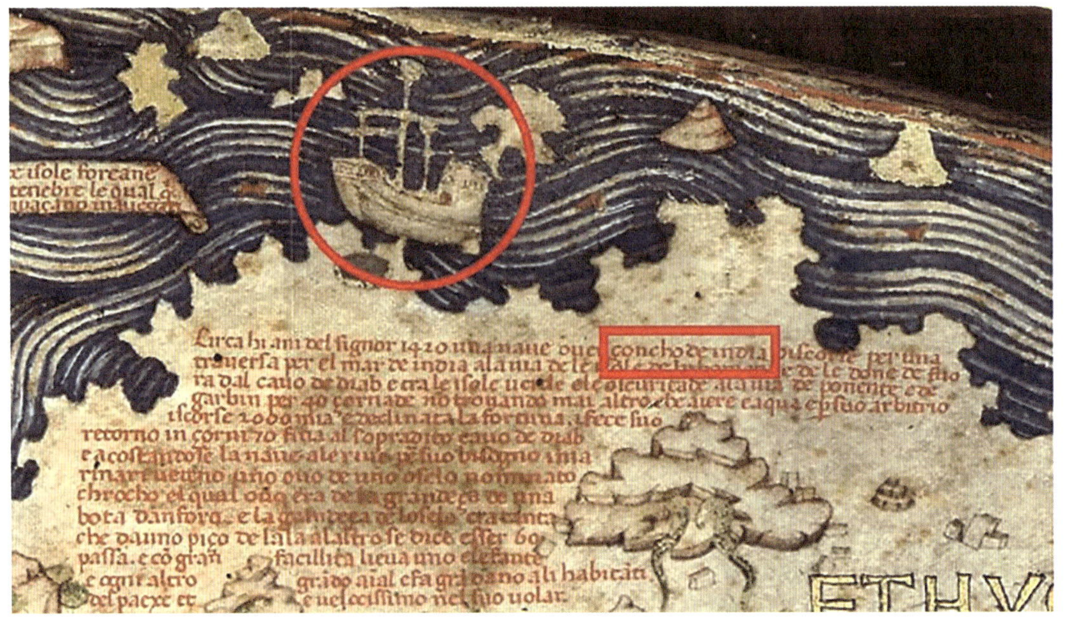

圖 6.1（a）：毛羅地圖（局部）的好望角以西非洲西岸，繪有一艘條收帆停泊的「印度中國式帆船」，並標註「1420 年左右，一艘印度中國式帆船橫跨印度洋……被風吹過迪亞卜角……」

和石拱的美麗石橋」，這種描繪顯然是馬可 · 波羅筆下的盧溝橋。

「契丹」一般指中國歷史上由契丹族建立的遼朝（907 年－1125 年），享國一百多年的遼朝，全盛時期疆域東到日本海，西至阿爾泰山，北到額爾古納河、外興安嶺一帶，南到河北中部。唐朝滅亡後，中亞、西亞與東歐等地區更將遼朝（契丹）視為中國的代表稱謂。雖然，遼朝 1218 年被蒙古所滅，但歐洲人分不出契丹人與蒙古人有何不同，很長時間，特別是蒙古帝國向西擴張時期，仍「契丹」稱中國。

值得一提的是，圓圖 9 點鐘方向，即東方，繪有爪哇島和一個被巖石圍繞起來的國家，標註為「Cipangu（西潘戈）」，即傳說中的黃金之國日本。許多人認為這是在西方地圖中最早出現的日本身影（其實，早在 1070 年的喀什葛里地圖中，伊德里希 1154 年《羅吉爾之書》就已有「西潘戈」和「瓦克瓦克」的描繪和標註）。準確的說，它是第一次在世界地圖上用拉丁語標註出來的日本。喀什葛裏用的是突厥語，伊德里希用的是阿拉伯語。

在大航海前夜，毛羅地圖的海上航線有一定的想像成分，但也給後人留下無盡的想像空間。

第二節　最早的葡萄牙語波特蘭海圖

——西非海岸航海圖 佚名（1471－1482 年）

大航海初期的波特蘭海圖有三大學派，意大利學派、馬略卡學派和葡萄牙學派。前兩派皆有早期的作品存世，但後世幾乎看不到 15 世紀中期之前的葡萄牙語波特蘭海圖，甚至，哪一幅是現存最早的葡萄語波特蘭海圖，都成了世界海圖史的一個課題。

一些研究者認為，1492 年葡萄牙製圖師豪爾赫 · 德 · 阿吉亞（Jorge de Aguiar）製作並留有簽名的地中海和大西洋航海圖，是現存最早的葡萄牙語波特蘭海圖。但是，後來又發現了一幅佚名的葡萄牙語的西非海岸航海圖，製作時間大約在 1471－1482 年間，目前看這一幅應是現存最早的葡萄牙語波特蘭海圖。

這幅波特蘭海圖繪製在羊皮紙上，圖縱 60CM 橫 73CM，沒有圖名。它有一個突出特徵，即不是以地中海為中心，而是以大西洋為中心，表明此圖製作目的是記錄和指引葡萄牙非洲海岸探險活動，它也因此被稱為「西非海岸航海圖」。

這幅西非海岸航海圖上，有 7 個精緻的羅盤玫瑰，是目前發現最早為羅盤玫瑰加上「指針」的航海圖，這是一個「十字架指針」。這裏不仿再重新梳理一遍「羅盤玫瑰的發展歷程」：最早繪出「羅盤圈」的是 1290 年代的比薩航海圖；最早繪出「風玫瑰」的是維斯康特 1320 年的圓形世界航海圖；最早繪出「羅盤玫瑰」的是克雷斯克斯 1375 年的加泰羅尼亞地圖集……這幅 1471－1482 年間的西非海岸航海圖，最早為羅盤玫瑰加上「指針」，由此完成了羅盤玫瑰的「終極進化」（1504 年佩德羅 · 雷內

圖 6.2：現存最早的佚名葡萄牙語波特蘭海圖，大約製作於 1471 年之後，在 1482 年之前

爾將指針繪成「鳶尾花」，雖有法蘭西盾徽特色，仍成為多數波特蘭海圖的羅盤玫瑰指針範式）。

這幅西非海岸航海圖，還運用了許多標註符號。在重要的海岸，以「點」和「十字」符號表現淺灘和礁石。在非洲和歐洲，重要城市名稱用紅墨水書寫，其中大多數地名，以葡萄牙語的拼寫。非洲海岸有兩個地點，懸掛着葡萄牙國旗，也表明了此圖的葡萄牙身份。

此圖的海岸線細節令人驚歎，它描繪了從諾曼第塞納河口延伸到幾內亞灣的大西洋海岸。最南端描繪到葡萄牙探險家若昂 · 德 · 聖塔倫（João de Santarem）和佩德羅 · 埃斯科瓦爾（Pêro Escobar）1470 年首次航行到幾內亞灣，這也是第一幅包含尼日利亞拉各斯港（Rio do Lago）的波特蘭海圖。學者們認為它大約製作於 1471 年之後，在 1482 年之前。因為，它沒有描繪 1482 年迪奧戈 · 康發現的剛果河。

此圖於 1859 年被列為意大利摩德納公爵弗朗切斯科五世 · 奧地利埃斯特（Francesco V d' Austria-Este，1819－1875 年）收藏的「十五世紀四幅航海地圖」之一。這些航海圖均於 1870 年捐贈給意大利摩德納的埃斯特恩斯大學圖書館。

第三節　最早繪出雙緯度尺的波特蘭海圖

——西歐和西北非洲航海圖 老雷內爾（1484 年）

——大西洋航海圖 老雷內爾（1504 年）

佩德羅 · 雷內爾（Pedro Reinel，? －1542 年），即老雷內爾，他是那個時代，葡萄牙和歐洲最著名製圖師之一。1485 年至 1519 年間，他曾為三位葡萄牙國王服務：若昂二世、曼努埃爾一世和若昂三世。他也是一位改寫葡萄牙或歐洲海圖史的人物。

現存最早留有簽名的葡萄牙語波特蘭海圖

前邊説過，常有人認為 1492 年葡萄牙製圖師豪爾赫・德・阿吉亞（Jorge de Aguiar）製作的地中海和大西洋航海圖是現存最早留有簽名和日期的葡萄牙語波特蘭海圖。其實，老雷內爾早在 1485 年製作的西歐和非洲航海圖上，在羊皮紙「脖子」位置上，用大大的花體字母留下了標題是「ihvs」和簽名「Pedro Reinel me fez」，但佩德羅・雷內爾名字後面，有幾個奇怪的字母組合「me fez」，不知何意。這幅地中海和大西洋航海圖繪在羊皮紙上，圖縱 72CM 橫 94CM，現收藏在法國波爾多吉倫特省檔案館。

此圖詳細描繪了大西洋及西非洲海岸，還有不列顛羣島、馬德拉羣島、亞速爾羣島、加那利羣島。它及時反映了若昂二世在位期間派葡萄牙航海家迪奧戈・康（Diogo Cão）在 1482－1485 年間，在非洲西岸的兩次地理發現：他第一個發現剛果，並深入非洲第二大河札伊爾河（剛國河）考察；第一個到達西南非洲的鯨魚灣（今納米比亞附近）。老雷內爾在（Serra Lioa 塞拉利昂）的位置上，畫了一頭高大的擬人化的獅子，它手持葡萄牙旗幟，沿岸還繪有多面葡萄牙旗幟，還有一個大大的十字架，都表明了葡萄牙對西非海岸的「發現」和佔領。這些豐富的裝飾插圖，讓人想起葡萄牙製圖的馬略卡學派起源。

有趣的是，老雷內爾將非洲海岸的描繪分為兩個不同的部分：

第一部分是對大西洋海岸的傳統描繪，直到地圖空間不足的下方。

第二部分是對剛果海岸的描繪，被劃在非洲內陸空白處。這一不同尋常的畫法，其他海圖上極少出現，這也引起了學者們的很多爭論和猜測。可能羊皮紙面積不足，是這種畫法最直接的原因吧。後來，卡文迪什 1588 年繪製的穿過美洲地圖，也將麥哲倫海峽圖放在了圖中央空白處。

現存最早繪出雙緯度尺的波特蘭海圖

現存最早繪出雙緯度尺的波特蘭海圖，也出自老雷內爾之手。

前邊講過，1403 年熱那亞製圖師貝卡裏奧製作的黑海、地中海和大西洋航海圖是「現存最早的繪有緯度尺的波特蘭海圖」。整整一百年後，波特蘭海圖上再次出現了緯

圖 6.3：佩德羅・雷內爾 1485 年製作的西歐和非洲航海圖。這種設計表明大西洋正成為世界航海的焦點

圖 6.4：佩德羅·雷内爾 1954 年製作的西歐和非洲航海圖。 圖上出現了雙緯度尺，而左上方的緯度尺傾斜了 22 度，似在解釋磁偏角引起的羅盤方向偏移問題

度尺，這一次應當說有所進步，它是雙緯度尺。1504 年，也就是哥倫布橫跨大西洋航行之後，老雷內爾用羊皮紙繪製了一幅大西洋航海圖，在羊皮紙「脖子」位置上，留有較大字母書寫的簽名「Pedro Reinel」。此圖縱 62CM 橫 90CM，現收藏在慕尼黑巴伐利亞國家圖書館。

這幅大西洋航海圖，由東北部的歐洲、東部的非洲和西北部的北美大陸（拉布拉多海岸和大淺灘）組成。老雷內爾似乎在強調跨大西洋航行，所以將描繪中心放在大西洋的中部，圖中央是一朵十六角的裝飾性羅盤玫瑰，三十二條線從中心玫瑰的中心延伸，在無形圓圈上有 9 個羅盤玫瑰。這種設計表表明，大西洋正在成為世界的焦點。注意，羅盤玫瑰的指北針為藍色的鳶尾花飾（fleur-de-lis），這種指北針花飾，後來成為多數波特蘭海圖羅盤玫瑰的指北針範式。

更為重要的是，老雷內爾還明確繪出了一縱一斜兩個緯度尺。老雷內爾將一個緯度尺放在大西洋中心，方向接近正北；北緯 36 度的刻度，準確地對應直布羅陀海峽。另一個放在拉布拉多附近，標註了北緯 44° 至 57° 的緯度刻度，緯度尺傾斜了 22 度，似在解釋磁偏角引起的羅盤方向偏移問題。有人認為，這或是最早的「磁偏角海圖」的偉大嘗試。

在哥倫布開啟跨大洋航行之後，製圖師開始考慮將緯度尺作為重要的導航元素融入到波特蘭海圖中，特別是融入到全球航海圖之中。

第四節　帶來新希望的好望角

——最新世界地圖 馬特魯斯（1489 年）

——最新世界地圖 馬特魯斯（1489－1491 年）

1487 年 7 月，葡萄牙航海家巴托洛梅烏・迪亞士（Bartholmeu Dias，1450－1500 年）接受葡萄牙國王若昂二世的委託，率領兩艘排水量大約一百噸的雙桅卡拉維拉帆船「聖克里斯托旺」號和「聖潘塔萊昂」號，還有他兄弟（西方文化中，兄弟姐妹之間的稱呼，並不區分年齡順序）迭戈・迪亞斯（Diogo Dias，也有一說為 Pêro Dias 佩羅・迪亞士）的橫帆補給船，從里斯本出發去探索南部非洲海岸。他們沿着此前迪奧戈・康（Diogo Cão）等葡萄牙航海家已探查過的博哈多爾角、佛得角、黃金海岸，一路順風地來到南緯 22 度左右的沃爾維斯港（即鯨魚灣，今納米比亞西海岸）。迪亞士真正的探險與發現，從這裏開始。

1488 年 12 月 8 日，迪亞士的探險船隊從在沃爾維斯港出發，從沿西非海岸向非洲南部摸索前行，前面已是誰都不了解的未知海域了。迪亞士的探險隊出發不久就遇到一場風暴，為避免觸礁，三艘探險船遠離海岸，向南漂行 12 天。風暴過後，他們先是發現東邊的非洲海岸消失了，2 月 3 日，他們的船已繞過了非洲大陸南端，到達了南非莫塞爾灣，進入了印度洋。

從南緯 22 度的鯨魚灣，到南緯 34 度莫塞爾灣，迪亞士僅僅把葡萄牙非洲探險的腳步向南推進了 12 個緯度。這看似迪亞士探險的「一小步」，卻是歐洲人探險的「一大步」。它證明：非洲大陸並非與南極大陸相連，這裏有通往印度洋的海上通道。後人為紀念迪亞士的偉大航程，在好望角以東 200 公里的莫塞爾灣建了一座迪亞士博物館裏，並複製了那條雙桅小船聖克里斯托旺號，供人參觀。

原本迪亞士想繼續向印度航行，無奈船員都反對，只好返航。返航途中，他們第二次繞過真正的非洲最南端厄加勒斯角，和迪亞士認為非洲最南端的「風暴角」。迪亞士回國後，將發現報告呈給若昂二世。國王認為這個「風暴角」給葡萄牙帶來了好運，遂將其命名為「好望角」。

2004 年、2005 年筆者兩次到好望角旅行，那裏永遠立著一個人人都與之合影的木牌子，上面用英文解釋着此地的空間坐標：

CAPE OF GOOD HOPE

THE MOST SOUTH-WESTERN POINT OF THE AFRICAN CONTINENT

18°28´26˝EAST' 34°21´25˝SOUTN

第一行文字是：角、好的、希望。中譯：好望角，十分傳神。

第二行文字是：這裏是非洲人陸的最西南端。

第三行文字是：東經 18°28´26˝；南緯 34°21´25˝。

許多人都以為好望角是非洲大陸的最南端，其實「這裏是非洲大陸的最西南端」，最南角是不遠處的厄加勒斯角。順便説一下，非洲大陸另三個「之最」的角是：最北的突尼斯布郎角；最東的索馬里哈豐角；最西的塞內加爾西面的海島佛得角。這個好望角，一不如非洲四極「之最」；二不如南美合恩角大陸板塊之最南，但「世界之最」任何一個海角都沒有它名氣大。

好望角的發現，改變了歐洲的傳統地理觀念，世界地圖也必須重新改寫。雖然，此時葡萄牙還沒有完成繞行非洲大陸，但已為描繪非洲大陸打開了一個窗口。迪亞士返回葡萄牙之後，國王若昂二世就急不可待地邀請製圖師亨利庫斯·馬特魯斯·日耳曼努斯（Henricus Martellus Germanus，1480－1496 年）為他繪製包含非洲南部最新發現的世界地圖。關於這位製圖師，歷史沒留下什麼信息，其名字中「日耳曼努斯」（Germanus），表明他是德意志人。他大約出生於紐倫堡，1480 年至 1496 年期間曾旅居意大利。

圖 6.5：馬特魯斯 1489 年在佛羅倫薩印刷出版的首次繪出好望角的全新世界地圖，現藏大英圖書館

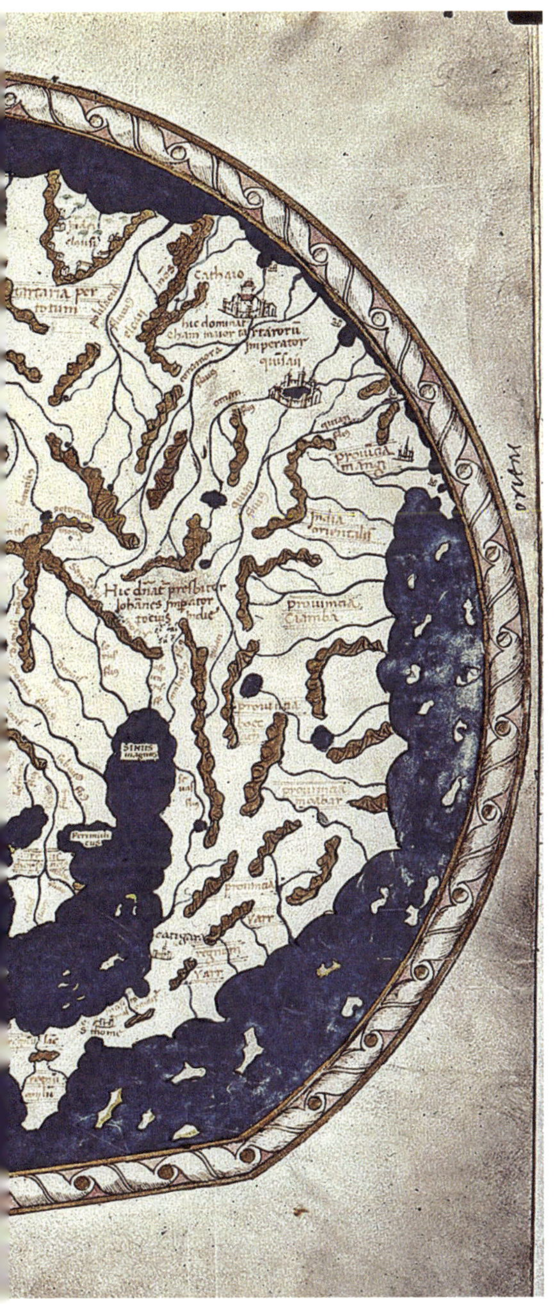

馬特魯斯為諾昂二世繪製最新的世界地圖有兩種存世：一種是他 1489 年在佛羅倫薩印刷出版的《海島志》(Insularium Illustatum) 中的插圖最新世界地圖。此印刷版本在佛羅倫薩、倫敦等地都有收藏。一種是手繪的最新世界地圖，這是一幅掛牆地圖，大約製作於 1489－1491 年。現收藏在美國耶魯大學。這兩幅地圖都採用了偽心形投影，第一次展示了繞過非洲南端進入印度洋的新航道。

《海島志》的最新世界地圖，沒有繪出馬達加斯加島，畢竟此時葡萄牙船隊只到達了莫塞爾灣，對非洲的整體概念還不清晰。這一印刷版的地圖上沒有經緯網格。地圖上首次繪出的好望角，向東偏移了經度 30 度，非洲大陸向南拉長了 10 緯度。這大大超出了當年製圖技術的誤差。

1489－1491 年間，馬特魯斯重新繪製了最新世界地圖的彩色掛牆地圖，畫在大小不等的 9 張紙上，全圖縱 122CM 橫 201CM。圖上面有馬特魯斯的拉丁文簽名，地圖邊框外添加了 12 個風神頭像。在圖底角一左一右安排了兩個較長的圖例。左下角的拉丁文註記寫道：「儘管斯特拉博和托勒密以及大多數古人都非常勤奮地描述這個世界，然而，在我們這幅地圖中，在其真實的地方，展示了最新的知識，遠遠超出了他們的描

圖 6.6：馬特魯斯 1489－1491 年在佛羅倫薩繪製的全新世界地圖大掛圖，圖上已帶有經緯坐標網格。現藏於耶魯大學拜內克圖書館

述，且不為他們所知。」此圖原藏意大利，幾百年前被不知不覺地運到國外，長期保存在瑞士一家銀行中。1963 年，有位匿名人士購得此圖，並將它捐贈給美國耶魯大學。

非常可貴的是，此圖首次繪出了經緯度坐標網，經度總跨度為 270 度。但圖中經度計算極不準確。尊從托勒密《地理學》設定的加納利群島為零度經綫向東，直到遠離亞洲最東端的中國，共跨經度 230 度。最值得關注的是，此圖上比前一幅，多繪出了日本列島。研究人員通過多光譜圖像增強文本可見度，發現大約繪在 270 度位置的遠離亞洲海岸的日本列島旁邊標註着：「此島（日本）距離『Mangi』（蠻子，即中國）大陸 1,000 英里（1,609 公里）；人們有自己的語言，島嶼的周長……」此圖，誇大了加納利羣島向東到中國之間的寬度，同理，在地球另一面的距離，也被縮小了。這是發現新大陸之前歐洲人對地球的認知。有研究者相信，哥倫布在 1492 年橫渡大西洋之前，曾使用此圖或其副本規劃航程。

此圖上的印度，仍沒畫成半島模樣，對遠東海岸和南洋也有不很準確的涉及。東南亞馬來半島以東多出來一個巨型半島，它的面積幾乎大於圖中的歐洲大陸。圖右上方有關於中國的描繪，作者以歐洲式的城堡來表示宋朝行在（Quinsay，杭州）城，城中還畫有一個湖泊。旁邊有一段註記：「這個行在城，據説周長 100 哩……」後面的註文已經磨損不清。地圖南亞部分的文字描述了「Panotii」人，據稱，「他們的耳朵很大，可以用作睡袋。」

此圖對非洲的描繪意義重大，它繪出了好望角的歷史性大發現，並在圖上註明：「1489 年葡萄牙人率先抵達此處」。並在非洲南部畫出了一個大島，但沒有明確它是不是馬達加斯加。它更像是弗拉・毛羅世界航海圖上，有海峽相隔的南非之角。

第五節　繞過非洲大陸進入印度洋

——非洲全圖 蒙塔伯德（1508 年）

——印度洋地圖 老雷內爾（1517 年）

在開普敦半島的好望角，有兩座紀念碑，西邊的是迪亞士紀念碑，東邊的是達・伽馬紀念碑。也許有人會問，為什麼迪亞士發現好望角 10 年後，達・伽馬才率葡萄牙船隊經過此地駛往印度？

最直接的理由是：15 世紀中後期，葡萄牙已佔領了大西洋上的馬德拉羣島、亞速爾羣島和佛得角羣島；還分別開發了幾內亞灣、剛果等海岸，其財富多得「開發」不過來，並不急於繞過非洲去印度。但是，1492 年哥倫布率領西班牙船隊橫跨大西洋發現了「印度」（實際上是美洲大陸），迫使葡萄牙不得不馬上啟動繞行非洲去印度的計劃。

如果說，迪亞士是站在西非海岸探索者迪奧戈．康的肩膀上發現了好望角，還不能算「站在巨人的肩膀上」；那麼，達．伽馬繞行好望角到達印度，則一定藉助了迪亞士這個「巨人的肩膀」。迪亞士不僅為達．伽馬提供了自己繪製的好望角航海圖（此圖沒有傳世），還為他設計了此次探險的三桅克拉克（carrack）大帆船。

1497 年 7 月 8 日，達．伽馬奉葡萄牙國王曼努埃爾一世之命，率領四艘小型船，即旗艦聖加布里埃爾號（São Gabriel）、聖拉斐爾號（São Rafael）（由他的兄弟保羅．達．伽馬率領）、貝里奧號（Berrio）和一艘補給船，帶着國王賜給他的「騎士團十字旗」，從斯本啟航，踏上了去探索通往印度的航程。迪亞士親率一支小船隊為達．伽馬的艦隊護航，一直護送到自己赴任總督的西非黃金海岸埃爾米納要塞（El Mina，意為「礦藏」）。

1497 年 12 月 16 日，達．伽馬的船隊通過了好望角，向東進入歐洲航海紀錄上仍是空白的水域——東非沿岸。達．伽馬將接下來探索的區域稱為「納塔爾」（葡萄牙語的聖誕節之意。今南非納塔爾省名，即由此而來）。

1498 年 4 月 14 日達．伽馬的船隊到達馬林迪（今肯尼亞）。馬林迪的統治者不僅允許達．伽馬在自己的城市建立用於貿易和支持航海的小型要塞，還為達．伽安排了阿拉伯航海家艾哈邁德．伊本．馬吉德（Ahmad ibn Majid，出生不詳，可能死於 1500 年）為其領航。達．伽馬的船隊這才從東非橫渡浩瀚的印度洋，於 1498 年 5 月 20 日到達印度的西南商港卡利卡特（今科澤科德，中國古籍稱「古里」，鄭和死在這裏，後來，達．伽馬也死在這裏），完成了避開阿拉伯陸路開闢海上商路抵達印度的任務。

1499 年 9 月，達伽馬返回葡萄牙。國王曼努埃爾一世從 1502 年開始在里斯本港口修建哲羅姆派修道院和貝倫塔，紀念達．伽馬這次偉大航行。

達．伽馬成功繞行非洲大陸開闢印度航線，給了歐洲製圖師再次改進非洲大陸地圖，以及重新描繪印度洋的機會。

第一幅完整描繪非洲大陸的地圖

1508 年，也就是達．伽馬成功繞行非洲大陸開闢印度航線的第十個年頭，米蘭出版了弗拉坎扎諾．達．蒙塔爾博多（Fracanzano da Montalboddo）編寫的《葡萄牙人的足跡與在印度的盧西塔尼亞與葡萄牙》一書。此書在地圖史中的重要地位是，它的扉頁刊登了一幅木刻版的非洲全圖，縱 16CM 横 22CM。這是第一幅非洲專圖，也被看作是根據達．伽馬最新航海信息繪製的地圖。這裏的「盧西塔尼亞」指的就是葡萄牙境內的伊比利亞人（葡萄牙詩人、國父路易斯·德·卡蒙斯 1572 年曾創作民族史詩《盧西塔尼亞人之歌》）。

蒙塔伯德的非洲全圖上，在非洲西岸和東岸各畫了一艘帆船，西岸的船在南下，東岸的船在北上，似乎在強調繞行非洲大陸，到達印度的航海路線，輪廓完整的非洲大陸被海洋包圍。但非洲東邊，沒有畫出馬達加斯加島和葡萄牙船隊作為避風港用來

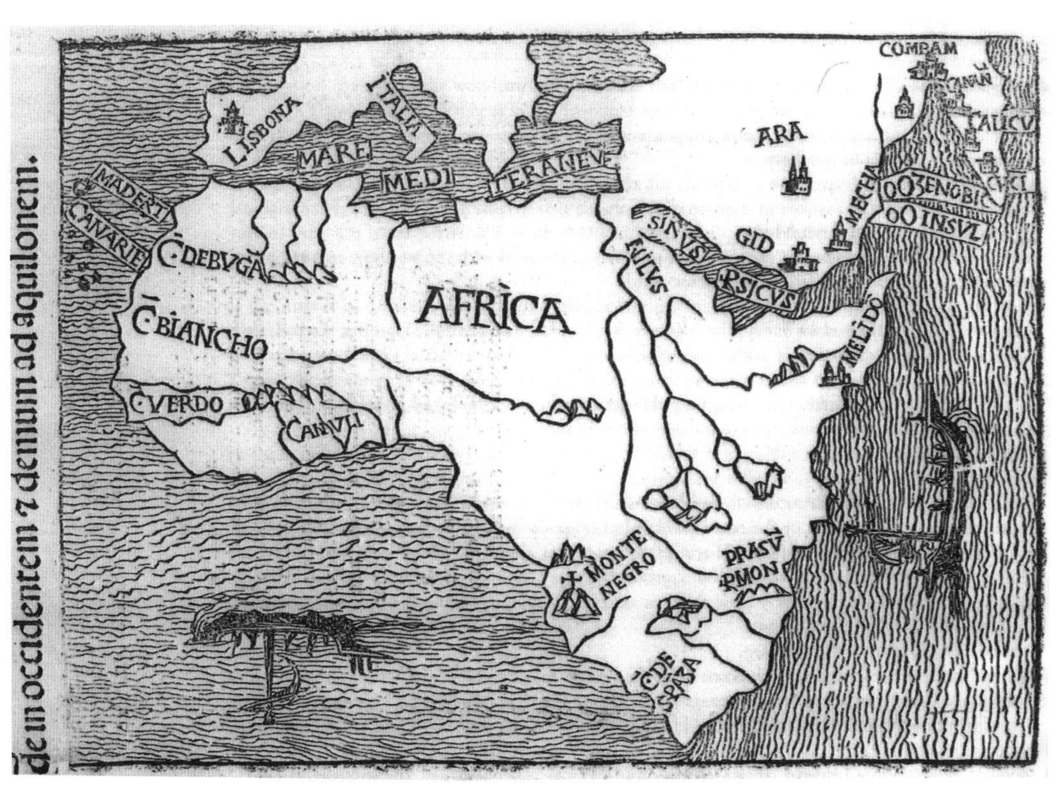

圖 6.7：這是一幅書版地圖，原圖在書中是豎圖，為方便閱讀，這裏把它横放。它用兩艘大帆船描繪了葡萄牙人繞行非洲到達印度的航海路線，輪廓完整的非洲大陸被被海洋包圍

等待西南季風的莫桑比克海峽。

這幅非洲全圖的歐洲部分，主要表現的是地中海沿岸，在這裏作者只標註了兩個國家名，一是出版此書的意大利，另一個就是達・伽馬船隊的出發地里斯本。這兩個地名的標註或許表達了它的出版與致敬的方向。

第一幅專門關注印度洋的地圖

1498 年後，葡萄牙人已完成了非洲西岸、南岸和東岸的探險，航行重點轉移到了印度洋，葡萄牙製圖師也轉向關注印度洋以及所謂的東印度群島。

1510 年左右老雷內爾（Pedro Reinel, 佩德羅 . 雷內爾）曾繪製的羊皮紙印度洋地圖，可以說是早期印度洋專圖的開山之作，圖縱 115CM 橫 160CM。此圖按波特蘭海圖的製圖傳統，在圖中央繪製了一個大羅盤圈，圓周上排佈 32 個羅盤玫瑰（頂端有 3 個沒有顯示）。圖面顯示了非洲東海岸、馬達加斯加島、印度西海岸和霍爾穆茲海灣，這些地方都插上了葡萄牙國旗，表明這裏已被葡萄牙佔領。海面上，繪有幾艘葡萄牙軍艦，明確顯示了從西非到南非，再到東非而後來到印度西海岸的新航路，也再次彰顯了葡萄牙的海上霸權，但地圖略顯粗糙。

1517 年，老雷內爾又繪製了一幅羊皮紙印度洋地圖，這幅地圖繪製更精細，圖縱 70CM 橫 128CM。圖上有兩個中心點，一個在非洲，一個在馬六甲，看得出老雷內爾更關注非洲與印度洋的關係，以及印度洋和東印度羣島的關係。地圖東邊，應當採用葡萄牙領航員弗朗西斯科・羅德里格斯（Francisco Rodrigues）1511－1515 年間在東印度探險的最新航海信息，圖中繪出了東印度羣島，甚至摩鹿加羣島（即印度尼西亞東北部馬魯古羣島），使其成為這一時期是最有價值的航海圖。

老雷內爾的這幅地圖的海面上，沒有繪葡萄牙軍艦，但在非洲東岸、印度西岸，還有馬六甲都插有葡萄牙的旗幟——葡萄牙人正在將奧斯曼帝國及阿拉伯、印度人的「內海」變成葡萄牙的「內海」。

達 . 伽瑪首航印度，順利返回葡萄牙，曼努埃爾一世已迫不及待地將自己的封號改為「幾內亞、埃塞俄比亞、印度、阿拉伯、波斯的征服、航海和通商之王」。

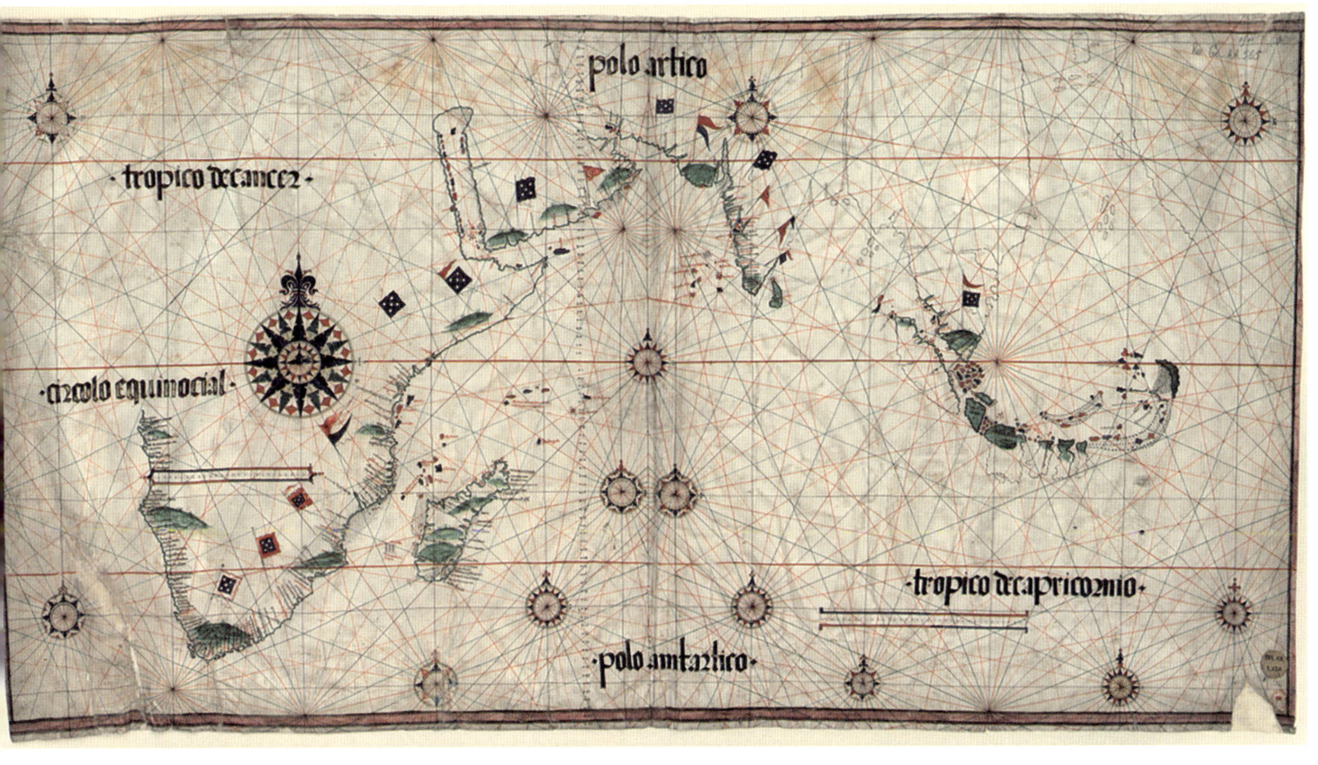

圖 6.8：這是老雷內爾 1517 年繪製的印度洋的地圖，他似乎更關注非洲與印度洋的關係，以及印度洋和東印度羣島的關係，東邊甚至繪出了摩鹿加羣島

第六節　「港口收藏家」葡萄牙

——北非洲港口地圖 荷根伯林（1572 年）

——東非港口地圖 荷根伯林（1572 年）

——北印度洋港口地圖 荷根伯林（1572 年）

西方殖民者的大航海對羅馬教廷來説是擴張基督教的影響，對西方殖民者來説更要滿足自己「收藏」港口的「愛好」。這一點，從葡萄牙海外港口地圖就可以看出來，

它就像一個「港口收藏家」的「集郵冊」。

下面介紹的這幾組葡萄牙海外港口地圖，時間上稍晚了一點，但仍是葡萄牙 16 世紀初，在非洲和印度侵佔諸多港口的真實寫照。這組港口地圖出自 1572 年至 1617 年間在科隆連續出版的 6 卷本《全球城市地圖集 Civitates orbis terrarvm》，這部城市地圖集主要收入了世界各國的 546 幅城市地圖。

這是世界第一部城市地圖集，可能是為了補充 1570 年亞伯拉罕 · 奧特里烏斯（Abraham Ortelius）出版的第一部現代世界地圖集《寰宇劇場》的不足。它的主要編輯是德意志地理學家格奧爾格 · 布勞恩（Georg Braun，1541－1622 年），主要製圖師是佛蘭德畫家佛朗斯 . 荷根伯林（frans Hogenberg，1539－1590 年）。

圖 6.9：葡萄牙非洲殖民地港口丹吉爾、薩菲、休達、拉巴特、薩拉地圖

《全球城市地圖集》中的地圖有平面圖、鳥瞰圖、剖面圖多種形式，銅板雕刻，在每幅地圖的背面都有相關的文字介紹。布勞恩在 1572 年版的序言中寫道，他希望自己的作品不僅賞心悦目，而且還能有一些實際用途。例如，發現被奧斯曼帝國征服的城鎮的城牆和防禦機制是什麼樣子，希望它們能被歐洲人重新征服。

這部城市地圖集特別可貴的是加入了大航海初期葡萄牙、西班牙殖民者在非洲、亞洲和美洲佔領的港口城市地圖。其中，有四組亞非港口及貿易定居點地圖尤其重要，它不僅見證了葡萄牙人在開闢印度航路的戰略意圖，亦留下了這些殖民港口寶貴的歷史圖像。這 4 幅地圖上共描繪了 17 個港口：第一幅丹吉爾、薩菲、休達、拉巴特、薩拉；第二幅卡薩布蘭卡、阿澤穆爾、果阿；第三幅亞丁、蒙巴扎、基爾瓦、索法拉；第四幅卡利卡特、霍爾木茲、坎努爾、埃爾米納。

這些港口地圖都在歐洲通往印度航路上，大體位於三個戰略地區：西北非洲、東非和印度海岸。

第一個戰略區是西北非洲。1415 年葡萄牙首先攻打的就是位於直布羅陀海峽南岸的摩洛哥休達港。這裏位於直布羅陀海峽，是阿拉伯人進入歐洲的踏腳石，構成戰略威脅；其次，休達是一個重要的貿易港口，非洲的貨物，特別是黃金，通過它被運往歐洲；第三，它為葡萄牙提供了通往未知非洲大陸的門戶。1471 年，葡萄牙人又征服了丹吉爾，並一直掌握在葡萄牙人手中，接着是卡薩布蘭卡和阿澤穆爾港。由此形成向西南非洲進軍的第一貿易堡壘羣，這幅丹吉爾、薩菲、休達、拉巴特、薩拉港口地圖，正是這一戰略的真實寫照。

第二個戰略區是東非海岸。達・伽馬於 1498 年到達蒙巴薩，1505 年葡萄牙軍隊就佔領了蒙巴薩。這幅亞丁、蒙巴扎、基爾瓦、切法拉港口地圖，展示了港口小鎮的典型景觀。雖然這座擁有高塔和紅色屋頂的建築不太具有非洲風格，但棕櫚樹卻是當地植被的典型代表。地圖和描述表明當時的人們對東非海岸知之甚少。除了東非蒙巴薩港口之外，同一地圖上還展示了坦桑尼亞海岸的基爾瓦和南部莫桑比克的索法拉港。

第三個戰略區是印度西海岸和波斯灣。這幅卡利卡特、霍爾木茲、坎努爾、埃爾

圖 6.10：葡萄牙東非殖民地港口亞丁、蒙巴薩、基爾瓦、切法拉地圖

米納（西非港口）港口地圖，描繪了葡萄牙香料之路上的四個戰略港口的城鎮景觀。圖中可以看到此時的卡利卡特港已是葡萄牙的海外基地，海邊停泊着多艘葡萄牙大船，岸邊還在造新的商船。城鎮被描繪成西式城堡，還有教堂。布勞恩的説明稱：「卡利卡特是印度所有城市中最高貴的。它位於海邊，比里斯本還要大，即使沒有城牆也堅不可摧。這座城市的國王被尊為神，臣民服從他當他走出宮殿時，他會被抬上一輛鑲滿各種寶石的轎子，伴隨着唱詩班的歌手、歌手、號手等。他的隨從和其他貴族走在他身後；他們抬着拉着的轎子。他們手裏拿着劍和矛；他的弓箭手和持武器的人走在前面。」

霍爾木茲地圖中，港口在一座島上，這座城市被想像為由高大的、看起來像外國的平屋頂房屋組成，這些房屋緊密相連，周圍有堅固的牆。霍爾木茲於 1507 年被阿方索·德·阿爾伯克基佔領。布勞恩的說明稱：「霍爾木茲是波斯的一座宏偉城市，位於一個島嶼上，這裏的美麗珍珠比其他地方的更大、更漂亮，無與倫比。淡水和所有生活必需品都很昂貴，幾乎人們需要的一切都必須從外面運進來。從奧穆斯出發三天的路程，就發現了珍珠貝，裏面的珍珠」。

坎努爾地圖上的棕櫚樹和簡單的房屋建築象徵着這個印度西南部港口的異域風情。1502 年，坎努爾成為葡萄牙人的戰略基地和貿易港口，葡萄牙人從這裏向歐洲運

圖 6.11：葡萄牙北印度洋殖民地港口卡利卡特、霍爾木茲、坎努爾、埃爾米納地圖

送香料。1504 年，葡萄牙的第一任印度總督弗郎西斯科．德．阿爾梅達（Francisco de Almeida 1450－1510）在這裏建造聖安吉洛堡。布勞恩的說明稱：「葡萄牙印度總督在坎努爾擁有一座令人印象深刻的堅固宮殿。他的臣民崇拜偶像；他們向太陽、月亮和牛祈禱。這裏的港口從波斯進口馬匹，為此要付出很高的代價：一匹馬需要 20,000 克朗。這個地區出產許多香料，但最重要的是生薑。」

要說明一下，這四組港口地圖雖然都在歐洲通往印度航路上，但編排在每個頁面上的港口，並不都是地理位置相近的，有的差得很遠，比如，西北非洲地圖中就收入了印度的果阿港。這組北印度洋地圖中，就收入了一幅西非的埃爾米納（今加納）地圖。

圖中的埃爾米納港有一個巨大城堡，這座城堡建於 1482 年，旨在保護非洲黃金海岸最重要的黃金貿易站。該堡壘是黑非洲土地上的第一個歐洲據點。這裏一直是葡萄牙人在非洲的貿易總部。由於這裏盛產黃金，堡壘附近的非洲村莊被葡萄牙人稱為「埃爾米納」意思是「礦山」。1482 年葡萄牙殖民者奉國王約翰二世之命，在幾內亞灣建立埃爾米納港；摩爾商人帶來金條，在這裏換取基督徒帶來的紅色和黃色亞麻布。

第七節　從印度洋到東印度的航路

——東印度羣島地圖 羅德里格斯（1513 年）

——中國海口與中國城地圖 羅德里格斯（1512 年）

當年葡萄牙人迫切需要開闢歐洲通往印度的航路，有兩個目的，一是要佔領印度洋市場，二是要以印度為基地進一步開闢東印度市場。前一個任務已由達．迦瑪完成，後一個任務則由葡萄牙航海家阿方索．德．阿爾布克爾克（Afonso de Albuquerque）擔綱。

1509 年，有「海上戰神」之稱的阿爾布克爾克，因瘋狂地攻佔阿拉伯及印度地區重要港口有功，被葡萄牙國王任命為第二任印度總督。1510 年，幾乎沒有遇到什麼抵抗的情況下，阿爾布克爾克就佔領了果阿，並將阿拉伯商人從果阿徹底趕了出去。

接連取得多個印度洋貿易貨站控制權之後，1511 年 7 月 1 日，阿爾布克爾克率領一支由 18 艘艦船、1200 名葡萄牙士兵及 200 多名馬爾巴拉援兵組成的艦隊，從印度來到馬來半島南部的馬六甲。當時的馬六甲已是一個 10 萬人口的大城市，由 3 萬馬來人和爪哇人守衛。馬六甲蘇丹拒絕了葡萄牙人的「通商」要求。7 月 24 日和 8 月 10 日，阿爾布克爾克組織了兩次攻擊。馬六甲蘇丹派出 20 頭大象試圖阻止葡軍的攻勢，最終還是在 8 月 24 日，丟下富甲一方的馬六甲城，南逃麻坡的巴莪，其後裔偏安柔佛，後建立柔佛王國，繼續馬六甲的王統。

佔領馬六甲之後，1511 年 11 月，安東尼奧 · 德 · 阿布魯（António de Abreu，1480－1514 年）受命率領 4 艘船，120 名葡萄牙船員和 60 名奴隸，前往香料羣島，並於 1512 年首次到達帝汶和印度尼西亞的班達羣島，隨後登陸著名香料產地特爾納特島。

這次航行的領航員弗朗西斯科 · 羅德里格斯（Francisco Rodrigues）在 1511－1515 年間，將他的航海日誌整理成後世所說的《弗朗西斯科 · 羅德里格斯之書》（O Livro de Francisco Rodrigues）。這份手稿後來消失了，一直到 1944 年，才重新發現其 1248 年的抄本。這個抄本中還包含托梅 · 皮雷斯（Tomé Pires）所寫的《東方志：從紅海到日本的東方記述》的唯一已知手稿。這個混合抄本現收藏在法國國民議會圖書館。

《弗朗西斯科 · 羅德里格斯之書》收入了涵蓋西歐、地中海、非洲和亞洲的航海日誌和航海圖，是大航海時代極為重要的文獻。它首次記錄了歐洲進入東南亞和遠東的早期航海探險活動，以及對這些地區的最初地理測繪。全書共收入 28 幅地圖，並附有相關地區的交通與人文介紹。

此中最值得一說的是第 33－42 頁的 10 幅描繪東南亞的地圖：即 33 頁的孟加拉灣、34 頁的馬來半島和暹羅灣、35 頁的馬六甲海峽東口、36 頁的爪哇、37 頁的印度尼西亞羣島東部，包括帝汶島、班達羣島和馬魯古香料羣島、38 頁的跤趾東京灣、39 頁的從海岸去中國的北越柯欽南海的大沙礁、40 頁的珠江三角洲、中國城（廣州）和西江入

圖 6.12：羅德里格斯首次
繪了從蘇門答臘島東部到印
尼西亞羣島東部的所謂「東
度羣島」地區

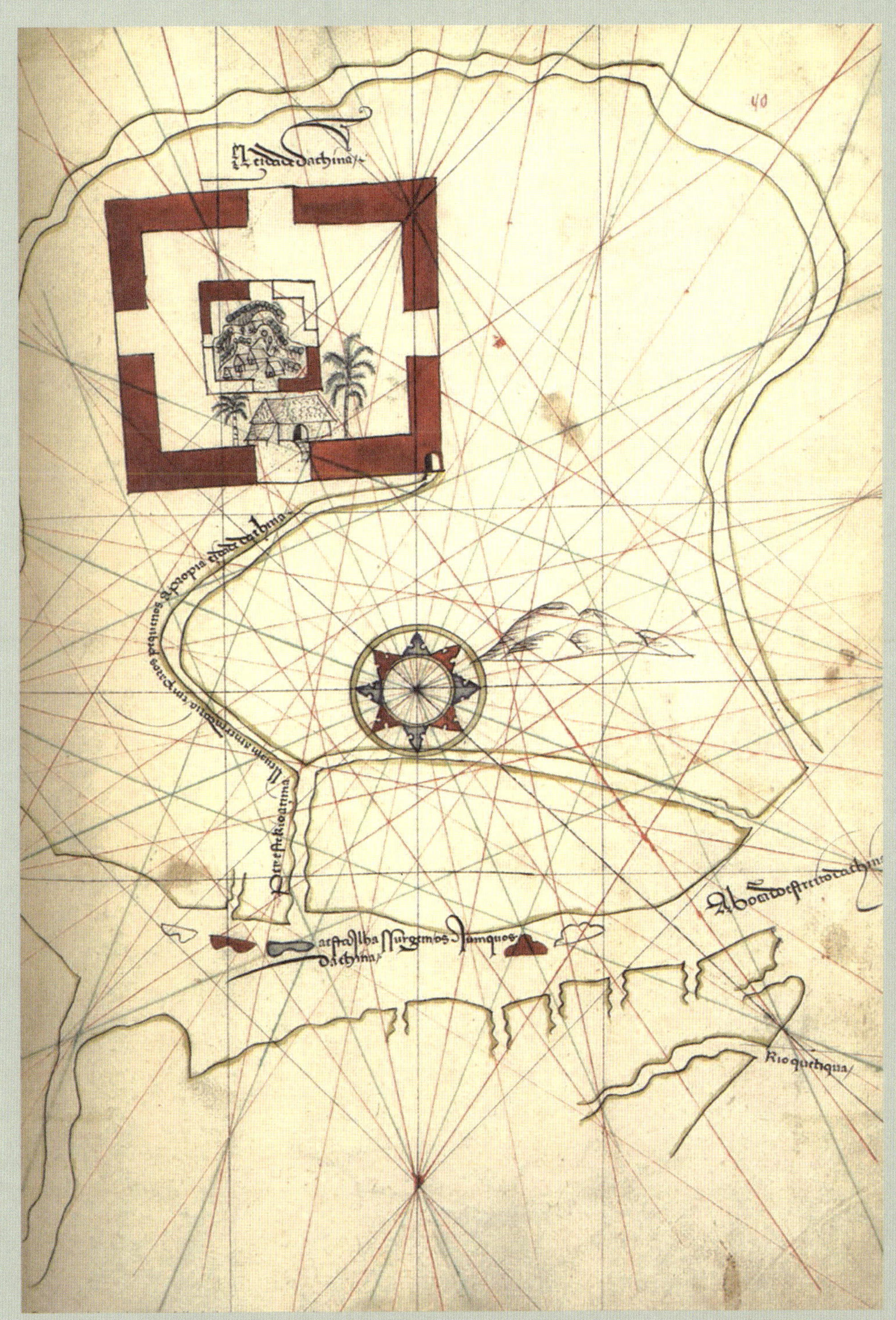

圖 6.13：羅德里格斯 1512 年繪製的迄今所知西方人最早繪製的中國城（廣州城）

海口島嶼、41 頁的中國北部海岸和朝鮮半島、42 頁的台灣島。這些地圖顯示了從孟加拉灣航行到香料羣島，包括中國東南沿海的廣大地區，構成了「東南亞地區第一本現代航海地圖集」。

其中，第 34 頁地圖顯示了馬來半島和蘇門答臘島北部，地圖雖然相當粗糙，馬來半島的形狀和大小也不正確，但它終結了自托勒密時代以來，將錫蘭島與蘇門達臘島混淆的問題。明確了蘇門達臘是一個遠離印度的獨立的島。同時，標註了真實的馬來半島南部的地名：「Rio de Mallca」（馬六甲河），「Rio Fermossa」，（巴株巴轄河）。半島頂端的地名「Samgipura」，讀為「桑吉普拉」，即今天的新加坡。在手稿第 37 的反面，寫有從馬六甲到中國的航路説明，其中兩次提及「桑吉普拉」，拼寫不同，分別為「Syngapura」和「Singapura」。但所指都是「新加坡」這一個地方。如此來看，這幅繪製於 1513 年的地圖，可算是新加坡最早的地圖。

雖然，最早在 1502 年的坎蒂諾世界地圖上，就曾在新加坡的位置出現「Bargimgaparaa」的地名標註，這或是最早提及的此地的地名。但它的讀音與變體都與羅德里格斯標註的「Samgipura」有點不同。

坎蒂諾世界地圖上，也繪出了蘇門達臘島，但馬六甲海峽以東，則沒有任何描繪。這個歷史空白是羅德里格斯填補的。在第 35－37 頁的地圖上，作者描繪了從蘇門答臘島東部，馬六甲海峽東口，一直描繪到印度尼西亞羣島東邊的摩鹿加羣島（今馬魯古羣島），及其南面的班達和帝汶島。這些都是過往地圖中沒有描繪過的，算是葡萄牙人的「發現」。

第 38－42 頁的 5 幅地圖，是歐洲人描繪的最早的進入中國的系列導航圖。其中第 40 頁的珠江口和中國城（廣州城），迄今所知西方人最早繪製的廣州城地圖，時間是 1512 年，中國萬曆朝（1573－1620 年）。

明朝有幾代皇帝不上朝，正德、嘉靖、萬曆、天啟，都有過不上朝的歷史，此中之「最」是萬曆，30 年不朝。有意思的是，大明皇帝不上朝，西洋人卻不遠萬里來到西太平洋，急着「朝見」中國皇帝。

據葡萄牙航海家寫給國王的書信記載，在去中國之前，他們請懂書寫、會閱讀的爪哇人為助手，幫助葡萄牙人編制中國沿海地圖。這組最早的中國沿海地圖中，最受中國學者關注的是第 40 幅地圖。它明確描繪出了西江與珠江口，稱這裏為「中國海峽口」，由此北上，直通「a idade da china」即「中國城」。這個「中國城」就是廣州城。它被描繪成一座外城套內城的「回」形城。內城和外城都是紅色圍牆，各開設有四個城門。內城中央有許多背靠大山的房屋，外城有巨大的棕櫚樹和草屋。城外的江上有一串小島。

必須指出的是，此時的葡萄牙人，包括繪製此圖的羅德里格斯都沒到過中國，所以，廣州城被標註「中國城」，不足為奇。目前，能見到歐洲人最早標註出「廣州城」的是葡萄牙探險家和製圖師迭戈·里貝羅 1529 年繪製的世界地圖。在珠江口左岸用粵語「廣東」二字的葡萄牙語對音「cantam」（發音近於「肯湯」）標記了廣東省城。葡萄牙人將城名和省名混用了一段時間，到了 16 世紀後期「Canton」漸成「廣州」的西文通用名，延用至今。

第八節　藏不住的「香料羣島」

——東印度地圖（1519 年）

有必要說一下「香料」和「香料羣島」。

為什麼歐洲人如此癡迷香料，歷史上說法不一。

一種說法是，《聖經》中已多次提到了香料在多個聖禮中的作用，所以十分尊貴。

另一種說法是，香料可以防止肉類腐爛，或者掩蓋腐肉氣味。不過，香料價格高昂，如此「調味」，成本也太高了。據記載「1248 年時，一磅肉豆蔻皮在英格蘭的售價已達到 4 先令 7 便士，相當於買 3 隻羊的價格」。麥哲倫船隊最後只剩一條船返回西班牙，但它所載的一船 26 噸香料，完全補償了船隊 3 年的航行費用，還有盈餘。

還有一種説法是，香料刺激味覺使人們對這種味覺產生依賴感，以及養生（祛濕壯陽）方面的功用，最終使其成為最受歐洲市場歡迎的商品。

「香料羣島」這個詞是阿拉伯人和印度人創造的，它具體地理指向即今天印度尼西亞東部的馬魯古羣島，古稱摩鹿加羣島。由於氣候與位置的與眾不同，還有其獨特的火山土壤，使得這裏特別適合香料植物生長，遂使這裏的丁香、肉豆蔻、胡椒等成為香料中的極品。

千百年來，西方的香料全靠東方「供給」。這不僅使進入西方的香料非常昂貴，也意味着東方一旦斷其貨源，整個西方將「食不甘味」。今天，沒有人會將調味瓶裏的細小種子、樹葉和樹皮視為「財富」了，但在 500 年前的西方世界，香料等同於黃金。

所以，尋找香料產地是西方人大航海的重要動因之一。

1512 年阿爾布克爾克派安東尼奧·德·阿布魯（António de Abreu）率領 3 艘船向東尋找香料羣島，在馬來領航員的指引下，阿布魯找到了摩鹿加羣島。此後，葡萄牙人通過與統治着周圍 70 多個島嶼的德那地（中譯，特爾納特）蘇丹建立「友誼（蘇丹借葡萄牙人之力加強自己的統治）」，先在香料羣島核心區德那地島修建了控制該島的炮台（前些年，筆者到此地考察，這些堡壘還在），幾年後，葡萄牙人逐步控制了整個香料羣島的貿易。

香料羣島無疑是財富之地，自從前邊講過的葡萄牙航海家羅德里格斯 1513 年繪製幾乎無人見過的東印度羣島和摩鹿加羣島地圖後，一直到 1519 年，才又有了葡萄牙人繪製的東印度地圖。此圖出現在 1519 年由羅伯·霍曼（Lopo Homem）和佩德羅·雷內爾（Pedro Reinel）完成的《米勒地圖集》中。

大航海初期，西方人不了解印度以東的地區，通常稱這一地區為「東印度」，或「上印度」。在這幅東印度地圖上，可以看到葡萄牙人 1511 年後佔領的馬六甲、新加坡、蘇門答臘島，以及摩鹿加羣島，上面插着葡萄牙旗幟。

這幅東印度地圖從航線與海峽的角度突顯了圖左側的馬六甲海峽及蘇門答臘島。在左上方畫得過於「肥胖」的半島是馬來半島，這裏畫有三座歐式城堡，最南面藍屋頂的標註為「Malaqua」，緊鄰的那個紅屋頂標註為「Mabaqua」，實際上是同一個城市，即 1511 年被葡萄牙人所佔領的馬來半島南端的馬六甲城（此前，這裏的貿易由阿拉伯人控制。1295 年，蘇門答臘島成為東南亞諸島上第一個改信伊斯蘭教的島）。在蘇門答臘島東邊是爪哇島（Java Major），它右側的兩個島嶼是被誇大和想像中的島嶼。

蘇門答臘島（梵語「SUVARA DVIPA」意為黃金島，今印度尼西亞最大的島）的位置，一直困擾着前代製圖家，但在葡萄牙製圖師手裏得到了正確的描繪。這裏蘇門答臘島被標註為「塔普拉班島「 Taproban Insula」，這是公元 2 世紀托勒密《地理學》中對錫蘭島的命名。在蘇門答臘島北端的註記框裏，作者引用托勒密《地理學》稱:「在這個島的周圍，大約有 1378 個島嶼。」為了顯示島嶼眾多，作者在海上畫了星羅棋布的島嶼，許多島嶼是想像出來的。

東北走向的中國華南沿岸繪出了醒目的河流，此大河分兩支河道，在出口處匯合，從方位看，大河應即珠江水系。更奇特的是在圖上最顯眼的註記框內，卻寫着引人的標題「中國羣島（Chinarum Insule）」，其實説的並不是中國羣島，而是東印度羣島。「這些島嶼盛產黃金白銀，還有大量的穀物、水果、胡椒、肉桂、丁香、檀香木、肉豆蔻，各種各樣的香料，其國王非常強有力地統治着其臣子。」東南亞的眾多島嶼都被葡萄牙人大而化之的歸為「中國羣島」。

這一區域繪有三艘新月標誌的帆船，表明阿拉伯人控制着這裏的海上貿易。香料羣島西側繪有一艘葡萄牙的克拉克大帆船，西南部有繪有一艘新月標誌的阿拉伯帆船。表明葡萄牙尚未完全控制這一區域的香料貿易。

此圖的右側是摩鹿加羣島，即香料羣島，顯示了大量推測性島嶼。有一定地理準確性的島嶼似乎是班達羣島，赤道線從這裏穿過，並顯示了葡萄牙國旗。香料羣島地圖的頂部，似乎描繪了特爾納特島、蒂多雷島、莫蒂島、馬基安島和巴尚島，但這些赤道線上的島嶼被錯畫到北回歸線上。

REGNUM REGIS
MAE ANDRUS MONS
MABAQUA CIVITAS
MARE INDICUM
SULE MOCALO
MALAQUA
MACAR INSULE
TAPROBANA INSULA
JAVA MAIOR
Ante et post taprobanam multitudo est insularum quas dicunt esse numero millessimo trecentessimo septuagessimo octauo quarum tamen nomina traduntur haec

圖 6.14：霍曼和雷內爾 1519 年完成的《米勒地圖集》中的東印度地圖，葡萄牙人在香料羣島東邊建了一堵「牆」

這些色彩斑斕的島嶼，雖然畫面好看，但過渡裝飾，也讓人分不清哪一個是真實的島與裝飾圖案。作者似乎有意混淆這一地區的地理面貌。最為奇特的是東邊的陸地，好似一面「牆」，封死了東邊所有羣島。這裏繪有 3 艘帆船和多面葡萄牙旗幟，顯示出葡萄牙在這個地方的「存在」；同時也在說明：不論是從西向東航行，還是從東向西航行，到了此地，都無法越過這面「牆」。

1511 年安東尼奧 · 德 · 阿布雷烏率領三艘船進入香料羣島；此後，1513 年、1515 年、1517 年、1518 年，葡萄牙多次從馬六甲派出艦隊向東航行至香料羣島，完成了摩鹿加羣島及其南部的班達（Banda）羣島的探險，並控制這一地區的香料貿易。所以，印度尼西亞羣島和摩鹿加羣島地圖，葡萄牙人完全知曉。摩鹿加羣島的西邊，並不存在着封堵大洋的陸地，葡萄牙人這是「揣着明白，裝糊塗」。

那麼，葡萄牙人為何要為太平洋添「堵」呢？

根據葡、西兩國於 1494 年簽訂了《托德西利亞斯條約》，條約規定佛得角羣島以西 370 里格的地方，從北極到南極劃一條分界線（即所謂的「教皇子午線」），該線東側為葡萄牙人的勢力範圍，西側為西班牙人的勢力範圍。理論上講，教皇子午線向東或向西 180 度的地方，就是葡萄牙與西班牙兩國勢力範圍。可是，太平洋（這個洋是個什麼洋，有多大，當時沒人知道）上的分界線，沒有約定，也沒法劃。西班牙猜想如果把「教皇子午線」直接在地球的圓周上延伸到對跖的大洋，香料羣島可能是在西班牙管制範圍之內。正是為了證實這個結論，1518 年，西班牙決定支持麥哲倫西航環球探險，尋找香料羣島。

從今天的地圖看，香料羣島位於「教皇子午線」對跖的太平洋分界線西側 5 度 5 分（約 600 公里），應屬於葡萄牙人的勢力範圍。但當時經度測量技術還很難確定香料羣島確切經度位置，它到底屬於哪一邊，葡萄牙心裏沒底。應當是基於這樣的原因，葡萄牙為欺騙西班牙，故意在地圖上建了一面「牆」，試圖阻止西班牙人正緊鑼密鼓地籌備的麥哲倫向西環球航行計劃。

但是，1522 年麥哲倫船隊完成環球航行後，通往香料羣島的東西雙向航路已無祕密可言。

第九節　從錫蘭到日本

——日本地圖 多拉多（1568 年）

——從錫蘭到日本的亞洲地圖 多拉多（1570 年）

在托勒密的《地理學》中，沒有描繪朝鮮半島，更沒有日本。當時，西方認識的東方之極是「賽里斯」，「絲國」中國。後世傳抄的托勒密亞洲地圖中，中國海岸邊有眾多島嶼，最大的兩個島嶼被冠以「Chrise（金島）」和「Argira（銀島）」。

從中世紀開始，在阿拉伯東方文獻中，出現對「新羅」(今朝鮮半島南部）的描述，認為它是個黃金島。但是，缺少對朝鮮半島的準確的地圖描繪，更沒有專圖描繪。一直到大航海時代，歐洲連最偉大的航海家哥倫布都弄不清日本的方位。

16 世紀末，歐洲人對亞洲的了解，尤其東亞的了解，仍然是一片模糊。此時的歐洲人，經常是將東亞，中國，或者日本，籠而統之地稱為「上印度」。這個「印度」之大，可以裝下許多他們不知道的東亞國家和地區。

據日本鹿兒島大龍寺禪僧南浦文之玄昌所著的《南浦文集·鐵炮記》記載，天文十二年（1543 年）一艘載有葡萄牙人的帆船因遇難漂流到日本九洲南部的種子島。這些人由此成為第一批到達日本的歐洲人。葡萄牙人在修船期間，與日本時行了一項改變日本歷史的貿易，即火槍貿易。

1549 年葡萄牙天主教耶穌會來日本傳教，揭開了日本與西方文化碰撞的序幕。正是耶穌會的人將日本的地理信息，傳遞回葡萄牙，於是才有了葡萄牙製圖師費爾南·瓦斯·多拉多（Fernão Vaz Dourado）1568 年在羊皮紙上繪出了不很準確，卻是西方最早的日本專圖。

雖然，1528 年威尼斯製圖師貝內代托·博爾多內在他的《島嶼之書》中，發表了第一幅獨立的日本地圖。圖上只標註了一個地名「Ciampagu」，音譯「西番古」，即日本。但此圖太過粗糙，所以，許多人還是把 1568 年費爾南·瓦斯·多拉多的日本地圖，看作是西方第一幅獨立的現代日本地圖，圖上比較準確地標註出許多日本地名和行政區劃的名稱。這幅日本專圖只單獨出版過一次，其實，它是為大幅的從錫蘭到日本的亞洲地圖而準備的一幅子圖。

1570 年多拉多完成了著名的《多拉多航海地圖集》，作者至少用了 5 幅地圖描繪亞洲航路，較之《米勒地圖集》，《多拉多航海地圖集》，少了虛擬的和傳說中的色彩艷麗的島嶼，其中最著名的也是最為完整的地圖，當屬從錫蘭到日本的亞洲地圖。這幅日本專圖被直接搬到此圖的上方，日本東南部的四國島被塗成金色。表現了大航海初期，西方人對日本是個產金國的認識。

從錫蘭到日本的亞洲地圖的北部除了描繪日本，還提供了最新的中國沿海門戶的航行信息。特別是對中國沿海台灣、澳門、廣州、寧波的描繪，其信息與表現遠遠領先歐洲其他國家。

葡萄牙製圖師羅伯·霍曼（Lopo Homen）1554 年繪製的世界地圖，圖中首次標註了「I. Fremosa」（台灣），將這個「美麗島」描繪為三段式的「羣島」。多拉多的從錫蘭到日本的亞洲地圖，也延續了這個錯誤。不過，他將台灣繪在北回歸線上，十分正確。一直到 1597 年，西班牙宇宙學家、製圖師、航海家埃爾南多·德洛斯·里奧斯·科羅內爾（Hernando de los Ríos Coronel，1559－1621 年）繪製的中國沿海台灣島及呂宋島地圖，台灣才首次被歐洲人正確地描繪成一個完整的大島。

從錫蘭到日本的亞洲地圖是目前已知第一次以「Macao」註記澳門的地圖。在珠江口內最北一個大島的東岸上，標註有一行葡文地名「Macao」。這個大島應是香山縣（今中山）。此後這種葡式的「澳門」註記，漸漸固定下來。多拉多除了仔細描繪了珠江口，對寧波

圖 6.15：多拉多 1568 年繪製的第一幅獨立的現代日本地圖

也特別關注。1524 年至 1548 年間，葡萄牙人曾在舟山雙嶼港做海上貿易。有意思的是，1570 年到 1580 年，多拉杜的多幅東亞地圖，寧波忽而被當作省城標註為「ILiampo」，忽而又被當作為省名，以大寫的拉丁文標註「Liampo」。

此圖南部是馬六甲海峽、暹羅灣；東部描繪了新幾內亞島北部海岸，中央是阿拉伯人統治的爪哇島和香料羣島的核心德那地島，赤道從這裏穿過，位置十分準確。

此圖上還詳細繪出了菲律賓。1565 年 4 月 27 日，菲律賓宿務島酋長圖帕斯於被迫與西班牙殖民者米格爾・洛佩斯・德・黎牙實比（Miguel Lopez de Legaspi）簽訂條約，承認西班牙對此地的統治權。黎牙實比以西班牙國王菲利普二世之名，將這片巨大的羣島命名為「菲律賓」。

雖然，西方的早期東亞地圖總是錯誤百出，但歐洲人完全清楚：東方對於西方就是阿里巴巴的寶庫，他們到這裏來「探險」，為的就是「芝麻開門」，每個錯誤都是接近真實的有趣前奏。

圖 6.16：多拉多 1570 年繪製的從錫蘭到日本的東亞地圖

AFIRME DA TARTARIA
IAPAM
LIAMPO
REINOS DA CHINA
TROPICVS CANCER
ARACÕ
PEGV
SIAM

第十節　西方最早繪製的單幅中國全圖

——中國新圖 巴布達（1580 年）

雖然，中國以自己為世界，已有上千年的歷史，但將中國圖景繪入世界地圖，一直是西方的一項偉大的地理工程。

公元 2 世紀，托勒密在《地理學》一書中，將「賽里斯（seres）」與「秦尼」（thinae）」並用，用來表示東方「絲國」的南北兩部分。一直到 16 世紀中葉，西方世界製作的地圖裏，中國圖形仍然一片模糊，即使在奧特里烏斯的 1570 年版《寰宇劇場》裏，許多亞洲地圖也看不清中國地圖的圖形，直到 1584 年拉丁版《寰宇劇場》出版，人們終於看到了西方世界第一幅中國專圖——中國新圖。

這幅歐洲最早的單幅中國地圖的繪製時間，比印刷時間更早些。據文獻記載，至少在 1580 年，這幅地圖經由西班牙本篤會修道士、東方學家和註釋家阿里亞斯・蒙塔努斯（Arias Montanus，1527－1598 年）之手，傳到奧特里烏斯手裏，後來被編入 1584 年版《寰宇劇場》的第 93 頁。但這幅地圖原圖是什麼樣，不得而知。奧特里烏斯將其編入地圖集時，按此書統一版式，將其雕刻為縱 37CM 橫 47CM。正是這一印刷版本的中國新圖，讓作者名垂青史。

這幅地圖的標題框內寫有一串文字：「CHINEA，olim sinarum regionis nova description，Ludovico Georgio」，前邊的意思是「中國，古稱『秦尼』的最新描繪」，後面是署名「Ludovico Georgio」漢譯為「路德維科・喬里奧」。這是作者的拉丁化名字，當時將名字拉丁化是一種時尚，其本名叫「喬治・德・巴布達」（Luiz Jorge de Barbuda）。後世文獻多用其本名稱此圖為：「巴布達的中國新圖」。巴布達是一位在西班牙任製圖師葡萄牙地理學家，大約生於 1564 年，卒於 1613 年。他最著名的作品就是這幅中國新圖。

為什麼是葡萄牙人領先列強，先畫出第一幅獨立的中國地圖？因為葡萄牙人是西方通往印度洋和太平洋航路的開拓者。1511 年，葡萄牙人打通馬六甲航線後，有機會自南海接觸到中國和中國地圖。據中國文獻記載，1514 年、1517 年葡萄牙人已登陸中國珠江口。明嘉靖年間刻印的古今形勝之圖，大約於 1574 年傳入西班牙。這些因素應該影響了，在西班牙工作的葡萄牙製圖師巴布達。

這幅中國新圖，為上西下東，左南右北。此圖不再沿用托勒密《地理學》，或者《馬可．波羅遊記》中的中國地名。此圖中的地名分兩個等級，較小字體標註府及以下的州縣，用較大字體標註明代「兩京十三省」：即京師（QVINCII 北京）、南京（NANQVII）、廣西（QVAN CII）、廣東（CANTAM）、福建（FOQVIEM）、浙江（CHEQVIAM）、山東（XANTON）、貴州（QVICHEV）、陝西（XIAMXII）、山西（SANCII）、雲南（IVNNA）、河南（HONAO）、江西（FVQVAM 撫州），但四川和湖廣則沒有標出。其中，廣西、廣東、福建、浙江、南京、山東等沿海省份的相對位置大致正確，一些港口城市和海島也標註得較為清楚，如：澳門、廈門、寧波、海南島、台灣島等。中國西部畫着一個名為「Lacus」的湖泊，它應是明代地圖上的黃河源——「星宿海」。

值得一提的是巴布達在此地圖中，詳細地描繪和註釋了長城「Murus quadringen tarum 1eucarum, inter mon tium crepldinesa Rege Chinm contra Tartarorum ab hac parte eruptions, extructus.」釋文為「在山脈的邊緣之間，針對這一帶韃靼人入侵的中國國王建造了一道四百里格的城牆。」（1 里格相當於 5.5 公里，400 里格約合 1930 公里）。作者還根據傳說「中國人乘坐帶帆的四輪車順風旅行。」在長城外畫了四輛風帆動力的四個輪車。此後，許多製圖師都將這一插圖用到中國地圖上，似乎這樣才「像中國」。

這幅地圖是西方繪製中國地圖史上的里程碑作品，首次向西方人展示了中國地圖的圖形，對中國的認知超越以往任何一幅西方涉及中國的地圖。此外，圖上還繪出了巨大的日本。

此圖 1584 年首次在《寰宇劇場》刊出後，許多關於東亞的地圖和中國地圖，都以此圖為模本來繪製。比如，洪第烏斯 1606 年版的獨幅《中國地圖》，只是調整了此圖的方向，大部分內容承襲了巴布達的地圖。英格蘭的約翰．斯皮德（John Speed）1626

OCCIDENS.
MERIDIES.
ORIENS.
Cum priuilegio Imperatoris, Regis, & Brabantiae ad decennium. 1584.
BENGALA.
PANTANES
MAVREMA
Ganges fluuius
Gouro.
C. Agouro.
Bengala.
Satigão.
Aracão. C.
GOVROS.
Candatay.
Chiama lacus
BRA
Lacus hic rotundus in Sancij prouincia inundatione Aº. 1557. in quo submersa septem; preter opidula et pagos; & ... tem numerū. vno tantum puero ... arboris seruato.
PEGV.
Cancipiu. C.
MALACA.
SIÃO
CHIAMPA.
Cochinchina
SVINAM.
CAVCHINCHINA.
Hilam
QVICHEY.
QVAN CII.
QVAN CII.
IVNNA.
FVQVAM.
Sailão
Pracel ins.
Borneo.
Las Philippinas
SINVS MAGNVS.
CAN TAM.
FOQVIEM
CHE QVIAM
HONA
NANQVII.
Cubo.
Mindanao.
Lequeio parua.
Ins. Fermosa.
Lequeio magna.
Minas de plata.
IA PAN.
Meaco.
CHINAE,
olim Sinarum regionis, noua descriptio.
auctore Ludouico Georgio.

圖 6.17：奧特里烏斯 1584 年版《寰宇劇場》地圖集中的巴布達繪製的中國新圖，此圖是西方出版的第一幅中國專圖

年出版的第一部英格蘭人繪製的世界地圖集中的《中華王國地圖》，也承襲了巴布達地圖，一直到 1655 年衛匡國的《中國新地圖集》問世，此類影響才走向式微。

學者們公認歐洲的中國地圖繪製史，有 3 個里程碑：一個是 1584 年出版的巴布達中國地圖；一個是 1655 年衛匡國繪製、約翰 · 布勞（Joan Blaeu）出版的中國新地圖集；一個是 1735 年唐維爾（Jean-Baptiste Bourguignon D' Anville）按照康熙《皇輿全覽圖》信息繪製的中國地圖集。

回望葡萄牙對東亞航路的探索與描繪的歷史，經歷了從無到有、從模糊到清晰、從錯漏到準確的複雜演變。這一連串的航海圖，真實地記錄了葡萄牙海上擴張開拓東方市場的百年歷程。

如果僅從地圖來看，到巴布達這裏，葡萄牙似乎已控制了東亞的重要貿易節點，已抓住了世界的錢袋子。但海上爭霸，總是「黃雀在後」的故事，在等着你……

第十一節 「黃雀在後」，荷蘭入主香料羣島

——香料羣島航海圖 普朗修斯（1592 年）

——荷蘭首次東印度航行地圖 布賴（1595 年）

如果以 1415 年葡萄牙攻取北非休達港（Ceuta）為其海上擴張的起點，到 1514 年葡萄牙人在中國珠江口海岸登陸，葡萄牙在海上步步為營，用了一百年的時間，將擴張的腳步踏至東方。

如果以 1511 年葡萄牙攻克馬六甲，進而登陸摩鹿加羣島為起點，到 1619 年荷蘭在巴達維亞設立總督府，強勢「介入」東方香料貿易，葡萄牙差不多已獨享香料貿易一百年。

葡萄牙海外擴張的兩個一百年，巨額的海上貿易利潤使得這個伊比利亞半島上的小王國，蓬勃發展到了它的黃金時代之頂峰。葡萄牙帝國的腐敗、有限的人力資源和沒有生機的經營，也讓歐洲其他國家看到了機會，其中給葡萄牙人最大打擊的，就是新興的荷蘭共和國。

1566 年西歐尼德蘭（窪地）北部地區（今荷蘭），爆發了反抗西班牙統治者的起義。1581 年烏特勒支同盟的最高權力機構三級會議通過了《誓絕法案》，正式宣佈廢除腓力二世，荷蘭和澤蘭等北方 7 省宣佈獨立，組成「聯省共和國」。由於荷蘭省的經濟和政治地位最重要，故稱「荷蘭共和國」。這個「17 世紀標準的資本主義國家」（馬克思語）需要強大的經濟力量來支掌，善於海上貿易的荷蘭人盯上了東印度的香料貿易。

引發荷蘭探險東印度的「香料地圖」

1592 年阿姆斯特丹出版了一幅製作精美的香料羣島航海圖。此圖由佛蘭德製圖師（他還是荷蘭東印度公司 VOC 的發起人之一）彼得勒斯．普朗修斯（Petrus Plancius，1552－1622）設計，由約翰內斯．範多特庫姆（Johannes van Doetecum）雕刻，由當時最重要的出版商，也是荷蘭海洋探索和擴張的巨大推動者科內利斯．克萊茲（Cornelis Claesz）以獨立海圖形式單獨出售。此圖因裝飾着豐富的船隻和海怪，以及香料（肉豆蔻、丁香和檀香）的插圖，而被稱為「香料地圖」。

此圖上方渦卷花飾內的敘述性標題稱：「摩鹿加羣島，因其極其豐富的香料而聞名，這些香料出口到世界各地。其中，最重要的島嶼是特爾納特島、蒂多爾島、莫蒂爾島、馬希安島和巴希安島。有些人會擴展此圖的範圍以包括：吉洛洛、西里伯斯、婆羅洲、安汶和班達。這裏運往歐洲的紅檀香和白檀香，產自帝汶島，肉豆蔻產自班達，還有產自馬魯古的丁香。在地圖的底部，我們安排了這些取自大自然的產品的插圖。」

這幅史上最著名的「香料地圖」，以前所未有的細節展示了香料羣島的面貌。它不僅從航海的角度，準確地描述了通往香料羣島核心區的航線，還準確地繪出了有赤道穿過的三葉草形的摩鹿加羣島；同時，它還是一個收集香料的指南，作者在圖的下方精

SINENSIS
OCEANUS
INSULÆ
PHILIP
PINÆ
ARCHIPE
LAGUS
S. LAZAR
TROPIC
NAN SII.
IN DI REG.
EXTRA GANGEM
BORNEO
MINDANAO
CELEBES
CEIRAM
IAVA, quæ et IAOA dicitur
MARE LANT CHIDOL
NUX MYRISTICA
BEACH
Timor
Calamianes
Luçon

圖 6.18：普蘭修斯 1592 年在阿姆斯特丹印刷出版的香料羣島航海圖，除了是航海指南外，它還是一個收集香料指南。它極大地刺激了荷蘭商人遠征東印度羣島的慾望

細地繪製了香料的樣貌，從左向右是：肉豆寇的枝和果實，而後是丁香的枝與葉，再後是三種檀香木，即黃檀、紅檀和白檀。檀香不僅用於香包或香袋，而且在碾碎後，還是香水的原料之一。地圖上突出安排這些插圖的目的，就是為荷蘭商人的遠航進行宣傳，也是作吸引資本資助這些企業遠航的措施之一。

在新幾內亞旁邊的註記文字稱：「海員們之所以稱這裏為『新幾內亞』是因為它的海岸和景色與非洲幾內亞非常相似。佛羅倫薩人安德里亞．科薩利（Andrea Corsali）似乎稱其為『Piccinacoli』（矮人之地）。它很可能是南方大陸的一部分。」這段文字似乎暗示了，後來所説的「澳大利亞」的存在。事實上，確是荷蘭人最先發現了「澳大利亞」，並稱其為「新荷蘭」。

在還沒有彩印的時代，此圖華美的色彩是靠手工上色來完成的，所以更顯珍貴；據説首版地圖僅有 10 幅傳世，其中 8 幅分別藏於美、英、法等國的博物館裏，兩幅由荷蘭收藏家個人收藏。其中的一幅，筆者在 2009 年的香港國際古書展上見過，拍賣價為 75 萬港元。

據信，正是阿姆斯特丹 1592 年出版的「香料地圖」，引發了荷蘭人的東印度之行。

荷蘭首次（1595－1597 年）東印度航行地圖

荷蘭商人彼得魯斯．普朗修斯的「香料地圖」等一系列顯示通往東印度羣島路線的航海圖出版後，三位阿姆斯特丹商人開始密謀遠征東印度羣島。他們首先要確認普朗修斯的航海圖的可靠性，同時，還要尋找更多關於東印度羣島的航行信息。此時，一部偉大的航海著作剛好問世……

1592 年 9 月荷蘭商人、航海家揚．哈伊根．范．林斯霍滕（Jan Huygen vanLinschoten）從印度果阿歸來（1583 年他作為葡萄牙派往印度的大主教的祕書前往印度），先後出版了三本旅行書《葡屬東方航海旅行記（1595 年出版）》、《林斯霍滕的葡屬東方航海旅行記（1596 年出版）》和《大西洋特徵及沿岸描述（1597 年出版）》，書中收入 6 幅地圖，這是歐洲首次出版主要以葡萄牙資料為基礎繪製的遠東地圖。林斯霍滕在他的書中建議：「避開葡萄牙封鎖的馬六甲海峽的最佳途徑是：從蘇門答臘南部穿越巽他海峽，進入東印度羣島，以降低被葡萄牙人發現的危險。」他的著作和地圖向新教國家（荷蘭和英格蘭）提供了打開香料羣島大門的「鑰匙」。

最早發起探險動議的三位阿姆斯特丹商人，先是有了普朗修斯 1592 年的「香料地圖」，後來又有了林斯霍滕具體的航行建議。在掌握這些最新信息後，他們又招集了六位商人入夥，於 1594 年建立了荷蘭最早的海外貿易公司——遠方公司，同時組建了第一支東印度探險隊。他們挑選最了此前曾以商人身份在里斯本「潛伏」兩年的科內利斯・代・豪特曼（Cornelis de Houtman，1565－1599 年）擔任探險隊總指揮。遠方公司籌集 290,000 荷蘭盾，建造和裝備了 4 艘帆船 Mauritius、Armsterdam、Hollandia 和 Duyfken：即毛里求斯號、阿姆斯特丹號、霍蘭迪亞號和杜伊夫耶號。

1595 年 4 月 2 號，荷蘭第一支東印度探險艦隊駛離了荷蘭北部特賽爾港（Texel port）前往東印度。兩年後的 1597 年 8 月 14 日，探險隊終於從印度尼西亞羣島又回到了特賽爾港。第二年，也就是 1598 年，由探險艦隊軍官威廉・洛德韋克斯（Willem Lodewijcksz）撰寫的《豪特曼東印度航海志》在阿姆斯特丹出版，扉頁上首次刊出了荷蘭第一次遠征東印度的航線圖。這是一幅小型概覽地圖，似乎不足以顯示這一偉大航跡。1599 年佛蘭德列日的製圖師西奧多・德・布賴（Theodore de Bry，1528－1598）重新製作了這幅「荷蘭首次（1595－1597 年）東印度航行路線圖」。此圖由兩塊銅版並連在一起印刷而成，圖縱 35CM 橫 66CM。渦卷花飾的標題很長，大體可譯為：「1595－1597 年第一支荷蘭探險隊前往東印度爪哇諸島的航路圖」通常簡稱為：荷蘭首次東印度航行地圖。此時，距達伽馬繞過非洲開闢印歐航綫已過去整整一百年。

此圖細緻地描繪了探險隊從荷蘭出發沿非洲西海岸南行，繞過好望角，進入印度洋，來到馬達加斯加東海岸。而後，按着林斯霍滕的建議：從馬達加斯加東海岸，橫跨印度洋，不走由葡萄牙控制的馬六甲海峽，直奔蘇門答臘南部的沒有葡萄牙人控制的萬丹（Bantam）西岸的巽他海峽，由此進入東印度羣島，最大限度地降低被葡萄牙人攔截的風險。荷蘭船停靠在椰島（今雅加達），開闢了屬於自己的安全航線。

由於葡萄牙人的強烈抵抗，荷蘭人最終沒能登上摩鹿加羣島，而止步於椰島和巴厘島。1597 年 2 月 26 日荷蘭人從巴厘島起航回國，同年 8 月 14 日到荷蘭。

MAR DEL
NORT
EUROPA
ANGLIA
GERMANIA
GALLIA
Hungaria
HISPANIA
Corsica
Sardinia
MARE
MEDITERRAN
Candia
Insulæ canaria olim Fortunatae
I Asores al Flandricas
BARBARIA
Fez
Maroco
NUMIDIA
que nunc
vocatur
TROPICUS
LIBYA INTERIOR
Quæ hodie Sarra appellatur id est Desertum
Tombutto
GANGARA
ZANFARA
NUBIA
Meleqeten
GUINEA
Benin
ABISSINI
Ins de cabo verde
LINEA
Abrolho
C de S Augustino
OCEANUS
IS Elena
Congo
Angola
Zaire lacus
Cafates
Bagametto
Monomotapa
Benamataxa
Melinde
TROPICUS
ÆTHIOPICUS
Caput bonæ spe
Ilhas de tristaon da Cunha
Gonzalo Alvarez

圖 6.19：布賴 1599 年繪製的荷蘭首次（1595–1597 年）東印度航行地圖

這次探險沒有預期的那麼美好，從荷蘭出發時的 4 艘船上的 284 名水手，經過兩年零 4 個月的探險之後，僅有 94 名水手返回了故鄉。探險隊只帶回 245 袋胡椒、45 噸肉豆蔻和 30 包肉豆蔻，剛剛夠這次探險的「成本」。但它卻給荷蘭帶回了有關巽他海峽、爪哇北海岸椰島和巴厘島的第一手航海與貿易信息。更重要的是，它讓荷蘭人有了葡萄牙在東印度的勢力並非不可取代的強大信心。

1598 年荷蘭人修整了一年之後，開啟了第二次東印度航行⋯⋯捲土重來的荷蘭人，比其競爭對手更有組織，他們將總部設在椰島，將其命名為「巴達維亞」，直接在原產地操縱香料貿易。1602 年荷蘭成立東印度公司（VOC），極大地改變東印度地區的貿易「規則」，終結了葡萄牙對東方貿易的百年壟斷。

如果以「公司」為綫索去尋找歐洲列强的來龍去脉就會發，大航海時代的歐洲國家脚前脚後都在東方成立了一個「東印度公司」：1587 年，葡萄牙率先建立了東印度公司；1600 年英格蘭建立東印度公司；1602 年荷蘭建立東印度公司；1616 年丹麥建立東印度公司；1664 年法國建立東印度公司；1722 年普魯士建立奧斯坦德東印度公司；1731 年瑞典建立東印度公司；1775 年奧地利建立東印度公司⋯⋯這些殖民國家的所謂「崛起」，幾乎就是「公司式崛起」。

第七章

新大陸海圖：從「三大洲」到「四大洲」

15 世紀中晚期，伊比利亞半島中南部的卡斯蒂利亞王國，在公主伊莎貝拉 17 歲時，為她挑選了半島西北部的阿拉貢王國費迪南王子作為夫君，兩人於 1469 年順利成婚。5 年後，伊莎貝拉繼承王位成為卡斯蒂利亞女王；又 5 年後，費迪南繼承王位成為阿拉貢國王；伊比利亞半島通過聯姻組成一個新的國家。1496 年 12 月 19 日教皇亞歷山大六世頒布詔書正式授予斐迪南和伊莎貝拉「西班牙天主教國王」（Reyes Católicos de las Españas）的稱號，通常也被稱為「西班牙天主教雙王」。

1479 年剛完成統一的西班牙經羅馬教廷調解，與葡萄牙就西班王位繼承權與加那利羣島權屬之爭，簽訂了歷史上第一個殖民帝國劃分海外勢力範圍的協議《阿爾卡索瓦斯條約》。條約規定：葡萄牙放棄對卡斯蒂利亞王位的宣稱權，加那利羣島歸西班牙所有；西班牙不再對葡萄牙「發現」的幾內亞、埃爾米納、馬德拉、亞速爾羣島、弗洛雷斯、佛得角和將發現的陸地提出要求；世界上其他有待發現的土地，以穿過加那利羣島的緯線（約北緯 28 度緯線）為界，北部由西班牙去發現，南部由葡萄牙去發現。教皇西克斯圖斯四世，於 1481 年 6 月 21 日發佈大敕書對此條約加以確認。

1488 年葡萄牙航海家迪亞士通過近岸航行發現了好望角，看到了開闢印度貿易航線的新希望。不想讓葡萄牙在海上一家獨大的西班牙，開始接受熱那亞航海家克里斯托弗．哥倫布提交的「西航印度計劃」。1492 年 4 月，西班牙王國與哥倫布簽訂《聖達菲協定》。協定規定：西班牙對西航探險給予二百萬馬拉維迪的贊助，並封哥倫布為新發現土地的世襲總督。哥倫布有權把新土地總收入的二十分之一留為己有，但新發現的土地主權屬於西班牙。

1492 年 10 月 12 日，哥倫布的船隊「發現」美洲大陸。從而完成了大航海第二階段的任務——跨大洋遠航（不見陸地、也不靠陸地，一次沿緯度航行 36 天）——將大航海事業帶入一個新階段。

1493 年哥倫布剛剛返回西班牙，葡萄牙國王若昂二世立即拿出《阿爾卡蘇瓦什條約》與西班牙交涉，宣稱哥倫布發現的新土地應歸葡萄牙所有。因為哥倫布發現的新土地（今天的古巴、海地一帶）處於北緯 20－23 度，恰好在葡萄牙的勢力範圍之內，即北緯 28 度以南。

葡萄牙與西班牙的新大陸土地之爭，鬧到了羅馬教廷。1493 年 5 月 3 日西班牙裔教宗亞歷山大六世發佈大敕書，將亞速爾羣島或佛得角羣島以南和以西 100 里格的（當時 1 葡萄牙里格約 5 公里）子午線作為分割線，此線以西任何新發現的土地歸「天主教雙王」（即西班牙王國）所有，這條大概位於今天的西經 38° 左右的子午線，也被稱為「教皇子午線」。

葡萄牙人不滿意這條「教皇子午線」，越過教廷直接找西班牙人談。最終於 1494 年簽署了《托德西拉斯條約》（Treaty of Tordesillas）。條約把教皇劃定的子午線，又向西推移了 270 里格，即「距佛得角羣島以西 370 里格」的子午線（今天的西經 46.5 度左右），為兩國重新約定瓜分世界的界線：此線以西歸西班牙王國，以東歸葡萄牙王國。教皇尤里斯二世追認了這一條約。由於教宗的慷慨授權，世界所有已經被征服和將要被征服的土地一分為二，劃分為「屬於葡萄牙征服的土地」和「屬於西班牙征服的土地」。

於是，殖民帝國的海圖又有了新佈局：1500 年西班牙的胡安．德拉科薩繪出了第一幅含有美洲大陸的新世界地圖；此後，又有了 1502 年葡萄牙繪製的畫有「教皇子午線」的坎蒂諾世界地圖；再後，又有了瓦爾德西穆勒 1507 年出版的被稱為「美洲出生證」的第一幅命名「亞美利加」的世界地圖——世界有了「第四大洲」。

16 世紀時，西班牙憑藉自己的海上擴張與殖民實力，率先成為「日不落」帝國。西班牙國王給自己加的封號世界上最長——「卡斯蒂利亞、雷翁、亞拉岡、兩個西西里島、耶路撒冷、那瓦、格拉那特、托利多、直布羅陀、亞爾加爾威……東印度和西印度兩個島嶼及其周圍大陸的——國王」——這種幾十個地名連在一起空前絕後的封號，顯示了西班牙的狂傲和「跑馬佔荒」的世界格局。

第一節　貝海姆與哥倫布的「失算」

——「地球蘋果」貝海姆（1492 年）

李約瑟在《中國科學史》中，曾提到在元朝工作的阿拉伯天文學家扎馬魯丁，於1267 年製造了一個地球模型，遺憾的是這個早期的地球模型，後來失傳了。現在，人們能看到的最早的地球模型收藏在德國紐倫堡日耳曼歷史博物館。

2018 年夏天，筆者到紐倫堡考察，有幸見到了這架已有五百多歲的地球模型。在參觀這個模型之前，特意到一個街角廣場上「拜訪」了它的作者馬丁·貝海姆（Martin Behaim），他以青銅的姿態站在高高的台階上，俯視着來訪者。

貝海姆 1459 年出生在紐倫堡一個商人家庭，父親與威尼斯做生意，曾當選過威尼斯共和國議員。貝海姆 18 歲時隨叔叔到佛蘭德學習紡織貿易。20 歲時，又到了里斯本，進入一個由猶太天文學家領導的航海學委員會。在那裏，他接觸了航海學和地理學知識，並逐漸在此方面嶄露頭角。1485－1486 年間，作為葡萄牙的國家航海顧問，貝海姆參加了葡萄牙船隊的西非探險，到達了安哥拉海岸，返回里斯本後，被葡萄牙國王若昂二世授予騎士頭銜。所以，他的青銅像是一手持劍，一手撫着地球儀的造型。

1490 年，貝海姆從里斯本短暫返回家鄉紐倫堡。1492 年 7 月，也就是哥倫布西航的前幾個星期，貝海姆與畫家格奧爾格·阿爾布雷希特·格洛肯森（Georg Albrecht Glockenthon）在紐倫堡共同完成了一個羊皮紙糊成的展示世界形象的球形儀器。當時，世界上還沒有「地球儀」的說法，他們稱這個直徑 51CM 的球形儀器為——「Erdapfel（地球蘋果）」。這個名字頗有人文主義味道，強調了「禁果」概念，突出了它獨立於宗教觀念之外的科學價值。

作為紐倫堡日耳曼歷史博物館的鎮館之寶，它現在被罩在一個大玻璃櫃裏，有專人看護，但准許拍照。這個 500 多年前的地球儀是傾斜的，使地球與太陽的軌道變為水平，而地球繞太陽轉的理論，還要過很久才出現。球體上標註有 2000 個地名，有 100 多幅小插圖，50 多面旗幟和盾徽，15 艘船，50 多個圖例，以及對想像中未知大陸的土著和動植物的描繪。球體上的註釋稱：「世界是圓的，可以航行到任何地方」，顯示了歐洲人的世界觀與航海雄心。

此前多少個世紀，人們對地球上的陸地與海洋的關係，一直說不清楚，許多人認為陸地比海洋的面積要大。哥倫布同時代的多數地理學家都認為，從非洲西北部的加那利羣島，到亞洲最東邊的日本，此間距離最多 4000 公里。這種錯誤推測「堅定」了哥倫布西航日本的決心。

貝海姆對地球「背面」的認識，也是如此。「地球蘋果」在非洲西北部到亞洲東部的大洋中間排佈了大量神話中虛構的島嶼，其中最突出的大島，距離歐洲海岸僅有 2400 多公里。這個大島叫「Cipangu」（西潘古）就是日本。這是《馬可．波羅遊記》中的音譯，或是「日本」的吳語發音「Cipangu」。16 世紀後，葡萄牙商人遇到了馬來語的「日本」，將其譯為葡萄牙語「iapam」。

「地球蘋果」上，日本與歐洲海岸中間，少了一個美洲大陸。實際上，日本東部

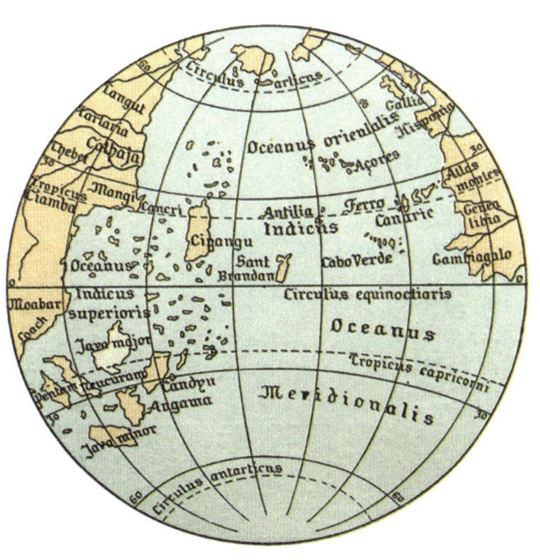

圖 7.1：貝海姆 1492 年製作的地球儀（左）和示意圖（右）顯示，從非洲西北部的加那利羣島，到亞洲最東邊的日本，此間距離只有 2400 多公里

北海道到美國西海岸洛杉磯之間的距離約為 9000 公里。而倫敦到美國東海岸的紐約為 6000 公里。也就是說，少算了 1.5 萬公里。

1492 年這一年，貝海姆在「理論上」，哥倫布在「實踐上」，都犯了同樣的錯誤。他們都不知道向西航行，還有一個大陸，還有一個大洋。這些「美麗的錯誤」，為大航海憑添了不朽的傳奇——發現美洲。

1507 年，在哥倫布去世的第二年，貝海姆在里斯本病逝，同年，德意志地理學家馬丁．瓦爾德西繆勒出版了全新的世界地圖，上面首次在哥倫布發現的新大陸上標註「美洲」。

「地球蘋果」的美味，終為人類所共享，這是後話。

第二節　哥倫布繪製的第一幅美洲地圖

——哥倫布東北大西洋航海圖（約 1492 年）
——哥倫布伊斯帕尼奧拉島地圖（約 1493 年）

克里斯托弗．哥倫布（Cristoforo Colombo，1451－1506 年）為他的「西航計劃」曾經遊說過英格蘭、法蘭西和葡萄牙，都被拒絕。各國除了對「向西航到達印度」的設想表示懷疑外，還有哥倫布「要價」太高。例如，要求資助國給他「航海司令」的頭銜，10% 的戰利品回報，他發現並征服的海外領地總督權傳給他的後代。

西班牙統一後，女王伊莎貝拉開始考慮海上擴張，經過幾年的研究與談判。1492 年 4 月 17 日，哥倫布與伊莎貝拉女王在聖塔菲城簽訂了著名的《聖塔菲協定》，哥倫布得到了他想要的一切。這一年的 8 月 3 日，哥倫布帶着西班牙女王給印度君主和中國皇帝的國書，率領歐洲新型的克拉克遠洋帆船「聖瑪麗亞」號（大約長約 23 米，寬 7 米，吃水 1.98 米，排水量 120 噸，甲板長 18 米，有三根桅杆）和兩艘多桅快船「平塔」

號、「尼雅」號，從西班牙塞維利亞巴羅斯港揚帆出海。

哥倫布西航前可能找到印度和中國的地理信息，僅有少量「證據」：

一是，據英國歷史學家瓦萊麗·弗林特（Valerie.I.J.Flint）研究，在哥倫布做過筆記的書中，達伊的《世界圖像》上有 898 處，教皇庇護二世的《世界史》上有 861 處，拉丁文版《馬可·波羅遊記》上有 366 處，普魯特克的書中有 437 處，普林尼的書中有 24 處。

二是，1884 年法國連勝圖書館收藏一幅佚名東北大西洋航海圖，人們猜測它是哥倫布與經營地圖作坊的兄弟巴托洛梅·哥倫布（Bartolome Colombo）共同製作的西航海圖，時間是 1492 年西航之前。雖然，這幅地圖上沒有新大陸相關描繪，但此圖羊皮紙的脖子部分顯示了一個小的圓形世界地圖，耶路撒冷位於中間，周圍環繞着九層天環，象徵着宇宙的地心概念。這部分還附帶摘自 15 世紀法國神學家皮埃爾（Pierre d'Ailly）宇宙結構學著作《世界圖志》（Imago Mundi）的兩段註釋，描述了宇宙的構成，強調地圖是在平面上繪製的，但必須將其視為球形。這一點到是貼合哥倫布「向西航行可以到達印度的理論」。此外，圖中西班牙南部格拉納達城插上了西班牙國旗，表明此圖是在 1492 年 1 月「天主教雙王」征服這座阿拉伯人佔領的城市之後，大約在 1492 年初完成。不過，目前也沒有確信證據，說明此圖與哥倫布西航有直接關係。

可以說，哥倫布手裏幾乎沒有任何為西航作出明確指引的導航信息，他完全是憑着一腔熱血，率領三艘船一頭扎入了一個完全陌生的大洋之中。哥倫布船隊先在西班牙所屬的加那利羣島休整了一個月。9 月 6 日，船隊藉助冬季的東北季風，朝着正西同一緯度的「日本」（九州和本州島在北緯 31 度至 41 度之間）航行。

當時的歐洲水手都會測量緯度，最簡便的用雅格杆，但經度卻只能靠猜。哥倫布把西船的航線定在北緯 28 度線上。為什麼選定北緯 28 度？因為《阿爾卡索瓦斯條約》規定：以穿過加那利羣島的緯線（北緯 28 度）為界，南部由葡萄牙去開發，北部由「天主教雙王」去開發。所以，哥倫布由此出發，一直沿約北緯 28 度向西航行。按着他的計劃，加那利羣島距日本的直線距離，最多 4000 公里。順風一天航行 160 公里，20 多天就會到達。但是，托勒密的錯誤計算，還有其他地理學家的不實推算，這時都顯現出來。

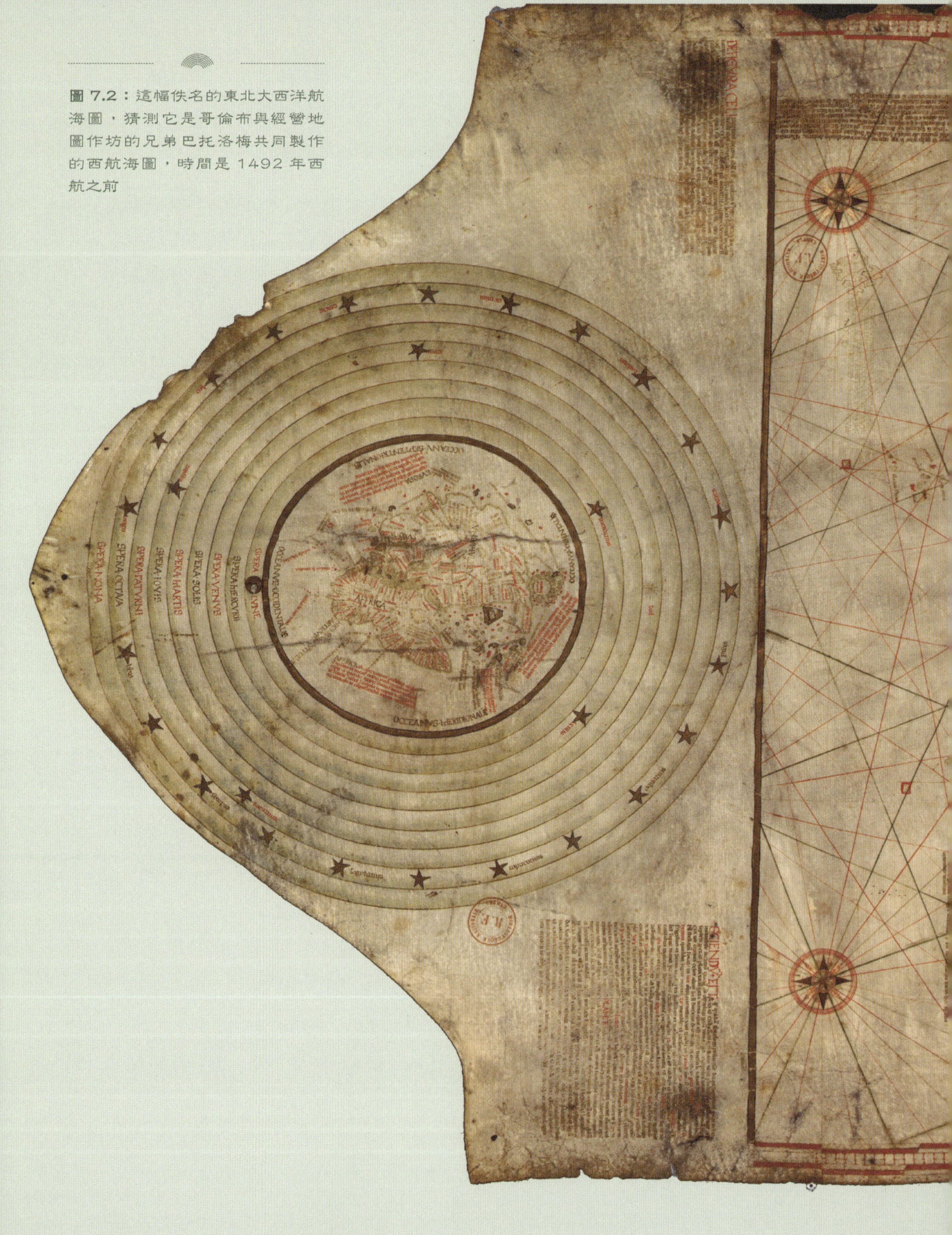

圖 7.2：這幅佚名的東北大西洋航海圖，猜測它是哥倫布與經營地圖作坊的兄弟巴托洛梅共同製作的西航海圖，時間是 1492 年西航之前

從加那利羣島出發後，哥倫布足足航行了一個月，沒能見到大陸。幸運的是，在他們離開加那利羣島西航的第 36 天，即 10 月 12 日，哥倫布終於在北緯 25 度看到一個島嶼（今巴哈馬羣島，距離歐洲西海岸 6000 公里，離日本還有 1 萬公里之遙），為感謝神的保佑，哥倫布將它命名為「聖薩爾瓦多」，意為「神的恩寵」。對此渾然不知的哥倫布，堅定地認為他到了亞洲東部，遂稱島上土著為「印度人」（indians）。為了與真正的印度人區分開，漢譯為「印第安人」。

非常奇怪，哥倫布作為一個四次航行到新大陸的航海家，卻沒有留下一幅他畫的新大陸航海圖，僅有一幅「疑似」哥倫布製作的地圖，在幾經傳抄的「哥倫布航海日記」中流傳下來。這幅大約繪於 1493 年的西班牙語中美洲海島圖，現藏西班牙馬德里海軍博物館。

此圖上面標有哥倫布對此島的命名「伊斯帕尼奧拉」（La Española）意為「西班牙

圖 7.3：這幅西班牙語中美洲海岸圖上，標有哥倫布對這個島的命名「伊斯帕尼奧拉島」意為「西班牙島」

島」。這幅伊斯帕尼奧拉島北海岸草圖，西北部繪出了聖尼古拉海角和托爾圖加島，南部沒有描繪。今天屬於海地和多米尼加，是加勒比海中僅次於古巴島的第二大島。

1492 年 12 月 5 日，哥倫布首次踏足「伊斯帕尼奧拉」島，因為旗艦擱淺，只好用聖瑪麗亞號的木料，在今天的海地角附近建立了納維達德城堡，把不能帶回西班牙的 36 名船員留在此城堡，成為歐洲人在美洲的第一個殖民地。

1493 年 3 月 15 日，哥倫布返回到西班牙，向國王報告他到達了「日本」附近，發現了「香料」。此後，他又三次西航，先後到達了今天的巴哈馬羣島、古巴、海地、多米尼加、特立尼達等島。一直到 1506 年哥倫布去世時，仍認為自己到達的就是亞洲。

第三節　卡伯特為英格蘭發現北美洲

——德拉科薩世界地圖（1500 年）

説來很巧，第一個登上美洲大陸的哥倫布與第一個登上北美大陸的約翰·卡伯特（John Cabot）都來自熱那亞。他們的經歷大體相同，兩人都向英格蘭都鐸王朝的建立者亨利七世、葡萄牙航海事業的鼎力支持者若昂二世，申請「向西航行尋找亞洲」的計劃。

不同的是，當年否定了哥倫布西航計劃的亨利七世，在哥倫布從新大陸成功返回的第二年，幡然悔悟。當卡伯特失望地離開葡萄牙來到英格蘭時，亨利七世熱情地支持了這位異邦探險者，希望他的西航計劃能為英格蘭打開海上殖民擴張的通道。

卡伯特計劃的獨特之處在於，他認為哥倫布已經證明「亞洲」可以跨洋到達，那麼，從北面高緯度西行，將比靠赤道航行距離更短，也不會與西班牙人或者葡萄牙人發生衝突。他要開闢一條高緯地區的西行航道。

1497 年 6 月，卡伯特率領 18 位船員駕駛着被後世譽為「托起不列顛的航船之一」的「馬修」號（Matthew），從英格蘭西南部北緯 51 度的布里斯托爾港出發，沿這一緯度，一路向西，經過 56 天的航行，最終在北緯 50 度左右的一個島嶼登陸（今加拿大紐芬蘭）。卡伯特在這片「新發現土地」插上英格蘭第一面海外殖民旗幟，由此拉開英格蘭北美殖民的大幕。

雖然，卡伯特不知道自己到底「發現和佔領」的是什麼地方，但他向亨利七世報告：「英格蘭再也不用到冰島去爭奪捕魚權了，這裏的魚羣稠密到足以降低船速的地步。」這確實是一個重要發現，當時歐洲魚產品，比銀礦更有價值。它是人們冬季的主要食物，也是全年齋戒日中規定的食物。卡伯特因此獲得 10 英鎊獎勵和每年 20 英鎊的養老金。

和哥倫布一樣，卡伯特是否繪製了新「發現」的北美大陸地圖，不得而知。

如今能見到最早將新大陸融入到新世界地圖中的是西班牙航海家、製圖師胡安 · 德拉科薩（juan-de-la-cosa）1500 年繪製的世界地圖。原圖沒有圖名，後世多稱其為「胡安 · 德拉科薩地圖」（Map of Juan de la Cosa）。這是第一幅顯示哥倫布發現美洲和卡伯特發現北美洲的世界地圖。此圖繪在由帆布背襯連接的兩張羊皮紙上，圖縱 183CM 橫 96CM。

德拉科薩是哥倫布前兩次美洲航行的船員之一。此圖西側邊緣用西班牙語書寫着：「胡安 · 德拉科薩於 1500 年在聖瑪麗亞港製作此圖」。當時作為禮物獻給了西班牙國王，此後就從人們的視野中消失了，直到 1832 年在巴黎被德國地理學家亞力山大 · 馮 · 洪堡發現。現收藏在西班牙馬德里海軍博物館。2018 年筆者到此館想一睹其真身，不巧正在裝修，一年後才會開門。後來託朋友買了此館製作的此圖印刷複製品。

此圖由兩部分構成，一部分覆蓋舊世界和大西洋，一部分表現新世界。

舊世界部分，一方面展示葡萄牙人在非洲海岸的發現與佔領，非洲大陸上繪有約翰王等八位國王。另一方面展示了包含截至 1498 年 5 月 20 日達 . 伽馬率領葡萄牙船隊到達印度西海岸的卡利卡特，開闢從西歐繞過非洲南端直達印度的航線。印度半島前繪有三艘插着葡萄牙旗幟的大帆船，並標註「1498 年達 · 伽馬抵達印度」。圖右上方亞洲地區標註了「ASIA」，並在它的北部畫了兩個兩個怪物，一個是眼睛長在胸前的無頭人「不萊梅」（Blemmeys），另一個是狗頭人（Cynocephali）。暗示這裏是《聖經》所說的黑暗力量統治者歌革和瑪各（Gog and Magog）之地。

新世界部分，其「發現」信息截至 1500 年。它是已知唯一的由哥倫布首次航行目擊者製作的現存最早美洲地圖。在大西洋裏，德拉科薩不僅紀錄了哥倫布從 1492 年到

1500 年的三次西航的航線。在美洲位置上，作者第一次連貫地在北回歸線上方展示出古巴島、海地島，以及部分中南美洲和北美洲東海岸的地形。特別是，古巴被正確地繪製為一個島嶼，這與哥倫布所說的它是亞洲的一個半島相矛盾。

同時，德拉科薩還繪出了卡伯特 1497 年發現北美的航線，在紐芬蘭和拉布拉多的位置上，清晰地標註了「英格蘭人發現的海域」，記錄了卡伯特的「發現」。它標誌着繼大西洋中部航線被哥倫布開發後，卡伯特發開的北大西洋航線，也進入了新航海圖之中。它還為高緯地區存在通往印度洋的通道留下了可能性。有研究者認為，哥倫布可能於 1503 年向西班牙國王展示過此海圖，説服西班牙國王為他的第四次西航（也是最後一次）提供資金。

德拉科薩將大西洋描繪成一大片水域，用大字拉丁語標註：「Mare Oceanum」（大洋）。這個名字也出現在加勒比海地區。北美洲被描繪成一直延伸到北大西洋的一塊大陸，而南美洲似乎是另一個大陸，但兩者的都以綠色繪製，似都代表亞洲大陸的延伸，而不是全新的大陸。

注意，這幅新的世界地圖罕見地突出了幾條緯線，即回歸線和赤道線。此外，圖上還有唯一的經線子午線，它從巴西最東邊穿過。這可能是第一幅繪出葡萄牙與西班牙於 1494 年締結《托爾德西里亞斯條約》劃分世界的「教皇子午線」地圖。雖然，作者沒有像甘地諾地圖那樣註明這條子午線為「教皇子午線」。（後文會詳述甘地諾地圖）。但在巴西位置上標註出：「Este cavo se descubrio en año de mily IIII X C IX por Castilla syendo descubridor vicentians」。意思是「這個海角，1499 年為卡斯蒂利亞所發現，維森提安斯是發現者。」維森特．安斯，即西班牙航海家維森特．亞涅斯．平松（Vicente Yáñez Pinzón，1462－1514 年），他曾參加過哥倫布西航。這裏強調的是西班牙先於葡萄牙發現此海角。但受歷史條件所限，德拉科薩也弄不清這片土地是什麼地方，沒有為這裏標註名字（「巴西」是後來葡萄牙人給這裏起的名字）。

在地圖的西邊：赤道線上，繪有兩幅基督教聖像。地圖頂端繪有旅行者保護神聖克里斯托弗抱着嬰兒基督渡過水面的圖像，象徵着哥倫布將基督教帶到大西洋彼岸；另一幅在最大的玫瑰羅盤圓圈裏，表現了基督降生。

圖 7.4：這是德拉科薩 1500 年繪製的第一幅顯示哥倫布發現美洲和卡伯特發現北美洲的世界地圖

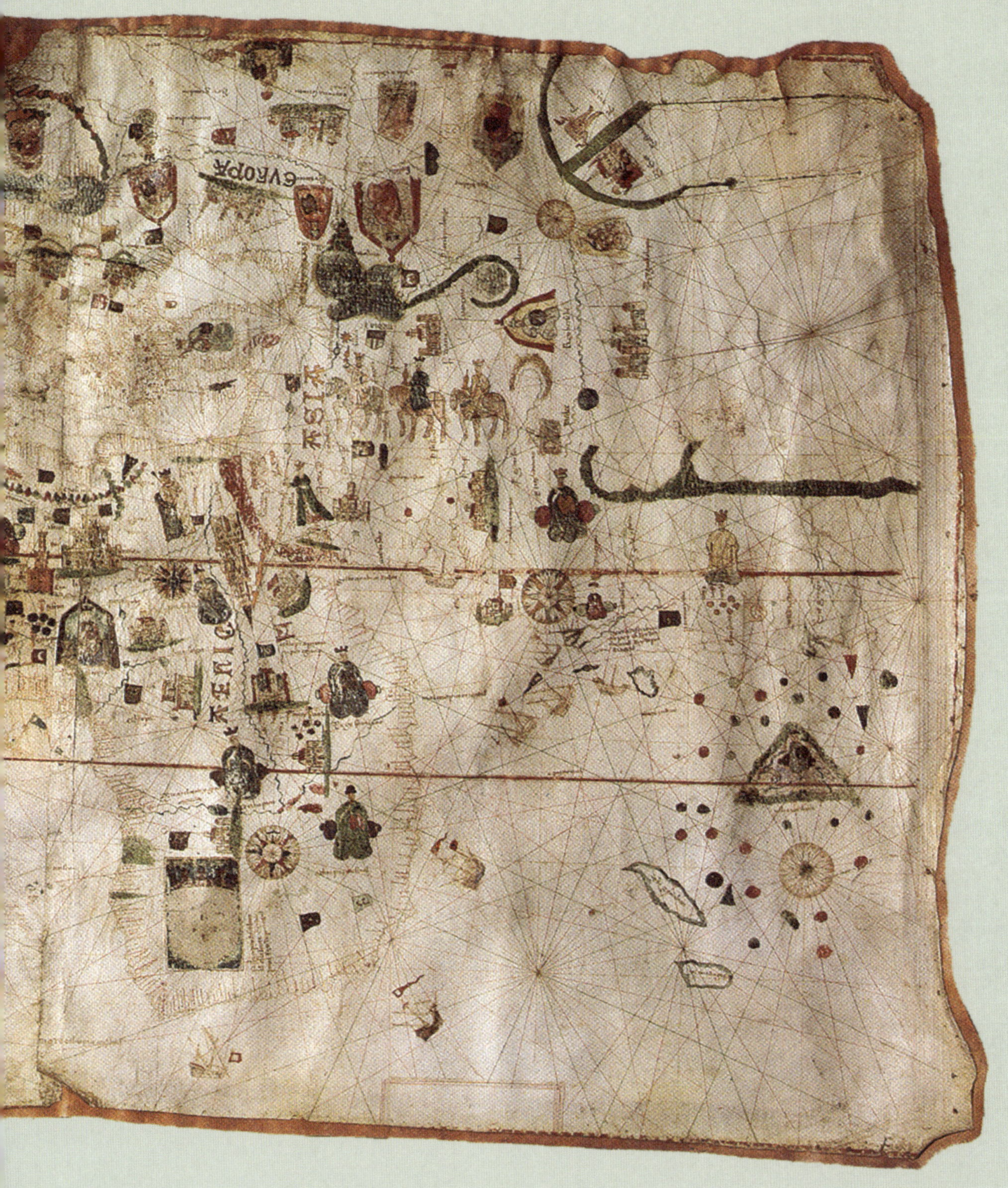

圖 7.4（a）：德拉科薩世界地圖（局部），在「教皇子午線」穿過的南美洲東北海岸的位置上標註「這個海角（後來的巴西），1499 年被卡斯蒂爾的維森提安斯發現」

看得出，這幅地圖非常想通過東、西方的新發現，描述一個完整的新世界。

最後說一句，卡伯特死在 1498 年第二次大西洋探險的航程中，他沒有福氣見到這幅最早記錄他和哥倫布等人發現美洲的航海圖。1897 年，在卡博特發現北美 400 周年之際，紐芬蘭郵局發行了一張紀念卡博特及其發現的郵票。

第四節　重新瓜分世界的「教皇子午線」

——坎蒂諾平面球形地圖（1502 年）

這是繼德拉科薩 1500 年的新世界地圖之後，第二幅詳細展示新世界的地圖，它是一幅開創了許多先例、充滿爭議和包藏陰謀的巨幅手稿羊皮紙地圖。

先說它的誕生吧。

15 世紀末，意大利北部費拉拉公國的統治者埃爾科萊一世（Ercole d´Este）為了獲取葡萄牙海外探險情報，特派駐里斯本的外交官（也是間諜）坎蒂諾（Alberto Cantino）約請一位製圖師偷偷摹繪了一幅葡萄牙最新的世界航海圖。此時，西班牙和葡萄牙都對東印度羣島和西印度羣島的最新地理數據，嚴格保密，所以，這幅地圖沒有留下原始作者和摹繪者的名字。

幸運的是，此圖背面留有意大利語說明：「Carta de navigar per le Isole nouam tr[ovate] in leparte de India：dono Alberto Cantino al S. Duca Hercole。」大意是「印度羣島新發現島嶼的航海圖（卵形），由阿爾貝托．坎蒂諾獻給費拉拉的埃爾科萊．德埃斯特公爵」。後世學者因此稱其為「坎蒂諾平面球形地圖」（Cantino planisphere）。

還有一點值得慶幸，當時身在羅馬的坎蒂諾曾寫信給德埃斯特公爵，信中提到了公爵派他在葡萄牙獲取此圖，從 1501 年 12 月到 1502 年 10 月，花了大約 10 個月的時間，才完成這項工作。他向製圖師支付了 12 個威尼斯金幣（相當於佛羅倫薩一個勞工的半年收入）。人們由此得知此圖的完成時間和價格。

不過，後世看到的坎蒂諾平面球形地圖已不是原來的「卵形」。在幾百年的流轉過程中，此圖有過剪裁，失去了球形邊緣和裝飾框架。19 世紀後期，意大利北部摩德納城埃斯特圖書館的工作人員，從一家肉舖意外購得此圖。它由 6 張黏在一起的羊皮紙構成，殘圖為縱 105CM 橫 220CM。這種地圖通常被稱為「國王的地圖」（Padrão Real），特指超大幅「皇家標準」的王室專用地圖。

坎蒂諾平面球形地圖是一幅波特蘭航海圖，重點關注水域和海岸線。圖面由兩個隱性的羅盤圈構成，西圈以佛得角羣島為中心，東圈以印度為中心。每個圓周上各有十六個等距羅盤點，從這些羅盤點放射出 32 個恆向線。這種密集恆向線網格，可用作導航參考。

1485 年，葡萄牙國王若昂二世下令船長們要確定航海圖緯度，所以此圖顯示了赤道、南北回歸線，但圖上沒有緯度標尺。

此圖包含了四個系列航程的最新地理信息：一是哥倫布到達加勒比海；二是佩德

羅·阿爾瓦雷斯·卡布拉爾到達巴西；三是瓦斯科·達·伽馬到達東非和印度；四是1502年10月，科爾特·雷亞爾兄弟探險船返回里斯本報告到達格陵蘭和紐芬蘭……它顯示了大航海初期，探險家所認識的地球表面360°中的257°的地理範圍，尚缺的103°是亞洲東海岸與新大陸西邊的未知水域。

這個已知空間中，最引人注目的是用藍粗線畫出「托德西拉斯子午線」。此前的德拉科薩世界地圖曾描繪過這條線，但沒有明確標註。此圖則明確標記：「這裏是西班

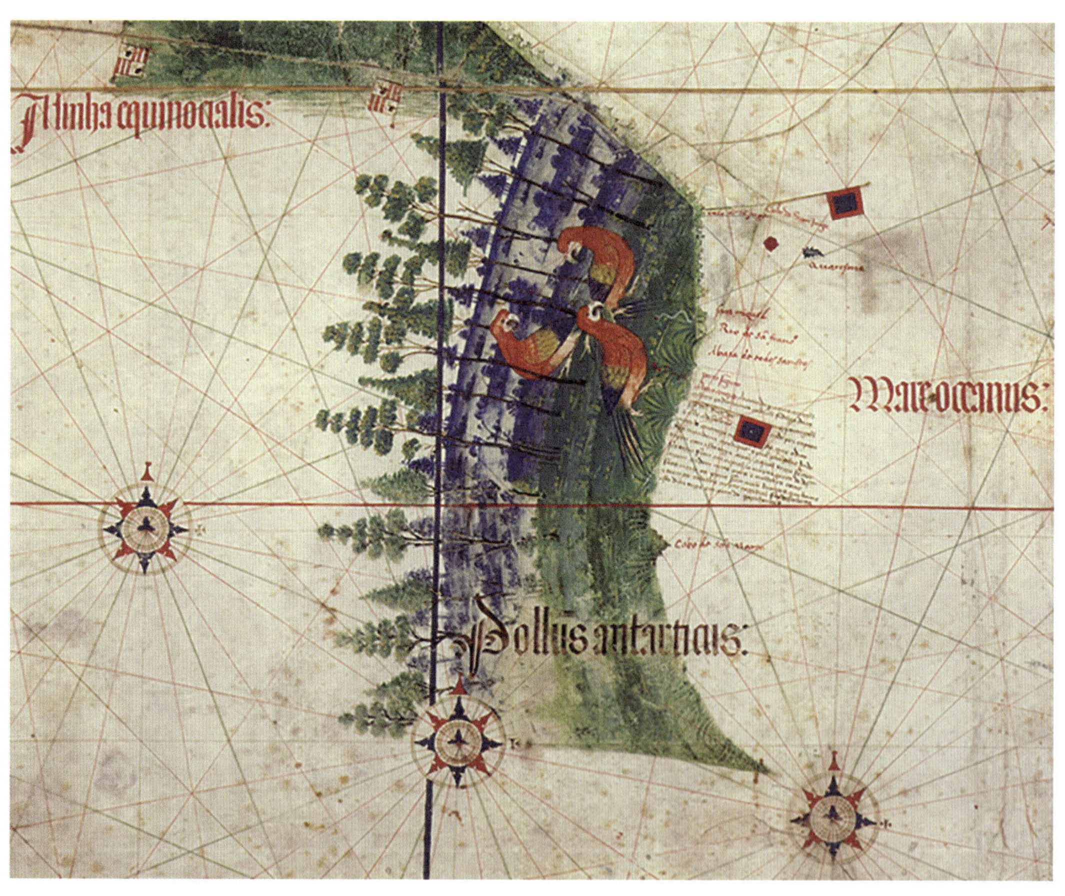

圖 7.5： 坎蒂諾平面球形地圖是第一幅明確畫出「教皇子午線」的世界地圖

牙和葡萄牙達成協議的世界各地區權屬的分界線」。因此被看作是第一幅畫出大西洋上「教皇子午線」的地圖。

這裏有必要重溫一下，15 世紀以來，羅馬教廷頒佈的幾個敕書，為殖民帝國劃分的海上勢力範圍：

第一次劃線是，1452 年、1455 年和 1456 年教宗尼古拉斯五世和教宗卡利克斯特斯三世先後頒佈敕書即 Dum Diversas（1452）、Romanus Pontifex（1455）或 Inter Caetera（1456），將非洲幾內亞以及向南至大陸南端所有陸地，進而東推至遙遠的印度，劃歸為葡萄牙基督騎士團征服領地。

第二次劃線是，1479－81 年西班牙與葡萄牙經羅馬教廷調解，簽訂第一個殖民帝國劃分海外勢力範圍的協議《阿爾卡索瓦斯條約》。世界上其他有待發現的土地，以穿過加那利羣島的緯線（約北緯 28 度）為界，北部由西班牙去發現，南部由葡萄牙去發現。

第三次劃線是，1494 年葡萄牙與西班牙簽署《托德西拉斯條約》。大約位於今天的西經 46° 37’的南北子午線，成為兩國重新約定的勢力分界線：分界線以西歸西班牙王國，以東歸葡萄牙王國。教皇尤里斯二世後來頒佈敕書追認了這條「托德西拉斯子午線」，亦稱「教皇子午線」。

由於《托德西拉斯條約》沒指定任何經度，當時的技術，也不足以在海上明確經度位置，所以，坎蒂諾世界地圖上，也沒有標註經度，其「托德西拉斯子午線」，只是一條從佛得角羣島以西 370 里格處，穿過巴西和紐芬蘭的經度線。

其實，紐芬蘭並不在此線以東，葡萄牙人卻在圖上用大紅字母將紐芬蘭標記為「葡萄牙國王的土地」，還在紐芬蘭島上繪出高大的樹木，並將其被描述為「擁有許多桅杆木」。這裏不僅將紐芬蘭的歸屬弄錯了，同時，也忽略了未納入《托德西拉斯條約》的英格蘭比葡萄牙更早「發現」紐芬蘭的事實。

此圖呈現了巴西東海岸已知的最早描繪，海岸裝飾了葡萄牙旗幟、紅木（後來，這片土地亦因紅木得名「巴西」），並在海岸邊特別標註：「1500 年葡萄牙人佩德羅．阿爾瓦雷斯．卡布拉爾（Pedro Alvares Cabral）發現了這片土地，並將其命名為維拉克魯斯（Vera Cruz，葡語「聖十字」）。他是葡萄牙國王派往卡利卡特的十四艘船的指揮

Circulus articus:
Oceanus occidentalis
Terra del Rey de portugall
Has antilhas del Rey de castella:
Linha equinocialis:
Tropicus capricorni.
Mar oceanus:
Os montes claros em africa
Castello damina

圖 7.5(a)：坎蒂諾平面球形地圖（局部）中的巴西，海岸有葡萄牙旗幟、紅木和五彩金剛鸚鵡，並標註：「1500 年葡萄牙人佩德羅．阿爾瓦雷斯．卡布拉爾發現這片土地。」

官，在前往印度的途中被發現這片土地。那裏有許多人，無論男女，都赤身裸體地走來走去，就像他們的母親生下他們一樣。」幾年後，葡萄牙利用《托德西拉斯條約》對巴西提出了主權要求。

這條「教皇子午線」深刻影響了世界的版圖與地緣政治格局。時至今日，南美大陸上，巴西依然是唯一的葡萄牙語國家，而墨西哥和絕大部分的中南美洲國家則為西班牙語國家。

坎蒂諾平面球形地圖，還有許多那個時代極具有戰略價值的地理信息：比如，馬來半島南部有用紅色寫的「Malaqua」，這無疑是指「馬六甲」。旁邊註釋：「馬六甲的城市裏有聚集在卡利卡特港的所有商品」。在半島南邊新加坡位置上出現「Bargimgaparaa」標註。雖然，讀音與羅德里格斯標註的「Samgipura」有點不同。但這仍是新加坡地區最早被標註的地名。中國海南島一帶，標註為「菩薩島」（ilha de pussa）。這條海岸線北部有一個較大的綠色海角，標註地名「Quiritiria」，並註記該地盛產絲綢、蠟、麝香、香料和各種寶石，這很可能是根據東南亞人的傳聞而繪製。這些內容説明 1502 年的葡萄牙人，雖然還沒靠近中國海岸，但對這一地區已有了一定了解。

雖然此圖上的插圖不多，卻詳盡而精緻。圖上描繪了三座大城——威尼斯城、耶路撒冷城和加納的埃爾米納城堡。在南非大陸好望角，繪有巨大的桌山，這一地標首次突顯於地圖之上。在非洲海岸沿線繪有迪奧戈·考（Diogo Cão）和巴托洛梅烏·迪亞斯（Bartolomeu Dias）在 1480 年代豎立的十字石碑（ padrões ），這是新發現土地的重要標記。圖上博物色彩也很突出，南美有色彩繽紛的金剛鸚鵡，西非有灰色塞內加爾鸚鵡。

奇怪的是，坎蒂諾平面球形地圖最早啟蒙了意大利人，但「四大航海共和國」在大航海時代，除了為歐洲其他國家貢獻出幾位傑出的航海家和製圖師之外，意大利本身一直沒有做出什麼令世人驚歎的航海動作。最早壟斷歐洲異域商品貿易的熱那亞和威尼斯的霸主地位，反而被葡萄牙、西班牙和荷蘭等國所取代。

第五節　最早描繪美洲「食人族」的地圖

——昆斯特曼二世波特蘭海圖（約 1502－1505 年）

——南美地圖 普里安烏斯（1595 年）

顯然，意大利從葡萄牙偷偷摹繪了不止一幅最新世界地圖，繼 1502 年的坎蒂諾平面球形地圖之後，人們還發現了另一幅 1502 年稍晚時候的被稱為昆斯特曼二世（Portolan Kunstmann II）波特蘭海圖。與前一幅地圖一樣，這幅地圖原作者身份也無法確定。但圖面文字顯示它是一位意大利製圖師根據葡萄牙地圖複製的作品，圖中地名以拉丁語、意大利語和葡萄牙語等多種語言顯示。

昆斯特曼二世波特蘭海圖，繪在羊皮紙上，圖縱 99CM 橫 110CM，現收藏在德國巴伐利亞國家圖書館。它記錄了 1501 年葡萄牙探險家米格爾·科爾特 - 雷亞爾和意大利探險家亞美利哥·韋斯普奇（Amerigo Vespucci，1451－1512 年）的探險發現，包括格陵蘭島、紐芬蘭和拉布拉多，在圖上方飄帶中，以「Terra de Corte Reall」（皇家土地）的標註出現。

有趣的是圖中的紐芬蘭被描繪成一組島嶼，由四個手指狀的山脈連接，它也因此得到「四指地圖」的昵稱。圖上還有韋斯普奇在南美洲發現包括從 De Lisleo（阿根廷的聖洛倫索）到 Rio de le Aues（奧里諾科河，大部分在委內瑞拉境內）的南美北部海岸，以及在南美洲最東端的聖羅克角（巴西）和卡納諾河（阿根廷）之間的南美東海岸。

美洲中部和南部海面上，各繪有兩艘克拉克帆（哥倫布首航美洲的旗艦聖瑪麗號就是這種「U 形」帆船）。兩條帆船船頭分別對着新大陸和南大西洋，彷彿暗示着西班牙和葡萄牙正在駛往各自的發現之旅方向，即「教皇子午線」的西邊和東邊。注意，在伊比利亞半島上，有西班牙人和葡萄牙人握手的插圖，並清楚地提到了《托德西拉斯條約》，條約中規定的子午線，也記錄在這張地圖上，它穿過了巴西和紐芬蘭，暗示了某種領土主張。

值得注意的是，從德拉科薩地圖到坎蒂諾地圖，再到昆斯特曼二世波特蘭海圖，這

圖 7.6：昆斯特曼二世波特蘭海圖是目前能見到的最早描繪美洲「食人族」的地圖

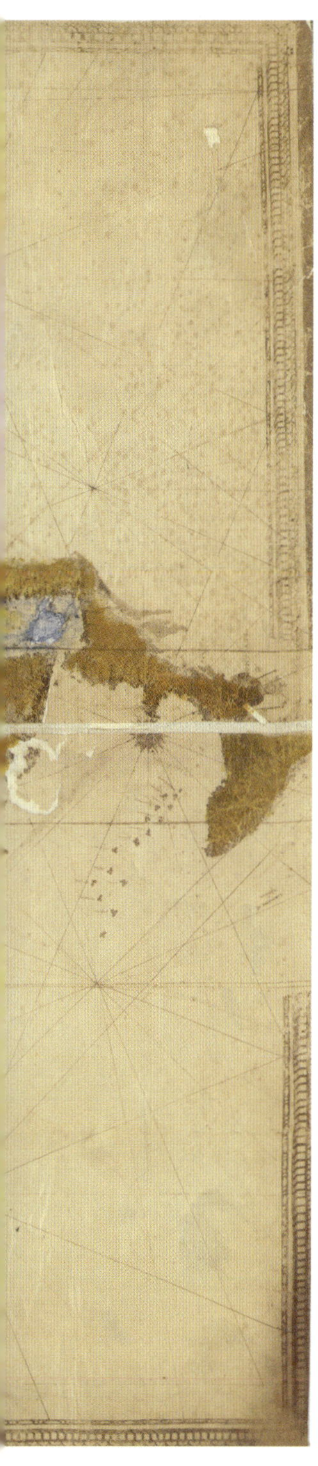

三幅新的世界地圖，都或明或暗地描繪了「教皇子午線」，它已然成為這一時期世界地圖的重要標誌。

此圖主體描繪的是非洲大陸，非洲從北到南被縮短，而北部從東到西則明顯寬闊。在南部非洲繪有伊甸園。掛在天堂樹上的紋章是西班牙駐羅馬教廷大使、西班牙紅衣主教貝爾納迪諾·洛佩斯·德·卡瓦哈爾（Bernardino López de Carvajal，1456－1523 年）的紋章。它似乎暗示此圖曾經為紅衣主教所擁有，也表達了紅衣主教支持在非洲和中東發起新十字軍東征，並在世界範圍內擴展基督教信仰的願景。

此圖一直被視為早期美洲最重要的圖像文獻之一，被收錄在 F. 昆斯特曼（F. Kunstmann）的發現美洲歷史地圖集（Atlas zur Entdeckungsgeschichte Amerikas）1859 年第二版中，其通用名稱「昆斯特曼二世波特蘭海圖」，也由此而來。

要單獨說一說，此圖左下角的註記和烤人肉的插圖。

這幅把人放在火上烤的小插圖，首次詳細報告了新大陸有「食人族」。這並非傳說，當時一些原住民的食人行為，一方面來自宗教儀式和迷信；另一方面也有藉吃掉敵人達到展示戰績與力量的目的。在哥倫布第二次美洲探險中，隨船醫生在家書中就提到了南美食人部落的故事。此後，多種美洲探險報告都記錄了這裏有「食人族」，許多美洲地圖效仿了這種「食人族」插圖模式。

1595 年荷蘭製圖師柏圖斯·普里安烏斯（Petrus Plancius）出版的南美地圖。圖中央繪出高大的印第安人。在巴西位置上繪出的「食人族」，其描繪更為詳細，先有戰鬥圍捕，後有刀砍肢解。當時，歐洲製圖界在南美地圖中加入這種描繪人食人的場景，不僅是對南美風俗的記錄，也是藉此提高地圖吸引力的一種出版「時尚」。

Granada
Tabaguo
P. la Galera
La Trinidad
Margarita
Aruba
Curaçao
De Aves
Roca
Laguna de Mara caiba al: de Venecuela
Mompox
AUREA
Popa
Victoria
BO GO TA
Carthago
Tocayma
Timana
Popayan
Pasto
Villa Viciosa
Malpello
Golgona
CARIBANA
ANDALUSIA NOVA
PARIA
Pamplon
Tunxa
S. Fe
Oro.
Quito
Cuenca
Loyca
Logroño
Sebundoy
Maracayo lacus
POMA GUA
Aiavirisama
Chirmos
Rio de las Amazones
Maragnon fluvius vel Oreghana
PA GU ANA
PICORA
Picora
Binorina
Cochama
Rio Paucarmayo
Tibiari
Chipanigua
Rio de Xauxa
Guanuco
Tumbes
C. Blanco
S. Miguel
Paita
Truxillo
Chachapoyas
Guarmei
Lima
Pachacama
Cusco
Cuchos Provin:
Rio de los Moxos
Moxos Provincia
Uratambare
Carcaraes
Itapoan
Chane
Mayato
Pueblo nuevo
La paz
Paria
Aulaga lacus
La Plata
Potosi
R. Grande de Condorillo
El Serro de Potosi
Arequipa
I. de Lobos
I. Farallones
I. de Curaos
OCEANUS PERUVIANUS
Effigies Tarizichi Canibalum regis.
Imago Quoniambeci fortißimi Toupinambaultiorum ducis.
Tropicus Capricorni
Talabora
Guirumatas
Osteco S: Miguel de Tumman
Rio Peti
Camethinganes
CHI LE
Copaiapo
Coquinbo
Herradura
R. de Chile
Val Paraiso
R. de Lora
R. de Maole
R. Tatuta
La Herradura
La Conce Cebilion
CUSCO
t'Amsterdam gedruckt bij Dauidt de meyn inde werret cart
Hispanicæ leucæ 17½ uni gradui
Miliaria Italica 70 singulis gradibus
Miliaria Germanica
Joannes a Doetechum fe

圖 7.7：荷蘭製圖師 1595 年出版的南美地圖，食人族描繪更為詳細，它不僅是南美風俗的記錄，也是當時歐洲製圖界的一種「時尚」

第六節　從「聖十字地」到「紅木巴西」

——巴西地圖 霍曼和雷內爾（1519 年）

哥倫布 1492 年、1493 年、1498 年、1502 年，前後共 4 次遠航美洲，到過巴哈馬羣島、古巴、大小安的列斯羣島，甚至到過加勒比海岸的委內瑞拉，但卻從未到過巴西。誰最早登陸巴西，頗有爭議。

西班牙航海家、製圖師胡安·德拉科薩在 1500 年繪製的世界地圖（詳見第七章第三節）巴西的位置上標註：「這個海角，1499 年為卡斯蒂利亞所發現，維森提安斯是發現者。」

1502 年的坎蒂諾平面球形地圖上，巴西海岸邊標註：「1500 年葡萄牙人佩德羅·阿爾瓦雷斯·卡布拉爾（Pedro Alvares Cabral）發現了這片土地，並將其命名為維拉克魯斯（Vera Cruz，葡語「聖十字」……）。葡萄牙人一直聲稱，是卡布拉爾 1500 年 4 月 22 日，最先發現巴西。

在葡萄牙歷史敘述中，那次偉大發現被説成是一場「意外」：1499 年達 . 伽馬成功首航印度，並順利返回葡萄牙。他不僅開闢了歐洲通往印度的新航路，而且證明了那裏的香料與西方市場存在着 20 多倍的差價。1500 年，葡萄牙國王曼努埃爾（此時，他已將自己的封號改為「埃塞俄比亞、印度、阿拉伯、波斯的征服、航海、通商之王」）下令，再派一支強大得足以震攝住阿拉伯人的船隊前往印度。

1500 年 3 月 9 日，達·伽馬率由 13 艘船和 1200 隨行人員的龐大船隊，從葡萄牙出發駛往印度（1568 年里斯本出版的《16 世紀的葡萄牙船隊》文圖並茂的記錄了這 13 艘船的生與死），由卡布拉爾擔任船長。船隊在遠離非洲西岸航行時，利用季風「之」字形航行，在南緯 17 度，「撞」上了西邊的一片未知陸地。4 月 22 日，登上陸地的卡布拉爾將這裏命名為「聖十字地（Vera Cruz）」，並宣佈它歸葡萄牙所有，船隊隨後開往好望角，去遠征印度。

1502 年製作的坎蒂諾平面球形地圖，現在看是最早顯示巴西部分海岸的地圖。此

圖 7.8：霍曼和雷內爾 1519 年完成的《米勒地圖集》中的巴西地圖，「巴西（BRASILIS）」成為新國名

後，巴西「藏」不住了，在葡萄牙製圖師霍曼和雷內爾 1519 年完成的《米勒地圖集》中，出現了更細膩的巴西地圖。它不僅突出了密集的海岸與港口信息，同時為表現這裏出產紅木的特色，圖上還畫出了土著人大片大片地砍伐紅木的場面。這片插着葡萄牙國旗的新領土上標註的地名，已不是卡布拉爾最初命名的「聖十字地」，隨着紅木被葡萄牙人的大量掠奪，「紅木」一詞代替了「聖十字地」，成為新國名——「巴西（BRASILIS）」。這個名字令殖民者的掠奪目的躍然紙上。這裏有一個誤解要說清楚。一直以來以為巴西（Brasil）這個名字來自做家具的高級木材紅木，也一直在過往的文章採用這個說法。但 2025 年 1 月筆者乘太平洋世界號環球郵輪到巴西里約熱內盧時，才知道此說法並不準確。據曾在南美工作多年的日本學者加藤千尋講，葡萄牙殖民時期在巴西開發的紅木是一種做高級紅色染料的樹「BRASILIS」，即「巴西蘇木」。那種做家具的巴西紅木叫「MOGNO」即「巴西桃花心木」。它們是兩種樹，兩種紅木。

葡萄牙語的「Brasil」一詞，源於西班牙語「brasa」，意為餘燼或熾熱的煤，指「巴西蘇木」的紅色。蘇木素首次被歐洲文獻提及作為染料是在 1321 年，它從產自東印度群島和印度的蘇木樹中提取。這種紅色染料在整個文藝復興時期需求量很大；它以粉末形式進行交易，很難獲得。中世紀時歐洲只有亞洲的蘇木。1500 年葡萄牙人登陸南美洲，發現蘇木在這裏的海岸沿綫大量生長。這種可以提取紅色染料的樹，在當時的歐洲具有重要的經濟價值，以至于葡萄牙人最終以在那裏發現的樹木命名該國——巴西——這是世界上唯一以天然染料命名的國家。葡萄牙人壟斷了這項利潤豐厚的這種巴西木貿易，以至裝載巴西木的船隻成為海盜劫掠的目標。

在 200 多年的採伐中，至少 5000 萬棵巴西紅木（蘇木）被砍伐。到 1822 年巴西獨立建國時，種植園裏的咖啡和棉花等作物，早已取代巴西紅木的經濟地位。1969 年，巴西政府啓動了關於此樹種的保護和繁殖計劃，現存幾百萬棵。

1530 年代葡萄牙派遠征隊在巴西正式建立殖民地。葡萄牙就這樣佔有了一塊比自己的國土大一百倍的殖民地，並與西班牙共同享有南美洲。

第七節　有緯線刻度的世界航海圖

——卡維里世界航海圖（約 1504－1506 年）

這幅世界航海地圖左下角的飄帶上，有熱那亞製圖師尼科洛·卡維里的簽名「Nicolay de Caveri Januensis」，但圖上沒留下製圖時間，人們推測它大約製作於 1504－1506 年。每每提及此圖，人們總是將它歸結為 1502 年坎蒂諾的平面球形地圖的翻版。要麼是卡維里照搬了坎蒂諾的平面球形地圖，要麼是這兩張地圖具有非常相似的來源。此圖由 10 張牛皮紙組成，縱 115CM 橫 225CM。現收藏在巴黎國家圖書館。

此圖上的標註文字與坎帝諾的平面球形地圖一樣，多數地名是葡萄牙文，海洋和國家名用的是大寫拉丁字母，也有一些地名是西班牙文。圖上對格陵蘭島、紐芬蘭和巴西海岸和旁邊的註記都與坎帝諾的平面球形地圖一樣。此外，這兩位製圖者似乎都在傳達這樣一種新觀念：新大陸的發現，帶來了新的地球劃分，即歐洲與亞洲之間，有一塊新大陸將其分開，其間開闊的水域是一個巨大的未知數。

這兩幅航海圖表現的內容大體相同，但製圖結構卻有所不同。坎蒂諾的平面球形地圖是以兩個平行羅盤圈來結構，卡維里世界航海圖則顯示了兩個同心圓的羅盤圈，內圓直徑為 90CM，外圓直徑為 180CM。內圓周上有 16 個羅盤玫瑰，外圓左右兩邊各顯示了兩個羅盤玫瑰。這些羅盤玫瑰上都有北方和東方兩個風向標，非常特別的是，圖的最東邊和最西邊分別畫了太陽和月亮，這在波特蘭海圖中極為少見（1620 年左右的明代東西洋航海圖，即『塞爾登地圖』上，也有相同設計）。

與同一時期的昆斯特曼二世波特蘭海圖將伊甸園放在非洲一樣，卡維里世界航海圖的中心也放在非洲，中心是巨大的羅盤玫瑰，羅盤中心是一個被七層天包圍的小地球，似在表現托勒密的地球中心說。

此圖經過精心裝飾，有許多精彩的小插畫。圖上有十個城市的縮影；有三頂大賬篷，最東邊的應當是蒙古王的賬篷；有 53 面旗幟，其中 21 面葡萄牙旗幟、20 面奧斯曼帝國新月旗幟、8 面西班牙旗幟；有長頸鹿、獅子和大象，美洲鳥類等動物；還有人

圖 7.9：卡維里在這種皇家圖式的大幅世界地圖上，繪出從南緯 55° 到北緯 70° 的緯度尺

物、森林和風景的素描。

雖然，1403 年熱那亞製圖師弗朗西斯科・貝卡里就在歐洲波特蘭海圖上，首次畫出了緯度尺，但此後的一百年間，極少有人在波特蘭海圖上放置緯度尺，特別是在世界航海圖上，更是無人繪出緯度尺。但是，哥倫布完成橫跨大西洋航行之後，緯度尺成為傳統波特蘭必須改進的課題。1500 年德拉科薩的世界地圖上，突出描繪了赤道線和回歸線。1504 年，老雷內爾的大西洋航海圖直接繪出了一直一斜兩條緯度尺。

卡維里大約製作於 1504－1506 年的世界航海圖上，在左側邊框的緯度刻度尺就更加成熟。這是一條從南緯 55° －北緯 70° 的緯度刻度尺，南部緯度，比坎蒂諾平面球形地圖多出約 10 度，但圖上沒有平行的緯度線。1507 年晚些時候，德意志的瓦爾德澤米勒製作的世界地圖，也只在左側邊框設有緯度刻度尺。因為，想要在球形世界地圖上畫出真正的兩側平行緯度線，需要研究出特殊的地球投影，這種製圖技術還要等半個世紀才會誕生。

雖則如此，這幅世界航海圖上的緯度尺，仍是重要的創新。在大航海時代，這種加入了緯度尺的世界航海圖，對於規劃航海路線和確認指南針導航都至關重要，這是新的航海時代的新要求。

第八節　第一幅顯示新大陸的印刷世界地圖

——孔塔里尼和羅塞利世界地圖（1506 年）

新大陸發現十幾年來，已先後有了 1500 年的德拉科薩世界地圖，1502 年的坎蒂諾平面球形世界地圖，1502－1505 年的昆斯特曼二世波特蘭海圖，和 1504－1506 年卡維里世界航海圖，這四幅原始手稿世界地圖獨立出現。

16 世紀初，歐洲印刷術迅速發展，銅版印刷開始取代木刻印刷。這使得地圖得以更精確地印刷發行，並以前所未有的方式覆蓋更廣泛的受眾。大航海帶來的地理新知不再局限於精英圈子，新航路和新發現土地的消息迅速傳遍了整個歐洲。於是，人們看到了被認為是第一幅顯示「新世界」的銅版印刷世界地圖。這幅地圖 1922 年才被重新發現，現收藏在大英圖書館地圖館藏。

此圖由兩位威尼斯製圖師製作：喬瓦尼 · 馬泰奧 · 孔塔里尼（Giovanni Matteo Contarini，1452－1507 年）繪製地圖；弗朗西斯科 · 迪 · 洛倫佐 · 羅塞利（Francesco di Lorenzo Rosselli，1445－1513 年）雕刻製版；設計師和雕刻師的名字均以拉丁文標註在好望角以東。1506 年這幅地圖在佛羅倫薩，或威尼斯印刷出版。此時距 1492 年哥倫布登陸新大陸僅僅 14 年。

這是一幅圓錐形投影世界地圖，但表現的不是 360 度。人們猜測作者應使用了西班牙或葡萄牙的最新發現的文件，但如今已不復存在。此圖融合了哥倫布等人的幾次在新大陸航行期間的發現。較之前邊的 1500－1505 年間問世的幾幅世界地圖，其最重要的貢獻是表現了新發現的世界東部和西部之間關係：

其一，它首次在地圖上表現出——北美洲與西伯利亞東部相連接，成為橫跨北大西洋的亞洲大陸的延伸部分。這個巨大的海角橫跨現在的北大西洋，被標記為馬可 · 波羅提到的西夏省的一部分。作者像哥倫布一樣認為北美是亞洲向東的延伸。在其東端（現在的紐芬蘭）附近，有一段銘文提到了葡萄牙海員發現的土地，指的是 1500 年和 1501 年對科爾特 - 雷亞爾羣島的探索。

其二，它對新發現土地有新的定位。在這片土地西邊標註有一段文字：「這幅平面世界地圖描繪海洋、歐洲、利比亞（即非洲）、亞洲和極點、兩極地帶與地球氣候。喬瓦尼 · 馬泰奧 · 孔塔里尼在托勒密地理學中享有盛譽，他對它進行了整理和標註。旅行者要去哪？請留步，看看這個新發現的世界。」

對所謂「西印度羣島」，作者標註為：「克里斯托弗 · 哥倫布大師在西班牙國王的建議下發現了這些島嶼。」與世界其他地區相比，太平洋的寬度仍然太小，所以，古巴

FAVONIVS
CIRCVLVS EQVINOCTIALIS
PROVINCIA MAGNA
CIRCVLVS CANCRI
LIBOAVSTER

圖 7.10：這是第一幅顯示新大陸的銅版印刷世界地圖，1506 年在佛羅倫薩，或威尼斯印刷出版

和伊斯帕尼奧拉島與日本漂浮在同一片大海中。古巴以西，沒有繪出海岸線。

在今天的南美洲與北美洲之間，有一條寬闊的海峽，但其北部海岸被詳細繪製，基於1498年哥倫布的發現。在西南和東南部，未被發現的土地一直延伸到地圖的邊界。

在亞洲海岸，有一段標註文字提到哥倫布最後一次航行（1502－1504年）以及他到達「Ciamba」尋找黃金。目前尚不清楚，這是否與太平洋中部的Zinpangu（日本）有關。

非洲的輪廓，令人驚訝地清晰，顯示了整個東海岸，但內部細節純粹是猜測。印度第一次以半島的形式出現。馬達加斯加及其鄰近的桑給巴爾島的面積被大大誇大了。再往東，亞洲其他地區仍然遵循托勒密的路線。

此時，新大陸還沒被命名為「新大陸」（1508年魯伊斯出版的仿孔塔里尼和羅塞利世界地圖上，首次標出了「新大陸」。見第十六章第一節），也沒被命名為所謂的「美洲」。

第九節　亞美利加，寫錯名字的「出生證」

——瓦爾德西穆勒世界地圖（1507年）

儘管自1500年以來已有了德拉科薩、坎蒂諾、昆斯特曼二世、卡維里、孔塔里尼與羅塞利等人的世界地圖，對新大陸進行了全新的地理描繪，但一直沒人命名這片新發現的大陸。其實，如果有人將這片大陸命名為「哥倫布地」，也不會有人反對。弔詭的是，陰差陽錯，這裏卻以後來居上的探險者之名，命名為「亞美利加（America）」。這一切，只能由「始作俑（圖）者」德意志製圖師馬丁·瓦爾德西穆勒（Martin Waldseemüller）來負責。

16世紀初，德意志洛林地區（1736年併入法國版圖）聖迪耶修道院裏，聚集了許多探索宇宙奧祕的知識分子（聖迪耶城熱愛地理的傳統延續至今，使其得到「世界地理之都」之美名）。他們結合古老的地理文獻，以及新的地理發現信息，想從科學角度繪製一幅全新的世界地圖、製作一架地球儀和編輯一部講述世界的《宇宙志》。

1505 年，贊助洛林聖迪耶修道院科學研究的雷內公爵二世，從里斯本帶回了佛羅倫薩航海家亞美利哥 · 維斯普里奇（Americus Vespucius）的《航海日誌》，交給了這些熱愛天文和地理的青年知識分子。1507 年，聖迪耶修道院編輯《宇宙志》的主筆，沒有任何航海紀錄的瓦爾德西繆勒，在修道院裏完成了一幅結合最新地理發現的全新世界地圖。

後人無法確定，瓦爾德西繆勒到底借用了哪些最新的材料完成了這幅尺幅巨大的全新世界地圖，只是推測他至少是看到了，亞美利哥 · 維斯普里奇的最新《航海日誌》，還有前邊講過的德拉科薩、坎蒂諾和卡維里繪製的含有新大陸的世界地圖。

這幅全新的世界地圖很大，由 12 張小方圖拼接而成，總圖縱 125CM 橫 228CM。同時，他們還製作了一個由 12 個鋸齒小圖連成一個地球儀地圖。最為奇特的是，瓦爾德西穆勒在這幅大致遵照托勒密錐形投影法制作的世界地圖的新發現大陸南端，即後來所說的南美洲位置上，用大寫字母突出標註：「AMERICA」漢語音譯為「亞美利加」，並在下面加框用拉丁文說明「這塊土地古人沒有記載，這是真實而準確的地理知識」。這裏的「亞美利加」正是航海家「亞美利哥（Amerigo）」名字的陰性變格——後來為世人熟知的「美洲」就這樣誕生了，時間是哥倫布死去的第二年—— 1507 年。

為什麼沒將這片大陸命名為「哥倫布」，而是命名為「亞美利加」？

人們從瓦爾德西繆勒編寫的僅有 103 頁的《宇宙志》（現藏聖迪耶附近的舍勒斯德人文圖書館）中找到了答案。在這本簡述這幅最新世界地圖的小冊子中，不僅收錄了亞美利哥 · 韋斯普奇的書信，也交待了這個名字的由來。作者就是想用此名紀念這片陸地的發現者亞美利哥 · 韋斯普奇。瓦爾德西繆勒不僅將「亞美利哥」的名字放在了新大陸上，更「過分」的是還將亞美利哥的頭像與世界地理學祖師爺托勒密的頭像並列於那幅地圖上方，形成地理學雙峰並立。這幅地圖的全稱是：《沿用托勒密的傳統，根據亞美利哥 · 韋斯普奇等人的旅行製成的世界地圖》。（原拉丁文為 Universalis cosmographia

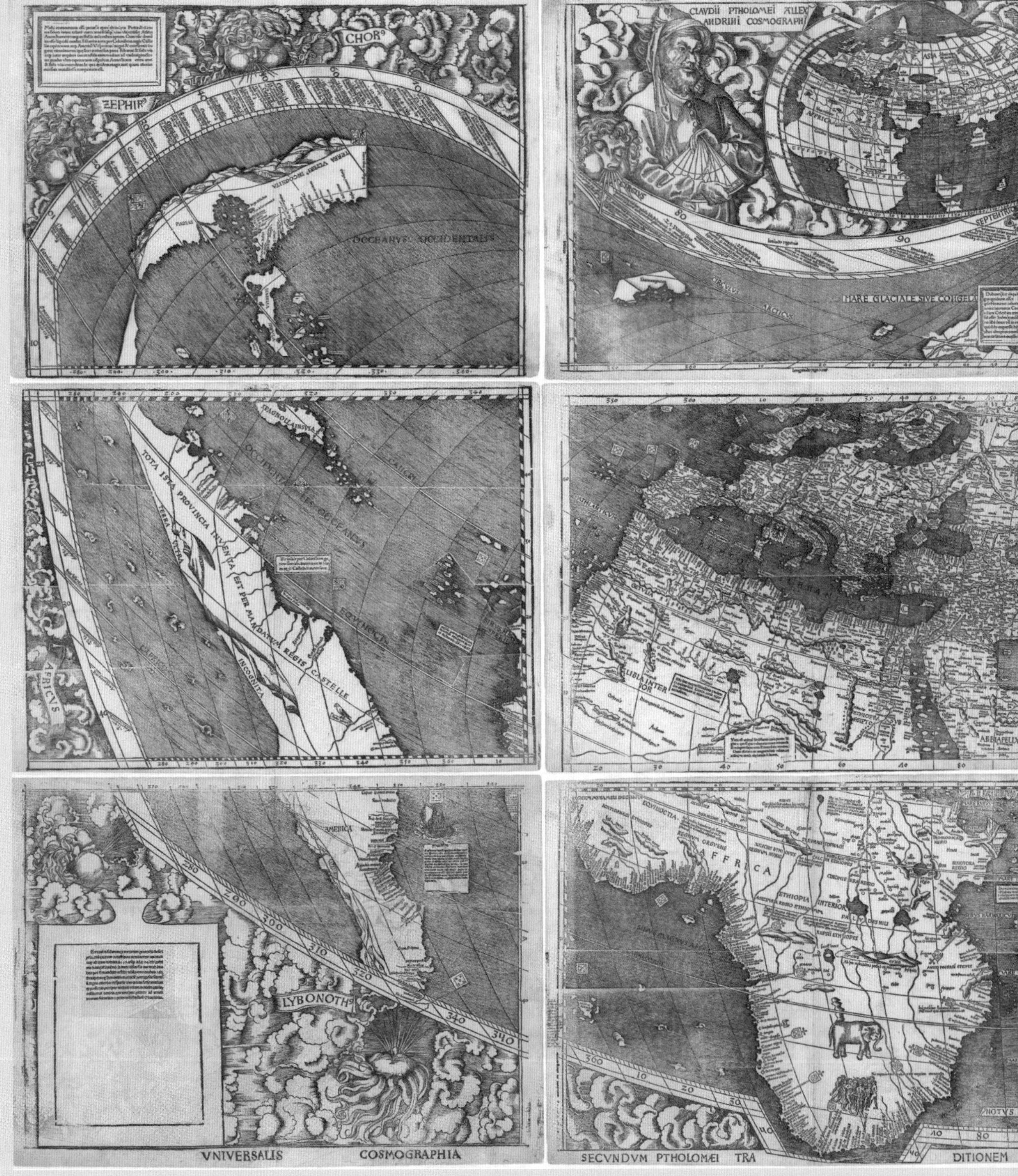
ZEPHIR9
CHOR9
OCCEANVS OCCIDENTALIS
CLAVDII PTHOLOMEI ALEX ANDRINI COSMOGRAPHI
AFRICA
ASIA
SEPTENTRIO
MARE GLACIALE SIVE CONGELA
TOTA ISTA PROVINCIA INVENTA EST PER MANDATUM REGIS CASTELLE
TERRA VLTRA INCOGNITA
EQVINOCTIALIS
AFRICVS
AMERICA
LYBONOTH9
UNIVERSALIS COSMOGRAPHIA
AFFRICA
ETHIOPIA INTERIOR
NOTVS
SECVNDVM PTHOLOMAEI TRADITIONEM

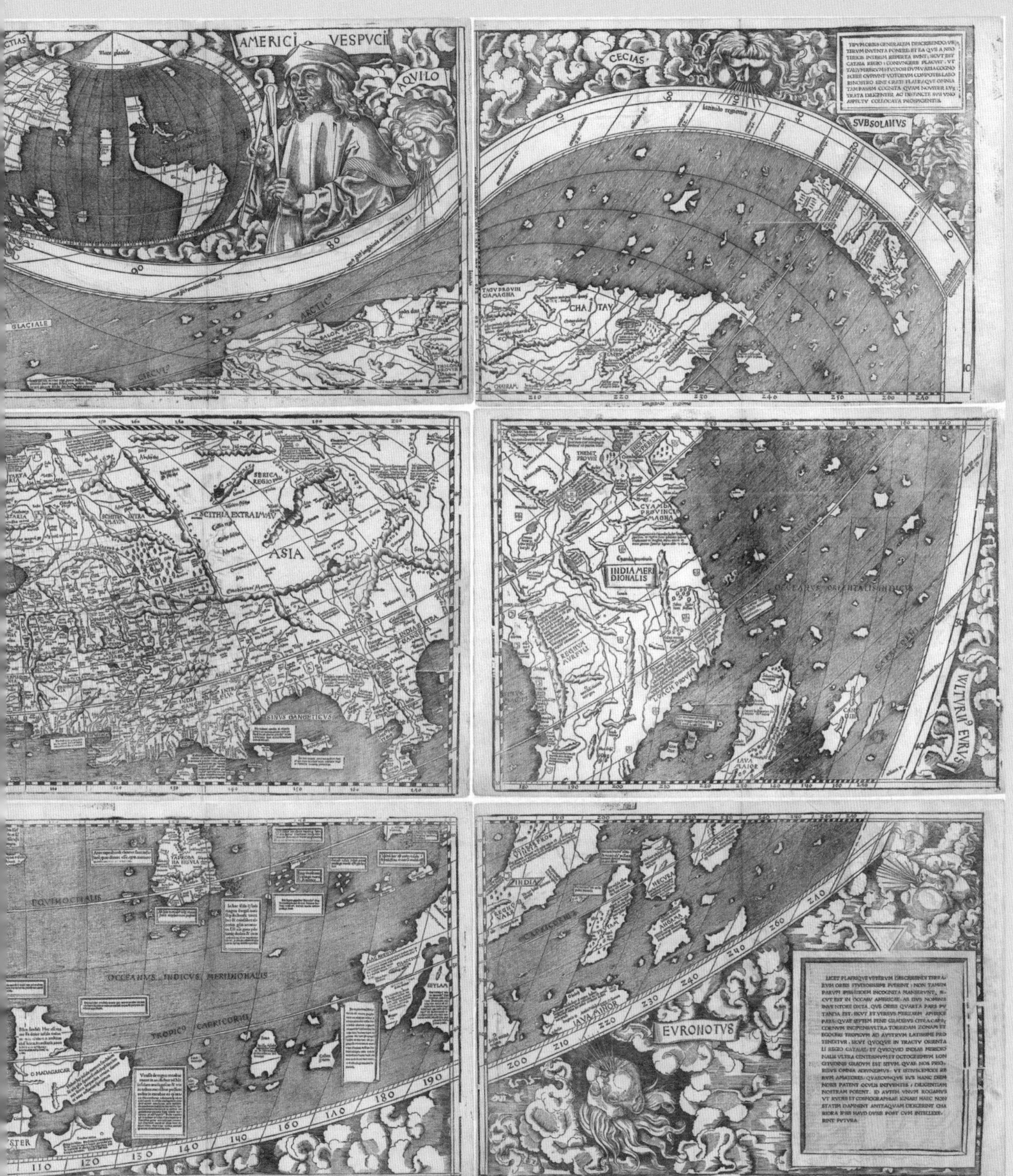

圖 7.11：這幅 1507 年印刷出版的最早標註出「AMERICA」的世界地圖，被後世稱為「美洲的出生證」

secundum Ptholomaeitraditionem et Americi Vespucii aliorumque lustrationes）。注意，這裏「亞美利哥」是在「等人」之列。

亞美利哥．韋斯普奇和哥倫布一樣也是亞平寧半島的人，原來在佛羅倫薩經商，是一個銀行家。後來移居西班牙，在這裏他遇到了哥倫布，開始對探險產生了興趣。沒有人確切地知道，亞美利哥到底進行了多少次橫越大西洋的航行，他自己的陳述也模糊不清。可以確定的是 1499 年至 1500 年，韋斯普奇加入了西班牙航海家阿隆索．德．奧傑達（Alonso de Ojeda）的探險隊，再次來到南美洲，向南探測了南美洲的大西洋海岸線。正是在這次航行中，亞美利哥確信美洲是一個單獨的大陸。在 1503 年的信件中，他率先指出「這不是亞洲，而是一片新大陸」。1503 年亞美利哥出版了關於這個大陸看法的信件。或許，正是這些出版信件影響了瓦爾德西穆勒，將亞美利哥當成了新大陸的首位發現者。

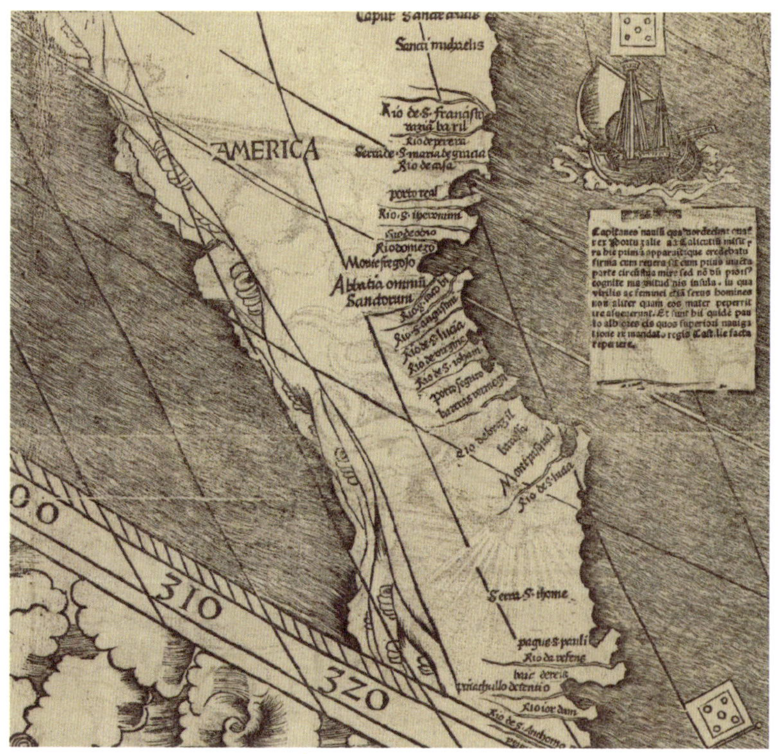

圖 7.11（a）：這幅 1507 年印刷出版的世界地圖（局部），在新大陸南端用大寫字母突出標註：「AMERICA」漢語音譯為「亞美利加」

不過，新版世界地圖出版不久瓦爾德西穆勒就發現自己對這片大陸的命名是不公平的，但為時已晚，因為，「亞美利哥」並不是這片大陸的最初發現者。這種命名顯然侵害了別人的發現與命名權。於是，在 1513 年出版托勒密《地理學》他將所配的世界地圖中（此圖唯一現存孤本，現藏美國布朗圖書館藏），「AMERICA」換成了「Terra Incognita」即「未知大陸」。此間，1508 年魯伊斯曾在他的圓錐投影世界地圖上首次以「新世界，Mundus Novus」標註美洲，但影響很小（詳見第十六章第一節）。但瓦爾德西穆勒 1507 年的世界地圖已廣為人知。加之 1538 年製圖大師墨卡托又將「AMERICA」這個名字用來標註南、北美洲兩塊大陸，至此整個新大陸被統一稱為「美洲」——「亞美利加」已無可更改了。

這幅地圖的價值不僅在於它命名了「美洲」，更令人稱奇的是，它在沒有任何人穿越新大陸進入到太平洋的時候，竟然準確地畫出新大陸和大陸西邊的大洋。這開創性的描述成了留給後人的至今未解的謎團。

這幅由 12 張小方圖拼繪的大地圖，當年印刷了一千份（也有人說是七百份），但後來的幾百年間，這些地圖全都神祕失蹤。一直到 1901 年，才由耶穌會歷史學家和製圖師約瑟夫·費雪，在德國巴登 - 符騰堡的約翰·瓦爾德堡·沃爾菲格王子家族城堡的圖書館裏重新發現。它是已知惟一倖存的瓦爾德塞繆勒 1507 年印刷的世界地圖。

這幅地圖被重新發現的消息曾令美國學者興奮不已。美國國會圖書館地圖部的專家將它的出現稱為「近代最偉大的發現」。這幅最早標註出「美洲」的世界地圖，被美國人稱為「美洲的出生證」。深受「門羅主義」影響的美國人，當然想得到這張「出生證」。從 20 世紀初開始，美國人就與有關方面恰談此圖的收購事宜，經過 80 多年的漫長磋商，1992 年德國政府終於批准了此圖的拍賣。2003 年美國人耗費了一個世紀的時間，終於花 1000 萬美元，正式得到了這幅有史以來單張地圖總價最高的地圖。

2007 年 4 月 30 日，當時的德國總理默克爾，在美國國會圖書館與美方舉行了此圖交接儀式。這一年，剛好是這幅地圖誕生 500 周年。2008 年筆者有幸在美國國會圖書館托馬斯·傑斐遜樓的大廳裏，看到了它的原件。它被裝在展廳中央的一個大櫃子裏，供來自世界各地的人免費參觀。

第十節　第一幅「新法蘭西」地圖

——新法蘭西地圖 加斯塔迪（1556 年）

1497 年熱那亞航海家約翰・卡伯特為英格蘭「發現」紐芬蘭時，只是在這裏插上英格蘭旗幟宣佈「佔領」此地，並沒有命名這個地方。這個地方被叫作今天人們所熟知的「加拿大」，皆因法蘭西航海家雅克・卡蒂埃（Jacques Cartier）的誤打誤撞。

1534 年，由法蘭西王室支持的航海家卡蒂埃前往北美，尋找通往中國的北極西北航道。卡蒂埃雖然沒有找到西北航道，但他在紐芬蘭和聖勞倫斯灣探險航行，卻為法蘭西對這裏的所謂「主權」主張奠定了基礎。卡蒂埃曾問聖勞倫斯灣的兩個土著，這個地方叫什麼名字？他們說這裏是「Kanada」，土著語「村莊」的意思。卡蒂埃把它當成了這一地區的地名，「Canada」（加拿大）就這樣傳回了歐洲。1547 年歐洲出版的世界地圖開始用「Canada」（加拿大）一詞來表示聖勞倫斯灣和聖勞倫斯河以北的所有地方。

不過，當時的北美地區專圖，並沒使用「加拿大」這個名字，人們似乎有意使用帶有「主權」意味的「新法蘭西」標註這一地區。最早繪製「新法蘭西」地圖的是威尼斯製圖師賈科莫・加斯塔迪（Giacomo Gastaldi）。此圖首次出現在威尼斯的喬瓦尼・拉穆西奧（Giovanni Ramusio）的《航海與航行》（Navigationi et Viaggi）一書中，此書第三卷重點介紹美洲東岸的探險活動。

這幅地圖綜合了法蘭西資助的兩次北美探險信息：一是 1524 年，移居諾曼第的佛羅倫薩航海家喬瓦尼・維拉扎諾（Giovanni Verrazzano）代表法蘭西進行第一次北美東海岸的探險；二是 1534 年，法蘭西王室資助航海家卡蒂埃前往北美尋找西北航道的探險。此書作者拉穆西奧為了紀念法蘭西資助這兩次北美探險，特意以「LA NUOVA FRANCIA（新法蘭西）」命名了北美東北部這片土地。此圖因而成為第一幅「新法蘭西」地圖，或者說是第一幅加拿大地圖。在「新法蘭西」的標註下邊，還用大寫字母標註了一個土著名稱「TERRA DENR UMBEGA」，意思是「兩條急流交匯的安靜地方」，源

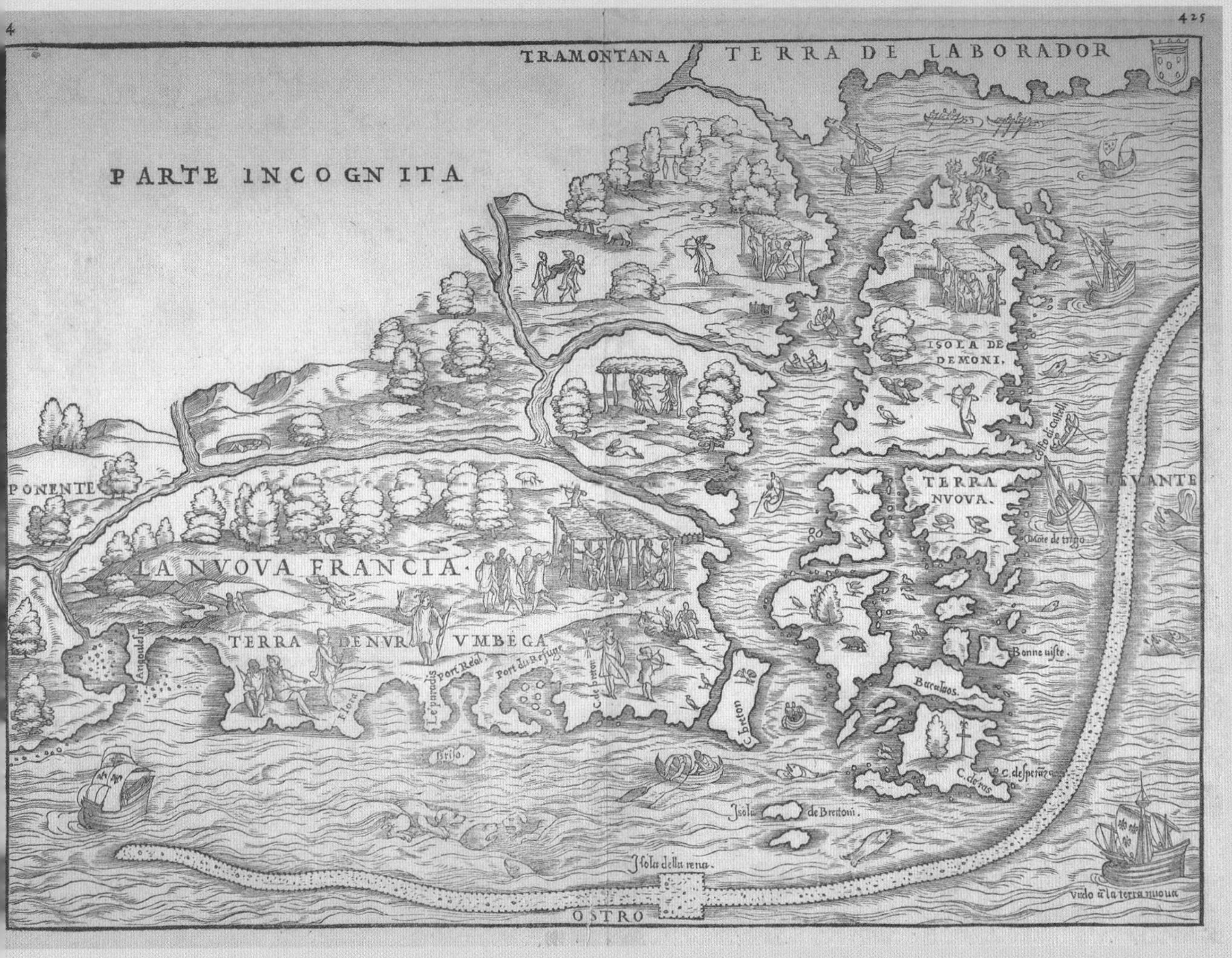

圖 7.12：威尼斯製圖師加斯塔爾迪 1556 年出版的新法蘭西地圖，這是第一幅使用「新法蘭西」指稱北美北部土地的地圖，即後來的「加拿大」

自阿貝納基語。

新法蘭西地圖描繪了從紐約港到拉布拉多的北美東北海岸。1524 年維拉扎諾奉法蘭西國王之命沿北美東北海岸探險時，發現了紐約港。此圖左下角的半島上標註「Angoulesme」，因法王弗朗索瓦一世成為國王之前的頭銜是「昂古萊姆」，維拉扎諾遂將此地命名為「昂古萊姆」，大約為今天的長島和布魯克林地區。不過，「昂古萊姆」從未被廣泛使用，1602 年荷蘭人哈德遜來到這裏之後，荷蘭人開始稱此地為「新尼德蘭」。1664 年英格蘭人趕跑了這裏的荷蘭人，改稱這裏為「新約克」，即「紐約」。此圖是早期準確描繪紐約港和曼哈頓的地圖。注入紐約港的是一條大河，它向北和向東彎曲，然後注入聖勞倫斯灣。

此圖上的聖勞倫斯河周圍的北部地區，以 1534 年卡蒂埃的航行信息為藍本。描繪了聖勞倫斯灣和紐芬蘭灣。圖右側由雜亂的島嶼構成的「Terra Nuova」(紐芬蘭)，一直向南延伸到紐約港的緯度。聖勞倫斯河從海灣向西流淌，在聖勞倫斯河上游與哈德遜河令人費解的交匯。這是加斯塔迪製圖時將卡蒂埃和維拉薩諾在此探索的信息融匯的錯誤結果。

此圖除了表明法蘭西探險的海上通道和對此地的發現與佔領之外，特別顯示了新土地在漁業經濟上的重要性。注意，圖上最引人注目的是一條與海岸平行的「毛毛蟲」。它可能代表了紐芬蘭著名的大淺灘漁場。這裏標註了「沙島」，淺灘兩旁的漁船和大魚的數量，似乎也強調了這一點。

同早期的殖民地地圖一樣，此圖不會忘記繪製代表法蘭西的符號——鳶尾花。比如，此圖右下角島嶼上立有一個帶有鳶尾花的十字架，圖下方的兩艘船船帆上也都繪有鳶尾花紋章。當然，此圖也沒忘記葡萄牙人在此地的存在，圖右上方拉不拉多海岸上，繪有葡萄牙的紋章。

這幅縱 28CM 橫 38CM 的新法蘭西地圖是個罕見木版印刷版本，原印版在使用一年後，毀於印刷廠火災。這首版地圖，也成了孤版地圖。

第十一節　加拿大的「大家拿」路線圖

——新法蘭西地理地圖 尚普蘭（1612年）

加拿大的早期拓荒者，或殖民者中，薩繆爾·德·尚普蘭（Samuel de Champlain，1574－1635年）算得上一個領軍人物。他是此地最早的殖民點魁北克城的建立者，法蘭西人稱其為「新法蘭西之父」。

尚普蘭出生於法國布魯阿日，早年生涯不為人所知。1603年，他隨同一個皮毛貿易考察隊第一次到達北美，由此開始了他的探險生涯。1604年，受法王亨利四世之命，參加新法蘭西探險。他的使命是向國王報告在探險中的地理發現，這也是尚普蘭作為地理學者最初的官方認可。

1608年尚普蘭再次來到新法蘭西，在魁北克修建了三座雙層貿易站，這就是魁北克城的前身。這年冬天，尚普蘭回國，但留下過冬的25個殖民者，僅有8人最後活了下來。1611年和1612年，尚普蘭遊説法王在新法蘭西建立永久居民點。路易十三任命尚普蘭為新法蘭西總督的副手，並授與代行總督之命，管理幾十位「新國民」和毛皮交易。

1613年初，尚普蘭在巴黎出版記錄他在北美探險的《航海記》，在附錄中刊出了他在1612年刻制的這幅地圖。它有一個很長的標題「Carte geographique de la Nouvelle Franse faictte par le sieur de Champlain Saint Tongois cappitaine ordinaire pour le Roy en la Marine-1612」即「新法蘭西地理地圖，由法國海軍普通上校聖東日的尚普蘭先生於1612年製作」此圖縱35CM橫77CM，是尚普蘭眾多北美地圖中第一幅正式出版的地圖。

此圖左上角的小標題解釋了創作初衷：「我製作這幅地圖是為了方便在這些海岸航行的人們，因為他們是根據亞洲半球的指南針航行到這個地區。如果我把它做得像以往一樣，大多數人將無法使用它，因為他們不知道羅盤針的所指的磁偏角。」

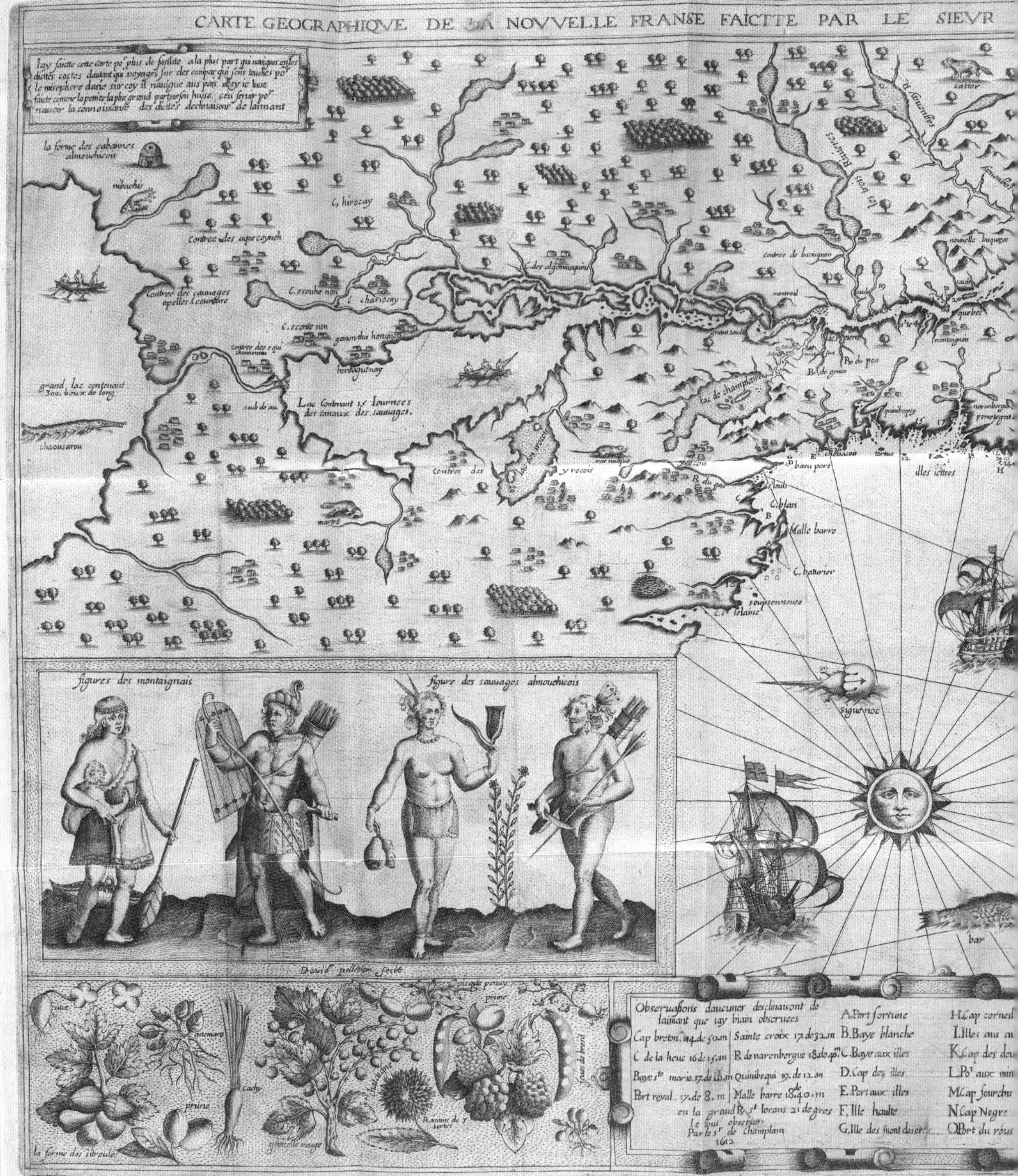
CARTE GEOGRAPHIQVE DE LA NOVVELLE FRANSE FAICTTE PAR LE SIEVR
Iay faictte cette carte por plus de fasilite ala plus part qui naviques en les dictes costes dautant qui voyages sur des compas qui sont touches por le misephere dasie sur coy il navigue aus pais et sy ie luse faicte comme la petite la plus grand part neson husse ceu servir por navoir la connoissance des dictes declinaisons de laimant
la forme des cabannes almouchicois
ribachis
C. hirotay
Contree des aquecoyneh
Contrees des sauvages apelles a courtore
C. osouhe non
C. chaviocay
C. des algommequins
Contree de basiquan
montreal
grant sault
C. econte non
gauonthahongiga
hontaguenay
grand lac contenant 300. lieux de long
Lac Contenant 15 Iournees des canaux des sauvages.
lac de champlain
Contrees des yrocois
chaouaron
martre
castor
Les trois Rivieres
quebec
nouvelle biquaye
montaignais
quinibequy
B. de genes
baeu port
C. blan
Malle barre
C. baturier
soupsonneuse
C. s. helaine
isles ietees
siguenoc
figures des montaignais
figure des sauvages almouchicois
David pelletier fecit
la forme des sitrouls
prune
chataigne
groselle rouge
Obseruasions daucunes desclinaisont de laimant que iay biain obseruees
Cap breton 14. de 50. m
C de la heue 16 de 15. m
Baye ste marie 17. de 16. m
Port royal 17. de 8. m
Sainte croix 17. de 32. m
R. de narenbergue 18. de 40. m
Quinibequi 19. de 12. m
Malle barre 18. de 40. m
en la graud R. st lorans 21 degres
le tout obserue Par le sr de champlain 1612.
A. Port fortune
B. Baye blanche
C. Baye aux illes
D. Cap des illes
E. Port aux illes
F. Ille haulte
G. Ille des mont deser
H. Cap corned
I. Illes aus
K. Cap des dou
L. Por aux min
M. Cap fourchu
N. Cap Negre
O. Port du rous
bar

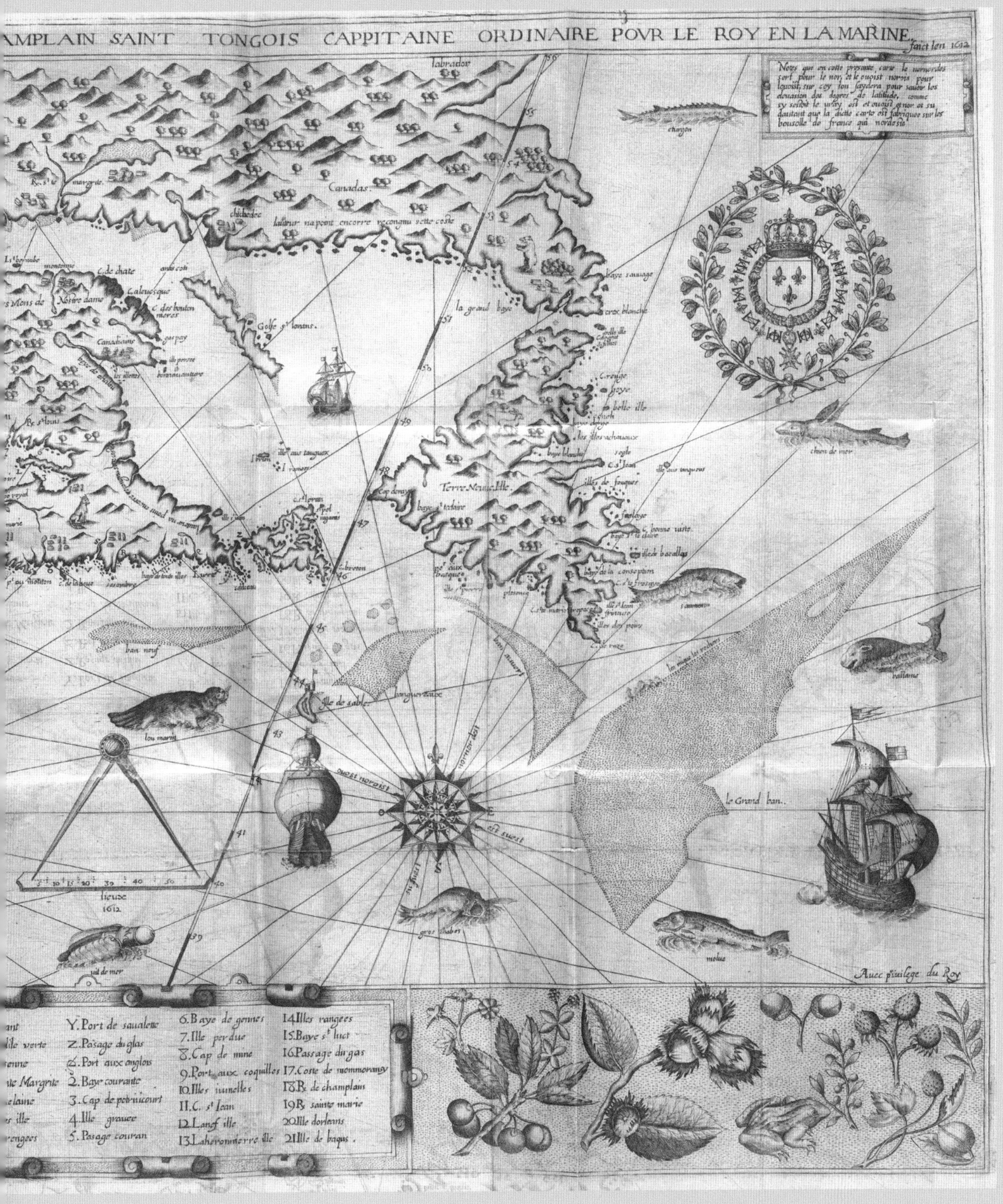

圖 7.13：尚普蘭在巴黎出版記錄他在北美探險的《航海記》，在附錄中刊出了他在 1612 年就已刻制的第一幅詳細的新法蘭西地圖

尚普蘭確實是以非常規的角度設計此圖，圖面顯示了兩個方位：地圖正對的是地磁北極，由右下方羅盤玫瑰的指北針表示；而地理北極，由地圖上的斜子午線緯度尺來表示；也就說這是一幅指導北半球或北極航行的特殊航海圖。圖上突顯了尚普蘭自1603年以來在這一海岸的探索：從大西洋到五大湖的聖勞倫斯河地區，以及新英格蘭海岸線。圖右上方有小船的地方是聖勞倫斯灣和紐芬蘭島。圖左側是聖勞倫斯河及其主要支流，以及安大略湖。底部提供44個附加地名。

在水文元素之外，作者還描繪了許多人文元素。

此圖上還標出了不同的美洲原住民居住地區：尚普蘭湖以南的易洛魁人、聖勞倫斯河南岸的蒙塔格尼人、渥太華河上的阿爾岡昆人、大西洋沿岸的埃切曼人和蘇里魁人，以及五大湖地區的休倫人。最突出的插圖是兩對北美原住民伕婦採集或狩獵的描繪。圖底部還描繪了眾多植物、水果、蔬菜。藉此展示新法蘭西自然資源的多樣性和豐富性，旨在吸引潛在的投資者和定居者。

這幅地圖是北美製圖史上的一個里程碑，也是地圖學和民族志相融合的傑作，這一模式自出版以來被其他地圖製作者廣泛使用。

第十二節　英格蘭第一殖民點「弗吉尼亞」

——弗吉尼亞組圖之北美東海岸圖 懷特（1585－1590年）

——弗吉尼亞組圖之羅阿諾克島圖 懷特（1585－1590年）

歐洲人在北美爭建殖民地的勢頭令英格蘭非常不安。

伊麗莎白1558年加冕成為英格蘭女王之後，大力推行海上擴張和重商主義政策。為女王擴張海軍提供支持的是著名海盜霍金斯和德雷克；為女王尋找海外殖民地的是沃爾特·雷利爵士（Sir Walter Raleigh）。

雷利的名頭多得數不清：首先是著名探險家、政治家和官方海盜；同時也是作家、軍人；更以藝術、文化及科學研究的保護者聞名；此外，還是一名廣泛閱讀文學、歷史、航海術、數學、天文學、化學、植物學等著作的博學者。雷利的散文集曾受到英國意識流文學代表人物伍爾夫的喜愛。而他在《關於船舶、錨、指南針和指南針發明的論述》中的名言（傳說，此話影響了伊麗莎白女王），至今仍被不斷引用——「誰控制了海洋，誰就控制了貿易；誰控制了世界貿易，誰就控制了世界的財富，最後也就控制了世界本身。」

1580 年雷利參與了鎮壓愛爾蘭人的起義，引起伊麗莎白的注意。1584 年女王授權他去探索「異教徒和野蠻人的土地」。1584 年 7 月，雷利組織了第一次北美探險隊，船隊抵達了北美羅阿諾克島（Roanoke Island，美國北卡羅來納州沿海島嶼），在此建立了一個初級「殖民地」。為了向「把貞操獻給國家」的伊麗莎白女王表示敬意，他將英格蘭第一個殖民點命名為「弗吉尼亞」（Virginia，拉丁語意思是「貞潔」或「處女」）。

目前能見到最早描繪英格蘭第一個殖民點的地圖，是英格蘭藝術家和探險家約翰．懷特（John White，1540－1593 年）繪製的弗吉尼亞組圖（La Virginea Pars）。它由兩幅水彩地圖組成，繪製時間大約在 1585－1590 年間，現收藏在大英博物館。

懷特從 1584 年開始參加羅利爵士、拉爾夫．萊恩（Ralph Lane）爵士和理查德．格倫維爾（Richard Grenville）爵士組成的美洲探險隊，隨同羅利首次登陸羅阿諾克島。後來，懷特又參加了 1585 年、1587 年的第二次和第三次北美探險，並被任命為羅阿諾克殖民地總督。

1587 年，懷特帶領 118 名男女和兒童在羅阿諾克建立了一個定居點之後，返回英格蘭獲取補給。但因 1588 年英格蘭與西班牙無敵艦隊開戰，港口封閉，一直等到 1590 年，懷特才返回羅阿諾克尋找他三年前建立的殖民點。此地已人去屋空，第一批移民消失得無影無蹤，史稱「消失的弗吉尼亞」。

當年懷特繪製的兩幅弗吉尼亞地圖成了最早的，也是唯一的見證：

第一圖：北美東海岸圖，從頂部的切薩皮克灣（Chesapeake Bay）延伸到佛羅里達羣島，圖縱 48CM 橫 235CM。圖上記錄了探險船隊的航跡、殖民者訪問過的原住民村

STALAME
HOIA
ADVSTA MAION
Port Royal
C. de S. Helene
MACEOV
R. Grande
R. Belle
R. de Gironde
R. de Garonne
R. de Charente
R. de Loyre
R. de Somme
R. de Seine
R. de May
VTINA
Machiaca
SATVRIONA
C. des Françoys
C. de Mont
OATCHAQVA
C. Canaueral
Bahama
CIGATEO
Les Iardinets
CATOS
C. DE FLORIDE
Les Martirs
IANI
GVANIMA
IABO
Meyagora

莊的名稱和位置。陸地多為空白，雷利的盾徽被畫在最顯著位置上，表示他代表英格蘭對這片土地的佔領。海面空白處，添加鯨魚等魚類和帆船等裝飾元素，增強探險航程的獵奇性與冒險性，使地圖更具吸引力。

第二圖：羅阿諾克島圖，從切薩皮克灣到今天的北卡羅來納州的盧考特角（Cape Lookout），圖中央突出顯示大陸和外灘羣島之間的粉紅色「羅阿諾克島」。海峽處有幾艘大帆船和一些小艇運送最早的殖民者。圖底部可見格倫維爾爵士指揮的探險隊旗艦「虎」號。

後世研究者注意到，第一圖中央經過修改的部分，可能是殖民者曾試圖建立新定居的地方。同時，也注意到英格蘭數學家、天文學家和實驗科學家托馬斯·哈里奧特（Thomas Harriot）也參與了北美海岸探險。正是這位科學家提供了精確的測量信息，才使這組地圖有了極高的準確性。若將它與現代衛星地圖套合，唯一的區別，只在於外灘羣島的構造隨着時間推移

圖 7.14：弗吉尼亞組圖之北美東海岸圖，雷利的盾形紋章被畫在最顯著的位置上，標誌着他代表英格蘭對這片土地的佔領

圖 7.15：弗吉尼亞組圖之羅阿諾克島圖，圖中央突出顯示大陸和外灘羣島之間的粉紅色「羅阿諾克島」，這是曾是英格蘭第一個殖民點

而發生了一些變化。

這是英格蘭繪製北美殖民地圖的首次嘗試，被認為是「英格蘭殖民製圖史上的里程碑」。

雖然，最初的殖民失敗，但英格蘭最終還是成功殖民北美，而改寫歷史的就是以「弗吉尼亞」公司名義登陸北美的「五月花號」—— 1620 年受英格蘭國教聖公會迫害跑到荷蘭的英格蘭清教徒等一百多位移民，來到今天的美國馬薩諸塞洲安家。此後，英格蘭人沿着北美東海岸一路建立殖民點，孕育了後來的美國。

多說一句：1776 年美國以激進的革命方式，宣告獨立；而加拿大則以百年漸進的方式，通過和平談判，於 1867 年脱離英國，建立加拿大自治領，一個高度自治的殖民地。1982 年加拿大憲法的本國化才真正獨立。

第十三節　「加利福尼亞不是一個島」

——美洲北部地圖卜瑞格斯（1622 年）
——太平洋全圖 喬恩（1650 年）

加利福尼亞的「島嶼」史，一直是古代地圖史上的一個笑話。

這個笑話是由這幅地圖引發的，此圖原名長得像一個菜譜——「包括紐芬蘭、新英格蘭、弗吉尼亞、佛羅里達、新西班牙和新法蘭西的美洲北部地圖……」它由英格蘭數學家卜瑞格斯（Henry Brig gs）繪製，於 1622 年首次出版。當時，卜瑞格斯正為愛德華 · 沃特豪斯的《對弗吉尼亞殖民地和事務狀況的聲明》一書撰寫一篇 6 頁紙的論文「論穿過弗吉尼亞大陸和哈德遜海峽抵達南海的西北航路」，為了讓讀者更好理解論文，他附上了這幅因一個重要的差錯而聞名於世的地圖。

地圖上的文字寫道：「加利福尼亞有時候被人想像為西部大陸的一部分，但是，自從荷蘭人獲得了西班牙海圖後，才發現它是一個優美的小島」。據信，這是「第一幅錯

852
The North part of AMERICA
Conteyning Newfoundland, new England, Virginia, Florida, new Spaine, and Noua Francia, wth ye riche Iles of Hispaniola, Cuba, Jamaica, and Porto Rico, on the South, and upon ye West the large and goodly Iland of California. The bonds of it are the Atlantick Ocean on ye South and East sides, ye south sea on ye west side and on ye North Fretum Hudson and Buttons baye a faire entrance to ye nearest and most temperate passage to Japã & China
OCEANVS IAPONICVS
In Porte Nelson did Sr Thomas Button winter in 57 deg: findinge the tide constantly euery 12 howers to rise 15 foote or more: and that a west winde did make the nepe tides equal to ye springe tydes. And ye sumer folowinge about ye latitude of 60 degrees he founde a stronge race of a tide runinge sometymes eastwarde sometymes westwards whereupon Iosias Hubbarde in his platt called ye place Hubbarts hope
In the Bottome of Hudsons bay where he wintred ye height of the tyde w
but two foote, and in the bottome of Fretum Dauis was found by
Baffin to be but one foote, wheras by the nearenes of the South Sea
Porte Nelson, it was constantly 15 foote or more.
BUTTONS BAIE
Hudsons bay
Hubbarts hope
CALIFORNIA
C. Blanco
C. Mendocino
P. St Francisco Draco
Punta de los Reyes
P. de monte Rey
REY COROMEDO
AMERICA SEPTENTRIO
PVEBLOS DE MOQVI
REAL DE NVEVA MEXICO
Uirgin
GRANADA
Florida
ASTABLAN
VILLA DE St SEBASTIAN
NEWE SPAINE
CVCHILLO
MEXICO
Vllao
Lanublada
Roca Partida
Alacrane
Negros
YUCATAN
California sometymes supposed to be a part of ye westerne continent, but scince by a Spanish Charte taken by ye Hollanders it is found to be a goodly Ilande: the length of the west shoare beeing about 500 leagues from Cape Mendocino to the South Cape thereof called Cape St Lucas: as appeareth both by that Spanish Chart and by the relation of Francis Gaule wheras in the ordinarie Charts it is sett downe to be 1700 Leagues.

圖 7.16：英格蘭數學家卜瑞格斯 1622 年出版了這幅錯將加利福尼亞半島繪成島嶼的地圖，這個錯誤在近兩百年的時間裏頑強地存在着

TERRA INCOGNITA.
OCEANVS
CHINENSIS.
Archipe
lago de
S Laza
ro
Islas de
Ladrones
Tropicus Cancri
Circulus Æquinoctialis
Tropicus Capricorni
M A R
D E L Z
M A R E
Milliaria Germanica Communia

圖 7.17：荷蘭製圖師揚・楊森 1650 年在阿姆斯特丹出版了一幅太平洋全圖，這是將加利福利亞半島錯畫為「島嶼」的又代表性地圖

將加利福尼亞半島繪成島嶼的地圖」。雖然，當時已有人指出這個錯誤，但一直到 1806 年，這個錯誤在近兩百年的時間裏頑強地存在着。

1650 年洪第烏斯的女婿，也是其繼承人揚・楊森（Jan Jansson，1588－1664）在阿姆斯特丹銅版印刷了歐洲第一部對開本航海地圖集，其中就有一幅太平洋全圖，縱 42CM 橫 52CM。此圖號稱描繪了「所有海上航行的海洋世界……」雖然，渦卷花飾列出莫臥兒王朝的統治者從創始人帖木兒到賈漢吉爾（1605－1627 年），但圖面表現的卻是整個太平洋。地圖的左角上繪出了中國東北部的一角，緊鄰的是朝鮮半島和日本列島。右上方繪出了「加利福利亞島」。這是堅持將加利福利亞半島畫為「島嶼」的最具代表性地圖。

大航海時代的太平洋海圖有很多錯誤，堅持得最久的，莫過於將加利福利亞畫成「島嶼」。那麼，為什麼這個「島嶼」幾百年間會不斷出現在太平洋地圖上？因為，它正處在大航海時代的最熱門的「白銀航路」上。

1519 年和 1521 年，西班牙殖民者埃爾南・科爾蒂斯（Hernando Cortes）幾乎不費吹灰之力，就攻佔了墨西哥的阿茲特克帝國，隨後將這裏命名為「新西班牙」，成為西班牙在新大陸的四大總督區之一。1534 年，科爾蒂斯率船隊沿美洲西海岸航行，發現了傳説中，又幹又熱的大島，於是就把它稱為「California」加利福尼亞。

在西班牙人到達之前，墨西哥的印弟安各部落使用銅塊和可可豆為貨幣。西班牙人統治此地後，分別在邁菲爾、特佩塔帕、聖安娜和塞羅德爾華托發現銀礦。1535 年殖民者在墨西哥城建立了美洲第一家造幣廠，並在幣面上打上「M」的標記。16 世紀中葉，墨西哥的白銀使用量已佔全世界耗銀總量的三分之一。此後，西班牙大帆船從墨西哥帶來大量的銀元，以馬尼拉為交易點，交易中國絲綢、瓷器和當地的香料，形成跨太平洋的「白銀航路」。西班牙寶船出發地「新西班牙」——墨西哥大陸和加利福尼亞半島，自然成了描繪太平洋商路的重要元素。

但是，這個「島嶼」的錯誤描繪，對於在美洲有着廣泛利益，已經知道它不是一個島的西班牙，等於將它與西班牙美洲「領地」割斷了聯繫——「是可忍也，孰不可忍也」。於是，1747 年西班牙國王斐迪南六世專門頒佈了一道皇家法令，認定「新西班牙」的「加里弗尼亞不是一個島」這一概念。但西班牙管不了外國人出版地圖，所以，一直到 1806 年這個錯誤才慢慢從太平洋地圖中「退位」。

不過，西班牙的另一個「麻煩」又來了。

1821 年墨西哥脫離西班牙宣佈獨立。此時的加利福尼亞幾乎是構成這個年輕國家的「半壁江山」，當時也無「上加利福尼亞」與「下加利福尼亞」之分。可惜，這個新國家成立不久，爆發了美墨戰爭（1846－1848 年）。在這場力量對比極其懸殊的戰爭中，墨西哥最終割讓北部近 260 萬平方公里領土給美國，相當於墨西哥當時 450 萬平方公里領土的 56%。其中就包括北部資源肥美的加利福尼亞地區。美國在「上加利福尼亞」建立一個州，州名仍襲用西班牙語的「加利福尼亞」。剩餘的宛如一條長尾巴的相對貧瘠得的南部半島留給墨西哥，這裏只好叫「下加利福尼亞」了。

下加利福尼亞半島被地理學界認定為「世界第一狹長的半島」，全長全長約 1223 公里，寬度 50－250 公里。「世界第二狹長的半島」是馬來半島，南北長約 1127 公里，寬度 56－322 公里。

第十四節　新殖民地的地產銷售圖

——百慕大土地出售地圖 諾伍德（1622 年）

北大西洋西部的百慕大羣島，據信是由西班牙人胡安·百慕大（Juan de Bermudez），在 1503 年偶然發現的，後人便用百慕大（Bermudez）的名字稱呼這個當時無人居住的島。由於此島太小，直到 1609 年英格蘭遠征隊才發現這羣島嶼無人居住。

1615 年，英格蘭薩默斯島公司在此建立百慕大公司，目的是投資新殖民地並從中獲利。該公司派出理查德·諾伍德（Richard Norwood）考察這些島嶼，他用一條獨木舟圍繞百慕大羣島航行，進行全島測繪。

1617 年，諾伍德先將百慕大分為幾個大教區，然後再分為 25 英畝（10 公頃）面積

Mappa ÆSTIVARUM Insularum, alias BARMUDAS dictarum, ad Ostia Mexicani æstuarij jacentium in latitudine Graduum 32 Minutorum 25. Ab Anglia, Londino Scilicet versus Libonotum 3300 Miliaribus Anglicanis, et a Roanoack (qui locus est in Virginia) versus Euronotum 500 Mill. accurate descripta.
Flori-da.
V I R G I N I A.
Hispaniola
SOMERSETI INSULA
HIBERNIA
IRELAND
LATUM
FRETUM
The Great Sound
Sandys
Pembroke Tribe
Pagets Tribe
Warwick Tribe
Devonshire Tribe
Southampton Tribe
Port Royal
Spanish point
Pearle Iland
Daniels Iland
Flemish wreck
Brothers Ilands
Pagets port
Hamilton alias Harrington Tribe.
Smiths Tribe.
Devonshire Tribe.
Pembroke Tribe.
Pagets Tribe.
Warwick Tribe.

圖 7.18：諾伍德 1622 年出版了這份百慕大土地出售地圖，此為荷蘭製圖師布勞 1640 年的複製本

的份額，出售給定居者。為此他特意繪製了這幅百慕大土地出售地圖，並在地圖上進行相關說明。這份島嶼地產地圖於1622年出版，但至今還沒有發現倖存的原始版本。

這幅阿姆斯特丹出版的百慕大土地分割圖是荷蘭製圖師威廉·布勞（Willem Blaeu）1640的複製本，在1645年的《世界最美的地方的景色》地圖集中出現。為了顯示百慕大相對於大陸的位置，圖中顯示了北美的輪廓，右側是新英格蘭，左側是佛羅里達州。當然，它們的位置和比例都不準確，只能起示意作用。

百慕大羣島位於今天的北緯32度14分至32度25分，西經64度38分至64度53分，距北美洲約900多公里、美國東岸佛羅里達州邁阿密東北約1,100海里，以及加拿大新斯科舍省哈利法克斯東南約840海里。百慕大羣島由150餘個大大小小的島嶼和礁羣組成，其中百慕大島最大，呈魚鈎狀分佈。此圖表現的正是百慕大中央大島。

弔詭的是，這個「世界最美的地方」，卻是世界最危險的地方，常有船舶在附近海域離奇失蹤，所以，這裏又被後人稱為「神祕的百慕大三角區」，是著名的世界之謎。

1684年百慕大淪為英格蘭殖民地，現在的百慕大仍為英國海外領地，聯合國非殖民化委員會自1945年起將其列為全球16個非自治領地之一。

第十五節　可可從這裏流向世界

——新西班牙可可和煙葉地圖（1665年）

這幅地圖中最為突出的即是中美洲著名的尤卡坦半島，這個半島位於墨西哥灣和加勒比海之間，其向東北方突出部分將加勒比海從墨西哥灣中分離出來。它突出的地理位置在某種意義上決定了它最先被殖民的命運。

尤卡坦半島的殖民史始於1517年春天，西班牙冒險家弗朗西斯科·赫爾南德斯·德·科爾多巴（Francisco Hernandez de Cordoba）帶領三艘帆船在從古巴出發，前往尤

圖 7.19：新西班牙可可和煙葉地圖原載於西班牙 1665 年出版的《大西洋地圖集》

卡坦半島試圖掠奪奴隸勞工，無意間發現了巨石建築、石像和廟宇。

這幅地圖原載於西班牙1665年出版的《大西洋地圖集》，原名為「中美洲，尤卡坦司法區，新西班牙西部和危地馬拉司法區地圖」，其渦卷花飾以醒目的「可可樹和煙葉」裝飾，顯示出一種物產地圖的用意，人們因此稱其為「新西班牙可可和煙葉地圖」。

尤卡坦半島南高北低，平均海拔不足200米。今天這個半島的大部分屬於墨西哥的坎佩切州、金塔納羅奧州和尤卡坦州，其中南部和東南部分屬危地馬拉佩滕省和伯利茲。1549年西班牙人在此建立了殖民統治，開始開發這裏的財富，其中農作物以可可和煙葉為代表。因而它們也被突出描繪在地圖上面。

「可可」（cocoa）源於印第安土語，意思是「上帝賜予的食物」，主要生長在亞熱帶地區。史料記載，最早栽培可可樹的是居住在墨西哥東南部的有着高度文明的古印第安人——奧爾梅克人（Olmec）。奧爾梅克文明是中美洲古印第安文明的萌芽（中美洲其後出現的三大文明，瑪雅文明、阿茲特克文明，甚至印加文明都與它有很深的淵源），它包括：巨石建築——金字塔、巨石雕像、大型宮殿，還有尚未破譯的文字體系。20世紀，人們在此地發現了重達30噸，高3.05米左右的石頭人像。這種2000年前的石雕人像，很可能是他們最早的「自畫像」。當年西班牙殖民者稱這裏的人為「瑪雅」，這個名字傳了下來，「奧爾梅克」反而被遺忘了。

哥倫布發現美洲大陸時，曾把可可豆帶回西班牙，作為香料敬獻給王室。但伊莎貝拉女王和斐迪南德國王沒有認識到這小小黑豆的神奇力量，也沒人知道怎樣食用這種小黑豆。所以，一直到埃爾南·科爾蒂斯1519年入侵墨西哥之後，才發現墨西哥地區的阿茲特克人將可可豆製成一種叫做「巧克力」（意思是熱飲料）的高貴飲品。於是，可可豆被再次引進歐洲。

西班牙長期獨佔巧克力熱飲料的生產機密，一百多年後，其製造工藝才被帶到其他國家，先是傳到英、法等國，漸漸傳遍歐洲。於是，在美洲的殖民開發中，可可成了重要的商品，登上了新大陸的經濟地圖。

看到18世紀的世界名畫中歐洲人像飲茶一樣喝巧克力，有人也許會問：巧克力不是一種糖果嗎？事實上，一直到19世紀中葉，法國人卡德布瑞研究出以可可粉為原料，以白砂糖、脱脂奶粉、乳脂肪、乳化劑和食用香料等為配料的型固體巧克力，它才從飲品變成廣受歡迎的糖果，此前，它一直是一杯充滿「幸福感」的飲料。

第十六節　歐洲新時尚，新大陸掛牆地圖

——美洲掛牆地圖 布勞（1608－1617 年）

歐洲的地圖文化在文藝復興時達至頂峰，甚至影響了幾代藝術大師都將地圖作為重要的元素融入到油畫作品之中。首開先河的是荷蘭畫家羅吉爾・范德韋登（Rogier van der Weyden）的 1435 年創作的《聖路加為聖母畫像》。此畫巧妙地以花窗和屋梁構建了中世紀流行的「T-O」地圖，藉此表達畫家的宗教意趣。這種地圖入畫的傳統在荷蘭畫家中不斷光大，至維米爾時期達至頂峰。

維米爾至少有七八幅作品中繪有地圖，其名作《畫室》更是將一幅大掛牆地圖安排在畫中央，這幅地圖也成為藝術史和地圖史的共同研究對象。這種大掛牆地圖出現在維米爾的油畫中，並非偶然。17 世紀初，荷蘭已然是歐洲的製圖中心，也是最早製作掛牆地圖的創作中心。

如果，以「四大天王」來論尼德蘭製圖學派，前三位一定是墨卡托、奧特里烏斯和洪第烏斯，而第四位當屬後來將尼德蘭地圖製作與出版推向高潮的老布勞。「布勞」是歐洲製圖史上的「老字號」，它由老布勞即威廉・揚松・布勞（Willem Janszoon Blaeu）開啟。布勞家族原本是鯡魚經銷商，到了老布勞這一輩放棄了鯡魚生意，轉而迷上了天文學。1595 年老布勞拜丹麥天文學大師第谷・布拉赫（Tycho Brahe）為師，以及天球儀與地球儀製造。1596 年老布勞從丹麥回到阿姆斯特丹，成立了家族式的製圖公司。

1608 年威廉・布勞完成首版「四大洲」掛牆地圖。這套地圖包括四大洲各一張地圖和一張世界地圖。為了確保地圖具有最高質量，布勞請東印度公司第一位官方水道

測量師（老布勞後來成為第二個）赫塞爾·格里茨（Hessel Gerritsz）提供地理專業知識。為保證裝飾精美，布勞又聘請了雕刻大師 Johsua van de Ende，為其雕刻邊框的插圖。這套地圖為老布勞贏得了職業生涯最初的名聲，並成為 17 世紀所有裝飾性掛牆地圖的範式。

這套掛牆地圖的首版，只有一套傳世，但缺少了非洲地圖。老布勞於 1638 年去世，他有兩個兒子接管了出版公司，這套地圖被不斷編輯重印，並融入布勞家族最終完成的史詩之作《大地圖集》。

這裏介紹的美洲掛牆地圖是布勞家族的這套掛牆地圖之一（此處選用的是 1608－1617 年版本）。它有明顯的「海上馬車伕」的海圖特徵，圖面最突出的是插着橙白藍旗幟的荷蘭帆船，同時出現在太平洋和大西洋，相伴而來的是兩艘插着勃艮第十字旗的（西班牙海軍軍旗）敵對帆船，和敵對船一樣危險的，還有大洋上游盪的海怪。

圖 7.20：荷蘭製圖師老布勞「四大洲」掛牆地圖，開創了此類地圖的設計範式，此為（1608－1617 年）美洲掛牆地圖

POTOSI
CUSCO
I. LA MOCHA in Chili
RIO IANEIRO
OLINDA in Pharnambuco
Peruviani
Brasiliani
Brasiliani milites
Insulani de la Mocha in Chili
Freti Magellanici accolae
EUROPÆ
HISPANIA
PARS
AFRICÆ PARS
OCEANUS
ATLANTICUS
MAR DEL NORT
TENTRIONALIS
NOVA FRANCIA
TERRA CORTEREALIS
SINUS MEXICANUS
GUIANA
AMERICA
BRASILIA
Açores insulae
I. Canariae olim Fortunatae
I. do C. Verde
OCEANUS
ZUR
PERUVIANUS
PACIFICUM
RALIS INCOGNITA.
Fretum Magellanicum
Fretum le Maire
CHICA
Patagones

這一版本融入了荷蘭人 1616 年在美洲南端的最新航海發現，圖中將南美洲頂端的火地島，表現為一座島嶼，其南部發現並命了「合恩角」。同時，也繪出了火地島東邊的勒梅爾海峽。

這幅美洲掛牆地圖，當時最吸引人的是邊框上的精美插圖。左右邊框，有 16 個穿着當地服飾的美洲人物插圖，其來源包括藝術家西奧多．德．布賴，航海家勒梅爾和斯考滕。上邊框有 9 幅刻畫精緻的重要移民點的插圖：左起為拉哈瓦那、聖多明各、卡塔赫納、墨西哥城、庫斯科、波托西銀山、拉莫卡、里約熱內盧和奧林達。

這種「四大洲」掛牆地圖流行了兩個世紀。在阿姆斯特丹以製作歷史地圖聞名的法蘭西製圖師亨利．亞伯拉罕．查特萊恩（Henri Abraham Chatelain1684－1743），1719 年製作的美洲掛牆地圖，以更加豐富多彩的插圖成為此類地圖的又一高峰。

第八章

環球航海圖：「發現」太平洋與航行「全球化」

長久以來，歐洲人不知道大西洋以西是什麼情況，是地獄還是天堂，誰也説不清。於是，有了西諺：「向西走，什麼都可能發生。」按照這個說法，哥倫布向西走，撞上了新大陸；麥哲倫向西走，發現了南美洲的海峽，其船隊繞地球一圈返回西班牙。

葡萄牙航海家麥哲倫率領西班牙船隊的環球航行，並非為了證明地球是圓的、更不是為了溝通兩洋文明、或輸出宗教。此行最赤裸的目的是：「西行尋找通往香料羣島的新航路」。以今天的眼光看，是典型的「經濟開發」之旅。由 5 艘帆船組成的船隊就叫「摩鹿加艦隊」，這個「摩鹿加」即香料群島，亦稱馬魯古群島。

這次環球航行帶來對世界的全新認知，完全是它的「副產品」。地球是圓的，向西一直走，可以回到出發地。在麥哲倫時代，這已是常識。但沒有人敢去證實這一常識。麥哲倫船隊是這一常識的偉大實踐者。經過 3 年的艱苦航行，不僅麥哲倫死在了半路上，整個船隊只有西班牙人埃爾卡諾船長等 18 個人和一艘克拉克遠洋帆船維多利亞號返回西班牙。這是個悲慘而光榮的結局，它標誌着大航海進入了第三階段——環球航行，後世所說的「全球化」，亦由此開始。

需要説明的是，現在歐洲的教科書和一些紀念活動，常常這樣表述那個偉大的航行：「麥哲倫 - 埃爾卡諾環球航行」。比如，2022 年葡萄牙發行了「麥哲倫 - 埃爾卡諾環球航行 500 周年」的紀念郵票。最終帶領大家返回西班牙的埃爾卡諾船長的功績，也得到了承認，同時也回應了長久以來英國人所說的「德雷克是從頭到尾完成環球航行的第一人」的説法。

西班牙找到了通往香料羣島的新航路，並要在東方建立自己的殖民地和香料基地。於是，先前簽定《託爾德西里亞斯條約》留下的隱患暴露出來：羅馬教宗在大西洋上為兩大殖民帝國在地球西邊切了一刀——「教皇子午線」，可謂最富想像力的宗教與政治藍圖。然而，由於地理知識和航海實踐的欠缺，羅馬教宗和葡萄牙與西班牙，都沒為這條分界線對跖的另一端遠東地區確定邊界。因此，當兩國艦隊從東西兩個方向駛往香料羣島時，犬牙交錯的勢力範圍邊界及其「合法」佔有的法律依據，便成為利益相關者爭執的焦點。

於是，葡、西兩國派出製圖師繪製大型世界地圖，確立各自的權屬，特別是香料羣島該屬於誰。於是，西班牙請來一直在西班牙工作的葡萄牙製圖師和探險家迪奧戈．里貝羅（Diogo Ribeiro），為談判準備了大型的世界航海圖。於是，有了 1529 年 4 月，葡、西兩國在西班牙東北部的薩拉戈薩舉辦談判。

在羅馬教皇操持下葡、西兩國又簽訂了《薩拉戈薩條約》，原本按均分地球分界線，應該在今天的東經 134 度附近（也就是摩鹿加羣島以東 7 度附近），但西班牙當時亟需與法蘭西交戰的軍費，只好放棄對摩鹿加羣島的要求（此時，西班牙海軍已經佔領了摩鹿加羣島的德那地島對面的蒂多雷島）。所以，條約在摩鹿加羣島以東 17 度（今巴布亞新幾內亞，東經 144 度左右）劃出了一條太平洋子午線，作為兩國在東半球行使海洋權利的分界線，此線以西歸葡萄牙控制，以東歸西班牙控制。

諷刺的是，這邊廂羅馬教皇和葡、西兩國皆大歡喜地簽定再次瓜分世界的所謂「條約」時，那邊廂新崛的海上列強完全不吃這一套，直接殺入了所謂的海上領地。

英格蘭海盜德雷克駕船不僅在美洲西班牙殖民地一路打劫，回程順便完成了人類第二次環球航行，美洲南端還以他的名字命名了比麥哲倫海峽更便捷的「德雷克海峽」。

環球航行不再神祕，托馬斯．卡文迪什，純粹是為效仿德雷克跨洋打劫西班牙商船，而進行的環游地球航行，最終成為第三位環球航行的探險家。

更過火的是，接下來又有了威廉．丹皮爾三次「環球打劫」航行。17 世紀過後，環球航行不再是一件新鮮事了。世界的環球航線被反覆畫在世界航海圖上，成為尋常景觀。19 世紀初，環球地圖遊戲已成為一種尋常的地理商品，帶領人們在紙上環球探險航行。但真正將人類帶入跨大洋旅行的是蒸汽時代的貨輪。最初這種輪船不是拉遊客，只辦理郵政業務所以稱為郵輪。1840 年世界第一家郵輪公司英國北美皇家郵件船務公司成立，其輪船正式命名為「冠達郵輪」，它主要推銷「地中海海上旅游路綫」。這個航綫並不興旺，把郵輪生意推向高潮的是大西洋航綫。19 世紀末到 20 世紀初，越來越多的歐洲人移民美洲，大西洋郵輪幾乎成了「移民郵輪」。

環球航行使世界進入了「全球化」和「畫全球」的新時代。

第一節　誰最先通過了美洲南端海峽

——世界航海圖 雷斯（1513 年）

無論是從航海家，還是從航海圖上來看，強大的奧斯曼帝國，似乎對影響世界的大航海都沒有什麼大的貢獻。這種局面一直到 1929 年，才被一個偶然發現有所改變。這一年，土耳其人在世界十大王宮之一的伊斯坦布爾托普卡比王宮中，發現了一幅奧斯曼帝國海軍司令皮里 · 雷斯（Piri Reis，1465－1554 年）1513 年繪製的世界航海圖。

這幅世界航海圖的珍貴之處，在於它打破了人們以往的知識框架。大家知道最早發現並描述南美海岸的是麥哲倫 1519－1522 年的首次環球航行。但皮里 · 雷斯地圖在 1513 年就清楚地將南美大陸及巴塔哥尼亞海岸線，甚至南美最南端的合恩角描繪於地圖之上，尤其令人驚奇的是，還繪出了南極洲的部分輪廓——它成為世界海圖史繞不過去的一個話題。

可惜，這幅世界航海圖發現時已是一份殘圖，殘存部分縱 90CM 橫 65CM。研究者根據地圖對稱性推測原圖尺寸可能是縱 140CM，橫 160CM。現存部分只是原圖的三分之一，應是原圖左邊部分，描繪內容相當於一份大西洋航海圖。此圖方位為上北下南，說明文字是阿拉伯文。殘圖上繪有 5 個大小不一的羅盤花，分別放在大西洋的赤道與南北回歸線上，這裏還繪有兩個呈「八」字擺放的比例尺。右側是西班牙、法蘭西和西非沿岸，以及亞速爾羣島、馬德拉羣島、加那利羣島、佛得角羣島等。左側是中美洲、南美洲、南極洲，以及古巴、小安第利亞羣島等。圖面上有幾艘帆船，其中在非洲南部繪有達 · 伽馬船隊的一艘帆船，南美海岸繪有幾種歐洲傳說中常見的狗頭人等怪物和動物。此圖和 1507 年馬丁 · 瓦爾德西穆勒繪製的世界地圖一樣，都沒繪出美洲南端的後來發現的麥哲倫海峽。

不過，了解歐洲地圖史的人也許不會認為這是什麼驚人發現。因為古希臘人一直認為地球北方有一塊大陸，它的南端一定存在對稱的另一塊「南方大陸」，否則地球就無法達到平衡。古代許多製圖師一直根據想像在地圖上繪出一塊「南方大陸」。

圖 8.1：雷斯 1513 年繪製的這幅世界航海圖，清楚地將南美大陸及巴塔哥尼亞海岸線，甚至南美最南端的合恩角描繪於地圖之上，成為世界地圖之謎

皮里·雷斯是一位航海家和優秀的製圖家，作為奧斯曼土耳其海軍「雷斯」（類似艦隊司令），他不僅繼承了阿拉伯地圖學傳統，同時，多年的航海生涯還令他吸收了大量的西方製圖學成果。他在這幅航海圖上註明，此圖是根據 20 多幅地圖繪製的，其中包括一幅哥倫布的地圖。他說，叔父曾經抓到一個西班牙俘虜，這個俘虜曾三次跟隨哥倫布航海，身上攜帶着航海地圖。這幅地圖不僅有哥倫布的影子，同時，巴西海岸線的諸多地名，用的皆是葡萄牙航海家起的名字。可以說，這幅地圖是東西方航海家共同的智慧結晶。

雖然，這幅地圖「走」到了麥哲倫前面，但沒有任何證據表明：在麥哲倫之前有誰航行過南美，或找到過南美海峽。

第二節　誰誤導了麥哲倫

——舍恩那地球儀（1515 年）

如果說，哥倫布使東西半球實現了牽手，那麼，麥哲倫則讓人類擁抱了整個地球。

費爾南多·德·麥哲倫（葡萄牙語 Fernã ode Magalhã，西班牙語 Fernando de Magallanes 1480－1521 年），為什麼這裏要寫出兩國語言的名字。因為，這位生於葡萄牙的航海家，後來娶了塞維利亞軍械官的女兒，生了兩個孩子（在 1522 年維多利亞號返回西班牙前，妻子和孩子全病死了），宣誓效忠西班牙。

麥哲倫生長在一個以遠航探險為榮的時代：

他 8 歲時，即 1488 年，迪亞士就繞過了好望角，打破了托勒密的非洲大陸與南極相連的神話；

他 12 歲時，即 1492 年，進入葡萄牙王宮當侍童。這一年，哥倫布發現了新大陸；

他 17 歲時，即 1497 年，進入葡萄牙國家航海事務廳。這一年，卡伯特率先在北美的紐芬蘭島登陸，為英國插上了第一面海外殖民的旗幟；

他 18 歲，即 1498 年，達伽馬繞過非洲到達了印度的卡里卡特；

他 20 歲時，即 1500 年，葡萄牙探險家卡拉布拉爾「發現」並佔領了巴西；

他 25 歲時，即 1505 年，離開葡萄牙國家航海事務廳，參加阿方索．德．阿爾布克爾克（Afonso de Albuquerque）的印度遠征隊；他知道，如果再不出去闖闖，世界就沒什麼可以發現的了。此時，距 1405 年「鄭和下西洋」已整整 100 年。

麥哲倫以水手或士兵的身份隨着葡萄牙擴張的腳步，先後來到印度、馬來西亞、北非。1515 年，在北非與摩爾人的戰鬥中，落下跛足殘疾的麥哲倫，從海軍退役。35 歲的麥哲倫懷揣着夢想，向葡萄牙國王申請「向西航行到達摩鹿加群島（即香料群島）計劃」資助。這時，僅有一百多萬人口葡萄牙，已靠着十幾年的擴張，使其海外擁有的土地，超過了凱撒時的羅馬帝國。不缺殖民地的葡萄牙，像若昂二世 1483 年拒絕哥倫布一樣，

圖 8.2：舍恩那 1515 年製作的地球儀上，在距中美洲僅有 5 個經度遠的地方，畫出「Zipangi（西潘戈）」大島

若昂二世的堂弟也就是他的繼任曼努埃爾一世，斷然回絕了麥哲倫的提案。要說清楚的是，當年麥哲倫提交的報告，並非後人常說的「環球航海報告」。

麥哲倫帶着他的西行報告，轉而投奔西班牙。此時，18 歲的西班牙王卡洛斯一世，也正想着向西航行，通過新的航線徹底打破葡萄牙對東方香料貿易的壟斷。於是，接納了這個葡萄牙人的計劃，人類探索史上的兩大偉業，大航海兩大階段性進展——跨洋航行，發現新大陸和環球航行，繞地球一周——就這樣都歸了西班牙。

1518 年，卡洛斯一世以自己和患有精神病的母親喬安娜的名義簽署了《國王》協定，贊助麥哲倫航行的所需物資，並任命他為所有在航海過程中發現的新陸地的最高長官。1519 年卡洛斯一世即位神聖羅馬帝國皇帝，成為查理五世——正是他開啟了西班牙的「日不落」時代。

1492 年哥倫布將要西行時，德意志地理學家馬丁．貝海姆的地球儀表現的是：大西洋直通亞洲。同樣的笑話，也出現在麥哲倫這裏。1519 年麥哲倫西行之前，一直宣稱自己掌握了美洲海峽的祕密地圖，真的有沒有這份地圖，已無法考證。能考證的是，當時歐洲確實有繪出美洲大陸存在海峽的「地球蘋果」和地圖。

在日耳曼歷史博物館，筆者不僅看到了貝海姆的「地球蘋果」。在同一展廳，還看到了約翰內斯．舍恩那（Johannes Schöner）著名的「地球蘋果」。這位紐倫堡地理學家的肖像，曾印在使用歐元前的德國 1000 馬克紙幣上。

1515 年和 1520 年，在紐倫堡講授天文學和數學的舍恩那做了兩架地球儀，而今它們分別被收藏在法蘭克福歷史博物館和紐倫堡日爾曼博物館。這兩個錯誤的地球儀上，都標註了「AMERICA」（亞美利加），顯然，它是以 1507 年德意志製圖師馬丁．瓦爾德澤米勒的世界地圖為底本。

舍恩那的「地球蘋果」最著名的錯誤是在中美洲的位置上，顯示有一條切斷美洲大陸的海峽。舍恩那堅信他的信息是正確的，1520 年他出版了名為「美麗的西部地球的地圖」，依然將巴拿馬地峽畫成了海峽。

在麥哲倫沒有完成環球航海前，剛剛發現了美洲的西方人，仍不知道日本離美洲有多遠。此外，舍恩那的「地球蘋果」在中美洲的海峽出口不遠處，描繪了這片海洋中最大島嶼「Zipangi」，即日本。在中國位置上標註有：「QuianFL」（長江）、「Quinsayai」（行在）、「Mangi」（蠻子，歐洲對中國南方的舊稱）。舍恩那在此標註「世界上農業生產最富足的省份，沒有貧窮，那裏生活着世界上最美麗的女人們，以金子作為支付貨幣」。

如果這個海峽果真存在的話，那麼進入亞洲到達日本和中國，也不是什麼特別難的事情。事實是，美洲中部根本就沒有海峽，為找到穿越美洲的海峽，並最終穿過後來命名的「麥哲倫海峽」，麥哲倫探險船隊幾乎損失了一半「兵力」。

錯誤，永遠與最偉大的航海家相伴。

不過，就算是最大膽的遠洋探險家，也不會不研究海圖就貿然前行。哥倫布是根據托勒密的計算，認為西去亞洲並不遙遠而西航，這個錯誤的計算使他撞上了新大陸。無獨有偶，想要環繞地球航行一圈的麥哲倫，也是受了其他地理學家的誤導，認為在美洲有一條可以進入另一個大洋的海峽，遂使麥哲倫信心滿滿地闖入新大陸，要穿越美洲進入亞洲。

第三節　這是世界最大河口，不是海峽

——大西洋地圖 阿格尼斯（1536 年）

——世界航海圖 霍曼（1554 年）

雖然，約翰內斯 · 舍恩那製作的地球儀在美洲中部錯繪出一個連通兩洋的海峽。不過，研究麥哲倫進入美洲的航線就會發現，他的船隊從地中海出來，航行了 50 天，並沒有直接向西去巴拿馬地峽，而是向西南航行，在巴西靠岸。

1519 年 9 月 20 日，麥哲倫率領率領 265 名船員，分乘 5 艘克拉克遠洋帆船從西班牙的塞維利亞的桑盧卡爾港起航出發，開始了人類第一次環球航行。「摩鹿加艦隊」像哥倫布當年一樣在加那利群島休整到10月3日，而後向南航行，12月13日抵達南緯23度的里約熱內盧海灣，在這裏休整兩周後，向南航行。1520年1月，船隊來到今天的布宜諾斯艾利斯，在這裏他們看到了一個巨大的「海口」，其實是拉普拉塔河口。

關於拉普拉塔河，文獻表明1516年2月，西班牙航海家胡安·迪亞斯·德索利斯（Juan Diaz de Solis）是第一位見到這條河的歐洲人。他在尋找大西洋和太平洋之間的通道時，發現這個河口，稱其為「Mar Dulce」，即「淡水海」。這一時期新發現土地的航海圖都是國家機密，因而不為外人所知。

麥哲倫也不知道這裏是個大河口，他將「特里尼達」號旗艦停在這裏，派出幾艘船溯流而上，去探西邊的「出口」。一個星期後，偵察船隊遇到了淡水。常識告訴他們，前方不可能有所謂的「出口」了。南緯35度，只有世界最大的拉普拉塔河口，沒有所謂的「海峽」。

如果說，麥哲倫沒被紐倫堡的約翰內斯·舍恩那的地圖誤導，那麼，

圖 8.3： 威尼斯製圖師巴蒂斯塔．阿格尼斯 1536 年製作的大西洋地圖上，阿根廷海岸外標註出「RIO DE LAPLATA」，這是「拉普拉塔河」的名字第一次出現在地圖上

說南美有海峽的又是誰呢？這個錯誤「有據可查」：1513 年葡萄牙航海家列什波亞在南美南緯 40 度，發現聖馬提亞斯灣，以為是巨大的「海口」。這位沒有繼續深入的探險家，回到歐洲後將發現「海峽」的消息說給德意志的記者。1514 年德意志的報紙（1450 年前後，古登堡改進了金屬活字印刷技術，在德意志促生了歐洲最早也最多的報刊），依此做了「發現可以通往香料羣島的海峽」報道。約翰內斯·舍恩那的錯誤，是不是與這個報道有關？麥哲倫確信今天的阿根廷北部有海峽，是不是與這個報道有關？這些都很難說清了。

1526 年至 1529 年間，為西班牙王室效勞的意大利人塞巴斯蒂亞諾·卡博托（Sebastiano Caboto）率領的西班牙遠征軍在南美尋找傳說中的「銀山」，並從當地印第安人手中獲取了大量銀器。他對這條河及其支流進行了詳細研究，並將它命名為「拉普拉塔河」（Rio de la Plata）。「plata」在西班牙語裏即「白銀」的意思。

雖然，在 1519 年葡萄牙雷內爾等幾位製圖師聯手製作的《米勒地圖集》中的巴西地圖上，已有了拉普拉塔河口海岸線有描繪，但尚無「拉普拉塔」這個河名。1536 年威尼斯人巴蒂斯塔·阿格尼斯（Battista Agnese）在其製作的大西洋地圖上，首次以大寫字母標註出「RIO DE LAPLATA」。這是拉普拉塔河的名字第一次在地圖上出現。圖中的拉普拉塔河上流，還繪有巨大的森林，並描繪了巴拉那河與烏拉圭河兩個河源在上游交匯。

有關於拉普拉塔河還有三個美妙的插曲，不能不說：

一是，1647－1652 年間，意大利巴洛克藝術家喬凡尼·洛倫茨·貝尼尼（Gian Lorenzo Bernini）為羅馬教皇英諾森十世設計梵蒂岡聖彼得廣場的「四河噴泉」（Fontana dei Quattro Fiumi，今羅馬納沃納廣場）。「四河」指人類征服的四條大河：多瑙河（Danube）、恆河（Ganges）、尼羅河（Nile）和拉普拉塔河（Rio de la Plata）。歐洲人認為，這四條河流代表了人類文明的四塊大陸：多瑙河代表歐洲，恆河代表亞洲，尼羅河代表非洲，拉普拉達河代表示美洲（為什麼不是世界第一大河亞馬遜河，而是排名第十三位的這條河）。這地位幾乎等同於伊甸園四河。

二是，西班牙佔領拉普拉塔地區之後，在這裏建立了拉普拉塔省、拉普拉塔總督

圖 8.4：葡萄牙製圖師羅伯．霍曼在 1554 年製作的世界航海圖上，首次將標註為「arg　tea」，意思是「白銀」—這是「阿根廷」這國名起源的最早文獻

區。1554 年著名的葡萄牙製圖師羅伯．霍曼（Lopo Homem）在他的世界航海圖上（縱150CM 橫 230CM，現藏於佛羅倫斯考古博物館），首次將拉普拉塔地區標註為「Terra argétea」這個「argétea」，源自拉丁語「Argentum」，意思是「白銀」——這是「阿根廷」這國名起源的最早文獻。順便說一句，這幅世界航海圖還是首次描繪並標註台灣島的西方地圖。

三是，霍曼的這世界航海圖，雖然非常有名，但圖上的命名「argétea」，還不足以產生大眾認可的影響。真正將「阿根廷」之名傳播開來的是，1602 年西班牙教士馬丁．德爾巴爾．森特內拉（Martin del Barco Centenera）出版的名為《La Argentina》（阿根廷）的詩集。這個詩集廣為流傳。兩百年後，英國人想將西班牙人從這片土地上趕出去，雙方開戰。1816 年 7 月 9 日，拉普拉塔地區宣告脱離西班牙統治，「Argentina」（阿根廷）被選為獨立建國的國名。

2007 年和 2025 年筆者曾兩次乘遊艇穿行拉普拉塔河，這個 220 公里的巨大河口，比許多海峽口都寬，它讓人們真切地感受到世界跟麥哲倫開的玩笑，實在是太大了。但歷史銘記的是，麥哲倫在拉普拉塔河口遭到巨大打擊後，並沒有退縮而是繼續向南前行。上帝畢竟在南美的最南端，為他準備了一條終將以麥哲倫之名命名的海峽。

第四節　誰記下了麥哲倫的航跡

——關島航海圖 皮加費塔（1526 年）

——摩鹿加航海圖 皮加費塔（1526 年）

麥哲倫準備環球航行時，來了一位不素之客，要求參與航行。問他有何目的，他說，沒有任何商業目的，只為記錄這次航行。事實上，沒有這個人，麥哲倫的環球航行將失去最為寶貴的原始記錄和航海圖。這位完成了《首次環球航海日誌》的人叫——安東尼奧．皮加費塔（Antonio Pigafetta）。

皮加費塔和哥倫布一樣，也是意大利人，但他的出身比哥倫布高貴，他是意大利羅德會的騎士，還是一個文學青年。在航行中，他廣泛收集地理、氣候、植物、動物和土著居民的資料。他關於這次航行的完整報告留下四種不同的手稿版本，有三份法文，一份拉丁文保存了下來。其法語版本是倖存手抄本中最完整、最精美的版本。它包括 23 份繪製精美又有些滑稽的彩色航海圖。這些航海圖成為研究麥哲倫環球航海的第一手海圖資料。

圖 8.5：皮加費塔 1526 年出版的關島航海圖

皮加費塔，從出發就一直在記錄探險隊的航行日記，從進入美洲南部的海峽（即後來的麥哲倫海峽）起，開始繪製海峽圖與太平洋海島圖（因為麥哲倫海峽之前的美洲東海岸航行圖，早已有人畫過，所以皮加費塔沒有畫）。有的地圖上，他除了畫有村莊、小船、人物外，還標註了重大事件。

麥哲倫船隊從美洲南部的海峽進入太平洋後，向西北方向開始了漫長而艱苦航程。皮加費塔在日誌中寫道「穿越這個幾乎是沒有盡頭的大洋，簡直是駭人聽聞。沒有食品可吃的水手，只有煮食船上的老鼠和皮革，才能逃脫被餓死的厄運…… 航行最困難的時候，一隻老鼠就可以換一個金匝。」當時，無人知道這個地球上最大的水域，近 2 萬公里寬。麥哲倫船隊在太平洋上漂盪 96 天後，於 1521 年 3 月 6 日，才來到他們在太平洋停靠的第一站——關島（位於今天的北緯 13°，東經 144°）。由於船上的東西不斷被島民偷走，麥哲倫的水手就把這裏稱為「盜賊羣島」。

皮加費塔畫下了這幅有些滑稽的關島航海圖：不僅描繪和標註了關島，還仔細描繪了一條南島語族特有的邊架艇獨木舟。這是一艘只有一邊浮架的單邊架艇獨木舟。浮架克服了單體獨木舟在風浪中容易横向搖曳、甚至翻覆的不穩定性。獨木舟上設置了單桅倒三角帆，這種帆通常採用樹葉等植物纖維編制。這種獨木舟不設舵，有的兩側會綑紮兩根大致等長的竹、木支架。畫中船的首尾兩名水手，各操一槳，或是櫓來調整方向。穿着包頭衣服的手水應是土著查莫羅人（Chamorro），屬南島語族的一支。別看這小小的獨木舟，人們猜測南印度洋的馬達加斯加島的先民，就是乘這種船從南太平洋遷徒過去的，有民族學家觀察到土著波里尼西亞人乘這類帆舟，一天可在海上航行 145 英里，説明它確實是一種太平洋上穩定的遠洋帆船。這是西方世界首次描繪這種神奇的獨木舟。

圖 8.6：皮加費塔 1526 年出版的摩鹿加航海圖

此後，麥哲倫船隊繼續前行，在今天的菲律賓宿霧島，他們再次登陸。不幸的是在宿霧島對面的麥肯島上，由於介入了土著人之間的衝突，麥哲倫被殺死海灘上。皮加費塔在麥肯島地圖上標註「船長（麥哲倫）在此去世」。

麥哲倫死後，比麥哲倫小 6 歲的西班牙船長胡安．塞巴斯蒂安．德．埃爾卡諾（Juan Sebastián El cano）繼任總指揮。他帶領「維多利亞」號向南行駛，不久就到了赤道線上的摩鹿加羣島。皮加費塔繪製了摩鹿加航海圖，在圖中央畫上了「芳香的丁香樹」。這是麥哲倫朝思暮想之地，但他就差那麼一點點，沒能等到這一天。

1522 年 9 月 8 日，經過 3 年的環球航行，從西班牙啟航的 5 艘船，最後僅剩下一艘維多利亞號和 18 位生還的船員，在埃爾卡諾船長帶領下完成了繞地球一周 4 萬公里的偉大航程，返回了西班牙。因此，人們也將這次航行稱為「麥哲倫 - 埃爾卡諾環球航行」。

皮加費塔把他在船上記錄的筆記和繪製的原始草圖作為一份鄭重的禮物，獻給了他所屬的意大利羅德會。1526 年巴黎以《首次環球航海日誌》為書名出版了這些重要的原始記錄。這是麥哲倫航行留下的唯一的繪圖資料，同時，它以不可辯駁的事實證明：地球是圓的。當然，這完全是「麥哲倫 - 埃爾卡諾環球航行」之外的副產品。

第五節　第一幅記錄太平洋全貌的航海圖

——世界航海圖 韋斯普奇（1523 年）

這是現存第一幅顯示麥哲倫 - 埃爾卡諾環球航行的地圖，也是第一幅實際記錄太平洋全貌的地圖，現收藏在意大利都靈皇家圖書館，因此被稱作「都靈地圖」（Map of Turin）。

據信，此世界航海圖手稿 1522 年由倖存的「維多利亞號」船長胡安．塞巴斯蒂安．埃爾卡諾（Juan Sebastián Elcano）帶回西班牙，後由喬瓦尼．韋斯普奇（Giovanni Vespucci ）於 1523 年最終成圖。韋斯普奇 1486 年出生於佛羅倫薩。1512 年來到西班牙工作，成為西班牙領航官胡安．迪亞茲．德．索利斯（Juan Diaz de Solis，最早進入南美拉普拉塔河河口的探險者，見第八章第三節）的合作者。1515 年他進入西班牙官方地圖委員會，參與研究《托爾德西里亞斯條約》分界線的海上確切位置。

哥倫布 1492 年發現新大陸後，如何管理這片巨大的新土地（當時認為是亞洲東部）成為西班牙的新課題。1503 年西班牙國王仿照葡萄牙 1434 年就設立的「印度羣島貿易局」，在塞維利亞創建西班牙「印度羣島貿易局」（Casa de la Contratación de las

圖 8.7：這幅西班牙早期「皇家圖式」地圖大約製作於 1523 年，是現存第一幅顯示麥哲倫 - 埃爾卡諾環球航行成果的地圖，也是第一幅實際記錄太平洋全貌的地圖

Indias）。這裏匯聚了當時最重要的航海家和科學家，研究改進西班牙的航海技術，並培養跨洋航行的新領航員。一些宇宙學家和製圖師在此編制和修訂「皇家圖式」（Padrón Real）的航海圖。

第一版「皇家圖式」的地圖，大概在西班牙航海家、製圖師胡安．·德拉科薩1500年繪製世界地圖時，就已有了雛形。在1510年前就已定型，只是原圖丟失，沒有實證。從存世「皇家圖式」規格看，這種官方規格的世界地圖，通常為一米多寬，兩米多長，由多張羊皮紙拼接而成。這種圖式的形式基本不變，但內容定期更新。

由韋斯普奇繪製的世界航海圖是西班牙「皇家圖式」航海圖的經典之一。此後多幅西班牙「皇家圖式」世界航海圖都被認作是此圖的「衍生品」，包括西班牙皇家地理學家迪奧戈·里貝羅1529年繪製的那幅著名的世界地圖。

這幅當時最新的世界航海圖，由6張羊皮紙拼接而成，圖縱112CM橫262CM。圖面由兩個巨大的羅盤圈架構，兩個羅盤圈的圓心均在赤道上。赤道線上繪有一個大羅盤玫瑰，有四個金色指針和四個藍色指針，代表八個主風，八個綠色代表半風，十六個紅色代表四分之一風。與當時的波特蘭海圖一樣，它沒有考慮地球曲率。這對於地中海航行而言，是一個無關緊要的缺陷，但是對於跨洋航行來說，卻是一個急需修正的錯誤。不過，此圖上的幾個經緯度標尺，還是為這幅巨大的世界航海圖，給出了較正確的坐標。

此圖的大部分被海洋覆蓋，海岸的輪廓非常精確；大陸外部用金色繪製，內部用綠色繪製；島嶼的顏色有金色、綠色、藍色、紅色；人們可以在各大洲的海岸線上，找到大量的地名。

在非洲北部，阿特拉斯一系列山丘被以山水畫的形式描繪出來（完全不似馬略卡學派的插圖風格），山丘上長滿了枯樹，表明這裏極度乾旱；非洲中部薩赫勒布以南、剛果國盆地和尼羅河的源頭月亮山，則以綠色表現這裏的森林與草原（但阿拉伯半島的綠色，無疑是個錯誤的描繪）。

在美洲南部，亞馬遜河流域覆蓋了大部分陸地。這裏有茂密的高大樹木，或許受到坎蒂諾平面球形地圖的影響，樹林中也畫出了金剛鸚鵡。在美洲的南部邊緣，麥哲倫海峽已經清晰可見。這是一個非常了不起的景觀，因為西班牙航海家埃爾卡諾在麥哲倫死後，指揮「維多利亞」號最終完成了人類第一次環球航行。這一切發生在最終完成此圖的一年前。

此圖最左側描繪了這次環球航行的終極目標——摩鹿加羣島——它不僅是歷史上第一張展示麥哲倫和埃爾卡諾環球航行的地圖，也是現存最早基於航海實踐完成（而非源於理論方法）的整個太平洋地圖，或環球航海圖。

引人思索的是，在西太平洋上，作者仔細描繪了摩鹿加羣島，並在此處繪製了經緯度坐標尺，但西太平洋其餘地方卻全都留白，甚至沒畫出麥哲倫被殺的呂宋諸島（即後來的菲律賓）。似乎表明西班牙根本就不想把摩鹿加羣島納入亞洲，並藉此表達對葡萄牙佔有摩鹿加羣島的強烈質疑。

第六節　第一幅環球航海圖

——世界航海圖 阿格尼斯（1544 年）

支持麥哲倫西航行動的西班牙國王卡洛斯一世（同時也是神聖羅馬帝國皇帝查理五世），在兒子皇太子菲利普（後來的西班牙國王菲利普二世）十六歲生日時，決定送給他一本新的世界地圖集，想讓兒子體驗他所說的「在我的領土上，太陽永不落下」。這部豪華的地圖集由威尼斯共製圖師巴蒂斯塔·阿格尼斯（Battista Agnese）繪製，後世稱其為「阿格尼斯地圖集」。

阿格尼斯出生在熱那亞，但長期在威尼斯工作，長於製作纖細優美的裝飾用地圖，其中多數作品是臨摹葡萄牙航海家的海圖。據說，他一生繪製過 100 部地圖冊，存世的有幾十部。這些地圖冊並不是為海員之類的普通民眾繪製，而是為王公貴族、富商大賈們專門繪製。這些地圖用墨水繪製在羊皮紙上，配有各種插圖，色彩鮮艷，製作考究，價格不菲。

圖 8.8：阿格尼斯 1544 年完成的世界航海圖，首次描繪出麥哲倫船隊環球航行的航跡

阿格尼斯為查理五世繪製的世界地圖集中，有一幅西班牙人引以為傲的麥哲倫船隊環球航行圖，這是第一幅在世界地圖上繪出麥哲倫船隊環球航行線路的航海圖，大約繪製於 1544 年。注意，此圖擺脱了波特蘭海圖必須具備的特徵，如羅盤花、恆向線等，完全以經緯網來架構地圖。地圖以大西洋中的加那利羣島為經度的起始線，全圖為 360 度。圖上共有 24 條經線，每條經線之間相隔 15 度。地圖外圍四周，均勻地畫着中世紀航海圖中常用的 12 個風神頭像。整幅地圖以古希臘托勒密的世界地圖為基礎，亞洲中部有條平直的山脈，自北向南綿延不斷。由於把加那利羣島定為本初子午線，所以，亞洲的大部分出現在地圖右側，但東亞最遠處則出現在地圖的左側，突顯了「地球是圓的」這一概念。

這幅地圖的一個主要特色是用長長的線條清楚地標出了麥哲倫船隊環球航行的全部路線（這也是傳統波特蘭海圖少用的手法，後來被環球航行海圖所採用）。這條航線從西班牙出發，橫渡大西洋，穿過麥哲倫海峽，直達菲律賓羣島，然後又向西繞過好望角，最後回到歐洲。地圖上的麥哲倫海峽畫得非常清楚，此外，還用金色線條標出了西班牙船隊從歐洲出發，越過大西洋，到達中美洲，然後又翻越巴拿馬地峽到達祕魯的「銀船航線」。此時，正是西班牙剛剛發現祕魯波託西里銀山時期，西班牙船隊正是沿着這條路線把美洲所產的白銀大量地運回歐洲，或運到呂宋進行香料、絲綢和瓷器貿易。

從地圖中，我們可以看到走出海峽的麥哲倫進入的是怎樣一個大洋，這是此前歐洲人完全不了解的大洋——太平洋。這個大洋對於帆船航海來說實在是太大了，全世界陸地面積加起來也沒有它大。所以，1520 年 11 月 28 日到 1521 年 3 月 6 日，麥哲倫的船隊在無邊大洋上航行了 96 天，才在今天的關島登陸。不久，尋找香料羣島的麥哲倫，最終「止步」於香島羣島旁邊的麥肯島。

麥肯島是今天菲律賓著名的宿務島旁邊的一個小島。

前些年，筆者專程到這裏考察，當地導遊說：拉布拉布海灘是以當年殺死麥哲倫的那個部族首領的名字來命名的。1866 年西班牙統治者在此建立了麥哲倫紀念碑。20 世紀初，菲律賓人在這個紀念碑的前面，建起比麥哲倫紀念碑還高許多的拉布拉布紀念碑。兩個紀念碑，有各的紀念，現在卻被圍在一起作為麥肯島最著名的旅遊景點。在公園南邊的海灘上，偶爾還會有大型實景演出，再現 1521 年 4 月 27 日那一幕……那天，已改信天主教的宿霧島國王胡馬波納，請麥哲倫為他征服一水之隔的麥肯島。胡馬波納準備了 1000 名土著士兵，但驕傲的麥哲倫認為他帶着 60 個西班牙水手，足以拿下麥肯島。迎接西班牙人的是小島首領拉布拉布，不僅回絕了麥哲倫的土地要求，而且把談判演變為一場惡戰。麥哲倫和他那批寡不敵眾的西班牙水手，被土著用木棍、竹矛和短刀一路追殺。左腿早年落下殘疾的麥哲倫，落在最後邊……最終，成為橫在海灘上的 8 具西洋屍體之一。

最後交待一下，1542 年，西班牙航海家魯伊·洛佩斯·德·維拉洛博斯（Ruy López de Villalobos）繼麥哲倫船隊之後，第二個來到這個羣島。為了在亞洲炫耀西班牙帝國的「功績」，洛佩斯便按照西班牙皇太子菲律普的名字，把這個原來叫作「呂宋」、「蘇祿」等名字的地方命名為——「菲律賓」。

第七節　太平洋海圖的興起

——太平洋地圖 帕奇菲奇（1567 年）

——從北極視角描繪麥哲倫環球航線圖 海因里希（1700 年）

「麥哲倫 - 埃爾卡諾環球航行」之後，太平洋為世人所知。這個世界最大的海洋成為製圖師爭相描繪的對象。這之中，以馬里斯 · 帕奇菲奇（Maris Pacifici）1567 年繪製的太平洋專圖最為知名。因為 1589 年，它被亞伯拉罕 · 奧特里烏斯收錄到再次出版的《寰宇劇場》（首版為 1570 年）之中，而廣為流傳。

這幅銅版印刷地圖，以大寫字母書寫標題「MARIS PACIFICA」——太平洋地圖。此圖的主要信息來自麥哲倫船隊環球航行。為了向這一偉大航行致敬，圖中央特別描繪了此次航行五艘船中唯一倖存的維多利亞號（Victoria，「勝利」的意思）。這是這艘克拉克型（Carrak）遠洋帆船，在歷史圖像中罕有地露臉。在這艘偉大的帆船邊，還罕有地刻了一首詩：

> 我第一次用帆環繞世界，
>
> 攜帶你，領袖麥哲倫，通過新海峽。
>
> 因此，我理直氣壯地叫維多利亞。
>
> 以帆為翼，我與大海戰鬥，帶着戰利品，那是我的榮耀。

在地圖圖面上題詩極為少見，它增加了此圖的人文趣味。當然，圖中最重要的是最新的航海信息，此時，太平洋上已有了歐洲最新型的商船戰船融合的蓋倫船（Galleons），開闢出了從西班牙美洲殖民地跨太平洋至馬尼拉，再從此地北上日本，從太平洋北部繞回墨西哥的「蓋倫船運寶航線」也稱「銀船航線」。

1527 年曾參加過征服墨西哥戰爭的科爾特斯的表弟伊 . 塞隆，從墨西哥出發，利用東北季風，沿北緯 20 度季風帶，順利抵達北緯 15 度的菲律賓。但返回墨西哥時，從太平洋吹向墨西哥的風則太弱。怎麼從西太平洋順利返回墨西哥成為一大航海難題。

這個難題一直到 1560 年才得到解決。這一年，西班牙 60 歲的修道士航海家安德烈斯．德．烏爾達內塔發現，從菲律賓北上，順着黑潮進入日本海域，而後從北緯 39 度的位置再向南進發，這樣就順利回到墨西哥。西班牙人就這樣從墨西哥帶着大量的白銀進入菲律賓，在這裏與中國海商或海盜交換絲綢、瓷器、香料之後，再從太平洋北部返回墨西哥，從加勒比海跨大西洋將財寶運回西班牙。

此時，葡萄牙已通過馬六甲和台灣海峽開通了到達日本的航線。圖左上台灣島被畫成名為「流球」的羣島，它的北面繪有彎曲的日本列島。日本列島周圍標註有「日本已改信基督教」，以及「教會為了傳播已向中國進發」。在本州和北部的蝦夷島，即今天的北海道，都標註有「銀山」和「銀島」。

順便說一句，葡萄牙商人自 1543 年被大明海商王直帶到日本後，1571 年在長崎開設商館。1582 年日本三位大名派出了首個遣歐少年使團，在遊歷了葡萄牙、西班牙和意大利之後，1590 年遣歐少年使團回國。據說，少年使團帶回了奧特里烏斯的

圖 8.9：麥哲倫船隊環球航行圖，1567 年馬里斯．帕奇菲奇繪，1589 年奧特里烏斯出版

NAVIS DICTA
VICTORIA
DVCE
MAGEL
LANE
PRIMA
CIRCVMVECTA
PER
ORBEM
TERRAQVEV
DIEBVS
1124.
VICTORIA
MARE PACIFI CVM
OCEAN9 PERVVIAN9
PERV
TERRA FIRMA
MAGELLANICA
Rio la Plata
OCEAN9 OCCIDEN-TALIS
MARE ATLANTI CVM
MARE ÆTHIOPICVM
AMERICA BOREALIS
NOVA FRANCIA
TERRA LABORATORIS
Groenlandia
POLVS ARCTIC9
Circulus Arcticus
I.Salomonis
HISPANIA
GALLIA
GERMANIA
POLONIA
MOSCOVIA
NATOLIA
ARABIA
MARE MEDITERRANEVM
BARBARIA
LYBIA
TERRA NIGRORVM
GVINEA
NVBIA
ÆTHIOPIA SVPERIOR
ZANGVEBAR
CAFRARIA
A F R I C A
I.S.Helena
I.Tristan de Cunha
S.Laurentii
St 26 22 Ian.
St 24 31 Dec.
An.1522.

圖 8.10：海因里希 1700 年出版的「從北極視角描繪麥哲倫環球航線圖」，圖中插畫描繪了環球航行活着回到家的倖存者到教堂祈福的場景

《寰宇劇場》（不知帶回的是 1570 年首版的，還是 1589 年最新版的地圖集）。

這幅太平洋地圖的南美洲最南端，那裏被顯示為「未知的南方大陸」的一部分。當時人們對太平洋南部的信息了解得太少，對「未知的南方大陸」仍是憑着感覺來描繪。這個大陸從「麥哲倫海峽」一直延伸到整個南太平洋，太平洋就被畫成了一個封閉的，不大的內海。在這片內海中繪有 1567 年西班牙航海家阿爾巴洛·德·梅達尼亞從祕魯出發，經過兩個多月的航行發現的索羅門羣島。這一羣島被畫得很大，而畫得更大的是它西側的今天的巴布亞新幾內亞，被誇大了十幾倍，而緊鄰此地的巨大的澳大利亞大陸，尚未被發現。這些畫得超大的島嶼，使無比寬闊的太平洋顯得非常擁擠。

麥哲倫環球航線一直是全景化世界航海圖描繪的熱點，一直到 1700 年左右，耶穌會會士謝勒·海因里希（Scherer Heinrich 1628－1704）還繪製了一幅「從北極視角描繪麥哲倫環球航線圖」，這是一個全新的環球航行的視角，雖然南北方向的大陸與海洋被壓扁了，但幾塊大陸的關係得以俯視，也是有趣的事。更有趣的是地圖上的插圖，左邊描繪了唯一回到西班牙的維多利亞號，圖右邊描繪了返回家園的十八倖存者，懷着感恩的心情跑到塞維利亞教堂禮拜的場景。

第八節　《薩拉戈薩條約》太平洋子午線

——摩路加羣島地圖 托雷諾（1522 年）

——涵蓋迄今所有發現之世界地圖 里貝羅（1529 年）

又要說到羅馬教廷為瓜分世界劃線了。

前邊講過，第一次劃線是 1452 年、1455 年和 1456 年教廷先後三次為葡萄牙頒佈敕書；第二次劃線是 1479－81 年葡萄牙與西班牙簽署《阿爾卡索瓦斯條約》；第三次劃線是 1494 年葡萄牙與西班牙簽署《托德西拉斯條約》；第四次劃線——因為前一次劃線沒有考慮東邊的對跖點，所以要重新在東半球對跖點劃線。

圖 8.11：早在 1522 年托雷諾繪製的摩路加羣島地圖上，就特意將《託托爾德西里亞斯條約》東半球對跖子午線畫在馬六甲，表明香料羣島屬西班牙一側

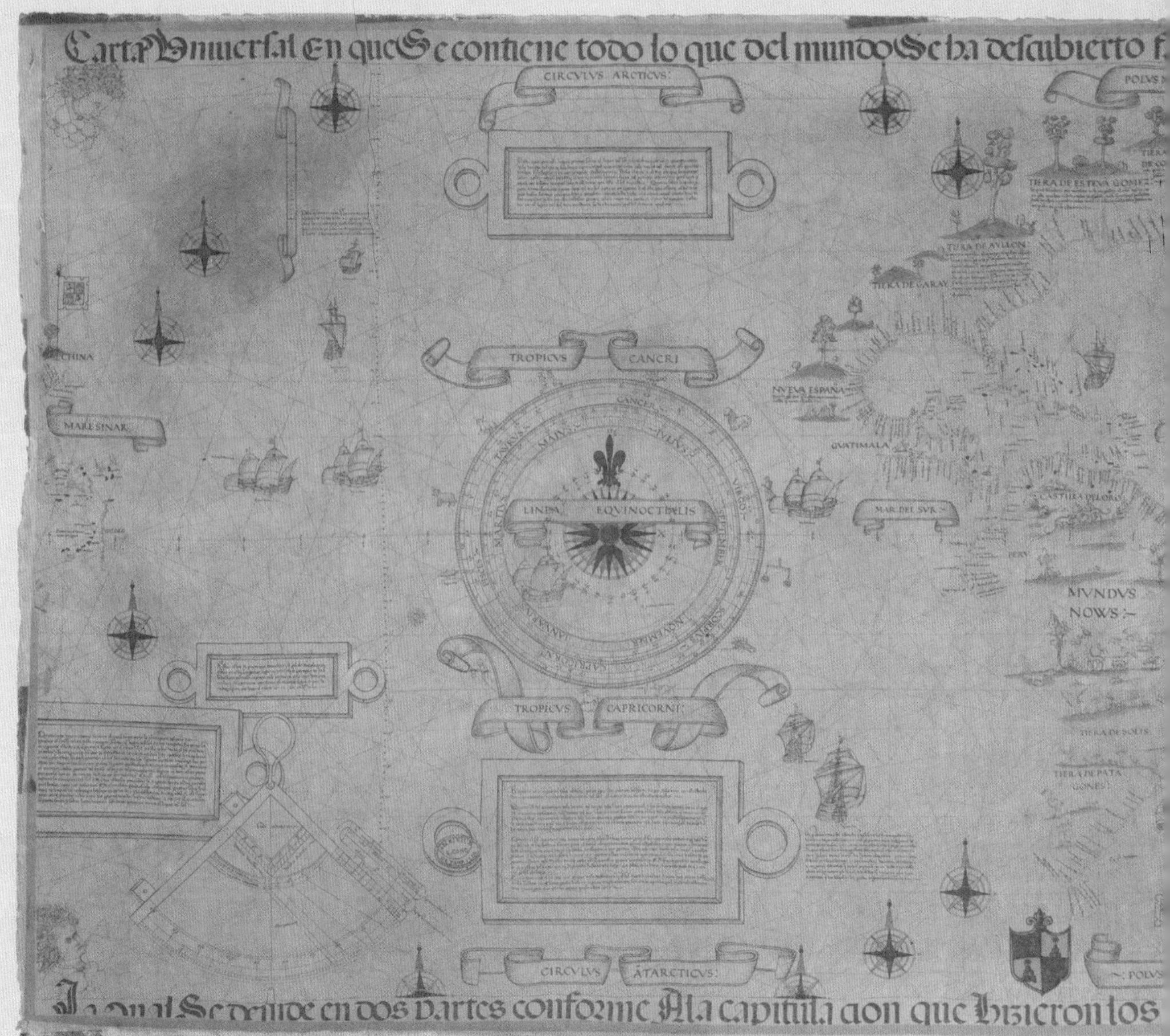

The Second Borgian M

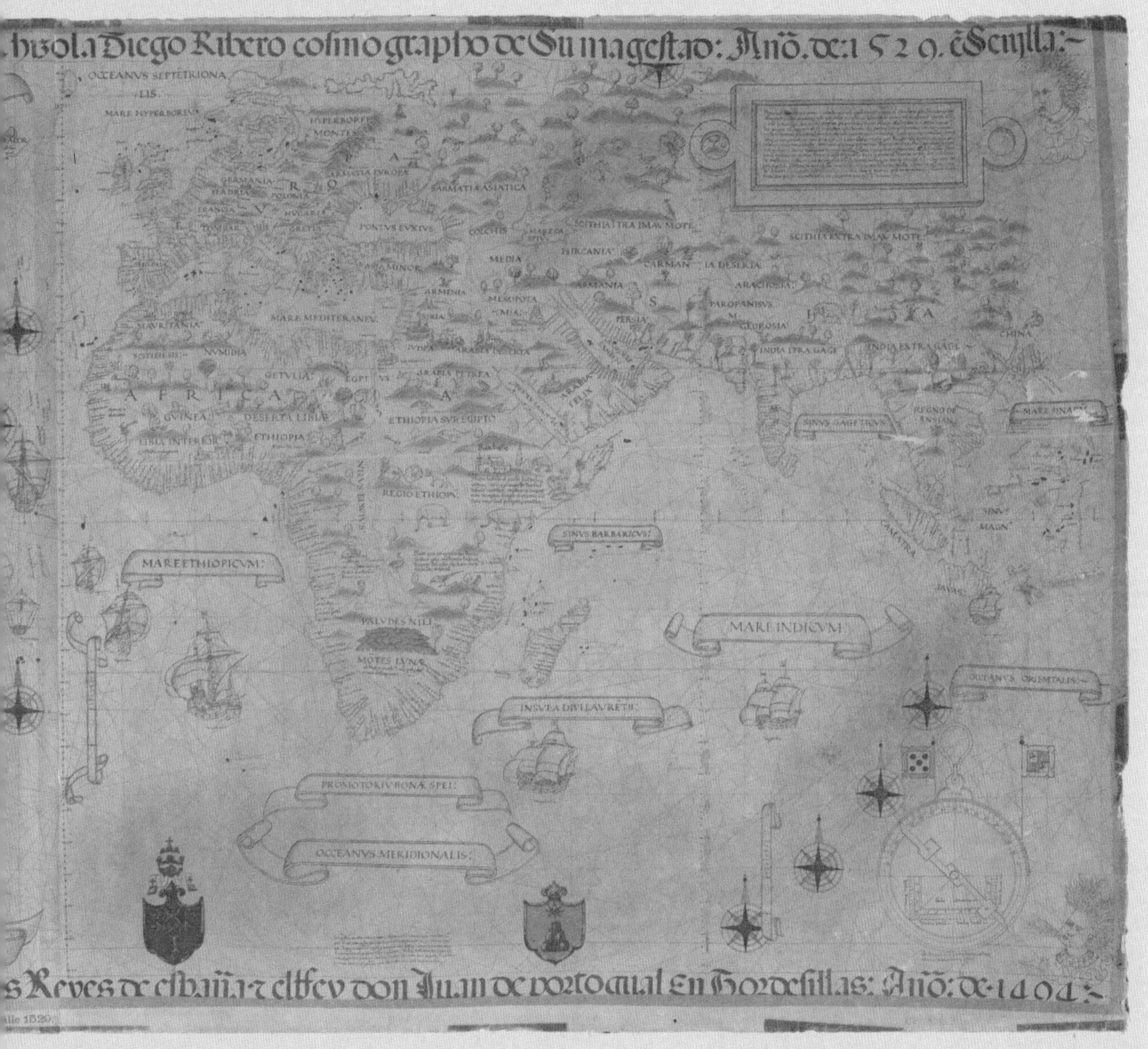

圖 8.12：里貝羅 1529 年繪製的涵蓋迄今所有發現之世界地圖，為西班牙爭奪香料羣島提供了「依據」

1522 年 9 月 8 日麥哲倫船隊返回西班牙塞維利亞港口，完成了史上第一次成功環繞地球之旅。葡萄牙國王約翰三世（John IIIof Portugal）當即向西班牙提出抗議，認為西班牙船隊進入香料羣島侵犯了葡萄牙「領土」。西班牙國王查理五世則認為香料羣島在《托爾德西里亞斯條約》所規定的西班牙一側，爭執雙方要求研判摩鹿加到底屬於哪國領土，要求重新劃線。

實際上，早在 1522 年努諾加西亞・德・托雷諾（Nuño Garcia de Toreno）就根據維多利亞號提供的信息繪製的皮紙手稿印度和摩鹿加羣島海圖上，特意在馬六甲劃上了《托爾德西里亞斯條約》東半球與赤道相交的穿過蘇門答臘島的「對跖子午線」，馬來半島和摩鹿加羣島就在這條子午線的東邊，屬西班牙一側。

注意，這子午線東邊，繪有一艘四桅帆船（爪哇帆船）正被一艘葡萄牙船隻追趕。這一場景，可能描繪的是在馬六甲附近，一艘帆船載有 300 名爪哇「摩爾人（穆斯林）」的 600 噸帆船，曾被葡萄牙人派出小船命令停下來，雙方開火，投擲長矛、箭、石頭、火藥罐和易燃材料。由於馬六甲海面沒有足夠的空間安排插圖，所以，這場戰鬥場景被放置在爪哇南部。

為了第四次劃線，西班牙請來一直在西班牙工作的葡萄牙製圖師和探險家迪奧戈・里貝羅（Diogo Ribeiro，？－1533），為葡、西談判準備大型世界航海圖。里貝羅曾多次作為領航員參加印度探險。他在 1525 年、1527 年和 1529 年，先後畫了三幅「皇家圖式」大型世界航海圖，每一幅都將摩鹿加羣島畫在屬於西班牙的這一側。

1529 年 4 月，在羅馬教皇主持下，葡、西兩國在西班牙東北部的薩拉戈薩簽訂了《薩拉戈薩條約》。由於 1528 年西班牙要與法國開戰，所以，西班牙以葡萄牙在這場紛爭中保持中立，並給預 35 萬達卡金幣補賞為條件，最終放棄了對摩鹿加羣島的領土主張。（此時，西班牙海軍已經佔領摩鹿加的德那地島對面的蒂多雷島）。最終「條約」在摩鹿加以東 17 度（今巴布亞新幾內亞，東經 144 度左右）劃出了一條太平洋子午線，作為兩國在東半球行使海洋權利的分界線，此線以西歸葡萄牙控制，以東歸西班牙控制。

《薩拉戈薩條約》規定兩國各自繪製並保留一份同樣的地圖。這是世界歷史上首次在條約中規定必須使用地圖，並使地圖成為有法律約束力的文件。奇怪的是，後來兩國的這幅劃分地球的地圖都消失了，存世的僅有1529年裏貝羅繪製的地圖。

雖然劃分了《薩拉戈薩條約》界線，但在裏貝羅的這幅地圖中，摩鹿加仍出現在此圖的最左邊，處於西班牙一側。因為在《薩拉戈薩條約》中有一條規定，西班牙有權贖回他放棄的土地。這幅地圖有一個説明性標題：「涵蓋迄今所有發現之世界地圖。陛下的宇宙學者迪奧戈·里貝羅於1529年製作。依照信仰天主教的西班牙與葡萄牙的約翰王1494年在托爾德西里亞斯達成的條約，將地圖一分為二」。這個長長的圖名或題記，表明摩鹿加仍是西班牙領土。新的條約都簽了，補賞金也拿到了，難道這是一幅留給翻案用的地圖？那就不得而知了。

順便説一下，在此圖左上角，可以看到標註着中國「CHIMA」的土地上插着西班牙國旗。其實，最早在珠江口屯門澳登陸的是葡萄牙人（大約在1513年前後）。西班牙人在地圖上畫上自己的國旗，就是不想放棄對摩鹿加的領土主張。

當然，這幅地圖也並非只為爭奪摩鹿加羣島而繪製，它以縱85CM橫204CM的巨大尺幅展示了當時的地理大發現，尤其是地圖中央勾畫中美洲和南美洲的非常精確的海岸，説明美洲的整個東海岸已經有了覆蓋廣泛而細緻的航行探索，但美洲的西海岸，他幾乎沒有做任何港口的標註，只有中美洲西部有部分海岸地名標註，在太平洋方向，尚無澳大利亞和還是南極洲的描繪。這恰好説明，大航海地理發現還沒有進行到尋找「未知的南方大陸」這一步。

雖然，前有1494年第三次劃界的《托爾德西里亞斯條約》，後有1529年第四次劃界的《薩拉戈薩條約》，葡、西兩國各自得到半個世界，可以相安無事了。但其他西方列強怎麼能容忍這樣的條約。法蘭西國王弗朗索瓦一世非常乾脆地表示：「陽光照在別人身上，也照到我身上，如果亞當的遺囑有剝奪我參與分割世界的權利這樣一條，我倒很願意拜讀拜讀。」伊麗莎白時代的一位貴族曾對西班牙駐英大使明確表示：「教皇無權劃分世界，也無權把國土隨便送給他所喜歡的人。」所以，沒過多久，那兩條畫海圖上的「教皇子午線」，就在一場接一場的海戰炮火中，壽終正寢了。

第九節　海盜開啟「全球化」的地理描述

——德雷克環球航海圖 小墨卡托（1589 年）

從某種意義上講，西班牙與英格蘭的海上戰爭是由一個海盜不停地打劫而引發的。不過，從地理角度來看，它還有一個開創歷史的「正面形象」。正是在跨洋打劫的過程中，英國海盜航海家弗朗西斯·德雷克（Francis Drake，1540－1596 年）才完成了環球航行。

1540 年出生在英格蘭德文郡農民家裏的德雷克，幸運地趕上了英格蘭以航海立國的大時代。德雷克沒有像父親那樣把命運交給土地，而是將人生交給了大海。13 歲時德雷克便當上了水手，5 年後，從喜歡他的一位老船長遺產中得到了一條小船，當了「船長」。後來，跟隨他的表兄、著名販奴商人約翰·霍金斯販奴船隊，在海上販買黑奴，兼做海盜。

1568 年，兄弟二人率販奴船隊前往墨西哥。當時的美洲受率先發現新大陸的西班牙人控制，他們不僅封鎖大西洋的美洲沿岸，嚴禁一切他國船隻來往，甚至另一邊的太平洋，也變成了西班牙的私海。倒黴的英格蘭販奴船，在進入中美洲海岸時遭遇颶風襲擊，被迫來到西屬殖民地的韋臘克魯斯港避風。不曾想，原本同意他們進港的西班牙總督，在德雷克船隊進港後突然下令攻擊，導致 300 多名船員被殺，德雷克和霍金斯乘殘存的船隻倉促逃走。德雷克由此與獨佔新大陸財富的西班牙結下了一生的仇恨，這個仇恨也成就了他的人生。

1572 年，決心挑戰西班牙的德雷克，再次橫渡大西洋，進入巴拿馬地峽，搶劫了運送黃金的西班牙騾隊，並搶下幾艘西班牙大帆船，一路歡歌地返回英格蘭。作為挑戰西班牙的英雄，德雷克受到伊麗莎白女王的第一次召見。傳說，正是這次召見開啟了他與女王的親蜜關係。

1577 年 12 月 13 日，在女王親自入股的支持下，德雷克率旗艦「金鹿」號等 5 艘船，160 多人離開他的家鄉德文郡的普利茅斯港，開始第三次探險航行。這一次，德

圖 8.13：小墨卡托 1589 年在倫敦製作的雙球銀質德雷克環球航海圖（西半球）

雷克目標明確，就是打劫西班牙財寶。「金鹿」號跨過大西洋來到巴西海岸，一路打劫商船。美洲的西班牙人，立即派出軍艦一路南追。1578 年 8 月德雷克船隊南逃到麥哲倫海峽，用了 2 周時間，才戰戰兢兢地走出麥哲倫海峽。他們在在太平洋一側，南緯 53° 左右遭遇風暴，「金鹿」號被向南吹到了火地島南邊。在南緯 56 度左右，水手們驚奇的發現，火地不是一個大陸，而是羣島的一部分。它的南邊還有一片未知的汪洋大海，後世將一海域命名為「德雷克海峽」。

德雷克原本想北上通過北極航道返回英格蘭，但航行到北緯 48 度的加拿大西海岸，發現無法通過北冰洋，只好改為向西橫渡了太平洋，繞過好望角進入大西洋。1580 年 9 月 26 日，德雷克率領「金鹿」號回到普次茅斯港，成為英國的第一位由始至終擔任指揮，並完成環球航行的航海家。伊麗莎白女王控制不了內心狂喜，登上「金鹿」號，親自授予德雷克爵士頭銜。同時，也忘不了與德雷克算算經濟賬——滿載打劫財富的德雷克給投資者帶來了 4700 倍的利潤。作為資助者之一，伊麗莎白一世也分到了 16.3 萬英鎊的紅利，這個數字幾乎相當於英格蘭政府一年的支出。

因為德雷克掌握了大量獨家航海信息，聰明的伊麗莎白女王頒佈命令，禁止參與過此次航海行動的任何人繪製相關航海圖，以保護這一國家機密。

十年之後的 1589 年，著名製圖師老墨卡托的孫子，邁克爾．墨卡托（Michael. Mercator），為紀念德雷克環球航行十周年，把德雷克環球航行路線設計成銀牌環球航海圖（獎章）。銀牌為雙面，一面東半球，一面西半球。德雷克穿越兩個半球的路線以一條虛線標記，「金鹿」號從巴西南逃進入麥哲倫海峽，出海峽後被大風吹至合恩角一帶，而後北上，又西行跨越太平洋，繞過好望角，返回英格蘭。航線上有時還伴有一艘船的圖形。圖上的八處銘文，記錄了德雷克船隊出發和返航的日期，以及麥哲倫海峽等信息。起點刻有「Exitus Draci」（德雷克出發）；好望角附近刻有「Reditus」（返程）。還標註了赤道、南回歸線和巨蟹座、北極圈和南極圈。圖上刻有 110 地名，中國和日本也出現在圖上。但無人知道作者是根據什麼線索繪出了一直處於保密狀態的德雷克環球航海線路。

這個直徑 7 厘米的銀牌頂端，有小小突起部分，表明是可以打孔穿項鏈的圓形銀飾品——德雷克航線就這樣被世人所知。此銀牌航海圖有 9 塊存世，有 2 塊在大英博物館，但只有現存美國國會圖書館的那一塊，附帶一小個牌子，上面刻有它的製作者名字、製作日期以及地點：「邁克爾 · 墨卡托，1589 年，倫敦。」

第十節　第三位環球航行的探險家卡文迪什

——穿過美洲地圖 卡文迪什（1588 年）
——卡文迪什環球航行地圖 范德（1707 年）

如果說，麥哲倫原本弄不清美洲有沒有一個通向另一個大洋的海峽，就毅然採取了冒險的環球航海行動，「意外」發現了海峽，船隊最終完成了環球航海。

如果說，德雷克原本沒想環球航行，因為在南美洲打劫西班牙商船的逃亡途中，「意外」穿越麥哲倫海峽進入太平洋，繞行非洲，逃回英國，最終成為英國第一個真正完在環球航海的探險家。

那麼，托馬斯 · 卡文迪什（Thomas Cavendish 1560－1592）就與前邊兩位「意外」的環球航海家大不一樣。他純粹是為效仿德雷克的環球打劫，而最終成為繼「麥哲倫 - 埃爾卡諾」、德雷克之後，第三位環球航行的探險家。

卡文迪什出生在倫敦一個富有家庭，從小到大都順風順水：12 歲就從繼承了父親的地產和一大筆錢；15 歲時進入劍橋大學學習，書還剩兩年沒唸完就離開學校；17 歲後，他過了 8 年左右的豪華生活；1584 年他開始做殖民地生意，但投資虧損；這時他想起了德雷克的「成功經驗」，決定也去環球打劫。

1586 年卡文迪什帶領配有 18 門大炮的「慾望」號等 3 艘船，跨過大西洋來到巴西。這年的 7 月 21 日他到達麥哲倫海峽，10 月到達加利福尼亞灣。1587 年 11 月 17

圖 8.14：卡文迪什 1588 年繪製的穿過美洲地圖，將麥哲倫海峽以插圖形式放在圖中央空白處，細膩描繪了麥哲倫海峽，它也是第一幅麥哲倫海峽的測繪地圖

日，開始橫跨太平洋的航程。穿越太平洋後，卡文迪什來到菲律賓羣島。

這一路，他不僅打劫了西班牙運送財寶的馬尼拉大帆船，還攻擊了西班牙在菲律賓控制的城市。「收穫」了黃金、絲綢、麝香、香料，發了一大筆橫財。他還從菲律賓把八角帶回英格蘭，成為把八角傳入歐洲的第一人。1588 年 9 月 9 日，卡文迪什指揮着「慾望」號進入了普利茅斯，完成環球航行，共用時兩年 49 天，損失了兩條船。女王伊麗莎白將第三位環球探險家卡文迪什封為爵士。

這次航行中，卡文迪什繪製了一幅穿過美洲地圖。此圖像佩德羅 . 雷內爾 1485 年製作的西歐和非洲航海圖一樣，也因圖面的空間不夠，而將地圖右下角的麥哲倫海峽地圖的放大圖，以插圖形式放在了太平洋中央的空白處，以便更細膩地描繪麥哲倫海峽，所以，它也是第一幅麥哲倫海峽的詳細測繪地圖。

卡文迪什賺來的錢很快被揮霍一空，他認為自己應該再次嘗試一次環球遠征。1591 年 8 月，卡文迪什率領 5 艘船組成的遠征船隊，再次跨過大西洋進入美洲。船隊先去了南部麥哲倫海峽，但暴風將艦隊吹散。卡文迪什的船北上巴西，卻不明不白地死在了途中，這年他 31 歲。傳説，卡文迪什在美洲埋藏了一批財寶，至今下落不明。

1707 年彼得 · 范德（Pieter van der 1659－1733 年）製作了一幅托馬斯 · 卡文迪什環球航行地圖。這幅漂亮的銅版添色地圖，獨立顯示了卡文迪什環球航線，但地理素材有些過時，加利福尼亞仍然被錯畫成一個島，圖上沒有繪出已經被發現的「新荷蘭」（澳大利亞）。

卡文迪什的名氣也沒德雷克大，據説，當年歐洲曾有一種流行的煙斗，是以托馬斯 · 卡文迪什的名字命名，再沒找到卡文迪什更顯赫的影響了。

有了麥哲倫 - 埃爾卡諾、德雷克、卡文迪什的環球航行，使環球航行再無祕密可言，此後的環球航行由探險發現進入到科學考察時代。在這個轉變的過程中，有一位影響廣泛而傳奇人物不可不提，他就是英格蘭的威廉 · 丹皮爾爵士（William Dampier 1651－1715）。從丹皮爾開始，世界航海地圖由海岸輪廓和島嶼描繪，向綜合性科學載體轉變。

丹皮爾的身份非常複雜，成就也是方方面面。他是第一位完成了三次環球航行的

ZEE-TOGTEN door THOMAS CANDYS na de WEST INDIEN; en van daar rondom den gantzen AARDKLOOT gedaan.
Milliaria Germanica Communia 15 in uno Gradu.
100 200 300 400 500 600
Milliaria Gallica Communia quorum 20 in uno Gradu.
100 200 300 400 500 600 700 800
Uytgevoord te LEYDEN door PIETER VANDER AA met Privilegie.
AFRICA
OCEANUS
ÆTHIOPICUS
MAR DI
INDIA
Mare Caspium
Mare Arabicum
Archangel
Astracan
Samarchand
Ispahan
Persis
Indostan
CHINA
Cathaya
Japan
Iedso
Compagnis Lant
Philippise I.
Ladrones I.
Moluceo I.
Formosa
Hainan
Bungo
Uno Coluna
Malo Abrigo
Hoogh land
Hoornse I.
Verraders I.
Timor
Iava I.
Batavia
Banca
Achem
Celion
Calicut
Maldive Insulæ
Zocotora
Goa
Dio
Cambaia
Mecca
Arabia
Aden
Jerusalem
Cypros
Mediterraneum
Sicilia
Barbaria
Fez
Garama
Cairo
Alexandria
Numidia
Nubia
Guinea
Biafra
Congo
Melinde
Mozambique
Madagascar
C. Natal
I. de Diego Roiz
I. Fern. Poo
I. de S. Thomas
I. Anobon
I. d'Ascencion
St. Helena
I. dos Picos
C. das Voltas
C. Falso
C. de Bona Esperança
I. de Tristan de Cunha
I. de Gonçalo Alvares
C. de S. Sebastiano
Tombotu
Arguin
Rio d'Oro
Niger Fl.
Hispania
Lisbona
Gracia
P. Euxinus
Constantinopolis
Natolia
Smyrna
Amsterdam
Hitland
Fero
Suecia
Bergen
Stockholm
Narva
Moscovia
TARTARIA
ASIA
EUROPA

圖 8.15：范德 1707 年繪製的托馬斯．卡文迪什環球航行地圖。

航海家；他闖盪海洋三十年間，訪問五大洲，寫出四本書（1697年出版《新環球航海記》，1699年出版《航程與描述》，1703年出版《前往新荷蘭的航程》，1705年出版《風語》），是第一位環球科考「自然學家」。此外，作為一名船長和領航員，他記錄了海上路線、距離、緯度、風和天氣，他利用直線與箭頭的簡單的符號組合，第一次系統地在海圖上描繪出大洋上的信風系統和印度洋上的季風系統（第十三章有詳細介紹）。不僅如此，作為描述世界許多國家的生活和習俗的人，丹皮爾向英語引入了大量外來詞，如鱷梨、燒烤、麵包果、腰果和筷子。總之，他在《牛津英語詞典》中收錄了一千多個條目。

當然，不能不說的是，他的三次環球航行都伴隨着私掠活動，所以，他還是被西班牙通緝的英格蘭官方海盜。

第十一節　用圓柱投影將地球「扯平」

——圓柱投影世界航海圖 墨卡托（1569年）
——墨西哥灣海圖 達德利（1646年）

大航海帶來的地理發現，讓西方地理學家與製圖師越來越感到公元2世紀的托勒密《地理學》已經不足以科學地表現當時所認知的世界了。在懷疑與探索中，一位劃時代的地理學大師基哈德斯·墨卡托（G.Mercator，1512－1594）橫空出世，他使世界地圖和世界海圖的製作進入了新時代。

墨卡托1512年出生在尼德蘭或「窪地國家」的佛蘭德魯珀爾蒙德。這個出生地使他是哪國人，在後世出現了不同說法，有的說是尼德蘭人、有的說是佛蘭德比利時人、有的說是法蘭西人。佛蘭德是中世紀後期歐洲重要的窪地紡織地區，也是英格蘭和法蘭西長期爭奪的目標。「百年戰爭」（1337－1453年）中，英格蘭戰敗，佛蘭德併入法蘭西；但百年之後的1556年，它又歸為西班牙所屬的尼德蘭管轄；1648年佛蘭德的北部地區（今荷蘭澤蘭省）歸併荷蘭；1830年比利時革命後，佛蘭德從荷蘭獨立出來，又成為比利時的領土……

墨卡托的真名是格哈德·克雷墨，但受16世紀名字拉丁化的影響，把名字改為基哈德斯·墨卡托，意思就是「商人」。他早年在洛文大學（今比利時）攻讀了哲學、數學以及天文學。後來，墨卡托到了現在位於德意志的克里夫公國杜伊斯堡，在那裏他創建了影響至今的製作地圖的「投影法」。

越來越多的航海家發現波特蘭航海圖的羅盤花放射出的恆向線，沒有考慮到地球的曲度；而以經緯描繪的航海圖，又因地球的球形，子午線像桔子瓣一樣匯合在南北兩極，使航海圖無法在平面上真正展開；怎樣最大限度地用直線在平面上來表示航線成為世界性難題。許多製圖師變換了多種投影法，仍然無法「將世界扯平」。

最終破解這一難題的是墨卡托，1569年他為航海家設計出了「圓柱投影法」世界航海圖：假想地球被圍在一中空的圓柱裏，其赤道與圓柱相接觸。然後，再假想地球中心有一盞燈，把球面上的圖形投影到圓柱體上，再把圓柱體展開；地圖的一點上任何方向的長度比均相等，平行的緯線同平行的經線相互交錯形成了經緯網——世界就這樣被墨卡托「扯平」了。

1569年，57歲的墨卡托出版了這幅以「圓柱投影法」繪製的世界航海圖，並用自己的名字命名此製圖法為「墨卡托投影法」。這幅世界航海圖的原始尺寸一定大於它的印刷版本，估計應是縱1.25米，橫2米。它的原始印刷版本，據說橫跨當時的18張印紙。

墨卡托在平面上用直線畫出全世界的航線圖，同時，在圖面上海洋空白處和北美內陸無人到達的空白處，用了許多文字向不了解投影法的人介紹它的合理性：這種新方法使將球體表面展開在平面上，圖中每個地方的四個方位上都與其他地方連接起來，這裏既包括真實的方向和距離，也包括真實的經度與緯度。在這樣的航海圖指引下，航海者可以在地圖上設定一條航線，而後參照相應的羅盤方位角，就可以放心地航行。

雖然，墨卡托的這種新航海圖沒有角度變形，但面積變形顯著，赤道地區面積變

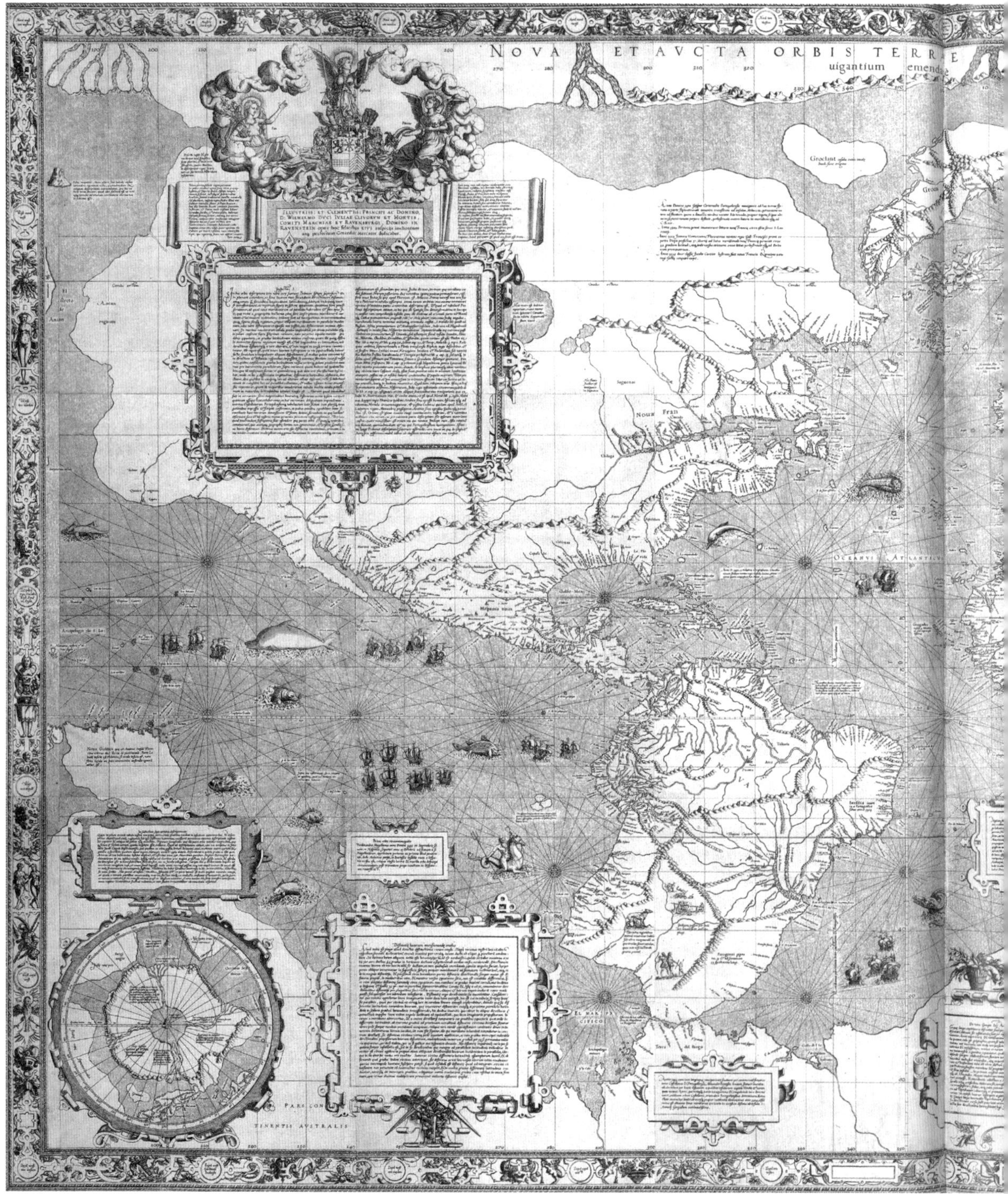
NOVA ET AVCTA ORBIS TERR
uigantium emenda
Groclant

圖 8.16：墨卡托 1569 年出版的世界航海圖，首次將世界在地圖上「扯平」

AMERICA
Carta particolare della Baia di Messico con la costa.
La longitudine Comincia da l'Isola di Pico d'Asores.
D'America Carta VII
Parte Orientale della nuoua SPAGNA.
L'IMPERIO DI MEXICO.
IL TROPICO DI CANCER.
LA NVOVA SPAGNA
MARE DEL NORTE.
MARE DEL ZVR
Corrente Verso Greco.
La Corrente è Grecale.
Corrente è Tramontana
Corrente Verso Tramontano
B.a di MEXICO.
Messico.
Colima
Sacatula
Qui à Vera cruz
I Venti Nociui Sono Tramontani
Corrente Verso Ponente.
Var. 4. Gr. Mã.
Var. 3. Gr. Mã.
Pan di Minsapa
Colline di Medelin
I. das Arenas
Isola Vermeia ò Rossa
Negrillo
Triangulo
Zarca
Arena Bianca
Fondo Arena
R. Almeria
C. Almeria
R. Toluta
R. Branca
C. di Villa Ricca
Villa Ricca
C. San Paual
R. S. Paual
Costa di Vera Cruz
R. di Vera Cruz
R. Palmas
C. di Palmas
La Costa
R. S. Barcolomeo
C. S. Barcolomeo
R. Tampice
R. Ermoso
G. di Pa nuco
Sierras di Tarquia
C. Roxo
C. Bianco
R. Solo
C. Brauo
R. Brauo
Costa di Pescadores
R. Madalena
R. Escondido
Capo Madalena
Costa Piana
R. de Cruz
La Punta
Terra Piana
Monte di S. Pietro e S. Paolo
Vulcano
Taxcallan o Xaxal lane rico di Cocianella

圖 8.17：羅伯特・達德利 1646 年出版的第一部采用「墨卡托投影法」的航海地圖集《海洋之謎》中的墨西哥灣海圖

化最小，越到兩極，變化越大，一些國家的面積，如格陵蘭島因此被誇大了。不過，在南北回歸線之間的部分變化的幅度最小，而人類絕大多數航海活動都是在這一區域進行。因此它一誕生就被廣泛用於編制航海圖，極大地影響了後來的遠航者。

墨卡托的世界航海圖開創了航海圖繪製的新時代，它終結了中世紀的波特蘭航海圖，後來的航海圖上，指南玫瑰和羅盤線漸漸消失，地圖上更多出現的是經緯線。

1595 年，也就是墨卡托去世的第二年，他兒子在德意志的杜伊斯堡出版代表當時歐洲地圖學最高成就的墨卡托地理作品集《地圖集，對世界的結構或構成世界之形狀的宇宙學沉思錄》（Atlas sive Cosmographicae meditationes de fabrica mundi et fabricati figura）。此書名中的「Atlas」即希臘大力神「阿特拉斯」，這個詞首次被用來代表「地圖集」。這部《墨卡托地圖集》是歐洲人第一次正式以「Atlas（地圖集）」為此類書命名，它的編排體系也成為後來地圖集的標準體例。墨卡託也由此成為歐洲地圖學中的尼德蘭學派的領軍人物。

需要說明的是，在墨卡托完成世界航海圖的第二年，也就是 1570 年，尼德蘭學派的另一位大師亞伯拉罕·奧特里烏斯（Abraham Ortelius，1528－1598）出版了被稱為「第一部現代意義的世界地圖集」——《寰宇劇場》，當時還沒有「Atlas（地圖集）」這個名字。兩位大師的作品形成雙峰並立的格局，使佛蘭德學派成為歐洲乃至世界最優秀的地理學派。

可以說，二三十年間，尼德蘭學派「三劍客」相繼推出的幾部地圖集，使世界地圖集達到了一個前所未有的高峰。它終結了托勒密《地理學》的時代，也終結了葡萄牙人封鎖航海圖和意大利人包攬航海圖出版的時代，宣告尼德蘭或「窪地國家」製作地圖和地圖出版商業化時代到來。

要特別提出的是，1646 年 73 歲的英國數學家羅伯特·達德利爵士（Dell' Arcano del Mare by Sir）在佛羅倫薩首次印刷出版《海洋之謎》（Arcano del Mare）。這是第一部將已知世界所有海洋和海岸綫彙集到一部大型百科全書中的航海地圖集，也是第一部採用「墨卡托投影法」繪製地圖的航海地圖集。所有地圖的圖面都提供了真實的經度與緯度，這是最接近「現代」的航海地圖集。

第九章

南方大陸海圖：南太平洋探險與海岸測繪

公元前 6 世紀的希臘天文學家畢達哥拉斯認為：世界上最美的形狀是圓形，人類居住的大地是球形的。又根據對稱之美，認定北半球有歐亞大陸，南半球一定有相同的大陸存在，以保持地球的「平衡」。這便是西方傳統地理學中「未知的南方大陸」由來。

公元 2 世紀的希臘地理學家托勒密的《地理學》不僅認定：在赤道與南極之間，有一塊巨大的「未知的南方大陸」，而且給出了表達這一理論的世界圖形。雖然，托勒密世界地圖原本散失，但中世紀有其抄本傳世。在這類抄本中，非洲大陸的南端與南極洲相連。

「未知的南方大陸」有多種拉丁文表述：「Terra Australis nondum cognita」、「Terra Australis Ignota」、「Terra Australis Incognita」或「Terra Australis Nondum Cognita」但是，核心詞就是三個：「土地」、「 南方」和「未知」。

雖然，越過好望角的迪亞士，沒有遇到「未知的南方大陸」，但它提供了向更廣泛的向「南方」進軍的可能。在隨後的幾百年裏，歐洲的探險船，不斷向南，再向南……

從 1769 年開始，英國皇家海軍派出專門的科考船遠赴南太平洋。詹姆斯．庫克（James Cook，1728－1779 年）船長三次遠航太平洋，最終沒有找到「未知的南方大陸」，但畢竟還是與一塊「未知大陸」相逢於南太平洋。英國人似乎在安慰自己，也在安慰古希臘地理學，去掉「未知」（Incognita）就將這裏稱為「Australia」，即「南方大陸」。由此，也引發了另一個問題，拋開殖民者給這片土地起的名字，這裏原本也有自己的名字吧，那麼澳大利亞的原名叫什麼？ 1780 年瑞典地理學家、製圖師丹尼爾．杜博閣（Daniel Djurberg）在發佈北歐首個表現庫克船長大發現澳大利亞的地圖時，就採用了原始地名「Ulimaroa」，意為「大片紅色土地」。

當英國人將這裏命名為「Australia」（漢語音譯「澳大利亞」）時，荷蘭人很不高興，他們認為自己才是最先登陸上這個大陸的人，且早已宣稱此地為「新荷蘭」；當荷蘭人認為是他們率先發現這個大陸時，葡萄牙人很是鬱悶，因為是他們最先打開馬六甲通道進入香料羣島，發現了今天的巴布亞新幾內亞和它西邊的大陸；弔詭的是，最早在航海圖上描繪出「大爪哇」或「南方大陸」的，不是英國人，不是荷蘭人，也不是葡萄牙人，而是法蘭西迪耶普學派的製圖師；在 1540－1560 年代的 20 年間，迪耶普學派至少繪製 16 幅描繪「疑似澳大利亞」的航海圖⋯⋯不過，令英、荷、葡三國有所安慰的是，最早了解這片大陸的法蘭西人，卻沒有和這個大陸的殖民發生任何聯繫。

「南方大陸」的發現是繼哥倫布之後，第二個「大陸」級別的地理發現。

笑到最後的是英國人。庫克只是在 1770 年率先到了澳大利亞的東海岸，並宣佈它為英殖民地，名為新南威爾士，隨後又向南，繼荷蘭人之後「發現」並命名了「新西蘭」。

1788 年 1 月 26 日，英航海家菲利普總督率領由 11 艘船組成的第一艦隊在悉尼登陸。第一艦隊共載有 1030 人（包括流放犯 736 人）。在此後的 80 年中，英國共向澳大利亞輸送了約 16 萬名囚犯。好笑的是，囚犯來到悉尼的這一天，後來被定為澳大利亞國慶日。

1815 年拿破倫戰爭結束後，藉由《維也納會議》，英國在歐洲建立了由其領導的保守的國際秩序——君主制、殖民化——英國向世界輸出商品和工業品，世界各地的殖民地為其提供原料。在 1860 年的英國出版的世界地圖上，澳大利亞和新西蘭已被塗上紅色，成為日不落帝國「全球一片紅」的新組成部分。「全球一片紅」是英國的「黃金百年」。這種格局直到兩次世界大戰才被打破，世界換了另一種並非「一片紅」的非殖民化新霸權。

此後，探索極地航線的航海家繼續向南進發，進入南極圈，登陸南極洲——人類真的在這裏找到了一片大陸——永遠被冰雪覆蓋的南極大陸。

製圖學是這樣講：南極是地球上最後一塊被畫上地圖的地方。

第一節　法國迪耶普學派的「疑似澳大利亞」

——東印度海圖 羅茨（1542 年）
——世界地圖 布魯斯孔（1543 年）
——道芬世界地圖（1545 年）

在著名的庫克船長「發現」澳大利亞之前，葡萄牙人、法蘭西人、尼德蘭人都已「發現過」澳大利亞。如果，從現存最早描繪這一區域的海圖來看，法蘭西最重要的海洋製圖學派迪耶普學派最有發言權。

迪耶普是諾曼第地區的港口城市。從 12 世紀開始，迪耶普就是一座因港而興的城市。15－16 世紀，迪耶普的航海家開始對非洲海岸、印度以及美洲進行貿易考察。並在

迪耶普建立了法蘭西最早的航海學校，培養航海人才和製圖師，由此創建了迪耶普學派（也稱諾曼第學派）。迪耶普學派興盛於 1540－1560 年代，雖然，僅僅活躍了一代製圖師，卻充當了法蘭西地理知識和新世界領土主張的啟蒙者。

以最早描繪「疑似澳大利亞」而論，迪耶普學派至少有十幾幅海圖描繪了這一區域。這裏所說的「疑似澳大利亞」，指的是今天澳大利亞（Australis），不是托勒密《地理學》所說的與南極大陸關聯的「Terra Australis Incognita（未知的南方大陸）」。從 1540 年代開始的眾多「疑似澳大利亞」地圖，皆出自迪耶普製圖學派。

1542 年，《羅茨地圖集》

此前，很多文章一直把第一幅繪出「疑似澳大利亞」的地圖，歸為成圖於 1545 年的道芬世界地圖。其實，在它前邊至少有兩幅地圖已描繪出「疑似澳大利亞」。先來看看率先描繪「疑似澳大利亞」的《羅茨地圖集》。

讓·羅茨（Jean Rotz，1505－1560 年）是一個身份複雜法蘭西製圖師，先後為英格蘭國王和法蘭西國王服務。其《羅茨地圖集》就是一部獻給英格蘭國王亨利八世的航海

地圖集。此地圖集有 12 幅地圖。此中最受關注並引發爭論的是，印度洋地圖和雙球世界地圖。這兩幅地圖都描繪了位於現今印度尼西亞和南極洲之間的一大片土地。

印度洋地圖，涵蓋了印度洋和太平洋（當時尚無太平洋之説），歐洲人將東南亞部地區統稱為「東印度」。此圖以南為上，顯示了馬來半島和馬六甲海峽，在爪哇島南端有一條海峽，對面是一個標註為「Lytil Jaua」大爪哇的大陸，大陸被樹木和山脈覆蓋。

雙球世界地圖，在東半球的爪哇島南端的海峽對面，也繪出了一個標註為「Lytil Jaua」大爪哇的大陸。這個大陸由兩條海岸線組成：西部海岸線，從爪哇與大爪哇隔離開來的海峽，向南延伸至南緯 35 度左右，終止於大洋中部；東部海岸線，從爪哇與大爪哇隔離開來的海峽，向東南延伸至南緯 60 度，並以同樣的方式結束。這幅雙球世界地圖明確顯示了緯度和經度的網格，所以這片新發現的大爪哇的位置，十分接近後來所說的澳大利亞。而非起自南極大陸的「未知的南方大陸」。

羅茨的這兩幅地圖，應該是歷史上最早的「疑似澳大利亞」地圖。

1543 年，布魯斯孔世界地圖

布魯斯孔世界地圖，出自紀堯姆 · 布魯斯孔（Guillaume Brouscon）《航海年鑒》（Nautical almanac）。這是一幅波特蘭海圖，圖面有 12 個精緻的羅盤玫瑰，帶有 32 個恆向線網絡，以黑色、紅色和綠色墨水表示主要方向；還有 4 個緯度尺，但無經度尺；陸地輪廓為綠色，島嶼塗為紅色、藍色、金色或銀色；左側邊框內寫有製圖時間「1543」年。右下角的小邊框內寫有作者名字的縮寫「G.B」。此圖下方多出來的部分，最初摺疊於主圖之上，裝訂所附的書頁中。

這是一幅四大洲地圖，最為神奇的是圖的右側地球南部描出一個巨大的海角，陸地空白處的題花上用大寫字母標註「TERRE OSTRALE」，它的旁邊標註為「terre de Lucac」（洛卡之地），海角的北部標註了三個地名「R. grande」、「La Iave grande」和「Iave」。在這個巨大海角的南部空白處，繪有法蘭西元帥阿圖斯 · 德科塞（Artus de Cossé，Maréchal de France，1512－82 年）的紋章；他或是這幅地圖的第一任所有者。

布魯斯孔不確信，這片巨大的陸地與南極的土地相連。

Cytel Iaua
Trapobana
the see of the Indis of orient
The Indis
of orient

1545 年，道芬世界地圖

這幅由法蘭西「水文測量之父」皮埃爾·德賽里耶（Pierre Desceliers，約 1500 年－1558 年）繪製於 1545 年的海圖，原圖沒有圖名。由於它本是為法國皇太子弗蘭西斯（France，1547 年，成為亨利二世）訂製的地圖，所以被稱為「道芬（Dauphin，法語稱「皇太子」的意思）世界地圖」。當時，法國正在與西班牙進行較量，弗朗索瓦一世希望太子能夠了解當時的天下格局，最終成為取代西班牙的海上強國。

不過，從地圖的特色而論，它應叫「Java La Grande 大爪哇地圖」。爪哇島通常被認為是今天的蘇門答臘島，這個名字由來已久。它表示的地域相當廣泛，但並不包含今天的澳大利亞。古代與澳大利亞聯繫最緊密的應當是它北部的後來被稱新幾內亞的羣島。可能是這片大陸大到無邊了吧，這裏也被稱為「大爪哇」。

圖 9.1：羅茨 1542 年繪製的東印度海圖上（方位為，南方在上），在爪哇島南端海峽對面繪出一片標註為「Lytil Jaua」的大陸，被看作是澳大利亞海岸的最早描繪

圖 9.2：布魯斯孔 1543 年繪製的世界地圖，在圖右側地球南部描繪出一個巨大的「疑似澳大利亞」的海角

這幅地圖的尺寸和形狀可能表示了澳大利亞東北部羣島。但是，不論怎樣此圖對這一地區的描繪，仍是澳大利亞進入歐洲人海圖之中的重要時間點的證明。它表明早在荷蘭人與英國人之前，確實有歐洲航海家到過這裏，並精心描繪了這裏的海岸形狀。

此後，出生於勒阿弗爾的航海家和製圖師尼古拉斯・瓦拉德（Nicolas Vallard）在 1547 年，出版的《瓦拉德地圖集》中的一幅海圖，也顯示了標記為「Jave la Grande」的疑似澳大利亞海岸線，這裏還畫了幾隻大鰐魚，而澳大利亞北部確實盛產鰐魚。

綜觀這些地圖中的「疑似澳大利亞」的描繪，有幾點是值得注意。

首先，迪耶普學派關於「大爪哇」的地理信息，可能來自葡萄牙的早期發現。16 世紀初，葡萄牙探險家已經繞過了非洲，修正了公元 2 世紀托勒密《地理學》所說非洲大陸與南方大陸相連的錯誤理論，並到達了印度和東印度羣島。但也不能忽視，1529－30 年法蘭西迪耶普航海家讓・帕門蒂爾（Jean Parmentier）蘇門答臘探險隊的航海實踐。還有一點，也很有趣。這些迪耶普學派的地圖上，標註的「Cap」海角、「Illa」島、「illet」小島、「port」港口，實際上都是用加泰羅尼亞語標註。所以，迪耶普學派對「大爪哇」的描繪與標註，應當是融合了當時多方面的地理信息。

其二，迪耶普學派對「大爪哇」的持續描繪，至少顯示了澳大利亞部分地區的大致位置，特別是對西北部海角及海岸線的描繪，接近真實。它是澳大利亞最終「顯形」的重要過渡階段。但是，這些地圖對澳大利亞是一塊獨立的大陸，還是與南極大陸有所關聯，沒有明確的描繪，留下一個似是而非的「尾巴」，或空白。畢竟，它比任何已知的荷蘭人、英格蘭人看到澳大利亞海岸任何部分都早了至少一百年。

其三，迪耶普學派對「大爪哇」的持續描繪，使人想信在東印度羣島南邊有一片巨大的陸地。這種描繪被其他學派製圖師所承繼，比如，漢諾威的製圖師海恩里希・本廷（Heinrich Bünting）在他的 1581 年出版的《跟着聖經遊世界》一書最新版世界地圖中，就明確描繪出澳大利亞西海岸。

南太平洋裏的超級大陸，呼之欲出。

EVROPPE
AFFRICQVE
EQVINOCTIAL
LA TERRE DV BRESIL
LA MER PACIFICQVE
LA TERRE AVSTRALLE

圖 9.3：德賽里耶 1545 年繪製的道芬世界地圖，其北部的巨大海角可能表示了澳大利亞東北部

第二節　荷蘭人探索「新荷蘭」

——東印度公司的新荷蘭地圖 塔斯曼（1642 年）

——新荷蘭與南方大陸地圖 塔斯曼（1644 年）

——東印度航海圖 德威特（1675 年）

荷蘭在葡萄牙打通了東印度航路後，幾乎沒花任何探險代價，沿着前人開闢的航路，順風順水地來到東印度，並佔領了東印度。

據說 1605 年，為西班牙服務的葡萄牙航海家路易斯·瓦斯·德·托雷斯（Luís Vaz de Torres）自祕魯出發，尋找未知的南方大陸。1606 年 7 月，托雷斯率領聖佩德羅號（San Pedrico）穿過澳大利亞與巴布亞新幾內亞之間後來以他的名字命名的托雷斯海峽。他曾宣佈對新幾內亞東南部島嶼的「佔領」，但從未聲稱看到澳大利亞最北邊的約克角半島，更沒有留下「發現」澳大利亞的記錄。

有文字記錄的是，1602 年荷蘭人在印度尼西亞設立了東印度公司。1606 年荷蘭人威廉姆·簡士（Willem Janszoon）的率「杜伊夫根」號（Duyfken）到達了澳大利亞東北部，與法國製圖師最早描繪了這片大陸，卻沒有表達權屬，有所不同，他就宣稱此地為「New Holland 新荷蘭」，確立權屬。

1642 年阿貝爾·塔斯曼（Abel Tasman，1603－1659 年）受巴達維亞（現雅加達）荷蘭東印度公司總督安東尼·範·迪門（Anthonie Van Diemen）的委託，前往南太平洋尋找向南貿易的新機會和新航線。在 1642－1643 年的第一次航行中，塔斯曼從巴達維亞航行到毛里求斯，然後向南到達新發現的大陸（澳大利亞大陸）。

在這次航行中，他繪製了塔斯馬尼亞海岸、新西蘭西海岸以及湯加和部分地區的地圖。在這幅被稱為「東印度公司的新荷蘭」手稿地圖的右上方，塔斯曼明確寫道：「此圖上，除新幾內亞北部和爪哇島西端外，其他土地均由東印度公司探險家發現。這部作品是奉總督安東尼·範·迪門閣下的命令，根據不同的著作，以及阿貝爾·塔斯曼於 1644 年的個人觀察整理而成。在新幾內亞這片偉大土地的東部，第一個已知的南方

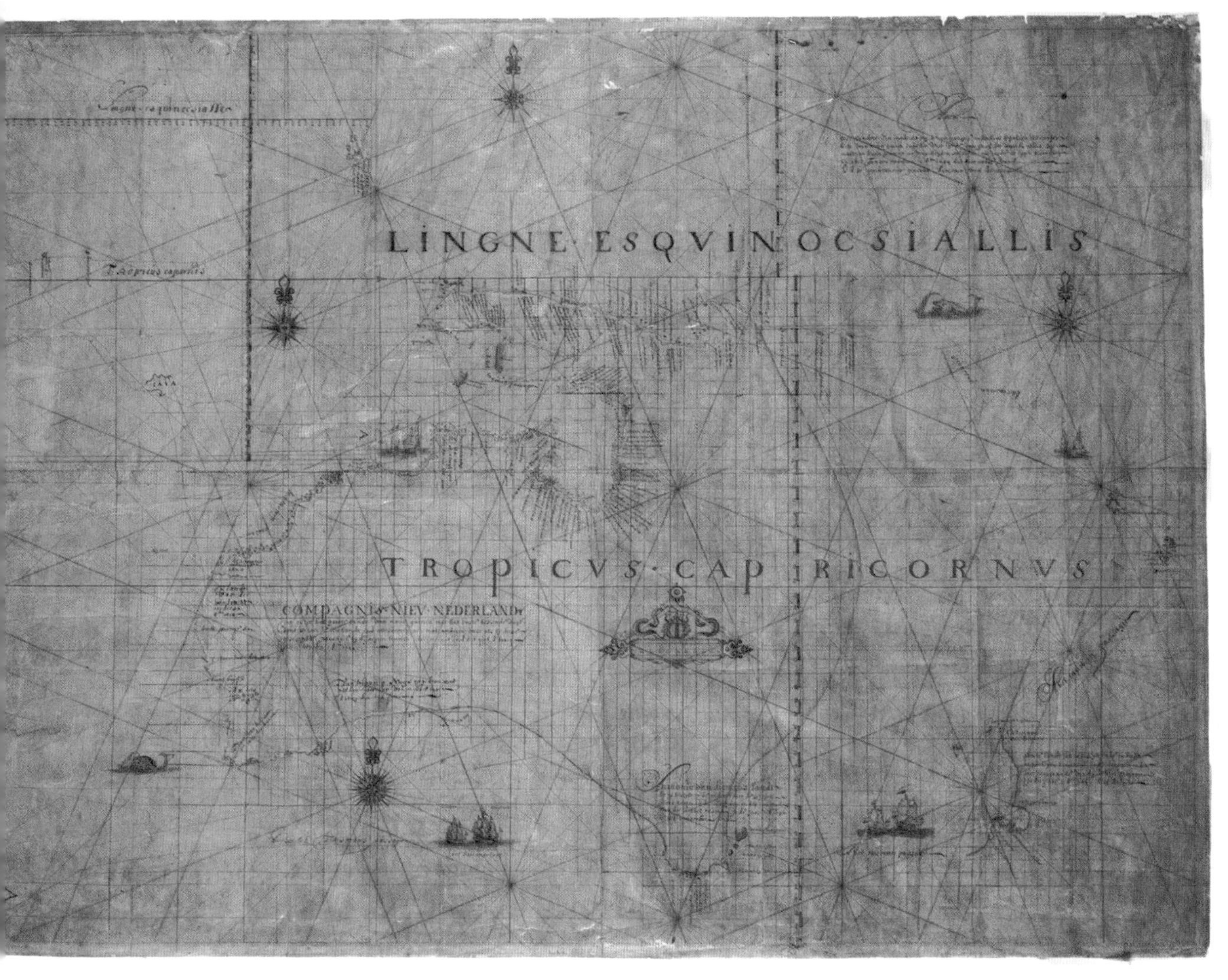

圖 9.4：塔斯曼 1642 年繪製的東印度公司的新荷蘭手稿地圖，此圖已將澳大利亞與南極大陸明確「脫離」，這是它最大的進步

陸地是一片巨大土地，所有土地都連接在一起。我們稱其為：『東印度公司的新荷蘭』。尊敬的阿貝爾．塔斯曼指揮的 Heemskerck 和 Zeehaen 號，於 1642 年 11 月 24 日，發現的一片新土地，命名為『範．迪門的土地』」

塔斯曼 1642 年發現並描繪「新荷蘭」，比迪耶普學派製圖師羅茨首次描繪「疑似澳大利亞」海圖整整晚了一百年，但卻是最早的「佔領者」。在 1642 年的塔斯曼手稿地圖上，標註了對這兩片土地的命名：一是「東印度公司的新荷蘭」，二是大陸南端的「範・迪門的土地」即後來的塔斯馬尼亞島。奇怪的是，這幅地圖上「範・迪門的土地」並沒得到相應的描繪。那時，人們還無法確認它是個島嶼，也無法確認它與大陸的關係。畢竟這片南方大陸，大得超出了歐洲人的想像。

儘管塔斯曼的航行留下了許多懸而未決的問題，也沒有繪製澳大利亞東北部海岸線，以確定它是否與新幾內亞相連，但澳大利亞南部的局部海岸線已明確與南極大陸「脱離」關係，這是此圖超越前人的最大進步。

這幅東印度公司的新荷蘭航海圖，縱 73CM 橫 95CM，繪於日本紙上。研究者推測，它可能由 1644 年塔斯曼第二次航行的首席領航員弗朗茨・雅各布斯宗・維舍爾（Franz Jacobszoon Visscher）和商人艾薩克・吉爾斯曼斯（Isaac Gilsemans）繪製。它是塔斯曼代表荷蘭東印度公司，在 1642 年至 1644 年間兩次太平洋探險成果的唯一記錄。

再來看，這幅印刷版的新荷蘭與南方大陸地圖。

此圖在海岸線勾勒的西澳圖形內，以大寫字母了「HOLLANDIA NOEW」（新荷蘭）；在尚未測繪的東澳大利亞的巨大空白處，以大寫字母標註了「TERRA AUSTRALIS」——這是最早在這片土地上標註「南方大陸」的地圖。通常的文章總是説庫克首先拋棄「未知的南方大陸（Terra Australis Incognita）」之名，在地圖上首先標註出「Terra Australis（南方大陸）」。很多人不知道，塔斯曼才是這方面的首創者。

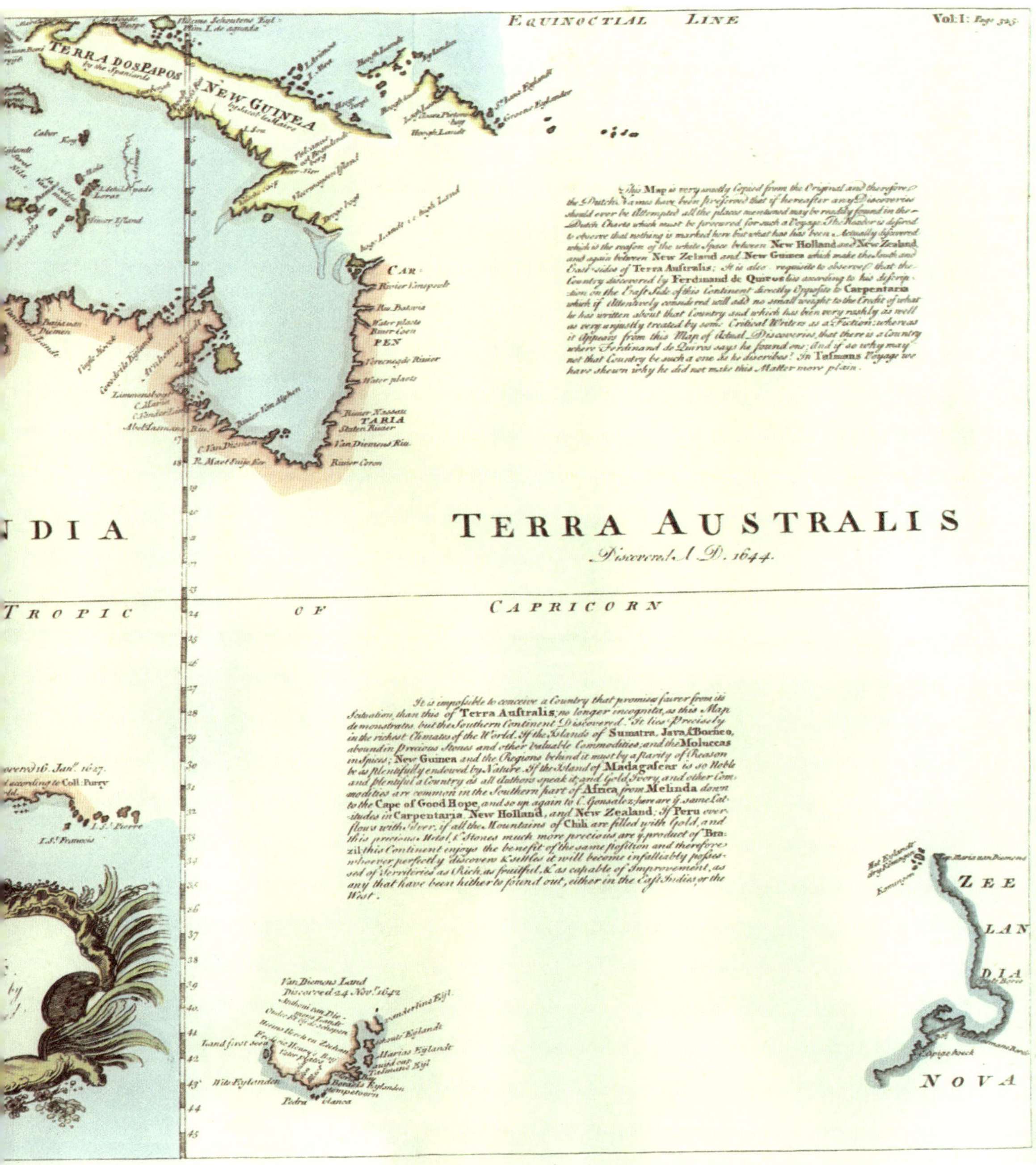

圖 9.5：這幅 1644 年印刷版的東印度公司的新荷蘭地圖，在澳大利亞的土地上，已明確標註了「Terra Australis」──這是最早在這片土地上標註「南方大陸」的地圖

此圖非常準確地顯示了澳大利亞西部和北部的部分海岸線，並構成了接下來 100 年中大多數描繪澳大利亞的航海圖基礎，直到 1770 年，庫克船長率奮進號完成澳大利亞東海岸地圖。

還有一幅有趣的東印度航海圖，可謂 17 世紀對南太平洋地區最著名的描繪。這幅地圖由荷蘭製圖師弗雷德里克．德威特（Frederick de Wit）1675 年在阿姆斯特丹出版。當時，德威特在阿姆斯特丹辦了一家印刷出版公司，其產品包括航海圖、掛圖、世界地圖集，以及含有荷蘭與歐洲城市規劃的書籍。這幅銅版印刷精緻的東印度航海圖，對澳大利亞的描繪，比庫克船長早了一百年，但它也只是描繪了西海岸。

雖然，此圖名為「東印度」航海圖，實際上包含了澳大利亞西部，並明確標註「HOLLANDIA NOVA」即「新荷蘭」。此圖的方位有些奇特，上東下西，左北右南。澳大利亞西部和北部海岸線十分清晰地被描繪在地圖上。雖然，荷蘭人沒有接着去探索南部和東部澳大利亞，沒有添加塔曼尼亞，那裏的海岸線是一片空白。但它再一次明確：新荷蘭（澳大利亞）南部與南極大陸沒有任何聯繫。這是荷蘭人「新荷蘭地圖」比之迪耶普學派，有所進步的重要特徵。

左上方是日本，中央是香料羣島（今印尼馬魯古羣島）。細心的人還會發現寫有「東印度」題花裝飾了中國建築和中國人物，包括一些東方商人和他們的商品。這些恰是東南亞地區對西方殖民者的巨大誘惑。

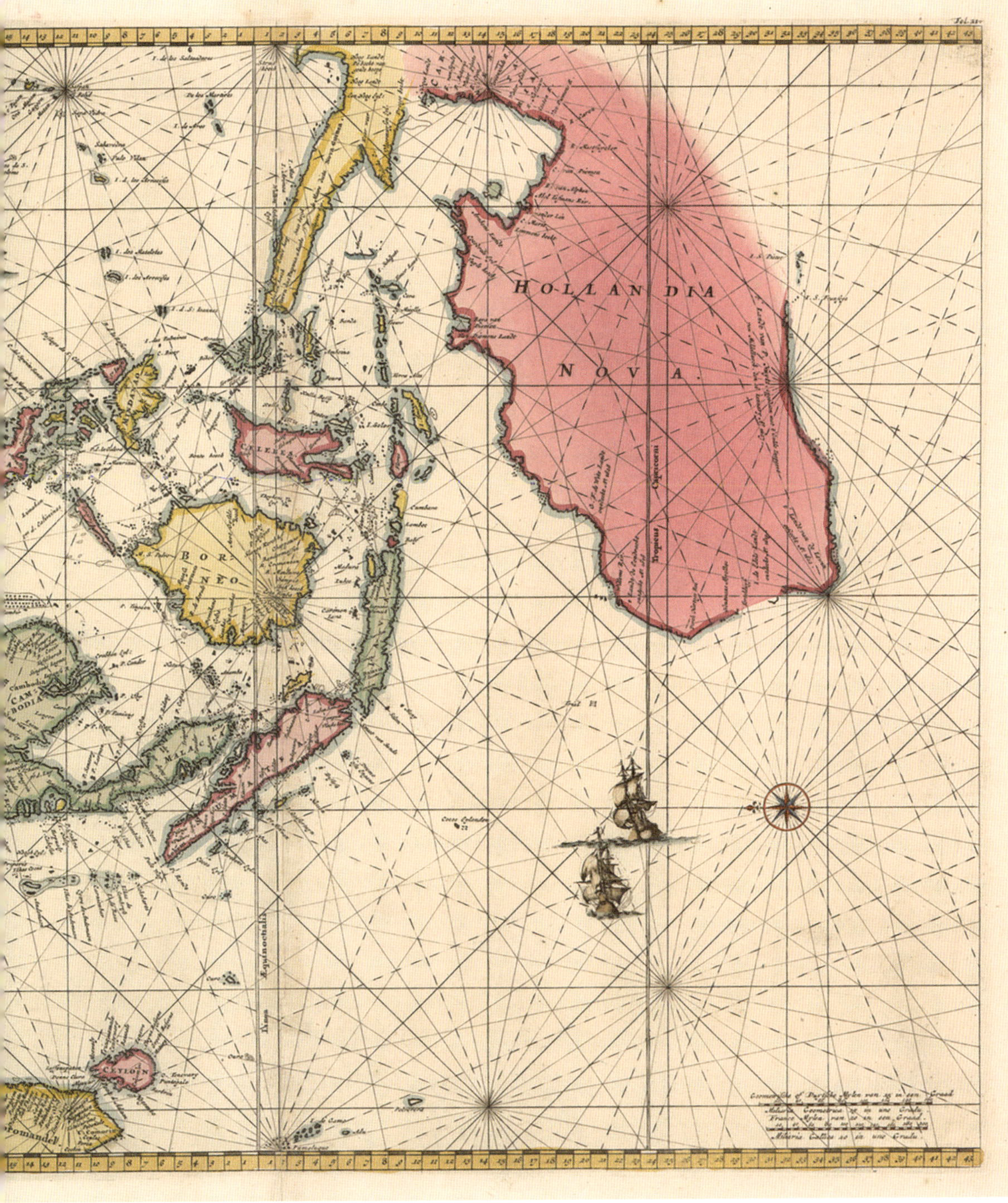

圖 9.6：德威特 1675 年出版的東印度航海圖，再次明確了澳大利亞與南極大陸並不相連，這是荷蘭人「新荷蘭地圖」的重要特徵

第三節　庫克拉開澳大利亞殖民序幕

——新南威爾士或新荷蘭東海岸地圖 庫克（1770 年）

很多年前，筆者在墨爾本菲茨若伊公園裏參觀過從英國搬來的所謂的「庫克小屋」。世界各地的遊客都樂於在這裏拍照，彷彿這裏是庫克故居。看得出，英國人和澳大利亞人都樂於將「發現」澳大利亞的功勞算到英國航海家詹姆斯 · 庫克（James Cook）身上。

這種根深蒂固的錯誤，不外三個原因：一是，荷蘭人最終沒能像英國那樣統治澳大利亞；二是英國後來成為全球性殖民帝國，有着強大話語權。三是，若想將自己描述成海上強國，就要有一個偉大領航者或一個圖騰，剛好上帝為英國準備了庫克船長。

從歷史文獻看，不僅荷蘭人比庫克早一百多年，先登上澳大利亞大陸，而且，第一位登上澳大利亞大陸的英國探險家也不是庫克，是三次環球航行的英格蘭海盜航海家威廉 · 丹皮爾（William Dampier，1652－1715 年），他在第一次環球航行中（實際是先進行環美洲打劫），於 1688 年在澳大利亞西北海岸的勒韋克海角登陸。

嚴格地講，1770 年庫克只是「發現」澳大利亞東海岸，卻拉開了澳大利亞作為英國殖民地的序幕。他完全知道，荷蘭人一百年前已在這個大陸的西邊和南邊「佔領」了兩次，這裏是「新荷蘭」和「範 · 迪門的土地」。但他更相信「後來居上」的殖民帝國「慣例」。

在大航海時代，英格蘭屬於後知後覺的「晚輩」，當他們強勢進入到海上競爭時，世界可供發現的未知土地已經不多了。但這種不利局面，並沒有影響他們「發現」世界的熱情。18 世紀，在多個國家放棄尋找「未知的南方大陸」計劃之後，他們悄悄啟動了尋找計劃。這個計劃的執行人，就是尚未出名僅有中尉軍銜的庫克。

庫克的名聲來自三次探險航行：第一次是 1768－1771 年；第二次是 1772－1775 年；第三次是 1776－1780 年，當然，第三次庫克沒能回來……後人，在講述庫克的探險故事時，許多文章都會說「1728 年 10 月 27 日，庫克出生在約克郡的一個貧苦農民家庭裹……」其實，農民出身並沒有給他帶來什麼苦難，他恰好趕上了「英雄不問出處」的時代。

庫克 1755 年加入皇家海軍，1763 年至 1767 年在紐芬蘭島表現出的測繪天分。1768 年皇家海軍決定派一艘考察船赴太平洋進行「科學考察」，精通測繪的庫克成為考察船船長的最佳人選。1768 年 8 月 26 日，庫克率領由運煤船改裝的「奮進」號駛往太平洋。

這次航行表面上看是到英國海軍上尉薩莫爾 . 沃利斯（Samuel Wallis）船長 1767 年發現的塔希提島做天文觀測，記錄「金星淩日」。實際上，還有一個祕密任務是尋找「未知的南方大陸」（Terra Australis Incognita）。1769 年 6 月 3 日，庫克在塔希提島觀看了金星淩日，六周後離開塔希提島，試圖在返回路途中尋找到南方大陸。1770 年 4 月 28 日，庫克在今天的悉尼海灣登陸，因植物學家約瑟夫 · 班克斯（Joseph Banks，1743－1820 年）在此找到許多植物，庫克將其命名為植物學灣。八天後，「奮進」號開始沿着澳大利亞東海岸向北行駛，並一路測繪海岸地圖。當時，沒有人知道澳大利亞的東海岸有多遠，庫克花了四個多月的時間，沿岸航行並繪製了澳大利亞東海岸地圖。

這是庫克 1770 年繪製的最為著名的新南威爾士或新荷蘭東海岸地圖，即澳大利亞東海岸地圖。它最初是一北一南兩段地圖。1773 年約翰 · 霍克斯沃斯在倫敦出版《庫克航行日記》一書時，首次將兩圖合為一圖，此圖方位為，上西下東，南左北右，圖縱 37CM 橫 80CM。地圖上方有一組花體標題：「A Chart of New South Wales, or the east coast of New Holland / discovered and explored by Lieutenant J. Cook, Commander of His Majesty's Bark Endeavour, in the year MDCCLXX」，意思是「新南威爾士或新荷蘭東海岸地圖，1770 年由國王陛下的『奮進』號指揮官庫克中尉發現並征服」。注意，此時庫克在地圖上的署名是「指揮官庫克中尉」而不是「船長」。當時的英國海軍是將原陸軍的上尉等級演化成了船長等級，而中尉等級則是副官等級。庫克的第一次航行是嚴格來講還不够當「船長」，相當於「代理船長」。他的第二次太平洋航行才是真正的船長。

在此段航程中，奮進號曾在珊瑚島觸礁。為了不再觸礁，「奮進」號遠離海岸線航

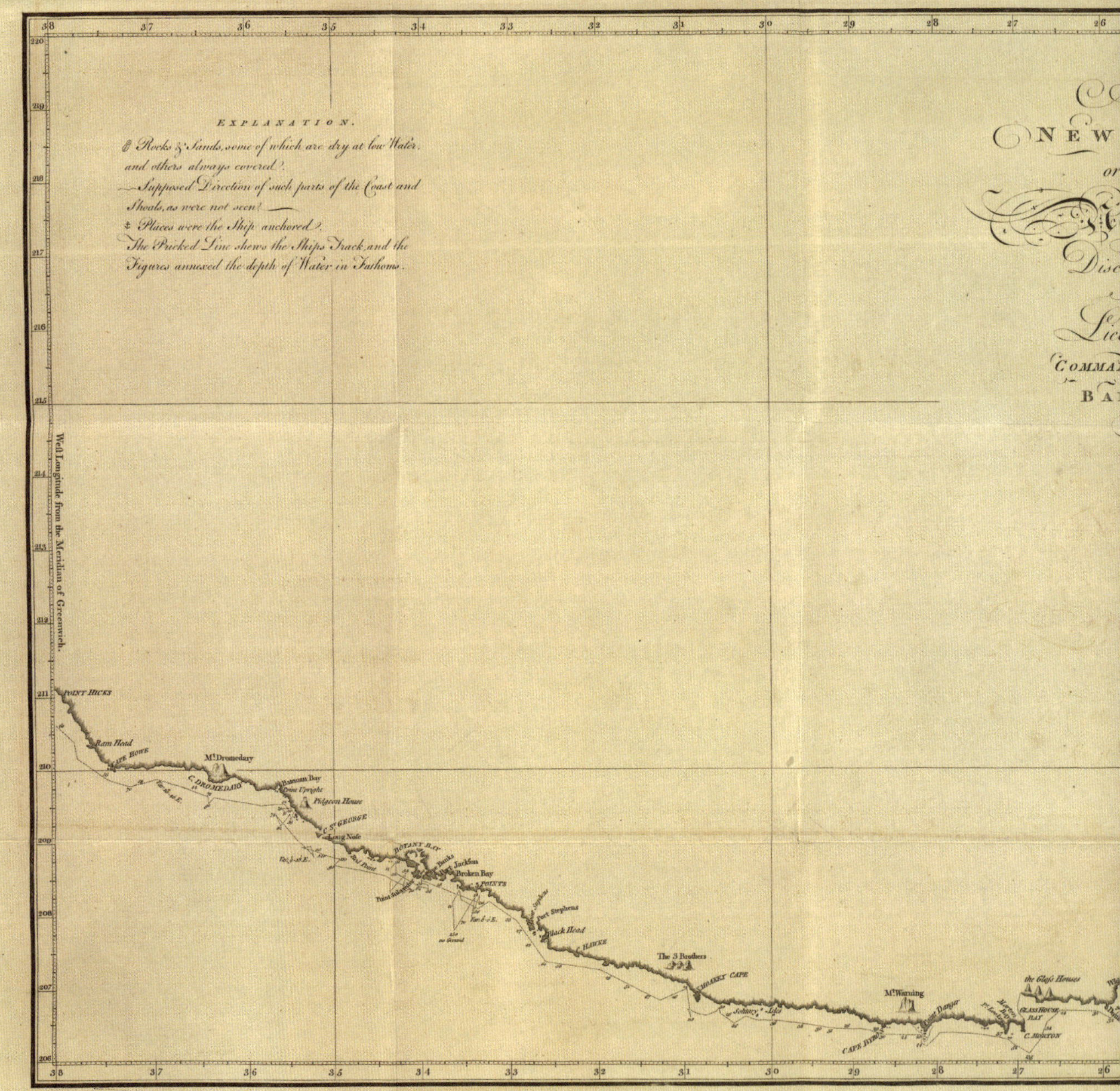

EXPLANATION.
Rocks & Sands, some of which are dry at low Water, and others always covered.
Supposed Direction of such parts of the Coast and Shoals, as were not seen.
Places were the Ship anchored.
The Pricked Line shews the Ships Track, and the Figures annexed the depth of Water in Fathoms.
West Longitude from the Meridian of Greenwich.
NEW
or
POINT HICKS
Ram Head
CAPE HOWE
Mt. Dromedary
C. DROMEDARY
Bateman Bay
Point Upright
Pidgeon House
C. St. GEORGE
Long Nose
Red Point
BOTANY BAY
Banks
Port Jackson
Broken Bay
Point Solander
C. 3 POINTS
Port Stephens
Black Head
C. HAWKE
The 3 Brothers
SMOAKY CAPE
Solitary Isles
CAPE BYRON
Mt. Warning
Point Danger
the Glass Houses
GLASS HOUSE BAY
C. MORETON

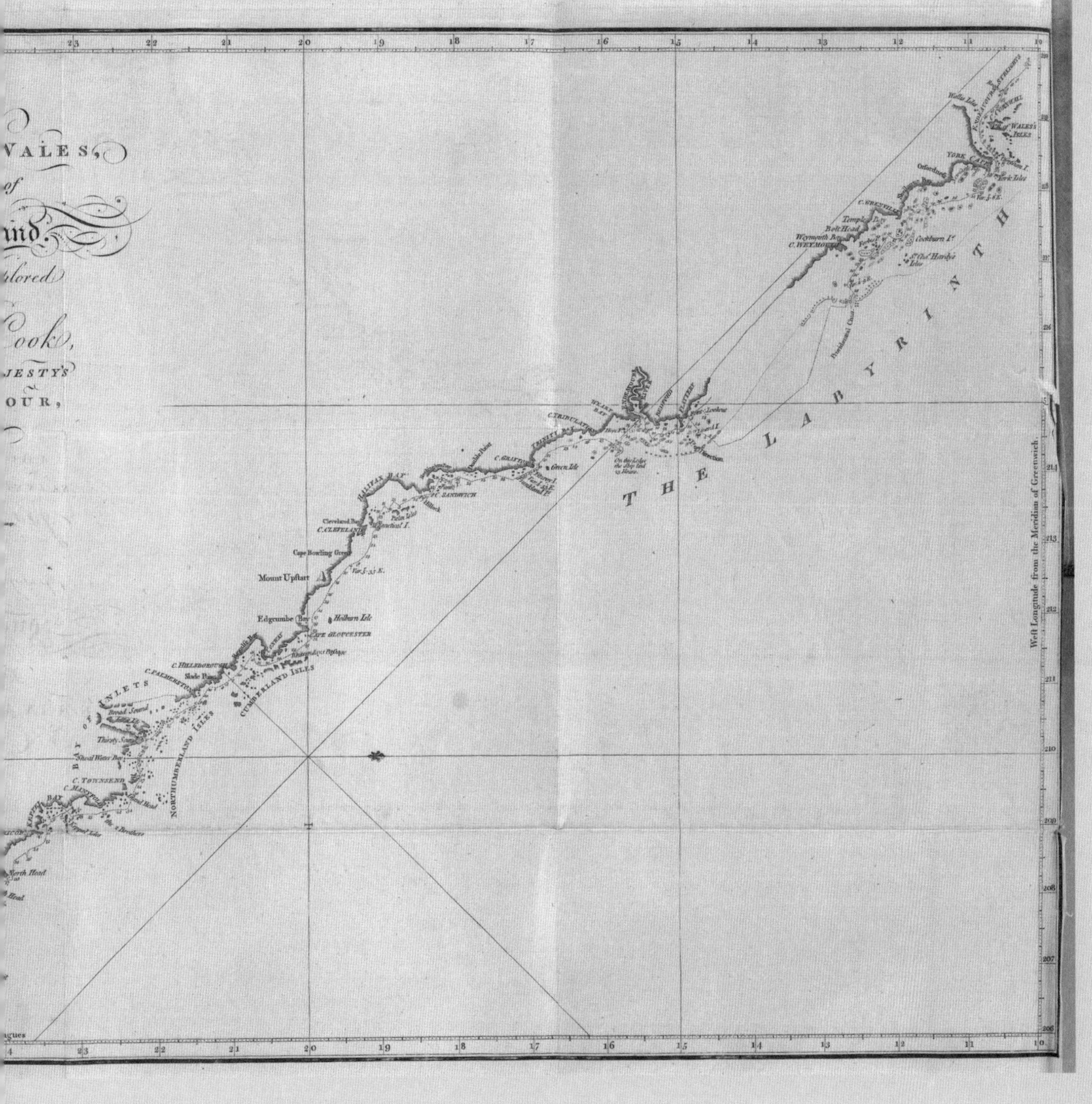

圖 9.7：這是庫克 1770 年繪製的新南威爾士或新荷蘭東海岸地圖，最初是北段南段兩個圖。1773 年倫敦出版《庫克航行日記》時，首次將兩圖合為一圖

行，所在地圖上有一段海岸是空白，成為這幅名圖的顯著特徵。

庫克宣稱，他以國王喬治三世陛下的名義佔領整個東海岸，並將其命名為「新南威爾士州」。在航行日記中，庫克寫道：「據我們所知，這裏沒有產生任何可以邀請歐洲人來此達成貿易解決方案的東西」。這句繞舌的話，譯成漢語就兩個字——「荒蕪」。

美國宣佈獨立後，英國失去了美洲囚犯流放地，急需物色一個新的囚犯流放地。庫克船長的澳大利亞之行，雖然發現的是一片「荒蕪」，但還是為英國提供了新的安置囚犯的殖民地。1788 年 1 月 26 日，英國航海家亞瑟．菲利普（Arthur Phillip）率領由 11 艘船組成的艦隊（後世稱其為第一艦隊）載着 1030 人（包括流放犯 736 人），在悉尼登陸。在此後的 80 年中，英國共向澳大利亞輸送了約 16 萬名囚犯。所以，人們也稱澳大利亞為「囚犯創造的國家」。

不知該不該笑，囚犯押到悉尼的這一天，後來被定為澳大利亞國慶日。

第四節　庫克環南北島測繪新西蘭

——新西蘭海岸地圖 庫克（1770 年）

——新西蘭庫克海峽圖 庫克（1770 年）

1768 年到 1771 年的 3 年間，庫克船長在太平洋遠航完成了他的第一次遠航考查。這次航行庫克雖然沒能找到英國政府要找的「未知的南方大陸」，但他先後到達了澳大利亞和新西蘭，並對這裏的海岸線做了詳細考察。

圖 9.8：庫克 1771 年環南北島航行後繪製的新西蘭海岸地圖

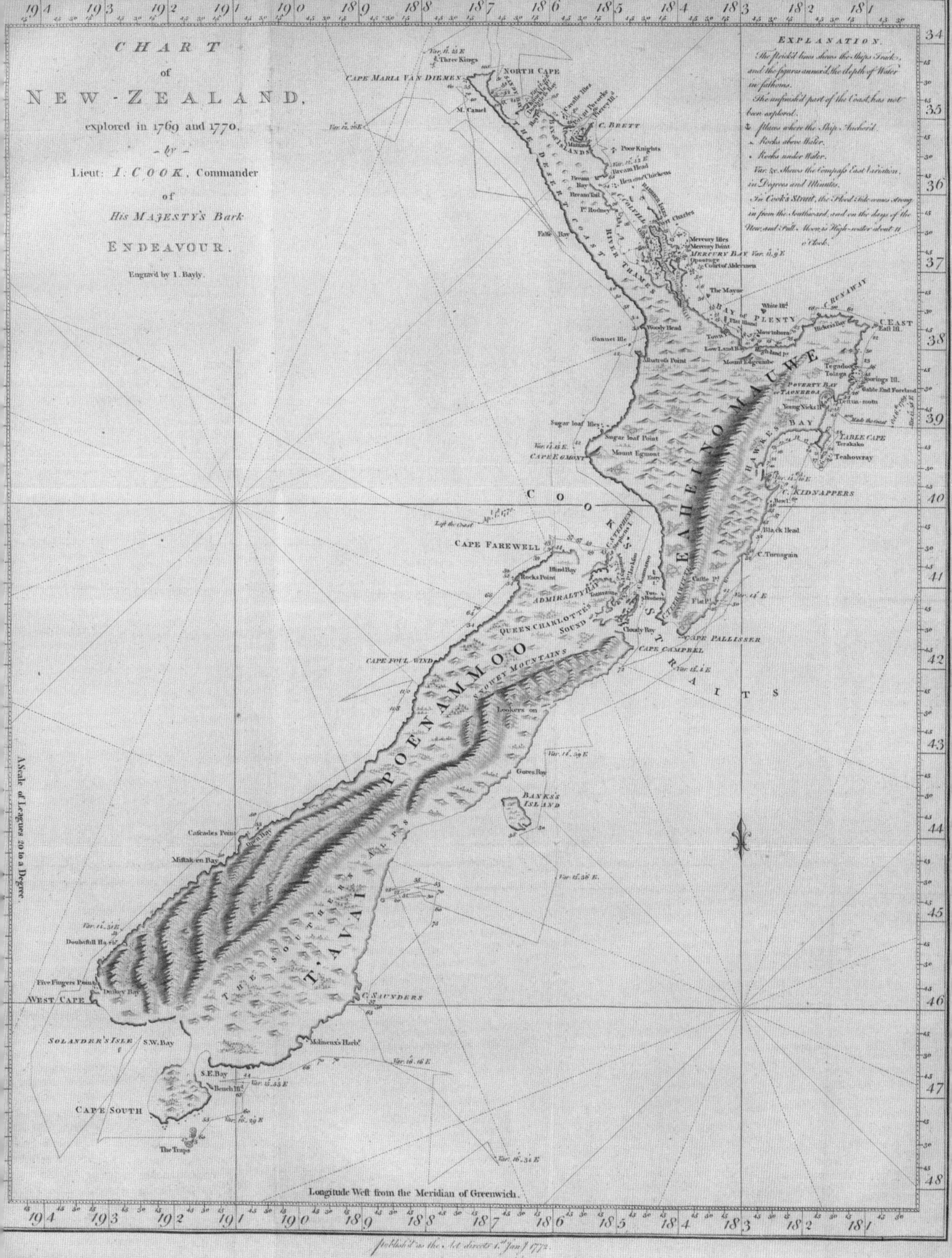
CHART of NEW-ZEALAND, explored in 1769 and 1770, by Lieut: I: COOK, Commander of His MAJESTY's Bark ENDEAVOUR.
Engrav'd by I. Bayly.
EXPLANATION.
The prick'd lines shews the Ships Track, and the figures annex'd the depth of Water in fathoms.
The unfinish'd part of the Coast has not been explored.
places where the Ship Anchor'd.
Rocks above Water.
Rocks under Water.
Var. &c. Shews the Compass East Variation, in Degrees and Minutes.
In Cook's Strait, the Flood Tide comes strong in from the Southward, and on the days of the New and Full Moon is High-water about 11 o'Clock.
Three Kings
CAPE MARIA VAN DIEMEN
NORTH CAPE
M. Camel
C. BRETT
Poor Knights
Bream Head
Bream Bay
Hen and Chickens
Bream Tail
Pt. Rodney
THE DESERT COAST
False Bay
RIVER THAMES
Mercury Isles
MERCURY BAY
Court of Aldermen
The Mayor
BAY OF PLENTY
White Id.
C. RUNAWAY
C. EAST
East Id.
Woody Head
Gannet Ile
Albatross Point
Mount Edgecumbe
Tegadoo
Tolaga
POVERTY BAY
Gable End Foreland
Young Nicks Hd.
Sugar loaf Isles
Sugar loaf Point
Mount Egmont
CAPE EGMONT
HAWKES BAY
TABLE CAPE
Teahowray
C. KIDNAPPERS
EAHEINOMAUWE
Black Head
C. Turnagain
COOK'S STRAITS
CAPE FAREWELL
Blind Bay
Rocks Point
ADMIRALTY BAY
QUEEN CHARLOTTES SOUND
Cloudy Bay
CAPE PALLISSER
CAPE CAMPBEL
CAPE FOUL WIND
SNOWEY MOUNTAINS
Lookers on
TOVY POENAMMOO
Gores Bay
BANKS'S ISLAND
Cascades Point
Mistaken Bay
THE SOUTHERN ALPS
Doubtfull Harb.
Five Fingers Point
Dusky Bay
WEST CAPE
C. SAUNDERS
SOLANDER'S ISLE
S.W. Bay
Molineux's Harb.
S.E. Bay
CAPE SOUTH
The Traps
A Scale of Leagues 20 to a Degree.
Longitude West from the Meridian of Greenwich.
Publish'd as the Act directs 1st Jan. 1772.

據考古人士研究，新西蘭最初是沒有人類的一片荒島。大約公元 14 世紀左右，那些至今仍生活在這片土地上的毛利人祖先，從北邊的波利尼西亞羣島駕船來到這裏，成為新西蘭最早的居民。他們用波利尼西亞語「aotearoa」即「白雲朵朵的綠地」命名了這片土地。所謂的「文明人」，從 17 世紀開始先後侵入此地。

最先「發現」這裏的是荷蘭航海家阿貝爾·塔斯曼（Abel Tasman）。1642 年，他在荷蘭「東印度公司」的資助下，從荷蘭出發去尋找「未知的南方大陸」，同年的 11 月 24 日，他先是「發現」了今天的澳大利來南部的塔斯馬尼亞海岸，並以荷蘭東印度總督安東尼·範·迪門之名命名其為「範·迪門的土地」。12 月 13 日，他南行來到新西蘭南島，完全忽略島上毛利人的存在，直接用荷蘭一個省的名字「澤蘭」，將其命名為「新澤蘭」。

1642 年 12 月 18 日，塔斯曼的船隊遭到毛利人的襲擊，迫使他離開了這片「野蠻」的土地，並轉頭向北航行。1643 年 1 月 21 日，他「發現」了湯加，接着又「發現」了斐濟。

塔斯曼離開這裏的一百多年後，1769 年庫克船長才來到這裏，他完全「忽略」荷蘭人對此地的「發現」，當即將這裏作為新「發現」土地報告給英國政府。此後，英國向這裏大批移民，並宣佈對它的佔領。英國人把荷蘭文的「新澤蘭」，改成英文的「新西蘭」，遂使這裏成為「名正言順」的英國殖民地。1840 年，英國迫使毛利人酋長簽訂《威坦哲條約》，把這片土地正式劃入了大英帝國版圖。

當年，塔斯曼只繪製了新西蘭西部海岸線，從普納凱基到北角，並留下了可能性，即這片土地是一個偉大的、未知的南部大陸的一部分。庫克後來證實，塔斯曼發現的土地實際上是兩個大島。庫克在 1769－1770 年首次環島航行後，繪製了極其精確的新西蘭海岸地圖，堪稱製圖學的奇跡。

這幅新西蘭海岸圖來自庫克船長第一次太平洋航行期間（1768－1771）「奮進」號的航海圖集，它顯示了庫克船長環繞新西蘭的航線，並證明它是太平洋中獨立的島而非南方大陸的一部分。南北島構成的整個新西蘭的輪廓和島內的山形地貌非常準確，特別是海岸線的描繪可謂登峰造極。儘管他犯了一些錯誤——他將南島中部的班克斯

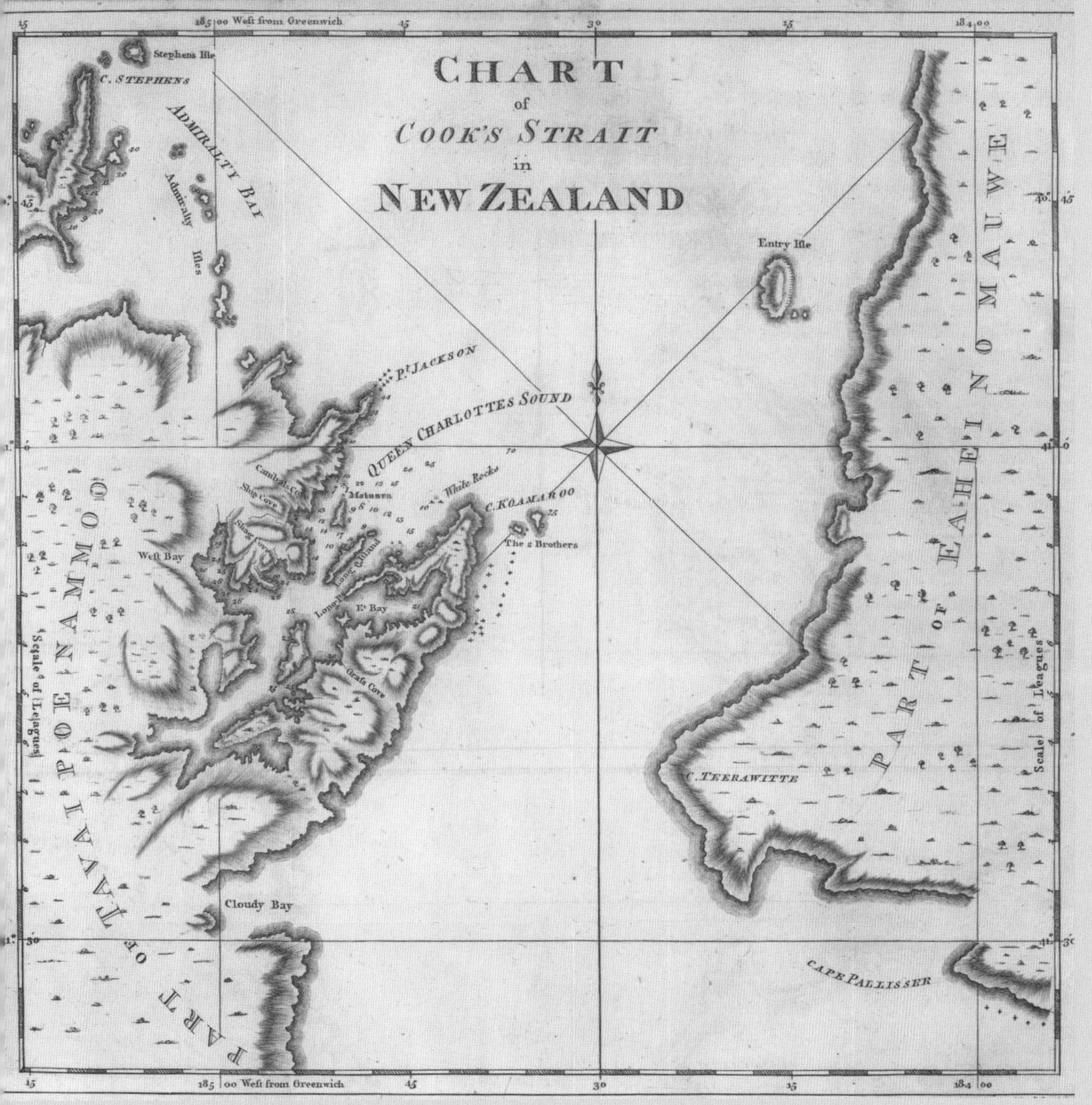

圖 9.9：庫克 1771 年環南北島航行後繪製新西蘭庫克海峽圖

（Banks）半島錯繪為一個島嶼，並錯誤的以虛線形式推測南島端的斯圖爾特（South）島是一個半島——但整幅地圖的準確性仍然無以倫比。事實上，直到庫克第二次和第三次太平洋航行時，他才攜帶了哈裏森最新發明的經度鐘。他能在沒有精確確定經度方法的情況下製作如此高質量的地圖，其測繪能力令人歎服。

庫克的環島測量與精準完成的全海岸圖，使世界第一次看清了新西蘭全貌。從地理意義上說，庫克是新西蘭的「發現」者，也說得過去。

第五節　澳大利亞原來叫什麼名字？

——有趣的波利尼西亞航海圖 弗朗茨安東（1789 年）
——新幾內亞和新荷蘭地圖 卡西尼（1789 年）

澳大利亞的原名是一個歷史謎團。

17 世紀，荷蘭探險者對澳大利亞西部和北部都有探索，曾將其命名為「新荷蘭」。1770 年，庫克到達澳大利亞東海岸，宣佈其為英殖民地，命名為「新南威爾士」。但完整的澳大利亞大陸並沒有被全面測繪，這片大陸也沒有一個正式命名。

那麼，這片大陸的原始名稱是什麼呢？

目前，可考的文獻是瑞典地理學家和製圖師丹尼爾・杜博閣（Daniel Djurberg），在 1776 年率先始用了所謂澳大利亞「原始名字」，稱其為「Ulimaroa」，並於 1780 年在斯德哥爾摩發佈北歐首個表現庫克發現澳大利亞的太平洋地圖。他採用的「Ulimaroa」名字，據說是在霍克斯沃思版的庫克和植物學家班克斯（Joseph Banks）日記中找到這個詞的，是受到毛利語「Olhemaroa」一詞的啟發。在毛利語中，它指的是新喀里多尼亞（在澳大利亞東部大洋中）最大的島嶼 Grand Terre 島。杜博閣認為，此名是「大片紅色土地」的意思，指的就是澳大利亞。現代語言學家認為，它的意思應是「長手」，呼應的是 Grand Terre 島的地理形態。所以，「Ulimaroa」並不是準確的澳大利亞原始名稱。有意思的是，一直到 1820 之前，一些歐洲出版的地圖，特別是一些奧地利、捷克、德國和瑞典的太平洋地圖都用「Ulimaroa」標註這片巨大的陸地。

比如，這幅維也納製圖師司庫貝爾·弗朗茨安東（Schraembl.Franz Anton1751－1803）1789 年出版的「有趣的波利尼西亞羣島航海圖」（縱 45CM 橫 68CM）就是用「Ulimaroa」標註澳大利亞大陸。這幅銅版印刷地圖表現的是「後庫克」時代的太平洋圖景，也記錄了約翰·拜倫、布甘維爾、雅克·莫雅、佩德羅·費爾南德斯·德·奎羅斯、亞伯塔斯曼、瓦里斯等早期太平洋探索者的航線。庫克命名的三明治羣島（現在的夏威夷）在右上角顯露。復活節島在右下角的插圖中，呈現出來。1722 年 4 月 5 日，荷蘭海軍上將、荷蘭西印度公司探險家雅各布·羅格文（Jakob Roggeven）率太平洋探險隊，在此島登陸。這一天正好是基督教的復活節，他在航海日記上記下「復活節島」。所以，插圖上的小島邊，特別標註了「1722」。

接下來看一幅 1798 年威尼斯製圖師喬瓦尼·瑪麗亞·卡西尼（Giovanni Maria Cassini）繪製的地圖，標題為「LA NUAOVA GUINEA LA NUAOVA OLANDA」即「新幾內亞和新荷蘭」。它着重描繪了庫克船長沿澳大利亞東海岸的航行。大部分標註的地方都是由庫克和他的船員在托雷斯海峽和塔斯馬尼亞島之間命名的。澳大利亞大陸被標註為「NUAOVA OLANDA」新荷蘭。圖上方是今天的巴布亞新幾內亞，1511 年葡萄牙人成為最早在這一地區登陸的歐洲人。題花上的兩個澳大利亞土著，看起來更像美洲的印第安人，手裏還拿着弓和箭，而實際上澳大利亞土著人和美洲土著人不一樣，他們從來都沒有製作過弓箭，顯然是憑想像畫出來的。

上面介紹的兩幅地圖，有一個共同的缺憾，就是都沒能明確塔斯馬尼亞島和它北面的大陸間的關係，這是庫克等人當年留下的空白。這個空白，包括完整的澳大利亞地圖以及正式命名，都要等到下一個世紀，由另一位探險家來完成，他就是弗林德斯。

CHINA
Kanton
Formosa
Likeyo I.
TUNKIN
Hainan
KAMBOJA
DIE PHILIPPINISCHEN INSELN
Luzon
Mindoro
Samar
Leyte
Paragua
Magindanao
BORNEO
Banka
Billiton
SUMATRA
Celebes
Makassar
Madura
JAVA
Flores
Timor
Ceram
Burro
Dschilolo
DIE MOLUCKISCHEN I.
Papus Land
NEU GUINEA
Neu Irrland
Louisiada
DIE CAROLINISCHEN INSELN
Guahan
Torres
Carpentaria
Arnheims Land
Witts Land 1628
Land der Eintracht 1616
ULIMAROA
NEU HOLLAND
Edels Land 1619
Dinnings Land
Loewens Land 1622
Nuyts Land 1627
Neu Südwallis
Diemens Land
Cooks Fahrt 1777
Heil. Geist Land
DIE NEUEN
Lange von der Insel Ferro
zu finden in eigenem Verlage

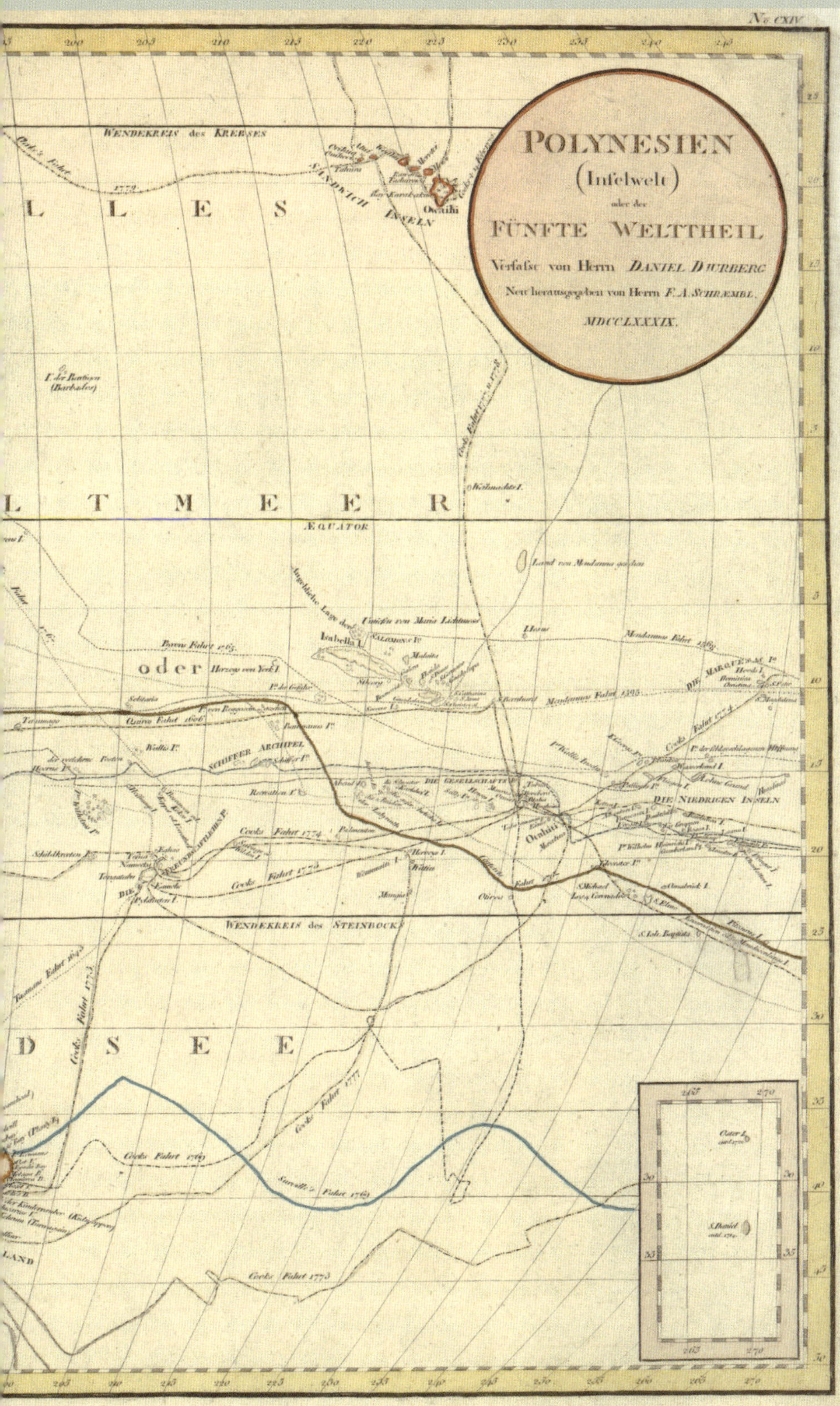

圖 9.10：維也納製圖師弗朗茨安東 1789 年繪製的有趣的波利尼西亞羣島航海圖

LA
NUOVA OLANDA
E
LA NUOVA GUINEA
Delineata
Sulle Ultime Osservazioni
ROMA
Presso la Calcografia Camerale
1798
ISOLE MOLU
I. Omba
I. Timor
Terra di Die
los Trials
Terra di Witz
Tropico
NUOVA O
MARE DELLE INDIE
Terra della Concordia
Terra di Nuyts
Terra dé Leoni
I.e S. Francesco
S.P
Miglia Marine di 20. a grado
20 40 60 80 100 140 180 220

圖 9.11：威尼斯製圖師卡西尼 1798 年繪製的澳大利亞和新幾內亞地圖

第六節　第一幅澳大利亞全境地圖

——澳大利亞全境地圖 弗林德斯（1803 年）

自庫克船長完成南太平洋第一次探險以來，英國政府已把荷蘭人所說的「新荷蘭」這個大陸看作是自己的新殖民地，但這片荒蕪的大地沒有多少開發價值，所以 1788 年以來，英國政府僅將這裏當作英國犯人流放地。

1798 年英國皇家海軍派遣中尉馬修·弗林德斯（Matthew Flinders，1774－1814）調查澳大利亞南部海岸，確認那裏「是否有海峽穿過範·迪門的土地」。弗林德斯和喬治·巴斯（George Bass）駕船前往澳大利亞南部，沿着「範·迪門的土地」未知的北部海岸航行。最終確認它與大陸之間確實存在一個海峽。弗林德斯以喬治·巴斯的名字命名這裏為「巴斯海峽」，海峽中最大的島嶼，後來被命名為「弗林德斯島」。

弗林德斯在「範·迪門的土地」的測繪引起了英國皇家學會主席著名博物學家約瑟夫·班克斯爵士的注意，他利用自己影響力促成英國皇家海軍發起並支持對新荷蘭海岸線的全面測繪。1801 年 1 月，皇家海軍決定派出一艘 334 噸級單桅帆船「調查」號（Investigator）參加環新荷蘭海岸測繪，並由弗林德斯擔任這次測繪行動的指揮官。

從 1801 年開始，弗林德斯展開了歷時 3 年的環繞澳大利亞全境的考察與測繪。1803 年完成環繞澳大利亞測繪工作後，他乘船返回英國，但在法屬毛里求斯島，被以間諜之名扣押。1804 年 11 月，他將自己繪製第一幅完整的澳大利亞地圖，從毛里求斯島寄回英國。2003 年毛里求斯為紀念這位偉大的航海家到達此島 200 周年，在路易斯港口西邊的建了一座青銅紀念碑。

弗林德斯通過環繞澳大利亞整個大陸的航行與測繪證明：它是一個巨大的不與任何陸地相連的大島，而不是傳説中的系列島嶼。在這幅地圖上，弗林德斯沒有使用托勒密《地理學》的「未知的南方大陸」（Terra Australis Incognita），而是和塔斯曼 1644 年出版的地圖一樣，去掉「未知的」，直接將此圖命名為「南方大陸」（Terra Australis），此名作為主標題被寫在了地圖的正上方。但在西澳和東澳的土地上仍寫「New Holland」與「New South Wales」，即「新荷蘭」和「新南威爾士」。似乎兩國分治這片大陸。

在弗林德斯的書稿地圖上記錄了他繪製該大陸海岸線時所乘坐的不同船隻和路線，以及日期、氣象信息和導航信息，但一些信息在後來的印刷地圖上沒有顯現。

弗林德斯在毛里求斯被囚禁 6 年。1810 年英國軍艦包圍了法國控制的毛里求斯，最終解放了弗林德斯。這年 10 月弗林德斯回到了倫敦，他發現英國地圖界，並沒有在新出版的各種世界地圖上，使用他命名的「南方大陸」（Terra Australis）這個名字，「新荷蘭」和「新南威爾士」這樣的名字仍在使用。於是，弗林德斯又花了 4 年時間完成了《澳大利亞之旅》一書，其概述性標題為：「環澳大利亞航海記：1801 年、1802 年和 1803 年在皇家海軍調查號上完成對這個廣闊國家的發現與考查，包括坎伯蘭號抵達毛里求斯受到起訴，並在島上被監禁的六年半的情況」。在這本書裏，他首次刊出這幅南方大陸地圖，縱 63CM 橫 92CM；同時，提出這片新大陸的命名理由：「在更靠南的緯度上，不可能發現任何其他面積幾乎相同的獨立陸地。因此『Terra Australis』這個名字將繼續描述這個國家的地理重要性，及其在地球上的地位：它有悠久的歷史。而且，由於沒有提到兩個聲稱擁有主權的國家中的任何一個國名，它似乎比任何其他可能選擇的國家之名，更容易接受……如果，允許我對原有命名進行任何創新，那就是將其轉換為『Terra Australis』」。

遺憾的是《澳大利亞之旅》於 1814 年 7 月 18 日出版時，病中的弗林德斯已經沒了知覺，次日，年僅 40 歲的弗林德斯離開人世。好在 1817 年 12 月 12 日，英國駐澳總督拉克蘭·麥格理（Lachlan Macquarie）在發往英國的公文中正式使用了這個名字，並建議殖民部正式通過「Terra Australis」這個名字。1824 年，英國海軍部同意該大陸應正式命名為「Terra Australis」——南方大陸，即漢語的「澳大利亞」。

110°
120°
130°
10°
20°
30°
40°
JAVA
FLORES
TIMOR
NEW HOLLAND
GENERAL CHA
of
TERRA AUSTR
OR
AUSTRAL
SHOWING
THE PARTS EXPLORED BETWEEN 1
by
M. FLINDERS COMMR. OF H.M.S. INV
Explanation of some marks used in the Charts
Coast and Shoals
SHARKS BAY
SPENCER'S GULF
Longitude E. from Greenwich

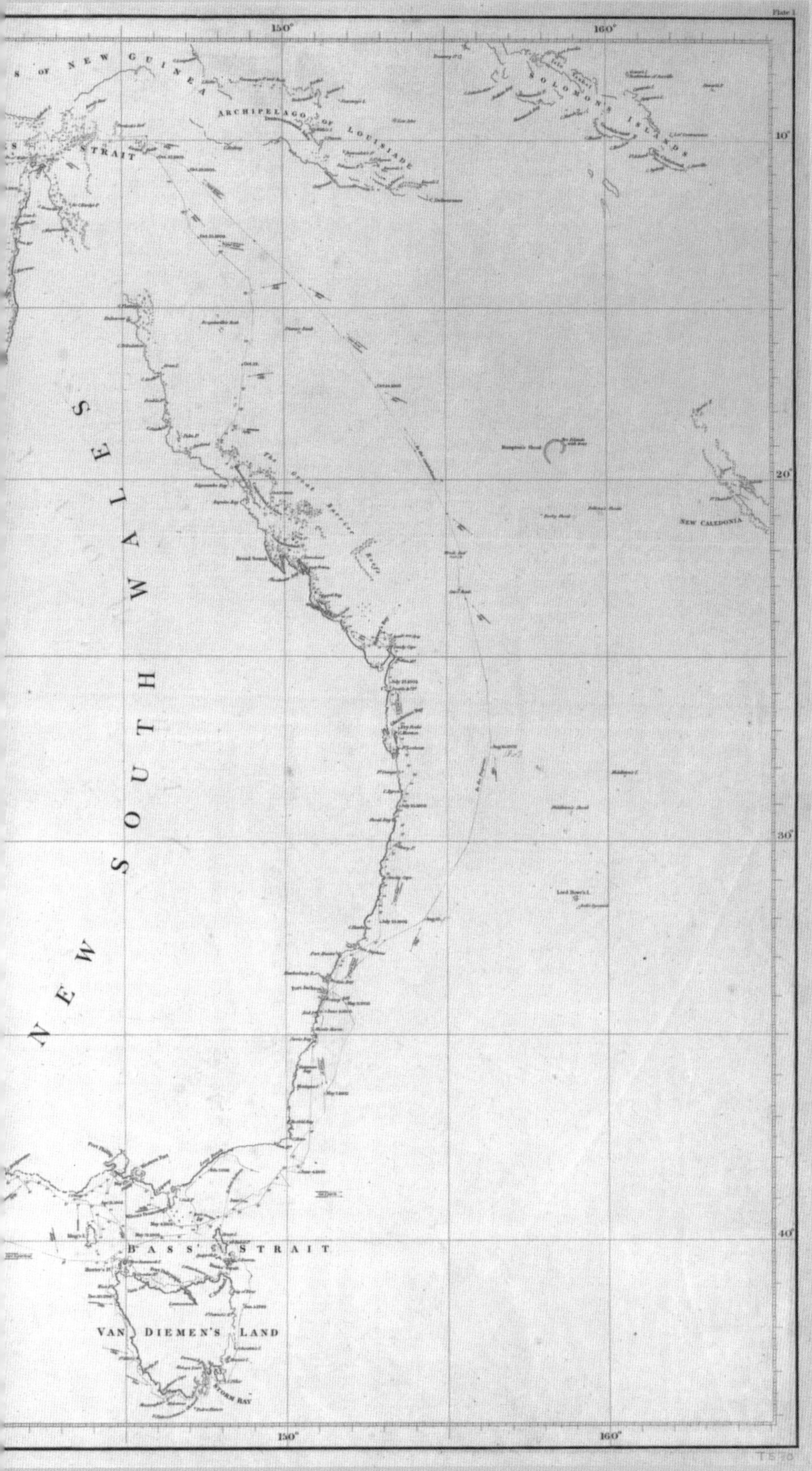

圖 9.12：第一幅澳大利亞全境地圖和海岸線全圖，標題是「澳大利亞大地通用地圖」，於1814 年首次在倫敦出版

第十章

氣象水文海圖：描繪海洋的脈動

最早描繪風與航海關係的是荷馬史詩：奧德修斯在巨人島，為了救同伴刺瞎了海神波塞冬的兒子——獨眼巨人的眼睛，惹怒了海神。海神在奧德修斯回家的航路上，興風作浪。幸而奧德修斯在風神島，得到風神的口袋，可將逆風裝入口袋。可是，眼看就要到家鄉了，水手們誤以為口袋裏裝着黃金，偷偷將它打開，口袋中的逆風跑出來，又將他們吹回了風神島。風神大怒，拒絕再給他們幫助。

荷馬史詩曾提到，在海上水手用東、南、西、北 4 種風，辨別方位。大約公元前 2 世紀，雅典建了一座八面測風塔（至今仍在）。塔身的八個面分別繪製了 8 個風神形象：Boreas（北風之神）、Kaikias（東北風之神）、Eurus（東風之神）、Apeliotes、（東南風之神）、Notus（南風之神）、Lips（西南風之神）、Zephyrus（西風之神）和 Skiron（西北風之神）。塔頂原有銅風標，是海王波塞冬和海后安菲特里忒的兒子小海神特里同（Triton）的人身魚尾像，特里同像隨風旋轉，以手中權杖指明風向。

再後來，亞里士多德列舉了十二種風。在公元 2 世紀的托勒密《地理學》中，托勒密描繪了亞里士多德的十二風系統。

公元 550 年左右，希臘地理學家科斯馬斯繪製的東羅馬世界地圖上，繪出了向大海吹風的四方風神頭像。這是現存最早表現四方風神的世界地圖。風神和風玫瑰，後來成為的世界地圖和波特蘭海圖上的重要配置。

帆為風而生，地中海水手在航海實踐中，學會了利用信風航行，並設計出有別於亞里士多德的十二風系統，創造了 8 風系統。由於地中海水手構成複雜，風的名稱不統一，產生了威尼斯語、西西里語、普羅旺斯語、加泰羅尼亞語、希臘語等多種不同語系的 8 風系統。

與地中海水手利用信風航行不同，阿拉伯水手在紅海和印度洋主要是依靠天文導航，到了 10 世紀末就使用了 32 點的星羅盤。13 世紀，航海羅盤技術傳入地中海後，與信風技術融合，於是，風玫瑰圖開始出現在航海圖上。迄今發現最早的大約製作於 1290 年的比薩航海圖上，出現了鋪滿圖面的 16 向風玫瑰線（後世稱恆向線）和近似羅盤的羅盤圈。

14 世紀時，風玫瑰圖融入地中海導航的 32 點羅盤。這些等距的十一又四分之一度（11.25°）線段用 32 點標記，成為波特蘭海圖的重要標誌。這個傳統一直保持到 18 世紀才漸漸退出歷史舞台。此時，人們已對風有了充分了解，人們開始把海上的風進行分類，並用專門的海圖描繪它們。

信風：主要位於中低緯度，在北半球形成東北信風帶，在南半球形成東南信風。信風帶的風向穩定，很講「信用」，也被稱為「貿易風」（trade wind）。季風：以東亞季風最為典型，冬季盛行偏北風；夏季盛行偏南風。無風帶：赤道附近南、北緯 5°之間的地帶。南北緯 30°－35°也是無風帶。當然，還有水手們最怕的「咆哮西風帶」：南半球 40－60°附近，沒有陸地的阻擋，海上風最大。

在海圖上表現各種風的同時，製圖師也注意到了海潮。海潮漲落在漢語裏稱「潮汐」，是發生在沿海地區的一種自然現象，是指海水在天體（主要是月球和太陽）引潮力作用下所產生的週期性運動。習慣上把海面垂直方向漲落稱為潮汐，而海水在水平方向的流動稱為潮流。

西方水手和東方水手一樣，很早就關注了潮的變化。在航海圖誕生後，歐洲的水手們開始將海圖進一步細化，至少在 1540 年代法國迪耶普學派紀堯姆·布魯斯孔（Guillaume Brouscon）的《航海年鑒》就已系統出版了反映海潮變化的波特蘭海圖。

17 世紀末 18 世紀初，隨着英國海盜航海家威廉·丹皮爾完成三次環球航行，大洋之上似再無祕密可言，此後的環球航行，由探險進入到科學考察時代。從丹皮爾開始，世界航海地圖由海岸輪廓和島嶼描繪，向綜合性科學載體轉變，海圖中開始有了專門表現信風和海流的等一系列氣象水文航海圖。還有了表現海洋物理的更具現代性的海圖。1823 年法國人首次將菲涅爾「折射式」透鏡系統應用於吉倫特河口燈塔，燈光可達 3000 米之外，燈塔由此進入了現代化，燈塔地圖也隨之進入了現代海圖。

第一節　風神與風玫瑰

——三十二向風玫瑰地圖 楊松（1650 年）

風與地圖的關係，最早可以追溯到公元 2 世紀的托勒密《地理學》。從君士坦丁堡的約 1295 年托勒密世界地圖抄本看，此圖外圍已繪出八個風神頭像。但我們不能據此認為，這是最早的繪有風神頭像的世界地圖。因為，從存世文獻看，公元 550 年希臘地理學家科斯馬斯繪製的東羅馬世界地圖上已繪出了向大海吹風的四方風神頭像，即使以其梵蒂岡圖書館收藏的 9 世紀抄本而論，它也早於 1295 年左右的托勒密世界地圖抄本。

不過，從上面所說的兩幅世界地圖來看，它們只表現出了風與「已知人居地帶」的關係，沒有描繪出風與海上航行的關係。最早將風與航海融合在一起的當是誕生於 1290 年代的比薩航海圖。

比薩航海圖首次使用風玫瑰線（後世稱恆向線）和近似羅盤的羅盤圈，建構了風玫瑰的雛形，和整個航海圖。此後，威尼斯製圖師維斯康特在 1320 年繪製的圓形波特蘭航海圖上，率先繪出完整的風玫瑰，但還沒有繪出有圓周的羅盤。1375 年加泰羅尼亞世界航海圖問世，此圖的開頭部分繪出一個完整的風向與方位融合的羅盤玫瑰，這是已知波特蘭海圖上最早繪出完整的 32 向的並明確畫出了指北針的羅盤玫瑰。

在大約製作於 1471 年的或許是最早的一幅佚名作者的葡萄牙語波特蘭海圖上，羅盤玫瑰開始有了以小十字架指針。至此，風玫瑰和羅盤玫瑰的所有功能都得到了完美融合與表現。

但是，在不同的波特蘭海圖中，各地的羅盤玫瑰仍有各自的特色，也不統一。比如，意大利風格的箭頭數不固定；加泰羅尼亞風格的基本是八個箭頭；葡萄牙風格的正北，有小十字或鳶花箭頭。

1650 年荷蘭著名地圖出版商約道庫斯·洪迪烏斯（Jodocus Hondius，1563－1612）的女婿揚·楊松（Jan Jansson）製作了一幅 32 向羅盤玫瑰專圖（縱 44CM 橫 55CM），使羅盤玫瑰的製作達到了藝術裝飾的頂峰。

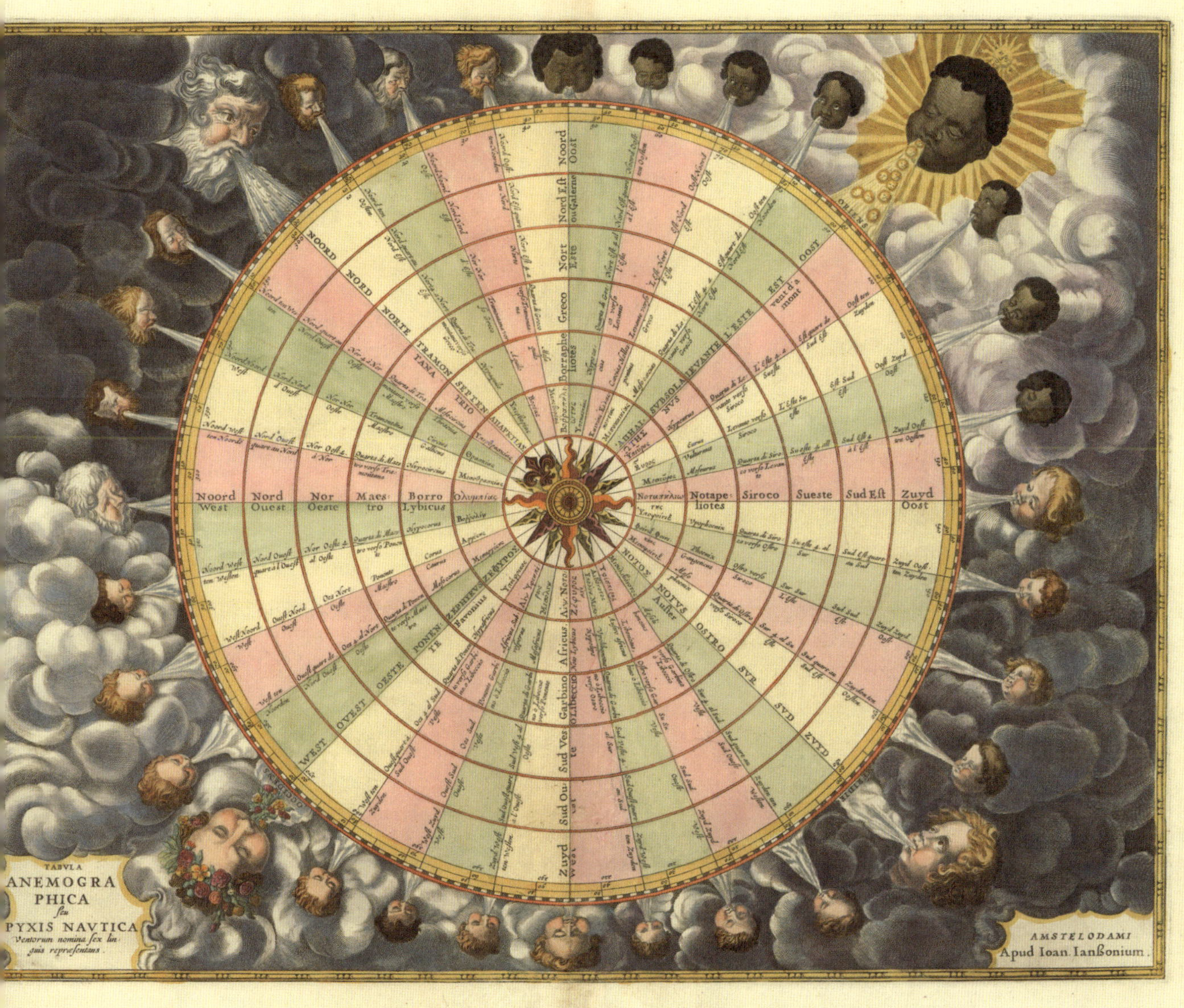

圖 10.1：荷蘭製圖師楊松 1650 年製作的 32 向羅盤玫瑰專圖，使羅盤玫瑰製作達到藝術裝飾的頂峰

此圖顯示了 32 個方向，多個圈層和三角形方向的繁複修飾，每種風都有希臘語、拉丁語、法語、荷蘭語等六種不同名稱標註。每種風還繪製了風向的人格化民族頭像，有四個大人頭像和若干小人頭像。

左上方大人頭像是留鬍子的，口吐白色冷風，代表德意志人或斯堪的納維亞人。

右上方大人頭像是無鬍鬚的亞洲人，口吐金色的風，代表太陽和東方與財富。

左下方大人頭像是無鬍鬚、花頭飾、口吐鮮花的風，代表的可能是美洲原住民。

右下方大人頭像是的無鬍鬚、金髮、皮膚蒼白的人物，代表哪裏人，還不清楚。

這是 17 世紀出現的最著名的羅盤玫瑰專圖。

不過 17 世紀時，歐洲所有海上列強——葡萄牙、西班牙、荷蘭、英國、法國都已派出了他們的船隻跨大洋航行。古老的地中海季風系統已不適應水手在世界各地信風、季風和西風區的航海需要。

海洋風的普遍模式和特殊變化開始被新一代的航海家所理解，並被記錄在新的航海圖上，航海家不再使用鋪滿地圖的恆向線，傳統的風玫瑰圖漸漸退出歷史舞台，或簡化為一個指北針的符號。

第二節　第一部海潮地圖集

——西班牙北部海潮圖 布魯斯孔（1543－1546 年）

——法國北部海潮圖 布魯斯孔（1543－1546 年）

——英格蘭和蘇格蘭潮汐圖 布魯斯孔（1543－1546 年）

——愛爾蘭海岸潮汐圖 布魯斯孔（1543－1546 年）

修築於日本瀨戶內海海濱潮間帶上的嚴島神社，漲潮時，可見金色大鳥居浮於海中，退潮時，遊客可到大島居下散步，它是日本最為著名的觀潮盛景。世界著名的旅遊勝地博斯普魯斯跨海大橋，也是一個世界觀潮之地，這裏的「潮景」就是「無潮」。

這是筆者在兩地的切身體驗。

雖然，人們都知道潮汐是由月球施加的引力的綜合作用引起的海平面的上升和下降，也是由地球和月球彼此繞軌道運行引起的海平面變化。但由於地質情況不同，同樣的大海，在不同的海區，確實有潮汐大小之不同。

地中海幾乎是一個內湖，它只有一個直布羅陀海峽與大西洋相連，整體上沒有顯著潮汐現象。達達尼爾海在地中海最東邊，幾乎看不到潮汐。

不過，出了地中海，歐洲大陸西邊的英吉利海峽兩岸的人對潮汐的感受就大不一樣了。

英吉利海峽就像一個「沙漏」，南北兩端的潮汐都非常強，極端潮差可以達到 10

圖 10.2：布魯斯孔 1546 年出版的西班牙北部海潮圖

米以上。英吉利海峽南端是東西走向，東海岸東、西邊界的高水位之間，大約有 6 個小時時間差，這表明潮差因共振而進一步放大。這意味着海峽東海岸有效地排斥潮汐，使多佛海峽成為每六個小時的自然瓶頸。而海峽口北邊的北海（同樣來自大西洋）南向潮汐（涌浪），又促成相互排斥。

英吉利海峽口南北兩邊的潮汐，對大布列顛島和歐洲大陸西海岸的海上航行，特別是船隻進出港口都有着巨大而複雜的影響。了解這一背景，就會理解紀堯姆．布魯斯孔（Guillaume Brouscon）為何會做一部專門表現此地潮汐的《航海年鑒》。

紀堯姆．布魯斯孔（Guillaume Brouscon）是布列塔尼製圖師，迪耶普學派的代表

圖 10.3： 布魯斯孔 1546 年出版的法國北部海潮圖

人物之一。他於 1546 年出版了世界上第一部海潮地圖集，名為《航海年鑒》（Nautical Almanac）。此書分為兩部分，第一部分包含 5 幅波特蘭海圖；第二部分包含航海年曆，太陽赤緯表，圓形潮汐表等圖表。實際上是一份顯示大西洋海岸北部港口潮汐的海圖集。現收藏在大英圖書館。

此海圖集中僅有 5 幅波特蘭海圖，皆為單頁地圖，圖縱 22CM 橫 15CM。一幅是世界地圖，其餘 4 幅皆為潮汐圖：1 西班牙北部和法國西部海岸潮汐圖，2 法國、佛蘭德、德意志、丹麥北海岸潮汐圖，3 英格蘭和蘇格蘭海岸潮汐圖，4 愛爾蘭海岸潮汐圖。這些潮汐海圖，沒有恆向線、緯度、經度或距離標記；但有精緻的 32 向的羅盤玫瑰，以

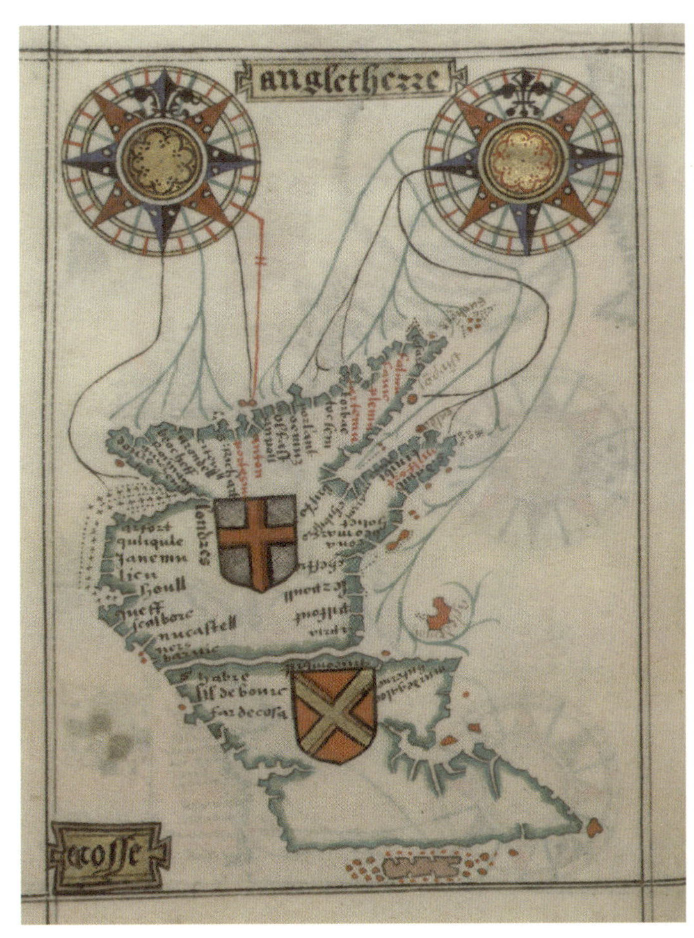

圖 10.4：布魯斯孔 1546 年出版的英格蘭和蘇格蘭潮汐圖

黑色、紅色和綠色墨水表示主要方向；圖面通過與羅盤相連編織線指引潮汐流動的方向，為進出港口的船隻導航；圖中的陸地輪廓為綠色，島嶼為紅色、藍色、金色或銀色。這些潮汐航導地圖，表現的都是高水位時的羅盤方位。

它是世界上第一部潮汐海圖集，準確地說是一部地區性（西邊的泰晤士河，東邊的比斯開灣及須德海等）潮汐地圖集，針對性，實用性很強。英格蘭、法蘭西國水手可以利用該年鑒中的潮汐圖，獲取主要港口的潮汐流的方向，並根據月相計算潮位，安全進出港口。

首版《航海年鑒》潮汐圖，只有 4 幅，這裏全部刊出，以見全貌。

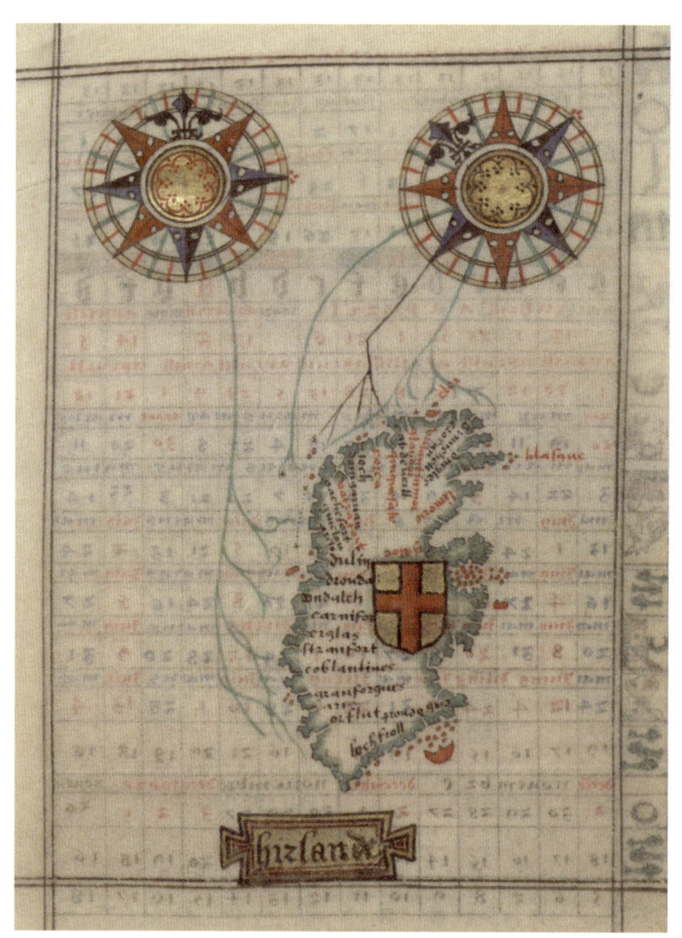

圖 10.5：布魯斯孔 1546 年出版的愛爾蘭海岸潮汐圖

第三節　最早的大洋信風海圖

——太平洋和東印度羣島信風海圖 丹皮爾（1699 年）

——太平洋和大西洋信風海圖 丹皮爾（1699 年）

大航海時代之前，歐洲人不知道有太平洋，更不知道它是地球上最大、最深的海洋。歐洲人第一次看到西太平洋是 1511 年。葡萄牙人攻佔了馬六甲，進入了西太平洋，非常滑稽地稱這邊的島嶼與大海為「東印度」。

1513 年 9 月 25 日，西班牙探險家瓦斯科・努涅斯・德・巴爾博亞（Vasco Núñez de Balboa，1475－1519 年）越過巴拿馬地峽，發現了在片無邊的大海。他以西班牙語稱其為「Mar del Sur」（南海）。

1520 年 11 月 28 日，葡萄牙探險家麥哲倫走出美洲南部海峽，進入一片不知名的大洋，由於近百天的航行風平浪靜，他用葡萄牙語稱這片大海為「Pacífico」（太平洋）。

麥哲倫的西班牙船隊在太平洋上折騰了 96 天，最終在 1522 年 3 月 6 日，在北緯 13° 26’遇到一個有人的島嶼，即今天的關島。為什麼會用這麼長時間，才橫渡太平洋，因為當時的歐洲人不知道太平洋的風型與潮流。

最早想把太平洋變成自己的「內湖」的是西班牙人，他們自然要先破解太平洋海風這一課題。麥哲倫環球航行的倖存者返回後，1525 年，西班牙政府派出加西亞・約弗雷・德・洛艾薩（García Jofre de Loaísa，1490－1526 年）率領艦隊去佔領香料羣島。結果，這個艦隊的 7 艘船中，只有兩艘到達香料羣島，在那裏被葡萄牙人捕獲，領軍人物洛艾薩，死在棉蘭老島。倖存者之一 17 歲的安德烈斯・德・烏達內塔（Andrés de Urdanetta，1508－1568 年），在西太平洋生活了 8 年，後來移居新西班牙（今墨西哥），成為一名西班牙修道士。

1564 年烏達內塔奉西班牙國王之命，從新西班牙海岸出發跨越太平洋到達西班牙統治的菲律賓。1565 年 6 月，在完成商品交易後，他乘西班牙商船藉助北太平洋西南季風北上，而後向東北航行，沿着順時針方向的長弧線來到日本，又藉助後來所說的

「黑潮」和北太平洋向東流的洋流，南下到達加利福尼亞海岸，回到新西班牙。烏達內塔由此成為「從太平洋西側向東橫穿太平洋的第一人」。

這次航行證實了烏達內塔的猜想：「北半球的風向順時針移動，南半球的風向逆時針移動。」這條「烏達內塔航線」後來成為著名的西班牙大帆船從墨西哥運送珍寶到亞洲進行貿易的「馬尼拉航線」或「銀船航線」（一直持續到 1815 年墨西哥獨立戰爭爆發）。

雖然，烏達內塔是第一個通過實踐破解大洋季風之謎的人。但他並沒有繪製出太平洋季風信風航海圖。這個課題後來由英格蘭的威廉·丹皮爾（William Dampier，1652 1715 年）爵上的三次環球航行完成。

丹皮爾在歷史上有很多名頭，遠遠高於他的爵士頭銜。他是三次環球航行探險家、世界氣象學先驅、早於班克斯和達爾文的著名博物學家……他的工作幾乎推動了當時存在的所有科學領域——航海學、動物學、植物學、氣象學、人類學，甚至文學——當然，他也有一個壞名頭——「海盜」，雖然是「官方」的，但依然是「盜」。

這裏要講的是丹皮爾的太平洋季風信風海圖。

在 1699 年出版《航程與描述》中，丹皮爾創造了「海風」和「陸風」這兩個術語，並詳細描述了它們在不同地方的行為。他說「世界上最盛行信風的區域是赤道南北兩側從北緯 30° 到南緯 30°。有各種各樣的風向：有的從東向西吹，有的從西向東吹，有的從南向北吹……有些風，在某一個季度中保持不變；有的則保持半年不變，其他六個月則風向相反；還有的保持六個月風向不變，然後偏移 8－10°，繼續吹六個月，然後再次返回到開始時的風向；這些都是不斷變化的信風所表現出來的……」為解釋「信風、微風、潮汐和洋流的論述」丹皮爾繪製了兩幅開創性的世界信風海圖。

一幅是太平洋和東印度羣島信風海圖，縱 15CM 橫 29CM。此圖旨在表明「往返於大南海海岸的季風的正常路徑」，圖面用細線顯示了太平洋的洋流，並在北回歸線與南回歸線之間的洋面上，用箭頭顯示了北緯 30° 和南緯 30° 的季風風向。顯示季風如何

圖 10.6：丹皮爾 1699 年製作的太平洋和東印度羣島信風海圖

幫助船隻沿着南美洲西海岸向北航行和沿着加利福尼亞海岸向南航行的圖景。在 1699 年的英文原版地圖上，丹皮爾將今天所說的「太平洋」，標註為「THE GREAT SOUIH SEA」(大南海)。這裏選用的是巴黎 1750 年重印本的填色版。

一幅是太平洋和大西洋信風海圖，縱 15CM 橫 29CM。此圖以格林尼治為經度子午線，描繪了跨大西洋包含從美洲到非洲，和跨印度洋包含非洲到印度的海岸的信風，並用箭頭顯示了赤道到北緯 30°和赤道到南緯 30°的海區風向。這裏選用的是巴黎 1750 年重印本的填色版。

丹皮爾除了為 17－18 世紀信風海圖打下基礎之外，他還是博物學研究者和海上傳奇的記錄者。他的《新環球航行記》、《航程與描述》、《前往新荷蘭的航程》和《風論》，

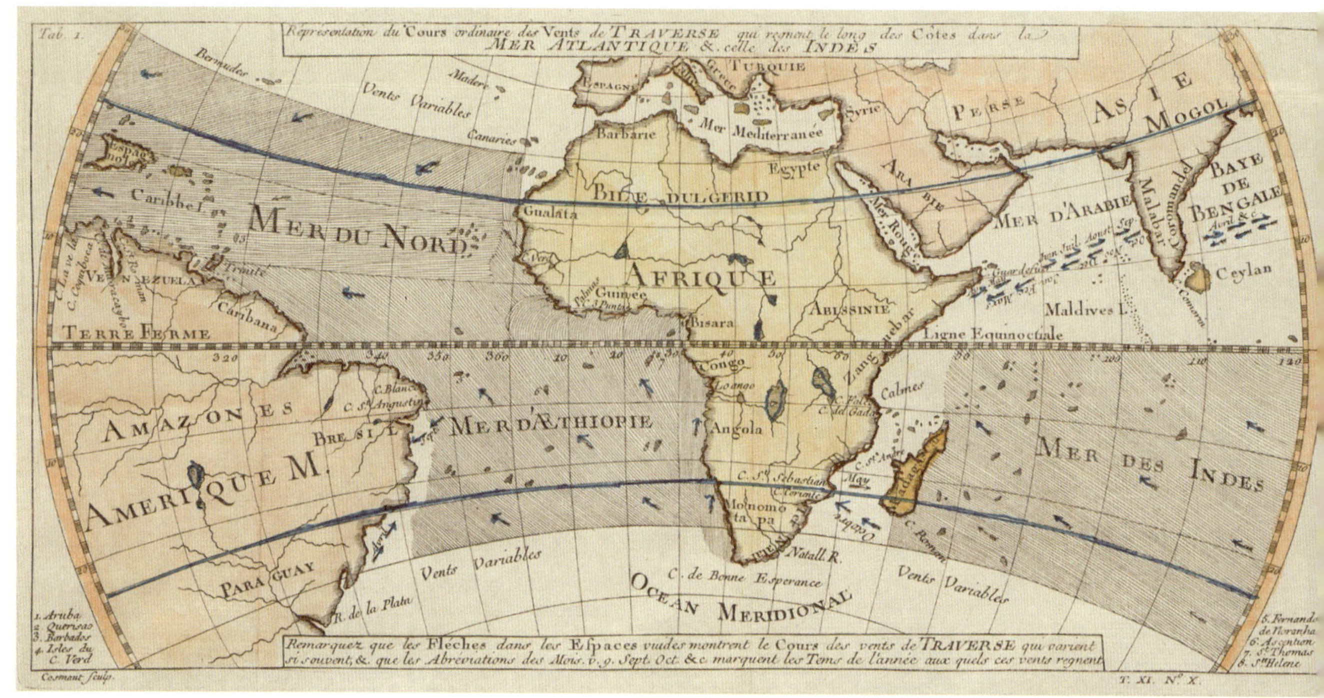

圖 10.7：丹皮爾 1699 年製作的太平洋和大西洋信風海圖

對後世的影響也特別大。比如，在丹皮爾訪問加拉帕戈斯羣島（今屬厄瓜多爾）近 150 年後，達爾文帶着丹皮爾的書，乘坐小獵犬號前往南美洲進行了著名的航行——這次旅程直接引發了他對進化論的闡述。達爾文稱讚丹皮爾的觀察記錄為「信息礦井」。再如，丹皮爾的《風語》出版 70 年後，庫克帶着丹皮爾的季風和洋流海圖，開始了太平洋探險航行，他甚至敦促他的軍官要熟讀丹皮爾的《風語》。還有，為全球讀者熟知的笛福的《魯賓遜漂流記》，斯威夫特的《格列佛遊記》，都直接從丹皮爾三次環球航海的故事中，獲取創作靈感，丹皮爾記錄的海盜船的名字和他自己的名字，都被寫到了這些世界名著之中。

第四節　全球信風、季風與海流的描繪

——最新全球氣象水文海圖 摩爾（1719 年）

——西印度羣島信風海流海圖 摩爾（1720 年）

如果說英國航海家威廉．丹皮爾是海圖上描繪信風與海流的探索者，那麼，英國航海家、製圖師赫爾曼．摩爾（Herman Moll，約 1654－1732 年）則是在海圖上將信風與海流引向現代化的開路人。

摩爾並不是一個純正的英國人，他大約出生在 1654 年，其出生地不明，可能在布萊梅，也有可能在尼德蘭。為了躲避戰爭等動盪因素，他搬到了倫敦，並在這裏成就其大名，所以常被稱為英格蘭航海家、製圖師。

起初，摩爾在倫敦靠雕刻地圖謀生，1680 年代，他出版了自己的第一幅原創地圖，到 1690 年代，他已經建立起了自己的地圖商鋪。莫爾在事業上的努力及成就，使他有機會和一些重要人物相識，包括：三次環遊世界的航海家威廉．丹皮爾、科學家羅伯特．胡克、考古學家威廉．斯塔克利、英國巴哈馬總督伍德．羅傑斯、寫出《格列佛遊記》的斯威夫特和寫出《魯濱遜漂流記》的迪福等。在與這些人聚會和接觸中，摩爾獲得大量獨一無二的、甚至是「特權」的信息，令他從事地圖製作有了一手資料來源，也使他成為第一個準確描繪全球風向與洋流的製圖師。

摩爾的地圖和他從朋友那來採集來的信息密切相關，圖面的信息多且龐雜。

1719 年摩爾出版了一幅英文掛牆世界地圖，縱 71CM 橫 121CM。它是當時最大的世界地圖之一，其功能在巨大的標題圈顯示：「這是一幅新的、正確的世界地圖，包括海洋、河流、海角、港口、山脈、樹林，以及指南針、氣候、信風、季風的變化等，還有尋找北極東北和西北通道的軌跡。這幅世界地圖採用了墨卡托圓柱投影，這種設計對陸地和海洋地圖都有用。地理學家赫爾曼．摩爾根據最新和最精確的觀察於 1719 年製作。」簡稱「最新全球氣象水文海圖」。

1720 年摩爾又繪製了一幅西印度羣島信風海流海圖。此圖很可能是通過威廉．丹

A New & Correct MAP of the
WHOLE WORLD
Shewing y^e Situation of its Principal Parts. Viz. the Oceans, Kingdoms, Rivers, Capes, Ports, Mountains, Woods, Trade Winds, Monsoons, Variation of ye Compass, Climats, &c. With the most Remarkable Tracks of the Bold Attempts which have been made to Find out the North East & North West Passages.
The Projection of this Map is Call'd Mercator's the Design is to make it Useful both for Land and Sea. And it is laid Down with all possible Care, According to the Newest and Most Exact Observations By
HERMAN MOLL Geographer.
1719.
PARTS UNKNOWN
BAFFINS BAY
NEW DENMARK
BUTTONS BAY
New North Wales
NEW BRITAIN
PARTS UNKNOWN
CANADA
Upper Lake
Huron Lake
Parts Unknown
N. FRANCE
NORTH AMERICA
NEW MEXICO
CALIFORNIA
WESTERN OCEAN
ATLANTIC
GULF of MEXICO
NORTH SEA
TERRA FIRMA
AMAZONES
S^TA AMERICA
LA PLATA
THE GREAT SOUTH SEA
NEW ZEALAND
THE NORTH POLE
ADVERTISEMENT.
SOUTH

圖 10.8：摩爾 1719 年出版的最新全球氣象水文地圖，顯示了世界已知信風、季風、氣候的變化，還有北極東北和西北航道的探索軌跡

A MAP of the
WEST-INDIES
or the Islands of AMERICA
in the NORTH SEA; with ye adjacent Countries; explaning what belongs to SPAIN, ENGLAND, FRANCE, HOLLAND &c. also ye TRADE WINDS, and ye several Tracts made by ye Galeons and Flota from place to place.
According to ye Newest and most Exact Observations
By Herman Moll Geographer.
To WIL. PATERSON Esq; This Map of the WEST-INDIES &c. is most Humbly Dedicated By Her. Moll Geographer.
Explanation
The Lake of Mexico.
The City of MEXICO in NEW SPAIN
Lake of Mexico
VI Hours of Time West from London so that when it is Twelve at Lond
LOUISIANA
in Possession of French
CAROLIN
English
NEW MEXICO
NEW LEON
PANUCO
N. GALICIA
MEXICO
GULF OF MEXICO
Tropick of Cancer
The Bay of Campechy
In this Gulf or Bay you may know what Distance you are from ye Shoar by Sounding ye Depth of water, and as many Fathom as you find, so many Leagues you are from ye Shoar
Gulf of HONDURAS
HONDURAS
NEW SPAIN
NICARAGUA
COSTA RICA
I. CUBA
Alacranes Islands
Acapulco
Campechy
Merida
Truxillo
Leon
Lake of Nicaragua
Moskitos
Cosumel
Baxos
THE
GREAT SOUTH SE
Printed for Tho. Bowles in St Pauls Church Yard and John Bowles at the Black Horse in Cornhill
100
95
90
85
30
25
20
15
10
5

圖 10.9：摩爾 1720 年出版的西印度羣島信風海流海圖，描繪了藉助洋流發展出來的西班牙運寶船隊航線，也算是一份英國海盜的「新世界打劫指南」

皮爾和伍茲·羅傑斯相識，獲得的大量西班牙運寶船的信息，從而繪製了這幅包括西印度羣島、加勒比海、墨西哥灣、墨西哥和西班牙大陸（即西班牙控制的加勒比海海岸線）的水文地圖。

西印度羣島信風海流海圖，縱 61CM 橫 101CM。比例很大，描述性文字詳盡，還配有小插圖，完全可以將其理解為西印度羣島的英國海盜打劫指南：地圖上有一條起於東南方向的虛線，表現的就是西班牙運寶（主要是白銀）船隊航線——運寶船隊通過格拉納達和特立尼達之間的通道，這裏是西班牙人進入加勒比海的入口；隨後，運寶船隊向西航行，繞過加勒比海南岸，在哥倫比亞西北部卡塔赫納休息，並重新補給；然後，向北航行，繞過古巴西部，並在哈瓦那停留；此後，利用強大的墨西哥灣流，從哈瓦那向北航行，而後順着灣流向東南方向航行，在韋拉克魯斯深水港停靠。在墨西哥，西班牙運寶船隊滿載着來自聖路易斯波託西礦山的白銀返航，利用向東吹的信風，克服了駛向哈瓦那時的強勁水流。而後，再從哈瓦那出發，通過佛羅里達半島和巴哈馬之間的狹窄通道向北行駛，然後向東在聖奧古斯丁出海。注意，正是在這裏，在英國統治的巴哈馬和西班牙控制的佛羅里達之間這條關鍵通道上，最貪婪最邪惡的海盜正埋伏在這裏，等待他們的獵物——西班牙運寶船隊。注意，在地圖右上方，還安排了 5 個重要的西班牙殖民地港口插圖，包括聖奧古斯丁、韋拉克魯斯、哈瓦那、貝拉和卡塔赫納港。對這些重要寶藏港口的選擇也表明了摩爾的創作意圖和信息來源。

從製圖角度來看，這幅專業海圖提供了一些有趣的創新，用細線條組成陰影風區，用多組小箭頭顯示信風方向，同時，還有對墨西哥灣流仔細而準確的描述。

1729 年摩爾又出版了一幅更具雄心的最新全球信風海圖，顯示了整個已知世界的已知信風類型。圖面的陸地部分顯示了亞洲部分、新荷蘭（即後來的澳大利亞）、北美洲、南美洲和非洲。海面包括了印度洋、大西洋和太平洋的「三大洋」。地圖左上角標註：「注意，線條中的箭頭顯示了普通風和海岸風的航向，空白處的箭頭顯示了移動信風的路線，以及顯示一年中颶風的時間。」地圖以「大南海」（太平洋）為中心，覆蓋赤道以北 50 度到以南 50 度，突出表現了赤道以北 30 度到以南 30 度的普通信風和沿海信風、季風或移動信風的圖示。此外，圖中還顯示了海上航行將遇到的磁力變化，由間隔 5 度的等角線表示。

從 1710 年代至 1730 年代，摩爾繪製了多種包含季風與海流信息的航海圖。這些新形的航海圖經過多次印刷出版產生了廣泛的影響，推動季風海流地圖成為一個新的海圖門類。

第五節　最早的洋流路線圖

——墨西哥灣流地圖 富蘭克林（1770 年）

——日本黑潮地圖 弗朗西斯（1854 年）

在美國，富蘭克林不是排名第一的政治家，但一定是政治家中排名第一的科學家。

富蘭克林有兩塊墓碑，一塊立於他逝世時，他自己寫「印刷工富蘭克林」；一塊是後人立的，上面寫着「他從蒼天處取得閃電，從暴君處取得民權」。也就是說，蓋棺論定的富蘭克林，不僅是為美國人民確立自由民主制度的政治領袖，同時，還是一位人類智慧的「盜火者」。他用風箏證明了閃電是電，發明了新式火爐、避雷針、夏時制……他做北美郵政總長時，不僅改革了郵政制度，而且，還有這裏要講的，他發現並描繪了墨西哥灣流——

1760 年代富蘭克林在倫敦擔任殖民地的副郵務長。他創立了一支「郵輪」船隊，在大西洋兩岸之間運送郵件。富蘭克林發現美國輪船在橫越大西洋時，經常比英國輪船橫越大西洋快兩個星期左右。於是，他向當捕鯨船長的表兄蒂莫西・福爾傑請教，表兄告訴他：美國輪船從美洲去歐洲航行時，總是利用北大西洋的東向洋流；返回美洲時，則儘量避開這條巨大的洋流。福爾傑說，就算是從歐洲西岸由向北美順風航行，洋流的逆勢力量仍然大於風力。所以，捕鯨船都是跟着鯨魚順着洋流的流向航行。

富蘭克林為找出灣流的規律，做了一批漂流瓶在美國東海岸分時間、分地點，把它們投到海中，並在瓶子的信裏請求東岸歐洲人告訴他發現瓶子的時間與地點。由

圖 10.10：《美國哲學會會刊》1786 年刊登了費城版畫家普帕德重新製作的富蘭克林 1770 年編繪的墨西哥灣流地圖

此，他得到了大西洋不同地點的海水流速的數據，編制出世界第一幅洋流路線圖。北上的墨西哥灣流經佛羅里達海峽進入大西洋後，就稱佛羅里達暖流了。它沿加拿大紐芬蘭，從大西洋西海岸繼續北上，繞過百慕大羣島的西側、北側，向東偏南方向流動，在西經 40° 附近改稱北大西洋暖流，最後流向大西洋的西海岸西歐一側。

需要說明的是，許多航海家早在富蘭克林之前，就在航海實踐中已注意到了洋流的存在。1497 年，熱那亞航海家約翰．卡伯特從北冰洋經巴芬灣航行到加拿大東部的紐芬蘭島時，就曾發現寒冷的北冰洋海水沿着巴芬島和拉布拉多半島的東岸流動，注入溫暖的大西洋。1513 年，遠航北美洲的西班牙艦隊，在佛羅里達東岸邊下錨碇泊，突然發現艦隊中一艘船獨自向北漂去。這件奇怪的事情引起西班牙船長的注意，他們認為佛羅里達半島洋面上有一條海中「暗河」。這說明許多世間奇妙現象，一定是先被意外地感知，而後才被有頭腦的人認知和破解。富蘭克林就是後者。

富蘭克林最早提出繪製「灣流地圖」的構想，並積極推動對墨西哥灣流研究。這幅墨西哥灣流地圖，正是根據本傑明．富蘭克林的表兄蒂莫西．福爾傑繪製草圖，和 1770 年富蘭克林發表的他所編繪的灣流地圖而製作的。當時，富蘭克林還曾設法將灣流地圖賣給加勒比海的英國船員們，但英國對其殖民地所持懷疑態度，使多數英國船長拒絕購買這些灣流地圖。

1780 年法國印刷了這種墨西哥灣流地圖。美國獨立戰爭期間（1775 年－1783 年），富蘭克林將墨西哥灣流地圖送給了所有配備武器的法國船隻，幫助盟友。

1786 年《美國哲學會會刊》刊登了費城版畫家詹姆斯．普帕德製作的凝結着富蘭克林心血的這幅印刷版墨西哥灣流地圖。這個期刊是美國首家學會會刊，該學會正是由富蘭克林和其他幾人於 1743 年創辦。這幅灣流地圖，計算和描繪了墨西哥灣流的上下行路線，灣流中畫了順流行駛的帆航，圖面上的大圖與小圖都繪出了精確的經緯網格，有着很強的實用性。

還有一幅美國出版的日本黑潮地圖，也值得一說。

1854 年美國海軍佩里準將的艦隊從台灣海峽北上去日本，途中發現軍艦的速度憑空快了兩節，後來發現是強勁的北上洋流的推動。1856 年霍克斯．弗朗西斯（Hawks

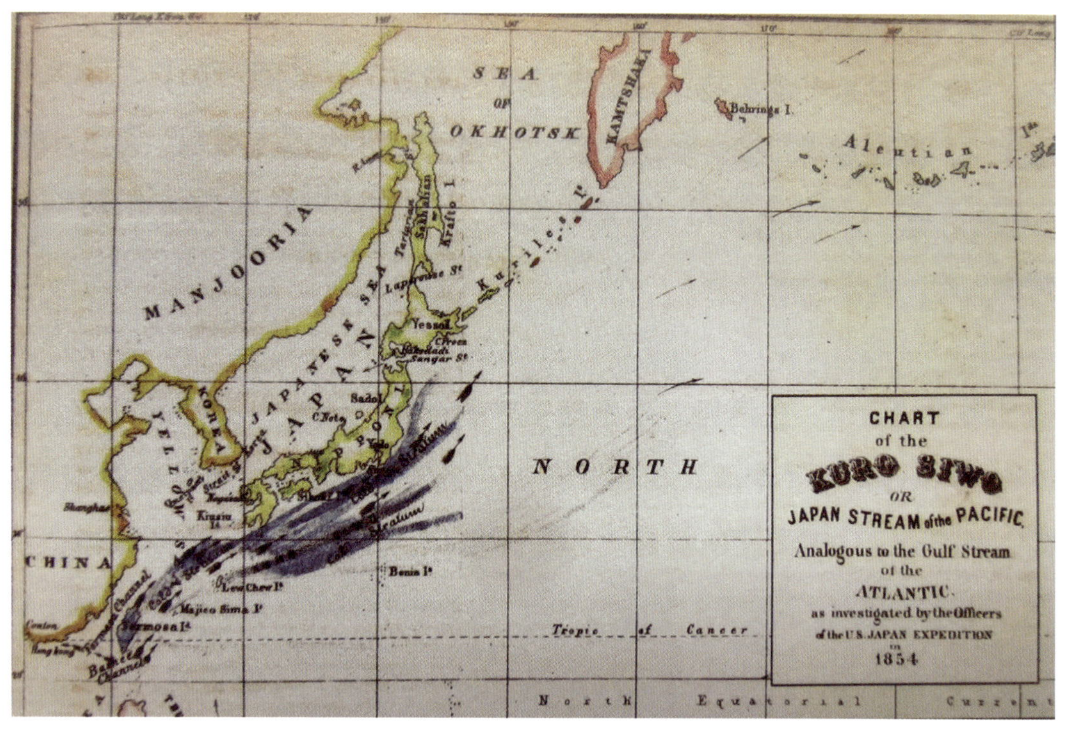

圖 10.11：日本黑潮地圖原載於 1856 年紐約出版的《美國海軍艦隊遠征日本記事》

Francis）編撰的《美國海軍艦隊遠征日本記事》在紐約出版，書中刊出了日本黑潮地圖。它的原標題很長「Chart of the Kuro Siwo or Japan Stream of the Pacific: analogous to the Gulf Stream of the Atlantic, as investigated by the Officers of the U.S. Japan Expedition in 1854」意思是「太平洋黑潮或日本黑潮圖：類似於大西洋墨西哥灣流，由美國的日本探險隊官員於 1854 年調查發現」。這個長長的標題說明當時美國海軍將日本黑潮與黑西哥灣流作了關聯性認識。

日本黑潮是北太平洋西部流勢最強的暖流，居於墨西哥灣暖流之後，是全球第二大暖流。它由北赤道暖流在菲律賓羣島東岸向北轉向而成。主流沿中國台灣島東岸、琉球羣島西側向北流，直達日本列島東南岸。在台灣島東面外海寬約 100－200 公里，深 400 米；流速最大時每晝夜 60－90 公里。難怪佩里的軍艦速度都憑空加快了兩節。

這裏兩幅洋流地圖是大西洋和太平洋兩個著名洋流最早的海圖記錄，是海洋科學研究的重要史料。

第六節　海底水流、火山與山脉地圖

——海底水流、火山世界地圖 基歇爾（1665 年）

——北大西洋測深地圖 莫里（1860 年）

1667 年德意志耶穌會學者阿塔納修斯·基歇爾（Athanasius Kircher，1602－1680）用拉丁文出版了一部影響極為廣泛的著作《中國圖説》。這位興趣廣泛，知識廣博的學者，僅用拉丁文出的著作就有 40 多部，被認為是達芬奇之後的又一位百科全書式的人物，也有人稱其為「最後的一個文藝復興人物」。

基歇爾不僅是東方學家、自然科學家、物理學家、天文學家、機械學家、哲學家、建築學家、數學家、歷史學家，同時他也是一位地理學家。當人們在梳理海洋地圖時，會發現在他出版著名的《中國圖説》的前兩年，也就是 1665 年還出版了《地下世界》，在這部著作中刊登了他繪製的一幅現在看是最早顯示海底世界的地圖，其標題為「Tabula Geographico-Hydrographica Motus Oceani, Currentes, Abyssos, Montes Igniuomus in Universo Orbe Indicans Notat Haec Fig.Abyssos Montes Vulcanios」。意思是「這幅水文地理圖表顯示了宇宙中海洋、海流、深淵和火山運動」。此圖縱 28CM 橫 53CM，銅版印刷。

根據基歇爾的水文地理理論，整個世界的潮汐和洋流是由巨大的水流進出地下海洋引起的。在海底存在一個由運河和洞穴組成的全球地下水流網絡。這些水通過遍布全球的許多大深淵進入和離開地下海洋，並連接到地表的對應物，例如河流。他認為這些海底隧道連接裏海、黑海和波斯灣，並穿過西奈半島，即今天的蘇伊士運河所在地。

圖 10.12：基歇爾 1665 年出版了第一幅海底水流、火山世界地圖，首次顯示了海底的地質狀況

這幅地圖以拉丁文標註了世界上已知火山的位置，帶圓圈的小點的表示水被吸入地下系統的漩渦和海洋噴口。它表明地下水被地球內部的火災加熱，導致了潮汐和火山噴發。在海面上畫有深淺不同的虛綫，請注意，作者沒有用箭頭來指示方向。

這是一幅創新的具有里程碑意義的海洋地圖，它首次顯示了海底的地質狀況。

基歇爾發表最早的海底物理探索地圖一百多年後，在美國海軍辦公室圖表和儀器庫工作的美國海洋學家馬修．方丹．莫里（Matthew Fontaine Maury，1806－1873 年）發佈了更為科學的圖表化的一系列現代化的海圖，將海洋學引向了莫里時代。

莫里 1806 年出生於弗吉尼亞州，19 歲時，加入美國海軍，隨後環遊世界，並逐步晉升。1834 年至 1841 年間，莫里出版了有關航海和海上旅行的作品。1842 年，莫里被任命為華盛頓海軍部圖表和儀器倉庫的主管，這裏是美國海軍天文台的前身。

在這個職位上，莫里開始發表海洋學和氣象學以及海圖和航行方向方面的研究成果，傳達了他對海洋科學的新見解。最引人注目的圖表是，他對海洋風的描述。他 1851 年和 1859 年繪製的「大西洋信風圖」和「印度洋信風圖」，根據日曆月份和地點（按緯度和經度）對信風進行了記錄。整個圖表記錄了 16915 個觀察結果。在他的彩色圖表上，信風跨越時空的變化被巧妙而精細地完成了可視化。

值得學習的是，製作信息量如此之大，覆蓋面如此之廣的地圖，莫里並沒有依靠政府資助的測繪與探險來提供信息，而是分發了專門設計的航海日誌，要求美國海員每天記錄天氣、風向和洋流，以及他們在旅途中遇到的各地水溫，然後將日誌歸還給他，以便他和他的工作人員可以挖掘其中的數據來構建地圖。這麼多水手願意幫助莫里完成觀測任務的主要原因之一，是莫里提供了很好的交換條件：「你向我提供數據，我為你提供海圖，幫助你更好地完成工作。」莫里和他的製圖團隊，通過發送和回收日誌，編輯製作出 79 多個圖表，包括軌跡圖、信風圖、領航圖、熱力圖，以及風暴和降雨圖等一系列氣象水文海圖。他的工作成果徹底改變了人們對海洋學、氣象學和海洋導航的理解。1855 年，他出版了《海洋自然地理》，現在被譽為「第一本現代海洋學教科書」。莫里經常被稱為現代海洋學和海軍氣象學之父。

除了對海洋氣象的研究，莫里也是海洋測深地圖的引路人。

1853 年，莫里還出版了第一幅海洋測深印刷地圖。

這種大洋盆地地圖誕生的時機非常好。因為 1854 年美國企業家賽勒斯・菲爾德正想嘗試將一條海底電報電纜從愛爾蘭延伸到紐芬蘭的偉大工程。但他不知道這樣的工程在地理上是否可行。大多數海底世界的研究者認為，海洋非常深，佈滿山峰和峽谷，就像水下的阿爾卑斯山一樣，在海底鋪設電纜絕無可能。於是，菲爾德請教當時美國頂尖的海洋學家莫里。莫里裏告訴菲爾德，他們剛剛完成了一項從紐芬蘭到愛爾蘭的海底勘測，勘測結果顯示，這兩個地方之間的海底隆起了一座高原，非常適合鋪設電纜。莫里

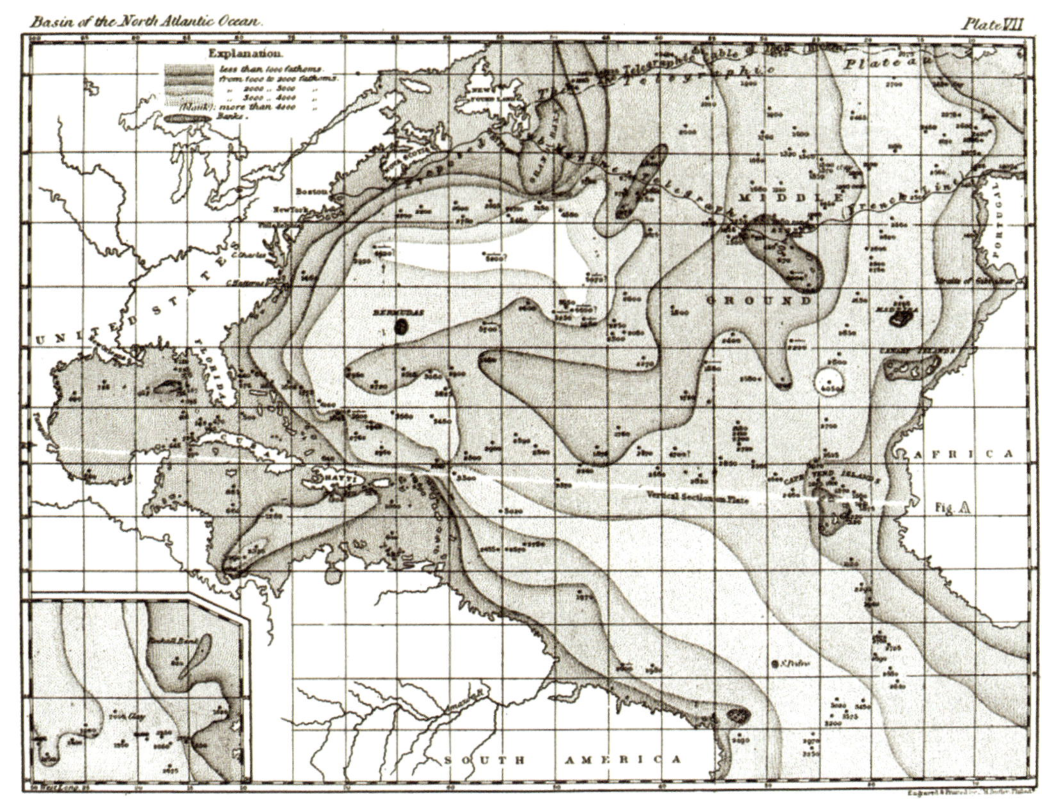

圖 10.13：莫里的第三幅北大西洋測深地圖（1860 版）中，描繪了海底「高原」，並記錄了人類第一條海底電纜的鋪設線路

甚至將其命名為「電報高原」。菲爾德大受鼓舞，放手幹了起來。經歷了 1858 年第一條海底電纜的失敗後，菲爾德在 1865 年和 1866 年的海底電纜鋪設上，都取得了成功。

在 1860 版的莫里的第三幅北大西洋盆地地圖上，左上方圖例顯示，海底測量深度為 4000 英尋（7.3 公里）。左下方的插圖顯示了電纜「出發地」愛爾蘭附近的羅科爾淺灘（Rockall Bank）。右上方顯示了從愛爾蘭一直延伸到紐芬蘭的海底電報電纜路線、「電報高原」，還有「高原」頂部 1858 年故障電纜的位置。這說明莫里的北大西洋盆地測繪地圖，對於人類首條跨大洋的海底電纜的規劃與建設是多麼重要。

第七節　燈塔地圖，從「一身二用」到現代航標

——鄭和航海圖（1425－1430 年）

——英國和愛爾蘭海岸燈塔和燈船地圖（1863 年）

——通商各關沿海建置警船鐙各地方總圖（1894 年）

荷馬史詩《奧德賽》中，奧德修斯海上漂流時曾遇到一個島嶼，島上的人們用火把作為信號指引他們離開危險航道。這是關于「燈塔」的最早描繪。現實生活中，最早構建燈塔的記載是公元前 5 世紀雅典執政官、海軍倡導者地米斯托克利，在與雅典相連的比雷埃夫斯港建立的帶有火炬的石柱。當然，歷史記憶中最著名的燈塔是公元前 280 年建在地中海南岸的亞歷山大燈塔。

燈塔文化隨著早期的燈塔建設在地中海流行開來。比如，公元前 42 年至公元前 40 年之間，盤踞在西西裏島與羅馬帝國對抗的龐培將軍小兒子塞克斯圖斯·龐培鑄造的銀幣上就刻有墨西拿燈塔（銀幣另一面刻有吞食水手的多手多足的女海妖斯庫拉）。

東方的燈塔別有特色，最初是借用海邊河口的佛塔「一身二用」。它的功能主要是俗話說的「寶塔鎮河妖」，同時也是為水手導航的岸上地標，有些佛塔夜裏會挂燈，可晝夜導航。唐代修建上海泖河塔和宋代修建的溫州江心嶼雙塔就是這類古燈塔的典型代表。這兩個「一身二用」古佛塔經歷代修葺保存至今，1998 年經國際航標協會理事會討論批准列入世界歷史文物燈塔 100 强。

中國歷史文獻記錄專門用于導航的燈塔是「寶山烽堠」。明永樂九年（1411 年），平江伯漕運總兵官陳瑄呈奏朝廷：「嘉定瀕海地，江流沖會，海舟停泊于此，無高山大陵可依，請于青浦（高橋古稱，當時是吳淞江水系的青龍港、華亭港和上海港的必經航道）築土山，方百丈，高三十餘丈，立堠表識。」永樂十年（1412 年）烽堠建成，皇上朱棣「賜名寶山」，並「親為文記之」（上海「寶山」之名和《永樂烽堠禦碑》，

皆由此而來）。此烽堠「晝則舉烟，夜則明火」，指引船舶航行。據明代王世貞《寶山堡記》記載「中貴人和（鄭和）等海舶之收啓亦取標焉。」此外，《鄭和航海圖》中「吳淞江」附近亦注有「招寶山」。同時，圖面上的對此燈塔的針路注記也非常清楚：(往程)「太倉港口開船，用丹乙針一更船平吳淞江，用乙卯針一更船到南匯嘴平招寶……」，(返程)「……見茶山，用辛酉針三更，船取南匯嘴收洪，平寶山，用辛酉針三更船過吳淞江，到太倉港口系船」。圖中所記「招寶山」、「招寶」、「寶山」，皆指向「寶山烽堠」。這是世界航海圖中最早的明確標記古燈塔的航海圖之一，是鮮為人知的航標文獻。

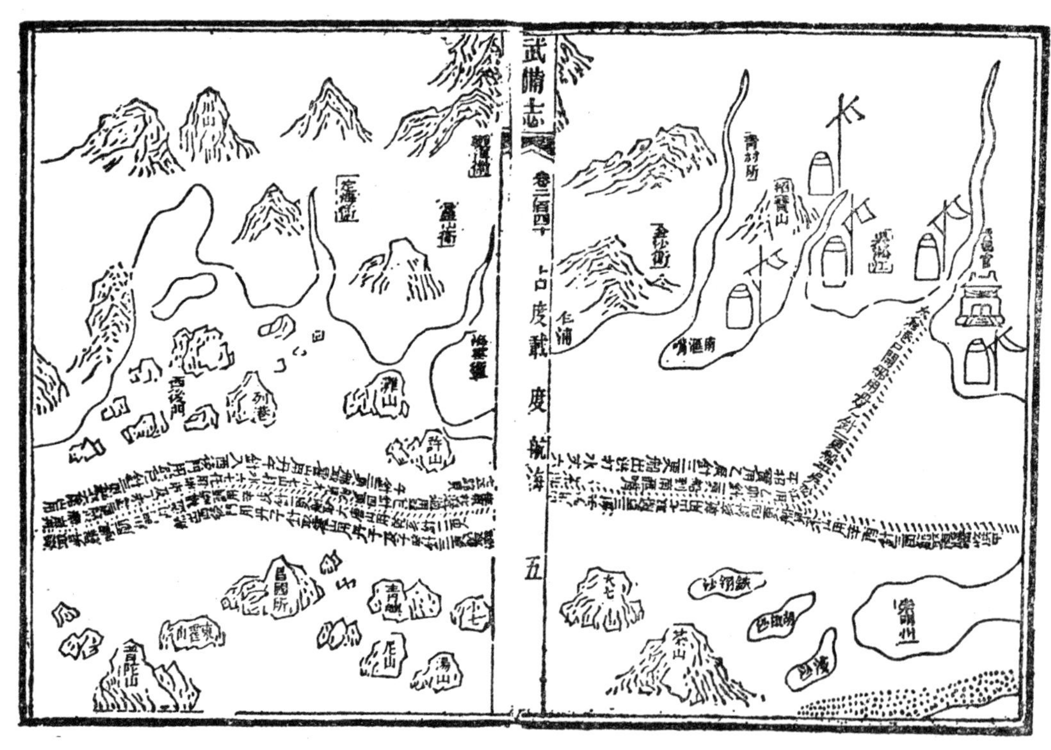

圖 10.14：明代的鄭和航海圖中，在「吳淞江」附近描繪並注有「招寶山」，即「寶山烽堠（燈塔）」。這是世界航海圖中鮮為人知的標記有燈塔的地圖之一

比永樂皇帝晚了兩百年，1611 年法王亨利三世才完成吉倫特河口的「國王燈塔」。不過，法國西南部的這座石頭構建的「海上凡爾賽宮」至今仍在。中國東南部的土堆的「寶山烽堠」，却在明萬曆十年（1582 年）的暴風雨中衝垮，沒于海中，僅留下《永樂烽堠製碑》，今存于浦東高橋中學院內。

東西方傳統燈塔，一直到 18 世紀末都是靠著蠟燭、煤火或木柴火照明，光照空間有限。1823 年法國人首次將菲涅爾「折射式」透鏡系統應用于吉倫特河口燈塔，燈光可達 3000 米之外，燈塔由此進入了現代化，燈塔地圖也隨之進入了現代。

英國是現代燈塔地圖範式的蒂造者。這裏有兩個原因：其一，四面環海的英國是因海而生的國家，英國經常遭受惡劣天氣的侵襲。19 世紀中葉，幾乎英國的每一寸海岸都至少有一座燈塔照亮。其二，英國是當時的「日不落帝國」，它與海外殖民的聯繫皆來自海上與海港，所以，英國在海外內均設有專門的燈塔機構，負責燈塔的建造與海圖記錄。至少從 1833 年開始英國就編制了歐洲大陸及附近海岸的燈塔和燈船地圖。

這裏選用的是 1863 年出版的英國和愛爾蘭海岸燈塔和燈船地圖。它印在亞麻布上，可折疊放入活頁夾中，封皮配有黃銅扣。此圖以簡單的輪廓描繪了英國和歐洲西北部數千英里的大西洋和北海海岸綫。圖面采用了複雜的圖形編碼系統來指示數百座燈塔和燈船的顏色、範圍、頻率和照射弧度。每個燈塔都添加了注釋，指示其高度。實心陰影環，表示固定燈光；而明暗交替的陰影，則表示有規律脉衝的旋轉燈光。即使兩個或多個燈光重叠，編碼系統也能使每個燈光清晰地顯示出來。總之，此圖的配色方案和豐富的幾何圖形結合在一起，產生了引人注目的指示效果。

此圖由皇家地理學會會員亞歷山大·喬治·芬德利（Alexander George Findlay，1812－1875）編制和雕刻。芬德利出生于倫敦，這個家族長期從事航海貿易。芬德利與父親都是皇家地理學會的會員。芬德利的大部分航海工作都是在倫敦地理和印刷出版公司理查德·霍姆斯·勞裏（Richard Holmes Laurie）工作期間完成。1858 年勞裏去世後，芬德利接管了公司。這個公司受三一領航公會（Trinity House）的委托，從 1833 年開始發布過多幅這類海圖。注意看，此圖標題上方顯示了三一領航公會的聖喬治十字和四艘船的紋章。這個公會是英王亨利八世 1514 年在建造大帆船「偉大的亨利號」時就成立的海事機構。它從成立之日起一直到現在都在負責英國燈塔和其它輔航設備，如燈船、浮標、海事無綫電和衛星通信系統。

值得一提的是，晚清的燈塔地圖與英國燈塔地圖有著密切關係。據大清總税務司赫德 1867 年 1 月 31 日的備忘錄，以及 1867 年 3 月 16 日的備注記載，大清總理衙門授權海關總稅務司赫德利用船鈔（噸稅）專款成立包含工程師辦公室、條約港港務辦公室、沿海燈塔辦公室等新的海關部門。從 1877 年開始，大清海關連續出版《通商各關沿海沿江建置鐙塔、鐙船、鐙杆、警船、浮樁總冊（List of Chinese Lighthouses, Light-Vessels, Buoy and Beacons）》，1883 年起中文名改名為《通商各關警船鐙浮樁總冊》（中國沿海設置燈船的港口不多，僅有天津、上海和營口三處設置燈船）。這部大清海關每年例行出版「總冊」分中英文兩個版本，每年都會根據燈塔建設的實際情況更新。比如，1882 年的地圖上標注的主要燈塔為 33 個，次年出版的地圖上標注的主要燈塔為 34 個。這個「總冊」最終出版至 1907 年（這一年 62 歲的赫德病重回國，1911 年 9 月 20 日在白金漢郡的家中離世，一個月後大清王朝轟然倒地）。

在英文版的 1883 年《通商各關警船鐙浮樁總冊》的中國沿海燈塔總圖上，可以看到圖上以黃圈和紅點標示的燈塔符號，圖中的弧形表現了燈塔的光程和範圍。1888 年之後的中國沿海燈塔總圖標注更加細膩，顯示了其光程和光性。當圖上的燈塔有一個或多個區域被塗成紅色時，表明燈塔上的光在這些區域的顏色是紅色。黑色虛綫標示著每個海關的邊界。

有意思的是中文版的中國沿海燈塔總圖，地圖與燈塔符號都沒有變，但燈塔名稱很有中國特色。比如，原載 1894 年《光緒二十年通商各關沿海沿江建置鐙塔鐙船鐙杆警船浮樁總冊》的通商各關沿海建置警船鐙各地方總圖（此冊現收藏在哈佛大學圖書館專門用于收藏與東亞文獻的哈佛燕京圖書館），其索引説明「按圖中沿海所繪黃圈內有紅點者即系設燈處所，圈內填注千字文字樣編為各燈號數，並將設燈各處省份及冊內所載第號詳列于後，以便覽觀。」圖面上沿海黃圈內有紅點的地方，由南至北分別以《千字文》天、地、元、黃、宇、宙、洪、荒……露、結、為、霜等主要燈塔做了漢字標注（但圖上的長江燈塔就沒有用此方法標注）。注意，最南邊的「天」字號和「地」

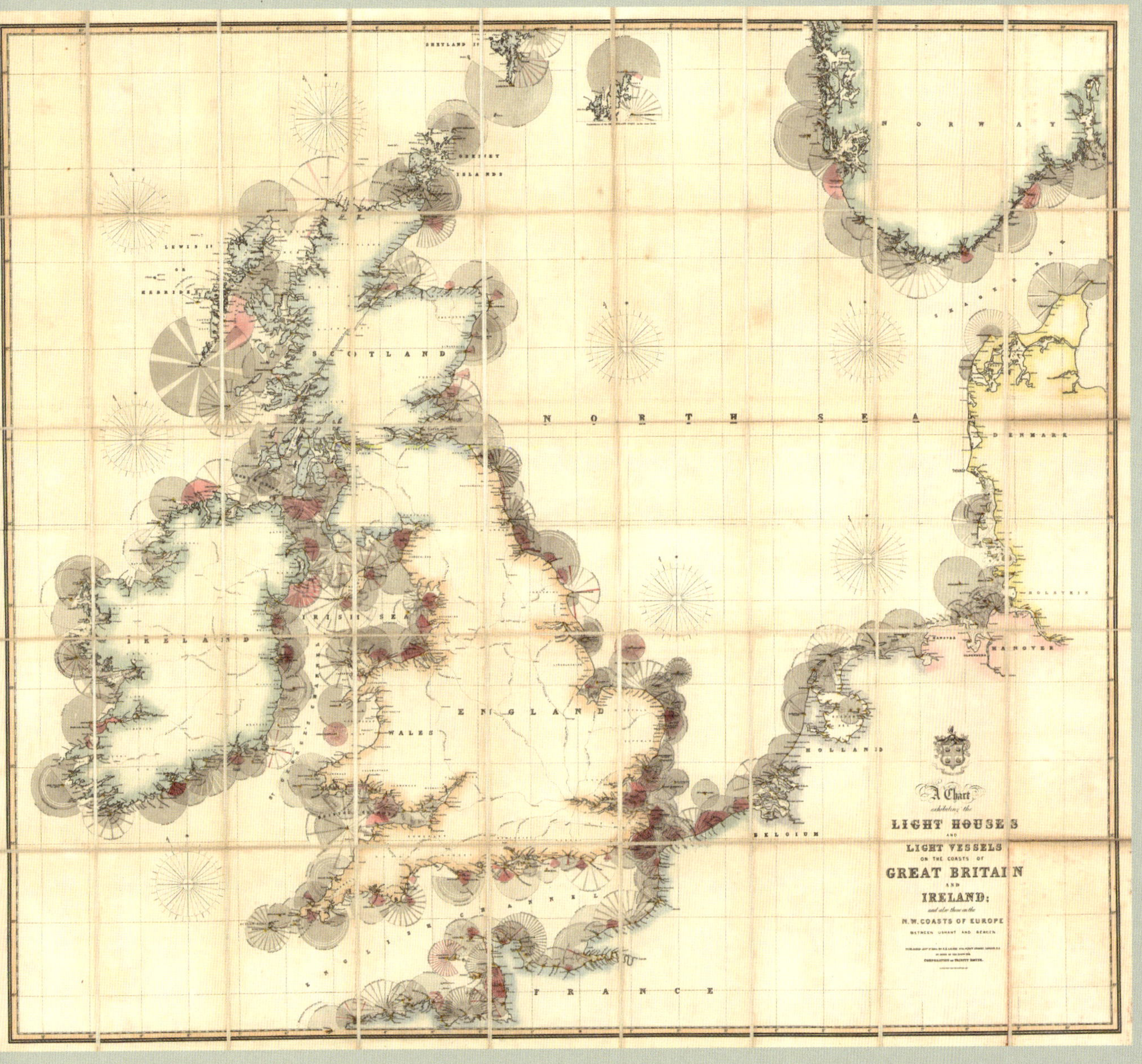

圖 10.15：倫敦 1863 年出版的英國和愛爾蘭海岸燈塔和燈船地圖；以及位于烏尚特和卑爾根之間的歐洲西北海岸的燈塔和燈船地圖

字號是分別是澳門的燈塔和香港燈塔；接著是「元」字號，為廣東省石碑山燈塔。這裏用「元」，而不用「玄」，是因為清本《千字文》避清玄燁之諱。從用《千字文》的字來給燈塔編號來看，此圖確實很有中國文化特色，但如此標注編號複雜，也不够現代化，所以民國燈塔地圖上就不用《千字文》為燈塔標號了。

晚清的燈塔地圖，既有明顯的半殖民地半封建的舊海關印記，也是中國海圖走向現代，並融入現代海事系統的縮影。

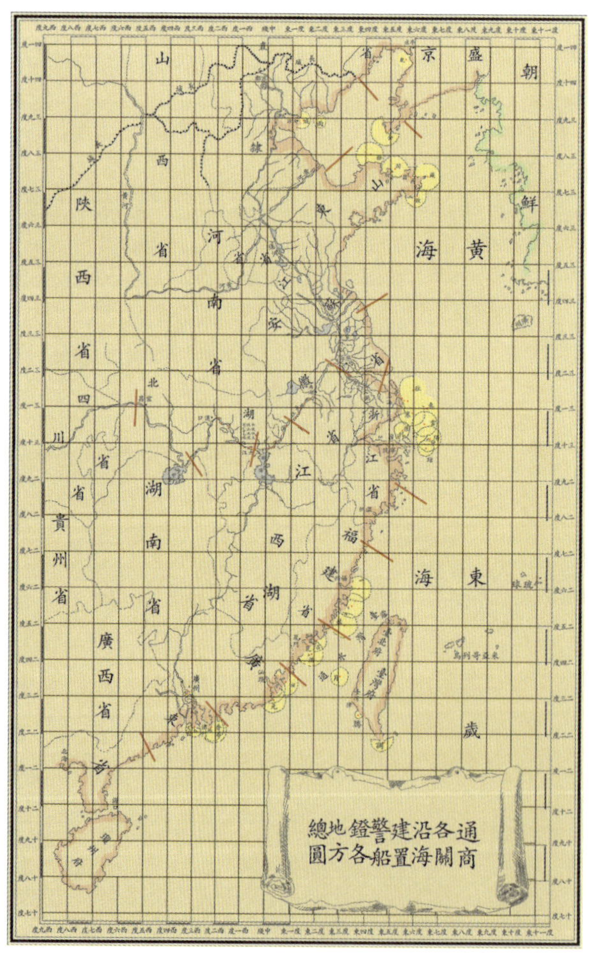

圖 10.16：1894 年出版的通商各關沿海建置警船鐙各地方總圖采用了《千字文》為燈塔標號

第十一章

海怪海產地圖：一半是迷信，一半是探索

西方海怪的文化源頭至少有三：一是荷馬史詩，二是《聖經》傳說，三是老普林尼的《自然史》。其中，影響最為廣泛的是公元一世紀羅馬學者老普林尼的學說，「每種陸地動物，在海洋中都有對應的動物。」

從公元前 5 世紀開始，希臘陶瓶上已有了海神波塞東和海妖塞壬的藝術描繪。由於早期地圖多已不存，後世所能見到的最早繪有海怪形象的地圖，已是中世紀。

這些繪在海圖上的海怪，大體上起着三種作用：其一，海怪形象傳遞歷史記載的海怪，標記海怪出沒的位置，對水手起到警示作用；其二，海怪形象便於人們對海洋生物有更多的認識，間接地鼓舞人們去認識海洋和利用海洋；其三，海怪形象也是地圖出版的重要裝飾元素，提高地圖的審美價值和商業價值。

西方最著名的海怪有兩個：一利維坦，二塞壬。

利維坦（Leviathan，字面意思為裂縫）主要出現在中世紀早期的類似創世地圖上。《舊約．以諾書》稱：「在那天，兩個獸將要被分開，女的獸叫利維坦，她住在海的深處，水的裏面；男的名叫貝西貘斯，他住在伊甸園東面的一個曠野裏。」中世紀的利維坦，通常被描述為鯨魚、鱷魚或大海蛇的形狀。

塞壬（Siren）最早出現在荷馬史詩《奧德賽》中，詩中只描述了她的歌聲：「過來吧，尊貴的俄底修斯，阿開亞人的光榮和驕傲！停住你的海船，聆聽我們的歌聲。」她的歌聲令過往水手神魂顛倒，最終迷失方向觸礁沉沒。詩中的塞壬女妖是兩位，但沒有名字。塞壬的名字最早出現在希臘陶瓶畫上：希墨洛珀（Himerope，「柔音」之意）和忒爾克西厄珀亞（Thelxiepeia，「魅惑」之意）。古希臘悲劇中開始稱塞壬為三姐妹，他們是：珀西諾厄（ Parthenope，「貞音」之意）、利革亞（Ligeia，「清調」之意）與琉科西亞（Leucosia，「白女」之意）。

中世紀，先是有利維坦出現在世界地圖上，如，1180 年左右的海怪寰宇全圖。後來海圖誕生了，1375 年馬略卡學派的製圖師在波特蘭海圖上，描繪了海怪塞壬。它被描繪成雙尾美人魚（星巴克咖啡用此形象作為商標）。再後來的波特蘭海圖上，常出現的就是老普林尼在《自然史》中所說的與陸地動物相仿的海怪：海象、海獅、海豹、海豬，還有鯨魚、鯊魚、大烏賊魚。拉丁語「monstra」（怪物）一詞，也出現在海圖中。海圖上的海怪，有的張牙舞爪在嚇唬水手，有直接襲擊帆船。

其實，海怪只是奇異海洋生物的迷人傳說。中世紀拉丁文「海怪」和「鯨魚」就是一個詞「cetus」。在斯堪的納維亞神話中，有一種巨大的海洋生物有 1 英里長，其體型巨大到讓人誤以為是一座島嶼。這個傳說演變成聖布倫丹與鯨魚的故事，並有多個變體出現在大航海時代的海圖中。

16 世紀最為人稱道的「三大海怪地圖」：馬格努斯的北方航海圖、明斯特的海陸怪物地圖和奧特里烏斯的冰島地圖，其精彩的海怪形象被後來者不斷仿效，遂成一種製圖風潮。這種風潮一直持續到利瑪竇為中國繪製的世界地圖，即 1608 年版本的坤輿萬國全圖。此圖上繪製了鯨魚、鯊魚、海獅等 15 種海洋生動或怪獸。這是西方人傳入中國的第一幅世界地圖，也是中國第一幅繪有海怪的世界地圖（中國地圖上最早繪出海怪的是宋代的九域守令圖）。

雖說，無論是手繪地圖還是印刷地圖，製圖師都可以在其中加入怪物元素，以展示其學識與手藝。但通常是受委託或出於合同規定，製圖師才會在地圖中畫上海怪。對於印刷地圖來說，無論它們只是起裝飾性作用，還是確實有科學成分在內，海怪都可以成為一種促銷元素，有助於提高讀者的興趣和商品銷量。

令人玩味的是，17 世紀中後期，海洋地圖仍在，海圖上的海怪卻消失了。航海技術的長足進步，航海視野的不斷擴展，人們更加重視征服大海的能力和海洋資源的利用，所以，取而代之的是一批表現海洋捕獵與海產品的海圖。比如，法國製圖師尼古拉斯·德·費爾的海狸與鱈魚地圖。比如，馬修·方丹·莫里的鯨魚海圖。

海洋生物作為海洋資源，以一種新的形象出現在海圖上。

第一節　創世海怪，環抱世界的利維坦

——海怪寰宇全圖（約 1180 年）

——海怪寰宇全圖（13 世紀）

中世紀的歐洲只流行一種著作，即各種解釋宗教的手抄本。

大約從 11 世紀開始，一些手抄本中出現了以「利維坦環抱的世界」為主題的「寰宇全圖」。這是動物形象與世界地圖相融合的早期嘗試，或許在藝術上是無意識的，但在海圖發展史上，或可視為海怪地圖的先聲。

舊約《聖經》中有多個篇章記載了怪獸「利維坦」（Leviathan）。《約伯記》說利維坦是一條怪魚，有堅硬的鱗甲，鋒利的牙齒，腹下有尖刺，令人生畏。《以賽亞書》說利維坦是一條曲行的蛇。《以諾書》說，上帝在創世的第六天創造了一雌一雄的兩頭怪獸，雌性的就是盤踞大海的利維坦，雄性則是威震所有陸地的貝希摩斯（Behemoth）。當世界末日到臨之時，利維坦、貝希摩斯和席茲（Ziz）三頭怪物，將會成為奉獻給聖潔者的祭牲。在 12 世紀的世俗文獻《論天界與俗界之組成》中，亦有一段文字描述，「外圍海洋上利維坦環抱的世界。」

地圖上的插圖，先是神明，後是怪物，這是古人對地球和地圖的藝術建構順序。

現存最早的「海怪寰宇全圖」收藏在慕尼黑巴伐利亞州立大學圖書館。此圖作為插圖出現在約完成於 1180 年的一部內容涵蓋神學、詮經、靈修和末世論等相關雜文稿本中。這部手稿一開頭便引用道依茨（今德國科隆境內）的聖赫里伯特本篤會修道院院長，著名神學家魯佩爾特（Rupert of Deutz，1075－1129）《論禮拜儀式》（De divinis officiis 原著於 1127 年左右在道依茨出版）中的摘要，文中夾雜了五幅宇宙示意圖：第一幅繪製了由地球中心向外分別為人生四個階段、四種情緒、四季風的屬性，以及 12 風神的頭像；第二幅繪製了太陽在春分、秋分與夏至、冬至時的運行軌道；第三幅是海怪寰宇全圖；第四、第五幅是太陽、月球和地球在日蝕及月蝕時的相互位置示意圖。這些插圖與對應文章沒有任何關係，但在解釋世界的意義上，有氣質性的關聯。它們在

圖 11.1：巴伐利亞州立大學藏本海怪寰宇全圖，製作於 1180 年

書中出現，有可能是抄寫員為了增加書的神祕感和可讀性而加入，對研究中世紀地圖的神祕性與浪漫特質提供了很好的實證。

巴伐利亞州立大學本海怪寰宇全圖，以一種宇宙視角展現了驚人的地球平面景象：圓盤狀的大地，以紅藍兩色橫線劃分出極地、溫地、赤道等氣候帶，整個地球被一條吞噬着自己尾巴的巨大海怪環繞。在這條啣尾海怪之外的環流海洋裏，還有四個人頭魚身的混種海妖，上面那只有兩條後腿，但沒有雙臂，下方的則有鰭狀雙足；左右兩隻都有雙手雙腳，右邊那只的腳為鰭狀，左邊的腳則屬陸地生物。在這些海怪之外，圖的四角是妖魔化的伊甸園四大河，有四隻獸頭人身的長鼻子怪獸將甕中的水倒入環流的海洋——整個世界都在海怪的控制之下。

大英圖書館本海怪寰宇全圖，收錄在大英圖書館的 13 世紀手稿中。此圖上強壯的海怪環繞整個大地，在視覺上支配整個畫面，與龐然巨獸相較，大地顯得無足輕重。請不要忽略鋪滿地球的這些網格，這是東方古地圖的一種繪製方法。早在公元 825 年左右，阿拉伯馬蒙時代的圓形世界地圖中，據說就已出現了有經緯網線的網格世界地圖。在 11 世紀，中國的《禹跡圖》中也出現過「記里畫方」的網格。所以，這幅圖上的網格，應是鮮明的地圖附號。如果留意被海怪環繞的大地，就會發現大地是紅色的，它表示陸地；外圍的網格是藍色，表示大海。

這幅地圖若與《聖經 · 約伯記》第 41 章裏，對利維坦的描述相聯繫，可能更貼切：「人說他口中發出飛迸的火星、刀槍不入，使海洋如鍋中的膏油。」作者是在表現「大地被燒紅了」，也未可知。不過，這條怪魚比較前一個，有些可愛，魚鱗畫得精細，魚分水和魚尾像小手抱着圓圓的大地，從地圖元素與畫風來看，它更近於一幅漫畫地圖。

這些「海怪」附號的指向，非常明確——「世界的盡頭」——即最奇特、最危險

圖 11.2：大英圖書館藏本海怪寰宇全圖，大約製作於 13 世紀

的地方。地圖的首要功能，是描繪地球的地理形勢，但海怪圖形的介入，啟動了它的另外一個功能，即讓人敬畏造物主創造的神祕的不可知的世界，也暗示了上帝造物的多樣性。

研究政治的人都知道，利維坦這一強大得足以控制世界的海怪，後來還衍生出近代政治的含義。在英格蘭哲學家托馬斯．霍布斯 1651 年出版的《利維坦，或教會國家和市民國家的實質、形式和權力》一書中，「利維坦」被用來比喻君主專制政體的國家，成為表現絕對威權的政治形象。

第二節　西太平洋，中國最早的海怪地圖

——九域守令圖（1080－1086 年）

雖然，早在先秦時期中國就有了神怪地理奇書《山海經》，但描繪海怪地圖在中國古代極為少見，目前僅在宋代的九域守令圖可以看到海怪的身影，這是古代中國最早的也是唯一表現海怪的地圖。

從成圖和上石的時間而論，北宋的九域守令圖為宋代碑刻地圖之首。它大約繪於元豐三年至元祐元年（1080－1086）間，宣和三年（1121）由榮縣刺史宋昌宗將其上石，立於四川榮縣蓮宇山麓文廟（現存四川省博物館）。「九域」即「九州」，它是最早以縣為基層單位的「全國地圖」，也是最好的描繪海岸線的地圖，中國三大半島，它畫出了兩個，一個是山東半島，一個是雷州半島，沒繪出當時遼國控制的中國第二大半島——遼東半島。

最為可貴的是，九域守令圖上的海怪與海船的神奇描繪，實為孤筆，在此前和此後的地圖中都再難找到。在世界範圍內，若以創作時間而論，它也是世界最早表現海怪的海洋地圖之一，遺憾的是這個偉大的開篇，即成了千古絕唱。

圖 11.3：中國宋代的九域守令圖（局部）上，在東海（上圖）有一個有頭無尾的有鱗海怪正吐妖氣，形成「蜃樓」。在南海（下圖）有一個海馬，騰躍在一艘帆船前面

自《史記》、《山海經》以來，中國古代典籍都將「蜃樓」和「海怪」，當作一種知識引用和傳播。宋代沈括的《夢溪筆談》也記錄了「海市」、「車渠」、「海蠻師」等等。九域守令圖繼承了這一傳統，並在地圖中將其形象描繪出來。

此圖在西太平洋的中國海面上，從北到南描繪了多種海怪。

在成山角北面黃海海面上，繪有一條尖嘴魚的頭和圓圈蛤狀的蜃。石刻插圖的線條，已經漫漶不清。

在東海中，繪有一個海中樓台，它的下方是清晰地刻劃了一個蛇頭魚尾的有鱗海怪，或為水龍。它正吐出妖氣，形成「蜃樓」。傳說，蜃是海中大蛤，千成蜃。

在南海海面，清晰地刻劃了一匹騰躍海面的海馬。

九域守令圖，還有一個奇特的地方，就是在福建和廣東的海面上，繪出兩條巨大的單桅帆船。它是明代之前中國古地圖中，僅有的繪有海上大帆船的地圖。唐代首開廣州市舶（海關），大宋代唐後，又先後在杭州、明州（今寧波）、泉州開設市舶司，此圖上「市舶四州」皆有標註。如此來看，畫在東海與南海的這兩艘大帆船，該是海上貿易往來的一種表現，而在大帆船前面突出描繪海上怪物，是一種海上風險的警示，也含有某種海洋知識傳播和海上探索的意味。這一點與西方海圖中的海怪描繪，異曲同工。

這是古代中國唯一存世的海怪地圖，順便說一句，還有一幅海怪地圖出現明代。它就是 1608 年意大利傳教士利瑪竇和中國學者李之藻繪製的《坤輿萬國全圖》。不過，從繪圖的角度講，這是一幅外國人在中國繪製的世界地圖，李芝藻只是負責將圖面文字轉譯為漢語。這幅現收藏在南京博物院的這幅地圖上，繪有 15 個海上異獸，有鯨魚、鯊魚、海獅，以及其他叫不出名字的海生動物。利瑪竇將這些海怪繪在地圖上，並獻給中國皇帝，大概有兩個目的，一是說明海上航行有風險，二是說明外面的世界很精彩。但也可能只有一個目的，就是不想讓這幅縱 180CM 橫 300CM 的巨大世界地圖留白。這些從歐洲地圖上照搬過來的海上怪物與陸地上的犀牛、大象、龍等動物相映成趣，令地圖更加好看。

第三節　印度洋，塞壬的迷航之歌

——加泰羅尼亞 - 埃斯坦塞世界航海圖（1450 年代）

——熱那亞世界航海圖（1457 年）

這兩幅出自地中海的世界航海圖有一個共同點，就是都把海怪繪在印度洋航線上，特別是把誕生於地中海的塞壬，搬到了印度洋。從時間上看，此時阿拉伯人已於 1453 年佔領了伊斯坦布爾，歐洲人還沒有找到繞過非洲南部進入印度洋的印歐航道。

這些繪在印度洋上的海怪，恰好印證了此時歐洲人對印度洋貿易的嚮往，也寄託着歐洲對印歐航道的渴望。

加泰羅尼亞 - 埃斯坦塞世界地圖

這是一幅用加泰羅尼亞語標註的世界航海圖，可能出自不知名的加泰羅尼亞製圖師之手，以現收藏於意大利摩德納的埃斯滕塞圖書館。人們稱其為加泰羅尼亞 - 埃斯坦塞世界地圖（Catalan-Estense world map）。這座圖書館收藏許多珍貴的手稿，它不僅收藏有 1481 年的《神曲》抄本；現存最早標註「教皇分割線」的坎蒂諾平面球形地圖也收藏在此館。

加泰羅尼亞 - 埃斯坦塞世界地圖上，沒留下作者名和繪製日期。這幅圓形地圖繪製在羊皮紙上，直徑為 113CM。它是基於波特蘭海圖傳統設計的，圓周上有 16 個風玫瑰，16 個中心點的每一個中心有三十二個方向線，並以此構建恆向線網。看上去是為航海而設計，實際上，它是一個地理信息與神話和宗教內容共享的空間，是專供國王或富商使用的奢侈品。

這幅地圖的中心點不是耶路撒冷，而是傳說中的基督教國王普雷斯特 · 約翰（Presta Iohan）的住所附近，位於努比亞在尼羅河的兩個支流之間；圖的西部，大西洋被稱為 Mar Ocleana（大洋）；圖的東部，印度洋十分突出，島嶼星羅棋布；製作手法陳舊，但探索意味非常突出。

作者在印度洋海面上，繪出一個有雙尾美人魚塞壬，這是古代海圖中最早出現的海怪。它最早出現在 1375 年的加泰羅尼亞世界地圖中。荷馬史詩《奧德賽》中，並沒有描述塞壬的形象，只說她的歌聲致命：「過來吧，尊貴的俄底修斯，阿開亞人的光榮和驕傲！停住你的海船，聆聽我們的唱段。」她的歌聲令過往水手神魂顛倒，最終迷失方向觸礁沉沒。在荷馬史詩中，塞壬女妖只有兩位，也沒有給出她們的名字。但希臘陶瓶畫中，提到了兩位塞壬的名字：希墨洛珀（Himerope，「柔音」之意）和忒爾克西厄珀亞（Thelxiepeia，「魅惑」之意）。古希臘悲劇詩人則稱塞壬為三姐妹：珀西諾厄（ Parthenope，「貞音」之意）、利革亞（Ligeia，「清調」之意）與琉科西亞（Leucosia，「白女」之意）。

圖 11.4：在加泰羅尼亞－埃斯坦塞世界地圖的非洲東南海岸，塞壬三姐妹「列隊出迎」，似乎警示非洲南部有着巨大風險

稍加留意就會發現，塞壬興妖作怪的地點，隨着大航海的腳步，從地中海轉移到了印度洋海面。這一次，塞壬三姐妹全部出場，其中兩個是魚尾，一個是鳥足。她們都被畫在了非洲東南部的印度洋上。製圖師顯然注意到了葡萄牙非洲探險的腳步在不斷向南部推進，穿過赤道抵達非洲西南海岸。塞壬三姐妹在印度洋「列隊出迎」，似乎警示，如果繞過非洲南部，進入印度洋將會遇到巨大風險。這會不會是「越是艱險，越向前」的鼓動呢，不得而知。

熱那亞的世界航海圖

這幅地圖沒有作者署名、沒有日期標註，人們猜測它可能出自熱那亞製圖學校，因此將其命名為「熱那亞的世界航海圖」，縱 114CM 橫 115CM，大約製作於 1457 年。現收藏在佛羅倫薩國家圖書館。

熱那亞的世界航海圖描繪了歐洲人啟動大航海之前，對世界海洋與大陸的基本認識，和所能得到的最新地理信息。剛剛走出中世紀的歐洲製圖師，似乎非常樂於與中世紀宗教味道濃重的世界地圖劃清界線，表示自己是新時代的代表。熱那亞是地中海航海強國，作者有底氣在標題中聲稱：「這是為航海所繪製的真實世界地圖，不包含任何虛幻的內容」。

這是一幅獨特的世界航海圖，一方面以矩形網格模擬經緯網構建世界地圖的框架，一方面又以當時少見的橢圓形勾勒世界的邊界。從矩形網格看，它是一幅托勒密地理學指導下的世界地圖，四周仍然繪有四方風神；但地中海和印度洋卻畫有風玫瑰網絡，體現出明確的波特蘭海圖特性。地圖框外繪製了兩種比例尺：右上方標註為「100 英里」，右下方標註為「50 英里」。表面上看此圖是以比例尺為基礎繪製，實際上，這種比例尺主要是一種裝飾。

值得注意的是，這幅地圖的上的海怪都出現在印度洋海面上。

印度洋最西邊，繪有一頭海豬，旁邊的註記稱「這是一隻叫海豬的豬，它和地球上的海豬一樣，都用鼻子在泥裏收集食物。」印度洋最東邊，繪有飛魚，旁邊的註記稱「在這片海上捕獲的魚，從海裏跳出來。這些飛魚的畫像被從海上帶到威尼斯，並在許

圖 11.5：1457 年的熱那亞世界航海圖（局部）上的海怪都出現在印度洋海面上，似在提示，印度洋雖然有巨大的商業利益，但也有巨大的航行風險

多地方傳播開來。」印度洋最南邊，繪有兩個海怪，一個是西方人熟悉的塞壬，這裏描繪為人首魚身的美人魚形象。它的旁邊一條有鋸齒的怪魚，旁邊的註記稱「普林尼列出了 144 種魚類，其中這種魚被稱為鋸魚。他聲稱言，這個魚冠像鋸子一樣，經常一下就能壓扁印度人的帆船。但它的鋸子魚冠插在木頭裏，就會被卡住，無法再藉助魚鰭逃跑。」這裏還有一行註記稱：「在這片海域，水手們看到了南極；但看不到北極」似乎表明，在赤道南邊，才顯示這種新的天文景象。

印度洋中央畫有一艘三桅大帆船，旁邊的註記稱：「印度海被許多島嶼、巖石和沙洲所佔據。由於這個原因，這裏的帆船建造了許多艙室，如果它們在某個地方斷裂，剩下密閉艙室也就足以完成它們的旅程。它們的船上還配備了許多木材，從三棵到十棵，還配備了用蘆葦和棕櫚葉編織的風帆，用它們可以很快完成它們的航程。他們經常帶着這些主要裝載香料的船隻在麥加靠岸，與西方商人交換貨物。」這裏所説的有水密隔艙的用蘆葦和棕櫚葉編織風帆的大帆船，或許説的就中國帆船。中國人與阿拉伯人在印度洋做的香料貿易，令歐洲人羨慕不已。紅色錫蘭島旁的註記稱：「錫蘭島周長3000 英里，以其紅寶石、石榴石、藍寶石和貓眼而聞名，用與我們的柳樹相似的樹木生產肉桂。在這個島上有一個湖，湖的中心升起了一座高貴的城市，那裏的居民致力於占星術，預測未來的所有事件。」

這些海怪的出現似在提示，印度洋雖然有巨大的商業利益，但也有着巨大的航行風險，當然，這種新鮮與刺激也從另一面能提高人們對未知海域的探索興趣。

15 世紀的波特蘭海圖還是稀缺資源，有研究者根據當時意大利商人購買馬略卡波特蘭海圖的交易文件推算，這種即有航海指南又有海怪傳奇的波特蘭海圖，價格應在18 弗羅林左右，相當於一個佛羅倫薩工人 100 天左右的工資。

第四節　世界地圖史上「三大海怪地圖」

——北歐航海圖 馬格努斯（1539 年）

——海陸怪物地圖 明斯特（1550 年）

——冰島地圖 奧特里烏斯（1585 年）

經典的海怪地圖出現在 16 世紀，跨大洋的遠航令歐洲人對許多海洋生物有所了解，海怪地圖所表達的思想與過往也有所不同，一是通過對已知海洋生物的卡通式描繪，曾強海圖的知識性、趣味性與藝術性，進而促進海洋地圖的商品化和市場化；二是通過對未知和傳說中的海洋生物的描繪，反映海上航線的新奇性和複雜性，進一步刺激海洋經濟向前發展。

這一時期出版的許多地圖上，都有海怪的描繪，其中尤以北歐航海圖、海陸怪物地圖和冰島地圖最為人們所喜愛，它們被後世稱作是世界地圖史上「三大海怪地圖」。

馬格努斯的北歐航海圖

奧勞斯 · 馬格努斯（Olaus Magnus 1490－1557 年）是一位瑞典作家、製圖師和天主教神父。1520 年代，瑞典皈依路德教（新教）後，與他弟弟一起被流放到德意志東北部的但澤，他在這裏花了 12 年時間繪製了一幅詳細的北歐航海圖。

1539 年馬格努斯在威尼斯「最尊貴的君主和大主教」的資助下，印刷出版了這幅黑白雙色地圖，縱 125CM，橫 150CM。這幅掛牆式大地圖的最初版本僅有兩份存世，一份在慕尼黑市立圖書館，一份在瑞典烏普薩拉大學圖書館。現在人們常見的，也是最受歡迎的是晚些時候出版的着色版本。馬格努斯為這幅掛壁地圖起的名字是「一幅航海圖和關於北方大陸的奇異景觀」，後世通常稱其為「北歐航海圖」。

北歐航海圖用了 9 塊威尼斯木刻印版，圖面也剛好被劃分為 9 等分的網格，由字母 A 至 I 標註：A 冰島與部分格陵蘭島，B 芬蘭，拉普蘭，C 北極斯克利菲尼亞和拜阿米亞，D 西部羣島，E 挪威和瑞典，F 芬蘭和莫斯科，G 蘇格蘭和英格蘭及拉丁文圖例，H 丹麥和瑞典，I 俄羅斯與斯堪的納維亞部落的紋章。

這是北歐第一幅詳盡的航海圖，但最大特色不在於航線的描繪（圖上的 4 個指南玫瑰，甚至沒有畫完整），而在於海面上令人眼花繚亂的插圖，這是作者真正的興趣所在。

在大西洋與波羅的海的海面上，繪有許多漁船和商船，圖例特別介紹了這些商船分別來自丹麥、荷蘭、挪威、英格蘭、蘇格蘭、漢堡、呂貝克和不來梅，後面三個城市都是漢薩同盟成員。這是個北歐沿海各商業城市和同業公會，為維持自身貿易壟斷而結成的經濟同盟。同盟成員國家與非同盟成員國家，相互採取敵對態度：地圖左上角的冰島南邊，可以看到一艘漢薩同盟的武裝商船，正以猛烈火炮將一艘蘇格蘭商船擊

CARTA MARINA ET DESCRIPTIO SEPTEMTRIONALIVM TERRARVM AC MIRABILIVM RERVM IN EIS CONTEN
ISLANDIA
A
MARE GLACIAL
B
FARE
TILE
D
ORCADES
SCANDIA
E
NORVEGIA
SVECIA
MARE DEVCALIDONICVM
SCOCIE PARS
OCEANVS BRITANICVS
ANGLIE PARS
G
MARE GERMANICVM
DANIA
H
GOTHIA
FRISIA
POMERANIA
OCCIDENS
GRADVS LONGITVDINIS

圖 11.6：馬格努斯 1539 年的北歐航海圖，其最大的特色並不在於航線與海岸描繪，而在於海面上令人眼花繚亂的海怪插圖，它才是作者真正的興趣所在

沉；地圖底部是丹麥三桅寬體武裝商船，以武力捍衛自己的海上商業利益。整個海面，不論是捕魚，還是商業航運，都呈現出激烈的競爭態勢。

北歐航海圖最為用心的地方是海洋生物或海怪的表現：

北海海面上，佔據眾多空間的是海洋生物或海怪：有大海蛇、大烏賊魚、獨角鯨……以及標註為「Vacca marina」的牛頭海怪，種類之多，首開先河。

這些海怪反映了作者對海洋生物的記錄與探索。海圖上畫得較多的海怪是的鯨魚，中世紀的人們將稱為「撒旦」，它甜美的呼吸會將小魚（罪人）吸入口中。海圖的左邊，有虎鯨攻擊鯨魚。圖中的獨角鯨，是人類首次對這種魚類的描繪。這些海怪的兇惡氣質，北海地區原始力量的投射，只有在這天荒地老的地球一隅，才會有這般猙獰的海怪，這完全符合人們對殊方異域的想像。

此外，北海海面上還繪有捕鯨船在射擊鯨魚的場景，在挪威繁忙的海岸附近，在可怕的大漩渦下面，有一條巨蛇盤繞在一艘船的桅杆上，並張開大嘴向甲板上的一名水手猛撲過去。海蛇不僅僅是一種填充空間的地圖裝飾，它旨在代表一種真實的動物，北歐水手和漁民曾生動地描述過這種動物。2013 年 10 月的一周內，加州海岸發現兩條死亡的皇帶魚（海蛇），長 5 米左右。據稱，巨型皇帶魚長近 8 米，是最長的硬骨魚。

同時，還有巨大的海蛇纏繞海上的捕魚船，以及船毀人亡的各種海難場面……這種對抗性的描繪，反映海洋漁業的複雜性。

馬格努斯的這幅航海圖，內容龐雜，他在地圖簡介中說，會為此圖配備一本用以解釋地圖上各種圖案的書，接下來他用 16 年的時間終於完成了《哥特人、瑞典人和旺達爾人及其他北方民族簡史》，把圖上所畫的內容，從人類學到地理學，從航海貿易到海洋生物，都做了詳細解釋，其中，僅海怪就佔了第 21 卷整整一卷。

明斯特的海陸怪物地圖

塞巴斯蒂安·明斯特（Sebastian Münster，1488－1552 年）這幅海陸怪物地圖（Monstra Marina & Terrestria），1550 年首次發表在他的《宇宙志》Cosmographia 修訂版

圖 11.7：明斯特 1550 年的海陸怪物地圖，試圖讓人們相信老普林尼的學說，某些陸地動物應該有它們對應的海洋動物生活在海洋中

中（最早的德語世界地理志），圖縱 25.4cm 橫 34.3cm。這些怪物的圖像主要來源是著名的奧勞斯．馬格努斯的北方航海圖，可以說是對前圖的致敬與補充。

圖中的陸地和海洋是兩個平行的世界，試圖讓人們相信老普林尼的學說，某些陸地動物應該有它們對應的海洋動物生活在海洋中。

圖的右上方，一條大海蛇，或許就是皇帶魚，纏住了一艘大帆船。奧勞斯．馬格努斯的海蛇怪獸是 16 世紀所有海蛇傳說的主要形象來源。畫中的許多海怪，或許靈感來自於對鯨魚的觀察，許多帶有水龍卷的海怪證明了這一點。如圖左上方，兩頭雙噴水的海獅，正在圍攻一艘大帆船。

其他海怪看起來很熟悉，儘管體型巨大。例如，兩隻巨大的龍蝦，其中一隻用它的巨爪抓住了一個倒黴的水手，另一隻巨大的龍蝦則被一個怪魚咬住。海中央有一游泳者被鯊魚攻擊，而鯊魚又被更大、更奇特的大魚咬傷。

與海洋生物相比陸地上的動物大部分都是真實的，如馴鹿、麋鹿、蛇和熊。

奧特里烏斯的冰島地圖

奧特里烏斯的《寰宇劇場》於 1570 年首次發行後，一直擴充出版到 1612 年。這幅冰島地圖的右上角標記「1585 年繪製」，但最早刊印是 1587 年法文版的《寰宇劇場》，此圖縱 57CM 橫 46CM。

這幅冰島地圖比之前所有冰島地圖都有了巨大的改進，它以驚人的細節描繪了冰島的山脈、峽灣、冰川，並生動地描繪了海克拉山噴發的火焰和火山物質。沿着部分海岸線，可以看到北極熊漂浮在冰山上。右下角的獻詞指出，該地圖由安德烈亞斯．維勒尤斯（Andreas Velleius）繪製並獻給傑出而強大的丹麥人、挪威人、斯

圖 11.8：奧特里烏斯 1585 年的冰島地圖，每一個海怪都有自己的專名，並有簡單說明

拉伕人、哥特人的國王弗雷德里克二世，他最仁慈的陛下。

這幅冰島地圖的海怪，明顯借鑒了奧勞斯·馬格努斯的北歐航海圖，但對比兩幅地圖，也會發現冰島地圖有了更進一步的提升，一是圖像繪製更有藝術性，二是每一個海怪都有自己的專名，並註有簡單說明：

A：獨角鯨，如果有人吃了這條魚，會立即死亡。它的頭前部有一顆尖牙齒，超過3.5 米長。一些人把它當作獨角頭獸的角出售。認為它是一種強效解毒劑和功能強大的藥物。

B：羅德魚，長約 149 米，無牙齒，肉質鮮美，它的脂肪對許多疾病都有好處。

C：布馳瓦努爾，頭之巨，比整個身體都大，齒長約 30 米，且強悍堅固，可以做棋子。

D：海鬣狗或海豬是一種可怕的魚，可以在奧勞斯·馬格努斯的《北方民族簡史》第 21 卷中讀到它。

E：鴞面鯨，能一口吞食一頭黑色海豹的恐怖海怪。

F：英國鯨，長約 34 米，無齒，然其舌長約 8 米。

G：駱莎樂，常被稱為海馬，頸若馬，脖子上有鬃毛像馬一樣垂下。它經常傷害和恐嚇漁民。

H：最大的鯨類，較少現身。它看起來更像一座小島，而不是一條魚。因為它的身形巨大，無法跟隨或追趕較小的魚，但仍掠食很多，它會使用自然的詭計和偽裝捕食。

I：獅高塔呂，這種魚全身覆蓋着鬃毛或骨頭。它有點像鯊魚或鰩魚，但大得多。當它出現時，它就像一座島嶼，用它的鰭掀翻船隻。

K：潛牛，灰色海牛。它們有時從海裏出來，成羣結隊地在陸地上進食。它們的鼻子上掛着一個小袋子，藉助它可以在水中生活。如果它被破壞，它們就會和其他牛一起生活在這片土地上。

L：盾龜鯨，一種最為溫和馴服有巨殼的鯨，它為了保護漁民而與其他鯨類博鬥。官方公告禁止任何人捕殺或傷害這種鯨。它的長度最少有 100 米。

M：彈簧鯨，有人曾看到它用尾巴直立站立了一整天。它的名稱來自它的跳躍行走而得名。它是海員和漁民最危險的敵人，貪婪地食人肉。

N：海象長相類海中小牛，四支短小，以之行走海底。皮硬，武器幾乎無法穿透。睡時兩長牙懸於巖礁之上，12 小時不醒。每齒長約 1 米，周身長 16 米。

O：鯨蠟，或一種結構簡單的琥珀，常被稱為「鯨琥珀」。

P：在強風和猛烈風暴的作用下，大樹和樹幹從挪威的懸崖上連根拔起，來回搖晃，在多次風暴中倖存下來，最後落在這片海岸上並停下來。

此外，地圖上還有對極地冰的註記：巨大的不可思議的冰堆，被潮流從冰凍的海洋帶到這裏，發出巨大和恐怖的聲音。一些冰塊有 20 米高。在一些冰塊上，端坐着白熊，注視着在旁邊游來游去的魚兒。

現代地理學對冰島的科學描述是：位於北大西洋中部冰島，面積為 10.3 萬平方公里，為歐洲第二大島。它是歐洲最西部的國家，北邊緊貼北極圈。冰島確實是冰的王國，有 1/8 被冰川覆蓋，冰島同時又是一個「熱情奔放」的島，以「極圈火山島」之名著稱，共有火山 200－300 座，有 40－50 座活火山。

第五節　聖布倫丹探險與鯨魚傳奇

——維拉德斯特斯航海圖（1413 年）

——聖布倫丹航海圖 菲洛波努斯（1621 年）

這是一幅早期的波特蘭海圖，繪在羊皮紙上，圖縱 85CM 縱 118CM，現藏法國國家圖書館。它和當時的許多地圖一樣，沒有寫圖名。幸運的是，圖上保留了作者簽名和時間：「Meciá de Viladestes me fecit in ano MCCCCXIII」。即「1413 年梅西亞 · 德 · 維拉德斯特斯繪製」，後世稱其為「維拉德斯特斯航海圖」，它是 15 世紀初最為重要的航海圖之一。

圖 11.9：維拉德斯特 1413 年繪製的航海圖（局部），在大西洋一側記錄了聖布倫丹大西洋探險與捕鯨傳說，同時，還細膩描繪了葡萄牙經典的法魯阿帆船

維拉德斯特斯是阿拉貢王國馬略卡島的「converto（即皈依基督教的猶太人）」製圖師，曾是加泰羅尼亞世界航海圖作者之一小克雷斯克斯的學徒，此圖也是用加泰羅尼亞語書寫，有着鮮明地馬略卡學派的製圖風格，留下了那個時代重要的航海信息。

維拉德斯特斯航海圖涵蓋了早期波特蘭海圖的所有區域：西北歐大西洋、波羅的海、地中海、黑海、亞速海、裏海、紅海、波斯灣、西北印度洋，及其大陸海岸，包含河流、山脈和王國。同時，它還特別繪出了大西洋北部地區，儘管有廣為人知的「漢薩同盟」的船隻在此航行，但此前還沒有這一海區的描繪，此圖算是填補空白。

這裏要指出的是，它很可能是最早的北大西洋捕鯨地圖。

作者在北大西洋冰島之南，描繪了精彩的捕鯨場景：一艘從大船上放下的小船正在靠近一條巨大的鯨魚，以便用魚叉捕殺它。注意，船上除了水手，還有一位頭戴金冠的主教。這個描繪與前邊講過的 1367 年匹茲加諾兄弟航海圖描繪的聖布倫丹島一樣，表現的都是愛爾蘭早期聖徒布倫丹大西洋探險故事。這裏的一段註記詳述了聖布倫丹大西洋探險傳說：

「這裏有很多大魚，水手們把它們當作小島，水手們登陸這些島嶼，並在島上生火。大魚受到火烤之後，開始游動，水手們沒有時間登船，在海中迷失了方向。不過，有些知道這個情況的水手，登陸大魚背上後，會在它的背上製作帶子，捆住大魚頭部，並固定船錨，然後，剝掉大魚的皮，用它來製作繩索和皮篷布作為良好的覆蓋物。」

作者在西北非洲海岸邊，還繪有一艘單桅小帆船，正在靠近黃金河入海口，但船上卻空無一人。旁邊的註記說：「一名叫喬姆 . 費雷爾的船員，在 1346 年尋找黃金之河的航海探險中遇難」，「探險船正要入港之際，飛龍和八爪魚就來了，並將船上的人抓走，丢進海裏，以至船上空無一人。」這個探險與海怪的故事，加泰羅尼亞世界地圖中曾有描繪。這個重複表現，可以看作是阿拉貢國王對西北非洲的黃金和西北非洲海岸探險的持續關注。

值得特別注意的是，圖上的這兩艘船都是典型的葡萄牙法魯阿帆船（葡萄牙語 Falua，源自阿拉伯語 falūka，原意為「小帆船」）。這種小帆船最初是特茹河（塔霍河）上的運輸船。特茹河是伊比利亞半島最長的河流，發源於西班牙，穿過葡萄牙在里斯本入海。法魯阿帆船源本是近海運和捕魚、捕鯨船。

自 8 世紀伊比利亞半島被阿拉伯人統治後，葡萄牙帆船逐步阿拉伯化。早期的法魯阿帆船沒有甲板，後來裝上部分甲板，通常有一或兩個桅杆，掛斜桁拉丁帆（葡萄牙有一款法魯阿葡萄酒，其酒標就是單桅斜桁的法魯阿船），帆上安裝了索具，船尾帶有轉向裝置，並有小型船尾城堡。

細心觀察此圖上兩艘帆船的舵是不一樣的，靠近非洲西北海岸的船，船尾有兩支四分之一舵，這是早期地中海船的傳統舵；靠近冰島的船，船尾中央是一個軸舵，這是中國船特有的舵，傳入阿拉伯後，又被帶到了歐洲。

13 世紀初，英格蘭帆船率先使用船尾軸舵，後來傳遍歐洲。法魯阿帆船正是經過這樣的不斷改進，後來演變成更適合遠航的卡拉維拉帆船。1488 年迪亞士正是駕着卡拉維拉帆船發現了好望角。

聖布倫丹與鯨魚的傳説，還有多個變體出現在大航海時代的海圖上。比如，奧地利天主教本篤會修道院院長卡斯帕·普勞修斯（Caspar Plautz）1621 年使用筆名霍諾里烏斯·菲洛波努斯（Honorius Philoponus）出版的《新世界西印度貿易導航》一書的海圖上，就描繪了聖布倫丹和船員們在鯨魚背上建起一座祭壇做彌撒的神奇的場景。這是所有聖布倫丹與鯨魚的插圖中，場面最細膩，也最宏大的，連祭壇上的十字架都能

圖 11.10：1621 年出版的《新世界西印度貿易導航》一書的海圖上描繪了聖布倫丹在鯨魚背上建起祭壇做彌撒的細膩而又宏大的場景

看出有耶穌受難像的天主教特徵（後來的新教十字架上沒有耶穌）。

從 14 世紀到 17 世紀的航海圖，都有聖布倫丹與鯨魚，聖布倫丹與島嶼的傳說，可見神祕主義對航海圖的影響之深遠。

第六節　北極東北航道上的大魚場

——斯匹次卑爾根島地圖 埃奇（1625 年）

從 16 世紀中葉開始，英格蘭就在探索由北海向東航行進入亞洲的「東北航道」，以辟開葡萄牙和西班牙的對新世界和東印度的海上封鎖。他們認為這條替代航線，可能位於俄羅斯北部，於是在 1555 年成立了世界第一家股份制公司——（英格蘭）莫斯科公司（The Muscovy Company），試圖用英格蘭毛紡織品交易東方絲綢和香料。但 16 世紀英格蘭所有「東北航道」嘗試都失敗了。

不過，1610 年，有人在斯比茨卑爾根（Spitzbergen）羣島的近岸發現了鯨魚的蹤跡之後，莫斯科公司放下「東北航道」的想法，於 1611 年派出了一支捕鯨探險隊前往斯比茨卑爾根羣島。這一次商業行動的大部分船隻在海上迷失了航線，只有一艘船返回了英格蘭。

1612 年莫斯科公司獲得了一份授予他們開發北海這些島嶼專有權的特許狀。1613 年英格蘭航海家本傑明．約瑟夫（Benjamin Joseph）和托馬斯．埃奇（Thomas Edge）船長率領的 7 艘船抵達斯比茨卑爾根羣島，由此拉開英格蘭捕鯨事業的序幕。

這幅斯匹次卑爾根島地圖即出自捕鯨船主托馬斯．埃奇（Thomas Edge）船長之手，他曾多次前往該地區進行捕鯨作業，為製作這幅地圖收集了重要信息。此圖最初刊於 1625 年在倫敦出版《Purchas His Pilgrimes》。雖然，這幅地圖中央用大寫字母標註此地是「GRENELAND」（格陵蘭島）。實際上，它描繪的僅是格陵蘭海東北面的斯瓦爾巴（Svalbard）羣島中最大的島嶼斯匹次卑爾根，後世也因之稱其為「斯匹次卑爾根地圖」。

這個斯匹次卑爾根島最初是荷蘭探險家巴倫支於 1596 年 6 月 19 日首先發現的。但最為後世所知的確實是托馬斯．埃奇 1625 年出版的這幅斯匹次卑爾根島地圖。它像一部連環畫描繪了這裏的漁業開發。

此圖中央是所謂「格陵蘭島」，圖面繪有羅盤玫瑰、三桅大帆船、鯨魚和海象。

最生動的是地圖周圍的 11 幅表現捕殺鯨魚、海象及其加工場景的插圖：捕鯨船隊由三桅大帆船和小漁船構成，發現鯨魚後，派出一艘六人左右的小捕鯨船，靠向鯨

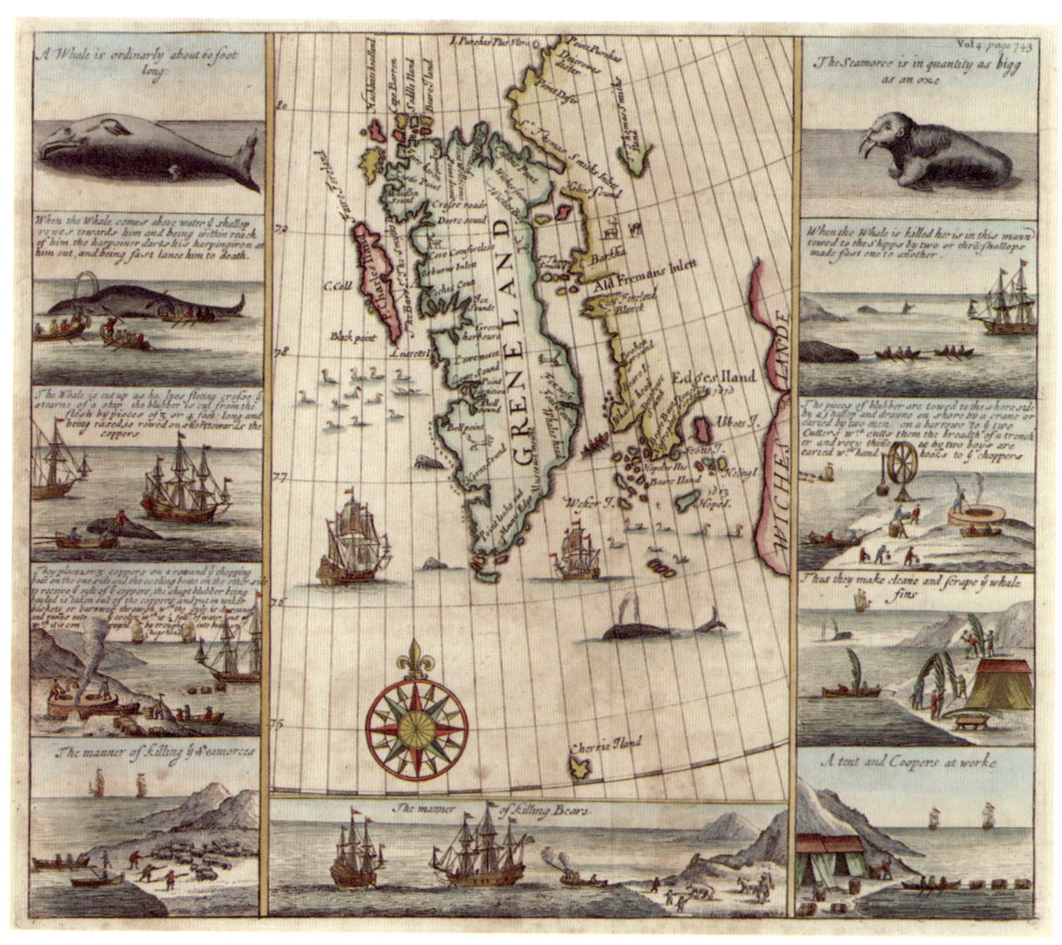

圖 11.11：埃奇 1625 年出版了斯匹次卑爾根島地圖，它像一幅連環畫描繪了這裏的漁業開發

魚，近距離用魚叉刺中鯨魚，而後由殺手用長茅將鯨魚刺死，而後用小船將鯨魚拖拽到海灘上，海灘上有專門的捕鯨站，這裏的人會迅速將鯨魚分割解體，用大鍋分解鯨魚油脂，鯨魚最有經濟價值的是油和鬚。

鯨魚油脂以前用來作燈油、肥皂、蠟燭，工業時代來臨，鯨油成為最好的機械潤滑油和煤氣燈的燃料，成為工業革命中重要資源之一。鯨鬚是鯨魚嘴裏過濾雜物的鬚，它可以製作女士胸衣、裙撐算是時尚資源。當然，若能得到抹香鯨產的龍涎香，就等於撿到了黃金，它是最高極的香料。

此外，圖下方的插圖還表現了陸地上獵殺北極熊和海象的場景。世界上 60% 的北極熊生活在美洲北端，海象也多集中於此。

古人對海怪的認識是與時俱進的，在不了解鯨魚前，認為它是巨大的海怪，但見得多了也就「見怪不怪」了。當人們知道這個龐然大物，渾身是寶，是巨大的生活資源後，於是，有了北冰洋捕殺鯨魚的場景描繪，斯匹次卑爾根島的捕鯨魚地圖之後，又有了鱈魚「漁場」的開發與描繪。

第七節　新世界的海上捕獵地圖

——海狸與鱈魚地圖 費爾（1698 年）

這幅作品的原標題很長「L' Amerique, divisée selon Letendue de ses Principales parties, et dont les points principaux sont placez sur les observations de messieurs de l' Academie Royale des Sciences.」大意是「美洲主要部分的範圍劃分，其要點基於皇家科學院先生們的觀察。」簡單一點説就是「最新美洲地圖」。不過，基於此圖提供的生動形象的海狸築大壩插圖和鱈魚加工插圖，地圖收藏家和經銷商通常稱其為「海狸與雪魚地圖」。

此圖作者是 17 世紀末法國最重要的製圖師之一尼古拉斯·德·費爾（Nicolas de Fer，1646－1720 年），他出生在一個製圖世家，其父擁有一家地圖製作公司。12 歲時費爾就開始學習製圖，1669 年出版了自己的第一幅地圖作品。1673 年父親去世後，費爾與母親一起接管了企業。費爾的職業生涯中，共製作了 600 多幅地圖。其職業生涯的高峰是成為法國國王路易十四和西班牙國王菲利普五世的「國王的地理學家」。

1690 年代，他製作了一套四幅的「四大洲」掛牆地圖，縱 109CM 橫 157CM。其中

美洲（1698 年）、非洲（1698 年）、亞洲（1696 年）和歐洲（1695 年），皆為是 17 世紀晚期掛牆圖之傑作。

「四大洲地圖」地圖上方，均帶有法國皇家特權橫幅標題，是面向歐洲富人和貴族發行的系列掛圖。這些地圖不僅地理描繪準確，而且地圖上引人注目的渦卷花飾和小插圖，皆是多位優秀雕刻師的作品，是巴洛克風格的傑作，既為當時的歐洲上層人士提供廣泛的異域文化、政治和地理信息，又巧妙地製造了發現和理解不同文化的興奮

圖 11.12：費爾 1698 年出版的最新美洲地圖（局部），因其地圖上方有引人矚目的海狸築大壩插圖（左上）和鱈魚加工插圖（右上），而被稱為「海狸與鱈魚地圖」

感和刺激性。

「四大洲地圖」中最為地圖史家所津津樂道的是，1698 年出版的美洲掛牆地圖，其獨特性在於它形象地向大眾介紹了海狸和鱈魚的場景，這兩個場景後來不斷被其他製圖師複製而成為地圖插畫中的經典。

在這幅美洲地圖上，費爾將這兩個插圖置於地圖的左上方和右上方，並融入地圖主體之中，創造了美洲製圖史上最著名的場景：海狸築大壩和鱈魚加工。

在海狸圖上，首次出現了尼亞加拉大瀑布景觀，這個大瀑布的圖像，一年前，也就是 1697 年首次出現在歐洲第一位自然地標研究者路易斯．亨內平（Louis Hennepin）的著作中，這是它首次被雕刻在地圖上。在這個壯觀的背景下，描繪了海狸們羣策羣力地建造水壩，將一條小溪變成一個大湖，並在其中建造他們的小屋。特別出彩的是畫中對海狸的擬人化描繪：有的站着，有的肩扛樹枝，有的用後腿走路⋯⋯費爾還專門為此做了一個解釋性的圖例：

A. 用牙齒砍伐大樹，讓其倒在溪流中作為水壩的基礎。

B. 砍伐長樹枝的伐木工。

C. 建築用木材的搬運工。

D. 灰漿製造工。

E. 指揮官或建築師。

F. 督察。

G. 用尾巴拖着灰漿的施工隊。

H. 因工作太辛苦而尾巴殘疾的海狸。

I. 建造水壩的泥瓦匠。

L. 用尾巴敲擊以使水壩更堅固的施工隊。

M. 水邊的圓頂小屋，水中和陸地各有一個出口。

需要指出的是，這個妙趣橫生的海狸築壩插畫，並不是為了美化版面，而是有着明確的「產業指引」意義：它明確告訴海外殖民者，這裏有大量的海狸。當時的歐洲，用海狸皮被製作帽子，備受推崇，所以捕獵海狸就能帶動一個地區的經濟。

更為明確的「產業指引」是地圖右上角的鱈魚加工場景：在紐芬蘭海岸，一個鱈魚精加工工廠展現在眼前（當然，也有錯誤的描繪，如，捕鱈魚不會用三桅蓋倫大帆船）。費爾為此專門做了一個解釋性的圖例：

A. 出海前要做好準備，穿好衣服，戴好帽子，圍上皮圍裙。

B. 帶上有大誘餌的加重鈎。

C. 到碼頭，登上三桅大帆船。

D. 用小船把鱈魚運到岸上。

E. 把魚拉到岸，排列好。

F. 把大魚切開。

G. 去掉魚的內臟、頭。

H. 處理魚的工作台。

I. 放一些鹽，把魚放入桶裏存放。

J. 裝車運輸。

……

R. 從鱈魚肝臟中提取油的壓榨機。

Q. 鱈魚淨化。

V. 在木製鱈魚乾燥台，通風曬乾。

北美洲最早的開發者是熱那亞人約翰．卡伯特，他是哥倫布的老鄉。他也是在意大利本土之外，靠着英格蘭的資助到北美海岸探險。他一路西行，「在位於愛爾蘭西南部的德西島（北緯 52 度）以西 1800 英里處登陸」，此地即今天的加拿大紐芬蘭（北緯 50 度左右）。卡伯特向英格蘭報告了這裏的海岸有異常集中的魚類，尤其是鱈魚，由此拉開了歐洲的紐芬蘭漁業的大幕。

這幅地圖的題獻表明，它是獻給路易十四的王太子的地圖。圖上的新世界信息，對於歐洲國家正在全力以赴地爭奪新世界資源，至關重要，同時，對那些海外探險活動尋求國家財政的支持，也至關重要。這幅最新美洲地圖以非凡的表現力和極具吸引力的內容有力地支持了這兩項需求。

第八節　從全球海怪圖到全球捕鯨圖

——世界地圖 弗蘭尼（1563 年）

——鯨魚海圖 莫里（1851 年）

下面這兩幅海圖告訴我們，海圖上的所有海怪和恐嚇，後來都變成了海產品和商業慾望，自然生態變成了經濟圖譜。當時看上去，還貌似進步，但今天來看，好像不值得慶賀了。

1563 年，弗蘭尼的世界地圖遍佈海怪與鯨魚

尼斯，保羅・弗蘭尼（Paolo Forlani）是 16 世紀最受歡迎的意大利製圖師之一。他精緻的圖面裝飾與插圖是其作品受歡迎的重要原因。這是他 1563 年繪製世界地圖，縱 44CM 橫 78CM。看得出來其底圖來自威尼斯製圖師賈科莫・加斯塔爾迪（Giacomo Gastaldi）1555 年的橢圓形世界地圖。弗蘭尼在外框裝飾了兩個背後有蝴蝶翅膀的小天使頭像，在大陸空白處添加了想像中的山脈，和許多意想不到的動物，包括獅子、駱駝、大象、犀牛、獅鷲和獨角獸。在海面上繪有九艘大帆船，雖然還有裸體女神張着風帆騎着海怪，但海怪形象比加斯塔爾迪原圖上的少了許多，那些怪魚大多改為須鯨類的鯨魚形象。

如果將弗蘭尼世界地圖上的海怪式鯨魚與下面要講的鯨魚海圖對比，就會發現 16 世紀晚期的製圖師，在某種程度上已得到了鯨魚在世界海洋中的分佈信息，並通過海怪地圖的形式告知公眾。這或是人類對海洋產品認識的過渡期。海中巨獸鯨魚到了 18 世紀末 19 世紀初，已經變為被人類完全可以掌握的海洋捕撈信息，被清晰地鋪排在海圖之上。

1851 年，全世界的鯨魚都在莫里繪製的網格裏

這幅作品的大標題為「WHALE CHART」(鯨魚海圖)，明確了它是一幅捕鯨專用海圖。標題框裏寫有作者的名字「M. F. Maury」，即馬修 · 方丹 · 莫里（Matthew Fontaine Maury，1806－1873 年)；同時，寫有此圖的發佈機構：美國軍械與水道測量局。莫里 1842－1861 年間在這裏擔任主管。

莫里根據各處收集來的數據，包括捕鯨船的日誌，編制了這幅鯨魚海圖。圖中以精確的網格顯示了抹香鯨和露脊鯨的最佳捕撈區域和遷徙模式，以及最密集的區域和「零散」抹香鯨和露脊鯨的區域，並用顏色和圖形符號的組合來識別各種鯨魚。例如，抹香鯨是通過粉紅色區域和帶有一個噴口的鯨魚小圖來識別。季節變化用字母 w（冬季）、v（春季）、s（夏季）、a（秋季）和 all（所有月份）表示。

莫里使用了以太平洋為中心的墨卡托圓柱投影繪製此圖，雖然，這種投影可能不是單個主題的最佳選擇，它誇大了南部和北部海洋的空間範圍，但它是 19 世紀用於導航目的最常用的投影。此圖以太平洋為中心，表明鯨魚主要棲息地是太平洋而不是大西洋，那裏的鯨魚資源已經嚴重枯竭。抹香鯨主要集中於太平洋中部，包括夏威夷和加利福尼亞海岸之間的海域，是美國捕鯨者集中捕獵的地方。莫里曾自豪地宣稱，「事實證明，鯨魚海圖對國家的捕鯨利益非常重要，這種利益來自海洋深處，其價值遠遠超過加利福尼亞州的金礦。」

大航海時代的捕鯨主要是為了獲取鯨油。作為一種油脂，鯨油的用途相當廣泛。19 世紀上半葉，美國家庭普遍使用的照明能源就是鯨油，以至於美國半數的漁船從事捕鯨業，其行業中心在南部港口，尤其是馬薩諸塞州的新貝德福德。

莫里熱衷於讓捕鯨人參與他的調查，他知道捕鯨人航行的範圍比任何其他水手都要廣，而且他們記錄了在哪裏看到鯨魚的信息，還有詳細的天氣和海洋狀況日誌。莫里利用抹香鯨傾向於在溫暖的水域活動，而露脊鯨更喜歡寒冷的水域活動，來收集有關水溫的更多信息。作為對捕鯨者提供信息的回報，莫里承諾向他們提供捕鯨海圖，「一目了然地顯示鯨魚在哪裏被獵殺最多；什麼時候、什麼年份、什麼月份、什麼地點

VNIVERSALE DESCRITTIONE DI
OCEANO SETENTRIONALE
TERRA
DE LABORADOR
CANADA PRO
CIRCVLO ARTICO
TERRA INCOGNITA
NVEVA FRANZA
LARCADIA
OCEANO OCCIDENTALE
TROPICO DE CANCRO
GOLFO DI TONZA
MAR DELA CHINA
MAR DEL SVR
PONE
NTE
EQVINOTIALE
QVITO
BRASIL PRO
ATACAMA
TERRA
INCOGNITA
MERIDIONALE DISCO
PERTO DA NOVO
PLATA
CHILACA
CHILI
OCEANO MERIDIO
STRETO DI MAGALANES
TERRA DEL FVEGO
CIRCOLO ANTARTICO
TERRA INCOGNITA

圖 11.13：弗蘭尼 1563 年繪製的世界地圖上，遍佈海怪與鯨魚

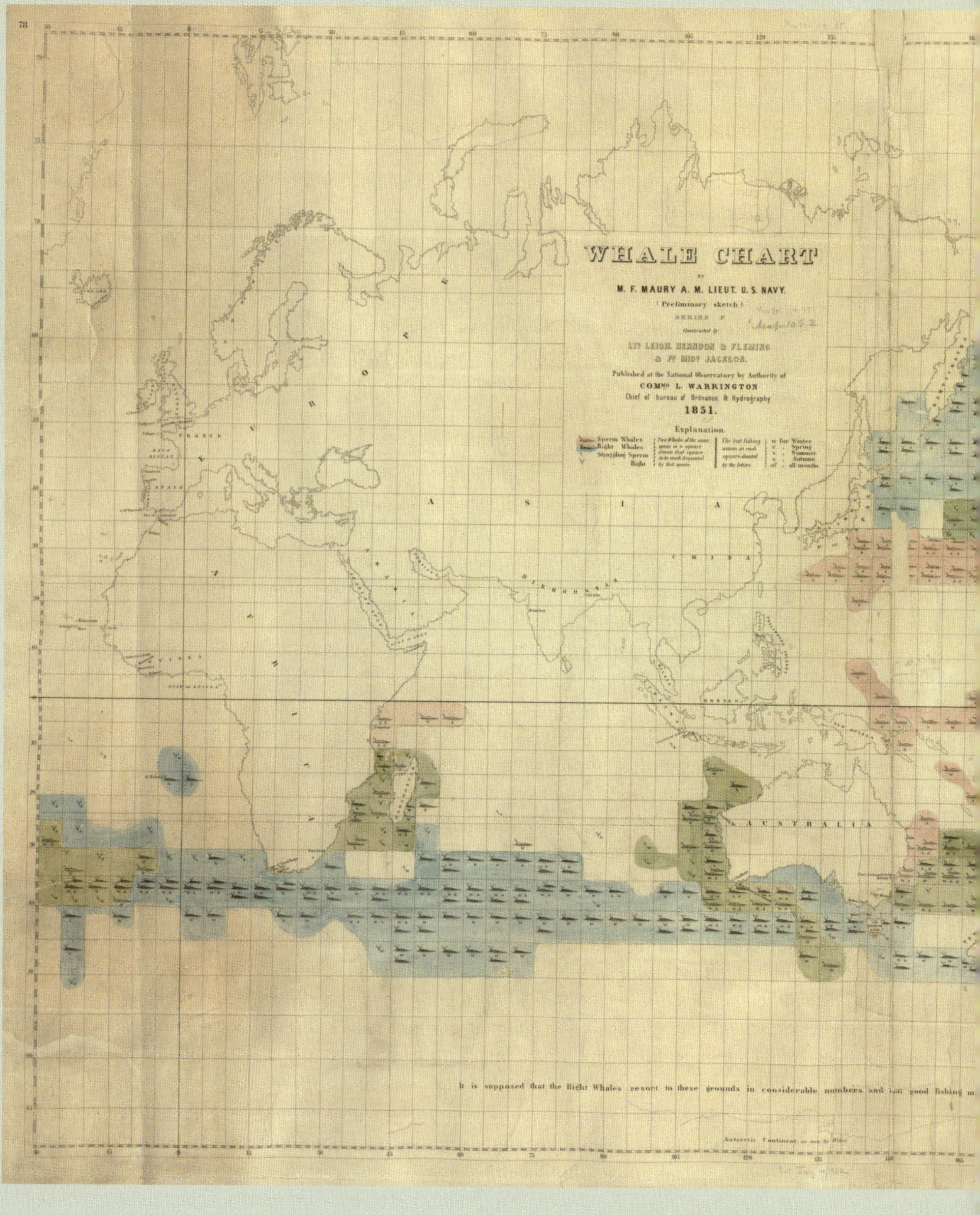
WHALE CHART
BY
M. F. MAURY A. M. LIEUT. U. S. NAVY.
(Preliminary sketch)
SERIES F
Constructed by
LTS LEIGH. HERNDON & FLEMING
& PD MIDN JACKSON.
Published at the National Observatory by Authority of
COMMO L. WARRINGTON
Chief of bureau of Ordnance & Hydrography
1851.
Explanation.
Sperm Whales
Right Whales
Straggling Sperm
Right
Two Whales of the same species in a square denote that square to be much frequented by that species
The best fishing season at each square denoted by the letters
w for Winter
v Spring
s Summer
a Autumn
all all months
EUROPE
FRANCE
SPAIN
ASIA
CHINA
HINDOOSTAN
AFRICA
AUSTRALIA
It is supposed that the Right Whales resort to these grounds in considerable numbers and that good fishing m
Antarctic Continent, as seen by Wilkes

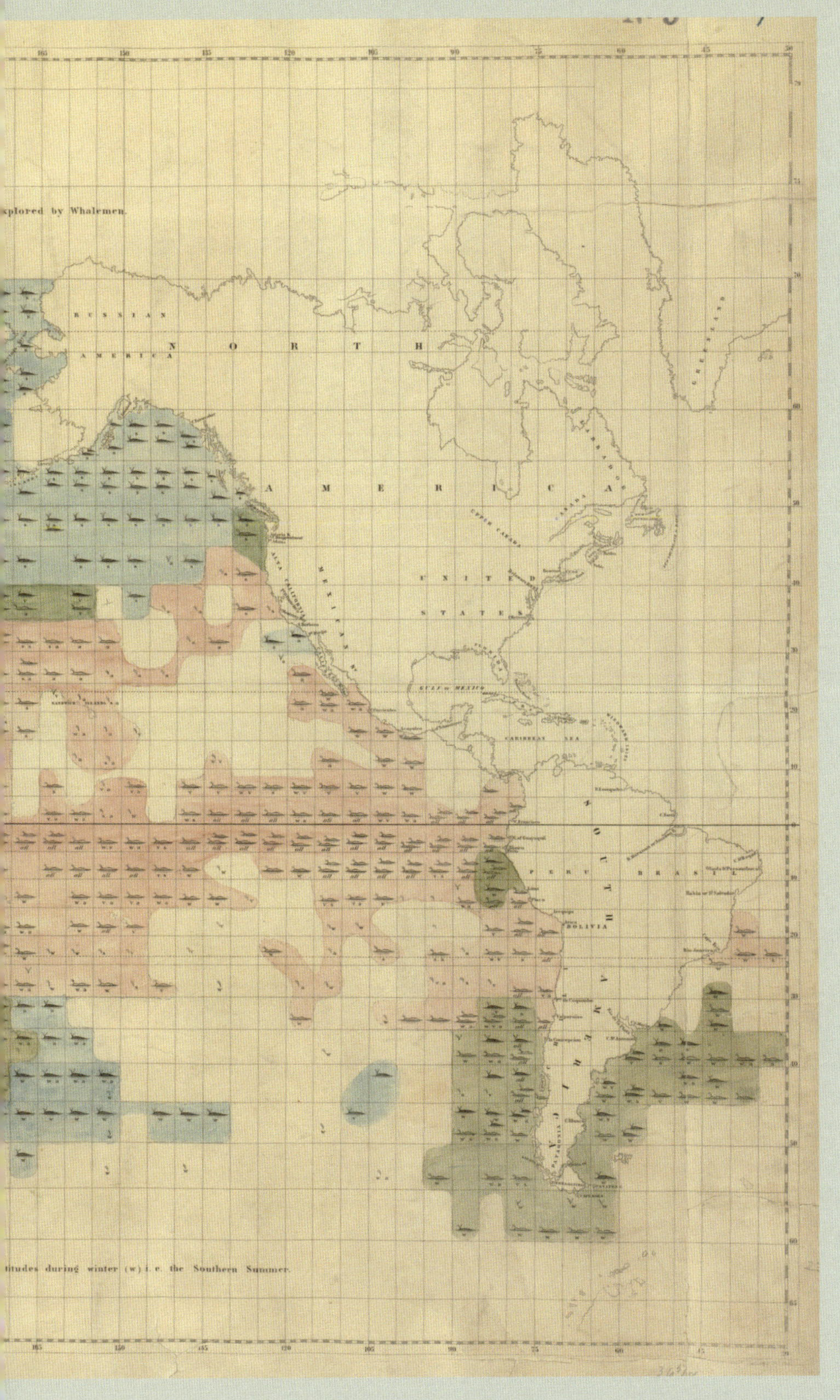

圖 11.14：莫里 1851 年繪製的鯨魚海圖中，全世界的鯨魚都在捕鯨者了如指掌的網格裏

最常發現鯨魚——是否在淺灘中，是否有掉隊者⋯⋯」一位捕鯨船長說：「鯨魚海圖是一顆珍貴的寶石；它似乎喚醒了商人和船主，讓他們認識到你們的研究的實際價值，所有捕鯨人都在尋求它。」

鯨魚海圖 1851 年首次印刷出版，此後不斷再版，一直到 20 世紀中期還在重印，1932 年重印版的下角寫有「每幅 20 美分」，1960 年代的重印版，發行價為 50 美分。不能不說，鯨魚的災難也由此而來。

第十二章

島嶼地圖：摸着「石頭」過海

現存世界最早的地理學專著是公元前一世紀古羅馬地理學家斯特拉波的《地理學》，此書中已記錄了島嶼和半島，但這部開山之作有一個重要缺憾，沒有地圖。

海島形成主要有三種方式：一種是構造島，地殼運動，板塊移動形成的島嶼，比如日本列島就是亞歐板塊與太平洋板塊相互擠壓的結果；一種是火山島，海底火山噴發，巖漿冷卻後堆積，逐漸露出水面，比如，加納利羣島、冰島、夏威夷諸島；一種是堆積島，海裏面的動植物死後堆積而成，如澳大利亞周圍的珊瑚島，馬紹爾羣島和馬爾代夫羣島。

大航海讓人類確認了整個世界都泡在大海之中，海水面積遠遠大於陸地面積。不過，我們不能說，泡在海裏的陸地都叫作島。如此，世界上所有的陸地都可以稱為島，也就無島可言。換言之，島嶼不可能無限大，它有邊界，有門檻。現代地理學為島嶼定下的「標尺」就是 216 萬平方公里的格陵蘭島。比它大的就稱為大陸，比如，澳大利亞就不能稱為島，而是世界最小的大陸（768 萬平方公里）；當然，島也不能無限小，至少漲潮時也要露出海面。

現代地理學還對島嶼種類作了劃分，在羣島中分出了列島。羣島中，各島嶼間距離比較近的，稱為列島（如日本列島）；各島嶼間距離比較遠的稱為羣島（如舟山羣島）；列島屬於羣島，羣島不是列島。據不完全統計，全世界共有 5 萬個島嶼。

托勒密時代的地理學家最感興趣的島嶼有兩個：一個是孤懸於西非海岸之外的加納利羣島；一個是漂浮於印度洋東邊的錫蘭島；它們都被賦予了美好想像，前者被稱為「幸福島」，後者被稱為「天堂島」。這兩個島嶼也是早期世界地圖中，被反覆描繪的「最西邊的島」與「最東邊的島」。

早期的水手主要是近岸航行，後來海路走多了，就開始摸着「石頭」過海，也就依靠島嶼來跨海越洋。大航海時代，哥倫布靠着加納利羣島跨越大西洋，麥哲倫靠着關島跨越太平洋。所以，島嶼是古代海圖中的重要元素，進而發展為自成一體的海圖門類。它是地理的，也是文化的，有時還是政治戰略的獨特描繪。

以專圖形式製作的海島地圖，由 11 世紀的《好奇之書》首開先河，書中的西西里島地圖，顯示了它的完整的海岸、重要的港口和城市，還有島上的山脈與河流。不過，這樣的海島專圖，在當時並沒產生什麼影響。此後的幾百年間，也鮮見類似的海島專圖行世。

大規模且成系統地製作海島地圖，得益於文藝復興。

1420年，佛羅倫薩牧師克里斯托弗羅．邦代爾蒙蒂（Crstoforo Buondelmonti）借在愛琴海考察古希臘文明之機，完成了世界第一部海島地圖集《自由島之書》，由此開創了一個全新的海圖流派「島嶼書」（Isolario）。

從製圖源流來講，「島嶼書」和波特蘭海圖一樣都來自地中海水手的航海日誌。「島嶼書」繼承了波特蘭海圖的海岸線、島嶼輪廓和港口描繪的方法，突出了島嶼在海圖中的特殊地位。

此後，1485年威尼斯的巴托洛梅奧．達利．索內蒂（Bartolommeo dalli Sonetti）的《環島航行》、1521年奧斯曼土耳其海軍司令皮里．雷斯（Piri Reis）的《航海全書》、1528年威尼斯的貝內代托．博爾多內（Benedetto Bordone）的《島嶼書》，無不受《自由島之書》的影響。

這些「島嶼書」單獨看，每一幅地圖都是孤島；連續看，又有羣島的味道；整體看，又是「所有」島的匯集；從文字上看，「島嶼書」就像是島嶼地志，或關於島嶼的小百科全書。早期的島嶼之書有一個弱點，就是描繪對象都沒跳出地中海島嶼。

大航海時代，歐洲航海家走出了地中海，繞過了非洲大陸南部，進入了印度洋，發現新大陸，進而完成了環球航行，於是，又有了對全球重要島嶼的描繪。

大家都知道查爾斯．達爾文（Charles Darwin）是生物學家，很少有人知道他在研究生物之時，還為世界海島地圖做出了重要貢獻。1832－1836年間達爾文乘坐「小獵犬」號（Beagle，亦稱「比格爾」號）進行了五年環球科考，並於1842年在倫敦出版了他的第一本科學著作《珊瑚礁的結構和分佈》。這裏放下此書對生物學地質學的貢獻不論，僅從海圖史的角度看，書中所發表的一系列珊瑚礁地圖，無一不是填補世界島礁地圖空白的傑作。「不幸」的是，他後來出版的《進化論》石破驚天，將他的珊瑚礁研究成果，完全遮蓋了。

第一節　神祕的「塔普羅巴納島」

——塔普羅巴納島地圖 托勒密（1486 年）

——蘇門答臘島地圖 拉穆西奧（1556 年）

印度洋上的島嶼很多，如果選一個島作為代表來介紹，無疑是「塔普羅巴納」。

公元前 4 世紀，曾在印度居住過的希臘作家、歷史學家麥加斯梯尼（Megasthenēs）在《印度志》（該書共四卷，其殘本是現存最早關於孔雀王朝的文字記錄）中首次描述它，稱其為「Taprobana」，即「塔普羅巴納」。他說此島被一條大河分隔，島上的珍珠和黃金的比印度還多。

此島當然有自己的本名，它的梵語古名叫「Simhalauipa」即馴獅人。中國《漢書 . 地理志》稱其為「已程不國」。《梁書》稱其為「獅子國」。《大唐西域記》作「僧伽羅」。宋代音譯為「細蘭」。明代轉譯為「錫蘭」。

大航海時代中後期，西方人也稱其為「Ceylon」（1972 年錫蘭改名為斯里蘭卡）。

托勒密的塔普羅巴納島地圖

公元 2 世紀，托勒密《地理學》根據傳說，以「塔普羅巴納」記錄了錫蘭島，並明確以地理坐標加以描述，將其定位於印度半島東南的海中。

千百年來，錫蘭島在眾多傳說中，被塑造成令人嚮往的人間天堂。傳說，亞當和夏娃被驅逐出天堂後，墜落在一個離天堂最近的高山頂上。傳說，佛祖曾三次訪問過離天堂最近的高山，並把足跡留在山峰之上。那時，人們稱這座高山為亞當山，後來稱其為錫蘭山。

最早的錫蘭島專圖，無疑是托勒密《地理學》26 幅地區圖中的錫蘭地圖，但原著與原圖早已消失。現在人們只能看到 1478 年羅馬木版印刷版托勒密《地理學》中的塔普羅巴納地圖，島上以大寫字母標註「TAPROBANA」（塔普羅巴納），它被繪成一個巨大的梨形。

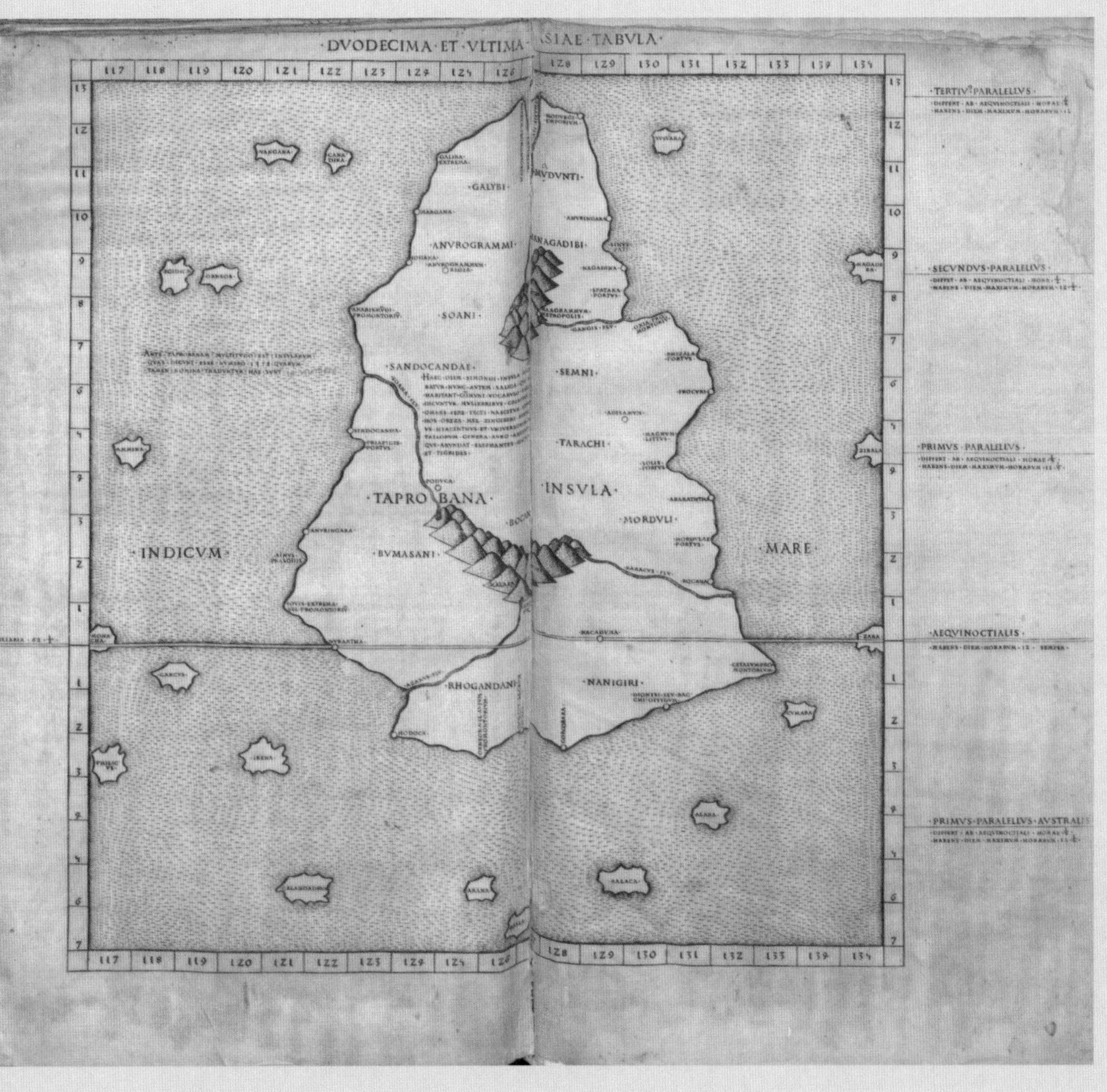

圖 12.1：1478 年版托勒密《地理學》中的塔普羅巴納島（即後來所說的錫蘭島）地圖，此島被繪成一個巨大的梨形

從古羅馬時代起，就有不少裝載着亞洲奢侈品的商船經常停靠錫蘭島。中世紀時，錫蘭已發展成重要的東方商港之一。享有世界盛譽的寶石，從這裏源源不斷地輸往海外。13 世紀後期，威尼斯商人馬可．波羅從中國返回故鄉時，曾路過錫蘭島。他在其遊記中說此島「為世界最寶貴之島⋯⋯出產最漂亮的紅寶石、藍寶石、黃晶石、紫晶石⋯⋯」。依據馬可波羅的遊記，歐洲的一些地圖上，開始把這個島描繪成寶石環繞的島。

在 1375 年馬略卡島製圖師亞伯拉罕．克雷斯克斯（Abraham Cresques 1325－1387）與兒子一起製作的加泰羅尼亞地圖世界地圖中，塔普羅巴納島似乎從原來的位置向東漂移。它被描繪為東方的「天涯海角」，並以大寫字母「TRAPOBANA」突出標註出來（參見第五章第五節）。它或許是錫蘭，更像是當時歐洲人還不知道的蘇門答臘島。在這個最東邊的島嶼旁，畫有海妖塞壬。似乎告誡人們這裏有寶藏，但也有風險。

可以說，從 14 世紀起，塔普羅巴納島與錫蘭島，若即若離，同時，蘇門答臘島漸漸浮出水面⋯⋯

拉穆西奧的蘇門答臘島地圖

中世紀晚期，希臘人所說的印度東南邊的塔普羅巴納島，開始與印度洋上的各種幻影島嶼和蘇門答臘島島相混淆。這種混亂，一是源於海上探險家對這些島嶼位置的不確定標註，二是海上商人知道這些島嶼有豐富的經濟資源，他們不想與世人分享這份財富信息，故意製造混亂的地理信息。

喬瓦尼．巴蒂斯塔．拉穆西奧（Giovanni Battista Ramusio，1485－1557 年）是一位威尼斯外交官，也是人文學者和地理學家。他花了幾十年的時間收集地圖和航海信息，以及大量的旅行作品。他想要出一部地理書，更新古代地理知識。1550 年他在威尼斯印刷出版了這部名為《航海與旅行》（Navigationi et Viaggi）的第一卷，包含有關非洲、印度和東印度羣島的信息，並附有三幅地圖。1556 年拉穆西奧印刷出版了此書的第三卷，包含有東印度羣島、美洲和非洲的信息和九幅地圖。第二卷因大火毀壞了印版，推遲到 1559 年才印刷出版，介紹了俄羅斯、中東和中亞，但沒有地圖。《航海與旅行》是威尼斯出版業的經典著作之一，每個版本都重印了數次，一直到 17 世紀初還在重印。

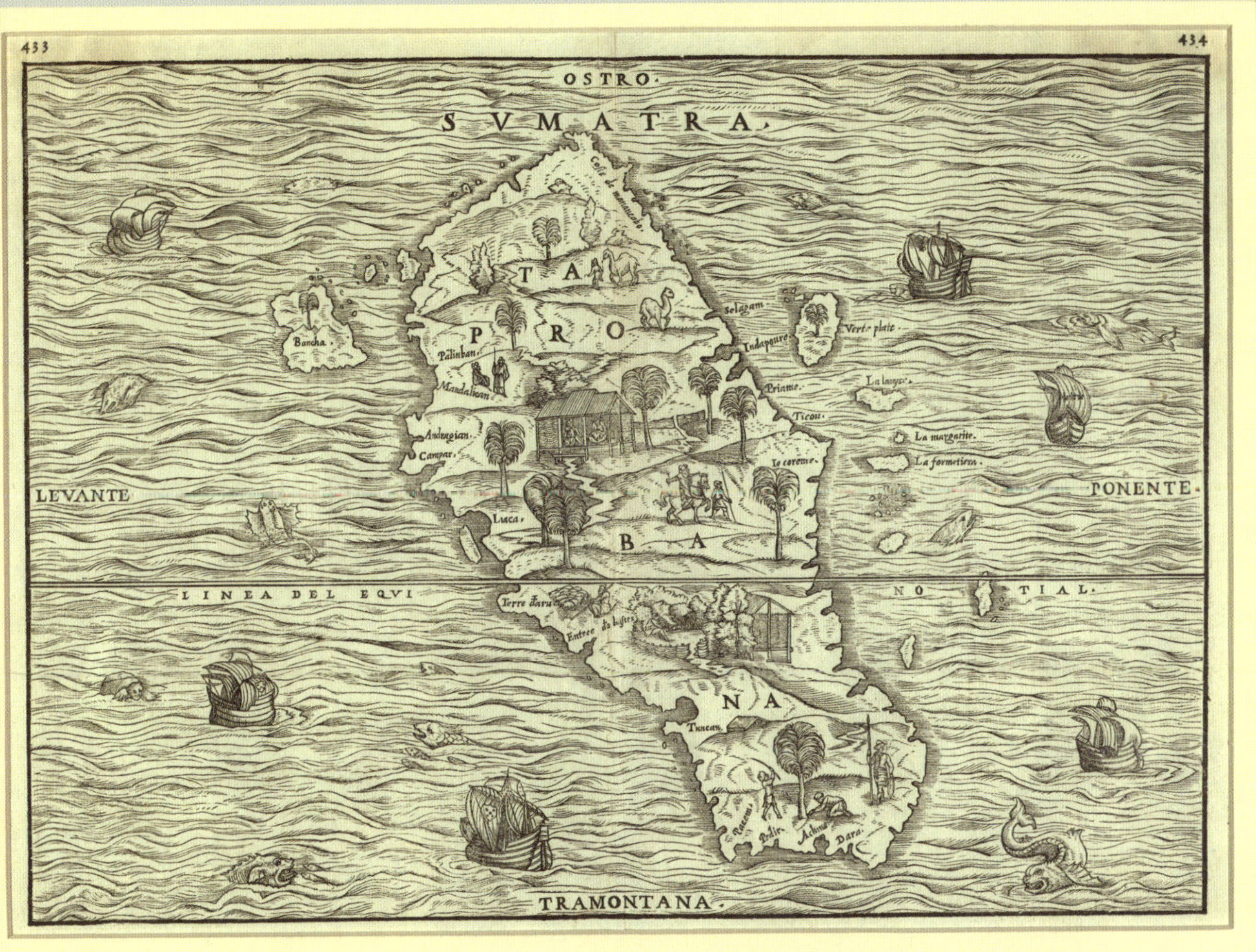

圖 12.2：威尼斯製圖師拉穆西奧 1556 年出版的第一幅基於實際經驗數據製作的蘇門答臘地圖

這裏要介紹的第一幅基於實際經驗製作的蘇門答臘地圖，就出自《航海與旅行》第三卷。由於《航海與旅行》序言中，曾提到他請威尼斯著名製圖師賈科莫·加斯塔迪（Giacomo Gastaldi）為他的書提供地圖，人們猜測書中的部分地圖為加斯塔爾迪所作，但無法確認具體是哪一幅地圖。我們只能認為這幅地圖是拉穆西奧的作品。

值得一說的是，這幅地圖有兩個用大寫字母標註的標題「SVMATRA」和「TAPROBANA」，即蘇門答臘和塔普羅巴納。兩個標題，一個放在圖上方，一個排在了島中央。這種奇特的雙標題，很可能是有意創建塔普羅巴納島與蘇門答臘島的歷史聯繫，而不是傳統的托勒密《地理學》創建的塔普羅巴納島與錫蘭島的聯繫。可以說，大航海時代的海上探險家更願意相信傳說中的東方財富在蘇門答臘島和它東邊的諸島。

拉穆西奧的這幅島嶼專圖，方位是南上北下，完全以蘇門答臘島為中心，甚至沒有描繪南部緊鄰的爪哇和北部緊馬來半島。圖中沒有顯示島東邊的馬六甲海峽，也沒有顯示島南邊的巽他海峽。在南寬北窄，中央有赤道穿過的蘇門答臘島上，作者繪有生動的日常生活場景：牽着駱駝的人、有持長槍的人、在高聳的木屋裏交談的人、騎在馬背上戴頭巾的人、帶着羊羣的牧羊人、坐在小屋外畜欄裏的人，以及從樹上採摘椰子或其他水果的人。這些場景似在表明：此島有完整的社會組織結構，而非荒島或野蠻人居住的島。

注意，島的東邊的海面上，描繪了有葡萄牙盾徽的帆船，島的西面描繪了法蘭西盾徽的帆船。這些船在蘇門答臘島周邊海域航行，必須小心，因為海面上，還繪有許多大魚和海怪。其實，更要小心的是葡萄牙人對此海域的封鎖。

1512 年，葡萄牙人成為最先抵達蘇門答臘島的歐洲人。

這幅地圖出版時，蘇門答臘島已與歐洲商人已有了更多的接觸。據說，作者拉穆西奧為製作此圖查閱了許多資料，此中關於蘇門答臘的信息，有一部分即來自法國航海家帕門蒂埃（Parmentier）兄弟的航行。這對兄弟的職業生涯中，曾航行到美洲、西非和東印度羣島。1529 年，兄弟二人率領兩艘船前往蘇門答臘島，他們在此島上試圖建立與葡萄牙人抗衡的貿易站時，因熱病雙雙死在蘇門答臘。1530 年初，倖存的船員帶着他倆留下的航行日記離開蘇門答臘返回法國。所以，拉穆西奧在地圖上描繪了葡萄牙和法蘭西的船，他似乎有意表現這裏的海上貿易衝突，並暗示歐洲各國可以來此分享香料生意，打破葡萄牙人的海上封鎖和貿易壟斷。

第二節　中世紀的東極之島

——喀什噶裏世界地圖 喀什噶裏（1074 年）

——瓦克瓦克 地圖 伊德里西（1154 年）

——西潘戈地圖 博爾多內（1520 年）

公元 2 世紀，希臘地理學家托勒密設計「世界地圖」時，世界的西極是非洲大陸西邊的加納利羣島，東極是印度東邊的「絲國」。那時的西方地理學家，還不知道中國東邊有一個島國日本。

中世紀以來，阿拉伯和蒙古等遊牧民族，東奔西突，極大地帶動了東西方信息交流。日本漸漸進入伊斯蘭地理學家的視野。在世界地圖上，最早繪出日本列島的是伊斯蘭地理學家穆罕默德 · 伊德里西。

1154 年伊德里希在西西里島為國王羅吉爾二世製作了一部名為《渴望周遊世界者的娛樂》的旅行書。在此書中，伊德里斯畫出 70 幅區域地圖，「已知人居地帶」的西極，仍是傳統的加納利羣島，但東極則描繪了「瓦克瓦克」(al-Wāqwāq) 。這個地名最早出現在 10 世紀波斯地理學家伊本 · 胡爾達茲比赫的《道里邦國志》中，「東方有瓦克瓦克，那裏盛產黃金，以至於人民用黃金製成拴狗的鏈子及猴子的項圈，他們拿出用黃金紡成的衣服去賣。」這個「瓦克瓦克」指的就是倭國，即日本。有趣的是，日本人也很喜歡「瓦克瓦克」這個名字，今天的東京淺草還有一個名叫「Wāq wāq」的旅館，似在追念那段遙遠的傳説。

可以説，到了 16 世紀 20 年代，歐洲製圖界才擺脱馬可 . 波羅的傳説，進入到航海實踐的真實描繪。在 1528 年，威尼斯製圖師貝內代托 · 博爾多內 (Benedetto Bordone

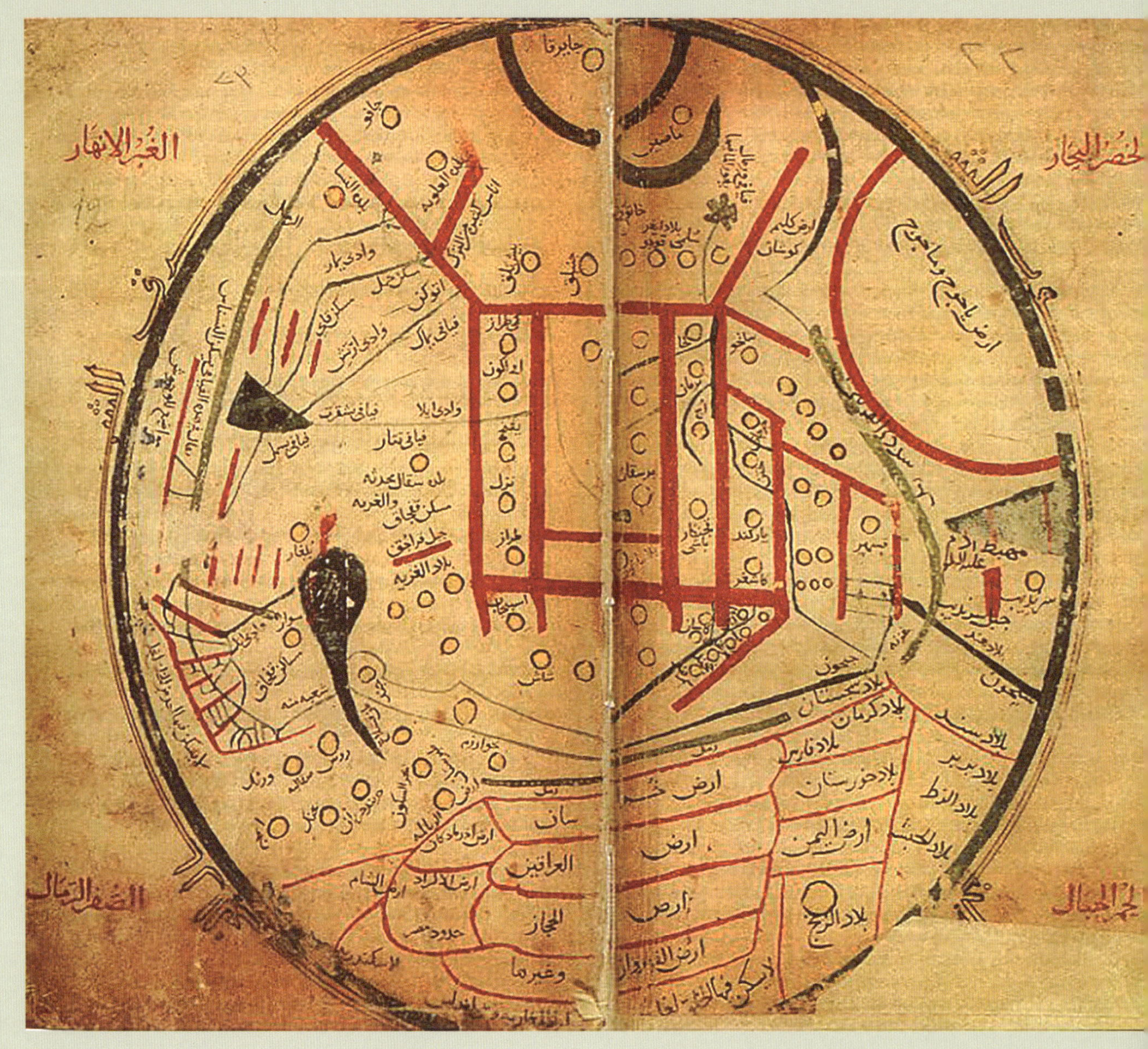

圖 12.3： 大約繪製於 1074 年的《喀什噶里世界地圖》，在「已知世界」的東極，即地圖的最上方繪出了日本。

1460－1531）出版的《島嶼書（Isolario）》中，就有一幅標註為「Ciampagu（西潘戈，即日本）」的歐洲最早的單幅日本地圖。

據日本鹿兒島大龍寺禪僧南浦文之（玄昌）所著《南浦文集 . 鐵炮記》記載，天文十二年（1543 年）一艘載有三個葡萄牙人的帆船漂流到九州南部的種子島。他們成為第一批到達日本的歐洲人，做的第一筆生意是被稱為「鐵炮」的前膛火繩槍。20 多年後的 1568 年，葡萄牙製圖師瓦斯 . 多拉多繪製出名為「IAPAM」的西方最早的最準確的單幅日本地圖。日本島被繪在朝鮮半島之東，並描繪出九州、四國、本州三大島嶼的輪廓。

不過，最終使世界認識日本的是奧特里烏斯 1570 年出版的《寰宇劇場》中編入的

圖 12.4：伊德里西於 1154 年完成的世界地圖中，最東邊的地圖右上角的六個島標註為「瓦克瓦克」（倭國），左下方的五個島為「新羅」

《韃靼地圖》。此圖將日本繪成個羣島，標註為「iapan」。它由一個大島和七個小島組成，並大島上標註「Minas de Plata（銀礦山）」，旁邊還標註了「馬可．波羅稱日本為黃金島」。隨着《寰宇劇場》的廣泛出版，日本為歐洲所認識。

最後，説一下日本的讀音。

漢朝時，中國人用「倭」稱呼日本。唐朝時，日本不喜歡「倭」這個名稱，將國名正式改作日本。不過，直至明治時期，仍有日本出版物自稱為「倭」。在日文中「倭」同「大和」一樣都發音為「yamato」。西方人稱「日本」為「Cipangu」或「Zipangi」，是基本源於馬可 . 波羅，其讀音可能源自中國的吳語。16 世紀後，葡萄牙商人遇到了馬來語的「日本」，遂將其譯為葡語「iapam」；後來，又被轉譯為英語「giapan」，最終演化為西方通用的「Japan」。

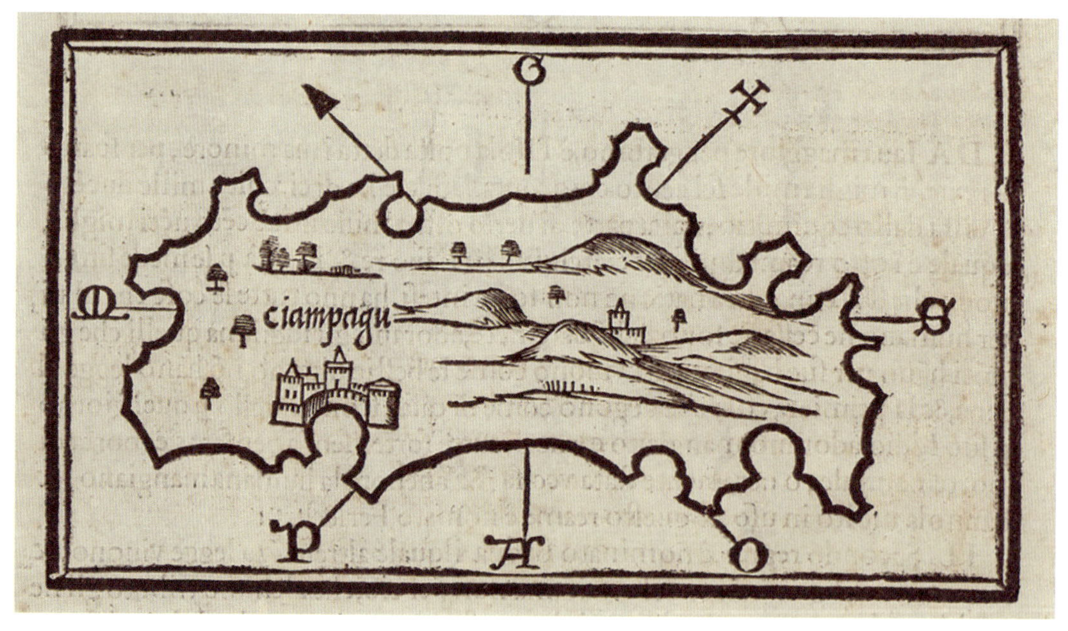

圖 12.5：博爾多內 1520 年完成的《島嶼書》書中，刊有一幅標註為「Ciampagu（西潘戈，即日本）」的歐洲最早的單幅日本列島地圖

第三節　中世紀的西極之島

——加那利羣島地圖 佚名（15 世紀中葉）

說完西方地理學家關注的遠東島嶼，接着說他們關注的西極之島。

實際上，西方地理學家很早就對非洲西部海岸的加那利羣島有所認識。羅馬帝國時期，加那利羣島已同地中海文化建立聯繫，公元 5 世紀羅馬帝國的分裂，這中聯繫中斷。中世紀時，關於加那利羣島的消息來自進入北非的阿拉伯人的模糊記錄。一直到 13 世紀初，波特蘭海圖誕生之後，托勒密《地理學》中的西極之島，才被歐洲製圖師確切地描繪在航海圖上。

現存第一幅確切顯示加那利羣島的地圖是安吉里諾·杜塞爾特 1339 年繪製的波特蘭海圖（詳見第五章第三節），其中顯示了加那利羣島的蘭薩羅特島（Insula de Lanzarotus Marocelus，並以熱那亞聖喬治十字盾徽為標誌）。這與熱那亞水手蘭薩羅托·馬洛切洛（Lanzarotto Malocelli）重新發現這些島嶼的時間一致。兩年後，也就是 1341 年，為葡萄牙國王阿方索四世（Afonso IV）服務的熱那亞探險家尼科洛索·達雷科（Niccoloso da Recco）指揮一支探險隊，首次考察了這個羣島的所有島嶼。

因為有了熱那亞水手多次考察，這幅 15 世紀中葉佚名藝術家製作的加那利羣島地圖上，人們才得以一睹這個羣島的別樣風采。作者似乎有意將加那利羣島置於直布羅陀與馬格里布的戰略空間之內，以體現它矗立於歐洲和非洲之間，是通往這兩個大陸的「門戶」的重要地位。

此圖對加那利羣島的細節展示令人驚歎，七個主島西向東排列，由耶羅、拉帕爾馬、戈梅拉、特內里費、大加那利、富埃特文圖拉、蘭薩羅特等 7 個主要島嶼和若干小島組成。圖中的每個島的條海岸線都用細膩的筆觸精心描繪，並以藍紅黃等色彩加以區別，而島嶼之間的位置描繪，對於進入這一海區的船舶則有着重要的導航意義。

此外，作者還突出描繪了加那利羣島上的火山。這個羣島正是由數百萬年前的火

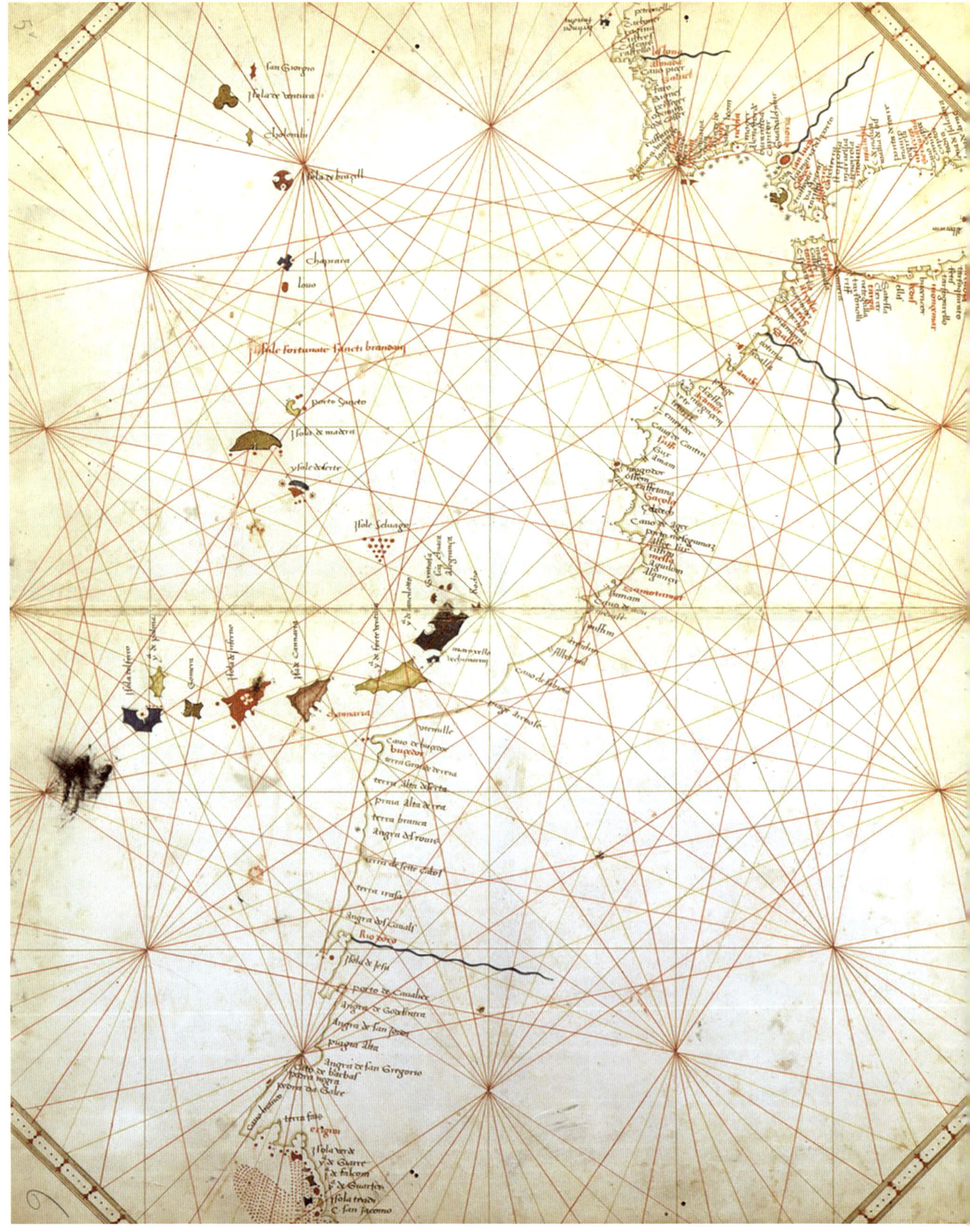
San Giorgio
Isola de ventura
Isola de brazill
Chaprara
Lovo
Isole fortunate sancti brandani
porto Sancto
Isola de madera
Isole Seluagie
terra branca
terra rasa
Rio doro
Angra de San Gregorio
Cauo de barbas
pedra negra
Isola verde
C. san Jacomo

山爆發形成火山羣島。羣島中央的特內裏費島火山（羣島中最高，最大的火山，也是全球第三大火山）描繪，不僅體現了這個羣島的神祕感，也為後世研究這個羣島的起源與火山歷史記錄，留下了珍貴的地質線索。

第四節　以神的視角俯視最繁榮的水城

——威尼斯鳥瞰地圖 德巴巴裏（1500 年）

2018 年 10 月，筆者到威尼斯考察古代船模，在島上的酒店和博物館的大廳到處都會看到這幅 1500 年木刻墨印的威尼斯鳥瞰地圖。它是古代海島地圖、港口地圖的王者，也是世界已知最早的城市鳥瞰圖。它細膩得像衛星地圖一樣，即便拿它當作今天的威尼斯導游圖，也不會有太大的偏差。

筆者從大運河入海口處的聖馬可廣場登岸，「按圖索驥」就見到了馬可大教堂和宏偉的總督宮，這裏是威尼斯政權教權的權力中心。由此漫步曲折狹窄的小巷，隨意地串起散布于島上的府邸、作坊和店鋪……似乎又見到了 500 年前威尼斯的優雅且富足。圖中央有「S」形運河穿城而過，將城市分為東西兩大部分，看上去很像中國的八卦圖，使圖面靈動而神秘。地圖上畫的穿行在運河上的貢多拉，今天仍舊載客。按著圖右側規模宏大的兵工廠指引，筆者找到了建在這裏的海軍博物館，依稀可見當年地中海最强大的海上軍勢力量……

圖 12.6：這是一幅大約製作於 15 世紀中葉的波特蘭海圖，是第一幅相對獨立的加那利羣島地圖，揭示了直布羅陀海峽、西非海岸與此羣島的複雜海況

威尼斯城建立于公元五世紀，至 1500 年已是一千年古城。它建在亞得里亞海西北的瀉湖上。從 14 至 16 世紀，威尼斯進入了全面發展的黃金時代。它憑藉強大的艦隊征服了地中海東部海域的重要島嶼成為地中海最著名的港口和海上霸主。

威尼斯城不但是當時地中海的貿易中心，也是手工業中心，盛產優質絲綢、刺綉、金銀、珠寶、玻璃；此外威尼斯的建築、雕塑、繪畫、歌劇等都盛極一時。如果以島嶼而論，中世紀後期，世界上沒有任何一個島嶼能與威尼斯的繁榮相提並論。

威尼斯經濟發展推動了這座水城的文化繁榮。這幅威尼斯鳥瞰地圖就是一個經典例證。1500 年意大利版畫家雅各布．德巴巴裏（Jacopo de Barbari，約 1440－1515 年），在現代測繪技術、熱氣球和其他飛行器都沒出現之前，僅憑個人智慧和創造力就繪出了

圖 12.7：意大利版畫家雅各布．德巴巴裏 1500 年製作的威尼斯鳥瞰地圖，是古代海島地圖、港口地圖的王者，也是世界已知最早的城市鳥瞰圖

巨大且精細的威尼斯鳥瞰地圖。這是版畫史上的一個奇迹，也是製圖史上的里程碑。

考察這位藝術家的創作史，筆者發現這幅作品並非一時心血來潮的創作。其實，德巴巴裏是一個痴迷于數學或幾何學的藝術家。1495 年他曾創作了著名的油畫《帕喬利肖像》，畫中手持教鞭的帕喬利是羅馬教廷數學家和幾所大學的數學教授。畫上的道具多與數學有關，畫板上有幾何圖形，畫板前框寫有「EVCLIDES」（歐幾裏得）的字樣，畫中懸吊水晶製成的 48 等邊半正多面體。如果說，這幅畫是接受委托創作的「偶然」，那麼，1504 年他創作的歐洲第一幅采用了「視覺陷阱」技法的靜物畫就純屬「刻意」。畫中那支橫在靴子上的箭，使這幅二維油畫產生了神奇的三維效果。如是推之，這幅威尼斯鳥瞰地圖就是他的「幾何野心」的一次瘋狂釋放。

這幅木刻地圖縱 133CM 橫 277CM，雕刻在 6 塊木板之上。這樣大的尺寸使圖面得以細膩地表現城市面貌和精確的比例。顯然作者在繪製過程中預先打造了幾何網格覆蓋整個威尼斯的建築、運河以及迷宮般的街道。細看這幅地圖會發現它的視角並非來自城中的某一個制高點，而是來自多個制高點的並不一致的透視系統。據說，德巴巴裏花了 3 年時間和他的助手爬上這座城市的 103 座鐘樓，分段描繪密集的城市景觀，匯總大量測繪資料最終合成這一巨幅地圖。

此圖有一個突出的主題，即天祐威尼斯成為世界貿易中心。圖的上方，繪有手持雙蛇魔杖的商業之神墨丘利（Mercury，即希臘神話中的赫爾墨斯），旁邊注記「我，墨丘利，將讓這個超越其他的市場大放异彩」（MERCURIUS PRECETERIS HUICFAUSTE EMPORIIS ILLUSTRO），寓意威尼斯城受商業之神的眷顧，永享繁榮。圖的下方，繪有海神尼普頓（Neptune，即希臘海神波塞冬）手持三叉戟，騎著怪魚漂浮于海面之上，守護著威尼斯城的門戶和身後的威尼斯艦隊與商船，旁邊注記「我，尼普頓，栖身于此，永保此港之水平靜」（AEQUORA TUENS PORTURESIDEO HIC NEPTUNUS），寓意威尼斯城受海神庇護，永享安寧。

為了體現航海與海圖的特色，作者還在地圖四周繪製了八方風神和祥雲環繞威尼斯城。

這幅大地圖發布時非常昂貴，印數不多。目前已知存世原始版本有 12 幅，威尼斯科雷爾博物館收藏有一幅原始版本地圖。

第五節　大西洋最「寂寞」的島

——聖赫勒拿島地圖 費爾南德斯（1506 年）

——聖赫勒拿島地圖 洛德韋克斯（1598 年）

關於發現聖赫勒拿島的記錄，最早見於荷蘭商人、航海家揚·哈伊根·范·林斯霍滕（Jan Huygen van Linschoten，1563－1611 年）1596 年出版的《航海記》。1589 年林斯霍滕在去印度的航行中曾訪問過聖赫勒拿島，書中說：「1502 年 5 月 21 日，在葡萄牙工作的加利西亞航海家若昂·達·諾瓦（João da Nova）在赤道以南的大西洋中發現了這個小島。因為這天是天主教日曆中的聖赫勒拿日，遂被命名此島為：聖赫勒拿島。」由於沒有其他關於發現此島的確切日期記錄，這個日期連同這個島名，就被後來的歷史學家所接受。

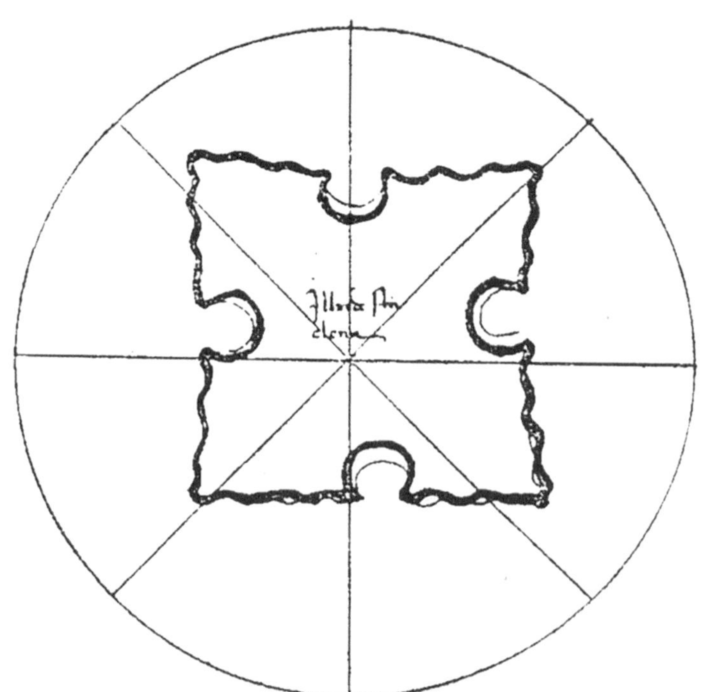

圖 12.8：這是第一幅聖赫勒拿島地圖，它遠非聖赫勒拿島地圖的準確代表，至少證明此島在 1506 年已被納入到葡萄牙地理發現成果之中

目前所知的第一幅聖赫勒拿島地圖，由居住在葡萄牙的德意志印刷商瓦倫蒂姆·費爾南德斯（Valentim Fernandes）於 1506 年繪製。此圖是葡萄牙地理發現手稿集的一部分，雖然，它遠非聖赫勒拿島地圖的準確代表，至少證明此島在 1506 年已被納入葡萄牙地理發現成果之中。不過，此圖沒有標出此島在南緯 16 度的重要地理坐標。

這個小島是大航海早期葡萄牙人收穫的一粒果實，密不告人。直到 1588 年英格蘭航海家卡文迪什船長環球航行返回英格蘭的途中抵達此島之前，除葡萄牙人外，世界無人知道有這麼個小島。所以，費爾南德斯繪出第一幅聖赫勒拿島地圖後的九十年間，再沒有聖赫勒拿島地圖問世，直到卡文迪什訪問此島十年之後的 1598 年，才有人繪製新的聖赫勒拿島地圖。

1598 年荷蘭航海家、製圖師威廉·洛德韋克斯（Willem Lodewijcksz）出版的這幅地圖，算是第一幅較精確的聖赫勒拿島地圖。作者在島中央用大寫字母標註「S. HELENA」，即聖赫勒拿。島中央繪出的唯·建築是葡萄牙人建的天主教堂。山谷中樹木最多的地方用葡萄牙語標註「Pomar」（花園），表明此圖的葡萄牙起源，或亦證明此島當時仍在葡萄牙掌控之中。

引人矚目的前景是 4 艘落帆的蓋倫式戰船，有 3 艘在開炮。從船上飄飛的十字旗看，應是葡萄牙戰船。葡萄牙航海家達伽瑪第一次遠航印度掛的就是聖喬治十字旗。左上方的船上，插着三「X」旗的船，似在揚帆逃跑。船上的三「X」旗，代表着「防火、防水、防瘟疫」，是阿姆斯特丹的」市旗」。據文獻記載，1595－1597 年，荷蘭航海家德豪特曼（De Houtman）曾率船隊前往亞洲尋找香料羣島，返回時只剩下 3 艘船。他們試圖在聖赫勒拿島登陸，補給淡水，守在此地的葡萄牙戰船開炮將其趕走。這組戰船插圖，或許記錄的就是荷蘭人這次不成功的登陸。

1659 年聖赫勒拿島被英格蘭東印度公司佔領，取替葡萄牙人成為新島主。

1676 年 20 歲的愛德蒙·哈雷在牛津大學王后學院畢業，搭船來到聖赫勒納島。哈雷用他的六分儀觀測鏡，建立了一座簡便的天文台。在此完成了記有 341 顆恒星精確位置的南天星表——填補了天文學界沒有南天星表的空白。

圖 12.9：荷蘭航海家、製圖師洛德韋克斯 1598 年出版的精緻的聖赫勒拿島地圖

當然，真正讓這個小島世界聞名的是，1815 年戰敗的拿破崙被英格蘭人流放到此島，歐洲君主們不擔心他再次逃脫了。因為，此島離非洲西岸 1950 公里，離南美洲東岸 3400 公里，是大西洋上最「寂寞」的島嶼。1821 年，風光一世的拿破崙，在寂寂無聞中，病死在這個小島上。

第六節　世界最大的島

——格陵蘭島、冰島和弗里斯蘭島地圖 芝諾（1558 年）

——格陵蘭島、冰島和法羅羣島地圖 鮑文（1747 年）

考古證明，3000 年前因紐特，也就是愛斯基摩人，就到達格陵蘭島。

不過，歐洲人更願意講這樣的傳説：公元 982 年挪威海盜埃里克 · 瑟瓦爾德森（Erik Thorvaldsson，950 年－1003 年），因在冰島殺人被驅逐出境。他只好帶上一家老小上駕着沒有篷的小船，硬着頭皮往西北劃去，經過一段相當艱苦的航行之後，他終於看到了一片陸地。當時的歐洲氣候正處於中世紀溫暖期，使得高緯度地區也變得適於生存。在這裏住了三年的埃裏克決定回冰島招募移民來開發此地。為使這個地方聽起來更加具有吸引力，回到家鄉以後，他驕傲地對朋友們説：我不但平安地回來了，我還發現了一塊「Greenland」（意為「綠色的大陸」）——格陵蘭，就這樣變成它的永久稱呼。

11 世紀時，基督教從挪威傳入格陵蘭島。1261 年格陵蘭島成為挪威的殖民地。1380 年丹麥與挪威聯盟，格陵蘭轉由丹麥、挪威共同管轄。歐洲航海家由此開始在地圖上描繪格陵蘭島。

1531 年法國製圖師奧倫提烏斯 · 費納烏斯（Oronteus Finaeus）在巴黎出版的雙心形世界地圖中，首次以島嶼之形描繪並標註了格陵蘭島（詳見第十六章第二節）。但最早的相對獨立的格陵蘭島地圖，據稱出自芝諾兄弟。這是一個非常傳奇，卻不一定可靠的例子。

1558 年威尼斯的尼科洛 · 芝諾（Nicolo Zeno，1515－1565 年）出版了其祖先芝諾兄弟的北大西洋探險書信集，證明祖先芝諾兄弟比哥倫布早一個世紀就登上了新大陸，並刊出一幅聲稱是芝諾兄弟 1380 年繪製的包含有格陵蘭島和幽靈島弗里斯蘭的北大西洋地圖。雖然，學者們認為這是一個虛構故事，但這幅地圖對後來的繪製北大西洋地圖確實產生了巨大影響。芝諾兄弟地圖上的地理信息被幾位重要的製圖師採用，包括奧特利烏斯 1564 年的世界地圖、傑拉德 · 墨卡托 1569 年的世界地圖都插入了芝諾兄弟的格陵蘭島和幽靈島弗里斯蘭。

芝諾兄弟地圖大概率不是 1380 年繪製，卻實實在在是 1558 年出版。它仍是最早的相對獨立的格陵蘭島地圖。此圖北部最大的島嶼上，以大寫字母標註「ENGRONELANT」，音譯為「恩格羅內蘭特」，即格陵蘭島。此島上標註有幾十個地名，其北部似與北極「陸地」相連。格陵蘭島南邊一個較大的島，也以大寫字母標註「ISLANDA」，即冰島。它的正南方也以大寫字母標註「FRISLAND」，即並不存在的弗里斯蘭島。圖東邊是斯堪的納維亞半島。

芝諾兄弟的格陵蘭島與北極「大陸」相連的地圖，雖然是錯誤的描繪，卻影響墨卡托、奧特里烏斯等製圖大師，甚至統治着 20 世紀之前的世界北部地圖的格局，可謂海圖史上的奇葩。

從 16 世紀開始，歐洲航海家為了尋找北極圈裏的西北航道，不斷來到格陵蘭島探險。這裏複雜的地理狀況漸漸在地圖中顯現，其中倫敦出版商、製圖師伊曼紐爾·鮑文（Emanuel Bowen，1694－1767）的格陵蘭島和冰島地圖，雖然不是準確，也算是非常出色的作品。

鮑文從 1714 年起開始在倫敦製作地圖，並被任命為英王喬治二世和法王路易十五的製圖師。1747 年鮑文在倫敦出版了格陵蘭島、冰島和法羅羣島地圖，縱 33CM 橫 23CM。從本質上講，它是一張紙上的四幅地圖。

圖 12.10：1558 年威尼斯的芝諾出版的反映其祖先芝諾兄弟的北大西洋探險的地圖

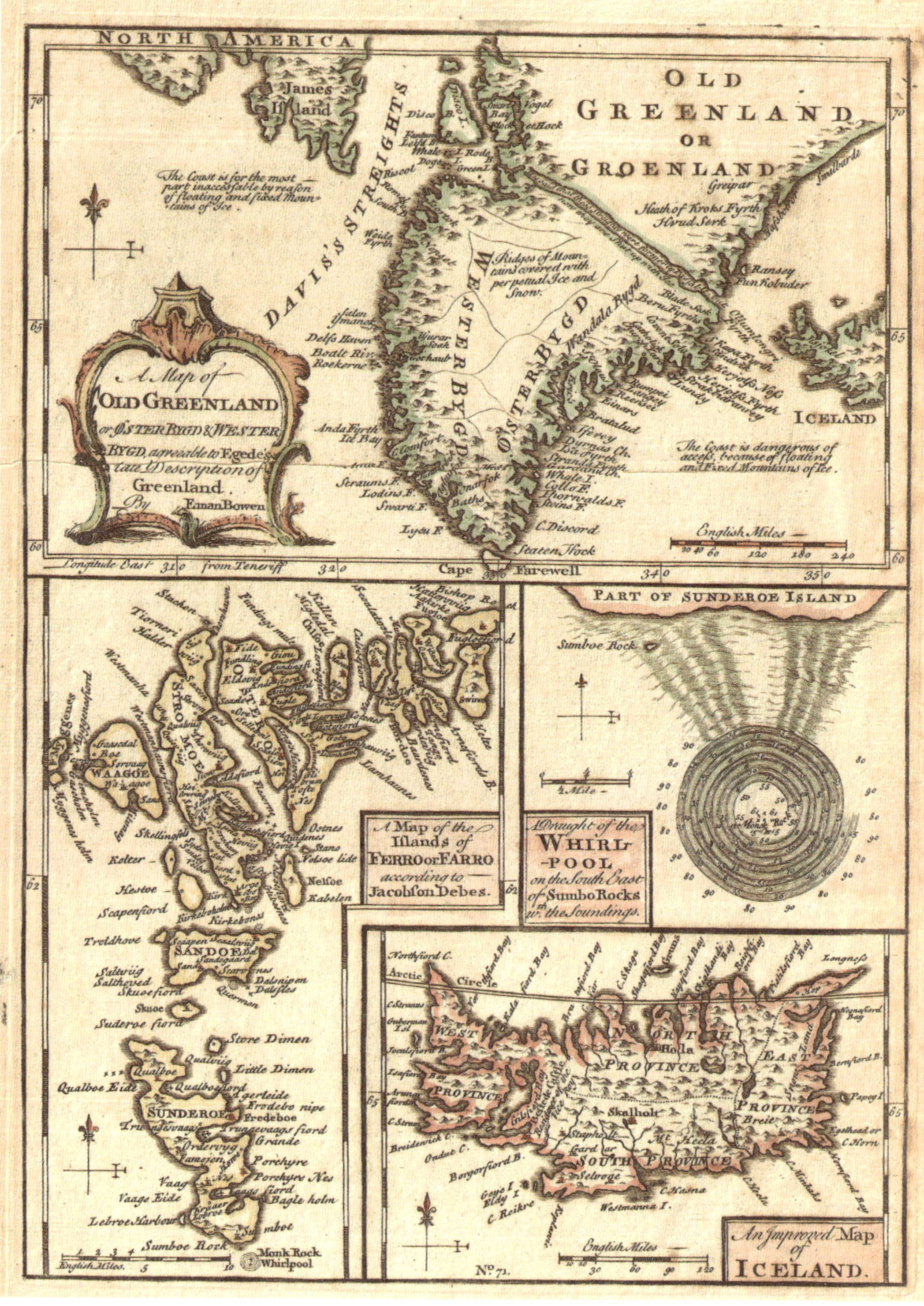
NORTH AMERICA
OLD GREENLAND OR GROENLAND
DAVIS'S STREIGHTS
WESTER BYGD
ØSTER BYGD
ICELAND
A Map of OLD GREENLAND or ØSTER BYGD & WESTER BYGD, agreeable to Egede's late Description of Greenland. By Eman Bowen
The Coast is for the most part inaccessable by reason of floating and fixed Mountains of Ice.
Ridges of Mountains covered with perpetual Ice and Snow.
The Coast is dangerous of access, because of floating and Fixed Mountains of Ice.
English Miles
Longitude East 31 from Teneriff 32 33 34 35
Cape Farewell
A Map of the Islands of FERRO or FARRO according to Jacobson Debes.
PART OF SUNDEROE ISLAND
A Draught of the WHIRL-POOL on the South East of Sumbo Rocks with the Soundings.
An Improved Map of ICELAND.
WEST PROVINCE
NORTH PROVINCE
EAST PROVINCE
SOUTH PROVINCE
Skalholt
Mt. Heela
Arctic Circle
English Miles
No. 71.

最上面的較大地圖，只顯示了格陵蘭島的南部，以及冰島和詹姆斯島的部分地區。此時，冰島和斯堪的納維亞捕鯨者已經相當清楚格陵蘭島的南部海岸線，但格陵蘭島內部全是未知。於是有了 18 世紀初人們猜測格陵蘭島北部存在一條水道的大膽描繪。但鮑文特別指出，此「通道」因結冰而無法通行，由於冰山的存在，島嶼兩側的航行也十分危險。

左下方的地圖，顯示了法羅羣島。它位於處於挪威到冰島之間的位置，由 18 座火山島組成。這裏對水手來説一直是危險的，因為周圍的洋流和潮汐難以預測。

右側中間的地圖，上方顯示了松波巖（Sumbo Rocks）和它的南端一個咆哮大漩渦。這個巨大的漩渦圍繞着莫內克巖石旋轉。據説，漩渦直徑超過一英里。不過，這種令人震驚的自然現象已不復存在。1884 年，莫內克巖石的大部分崩落入海，形成了危險的水下珊瑚礁。

右下角的地圖，顯示了冰島。它位於格陵蘭島和英國中間，靠近北極圈，是歐洲第二大島。它雖然叫冰島，卻有 100 多座火山。

再説回格陵蘭島，它有兩個特別之處：首先，它是劃分島與大陸的標準，它是世界上最大的島，總面積為 217 萬平方公里。大於它的澳大利亞就不是「島」，而屬於大陸；此外，它在行政區劃上是丹麥領土，屬於歐洲；但地理劃分上，它又屬於北美洲的一部分。全島約 4/5 的地區在北極圈內，是一片冰雪覆蓋的超級大島。

古代航海家用生命和迷茫去探索和描繪的格陵蘭島、冰島和斯瓦爾巴羣島，今天被概括為「北極三島」，20 世紀被美國《國家地理》評為「一生必到的 50 個地方」。

圖 12.11：1747 年鮑文在倫敦出版的格陵蘭島、冰島和法羅羣島地圖

第七節 「廣泛模式」的珊瑚島描繪

——全球珊瑚礁地圖 達爾文（1842 年）

——南太平洋諸島環礁地圖 達爾文（1842 年）

所有人都知道查爾斯·達爾文（Charles Darwin）是生物學家，很少有人知道他在研究生物之時，還為世界海島地圖做出了重要貢獻。1832－1836 年間達爾文乘坐小獵

犬號（Beagle，亦稱比格爾號）進行了五年環球科考，考察了加那利羣島、佛得角、巴西、阿根廷、烏拉圭、福克蘭羣島、火地島、智利、祕魯、加拉帕戈斯羣島、塔希提島、新西蘭、澳大利亞、科科斯羣島、毛里求斯、好望角、聖赫勒拿島、阿森松島、巴西、佛得角、亞速爾羣島等大大小小的島嶼。

1842 年達爾文在倫敦出版了他的第一本科學著作《珊瑚礁的結構和分佈》，這是一部開創性的海洋學傑作。「不幸」的是，達爾文後來出版的《進化論》石破驚天，將他對珊瑚礁研究成果完全遮蓋。這裏放下此書對生物學地質學的貢獻不論，僅從海圖史

圖 12.12：達爾文於 1842 年出版的全球珊瑚礁大摺頁地圖，對下沉（藍色）和上升（紅色）的珊瑚礁進行了顏色編碼

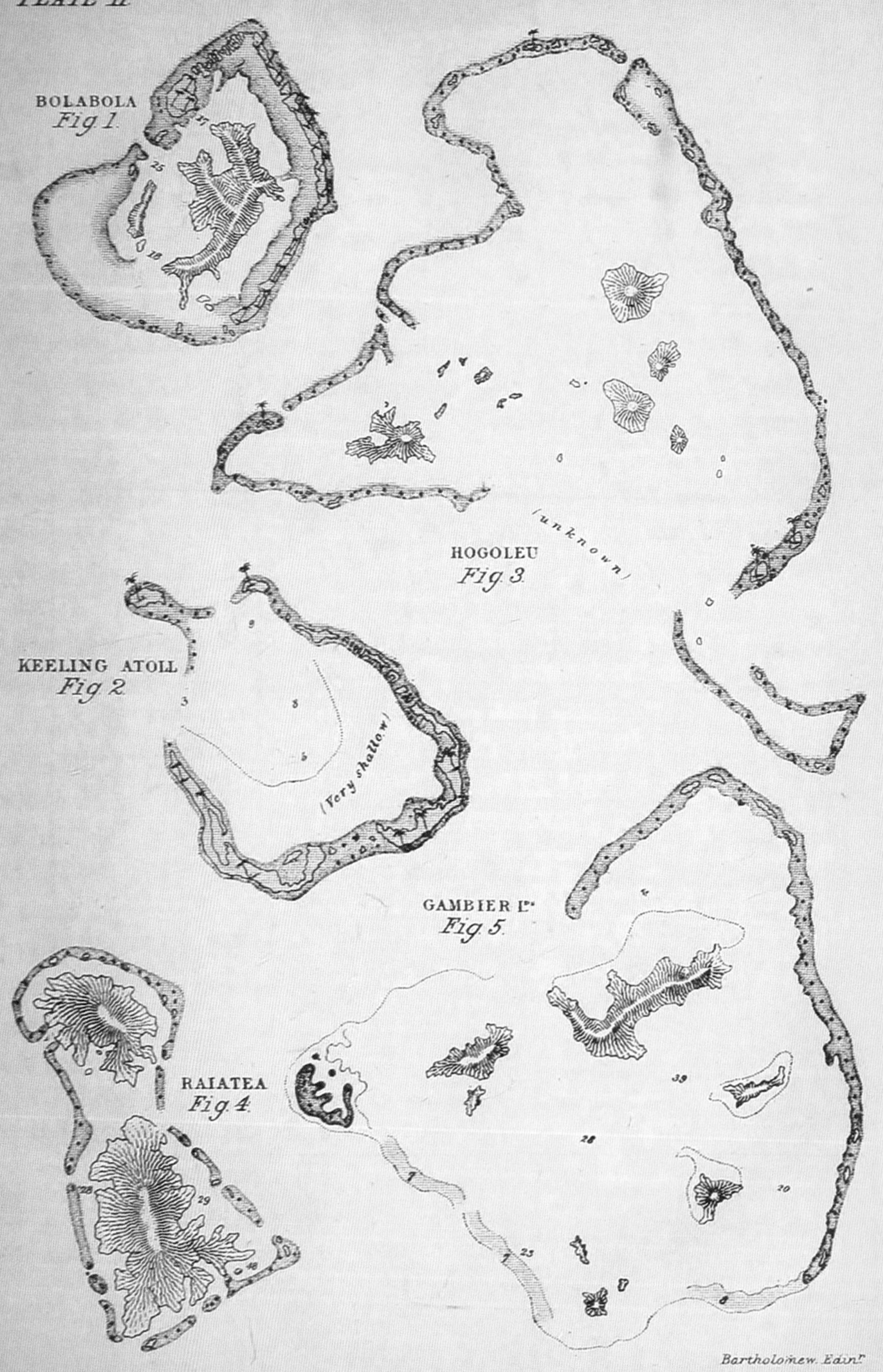
PLATE II
BOLABOLA
Fig. 1.
KEELING ATOLL
Fig. 2.
(Very shallow)
HOGOLEU
Fig. 3.
(unknown)
RAIATEA
Fig. 4.
GAMBIER I.s
Fig. 5.
Bartholomew. Edin.r

的角度看，其書中發表的一系列珊瑚礁地圖，無一不是填補世界島礁地圖空白的傑作。

從海岸測繪來講，庫克對澳大利亞東海岸的描繪是填補了空白的，特別是他對世界最長的珊瑚礁羣，長達 2000 公里的大堡礁的描繪，庫克的描繪為後來認識這一礁羣和珊瑚礁，至關重要。但最先定義並做專題描繪包含此地的全球珊瑚礁地圖的是達爾文。

達爾文通過研究太平洋和印度洋造礁生物和珊瑚礁形態證實了他的假設：珊瑚礁是由珊瑚堆積的石灰巖形成，並且死火山被埋在現代珊瑚環礁之下。他同時提出至今仍在使用的珊瑚礁三種分類：岸礁、堡礁和環礁。並推導出珊瑚礁的時間序列：首先是火山島滅絕；其次，島嶼和海底的下沉，導致死火山島周圍形成邊岸礁（邊緣礁）；隨着不斷下沉，岸礁逐漸變成堡礁，最後變成環礁。

達爾文進一步解釋環礁與「潟湖島」的關係。由於潟湖島的礁石通常支撐着許多獨立的小島，如果將「島」應用於這個整體時，常常會引起混亂。所以，選擇使用了「KEELING ATOLL 環礁」一詞，這與印度洋居民稱這些圓形珊瑚島羣為「潟湖島」，是同義詞。

達爾文和庫克一樣對澳大利亞東海岸的大堡礁非常重視。他說這些堡礁有一定的「厚度」，在澳大利亞東海岸就像一堵有護城河的牆，幾乎呈直線延伸一千英里。這種環繞式堡礁和環礁之間沒有本質區別：後者包圍着一片簡單的水域，前者環繞着一片更廣闊的水域，並有一個或多個島嶼從其中升起。「澳大利亞和新喀里多尼亞（澳大利亞東部島國）的堡礁，因其無比巨大的尺寸，值得特別關注。」

達爾文「廣泛模式」的珊瑚礁科考「畫面」，最終凝結為 1842 年出版的史詩般大摺頁地圖：全球珊瑚礁地圖。此圖上達爾文對大西洋、太平洋和印度洋熱帶地區的下沉（藍色）和上升（紅色）珊瑚礁進行了顏色編碼。這是支持地殼板塊構造和「太平洋火環」（指北太平洋邊緣、亞洲東部邊緣和美洲西海岸所組成的環形地震活動頻繁地帶）的第一個重要證據。如果達爾文當時有更多的信息，他實際上會提出板塊理論構造學。

圖 12.13：達爾文 1842 年出版《珊瑚礁的結構和分佈》一書中的南太平洋波拉波拉島、霍戈柳島、賴阿特阿島的環礁地圖

第八節　最早的海島地圖集

——自由島之書之科孚島 邦代爾蒙蒂（1420 年）
——環島航行之塞浦路斯島 索內蒂（1485 年）
——島嶼書之古巴島 博爾多內（1528 年）

眾所周知佛羅倫薩是歐洲文藝復興發源地，這裏的商業巨頭和紅衣主教贊助了眾多藝術家的創作，但很少有人知道，他們還贊助了航海活動和地理學研究，並培養出傑出的地理學家，出版了一系列世界首屈一指的航海地圖集。雖然，這些地理學家沒有藝術家那麼出名，但他們也是文藝復興的一支重要的文化和科學力量。

誕生於意大利的「島嶼書」，作為海圖中的特殊流派，先是從愛琴海島嶼地圖集起步，而後有了描繪地中海的島嶼地圖集，再後有了描繪「世界上所有的島嶼」的地圖集。

1420 年，邦代爾蒙蒂的《自由島之書》

1420 年 30 多歲的佛羅倫薩牧師克里斯托弗羅．邦代爾蒙蒂（Crstoforo Buondelmonti，1386－1430）將剛剛修訂好的羊皮紙手稿《Liber Insularum Archipelagi》，獻給了給他的讚助人羅馬紅衣主教佐丹奴．奧爾西尼（Girodano Orsini，? －1439 年）。

邦代爾蒙蒂出生在佛羅倫薩貴族家庭，從小受到良好教育，青年時代師從佛羅倫薩的重要學者學習希臘文化。1414 年邦代爾蒙蒂受紅衣主教佐丹奴．奧爾西尼（Girodano Orsini，－1439 年）指派，赴愛琴海羣島考察希臘文化。他在諸島間遊歷了 8 年之久，除了作文化研究之外，他還順手寫了一本包含有幾十幅島嶼地圖的《自由島之書》（Liber Insularum Archipelagi）。

《自由島之書》原稿單頁尺寸，縱 29CM，橫 22CM。手稿運用了多種色彩，以墨水書寫正文，勾畫地圖，並用少量的綠色、藍色、棕色和粉紅色，表現河流、海洋、山丘和城市。書中地圖多以鳥瞰地圖來展示，作為書中插圖穿插於正文中，一些重要地圖則佔據一個頁面。從製圖源流來講，《自由島之書》和波特蘭海圖一樣，都來自地中

圖 12.14：邦代爾蒙蒂的《自由島之書》首圖科孚島，是愛奧尼亞羣島中第二大的島嶼，隔科孚海峽與希臘大陸相望。曾被稱為「威尼斯門戶」視為抵抗奧斯曼擴張的重要堡壘

海水手的原始日誌，它繼承了波特蘭海圖的海岸線、島嶼輪廓和港口描繪的方法，突出了島嶼在地圖中的特殊地位。

中世紀晚期的地理文獻中「島國」的概念已經與領土擴張相關聯。幾個世紀以來，東地中海的「有人島」和「無人島」都被納入到商業和軍事目的控制下。這部島嶼地圖集選科孚島為首圖，就很說明問題。因為，它是愛奧尼亞羣島中第 2 大的島嶼，隔科孚海峽與希臘大陸相望。更重要的是，這個島先後為科林斯、雅典、羅馬、威尼斯所管治；1401 年至 1797 年，一直由威尼斯共和國統治，被稱為「威尼斯的門戶」。這裏被視為基督教世界抵抗奧斯曼帝國的最後一道防線，所以，在這部書中被排在首位。

這部島嶼地圖集除了海岸描繪，還融入了島上的自然、歷史和文化元素：比如，達達尼爾海峽和加里波利，岸邊描繪有流着水的水井，還有六座巨大的風車；比如，荷馬史詩中所說的希臘人臨時駐紮的特內多斯島，它的對岸就是小亞細亞大陸，地圖上展示了特洛伊戰爭的廢墟⋯⋯凡此種種，無不表現出，這是一部極為有趣的愛琴海島嶼的歷史文化導遊地圖集，也是世界第一部海島地圖集。

1485 年，索內蒂的《環島航行》

《自由島之書》的示範作用極大，它開啟了持續三百年的「島嶼書」出版熱潮。

1485 年在威尼斯船長巴托洛梅奧·達利·索內蒂（Bartolommeo dalli Sonetti）模仿邦代爾蒙蒂出版了一部海島地圖集，此書首版印刷時並沒有正式的書名，作者在書的開篇稱他的作品為「Periplous Nisson」，可譯為《環島航行》。由於書中的地圖說明是以當時流行的十四行詩寫成，後世稱其為《十四行詩之島嶼書》。首次印刷大約在 1485 年，它包含 49 張地圖（沒有地名）和相對應的十四行詩評論。

《環島航行》是第一本印刷的海圖集，雖然是模仿《自由島之書》，但它也有所進步，增加了一個八方位的風玫瑰和比例尺，並提供了更多島嶼的輪廓，比《自由島之書》的更準確。與《自由島之書》神話化傾向相比，他的十四行詩形式給出了當前的地名、時間和島嶼的新描述。這種海島地圖集更像一部航海手冊，進而形成一個新的製圖學派。

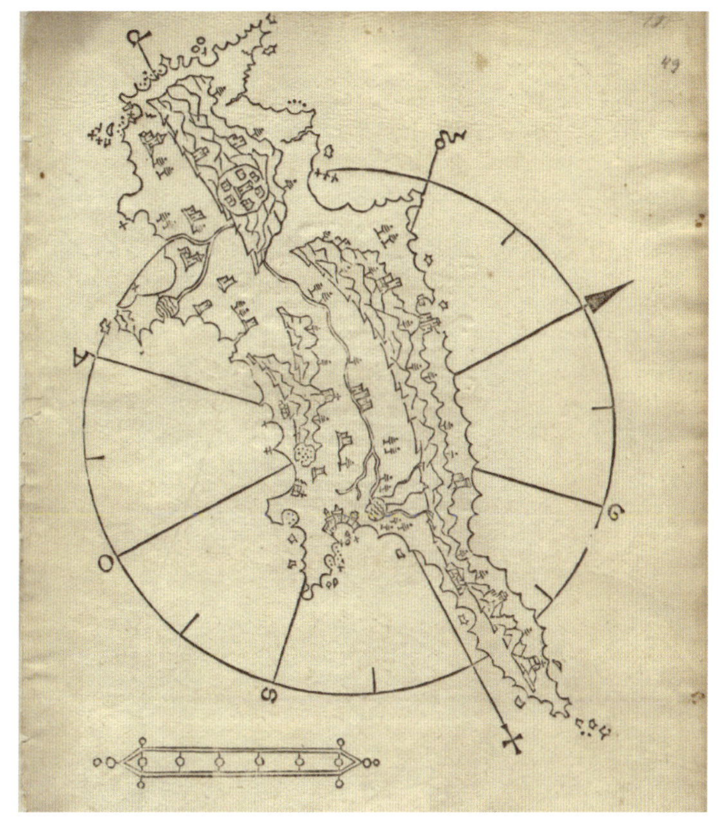

圖 12.15：索內蒂 1485 年出版的《環島航行》的最後一幅地圖，別有深意，它就是緊鄰土耳其的塞浦路斯島地圖

1528 年博爾多內《島嶼書（Isolario》

哥倫布「發現」美洲後，歐洲的海島地圖製作者有了更大的野心——編制「所有」海島地圖集。第一個做此嘗試的就是威尼斯製圖師、細密畫家和出版商貝內代托·博爾多內（Benedetto Bordone，1460－1531）。1528 年邦代爾蒙蒂在印刷出版他的「遍佈全球的島嶼集合」之書時，開始使用意大利語的「isolario」作為書名，這個詞源自拉丁語「insularium」，意即「島嶼」。此後，這類海島地圖集被統稱為「島嶼書」。

博爾多內這部「島嶼書」，除受到邦代爾蒙蒂、巴托洛梅奥的影響之外，還受到了 1477 年之後羅馬重新翻譯並出版的托勒密世界地圖集的影響。所以，他在這部島嶼書跳出了地中海，收入了最新的地理發現，這是此前同類島嶼書所未有的。他在書中聲稱「我們在這裏討論世界上所有的島嶼，包括它們的古代和現代名稱、地理位置、民間傳說、歷史故事、生活方式和氣候情況……」這部書也因此被稱為「世界上所有的島嶼之書」，可謂現代製圖學的又一個里程碑。

這部海島地圖集的對頁紙張尺寸為縱 30CM 橫 40CM，全書刊有 111 幅地圖。至少編入了 12 幅美洲島嶼地圖。比如，伊斯帕尼奧拉、牙買加、古巴、多米尼加、瓜達盧佩、馬提尼娜的早期地圖。

事實上，它亦是有史以來第一個包含諸多單幅北美和南美地圖的地圖集。

圖 12.16：博爾多內是第一個嘗試編入「所有」海島的製圖師，他 1528 年出版的《島嶼書》中至少編入了 12 幅美洲島嶼地圖，此為古巴島地圖

第十三章

海峽地圖：海洋的「咽喉」與「門戶」

地理學的海峽定義是：由海水通過地峽的裂縫經長期侵蝕，或海水淹沒下沉的陸地低凹處而形成的兩塊陸地之間的水域。

海峽通常位於兩個大陸或大陸與鄰近的沿岸島嶼以及島嶼與島嶼之間。其中，有的溝通兩海（如博斯普魯斯海峽溝通黑海與愛琴海），有的溝通兩洋（如麥哲倫海峽溝通大西洋與太平洋），有的溝通內海和大洋（如直布羅陀海峽溝通地中海與大西洋）⋯⋯ 海峽多種多樣，與其相關的故事也豐富多彩。

海峽的社會性是因其特殊的地理形態所決定的，自然的海峽往往因人類的活動，成為交通要道、航運樞紐，或者是兵家必爭之地⋯⋯ 因此，人們也常把這類的海峽稱之為「海上走廊」、「黃金水道」，或者是「咽喉」與「門戶」。

歐洲中世紀最流行的「T-O」地圖，世界被表現為一個漂浮在海上的圓盤，大地被 T 形的水流分割。「T」字上面一橫的左半段為頓河、黑海與愛琴海，右半段為尼羅河與紅海；下面的一豎為地中海；「T」字底部是西邊的最低點直布羅陀海峽。套在「T」上的「O」，代表環繞地球的大海。這種整個中世紀一直被歐洲廣泛採用的世界地圖中，就包含了當時的「有人居住的世界」範圍內影響最大的幾個海峽：通往北方的——博斯普魯斯海峽；通往西方的——直布羅陀海峽；通往南方和東方的——曼德海峽。

據不完全統計，全世界至少有上千個海峽，較大的海峽有 50 多個，但影響人類生活，也就是少數幾個重要的海峽。比如，這裏提到的九大海峽：直布羅陀海峽、霍爾木茲海峽、英吉利海峽、博斯普魯斯海峽（土耳其海峽）、莫桑比克海峽、馬六甲海峽、麥哲倫海峽、德雷克海峽、白令海峽⋯⋯（當然，還有一些海峽也很重要，如果再加兩個，可以加入巽他海峽和曼德海峽。但是限於篇幅無法再擴）這幾個海峽都有以下特徵：一是位置特別重要，都是咽喉」與「門戶」；二是都有久遠的人文背景和文化傳奇；三是在歷史上有着特殊的地位，雖然，有些海峽，今天可能不那麼重要了，比如，美洲南部的曾經聲名遠播的四個緊挨著的海峽：

第一個在南緯 52 度，即後來以發現者名字命名的麥哲倫海峽。

第二個在南緯 54 度 40 分，1615 年被荷蘭航海家發現的勒梅爾海峽。

第三個在南緯 55 度，1828 年經英國科考船證實，並船名命名的比格爾海峽。

第四個在南緯 56 度，1577 年被英格蘭海盜德雷克發現，後來以他的名字命的德雷克海峽。

2025 年 1 月，筆者乘太平洋世界號環球郵輪完整穿過了這幾個海峽（除比格爾海峽只走了一半）。據老船長挾間俊一講「如今，已經沒有什麼商業運輸的船從這裏通過了。」它們重回「大航海時代」之前的寂寞，但它曾改寫歷史的偉大功績不可磨滅。

地球上最早為人類熟悉的海峽，多是以神的名字命名的，比如，直布羅陀海峽、博斯普魯斯海峽；而位置險要的鮮為人知的海峽，則多是以探險家的名字命名的，比如，美洲最南邊的九曲迴腸的麥哲倫海峽，與美洲最北邊的幾乎被冰封死的白令海峽。

最後，多説幾句白令海峽。

俄羅斯歷史上最能「放眼世界」的沙皇是彼得大帝。他開創海洋帝國的諸多偉業的最後一個工程，是在亞洲大陸與北美大陸之間找到一條北方海路。1724 年，也就是彼得大帝離世的前一年，欽點正在俄國海軍服役有着極地探險經驗的丹麥航海家白令，令其率領一支探險隊赴北冰洋探索北方航路。但是，還沒等到白令出發，彼得大帝就去世了。

1741 年 7 月，探險家白令的船隊通過北美大陸與亞洲大陸之間的海峽，在一個小島停泊，他不僅清楚地看到了海拔 5000 多米的聖厄來阿斯山，還發現了北美的土著——地球的這一邊與另一邊，在這一刻以海峽的名義相識。

像是某種魔咒，上帝沒讓發現南美海峽的麥哲倫回家，也把發現北美海峽的白令永遠留在海峽旁的小島上。這個小島後被命名白令島，他發現的海峽被命名為白令海峽。

白令海峽是所有海峽中最特殊的海峽，它至少有四重身份：一是溝通北冰洋和太平洋的唯一航道；二是北美洲和亞洲大陸間最短海上通道及洲界線；三是國際日期變更線的通過處；四是俄美兩國的分界線，相距 4 公里分屬於俄、美的兩個小島，隔着一天的日期。

白令海峽發現後，世界上再也沒有什麼大的海峽，可供發現了。

第一節　歐亞橋樑，博斯普魯斯海峽

——君士坦丁堡地圖 博代爾蒙特（1420 年）

——亞速海地圖 托勒密（1478 年）

——達達尼爾海峽專圖 皮里（1526 年）

古希臘的神話中，有兩個故事直接與海峽相關：一個是博斯普魯斯海峽，一個是直布羅陀海峽。歐洲中世紀最流行的「T-O」地圖中，「T」字上面一橫的左半段為頓河、黑海與愛琴海，其中就包括了博斯普魯斯海峽，「T」底部就是直布羅陀海峽。

先說博斯普魯斯海峽。「博斯普魯斯」（Bosporus）這個詞，由希臘語中的「bous」（意為牛）和「poros」（意為通道）組成，意思是「牛渡」。傳說中，希臘的萬神之王宙斯，愛上了一位人間公主，於是把自己變成一頭雄壯的神牛，馱着這位美麗的公主，從海峽東岸游到了西岸。這個海峽因此有了「博斯普魯斯」——「牛渡」之名。

神話為什麼選擇牛這個陸地動物來渡海，相信有其現實基礎。這條把今天的土耳其分隔成亞洲和歐洲兩部分的海峽，最窄處只有一公里寬，最淺處只有 27 米。遠古用牛來渡這段海，看上去有某種可能性。

根據古希臘歷史學家狄奧多羅斯的說法，博斯普魯斯王國由色雷斯人斯帕爾多庫斯於前 438 年建立。他的後裔一直統治這個國家直到公元前 108 年被斯基泰人征服。所以，博斯普魯斯海峽的古稱是「色雷斯 · 博斯普魯斯海峽」。

海峽西岸依海峽而生的城堡是古希臘移民城市，古稱拜占庭，公元前 660 年為希臘人所建。330 年羅馬皇帝君士坦丁一世在此定都，改稱「君士坦丁堡」。395 年羅馬帝國正式分裂，君士坦丁堡作為東羅馬帝國首都，成為地中海東部政治、經濟、文化中心。直到 1453 年，它被奧斯曼土耳其所攻克。

1453 年奧斯曼攻克君士坦丁堡之前，幸而有佛羅倫薩製圖師博代爾蒙特（Bo Delmonte）集製作於 1420 年的《自由島之書》，留下了破城前的君士坦丁堡地圖。此圖方位為上北下南，可以看清楚君士坦丁堡的大格局，上方是金角灣，南邊是博斯普魯斯海峽的南口。圖上處於最顯著位置是城市的核心，經歷一千多年作為拜占庭帝國首都的輝煌後，它已露出風燭殘年的跡象。

此圖右側沒有仔細描繪君士坦丁堡亞洲部分，事實上，早在 1453 年奧斯曼人破城之前，這裏已經是土耳其人的天下了。1453 年蘇丹穆罕默德二世的海上艦隊，正是從這裏出發，與陸上軍隊兩面夾擊，攻克已是孤城的君士坦丁堡。

博斯普魯斯海峽之所以成為東西方爭奪的焦點，是因為它的北部連接兩個海，一個是平均深度只有 13 米的世界上最淺的海——亞速海。多數學者認為「亞速海」（The Sea

圖 13.1：博代爾蒙特 1420 年製作的君士坦丁堡和博斯普魯斯海峽地圖

圖 13.2：1478 年羅馬印刷版托勒密《地理學》中的亞述海地圖，可以看到較早的刻赤海峽與黑海的描繪

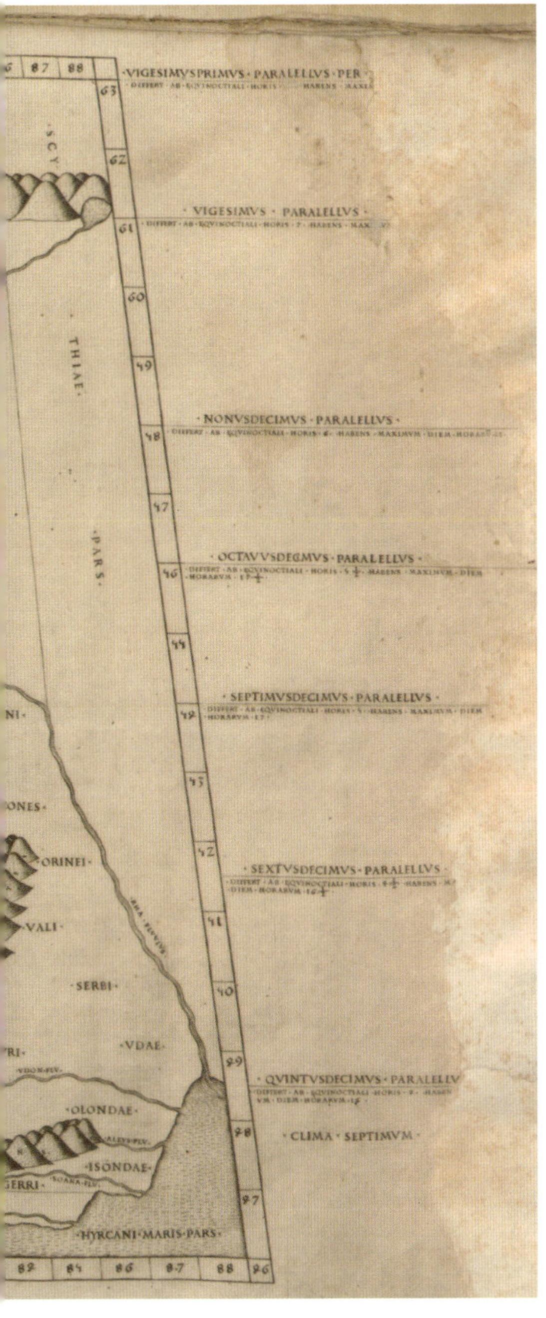

of Azov）之名來自一座稱為「Azov」的城市，它在土耳其語中是「低」的意思，旨在說明城市的地勢。亞速海的出口是 41 公里寬的刻赤海峽，它的南面是另一個海——黑海。

在 1478 年羅馬印刷版托勒密《地理學》中的亞述海地圖上，可以看到較早的刻赤海峽和黑海的描繪。不過，出了黑海和博斯普魯斯海峽，也不能直接進入地中海，接下來還要經過馬爾馬拉海，還有一個相鄰的海峽達達尼爾海峽。達達尼爾海峽一邊連着馬爾馬拉海，一邊連着愛琴海，是通往地中海的重要通道，是歐洲加利波利半島和小亞細亞大陸之間，架設跳板的最好的地方。公元前 5 世紀，波斯大軍曾在薛西斯一世率領下，搭建了一條用船隻連接而成的橋樑，穿過達達尼爾海峽進犯希臘。一百五十年後，亞歷山大大帝用了同樣的方法遠征波斯。

1526 年左右奧斯曼土耳其海軍司令皮里．雷斯（Piri Reis）曾繪製過一幅達達尼爾海峽專圖。這是 16 世紀非常出色的海峽地圖，圖中運用了許多符號，傳遞了複雜的海峽水文信息。此圖的羅盤指針表明，其方位為上南下北，頂部朝向西南。馬爾馬拉海的暗礁用「十」字符號標明，靠近海岸的暗礁用黑點標明，紅點所示為淺灘區域。海峽中繪有一艘三桅帆船，船的左方有一個水井符號，表示這裏

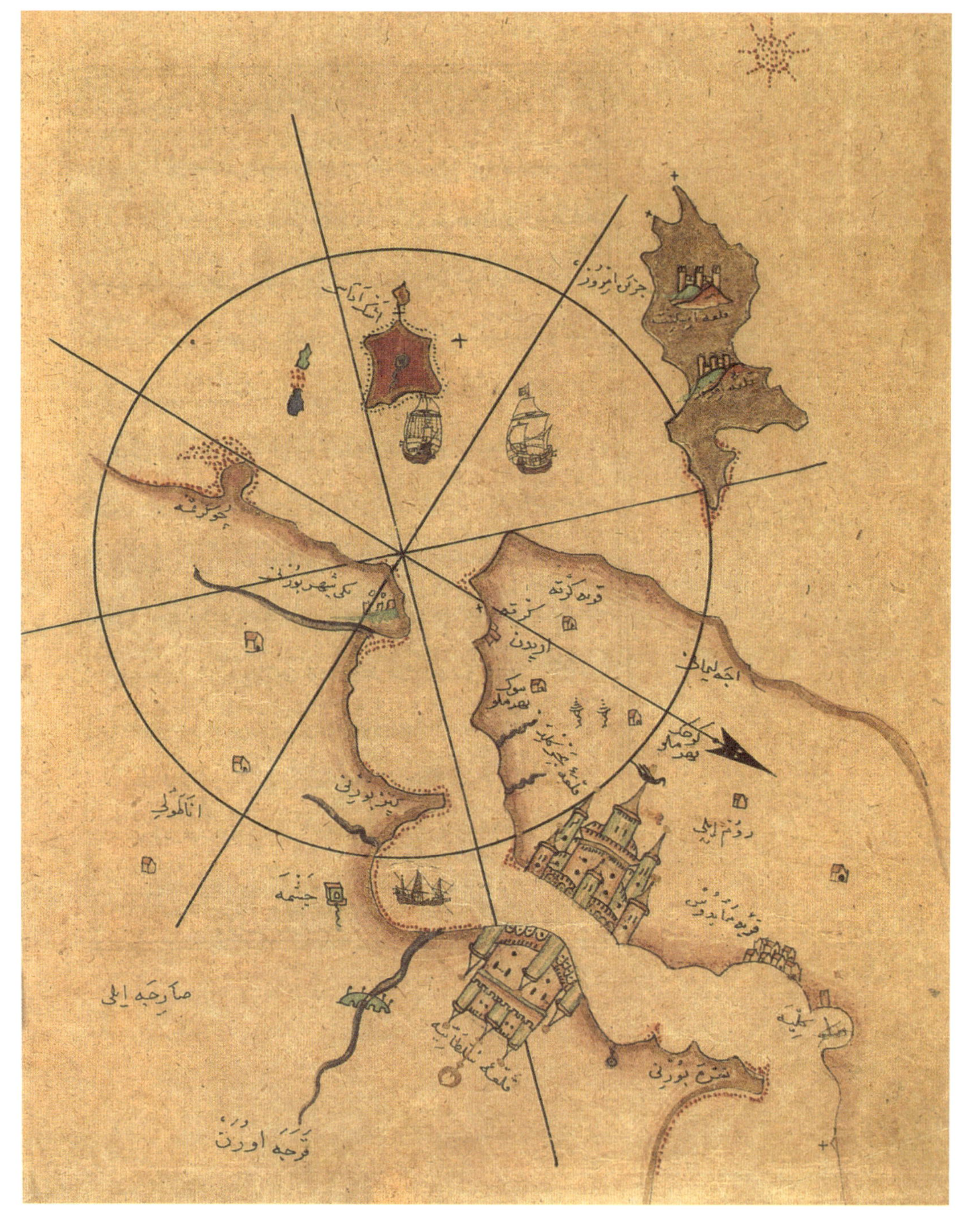

圖 13.3：奧斯曼土耳其海軍司令皮里・雷斯 1526 年繪製的達達尼爾海峽專圖

有泉水，是水手們獲得淡水的重要來源。海峽兩岸還繪出了流入海峽的河流。海峽北面的艾瓦勒克和南面的恰納卡萊構成一對雙子城，保護着通往伊斯坦布爾、黑海、波斯、俄羅斯和中亞的海上通道。

從戰略上講，現代人是將博斯普魯斯海峽與達達尼爾海峽一起認知，所以，通常人們稱其為「土耳其海峽」，對這個海峽最有影響力的是土耳其。所以，英國政治家說，「土耳其靠着一條海峽，使自己成了一個外交大國。」

第二節　直布羅陀海峽，大力神駐守地中海出口

——北非與伊比利亞 伊斯塔赫里（1173 年）
——包圍直布羅陀戰事圖 費登（1781 年）

前邊講過，地中海兩大海峽，都與古希臘的神話相關。博斯普魯斯是偷情偷人的牛渡之水，而直布羅陀則是亂倫亂套的之巖。

傳說，天神宙斯跑到人間跟阿爾克墨涅弄到一起，還生了個孩子。赫拉天后當然不高興，於是把嫉妒之火全撒到這個叫赫拉克勒斯的孩子身上。她要求力大無比的赫拉克勒斯完成 12 件苦差事：殺死銅筋鐵骨的獅子、捕捉發瘋的公牛、趕走吃人的馬羣……將高大的山，立在地中海盡頭——這個壁立的山巖就是後人所說的「赫拉克勒斯石柱」也稱「大力神之柱」。

「赫拉克勒斯石柱」就在西班牙最南端，它高 426 米，是一個完整的侏羅紀時期的石灰石巖層。傳說中，赫拉克勒斯之柱上鐫刻着警告銘文「Non Plus Ultra」，意為「此處之外，再無一物」，告誡水手們不要深入未知的絕境。但是，哥倫布發現美洲大陸後，神聖羅馬皇帝查理五世（他同時也是西班牙國王查理一世）決定把「Non」刪去，

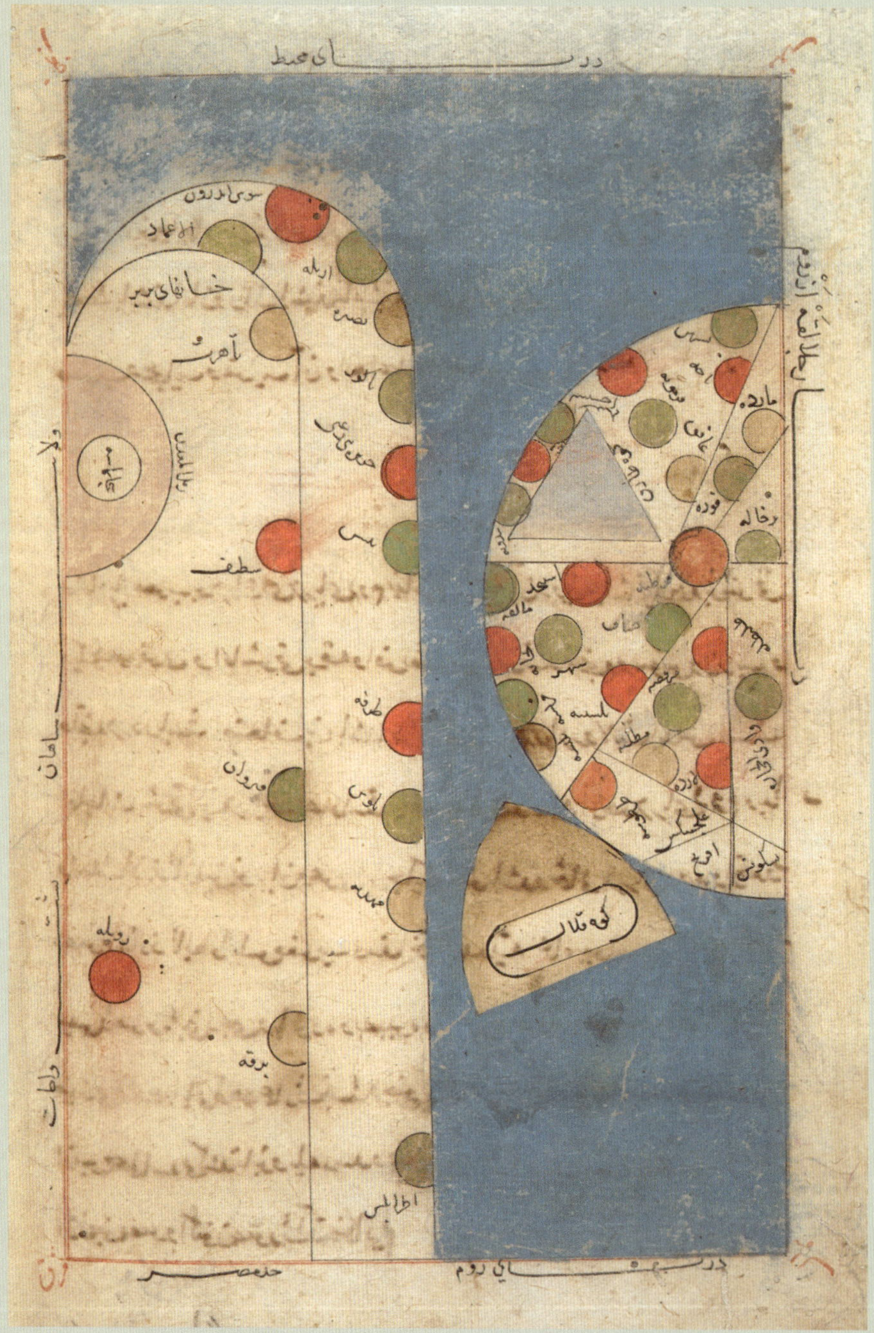

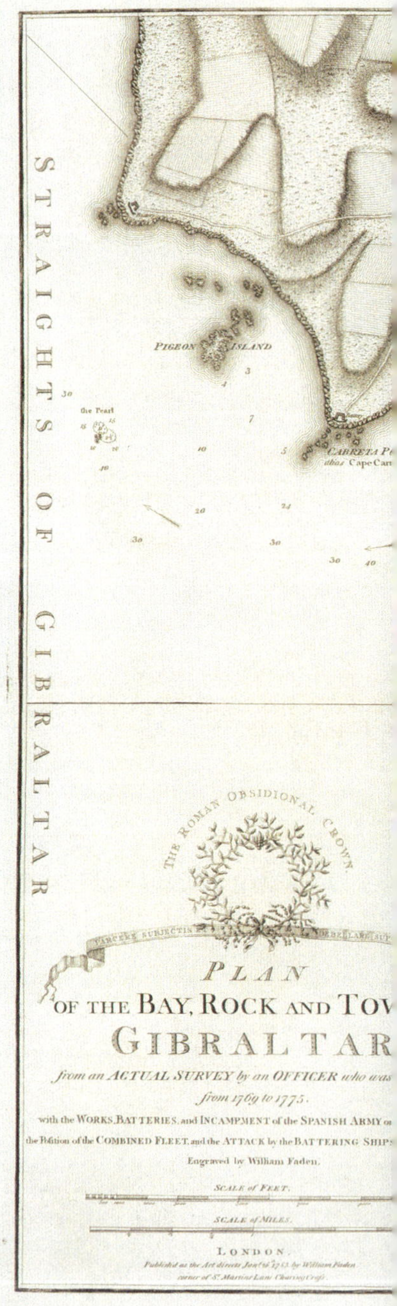

圖 13.4：伊斯塔赫里 1173 年繪製的北非與伊比利亞地圖，就是一幅直布羅陀海峽專圖

圖 13.5：英國製圖師費登 1783 年出版的包圍直布羅陀戰事圖，表現了西法聯軍對直布羅陀的歷時 4 年的大包圍

將銘文變成「Plus Ultra」，意為「大海之外，還有領土」。西班牙王國的盾徽中纏繞着赫拉克勒斯之柱飾帶上，就刻着這個銘文。它也是美元「$」符號的靈感之源。

公元711年，阿拉伯倭馬亞王朝的將軍塔里克·伊本·齊亞德（Tarikibnziyad）率7000精兵，從北非橫渡海峽，擊潰10萬西班牙守軍，登陸伊比利亞半島。隨後，塔里克下令在登陸處修建一座城堡，並將城堡命名為「直布爾·塔里克」，即「塔里克山」的意思。從此，這裏就被稱為「直布爾·塔里克海峽」，後來幾經轉譯，轉成英文的「直布羅陀海峽」。

這幅阿拉伯地理學家伊斯塔赫里1173年繪製的直布羅陀海峽地圖，原圖名為「北非與伊比利亞」。實際上就是一幅直布羅陀海峽專圖。此圖原載大英圖書館所藏波斯語中世紀地圖集，圖縱42CM橫30CM。

它詳細地記錄了海峽兩岸的港口，地圖左側是西北非洲的海岸，右側是西班牙南部。每個帶註釋的彩色圓圈代表一個城市或城鎮。伊比利亞半島一側的藍色三角，突出表現了直布羅陀巖山。海峽內的大山與海島，應是馬略卡等島嶼。這些島嶼也被阿拉伯人控制了幾百年。

直布羅陀海峽是地中海的「出口」，也地中海的「入水口」。大西洋海水通過這個唯一通道進入地中海。受大西洋海流影響，海峽表層的海水永遠是從外向內流，即從西向東流。因此船從大西洋駛往地中海，經過直布羅陀海峽時，永遠是順水航行。相反，駛出去時，永遠是逆水行舟。不過，再大的阻力，也擋不住地中海的帆船，衝出去發現新世界。

14世紀的直布羅陀是西北非洲摩爾人與西班牙人反覆爭奪的要地。1309年西班牙人曾奪回了直布羅陀，後來又被摩爾人奪走，直到哥倫布遠航新大陸的1492年，西班牙人才將摩爾人全部打出了西班牙。從此摩爾人撤底退出了歐洲。

直布羅陀太重要了，它不僅是西班牙的寶地，也是其他列強爭奪的要地。

1704年，西班牙王位繼承戰爭中，英、荷聯合艦隊從海上攻克了直布羅陀，破城後英軍搶先升起了英國國旗宣佈對此地的佔領。1713年，佔盡了戰爭優勢的英國、荷蘭、葡萄牙等國，與處於劣勢法國和西班牙簽訂「和約」。英國在「和約」中，得到了西班牙的直布羅陀。

西班牙一直想把這個鑲在自己國土裏的英國「飛地」奪回來。

這幅英國製圖師威廉·費登（William Federn）在 1783 年在倫敦出版的包圍直布羅陀戰事圖，表現的就是 1781 年 10 月開始的西法聯軍對直布羅陀的大包圍。這場被史家稱為「偉大的包圍」持續了 4 年時間，也是對直布羅陀的最後一次包圍。守軍以巨大的勇氣和智謀擊退了多次進攻和幾乎從未間斷的炮擊。1783 年 2 月，戰爭以西法聯軍的失敗而告終。這幅地圖上精細的陰影線描繪了這一地區多山的地貌，它也是英國人自 1704 年佔領此地後，可以成功抵抗西班牙人所有包圍的重要地理原因之一。

這片歐洲現存的唯一殖民「飛地」，面積非常小，只有 5.8 平方公里，中間還被一座拔地而起的大山佔去了絕大地方。但這個只有 3 萬人口的小地方，卻擁有自己的機場和貨運港口，主宰着海上交通的命脈。它現在還是一個出了名的富人旅遊區，這裏的觀風核心即直布羅陀的最南端——歐羅巴角。站在這個「角」上，如果趕上好天氣，肉眼就可以清楚地望到海峽對岸的非洲大陸，畢竟這裏只有 13 公里寬。

第三節　英吉利海峽，兵家必爭之地

——盎格魯 - 撒克遜世界地圖（約 1025 年）

——英吉利海峽地圖 羅茨（1542 年）

這幅盎格魯 - 撒克遜世界地圖，在世界地圖史上至少有三個領先：其一是現存最早脱離「T-O」地圖模式的中世紀世界地圖；其二是最早表現歐洲大陸之外，以獨立姿態出現大布列顛島的地圖；其三是最早表現英吉利海峽的地圖，雖然不是英吉利海峽專圖，但其祖母級的歷史地位，任何英吉利海峽地圖都無可比擬。

這幅地圖出自一部英格蘭雜集，此書大約製作於 1025 年，書中編輯了一系列歷史、天文、地理和東方奇跡的文本。這幅地圖是盎格魯 - 薩克遜時代，唯一倖存下來的

圖 13.6：這是盎格魯－薩克遜時代，唯一倖存下來的英格蘭版世界地圖，大約製作於 1025 年。圖中與歐洲大陸隔海相望的大布列顛，以獨立的地理姿態出現，令人耳目一新

英格蘭版世界地圖，通常被稱為「盎格魯 - 撒克遜世界地圖」，現收藏在大英圖書館。

這幅地圖是中世紀地圖中的另類，它對世界有了具體描繪與概括，圖上有超過 150 個拉丁語和古英語銘文被用來標識主要地區、城市、地理和地形特徵，以及重要的聖經事件地點和神話人物的起源。圖中的海洋被塗成灰色；紅海、波斯灣、河流、湖泊都塗成紅色；山脈呈淺綠色；一些城市畫有圍牆和塔樓，包括耶路撒冷、亞歷山大、羅馬、倫敦、溫徹斯特和愛爾蘭的阿馬等城市。圖中大多數國家的繪製，比中世紀的任何地圖都好。

這幅地圖最顯著的特點是對不列顛羣島的詳細描繪，雖然，英格蘭知道自己是「世界的邊緣」國家，但這種獨立的地理姿態，令人耳目一新。它完整地存在於世界地圖的左下角，與高盧（後來的法國）隔海相對。康沃爾郡、錫利羣島、奧克尼羣島、海峽羣島、馬恩島和懷特島都清晰可見，蘇格蘭不規則且鋸齒狀的海岸線尤其清晰。康沃爾半島上還有一幅小插畫，畫的是兩名戰士在格鬥，但不清楚這些人物代表誰。

大不列顛島孤懸於大西洋之上，其命運注定與海洋緊密相聯，某種意義上講，它的歷史就是一部英吉利海峽史。此圖試圖定義陸地和海洋的輪廓，特別是大不列顛島的海岸線和羣島。這種描繪現在看是粗糙的，但在當時是一流的。這種海岸線的細節描繪到 13 世紀的波特蘭海圖中才會出現。

圖的左下角，描繪了兩大海峽。一是直布羅陀海峽，它以傳統的赫拉克勒斯之柱的形式標註。二是英吉利海峽，康沃爾地區被大大拉長了，顯現出海峽的樣貌。值得注意是海峽對岸高盧地區的布列塔尼被命名為「sud bryttas」，意思是「南不列顛」。在法語中，大不列顛（Grande Bretagne）就是「大布列塔尼」，而英語當中的「布列塔尼」（Brittany）一詞的意思就是「小不列顛」。一直到 15 世紀，處於法蘭西和英格蘭兩個大國的影響下的布列塔尼都是完全獨立的公國。1499 年，布列塔尼女公爵布列塔尼的安娜（Anna Vreizh）嫁給法蘭西國王路易十二，此後，布列塔尼才失去了自治權。1532 年，布列塔尼公國正式成為法國的一部分。

英法之間的這片海域的名字，最初在康沃爾語和布列塔尼語中分別稱為 Mor Bretannek 和 Mor Breizh，意思都是「不列顛海」。古羅馬史料也稱其為「Oceanus Britannicus」意思也是「不列顛海」。當然，海岸的另一邊的高盧人，有時也稱這裏為

圖 13.7：1542 年法國製圖師羅茲為英國繪製了這幅最早的最現代的英吉利海峽專圖

「Oceanus Gallicus」，意思是「高盧的海」，公元 6 世紀塞維利亞的伊西多爾主教曾在其著作中使用「高盧的海」。

最早的現代風格的英吉利海峽地圖出自讓．羅茨（Jean Rotz）之手。1542 年英格蘭國王亨利八世請在英格蘭王室服務的法國製圖師羅茲專門測量並繪製了一幅英吉利海峽地圖。這是最早的現代的英吉利海峽專圖。

英吉利海峽地圖以極精細的筆調描繪了海峽兩岸的海岸線，並以淺影做立體裝飾。此圖的方位是南上北下。地圖描繪的這段海峽：北起英格蘭的多佛與法蘭西的加萊，南至英格蘭南部錫利羣島和法蘭西布列塔尼角的阿申特島。海峽南北各畫了一個風神頭像。

英格蘭和後來的大不列顛聯合王國，一直聲稱對這片海域擁有主權，因此任命了一名皇家海軍上將負責維護這個海峽的安全，這種管理方式一直維持到 1822 年。此時，靠海的歐洲國家，開始對領海實行了 3 英里（4.8 公里）的限制。

第四節　霍爾木茲海峽，阿拉伯鎖鑰

——波斯灣地圖 伊斯塔赫里（10 世紀晚期）

——小亞細亞地圖 奧特里烏斯（1595 年）

我們完全有理由推想：霍爾木茲海峽所連接的波斯灣是最早被劃入世界地圖的海灣。因為，現在能見到的最早的「世界地圖」或「世界海圖」，即出自波斯灣北部的古巴比倫。這是一塊巴掌大的泥板地圖，大約誕生於公元前 7 世紀（詳見第一章第二節）。

巴比倫泥板地圖中明確標出，世界的中央是巴比倫（今伊拉克），穿過巴比倫的幼發拉底河，向南流入一個海灣，即波斯灣。圖的四周有島嶼，島嶼的外面是鹹水河，也就是海洋。這幅「世界海圖」，雖然沒有繪出霍爾木茲海峽，但是它繪出了海峽北部連通的波斯灣，而波斯灣的盡頭是幼發拉底與底格里斯兩條河流的入海口，出口即是

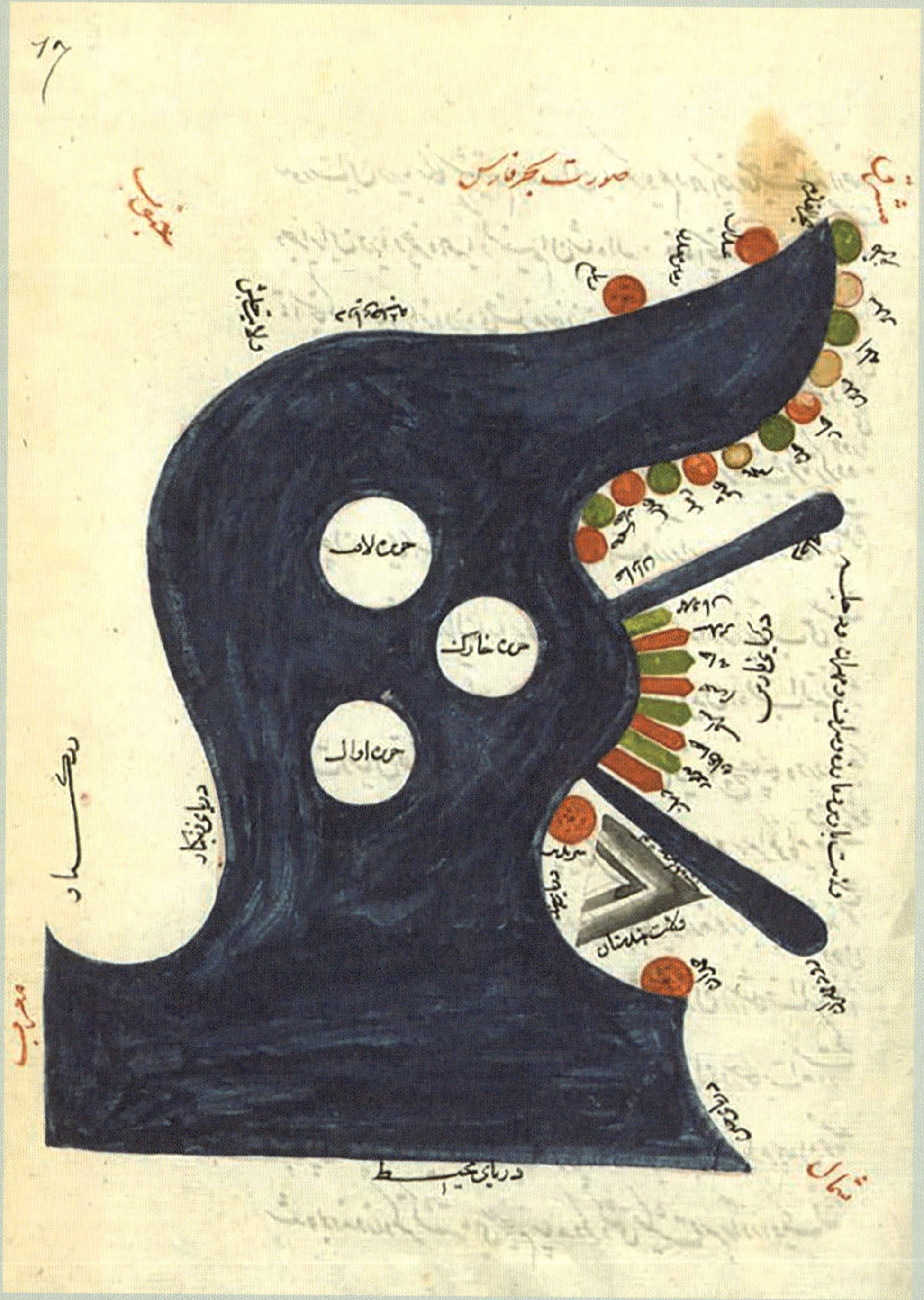

圖 13.8：10 世紀晚期，伊斯塔赫里繪製的波斯灣地圖

圖 13.9：奧特里烏斯 1595 年出版的小亞細亞地圖

霍爾木兹海峽。

在公元10世紀的阿拉伯製圖師的圓形世界地圖中都有波斯灣的描繪，似乎對海峽更感興趣的伊斯塔赫里，在10世紀晚期，不僅繪製直布羅陀海峽專圖，還繪製了波斯灣專圖。這裏選用的是14－15世紀的複製圖。這幅波斯灣專圖描繪了整個波斯灣，同時，在海峽中央還繪出了格什姆島、霍爾木兹島和拉熱克島。其中霍爾木兹島在12世紀時，曾經有過霍爾木兹王國。

在霍爾木兹海峽名字的諸多由來中，筆者傾向於時間靠前的一種，即古希臘時代，馬其頓國王亞歷山大派大將霍爾木兹雅率艦隊遠征海灣，在海峽中的一個無名島上停泊。後來為了紀念這位艦隊統帥，便把他的名字「霍爾木兹雅」作為海峽和那個無名島的名字。這個名字慢慢阿拉伯化，變成了今日的「霍爾木兹」。

另一種説法是，公元1100年阿拉伯人在海峽中的霍爾木兹島上建立了霍爾木兹王國，海峽由此得名。還有人認為「霍爾木兹」一名來源於葡萄牙人。1506年葡萄牙殖民者入侵後，發現這一帶貿易興隆，用葡萄牙語稱之為「Ormucho」，意為這裏「金子多」。後來「ormucho」就演變為海峽名。其實，早在葡萄牙人到這裏之前，「霍爾木兹」就已聲名遠播了。在中國元朝即有中國海運千戶楊樞遠航到這裏。其《墓志》云:「以八年發京師，十一年乃至，其登陸處曰：忽魯模斯」，該「忽魯模斯」即今霍爾木兹的異譯。

1595年版的奧特里烏斯《寰宇劇場》中的「小亞細亞地圖」，是一幅描繪霍爾木兹海峽與周邊地區的重要地圖。此圖的中心位置描述的是裏海（上方）和霍爾木兹海峽（下方）；右側是波斯灣；左下小插圖顯示了公元前331年，馬其頓國王亞歷山大遠征埃及時，在烏鴉的帶領下穿過沙漠來到錫瓦的阿蒙神廟得到神示的故事（希臘人曾將阿蒙視為與他們的萬神殿中的第一神宙斯同等的神）。神廟裏的大祭司告訴他：你是太陽神阿蒙的兒子，注定要統治世界。

霍爾木兹海峽既是阿拉伯海進入波斯灣的唯一水道，也是波斯灣通往印度洋的唯一出口。海峽形似人字型，東西長約150千米，南北寬56－125千米，平均水深70米，最淺處10.5米，最深處219米。海峽中多島嶼、礁石和淺灘。中古時期，這裏是波斯灣最重要的貿易中心和通道，進入現代，這裏是世界的能源心中和通道。

第五節 莫桑比克海峽，葡萄牙趟出的新航道

——南部非洲地圖 弗里斯（1522 年）

不論是以發現而論，還是以開發而論，葡萄牙對於莫桑比克海峽或其兩岸，都是後來者。如果以「第一地緣」來講，先是南島民族人從東邊來到這裏，此後是莫桑比克人從西邊來到這裏。他們最先發現和開發了莫桑比克海峽，但他們的文化發蒙，晚於後來進入此地的外族……

據阿拉伯史料記載，早在 9 世紀，阿拉伯商船就曾駛入莫桑比克海峽，並在莫桑比克地區，建立貿易據點。從地圖記錄來看，從馬蒙時代到伊斯塔赫里，中世紀阿拉伯世界地圖上，非洲大陸南端從來就不曾像托勒密《地理學》描述的那樣，與南極大陸相連。有些中國學者說，鄭和下西洋文獻中的「比剌」、「孫剌」，可能就是莫桑比克，但鄭和航海圖上並沒繪出這個海峽。人們能見到的第一幅描繪出馬達加斯加島和莫桑比克海峽的地圖，應是 1502 年的坎蒂諾世界地圖。

那麼是誰「發現」了馬達加斯加島？

通行的說法是葡萄牙航海家迭戈 · 迪亞士，他是發現好望角的巴爾托洛梅烏 . 迪亞士的兄弟。1499 年達 · 伽瑪從印度返回葡萄牙之後，國王曼努埃爾一世（此時，已將自己的封號改為「幾內亞、埃塞俄比亞、印度、阿拉伯、波斯的征服、航海和通商之王」）即刻發出命令，派一支強大得足以震攝住阿拉伯人和印度人的船隊，前往印度，建立永久的商業關係。

這支新組建的船隊被稱為葡萄牙第二艦隊，由 13 艘船和 1200 人構成，32 歲的貴族船長卡布拉爾被任命為總指揮。不僅船舶數量空前，陣容也是空前的，有發現好望角的巴爾托洛梅烏 . 迪亞士；還有曾在達伽馬旗艦「聖加布里埃爾」號當船長助手的他兄弟迭戈 . 迪亞斯；還有達 · 伽馬首航印度的領航員尼古勞 · 科埃略……

Tabula noua partis Afric
HÆC PARS APHRICÆ ANTI
BUS MANSIT INCOGN
Mone
Capricorni Circulus
Cabo primo
C de S. Maria
Bali.
Hengi
4
10
14
20
24
30
34

艦隊於 1500 年 3 月出發，5 月，船隊在過好望角時被風暴吹散。其中，迭戈．迪亞士的船於 8 月 10 日漂到非洲東海岸外的一個大島，這天剛好是聖勞倫斯節，迭戈．迪亞士將其命名為「聖勞倫斯」，即後來所說的馬達加斯加島。他成為第一個發現非洲最大島嶼的歐洲人。不幸的是另 4 艘船被風暴吞沒，其中，就有發現好望角的迪亞士。1501 年 6 月 23 日，迭戈 . 迪亞士和倖存的幾位水手歷經磨難，終於返回葡萄牙。

1502 年的坎蒂諾世界地圖上，馬達加斯加島和莫桑比克海峽首次在地圖上亮相。1510 年左右，小雷內爾（即喬奇．雷內爾 Jorge Reinel，1502－1572 年）繪製的印度洋地圖，也顯示了非洲東海岸、馬達加斯加島和莫桑比克海峽，這些地方都插上了葡萄牙國旗，表明這裏已被葡萄牙佔領。

1513 年德意志製圖師馬丁．瓦爾德澤米勒（Martin Waldseemüller）繪製的南部非洲專圖，集中描繪了從赤道到好望角的區域，以及馬達加斯加島的大部分地區。有趣

圖 13.10：法國製圖師弗里斯 1522 年複製了瓦爾德塞穆勒 1513 年製作的南部非洲地圖，為了吸引讀者，圖面添加了一些人物和動物，其着色版本非常吸引人

的是，1522年法國製圖師洛倫茲·弗里斯（Lorenz Fries，1485－1532年）製作了此圖的複製版。儘管，此時歐洲人對非洲內陸地區仍然一無所知，但為了吸引讀者，圖面添加了一些人物和動物，其着色版本非常吸引人，也比原版還有影響。

弗里斯在非洲大陸內部填加了三位統治者。在東北邊，有一位頭戴王冠、留着鬍鬚的統治者，被標記為奎奧拉·雷格努姆（Quiola Regnum），可能是指祭司約翰的傳說，一位早期的基督教族長，據信統治着一個在東方穆斯林和異教徒中迷失的基督教國家。在東南邊，有一位頭戴王冠，身穿藍袍的統治者，標記為「Charagassa」，可能象徵當地的統治者或國王。在最南邊，有一位標記為「Hengi Zedaici」的統治者，身份不確定。這些插圖反映了歐洲人對異國統治者的幻想，而不是歷史現實。

最耀眼的是莫桑比克海峽中，一位頭戴王冠、手持權杖和葡萄牙國旗、騎着海怪的基督教君主。他應是葡萄牙國王曼努埃爾一世，正向右下角的馬達加斯加島進發。旁邊的標題框文字稱「葡萄牙基督教會統治這裏，這是個大島，有很多獅子、大象、駱駝，以及其他動物。」實際上，2025年元旦筆者來到此島，了解到此島最大的哺乳動物是長尾狸貓。

馬達加斯加島距非洲東海岸最近處386公里，最遠處達到960公里，形成了非常寬闊的莫桑比克海峽。這個海峽是東非重要的航運航線，全長約1700公里，是世界上最長的海峽。莫桑比克海峽原本沒有什麼特殊意義。大航海時代突然受到重視，在葡萄牙的海圖上可以看到高掛十字旗和新月旗的帆船在這裏航行。

行文至此，我們不能不向對探索整個非洲大陸作出巨大貢獻的迪亞士家族致敬：

老老迪亞士，即若昂·迪亞士（João Dias），曾發現毛里塔尼亞的布蘭科角（「白色的海角」）；若昂的兒子老迪亞士，即迪尼斯·迪亞士（Dinis Dias），曾受恩里克王子之命，1444發現了佛得角半島（意思是「綠色的海角」，注意，不是佛得角羣島）；迪尼斯的兒子巴托洛梅烏·迪亞士，1488年發現好望角；巴托洛梅烏的兄弟迭哥·迪亞士，1500年發現了馬達加斯加和索馬里的瓜達富伊角——非洲大陸的西、南、東三個地理之極的探索與發現，皆與迪亞士航海家族關係密切。雖然，這祖孫三代沒留下一幅航海圖，但後世的航海圖裏都採用了他們用生命換來的地理信息。

第六節　馬六甲海峽，兩大洋的通道

——馬六甲海峽地圖 羅德里格斯（1511－1515 年）

「檳甲申遺成功」——馬來西亞曾用這樣的標題報道他們在 2008 年世界文化遺產大會上成功列入《世界遺產名錄》的喜訊。「檳」即檳城，「甲」即馬六甲城。馬來半島西南部一北一南兩個相距 500 多公里的城市聯手進入「名錄」，有些匪夷所思。其實，這個「遺產」的核心卻是一段「自然」的海域——馬六甲海峽。沒有這條「自然」的海峽，就不會有這兩座城市的「文化」。

馬六甲海峽，因馬六甲城（位於馬來半島西南部）而名。它的名字即是對這一地域的客觀描述。馬六甲是梵語「大的島嶼」的意思（實際上是半島）。這一海域的梵語地名，還有馬六甲對面的「蘇門達臘」島，其梵語的意思是「海島」。處於馬來半島與蘇門答臘島之間的馬六甲海峽，呈東南 - 西北走向，全長約 1000 多公里，西北部最寬達 370 公里，東南部最窄處只有 37 公里，是印度洋與太平洋的重要貿易通道。

如果僅從自然地理位置看，馬六甲只是海上交通的一個十字路口；如果從經濟地理的角度看，馬六甲就是一個繁忙的商貿十字路口；如果從戰略眼光來打量，馬六甲就是一個能控制對手呼吸的咽喉——不過，這麼複雜而又險惡的說法都是後來才有的。

最初的馬六甲海峽，只是一個風平浪靜的海上通道而已。至少，在 2000 多年以前，這裏就已經是有船隻往來的航海要道了；至少，在漢代就有中國人從這裏去印度訪問了；至少，在 4 世紀時，阿拉伯人就從這裏到了南海，而後到達了中國——絲綢、瓷器、香料等「重要物資」從這裏進入阿拉伯國家，又從那裏進入歐洲——至少，這條海峽見證過一千多年相對太平的海上交往和貿易。

中國作為東亞的製圖大國，在宋代的地圖已經反覆描繪過蘇門達臘島東部的「三佛齊」，唐代稱「室利佛室」，即巨港一帶的政權。古時候，馬六甲僅是個地名，不代表海峽，也不是一個國家概念。大約 14 世紀末，印尼蘇門答臘島的巨港王子拜里迷蘇剌被南部的爪哇人圍攻，北逃到對岸馬來半島南端的馬六甲。這裏當時是暹羅（今泰

圖 13.11：葡萄牙艦隊的領航員弗羅德里格斯在 1511－1515 年間完成西方最早的馬六甲海峽地圖

國）的地盤。

1403 年，朱棣奪權登基後，派太監尹慶巡訪馬六甲時，巨港王子拜里迷蘇剌向尹慶傾訴自己深受暹羅的侵擾之苦，希望得到大明的保護。尹慶回國向朱棣報告，「其地無王，也不稱國」。永樂三年（1405 年）拜里迷蘇剌派代表來大明朝拜，朱棣遂封拜里迷蘇剌為馬六甲國王，並賜誥印、彩幣、龍衣蓋等物——馬六甲王國在大明的「委任」下誕生了。所以，在鄭和下西洋航海圖上，可以看到「滿剌加」（即馬六甲）及其海峽的描繪。此時馬六甲城，已成為東西方重要貿易集散地。印度人、阿拉伯人和波斯人用商船運來棉花、染料和香料藥品，中國商船又帶去絲綢、錦緞、布匹、瓷器等貨物。阿拉伯人和中國人，還有來自印度、錫蘭、波斯、暹羅、緬甸、高棉、占碑、爪哇等地的商人都匯集在這裏。最繁盛的時候，馬六甲曾是擁有10萬多人口的「國際化大都會」。

打破馬六甲平靜的是葡萄牙殖民者的入侵。1511年葡萄牙印度總督阿方索．德．阿爾布克爾克率領18艘安裝了大炮的帆船，和1200名士兵組成的葡萄牙艦隊，血洗了馬六甲，成為這個海峽的新主人。

葡萄牙艦隊的領航員弗朗西斯科．羅德里格斯（Francisco Rodrigues）將葡萄牙人此後一段時間在東印度的探險記錄在他的航海日誌中，後世稱其為《弗朗西斯科．羅德里格斯之書》。這份1511－1515年間完成的手稿中，就有羅德里格斯繪製的西方最早的馬六甲海峽地圖。

在這部航海日誌第34頁的地圖上，描繪了馬來半島和蘇門答臘島北部，它終結了自托勒密時代以來，將錫蘭島與蘇門達臘島混淆的問題。明確了蘇門達臘是一個遠離印度的獨立的島。同時，標註了真實的馬來半島南部的地名：「Rio de Mallca」（馬六甲河），「Rio Fermossa」，（巴株巴轄河）。半島頂端的地名「Samgipura」，讀為「桑吉普拉」，即今天的新加坡。

葡萄牙對南亞和東南亞的征服，使這個彈丸小國率先進入了世界強國的行列。葡萄牙獨享馬六甲近百年之後，17世紀的荷蘭稱霸馬六甲；再後是18世紀末英國殖民者的侵入；二戰時，這裏又被日本人佔領。直至1945年，歷經四百年殖民風雨的馬六甲海峽，才重歸沿岸國的懷抱。

馬六甲海峽北端的小島檳城，馬來文的意思為「檳榔島」。島嶼的中心城，叫喬治市。這裏原為吉打州蘇丹王朝屬地，1786年被英國東印度公司的萊特逼迫割讓，歸入海峽殖民地，並將所建立的城市命名為喬治市。檳城和馬六甲一樣，都是憑藉古老的殖民建築物作為「申遺」核心。「申遺」成功後，檳甲二城都表示要搞為期一個月的慶祝活動。先人不會想到屈辱的殖民史，會成為後人載歌載舞來接受的一筆「遺產」。

第七節　麥哲倫海峽，溝通世界的那條「溝」

——美洲南部海峽圖 皮加費塔（1520－1525 年）

——麥哲倫海峽地圖 多拉多（1570 年）

——麥哲倫海峽與南極大陸地圖 奎德（1600 年）

麥哲倫自信在中美洲有一條通往「大南海」（太平洋）的海峽。他於 1519 年 9 月 20 日率領一支船隊開始航行，到達巴西岸後，沿海岸南行。在南緯 35 度，麥哲倫見到的是後來人們熟知的拉普拉塔河口，它有 220 公里寬，是世界最大的河口，但它不是麥哲倫要找的大陸的斷裂帶——海峽。

麥哲倫只好繼續南行，1520 年 10 月 21 日，船隊到達了真正海峽口，被巨大的河口與諸多海灣嚇怕了的麥哲倫，派兩艘船進入海灣深處尋找出口。幾天後探路船帶回兩條重要信息：一是海灣沒有像河口一樣越走越窄；二是水一直是鹹的，是不是海峽不一定，但它肯定不是河道。麥哲倫這才將信將疑地起錨向西進發。

這個海峽不是馬六甲那種直腸子海峽。這個海峽雞爪般的叉路，一會向南，一會向西，一會向北，加上東邊的來路，船隊永遠處在十字路口的選擇中。海峽處在南緯 52 度－54 度，受西風帶影響，東邊長年吹西南風，西邊長年吹偏西大風，大風使海峽裏低溫、多雨和濃霧。海峽全長 590 公里，寬 3.2 公里；最淺的地方只有 20 米。這是一個極不利於航運發展的海峽，但它是麥哲倫時代能找到的南大西洋和南太平洋間的唯一航道。

麥哲倫在這個險惡的海峽裏，付出了慘重的代價。最大的補濟船「聖安東尼奧號」叛逃，順着來路溜回西班牙。加上 1520 年 5 月 3 日聖地亞哥號在聖克魯斯河（阿根廷海岸）河口觸礁失事。麥哲倫僅剩康賽普西翁號、維多利亞號和旗艦特里尼達號 3 艘船了。絕境中的麥哲倫，從 10 月 21 日找到大西洋的海峽口，到 11 月 28 日走到太平洋的

圖 13.12：皮加費塔 1520－1525 年間繪製的第一幅麥哲倫海峽地圖

海峽口，在 590 公里海峽中摸索進行 38 天，最終進入了風平浪靜的太平洋，船駛出海峽之際，麥哲倫將看到希望的西海角，取名為「希望之角」。

皮加費塔在他的航海日誌中手繪了 23 張彩色航海圖（更像是精美的水彩畫），其中就有對這個海峽的描繪，海峽繪製得並不準確，海峽應呈「V」字形，但繪成了「一」字形，突出來的部分叫布倫瑞克半島。這個半島的東岸有個海灣麥哲倫船隊曾在這裏停留，後來發展成著名的港口蓬塔阿雷納斯。地圖四周註記了許多地名，但沒有為這個海峽命名。不過，作為世界上第一幅麥哲倫海峽地圖，它仍有很高的歷史價值。

據記載，麥哲倫船隊經過他發現的這個海峽時，見水道南岸有狼煙飄飛，遂稱此為「火地」。注意，他沒說「火地島」，證明這裏是個島，是後來的事。

雖然，麥哲倫是代表西班牙進行環球探險，但他畢竟是葡萄牙人，葡萄牙

圖 13.13：葡萄牙製圖師多拉多 1570 年左右繪製標註有「麥哲倫」名字的麥哲倫海峽地圖

·NOVO·
·MVMDO·
·RIO·DA
·PRATA·
·POR·EL
REI·DEC
ASTELA·
AÕ·DO·
MAGALHAIS·
TARTICVS·

製圖師也以他為傲，遂將他的名字寫到了航海圖上，稱此地為「麥哲倫海峽」。

大約從 1570 年起十幾年間，葡萄牙航海家、製圖師和畫家費爾南．瓦斯．多拉多（Fernão Vaz Dourado）繪製了多幅麥哲倫海峽專圖。但這些圖上的「火地」部分，只畫了北部海峽部分，表現了麥哲倫的重大發現，並在海峽處用葡萄牙語寫上了「Magalhães」（麥哲倫）的名字。但「火地」南邊虛空着，暗示南邊還有巨大的陸地。甚至，1577 年德雷克到過美洲最南端，發現了後來以他的名字命名的海峽，並成功完成環球航行之後。1600 年荷蘭製圖師馬蒂亞斯．奎德（Matthias Quad，1557－1613）出版的麥哲倫海峽與南極大陸地圖上，還堅持將火地島與南極大陸相連。

看了地圖就知道，如果麥哲倫不進入這個後世以他名字命名的海峽，繼續向南航行的話，只需南行 300 多公里，就可以輕鬆繞過美洲大陸直接進入太平洋。只是，那時人們太相信美洲與「南方大陸」相連的理論了，不再向前探索了。

後來，德雷克發現以他的名字命名的海峽，也是誤打誤撞，改寫了歷史。

圖 13.14：奎德 1600 年繪製的麥哲倫海峽與南極大陸地圖，此海峽與南極大陸相連

CHICA
SIVE
PATAGONI-
CA ET AVS-
TRALIS
TERRA.
MDC.
Fretum Magellanicum
Philippopolis
R. de S. Julian
C. de Crepusculo
C. delle Isolette
P. Mal Seguro
C. de Norte
R. de Piscaria
LIS PARS
Terra incognita
Circulus Antarcticus
TERRA AVSTRALIS
Africæ pars
Golfo S. Sebastiano
C. de Correntes
S. Laurentij Insula
C. Salido
Los Romeros ins.
Tropicus Capricorni
Circulus Aequinoctialis
Iaua maior
Sumatra
Beach
Lucach regnum
Malecur regnum
Coloniæ Agrippinæ formu-
lis Jani bussemacheri in platea Maximinia

第八節　德雷克海峽，天盡頭最寬最深的海峽

——勒梅爾海峽地圖 斯考滕（1619 年）

——勒梅爾海峽與火地島地圖 小洪第烏斯（1635 年）

1577 年 8 月 20 日，德雷克進入麥哲倫海峽，兩周後順利駛出海峽，正欲穿行太平洋，忽遇風暴把他的船吹到了美洲端，在南緯 55 度左右，他發現「火地」並不與南極大陸相連，而是一個島。德雷克發現火地島南邊是一個極寬的海峽，為英格蘭找到了一條不需要走麥哲倫海峽進入太平洋的新航道，後人用他的名字命名了這個海峽。不過，客觀地講，德雷克並沒從火地島東邊繞到西邊，完整地穿越這個海峽。他只是被吹到海峽西邊的這一段，風暴過後他又接着向西航行了。

實際上，第一次從德雷克海峽穿過，並留下航海記錄的是荷蘭合恩港的探險家威廉 · 柯那利 · 斯考滕（Willem Cornelisz Schouten）與探險家雅各布 · 勒梅爾（Isaac Le Maire）。1602 年，荷蘭的 14 家私人貿易公司在爭奪東印度群島香料貿易的混戰中，最終選擇了合併，成立了荷蘭東印度公司 (VOC)，並在國家的支持下，壟斷了荷蘭所有通過非洲好望角和南美麥哲倫海峽的貿易。阿姆斯特丹商人艾薩克· 勒梅爾 (Isaac Le Maire)，即老勒梅爾，原是 VOC 的創始人之一，後因與公司產生糾紛而被開除。1614 年他創立了自己的海事公司，但他的公司無權通過麥哲倫海峽，所以，他要尋找麥哲倫海峽之外的第二條通往亞洲的西部航綫。他出資購買了「團結」號（Eendracht，音譯恩德拉赫特號，360 噸，一說是 220 噸，長度 40 米，船員 62 人）和合恩號（Hoorn，110 噸，長度 30 米，船員 22 人）讓兒子雅各布· 勒梅爾（老勒梅爾的 22 個孩子之一，可能是長子）在遠征期間負責貿易，經驗豐富的斯考滕為恩德拉赫特號船長。1615 年他們率商船「團結」號和「合恩」號從荷蘭出發繞行美洲大陸南端。「合恩」號在南美巴塔哥尼亞海岸燒毀，二人率僅剩的「團結」號繼續前行。

1616 年「團結」號首次穿過了火地羣島最東方，與艾斯塔多島（Isla de los

Estados）之間的海上通道，它被以副指揮勒梅爾的名字命名為「勒梅爾海峽」。不久，「團結」號繞過了「火地」（地圖上常標註為「麥哲倫地」）南端，發現一條新水道，由此確認「火地」是個島。總指揮斯考滕將火地島南邊的海角，以自己的故鄉命名此地為「合恩角」（其實，合恩角不是海角，而是一個小島）。順便説一句，合恩港也是荷蘭另一位航海家塔斯曼的故鄉。

1619 年斯考滕在阿姆斯特丹出版法語版的《斯考滕航海日誌》中刊載了麥哲倫海峽與勒梅爾海峽地圖。這幅航海圖的印刷與繪製都很粗糙，但畢竟是對這個海峽最初的描繪。在海峽口寫有「勒梅爾和斯考滕的 1616 年的航行」，並在火地島最南端，也就是美洲大陸的最南端，標註了「De Cape Hoorn」，即合恩角。後來，人們將位於南緯 55 度 59 分，西經 67 度合恩角的經線，確認為大西洋和太平洋的分界線。

1635 年，西佛蘭德斯的小洪第烏斯，亨里克斯 · 洪第烏斯（Henricus Hondius）在阿姆斯特丹出版了內容更豐富的銅版印刷麥哲倫海峽、勒梅爾海峽、火地島與巴塔哥尼亞地圖，此圖縱 37CM 橫 48CM。小洪第烏斯在此圖右下方明確描繪出一個小島，並標註「C.de.Horen，合恩」，確認它不是大陸之角，而是一個小島。所謂德雷克海峽就是合恩島向南一直到南設得蘭羣島之間的海域。當時，不論是德雷克，還是斯考騰都不知道，這個海峽的南岸在哪裏。

誰最先發現南設得蘭羣島存在爭議，但最早對此地進行地理描繪的是 1819 年英國科考隊的考察與測繪。此後，人們才知道這個海峽的南岸是南設得蘭羣島。它是世界最寬的海峽，最寬處 970 公里，最窄處也有 890 公里（第二寬的是莫桑比克海峽，最寬處 960 公里）。再後來，人們才知道它是世界最深的海峽，最大深度為 5248 米。想在這裏打撈財寶船的夢想，至今沒人能實現。

「火地」被證明是一個島嶼後，也很少有人知道。它真正為世界所認知，全靠另一位偉大人物的到來。1826 年至 1830 年，20 多歲的菲茨羅伊船長率英國海軍科考船比格爾（小獵犬）號，進行第一次遠洋科考，他勘測麥哲倫海峽，並發現了火地島南邊的比格爾航道。

1831 年英國航海家羅伯特 · 菲茨羅伊（Robert Fitzroy 1805－1865）徵集陪他環球航海的志願者，一位 22 歲的劍橋大學學生被選中，他就是後來名揚世界的博物學家達

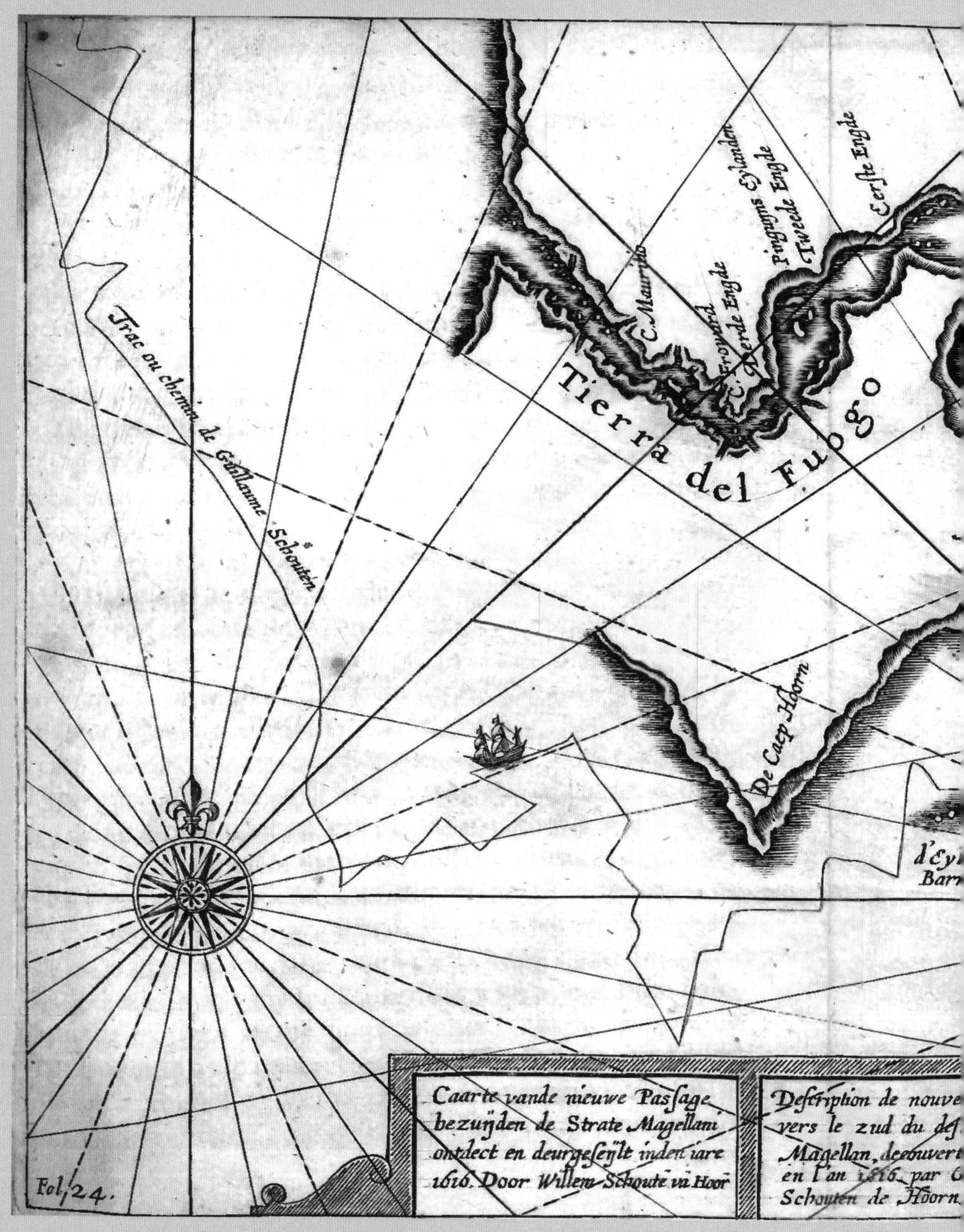

Tierra del Fuogo
C. Mauritio
C. Froward
Derde Engde
Pinguyns Eylanden
Tweede Engde
Eerste Engde
Trac ou chemin de Guillaume Schouten
De Caep Hoorn
Caarte vande nieuwe Passage bezuijden de Strate Magellani ontdect en deurgeseijlt inden iare 1616. Door Willem Schoute vā Hoor
Fol. 24.

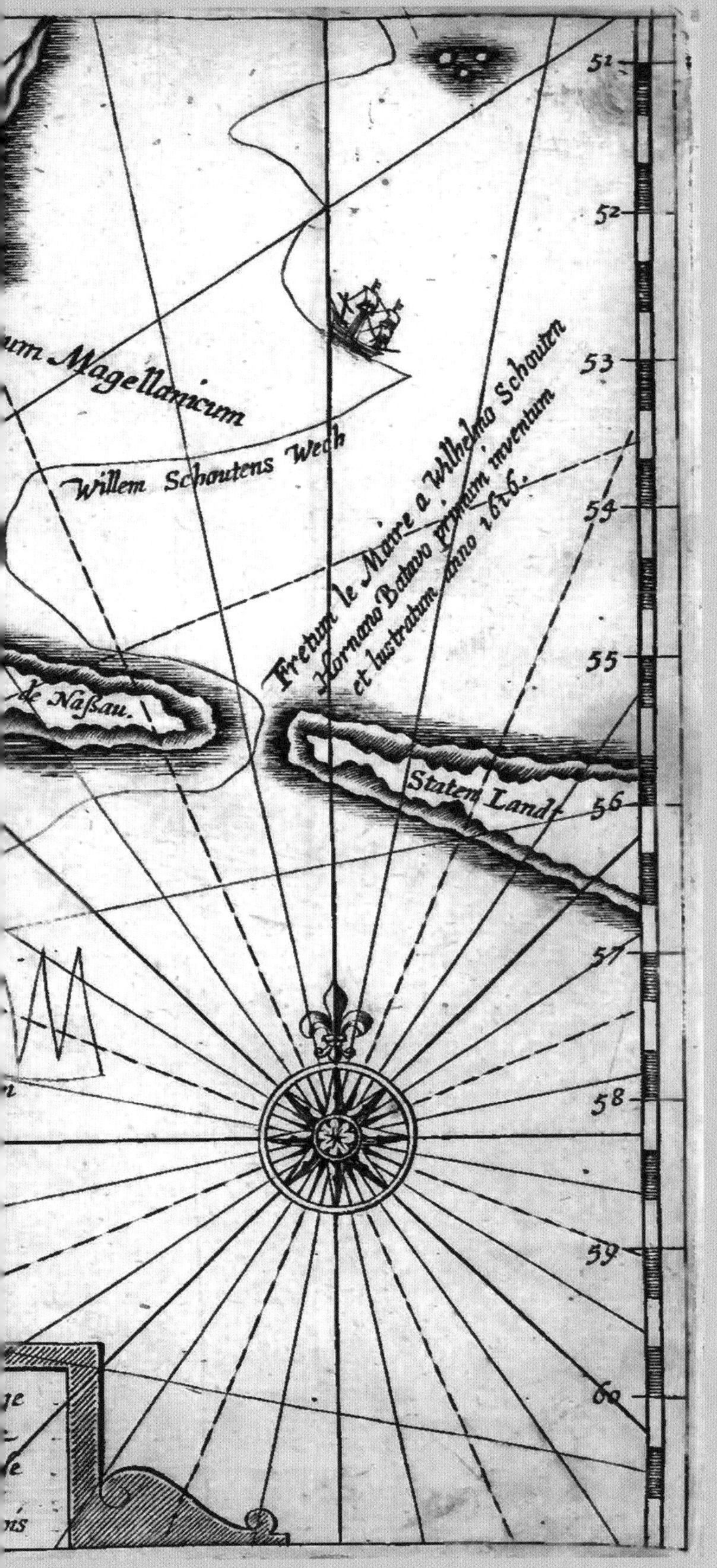

圖 13.15：斯考滕 1619 年出版的麥哲倫海峽與勒梅爾海峽地圖，在火地島西南端，標註了「Cape Hoorn」，即合恩角

Notitia
Locorum circa Fretum Magell
a. S. Bartholome, Kruyck. t'kleyn Pinguins eylandt
b. S. Ierosme, Grotewal. t'groot Pinguins eylandt
c. Elisabethe eylandt l. Graef Hendrick Fredericksbay
d. Musklecome m. Onbegnamebay
e. Cano n. Ongeluckigebay
f. Æolus p. Besflotenbay
g. Wittebay q. Sorchelycke ree
h. Willemsbay R.S.T. Nieuwe straet
i. C. de Nasson V. Eenhoge bergh waer men de
k. Riddersbay vorder gebroken landen can sien
C. de la victoria
Sorlinges
Suÿuer eylanden
C. Desiredo
Sorchelyck ree
C. Capitaine
Patagonen of Reusenbay
Somerbay
Winterguet
Pinguini Aves
Waigats
TIERRA DEL FUOGO
MAR DEL ZUR
NOVUM MARE AUSTRALE
Lectori Mco.
Descriptionem hanc novam freti Magellanici nobis communicavit clarissimus vir Bernardus Joannis Monasteriensis qui novem menses in peragratione huius freti impendit sub duce Sebaldi de waerdt
Afbeelding der Straet Magellanes So als de selve van Mr. Barent Iansz. Potgieter van Munster door en weder door bevaren en met syn Capiteyn Sebald de Waerd met groot pericul syns levens seer naerstig ondersocht is.
Windhonds
Schapenhams bay
I. de Diego Ramires.
FRETI MAGELLANICI ac novi FRETI vulgo LE MAIRE exactissima delineatio.

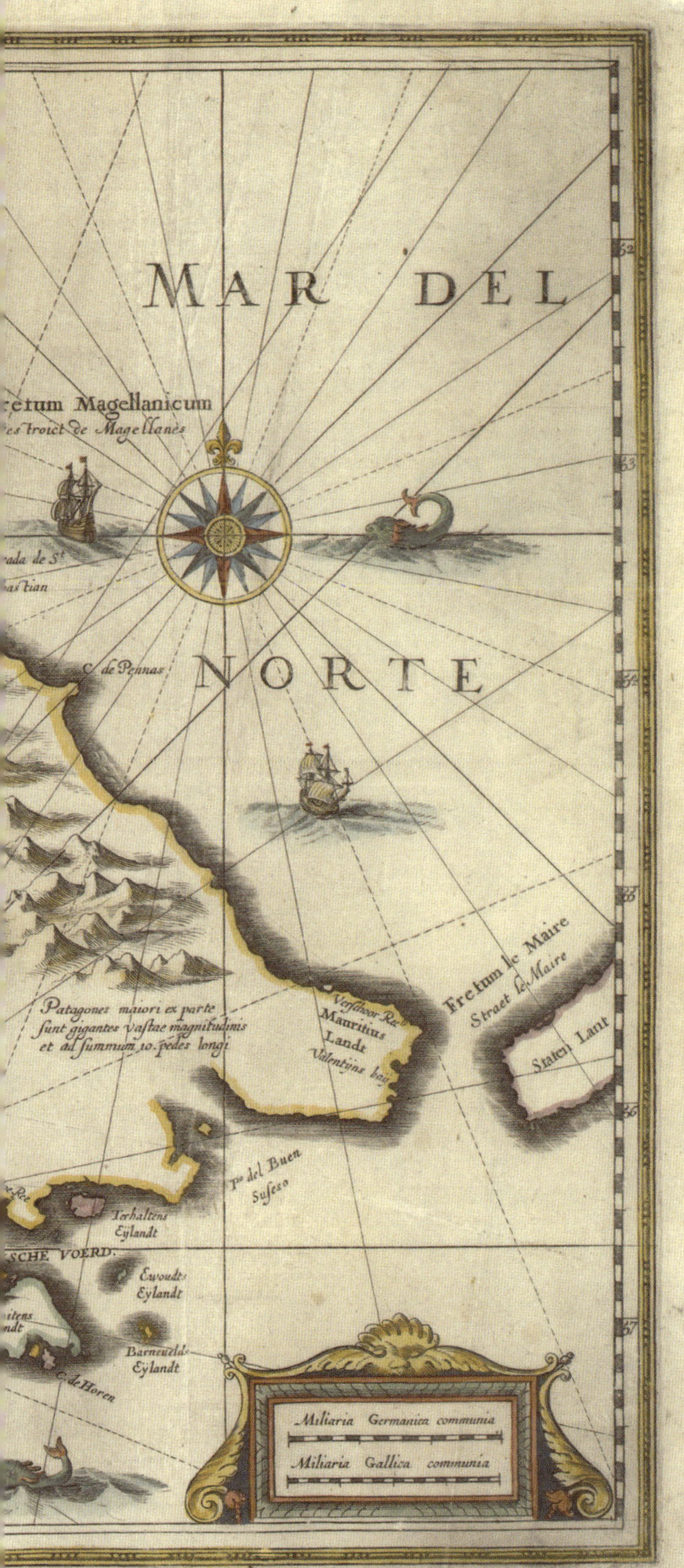

圖 13.16：小洪第烏斯 1635 年出版的麥哲倫海峽、勒梅爾海峽、火地島與巴塔哥尼亞地圖，證明合恩角不是大陸之角，而是火地島南端一個小島的岬角「C.de.Horen」

爾文。1832 年至 1834，達爾文在火地島轉了整整兩年，於 1839 年出版了《一個自然學家在貝格爾艦上的環球旅行記》。這本書成為 20 年後出版的《物種的起源》底本。它在「舊大陸」與「新大陸」的物種對比中，提出了自然選擇的理論。這兩部大書使火地島名揚天下。

不過，有了巴拿馬運河後，再也沒有船隊繞行德雷克海峽了。2019 年 12 月 10 日，阿根廷新聞網站 Infobae，在報道「智利空軍的 C-130 運輸機在向南極基地運輸人員和物資過程中失聯」的消息時，提到德雷克海峽，稱該海域一直以惡劣天氣著稱，氣溫極低且常有嚴重暴風雨。據不完全統計，歷史上曾有 800 艘船隻沉入德雷克海峽，造成兩萬人死亡。

第九節　白令海峽，四重地理身份

——世界地圖 加斯塔迪（1569 年）
——亞洲地圖 奧特里烏斯（1603 年）
——穿越帝國的地圖 白令（1735 年）

地球上最易認知也最早為人類熟悉的海峽，多是以神的名字命名，比如，直布羅陀海峽、博斯普魯斯海峽；而位置險要的鮮為人知的海峽，則多是以探險家名字命名，比如，美洲最南與最北的海峽。

說到白令海峽，不能不說丹麥探險家維圖斯 · 約納森 · 白令（Vitus Jonassen Bering，1681－1741 年）。在白令之前，美洲與亞洲的地理關係，一直是地理學家想弄清的問題。最初，有人認為亞洲與美洲是相連接的同一塊大陸。這個說法最早被佛羅倫薩制製圖師、畫家弗朗切斯科 · 羅塞利（Francesco Rosselli）1508 年繪製在世界地圖上（詳見十六章第四節）。他與哥倫布一樣，堅信亞洲與美州是一塊相連的陸地。其後，威尼斯共和國官方地理學家賈科莫 · 加斯塔迪也將這種認識畫在了他 1546 年繪製的世界地圖上。其他的地理學家遵循前者的思路，也出版了類似亞洲與美州相連的世

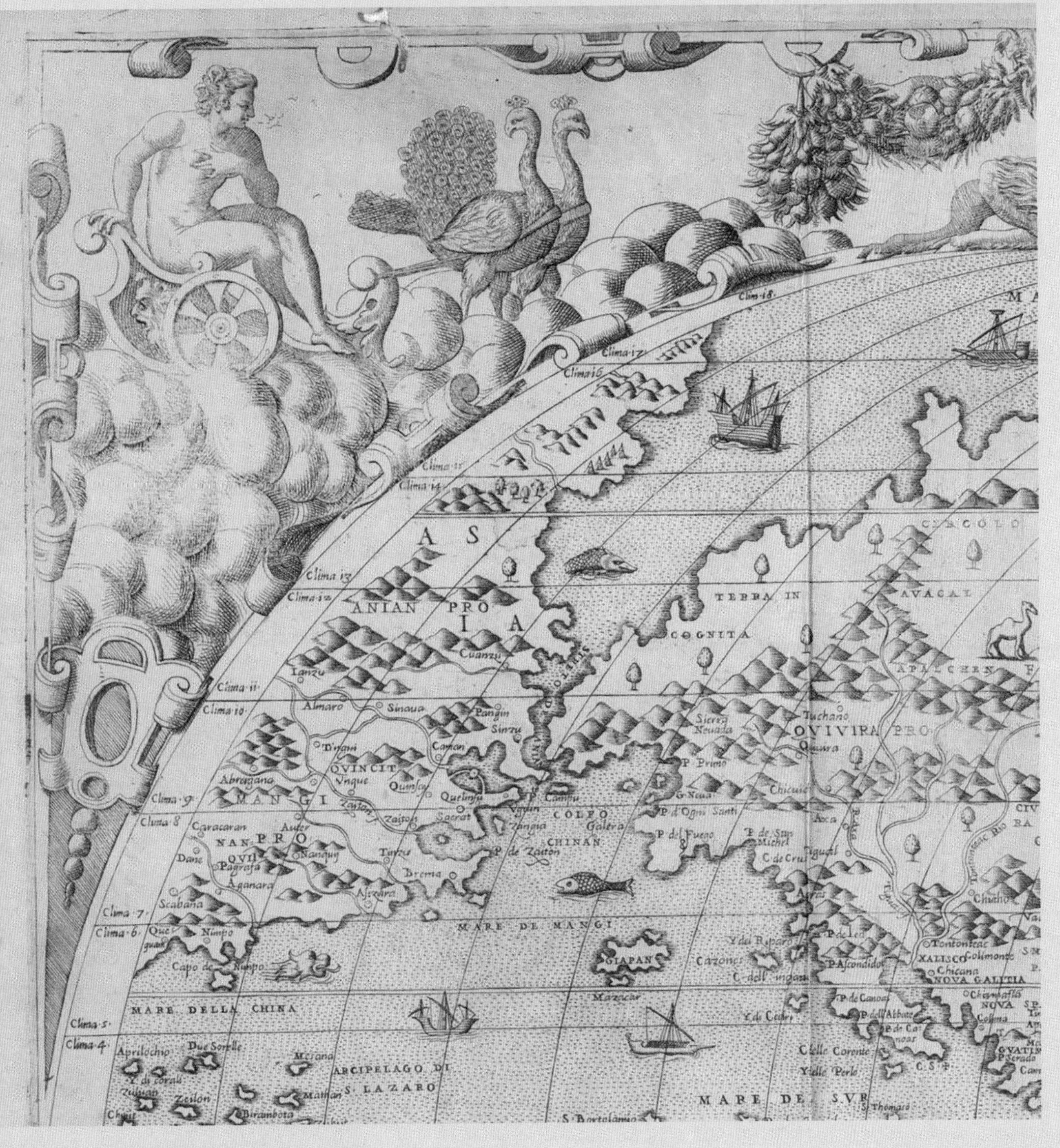

圖 13.17：加斯塔迪在 1569 年製作的銅版世界地圖（局部）上，在亞洲東部與美洲西北部之間，繪出一個海峽，並將它標註為「ANIAN」(阿尼安)

界地圖。

後來，不知道通過什麼渠道，地理學家們開始確信亞洲與美洲之間應該有一個海峽。以前相信亞洲與美州相連的賈科莫．加斯塔迪，在 1569 年製作的銅版世界地圖上，率先修正了此前的認識。他在亞洲東部與美洲西北部之間，繪出一個海峽，並將它標註為「ANIAN」（阿尼安）。這個描繪直接影響了奧特里烏斯 1603 年出版的亞洲地圖，此圖在亞洲東部與美洲西北部之間，繪出一個標註為「ANIAN」的海峽。

不過，真正實地考察，並描繪這個海峽的是丹麥航海家白令。僱傭白令進行科學考察的是俄羅斯。現在看俄羅斯很大很強，其實，它的歷史並不長。時光都到了 1497 年，娶了拜占庭公主為妻伊凡三世才在今天的東歐建立了統一的中央集權制國家——莫斯科大公國。1547 年，伊凡四世將莫斯科大公改為「沙皇」，俄羅斯公國變成了沙皇俄國。

此後「放眼世界」的彼得大帝，經過 1700－1721 年的北方戰爭，奪取了通往波羅的海的出海口，接着他又將開拓海洋的目光移向國土東北邊——北太平洋，想在亞洲大陸與北美大陸之間找

圖 13.18：1603 年奧特里烏斯出版的亞洲地圖上，在亞洲東部與美洲西北部之間像加斯塔迪的地圖一樣繪出一個標註為「Anian」（阿尼安）的海峽

TARTARIAE SIVE MAGNI CHAMI REGNI
typus
SEPTENTRIO.
OCEANVS SCYTHICVS
dulcis est Plinio auctore, qui multas in eo insulas esse dicit, vt etiam M. Paul: Venetus: sed neuter neq; situm neq; numerū tradit.
AMERICAE VEL NOVI ORBIS PARS
ORIENS
STRETTO DI ANIAN
MARE CIN.
IAPAN.
Japan insula, à M. Paulo Veneto Zipangri dicta, olim Chryse, a Magno Cham olim bello petita sed frustra.
CATAIO.
MANGI
CHEQVAN
CHINA.
THEBET
TANGVT.
BVNGO
TONSA.
Mar Vermejo
C. California
Isola di Cedri
La farfana
Volcani del fuego
Rocha patida
S. Bartholemeo.
Dos hermanos
Isola fermosa
Lequio grande
7. Islas
S. Maria
Tabin Prom. Plin.
ARSARETH.
Desertum Caracorarum
MOIN.
Rio di S. Pier et Pablo
Tototeas
Chiviich
Tiguas
Coana
Rio Tiguas
P. Primiero.

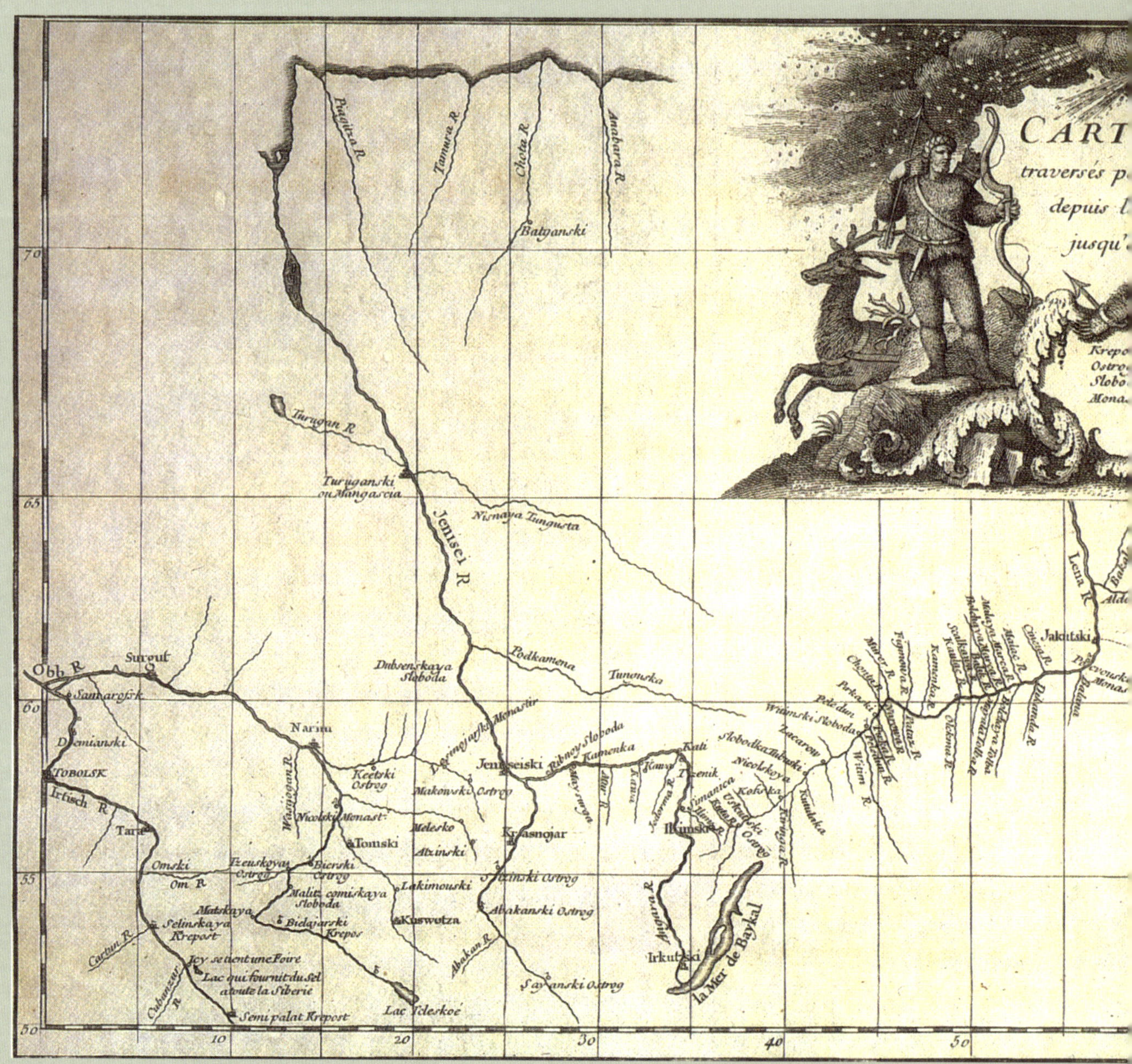

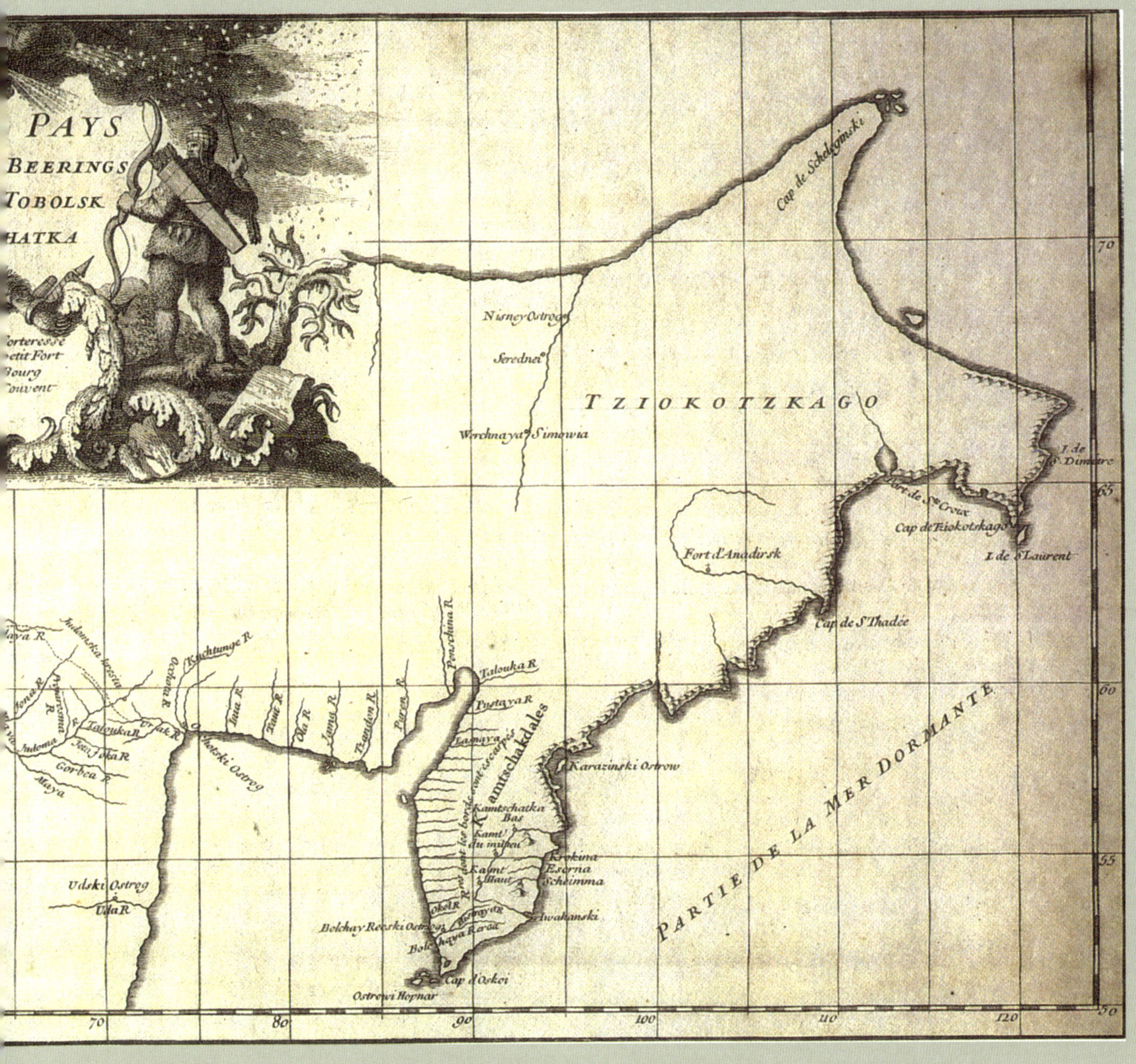

圖 13.19：白令 1735 年繪製的，後來以他名字命名的海峽地圖

到一條北方海路。1724 年彼得大帝欽點正在俄國海軍服役有着極地探險經驗的丹麥航海家白令，讓他率領一支探險隊赴北冰洋探索北方航路。但是，還沒等到白令出發，1725 年彼得大帝就去世了。

白令經過幾年的準備，於 1728 年指揮自己設計的「聖加夫利拉」號探險船沿堪察加半島海岸向北挺進出發，經過近一年的努力，「聖加夫利拉」號來到了亞洲大陸最東端附近的海面。從這裏向東望去，只見大海煙波浩渺——白令確信北美洲和亞洲之間確實是被水隔開的。遺憾的是由於當時大霧瀰漫，白令沒有看到對面的北美洲，也不知道自己面對的是一個最窄處只有 35 公里的海峽。1733 年，對北美念念不忘的白令，再次率領探險隊在這裏他進行了海岸考察，並繪製了這幅名為「穿越帝國的地圖」（Carte Des Pays traverses par le Capne）。此圖的第一版出現在讓 - 巴蒂斯特 · 杜哈爾德（Jean-Baptiste Du Halde）1735 年的《中國描述》之中。這裏選用的是 1737 年巴黎出版的第二版，圖上添加了渦卷花飾。這是第一幅展示白令第一次航行的印刷地圖，代表了俄羅斯遠東地區第一幅大致準確的地圖，也是第一幅白令海峽實測地圖，縱 23CM 橫 53CM。此後不久又發行了英文版。

1741 年 7 月中旬，白令船隊通過北美大陸與亞洲大陸之間的海峽。駛過海峽的探險船在一個小島停泊，白令不僅清楚地看到了海拔 5000 多米的聖厄來阿斯山，還發現了北美的土著。像是有某種魔咒，美洲海峽當年沒讓發現南美海峽的麥哲倫回家。這一次，也把壞血病纏身的白令，永遠留在了海峽旁一個小島上。後人為紀念這位偉大航海家，將那個小島命名為白令島，將他發現的海峽命名為白令海峽，將阿留申羣島以北、白令海峽以南的海域命名為白令海——白令海峽帶着這個淒楚的故事走入了現代海圖。

今天看白令海峽，它至少有四重身份：一是溝通北冰洋和太平洋的唯一航道；二是北美洲和亞洲大陸間最短海上通道及洲界線；三是俄美兩國的分界線；四是國際日期變更線的通過處，相距 4 公里分屬於俄、美的兩個小島，隔着一天的日期。據地質學家考證，1 萬年前這裏曾是連接亞、美大陸的一座「陸橋」。今天的白令海峽，水深僅僅是 40 多米，每年 10 月到次年 4 月是結冰期，嚴重影響航行。這裏基本上是一個不參與商業運輸的海峽。

第十四章

北極海圖：尋找「北方樂土」和「航道」

英格蘭哲學家弗蘭西斯·培根在1620年出版的《新工具論》中，斥責希臘人「他們的辭藻充滿了智慧，然而，他們的智慧卻毫無建樹。」這裏放下「知識就是力量」與「知識就是美德」的兩個時代、兩種文化和兩種「知識觀」的不同，僅就希臘人對未知世界的推論和預言來看，他們確曾指引後人前赴後繼地探索外部世界，其功至偉。

生活在亞熱帶的古希臘人說，北極地區有一片永久溫暖、遍地陽光的土地，是一片「北方樂土」。傳說，希臘天文學家、航海家畢塞亞斯，在公元前331－公元前325年間，曾進入北極圈尋找過「北方樂土」。這些傳說，至少在傳說的意義上，顯示了人類探索北極的意願。

根據「冰川學說」，2－1.5萬年前，整個北極圈都被厚厚的冰層所覆蓋，那裏不可能有人類活動。現在的地圖上，北緯60度圈裏，有俄羅斯的大片土地。北緯80度圈上，只有格陵蘭島及加拿大北部的一點陸地和一些零星小島。再向裏，就是一片冰封的極地海洋。「北方樂土」在地理學上，是一塊無法確認「樂土平台」。如果真有這個「平台」存在，那就是幾千米深的極地海盆。

在創造出「北方樂土」這個概念後，古希臘人對北極的認識，有所提高，後來又創造出「北冰洋」這個詞，它指的是正對小熊星座或北極星的海洋。

希臘人對北極區的嚮往，與古代人的生活，並沒有什麼關係，完全是出於好奇心建構的地理夢想。但從15世紀開始，這種情況發生了變化，人們不再尋找「北方樂土」，而是尋找取道北冰洋到達東方的「北極航道」。

1527年，在西班牙從事商貿活動的英格蘭商人羅伯特·索恩斯（Robert Soans）提出：在大西洋與太平洋的北端的北極圈裏，存在一個從北海向東繞行和向西繞行的「北方航線」。從挪威北上，向東，沿着海岸一直航行，就一定能夠到達東方的中國。同樣，從挪威北上，向西，沿着海岸一直航行，也能到達東方的中國。前者被稱為「北極東北航道」，後者被稱為「北極西北航道」。北冰洋裏的東西兩條航道，就這樣在「理論上」建立了。

第一位探索北極西北航道，並且活着歸來的是法蘭西航海家雅克 · 卡蒂埃（Jacques Cartier，1491－1557 年）。1534 年到 1542 年間，他進行了三次探險航行。雖然，沒找到所謂的西北航道，但發現了聖勞倫斯河和聖勞倫斯河灣，卡蒂埃還留下大約製作於 1543 年的聖勞倫斯河和聖勞倫斯河灣地圖。

此後，三百年間，不斷有人探索北極西北航道，皆以失敗告終。神奇的是，1850 年英國皇家海軍中尉羅伯特 · 麥克盧爾（Robert M'Clure）率一支救援船隊尋找失蹤的在北極的探險家英國皇家海軍約翰 · 富蘭克林（John Franklin）。麥克盧爾從東向西航行，歷時 3 年，沒能找到失蹤的富蘭克林，卻意外地打通了北極西北航道。

早期探索北極東北通道的是荷蘭航海家。1596 年，荷蘭航海家威廉 · 巴倫支（Willem Barents）第三次遠征北極東北航道，途中相繼發現了熊島和斯瓦爾巴德羣島，並創造了 79 度 49 分的人類抵達地球最北點的新紀錄，他的探險隊還成為第一批在北極越冬的歐洲人。不幸的是，1597 年 6 月，37 歲巴倫支最終病死在浮冰上。他為後世留了北極東北航道的探險地圖。

兩百多年後的 1878 年，瑞典探險家阿道夫 · 伊雷克 · 諾登斯基爾德（Nils Adolf Erik Nordenskiöld）領導的船隊，僅用一年多的時間，在 1879 年 7 月 20 日，通過北極東北航海，進入了白令海峽。

人類用了五百年的時間，搭上了眾多航海家的性命，終於打通了北極的東、西兩條航道。不過，從實用主義的角度講，大航海時代「最悲慘也最無用的探險」就是打通北極航道。因為即便在全球「變暖」的今天，北極圈內仍是一條無法正常通行的航道。

但是，天無情，人有夢——這就是探險的意義所在。

第一節　北極西北航道，法英的早期探索

——卡蒂埃發現的聖勞倫斯河流域圖（1543 年）

——世界地圖 貝斯特（1578 年）

——弗羅比舍通道地圖 貝斯特（1578 年）

從 15 世紀後期開始，英格蘭和北歐其他國家試圖通過臆想的「北極東北航道」和「北極西北航道」打開東西貿易的新航路，以擺脱西班牙和葡萄牙對新世界和東印度的控制。不幸的是，早期的北極航線探索者都沒能活着回來，只留下一些傳說。

16 世紀中期，第一位探索北極西北通道，且活着歸來的是法蘭西航海家雅克．卡蒂埃（Jacques Cartier，1491－1557）。1534 年到 1542 年間，在法國國王佛朗索瓦一世的資助下，卡蒂埃進行了三次北極探險航行。雖然，沒找到所謂的「北極西北通道」，但卡蒂埃發現了聖勞倫斯河和聖勞倫斯河灣，並留下大約製作於 1543 年的聖勞倫斯河和聖勞倫斯河灣地圖。更了不起的是，1535 年他在北美海岸登陸時，問印第安人這是什麼地方，他們回答說是「Canada」（意為村莊），「加拿大」之名字由此而來。卡蒂埃的這些發現，為法蘭西建立新法蘭西（加拿大）奠定了基礎。

在法蘭西探險隊的刺激下，英格蘭也派出了自己的航海家馬丁．弗羅比舍（Martin Frobisher，1535－1594 年），率隊到紐芬蘭北部尋找「北極西北通道」。弗羅比舍船隊從泰晤士河向海口出發那天，伊麗莎白從格林尼治宮的窗口探出身體，向探險船隊揮手致意，禮炮齊鳴，民眾歡呼雀躍……

弗羅比舍為尋找「北極西北通道」，前後進行過三次探險航行：

第一次航行是 1576 年，弗羅比舍率領三艘三桅帆船（兩艘 20 多噸的「邁克爾」號和「加布里埃爾」號，一艘 10 噸小船）和 35 名船員，沿着泰晤士河向海口出發。探險船隊始入大西洋後向西北航行，7 月中旬，他們在格陵蘭島東南端遭遇風暴，小船沉沒，「邁克爾」號掉頭返回英格蘭。「加布里埃爾」號繼續航行，幾天後在一個無名島登陸，弗羅比舍將其命名為「Meta Incognita」，即後來所説的「巴芬島」。弗羅比舍認為

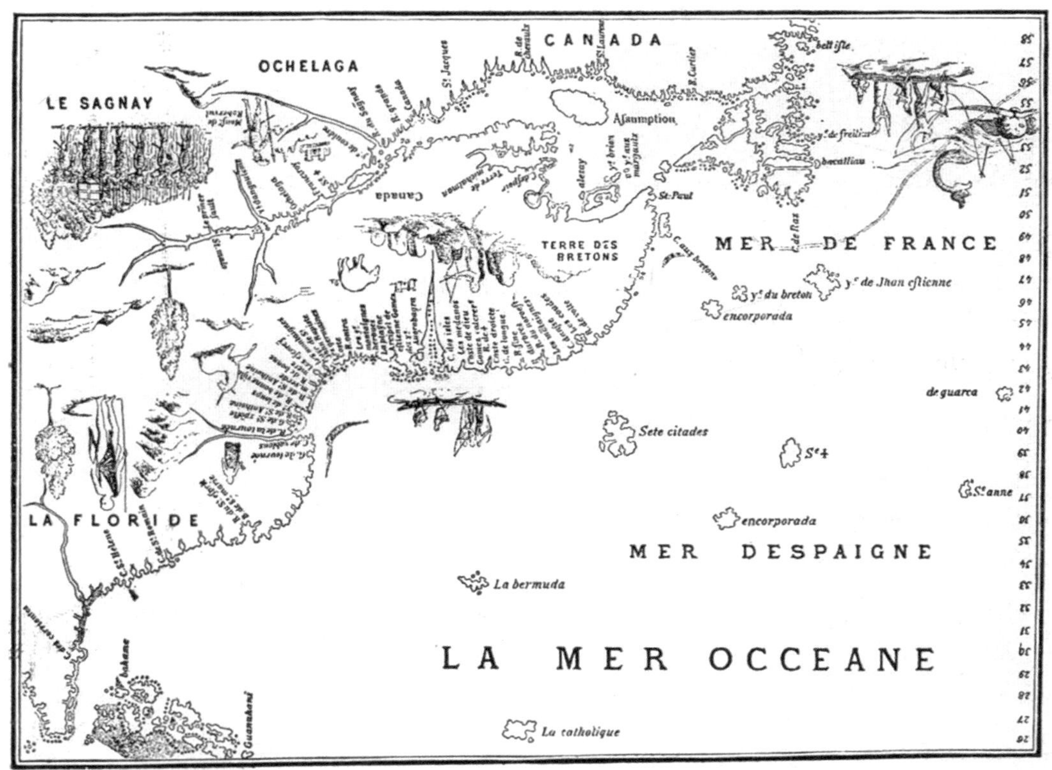

THE "DAUPHIN MAP" OF CANADA, *CIRCA* 1543, SHOWING CARTIER'S DISCOVERIES

圖 14.1：卡蒂埃探險隊留下的聖勞倫斯河和聖勞倫斯河灣地圖，大約製作於 1543 年

這是西北航道的入口，在由此西行的路上，探險隊遇到因紐特人，5 名船員被抓走，船隊只好返回。10 月 9 日探險船返回停倫敦時，受到女王的熱情接待。

第二次航行是 1577 年，弗羅比舍組織了一支規模更大的探險隊。女王將 200 噸級的皇家海軍艦艇「艾德」號（HMS Ayde）借給了探險隊，並為此次探險投資了 1000 英鎊。弗羅比舍請求女王任命為西北海洋高級海軍上將和所有已發現陸地的總督，並從貿易中獲得 5% 的利潤。但沒有文獻記錄這個請求是否得到批准。這一次探險隊在「巴芬島」採集了 200 噸所謂的「金礦石」。但沒能找到上次被俘的 5 個船員，抓了 3 個因紐特人，返回倫敦。

第三次航行是 1578 年，雖然有兩次失敗的探險，但女王對新發現領土的潛在生產力仍保有的信心。這一次，弗羅比舍組織了由 15 艘船的龐大探險隊，共有 400 多人，其中包括 147 名礦工、4 名鐵匠和 5 名化驗員。7 月，弗羅比舍進入了哈德遜海峽，他將其命名為「Mistaken Straightes」（錯誤直道），並標註在後來的地圖上。他本來想搜索西北通道，但探險隊 100 噸級帆船丹尼斯號撞冰山失事，探險隊又採集了上百噸礦石後，於 10 月返回英格蘭。

與弗羅比舍一同探險的喬治・貝斯特（George Best），在完成第三次探險航程之後，將他們的探險活動寫成《探險航行的真實記錄》一書，於 1578 年發佈。這本書詳

圖 14.2： 這幅 1578 年出版的世界地圖的上方，描繪了弗羅比舍找到的「Frobisher 灣」，被認為是「西北航道的入口」，後世稱其為「弗羅比舍通道」

細記述了 1576 年至 1578 年間的三次探險航行：目的是尋找卻印度和中國的新貿易航線，並在探險航路上開發有金銀礦藏的寶貴地區。

不過，英格蘭人為這些從北冰洋帶回來的礦石建造了冶煉廠，又經過五年堅持不懈地冶煉，最終證明這些所謂「金銀礦石」，只是一種含有角閃石的巖石，只能用於鋪路。

雖然，弗羅比舍沒有找到任何金礦或銀礦，也沒找到北極西北航道，但這三次航行還是為北冰洋航行留下一些發現。在一同探險的貝斯特所著《探險航行的真實記錄》一書中，配有兩幅地圖，一幅是世界地圖，突出描繪了地球和極地地區和「西北航道的入口」；另一幅是弗羅比舍通道地圖。

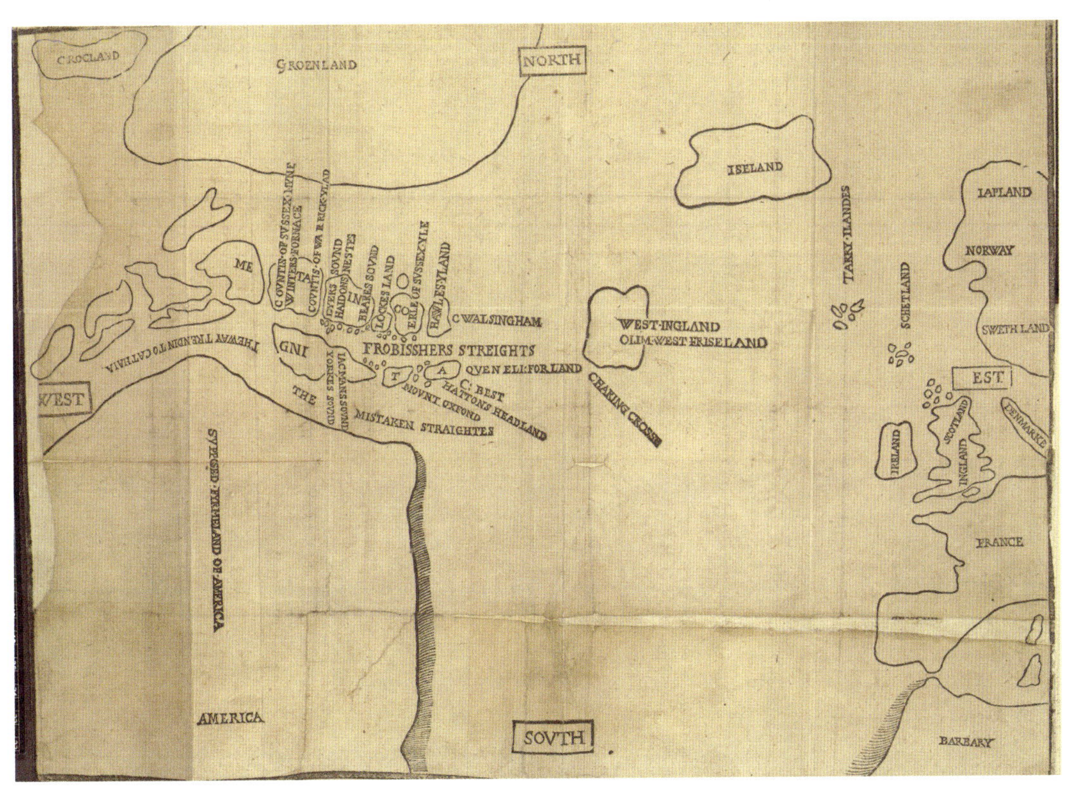

圖 14.3：這幅地圖突出顯示了弗羅比舍發現的羣島，它們被以散落的字母標註為「Meta Incognita」，即後來所說的巴芬島

這幅全新的世界地圖，看上去是1570年圖形很像奧特里烏斯製作的橢圓形世界地圖的通用版本，但此圖記錄了弗羅比舍的探險與發現，至少有以下三點是新貢獻：一是格陵蘭島被移至更北的位置，地圖上新標註的「Meta Incognita」羣島，則位於格陵蘭島原來的位置；二是亞洲被移至其自然位置，隔着阿尼安海峽向西延伸；三是標註了弗羅比舍找到的「Frobisher 灣」，認為是「西北航道的入口」，即後世所稱「弗羅比舍通道」。

弗羅比舍通道地圖，突出顯示了新發現的無名羣島，它們被以散落的字母標註為「Meta Incognita」，即後來所說的巴芬島。

三次探險失敗後，弗羅比舍終於認識到作為海上探險家，他只能製造一連串的災難性後果，決定改行，1580年經朋友介紹加入皇家海軍。1585年弗羅比舍擔任德雷克艦隊中將，與德雷克一起襲擊了西印度羣島的西班牙港口，打劫西班牙運寶船和騾隊。1588年因打擊西班牙無敵艦隊有功，在「皇家方舟」號上，與霍金斯一起被伊麗莎白女王封為爵士。1594年9月弗羅比舍在圍攻克羅宗堡的西班牙人時受傷，因傷口感染死在普利茅斯港。

雖然，弗羅比舍是一位失敗的探險家，但他的探險精神令人敬佩。英國皇家海軍霍金斯級巡洋艦弗羅比舍號，就是以他的名字命名。加拿大努納武特地區的弗羅比舍灣（Frobisher Bay）也是以他的名字命名。

第二節　北極東北航道，荷蘭的早期探索

——巴倫支北極航海圖（1598年）

英格蘭人弗羅比舍尋找「北極西北通道」的海上探險失敗後，正在爭取國家獨立的荷蘭人，接續了尋找「北極東北航道」探險航程。

最初，為荷蘭人提供「北極東北航道」信息的是著名航海家、製圖師佩特魯斯·普

朗修斯（Petrus Plancius，1552－1622 年）。他出生在西弗蘭西斯，為躲避布魯塞爾對新教教徒的迫害，來到荷蘭工作。他曾在西班牙從事航海與貿易業務，兼做荷蘭的商業間諜，蒐集最新航海信息。普朗修斯後來成為荷蘭東印度公司（Vereenigde Oostindische Compagnie）即著名的「VOC」的創始人之一，任該組織的地理學家。

1590 年，普朗修斯在阿姆斯特丹出版一幅最新的世界地圖。它在北極圈裏的亞洲大陸與北美大陸之間，標註了一片「韃靼海 OCEANUS -TARTARICUS」。他認為穿過這片海，就可到達日本。（此前，已有威尼斯賈科莫 · 加斯塔迪 1569 年的世界地圖在亞洲與美州之間，畫出一個海峽）。普朗修斯拿着這幅地圖，親自游說了一位重要的荷蘭航海家投身「北極東北航道」探險——他就是後來青史留名的威廉 · 巴倫支（Willem Barents，1550－1597 年）。

荷蘭人的北冰洋探險是一種合資式的商業競爭，伴有荷蘭與澤蘭兩個商業集團的利益。此時，荷蘭航海家林斯柯頓在剛剛完成了著名的亞洲航行，又作為澤蘭的代表投身北極探險；航海家巴倫支則帶領荷蘭的探險團隊。

1594 年，巴倫支率領 3 艘船開始第一次北冰洋探險，探險隊最後抵達北緯 77 度 15 分，創造了當時人類抵達的最北點紀錄。在抵達新地島（novaya zemlya）後，探險隊補養告罄，不得不折返。

1595 年，在荷蘭奧蘭治親王的支持下，巴倫支率領六艘船隻和一批貨物，旨在與中國進行貿易。第二次探險的船隊，在遇到冰凍的喀拉海時，被迫返回。林斯柯頓率領的澤蘭船隊，失去了信心，就此宣告退出北極航行。

1596 年，巴倫支第三次出征北冰洋，在途中相繼發現了熊島和斯瓦爾巴德羣島。並到達了 79 度 49 分創造了人類抵達的最北點的新紀錄，8 月 26 日，探險隊再次抵達新地島，但船很快被封凍於港內，這個探險隊由此成為第一批在北極越冬的歐洲人。在北極冬季幾乎恆定的黑暗中，探險隊員面臨着許多逆境，其中包括壞血病，營養不良，體溫過低和北極熊的襲擊威脅。

第二年夏天，探險隊開始返回，但此時的巴倫支已病入膏肓了。聰明而堅毅的巴倫支在死神到達之前，平靜而有條理的寫下 3 封信，兩封分開交給同伴，一封藏在他們

Deliniatio cartæ trium navigationum per Batavos, ad Septentrionalem plagam, Norvegiæ, Moscoviæ, et novæ Semblæ, et per fretum Weygatis Nassovicum dictum, ac juxta Groenlandiam, sub altitudine 80. graduum nec non adiacentium partium Tartariæ, promontorij Tabin, freti Anian atq. regionis Bargi et partis Americæ versus orientem, Authore Wilhelmo Bernardo Amstelredamo expertissimo pilota.
ESTOTILAND
FRETUM DAVIS
GROCLAND
GROENLAND
POLUS
FRISLAND
ISLAND
Hekla mons
Het nieuwe land
Circulus Arcticus
Fero Ins.
Hebrides Ins.
Orcades Ins.
Hitland Ins.
SCOTIA
NORVEGIA
FINMARCHIA
SWEDIA.
Boddicus Sinus
Oost Finland
LAPPIA
MOSC
GERMANIÆ PARS.
HOLLANDIA
Wardhuys
Stockholm
Archangel

圖 14.4：1598 年出版的巴倫支北冰洋航海圖

越冬住房的煙囪裏，以防回程遭到不測，也有一點文字記錄傳給後人。1597 年 6 月 20 日，體力不支的巴倫支死在一塊浮冰上，時年 47 歲。兩世紀後的 1871 年，一位挪威航海家卡爾森（Elling Carlsen，1819－1900 年）來到巴倫支當年越冬的小木屋，果真從煙囪裏找出了那封信。

巴倫支死後第二年，即 1598 年，他的隊友出版了木刻本的巴倫支北極航海圖，同年，代表澤蘭出征的荷蘭航海家林斯霍滕（Linschoten）出版了他的《航行日記》，其中收入了巴倫支北極航海圖，並委託阿姆斯特丹最優秀的雕刻藝術家范．杜特肯（Baptist van Deutecum）設計和雕刻了巴倫支的這版地圖。後來，人們見到的多是這一版巴倫支北極航海圖，圖右下題花中寫有「1598」出版日期。

巴倫支北極航海圖是北極製圖史的里程碑。

這是一幅宏大的北極投影地圖，中央線有緯度尺，從北緯 90 度至 65 度。同時，在北緯 65 度繪出相交的經度尺，間隔為 10 度。圖的左下角，繪有巴倫支船隊從荷蘭北部海岸出發，一路北上。左邊的格陵蘭和冰島已經明確繪出，格陵蘭島用的是漂亮的花體字。船隊進入北極圈，經過海豹羣，船隊來到標有「Het nieuwe land」（新土地）的海岸，也就今天的斯瓦爾巴羣島（意思是「寒冷海岸的島嶼」）。這裏有海怪在咆哮。巴倫支船隊向東最遠到達圖中的「NOVA ZEMBLA」（新地）。這裏標註了許多地名，其中最值得放大觀察的是，這條虛線描繪的航海和新地海岸線終斷的地方——「Het behouden huys」（安全屋）。它是巴倫支和他的船員，在最後一次航行中被困過冬的地方。他的遺書就放在這個小屋的煙囪裏，兩世紀後被人發現。

由於冰封，船隊無法再往東航行了。但地圖右上角，還是描繪了亞洲最北方的海岸，這是探險隊未曾到達的世界，圖中的描繪帶有推測的性質，這裏標註了傳説中的「安南（ANIAN）海峽」，那裏是從北極通往太平洋的門戶。在這一時期的墨卡托等人的地圖上，都能看到這個傳説中的海峽。今日，我們稱其為「白令海峽」。而巴倫支走過的海，則被稱為「巴倫支海」。

巴倫支北極航海圖，繪出的鯨魚比北極的船隻還多，它反映了那裏的鯨魚豐富多產。17 世紀，這裏成為歐洲重要的捕鯨中心，各國捕鯨船都開到這裏爭奪漁業資源，

圖 14.4（a）：巴倫支北冰洋航海圖（局部）中央，新地海岸線終斷的地方繪有一個巴倫支探險隊被困過冬的安全屋。他的遺書就放在這個小屋的煙囪裏，兩世紀後被人發現

糾紛也由此產生。1920 年由 18 個國家在巴黎簽訂了《斯瓦爾巴德條約》，1925 年法蘭西又請中國等國加入了這個條約。它是迄今為止北極地區第一個、也是唯一的國際性政府間非軍事條約。根據該條約，斯瓦爾巴德羣島的主權歸屬挪威，實際經濟開發由各國共享。各締約國的公民可以自由進入，從事正當的生產、商業以及科學考察等活動。中國首座北極考察站（黃河站）建於此地，就是得利於這個條約，而未來中國開啟「冰上絲綢之路」，也能用上這個條約。

第三節　丟下哈德遜的「哈德遜灣」

——北美地圖 夸德（1600 年）
——哈德遜灣地圖 格里茨（1612 年）

雖然，16 世紀後期法蘭西和英格蘭的航海家探索北極西北航道的嘗試都以失敗告終，但還有是人想信北極西北航道的存在。1600 年為躲避宗教迫害來到科隆製圖學院工作的荷蘭製圖師馬蒂亞斯．夸德（Matthias Quad 1557－1613 年）出版了一部德語

圖 14.5：荷蘭製圖師夸德 1600 年製作的北極地圖上，在地圖上方，誇張地描繪一條狹長而寬闊的水道，橫穿整個北美北部。似在鼓勵人們相信北極有一條西北航道

《地理手冊》，其中就刊出了一幅給北極西北航道探險以希望的北美地圖。

這幅北美地圖，縱 23CM 橫 30CM，可算是最早的北美專圖之一。此圖涵蓋了整個北美洲，從未知的北極到墨西哥灣；從太平洋到大西洋。它早於尚普蘭的北美內陸探險，主要信息來自更早的北美探險家，其中包括雅克．卡蒂亞、塞巴斯蒂安．卡伯特、沃爾特．羅利，更近一些的是在北美建立第一個殖民地弗尼尼亞的插畫家約翰·懷特（John White）和雅克·勒莫恩（Jacques le Moyne）關於北美東海岸的信息。

儘管此圖的地理位置不準確，不僅錯誤將弗吉尼亞放在更北的位置，還有讓聖勞倫斯河穿過大陸到達德克薩斯的「大膽」描繪。最誇張的描繪在地圖上方，一條狹長而寬闊的水道，橫穿整個北美北部，它無疑是在鼓勵人們相信未知的北極有一條西北航道。這是此圖最大的特色和歷史價值。

似乎是這類地圖的鼓舞，17 世紀初，歐洲再度興起了探索北極航道的熱潮，此間衝在最前面也最悲慘，但也青史留名的無疑是英格蘭探險家亨利·哈德遜（Henry Hudson，約 1565~1611 年）。

1607 年、1608 年，哈德遜兩次受英格蘭的莫斯科公司聘請，尋找進入亞洲的北極東北航道。一次航行至斯瓦爾巴羣島，一次航行至新地島北部和東部，皆因冰封海道，返回英格蘭。1609 年哈德遜又受荷蘭東印度公司聘請，尋找北極東北航道，最終在俄羅斯北部海域受到冰封海道所阻，無功而返。

1610 年哈德遜獲得英格蘭的弗吉尼亞公司與不列顛東印度公司的支持，放下北極東北航道，轉而尋找北極西北航道。他組織了包括兒子約翰在內的 20 人，備足了 8 個月補給，指揮 70 噸級的發現號於 4 月從倫敦出發，5 月 11 日到達冰島，隨後在 6 月 4 日，抵達

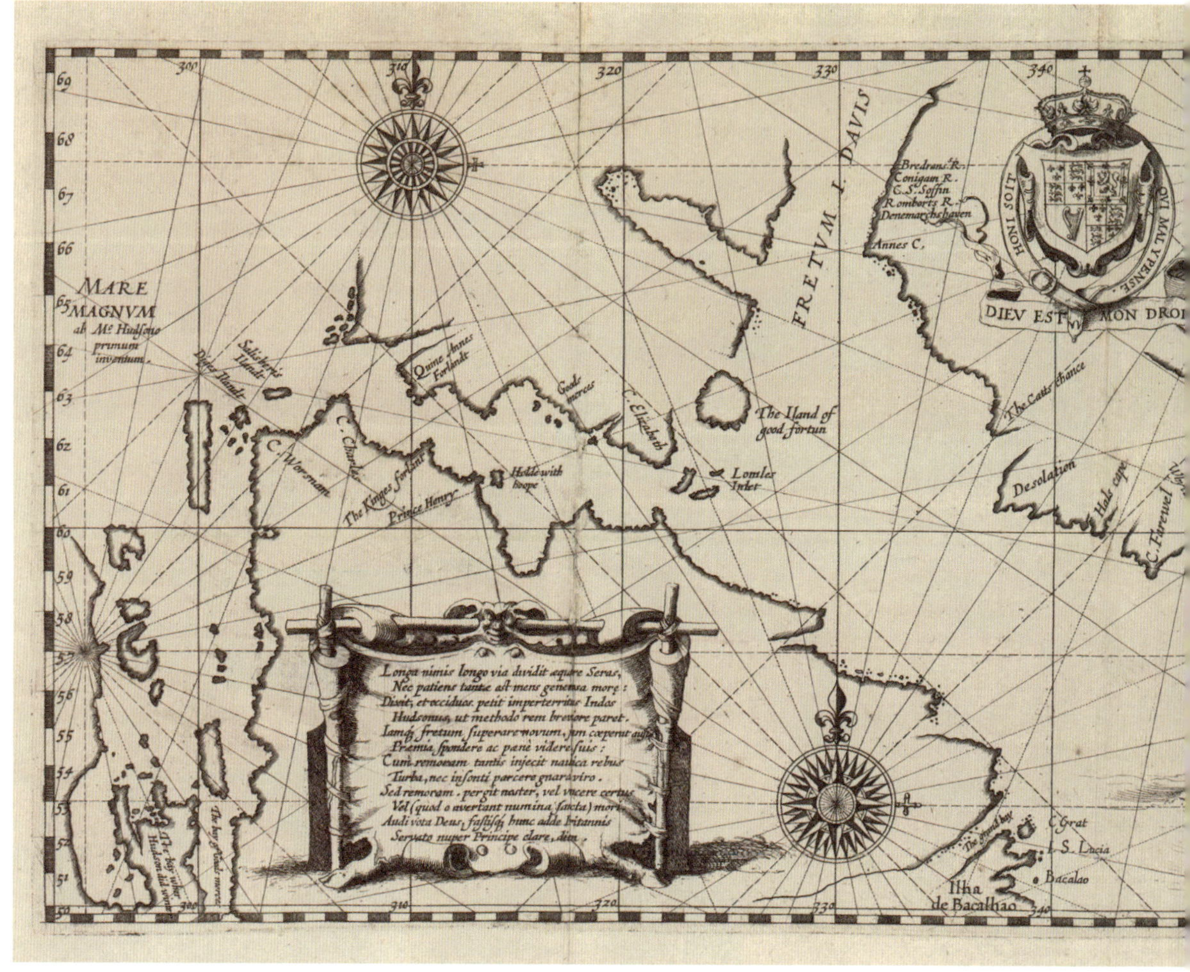

格陵蘭南部。探險隊向南航行，6 月 25 日抵達拉布拉多北端的海峽（後來命名為哈德遜海峽），然後西行穿過海峽。8 月 2 日進入一個大海灣（後來命名為哈德遜灣）。但哈得遜花費幾個月時間，並沒有找到西北航道。11 月探險隊被浮冰困在詹姆斯灣（James Bay）中，船員被迫上岸渡過冬天。

1611 年春季到來，浮冰逐漸消散，哈德遜計劃繼續探索該地區，多數人想要返回家鄉。船員在 6 月 22 日發動叛變。叛變船員們帶走了發現號，將哈德森和他的兒子，以及其他 7 人扔在一艘小船裏隨波逐流，最後不知所終。

圖 14.6：格里茨 1612 年發表第一幅展示哈德遜灣的地圖

歷史只記下，叛變船上的 13 個人，僅有 8 人在這年的 9 月活着返回英格蘭。他們宣稱，這次叛亂是由已經死亡的三名男子領導。最終，他們全部被無罪釋放。畢竟，這些人是唯一參與了這次探險，並掌握重要發現的倖存者，而哈德遜的探險遺產恰恰來自活着回來的叛變船員之一阿巴庫克．普里克特（Abacuk Pricket）。他手裏有唯一保存下來航行資料和哈德遜探險地圖。

哈德遜探險的第一幅地圖，不知何故傳到了阿姆斯特丹製圖師赫塞爾．格里茨（Hessel Gerritsz 約 1580－1632 年）手裏，他於 1612 年發表這幅地圖，其標題為「Tabula nautica，qua repraesentātur orae maritimae，ac freta，noviter a H. Hudsono Anglo ad Caurum supra Novam Franciam indagata anno 1612」大意是「英格蘭人哈德遜追蹤新法蘭西上方的海峽與海岸線的最新海圖」。這幅地圖首先以荷蘭語、拉丁語版本發行，圖縱15CM 橫 34CM。這是關於哈德遜探險的第一個公開報道，第一個展示哈德遜灣輪廓的地圖。

在圖的右上方，可以看到「Yslandt」和「Groenlandia」，即冰島和格陵蘭島。在最左側會看到「Mare Magnum」(拉丁語意為「大海」)，哈德遜相信他已經發現了太平洋。左下角描繪了詹姆斯灣，左下角的文字寫着「哈德遜過冬的海灣」。地圖表現的哈得遜海峽和哈得遜灣是哈德遜探險隊在尋找西北航道過程中做出的極其重要的貢獻。

哈德遜的悲慘故事，加上人們對西北航道日益濃厚的興趣，令這幅地圖成為當時最受歡迎的北極探險指南，格里茨也因此被選為荷蘭東印度公司的首席製圖師。

第四節　巴芬的北極西北航道

——哈德遜灣航海圖 巴芬（1615 年）

——北極及其島嶼地圖 皮特（1680 年）

雖然，英格蘭航海家威廉 · 巴芬（William Baffin，1584－1622 年）巴芬是後世公認的北冰洋探險家，北極圈裏有用其名字命名的「巴芬灣」和「巴芬島」。但是，人們對巴芬在北冰洋探險之前的生活知之甚少。他的名字出現在歷史記錄中已是 1612 年，在一艘帆船船員名錄之中。人們只知道他 1584 年在倫敦出生，但不知他何時開始航海。

巴芬曾五次航行到北海斯匹次卑爾根地區，和格陵蘭島東西海岸的北極地區。最早的一次是 1612 年，此後，巴芬主要參與「倫敦商人探尋西北航道公司」的探險活動。從 1615 年開始，巴芬主要在羅伯特 · 拜洛（Robert Bylot）的「發現」號上擔任領航員，進入北海探險。巴芬最後一次北極航行是 1616 年，這一年他與羅伯特 · 拜洛駕駛具有很強的機動性的小帆船「發現」號，進入戴維斯海峽，最終沿北上航行至北緯77°45’，受冰封所阻返航。這一記錄直到1852年才被打破。

這次航行中，巴芬親手繪製非常精確的哈德遜灣航海圖。

此圖表現了這次航行成功探索的兩個海岸：一是圖右上方的格陵蘭島西海岸（北端後命名為「巴芬灣」），二是圖左上方格陵蘭島西邊的大島（後命名為「巴芬島」，此島是加拿大北極羣島的組成部分，是加拿大的第一大島，世界第五大島）。左下方描

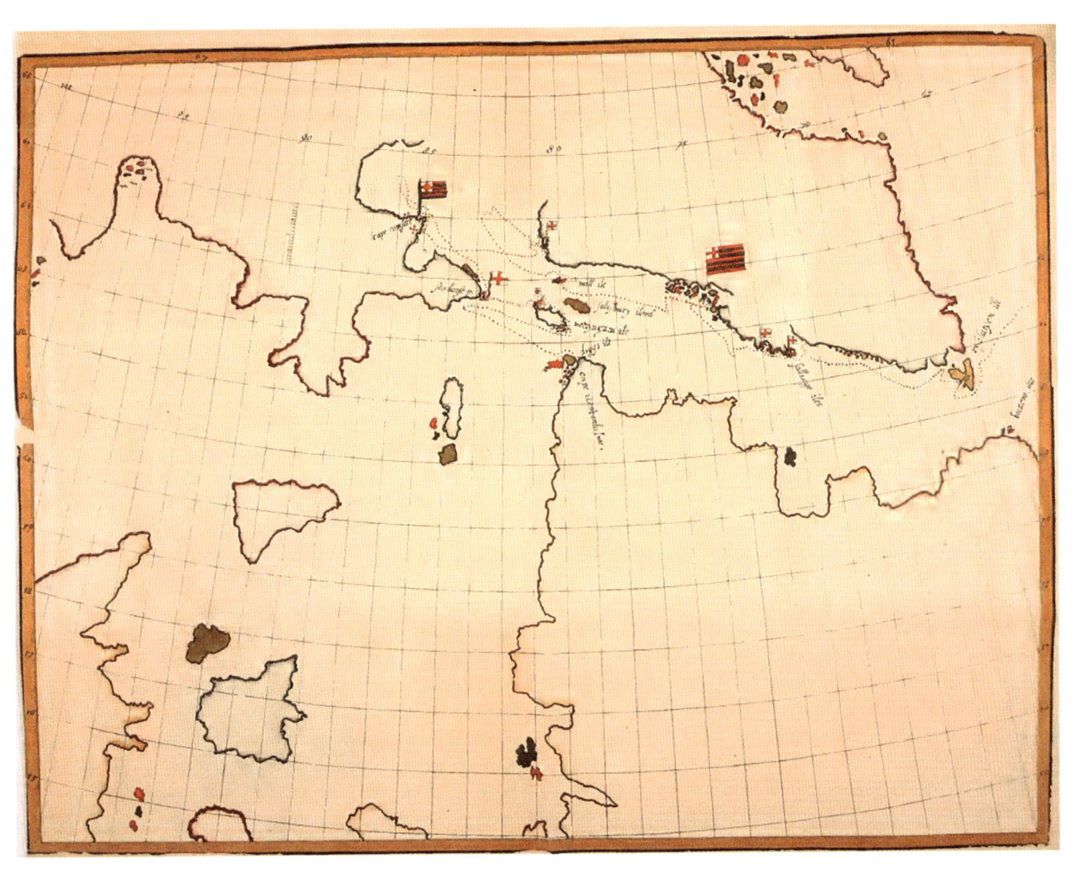

圖 14.7：巴芬 1615 年繪製的哈德遜灣航海圖，描繪了哈德遜海峽和哈德遜灣的東部，同時，也描繪了巴芬島的一部分

繪了哈德遜海峽和哈德遜灣的東部入口。在格陵蘭島西海岸北端，也就是後來的「巴芬灣」，他們發現了三個峽灣，並以三位西北通道探險讚助人的名字命名：北邊為史密斯峽灣、西邊為蘭開斯特峽灣，兩者之間的為瓊斯峽灣。當時，這些峽灣都被冰塊擋住了，巴芬和拜洛特無法發現通向西邊的蘭開斯特灣，這裏確實有一條通往北極羣島的通道，也是西北航道的「大門」。這次探險止步於此。

巴芬的這次探險可能還繪有其他航海圖，但 1625 年出版巴芬航行日記時，受資金限制，地圖和水文觀測結果，未能納入其中。現在人們所看到的這幅巴芬繪製的哈德遜灣航海圖，最早出現在 1881 年克萊門茨．R．馬卡姆（Clements R. Markham）編撰的《威廉．巴芬航行，1612－1622 年》書中，沒有人知道此圖的原圖在哪裏。

1616 年「發現」號航行後，巴芬將注意力轉向東印度公司。1622 年，他參與英格蘭襲擊波斯灣的葡萄牙堡壘，在戰鬥中被炮彈擊中身亡。

圖 14.8：皮特 1680 年製作的北極及其島嶼地圖中，「BAFFINS BAY」（巴芬灣）、「DAVIS SRAITS」（戴維斯海峽）和「HUDSON SRAITS」都被用大寫字母清楚地標註在地圖上

NOVA ZEMBLA.
Sinus dulcis.
In the Philosophicall Transactions of a° 1674 n:101, there is set down a Description of Nova Zembla as it was sent to the Royall Society from a Rusia Merchant, and discovered by order of the Grand Czaar, but there being not joyned to it either Longitude Latitude or other measure, we thought it better to follow the two newest Maps, one printed at Amsterdam a° 1678, the other at Nuremberg 1679; and to place this by it selfe: which shews it not an Iland but joyned with the Continent at the letter K.
PART OF TARTARY
S UNKNOWN
THE NORTHERN OCEAN
NOVA ZEMBLA
THE STILL SEA
PART OF MUSCOVY
PETZORA
OBDORA
PERMIA
LEUCOMORIA
Vologda
THE FROZEN SEA
THE WHITE SEA
LAPLAND
NORWAY
SWEDEN
THE BODNIC BAY
CARELIA
THE GRONELAND
ISELAND
FREESLAND
THE DEUCALIDONIAN SEA
Fero I.
Schetland I.
North Cape
The Polar Circle
Y Letter C I M P R S stands for Cape Iland Mount Point River Sound

1680 年英格蘭書商兼版畫家摩西・皮特（Moses Pitt，1639－1697）製作的英文版北極及其島嶼地圖中，「BAFFINS BAY」（巴芬灣）、「DAVIS SRAITS」（戴維斯海峽）和「HUDSON SRAITS」（哈德遜海峽）都被用大寫字母清楚地標註在地圖上。但巴芬灣西北邊的北極羣島，依然是以「封閉」的形式出現。此時，北極的知識和製圖技術已得到了很大的改善。此前地圖中錯誤的陸地和島嶼已被糾正或去除，並更新了諸如哈德遜灣等重要貿易地點的輪廓。精美的標題漩渦花飾強調了該地區捕鯨的重要性，其中有捕鯨場景、海象、獨角鯨和劃皮划艇的因紐特人。地圖上有一個華麗的徽章，獻給普利茅斯伯爵查爾斯・菲茨・查爾斯。

北極及其島嶼地圖是皮特為其命運多舛且未能完成的地圖集準備的唯一一部原創作品。該地圖集預計出版 12 卷，但最終只完成了四卷，投資就失敗了。皮特因欠債而被投入債務人監獄。

第五節　磁偏角與北磁極的描繪

——北極地圖 墨卡托（1595 年）

——包含信風及磁偏角的世界地圖 哈雷（1730 年）

——布西亞半島及北磁極地圖 羅斯（1831 年）

波特蘭海圖的研究者發現，早期的 14－15 世紀的波特蘭海圖與現代地圖的點位相比較，會發現波特蘭海圖上的點都有一些輕微的扭曲。這些扭曲的方式很一致，差不多都是經過了 8.5 度逆時針旋轉，這個度數正好是當時的磁偏角。換名話說，當時的航海家已經知道，地理北極與北磁極之間，存在一定的偏差。

真正在地圖上將地理北極和北磁極分別描繪的是佛蘭德的製圖大師墨卡托。1595 年，在他印刷出版的世界首幅北極圈地圖中，作者在四大島嶼中央漩渦（1508 年約翰內斯・魯伊斯繪製的圓錐投影世界地圖已有此類表現，詳見第十六章第一節）裏，置

圖 14.9：墨卡托 1595 年印刷出版的第一幅單幅北極地圖

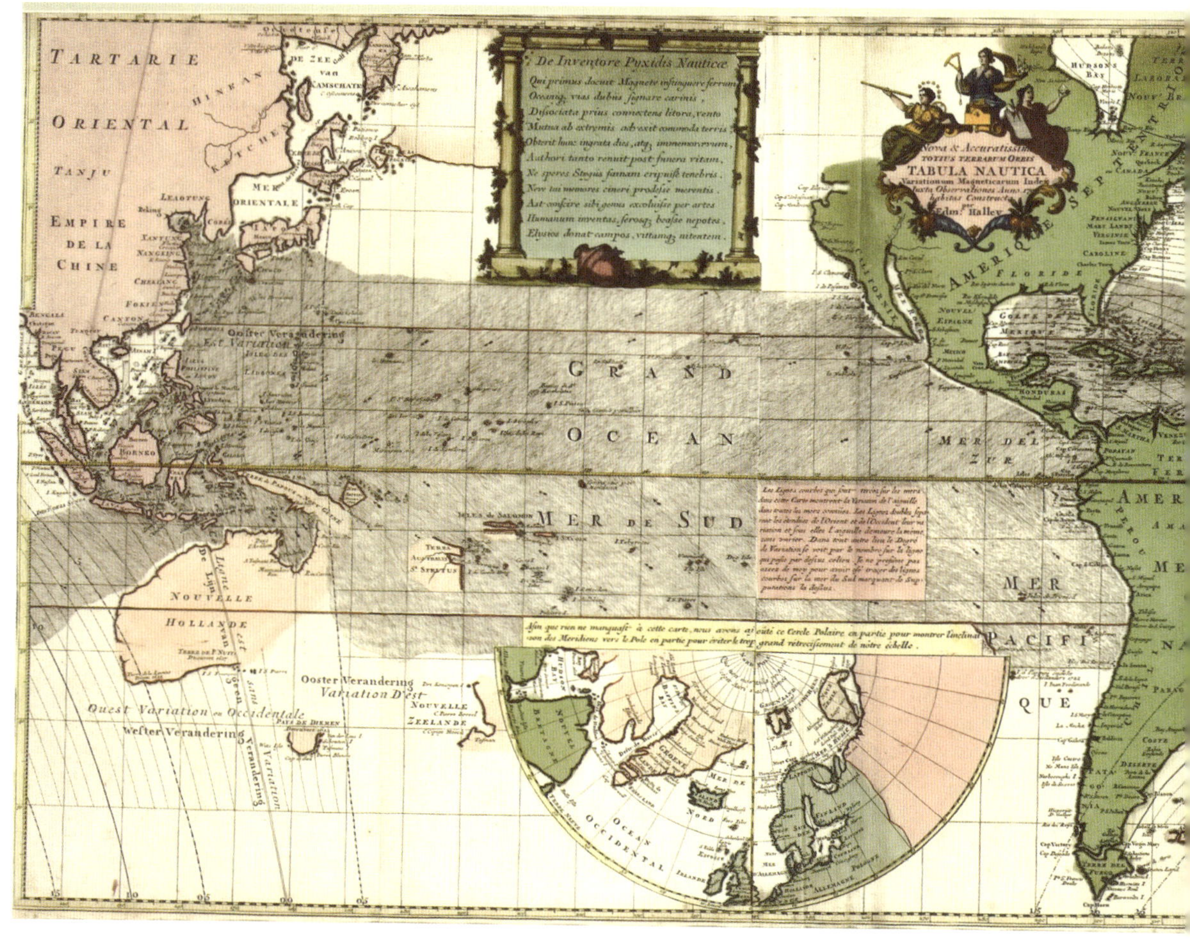

繪出一座小磁山，並標註為「Rupus Nigra et Altissima」（黑色的、非常高的峭壁），同時以大寫字母指明它是「POLUS ARCTIUS」（北極點）。同樣，在北極點上方的阿尼安（Anian）海峽之北，作者又繪出一座小磁山，上面還畫了一個小「圓圈」。它被標註為「Polus magnetis respectu insularum capitis viridis」（綠色島嶼的磁極）。顯然這裏是「地磁北極」。歐洲人早已知道，北極只能有一個地磁北極點。墨卡托為何繪出兩座小磁山，

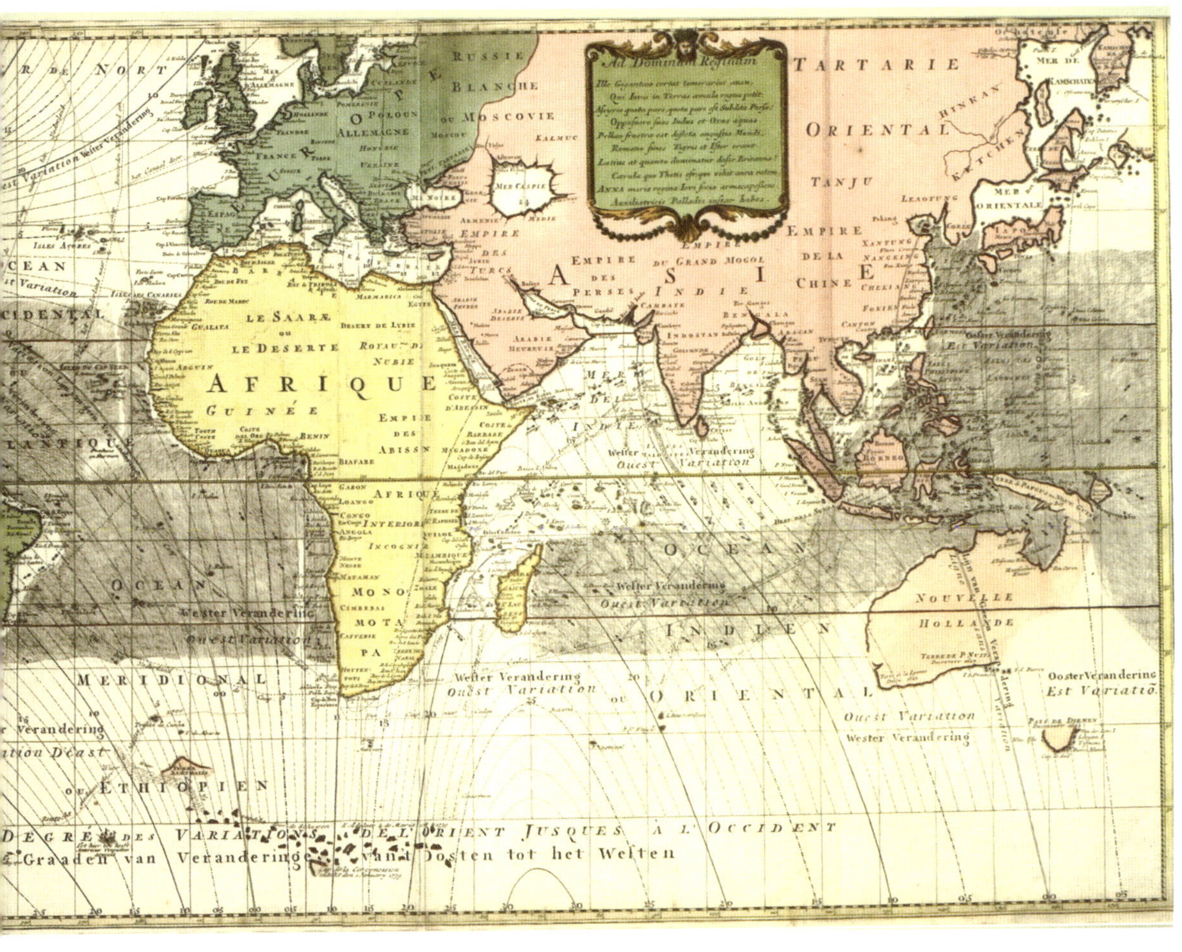

圖 14.10：1730 年哈雷在阿姆斯特丹出版了這幅包含了信風季風天氣系統及磁偏角等值曲線系統和北極圈的世界地圖

成了地圖史上的未解之謎。不過，換一個角度看，至少此圖在實際上，繪出了地理北極點，也繪出了地磁北極點，還明確了，它們不在一個點上。

這也是當時的航海家和製圖師要探索的問題。

英格蘭天文學家埃德蒙多．哈雷（Edmond Halley）因計算出哈雷彗星的公轉軌道，並預測該天體將再度回歸而聞名。很少有人知道，他還是位航海家和優秀製圖師。如果，人們評選影響世界的一百幅地圖的話，一定會有他在1702年在倫敦出版的繪有太平洋與大西洋磁極航線的世界地圖。此圖是最為詳盡的大西洋和太平洋磁偏角航線圖。

所謂磁偏角，即指北針指示的北方與實際正北方的夾角。據說，哈雷在十四五歲時就對這一現象感興趣了，當時還親手測量了幾次。30多年後的1689年，哈雷終於有機會實現他的願望，這一年他隨皇家軍艦帕拉莫爾號跨洋考察了北極與北磁極之間的磁偏角。1702年，哈雷根據這次航海羅盤記錄出版了大西洋和太平洋磁極航線圖。有趣的是，此圖為了體現更好的連接性，兩側重複繪有澳大利亞，其一周「超」出了360°。

這幅獨特的航海圖描繪了南緯52度以北的太平洋和大西洋各地磁偏角。圖上繁複的航線，為當時在海上無法確定經度的航海者提供了一定的領航依據。此圖也是第一幅繪有等值線的地圖，圖中每條曲線經過的點，磁偏角的值都是相同的。今天人們常看到的等高線地形圖、有等氣壓線的天氣圖，其實都來自哈雷的這個等值線地圖的創意。等值線在當時也被稱為「哈雷之線」。哈雷還試圖通過這種描繪磁偏差的航線圖精確計算出船在海上航行時所處的經度（此時，能在海面指出經度的航海鐘還沒有問世。1772年庫克第二次遠洋探險，才首次使用哈里森發明的航海鐘）。

哈雷於1702年在倫敦發表的第一版大西洋和太平洋磁極航線圖是方形圖，並將其收錄到1705年出版的《珍品雜集》（Miscellanea Curiosa）中。1730年哈雷在阿姆斯特丹又出版了這幅包含了信風季風天氣系統及磁偏角等值曲線系統的整幅世界地圖，範圍達到甚至超過了360°，澳洲和東南亞在地圖的兩側重復出現以便於觀察，左下方的半圓形區域為極地投影視角下的北極地區。

哈雷的北極磁偏角航線圖填補了一項製圖空白。但還有一個空白，他沒有完成，就是真正的北磁極的測繪。雖然，墨卡托北極地圖，曾在美洲和亞洲之間海峽（即今天白令海峽）附近的一個虛擬島嶼顯示了北磁極，但那只是推測，並不是實地測繪。完成這項任務的是英國探險家約翰·羅斯（John Ross，1777－1856年）和詹姆斯·克拉克·羅斯（James Clark Ross 1800－1862年）叔姪。

羅斯世家是一個航海世家。1812年，詹姆斯·克拉克·羅斯12歲時，就在叔叔約翰·羅斯爵士的指導下加入皇家海軍。1818年，他首次前往北極尋找西北航道，隨後

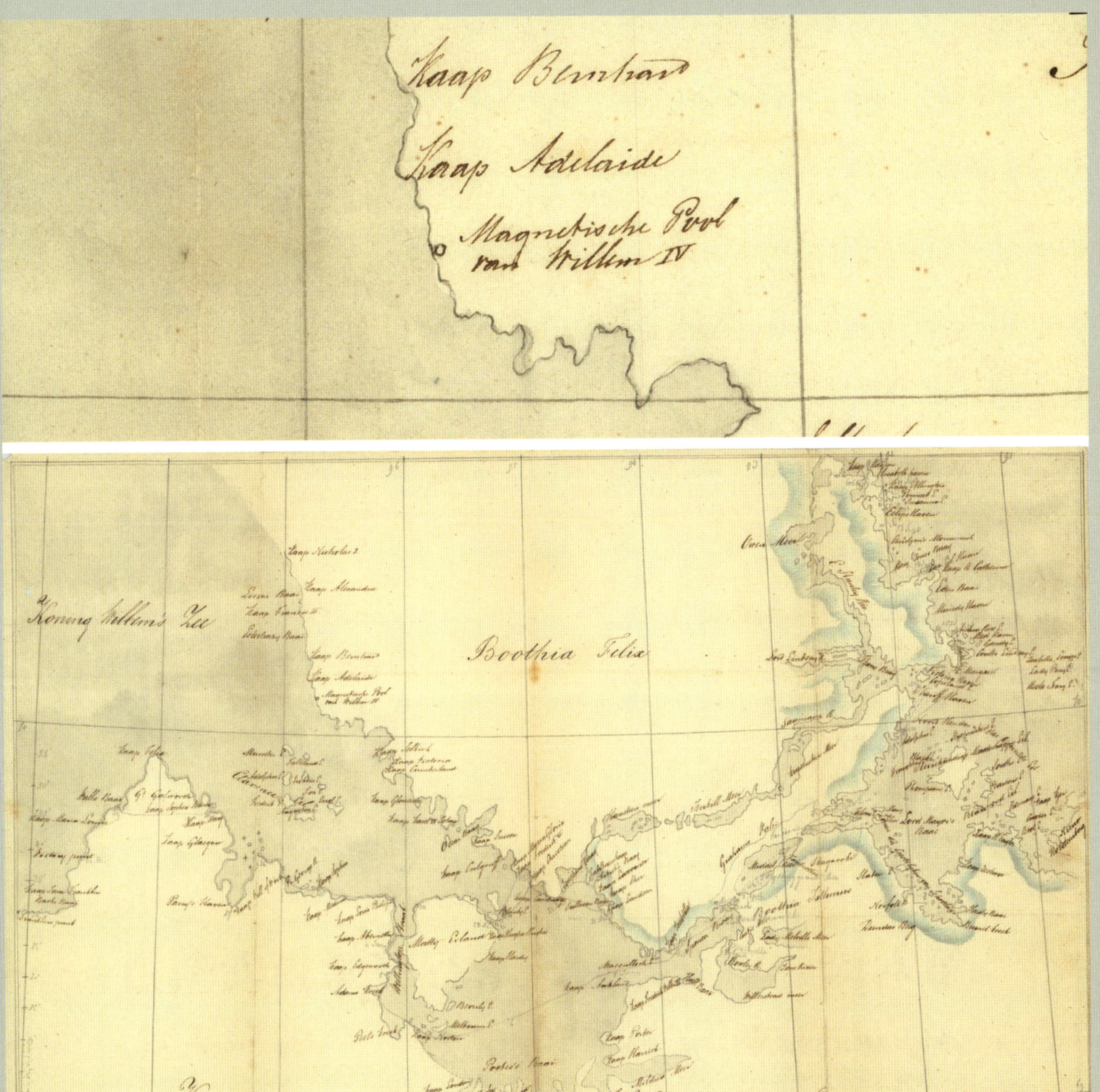

圖 14.11：羅斯在 1831 年繪製的布西亞半島及北磁極地圖上，以「Magnetische Pool van Willem IV」即「威廉四世的磁極」命名北磁極，並畫「圓圈」標記（見上方，局部大圖）

在 1819 年至 1827 年間，在威廉．帕里爵士（Sir William Parry）的帶領下進行了四次北極探險。1829 年至 1833 年，他再次在北極為叔叔效力。

在 1831 年 6 月 1 日，老小羅斯在加拿大北部的布西亞半島使用懸掛水平針的「浸圈」確定了北磁極的位置，即北緯 70 度 5 分 17 秒，西經 96 度 46 分 45 秒。這是人類第一次定位，並站立在磁北極位置。羅斯在他的日誌中寫道：「我可以原諒任何一個浪漫或荒謬地認為磁極是一座鐵山或磁鐵⋯⋯但大自然，並沒在這裏豎立任何紀念碑。」在這個荒野放置了一個裝有這一發現記錄的罐子後，在現場堆起一個小石堆「石標」。在此後不久羅斯繪製的航海圖上，以手寫體將此半島標註為「Boothia Felix」（布西亞．費利克斯），以紀念這次探險資助人費利克斯．布斯（Felix Booth）爵士。在布西亞半島西岸邊，以「圓圈」標記北磁極，同時以手寫體命名北磁極為」Magnetische Pool van Willem IV」即「威廉四世的磁極」。

羅斯在北磁極還有一個驚人地發現：磁北極不是固定的，即使在他測量磁北極位置之時，北磁極仍在移動。今天人們已經知道，地球磁極以每年不平均的速度和不同方向在運動。磁南極是向北向西方向移動，磁北極也是向北向西方向移動的。比如，1980 年地球的磁北極位置是 78° 12’ N，102° 54’ W；1996 年磁北極位置是 79.0° N，105.1° W。

第六節　麥克盧爾，東行打通西北航道

——尋找富蘭克林地圖 格林內爾（1853 年）

——東行西北航道 麥克盧爾（1857 年）

故事要從北極探險史上最大悲劇「富蘭克林北極探險隊失蹤」說起。

英國皇家海軍約翰．富蘭克林爵士（John Franklin 1786－1847 年）是一位了不起的航海家。早年在皇家海軍「貝勒羅豐」號（此船因押送過戰敗的拿破崙而聞名）上

圖 14.12：1853 年出版的美國北極探險隊 1850－51 年尋找富蘭克林爵士的航行圖

服役，參過加特拉法加戰役的富蘭克林，從 1818 年開始進入北極地區探險。此後，在 1819－1822 年間，又帶領 20 人在北美北部探險，曾造成一半船員中途喪生的悲劇。1843 年富蘭克林從塔斯馬尼亞總督崗位離任後，1845 年再次投入北極西北航道探險活動中。這次探險的 129 人全部失蹤……

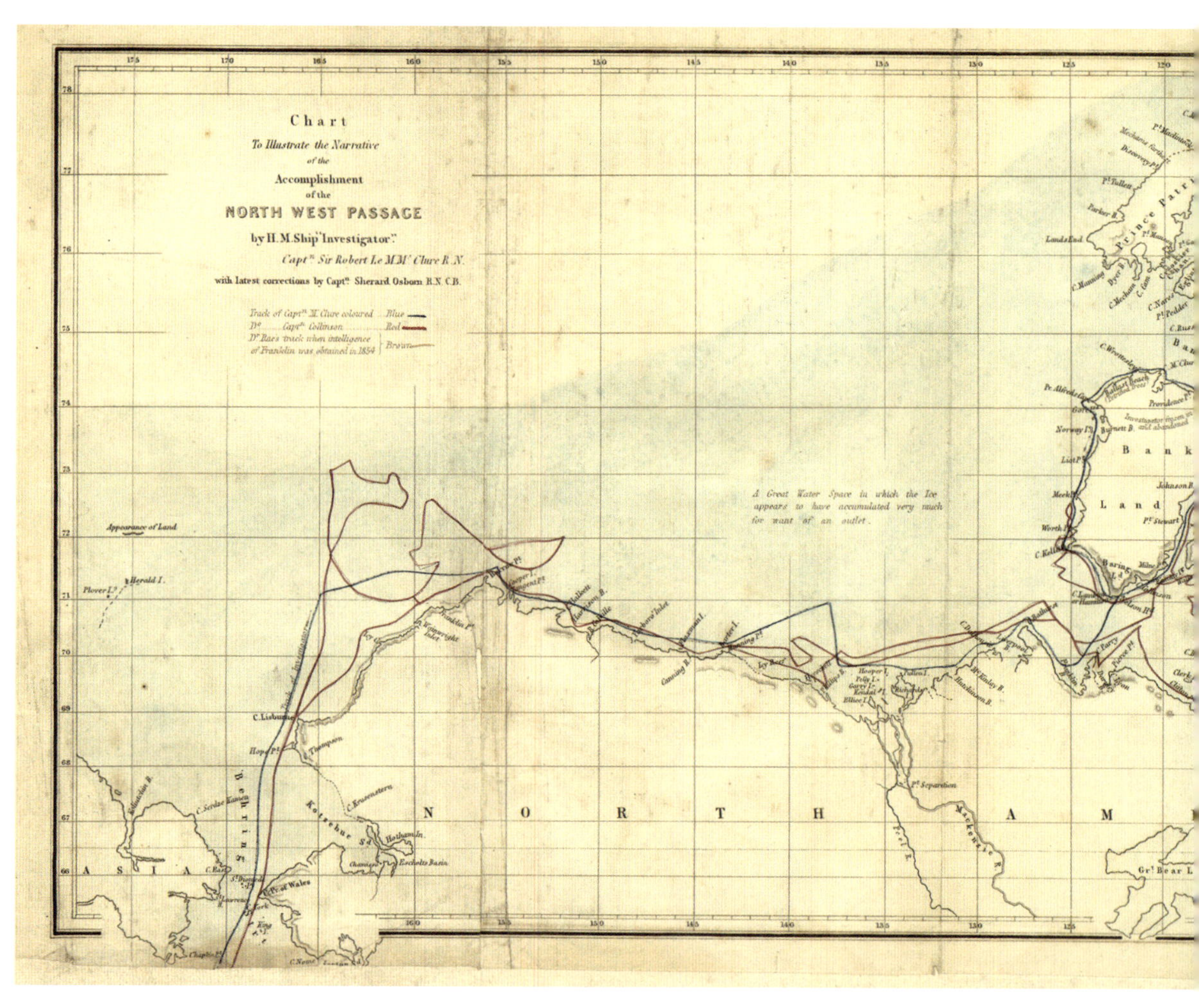

1845 年 5 月，富蘭克林在得到英國海軍部的資助後，全探險隊 129 人分乘兩艘結構堅固的「幽冥」號和「恐怖」號駛向北極。7 月下旬，有船隻看到富蘭克林的船隊在巴芬灣北部航行，此後便下落不明……接下來的故事，就是搜救富蘭克林探險隊的故事。

由於富蘭克林探險隊出發時帶了足夠 3 年的補給，所以兩年後，富蘭克林夫人才

圖 14.13：1857 年麥克盧爾等人出版的《西北航道的發現》，刊出了麥克盧爾從東向西穿越西北航道走出北冰洋返回英國的航線。這是最早最完整的北極西北航道「首航」路線圖

要求海軍部派搜索隊找尋其夫下落。海軍部一邊派出搜索隊，一邊懸賞 2 萬英鎊尋找富蘭克林探險隊。重賞之下，高峰時曾有 10 艘英國船及 2 艘美國船駛向北極，搜救富蘭克林探險隊。所以，人們才能看到美國水文局製作的這幅全名為「美國北極探險隊 1850－51 年尋找富蘭克林爵士的航行圖」，此圖由紐約製圖師亨利·格林內爾（Henry Grinnell，1799－1874 年）繪製，由美國水文局於 1853 年出版。圖上顯示了美國搜尋隊在戴維斯海峽、巴芬灣、北極羣島東部和格陵蘭島西海岸的搜尋路線；可以說，美國搜救隊已經來到了西北航道的「門口」——蘭開斯特海峽。

更悲慘的是，英美等國家的搜尋隊在搜索過程中損失的人員及船隻數目比起富蘭克林探險隊全體還要多。不過，有一件事給這些搜尋悲情以安慰，人們在搜尋富蘭克林探險隊的過程中，無意間打通了北極西北航道。

在 1850 年的搜尋中，英國皇家海軍中尉羅伯特·麥克盧爾（Robert M'Clure，1807－1873 年）另辟悉徑，從白令海峽進入北冰洋，向東北航行。1851－1853 年，他們一直被困在北極羣島的班克斯島，麥克盧爾在這裏看到了後來以他名字命名的「麥克盧爾海峽」，看到了梅爾維爾島，看到連接東邊的蘭開斯特海峽的「西北航道」。但冰封海面，一直到 1853 年 4 月 6 日，麥克盧爾的團隊才被從西方進入的另一支搜尋隊的雪橇隊，從冰面上救出。他們放棄了無法再操縱的「調查」號，靠着雪橇來到比奇島。1854 年又轉乘另一艘探險船「北極星」號，於當年 10 返回英國，結束了四年零十個月的探險航程。麥克盧爾由此成為第一個完成從太平洋經加拿大北極到達大西洋，東行打通西北航道的人（間中一部分是在冰面上徒步完成）。麥克盧爾因此獲得一萬英磅獎金，並被封為爵士。

1857 年在麥克盧爾等人的《西北航道的發現》一書中刊出了這幅西北航道地圖。此圖中央就是來自東西兩個方向探險隊匯合的班克斯島，圖上有麥克盧爾的「調查」號曾繞行此島的航線。它的北邊是梅爾維爾島，東邊是梅爾維爾海峽，更東邊的就是與巴芬灣相通的蘭開斯特海峽。圖上的藍色線條代表麥克盧爾航線，淺藍色線條代表「決心」號的航線，也是帶着麥克盧爾從東向西穿越西北航道，走出北冰洋返回英國的航線。這是最早的最完整的北極西北航道「首航」路線圖。

那麼，富蘭克林探險隊最終去哪了？

1850 年代，人們在威廉王子島和比奇島找到部分船隻殘骸和部分探險文獻，記錄了富蘭克林在 1846 年被困浮冰中，1847 年富蘭克林去世。1848 年 4 月 22 日，船員棄船登岸，當時有 24 人已死亡。為什麼有三年口糧的探險隊無一人生還？後世研究認為，一是攝入維生素太少，出現敗血症症狀；二是密封罐頭的材料裏鉛含量過高，造成水手鉛中毒，病死。最終全探險隊 129 人無一生還，成為北極探險史上最大悲劇。

2014 年及 2016 年，加拿大政府先後在威廉國王島恐怖灣水下 24 米的地方，發現了「幽冥」號和「恐懼」號殘骸。資料顯示：

「恐懼」號是一艘臼炮艦，甲板有 31 米長，排水量 325 噸，配備兩門迫擊炮和十門加農炮，1813 年 6 月下水。它參加過美國獨立戰爭，後改成極地探險船。因其堅固的結構可以承受極地海冰的壓力，先後參加了 1836 年到 1837 年喬治巴克北極探險、1839 年到 1843 年羅斯探險。

「幽冥」號，以希臘神話地獄中鬼域來命名，建造於 1826 年。該船排水量 372 噸，裝配兩門迫擊炮。該船參與過 1839 年至 1843 年的羅斯探險隊。

而今，這兩艘多次參加極地探險的功勛船，帶着它們不詳的船號「HMS Terror」與「HMS Erebus」，在冰冷的北極海底顯示最後的「存在」。

第七節　諾登許爾德，打通東北航道

——「織女星」號北極航海圖 諾登斯基爾德（1878 年）

1854 年英國皇家海軍中尉麥克盧爾在其他救援船的幫助下，完成了北極西北航道的穿越。現在，只剩下北極東北航道，在等待探險家的穿越。

沒人會料到最終打通這條航道，僅用一年零兩天，這幾乎是穿越極地航行的最

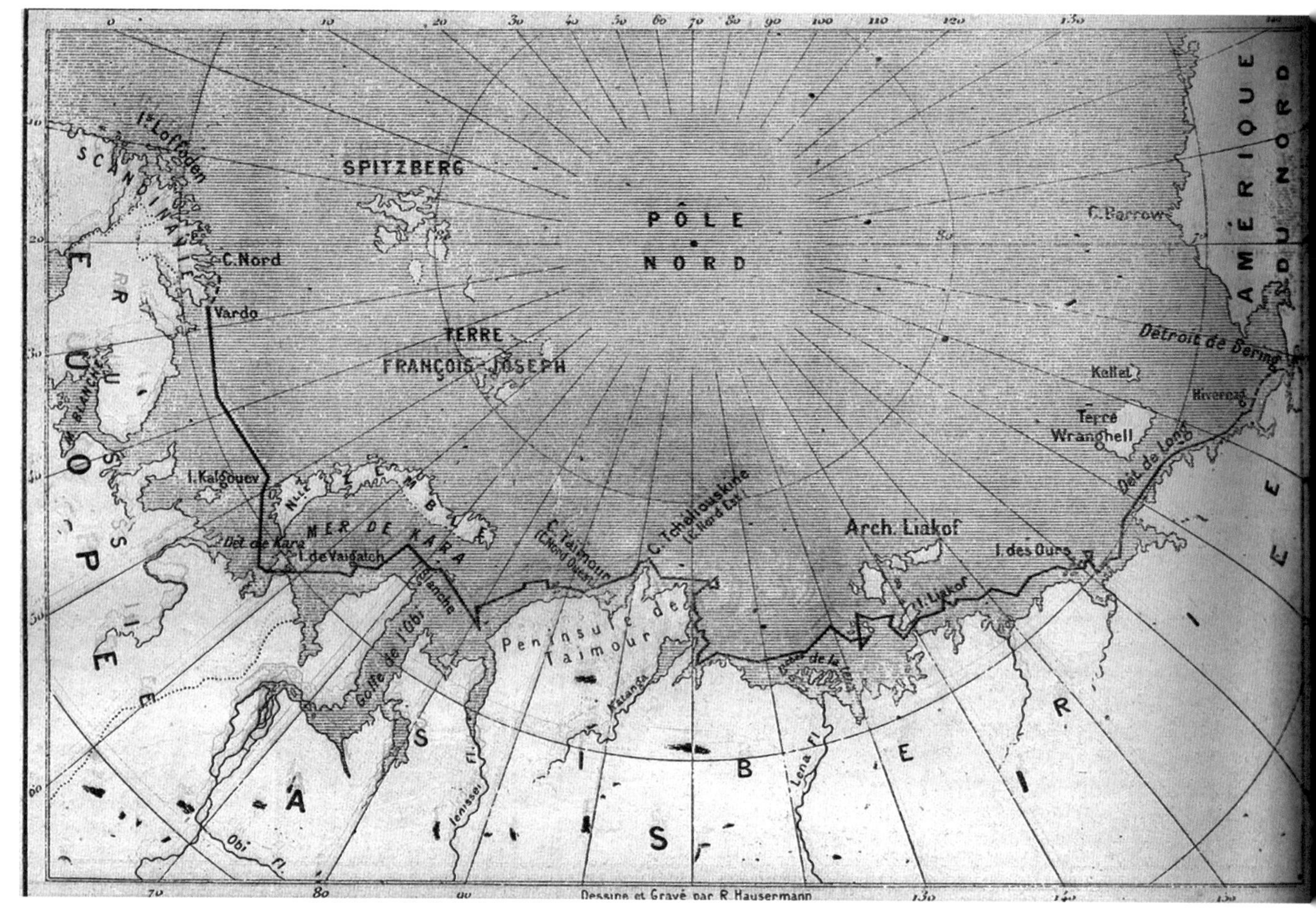

圖 14.14：諾登斯基爾德 1878 年發表在法國《世界畫報》上的織女星號北極航海圖。他按着事先規劃好的航線，順風順水地成為第一個打通的北極東北航道的人

短時間。這個幸運兒是瑞典探險家阿道夫．伊雷克．諾登斯基爾德（Nils Adolf Erik Nordenskiöld，1832－1901）。

如果，以出生地而論，諾登斯基爾德應算是芬蘭人，但他出生的時候，芬蘭還是俄羅斯帝國的一部分。不過，諾登斯基爾德 20 多歲時，由於參加激進活動被從出生地驅逐，移居到斯德哥爾摩，他在這裏開始研究北極航道和古地圖，並最終完成打通東北航道的任務。他被瑞典人看作是瑞典人，更何況他還是瑞典議會的議員。

諾登斯基爾德 1858 年以一名地質學家的身份隨瑞典北極探險隊到斯匹次卑爾根島進行了第一次北極考察。1864 年他又對該羣島進行了兩次考察，並繪製出相當精確的地圖。從 1868 年開始，他以斯匹次卑爾根為基地，兩次試圖征服北極點，都沒有成功。

由於新地島附近的捕鯨活動愈來愈多，諾登許爾德對探索西伯利亞海岸產生了濃厚的興趣。如果能把西伯利亞沿岸的航線打通，就可以把那一帶豐富的自然資源直接運到歐洲市場。因此，從 1873 年開始，他連續兩次從喀拉海航行到俄羅斯流入北冰洋的葉尼塞河，並逆流到達俄羅斯內地的葉尼塞斯克。

1878 年 7 月 18 日，在得到瑞典國王和俄羅斯富商的支持下，諾登斯基爾德率領 4 艘帆船，和來自瑞典、俄羅斯、丹麥、意大利和挪威的海軍和陸軍軍官，以及科學家、醫生、工程技術人員和水手組成的共 30 人的國際性探險隊，浩浩盪盪地向東北航道發起衝擊。這幅探險隊出發前，發表在法國《世界畫報》上的由諾登斯基爾德親自設計的「織女星」（Vega）號北極航海圖，毫不客地顯示他將完成這次環繞歐亞大陸的歷史性航行。

一切都很順利，「織女星」號最初由三艘船隻伴隨，從挪威北部海岸出發，沿西伯利亞海岸向東航行。9 月這三艘船逆流而上進入俄羅斯。諾登斯基爾德率領「織女星」號則繼續東行進入楚科奇海，此海南邊就是白令海。然而，天氣給他們找了點小麻煩，9 月 28 日，離當年庫克船長到過的白令海峽北角只有 193 公里，「織女星」號被牢牢地凍住，大家只好在此過冬。

10 個月之後，就在出發一周年的那一天，即 1879 年 7 月 18 日，「織女星」號從冰封中掙脱出來，強勁的南風把浮冰吹開，為他們讓出了一條通往勝利的水道。1879 年 7 月 20 日上午 11 時，他們終於繞過了亞洲大陸的東北角，進入了白令海峽。人類曾為之付出了巨大犧牲的東北航道，如此輕鬆地走通了——僅用時一年零兩天。

諾登斯基爾德打通東北航道被看作是瑞典航海史上最高成就之一。

第八節　南森，穿越北極

——南森北極航行地圖（1897 年）

挪威這個國家的地理位置令其天然地擔負着極地探險的使命，其大陸部分的北端已深入到北緯 70 度的高緯地區；其位於北緯 68 度的納爾維克（Narvik）港，是世界最北端的不凍港。如此說來，挪威就應是一個高產極地探險家的國家。

以挪威創造的極地紀錄而論，前有弗里喬夫·南森（Fridtjof Nansen 1861－1930 年），第一個橫跨北冰洋的航行而聞名世界科學界。後有羅阿爾德·阿蒙森（Roald Amundsen，1872－1928 年），第一個西航通過西北航道，第一個到達南極點。

這幅慶祝南森北極航行的地圖是 1897 年 3 月 26 日巴黎地理學會為挪威北極探險家弗里喬夫·南森（Fridtjof Nansen）舉辦的招待會的請柬，也是一份地圖紀念品。為了慶祝南森前進號探險隊歸來，歐洲各大首都的地理學會都舉辦了慶祝活動，首先是挪威，然後是倫敦，然後是巴黎。雖然，南森前進號探險隊未能達到預定目標北極點，但他到達了北緯 86° 13’，比之前的記錄提高了近 3 度。

這幅南森北極航行地圖描繪了北極圈以北的地區，並延伸至格陵蘭島和斯堪的納維亞半島。圖上穿過北極的淺藍色虛線揭示了南森前進號探險活動的由來：

1879 年 9 月，美國海軍上校喬治·W·德隆（George W. De Long）的「珍妮特（Jeannette ）」從美國舊金山啟航，北上進入白令海峽，試圖尋找一條通往北極點的新船線。不久，「珍妮特」號被浮冰困住，開始了長達 22 個月的北極漂流。1881 年 6 月，珍妮特號在新西伯利亞羣島附近被冰層擠壓而沉沒，船員們乘小船逃生。神奇的是，三年後，「珍妮特」號上的物品，包括印有船員姓名的衣服和德隆上校簽署的文件，在格陵蘭島西南海岸被發現。此圖的左下角，標註了珍妮特號漂流物的發現地和發現時間「1884 年」。

1884 年，現代氣象學創始人之一亨利克·莫恩（Henrik Mohn）博士在一次演講中指出：「珍妮特」號遺骸的發現表明：北冰洋存在着一股從東向西流過整個北冰洋的洋流。正是這個極地漂移理論鼓舞了熱衷於極地探險的南森。為了證明這個漂移理論，南森監督建造了一艘具有圓形船體和其他設計用於承受長期冰壓力的船隻，該船被命名為「Fram」，意思是「前進」。

這幅地圖的右下角，標註了南森「前進」號探險隊從挪威出發的時間「1893 年 6 月 24 日」；並用黑色虛線顯示了南森「前進」號探險隊嘗試利用北冰洋東西向自然洋流到達地理北極的路線。

「前進」號穿過巴倫支海，向北極東北航道前進，借挪威暖流先到達新地島，而後來到北俄羅斯定居點哈巴羅夫，再向東邊的新西伯利亞羣島移動。1893 年 9 月 24 日，他們到達了北緯 78° 海域。10 月 9 日，「前進」號第一次體驗到冰壓，隨着船的起落，冰無法抓住船體，創新設計取得成效。

1894 年 1 月前進號向北移動，3 月 22 日突破北緯 80° 大關。1895 年 3 月，沿着巨大的冰裂，「前進」號漂流到北緯 85° 57’ 的海域，但冰蓋已使「前進」號寸步難行了。去北極點的唯一選擇，只能是駕馭狗拉雪橇了，南森選定同伴哈爾馬爾·約翰森（ Hjalmar Johansen）離開「前進」號，告別隊友向極點方向走去。1895 年 4 月 8 日，南森和約翰森在最北端營地以六分儀測定位置為北緯 86° 13’，此地距北極點不到 400 公里。但前方是一座座高大的冰山和難以逾越的冰障，南森只好向西南方向返回。

圖中央的黑色實踐是南森和約翰森返回路線，在冰原上，他們又走了 4 個月，1895 年 8 月來到新地島北面的法蘭士約瑟夫地羣島。此時，冬季到來了，他們只好在島上越冬。1896 年 6 月 17 日，英國探險家弗雷德里克·傑克遜的船從這裏經過，南森和約翰森才被帶到弗洛拉角的基地，幸運地踏上了回家的路……並於 8 月 13 日到達此圖右下角標註「Vardo」挪威北部的瓦爾德港。與此同時，「前進」號繼續向西漂移，最終進入了北大西洋。

頗具喜劇色彩的是，就在南森和他的夥伴們乘船返回之際，1896 年初夏，英國《自然》雜誌根據南森出征北極探險 3 年未歸的事實，在該雜誌上刊登悼詞，對他「獻身」北極探險事業表示深切的懷念。悼詞刊出不久，南森奇跡般地返回家鄉，成為北極探

圖 14.15：這幅慶祝南森北極航行的地圖是 1897 年 3 月 26 日巴黎地理學會為挪威北極探險家南森舉辦招待會的請柬，也是一份珍貴的地圖紀念品

險史上又一位傳奇英雄。

雖然，南森沒有達到到達北極的目的，但這次探險取得了重大的地理和科學發現。英國皇家地理學會主席克萊門茨·馬卡姆爵士宣稱，這次探險已經解決了「整個北極地理問題」：地理北極點不在陸地上，也不是位於永久冰蓋上，而是位於不可預測的浮冰上；北冰洋是一個深盆地（後被命名為南森盆地）；歐亞大陸以北沒有明顯的陸地……當然，還有這支探險隊「零傷亡」的記錄。

第九節　誰先到達北極點，沒有結論的懸案

——北極探險地圖（1909 年）

雖然，南森的北極探險已經證明，北極沒有陸地，其極點在巨大的浮冰之上。航海實踐證明，無法乘船穿越北冰洋。但這個地球之極，地球自轉軸與地球表面的兩個交點之一，仍然有着無以倫比的吸引力。北極點探險，變成了一場殘酷的競賽。

弔詭的是，誰最先踏上北極點，至今沒有一個明確的說法。這樁公案的兩個當事人都是美國人，說美國人最先到達北極點，沒錯；但時間上，還是有分歧。

1909 年 9 月 7 日《紐約時報》頭版刊登了一個重大新聞：「在 23 年間 8 次嘗試後，皮裏終於在 1909 年 6 月 4 日到達了北極點」。這篇新聞即刻引起了爭議，因為一周前的《紐約先驅報》發表了另一個版本的重大新聞：「1908 年 4 月庫克博士到達北極點」。庫克這個紀錄，比皮里早了一年。

羅伯特·埃德溫·皮里（Robert Edwin Peary）1856 年出生於美國賓夕法尼亞州，1877 年畢業於緬因州的一所文理學院鮑登學院，後來成為美國海軍的一位土木工程

師。1886 年開始北極探險。他曾多次探險格陵蘭，並證明其為世界第一大島。皮里為了衝擊北極點，準備了許多年，並在北極地區住了 4 年，從因紐特人那裏學到不少北極地區生存技能。1908 年皮里率探險隊乘「羅斯」號開始向北極行進，他們先在埃爾斯米爾島北端過冬。1909 年 2 月在到達目的地大約 640 公里處，皮里一行離開了「羅斯」號，用狗拉雪橇向北極點行進。皮里和他的同伴馬修 · 亨森（Matthew Henson）以及 4 位因紐特人利用一段好天氣，發起了最後一次衝刺，終於在 6 月 4 日到達北極點，宣稱是世界首位徒步抵達北極點的人。

弗雷德里克 · 庫克（Frederick Cook）1865 年出生於美國紐約州霍頓維爾。1890 年畢業於紐約大學，成為醫學博士。庫克因在報紙上發現了一則招聘北極探險隊外科醫生的廣告，而加入了北極探險行列。那則廣告正是美國海軍土木工程師維伯特 · 埃德溫 · 皮里發佈的。此後，庫克參加了由皮里主持的 1891 年的北格陵蘭島的遠征探險，但是兩個人很快就發生了分歧。於是，庫克退出了由皮里領導的極地探險隊。

1907 年庫克帶領只有 6 個人的北極探險隊，先進入格陵蘭島，並建立基地，在那裏過冬。1907 年，他們使用狗拉雪橇的方式穿越北極冰原，由於導航問題和天氣的影響，庫克一直無法確定北極點。庫克在日記中記錄了自己無法確認是否已經到達北極點的困惑。但是，庫克最終還是聲稱自己 1907 年 4 月成功到達了北極點。

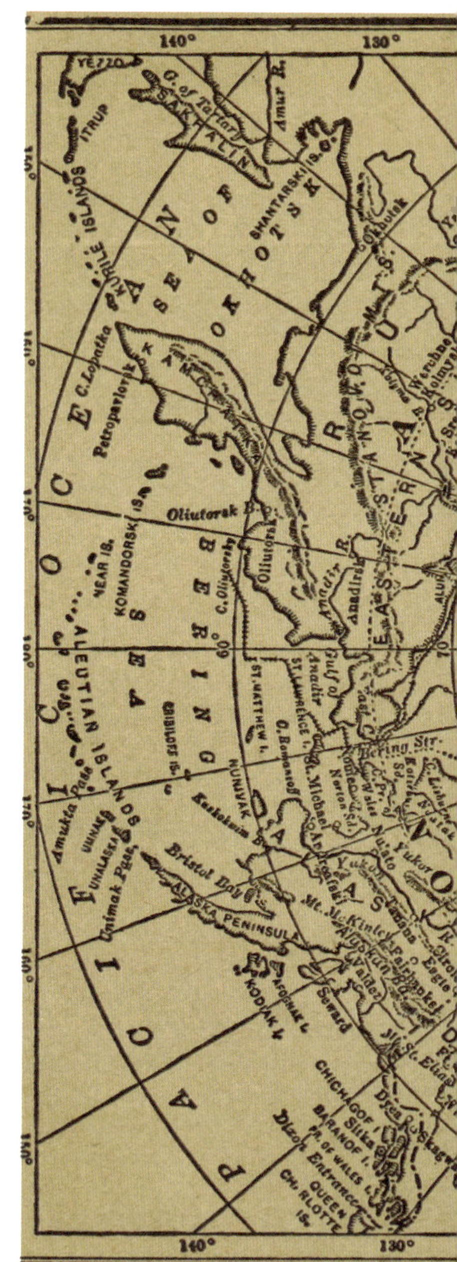

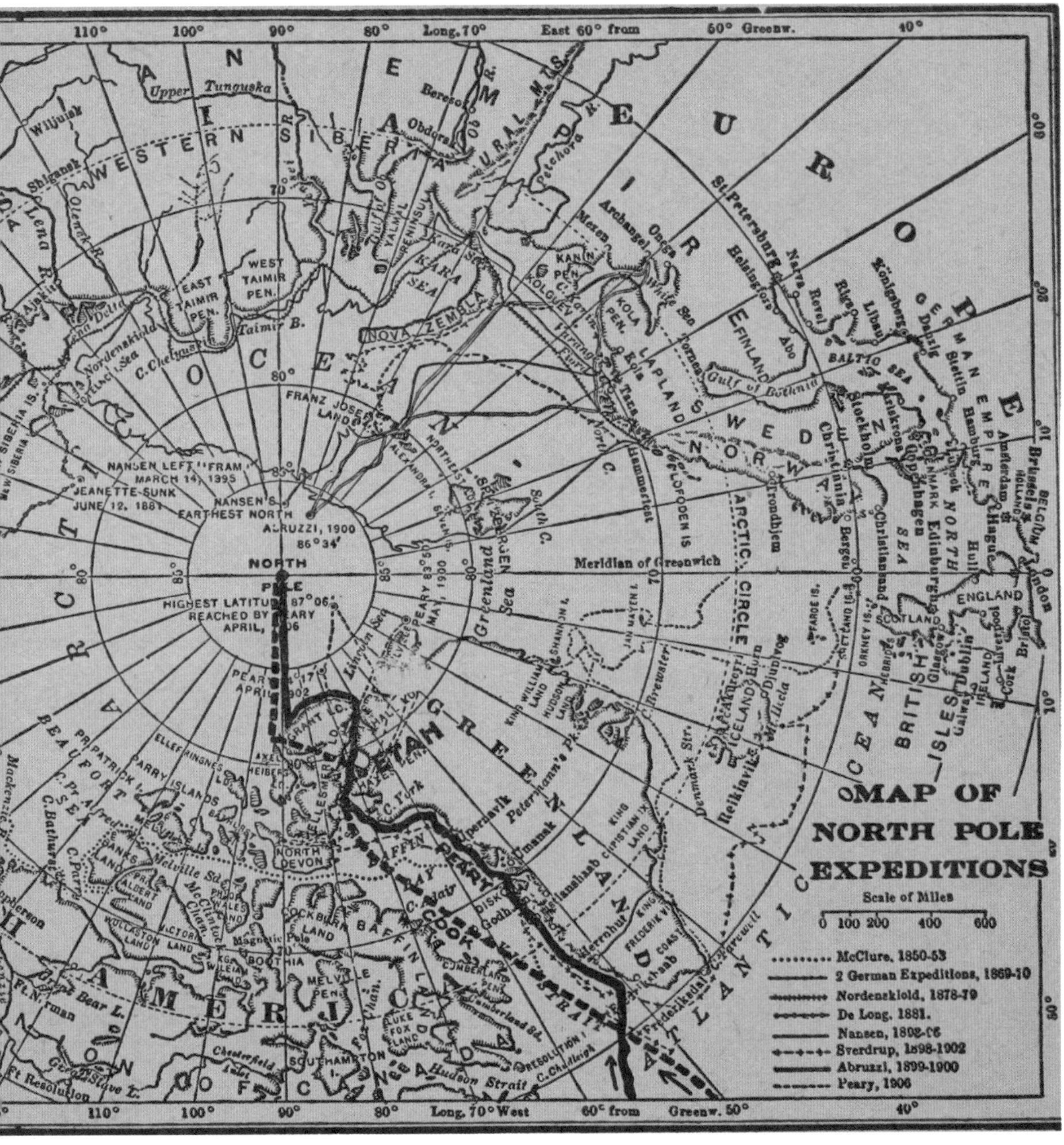

圖 14.16：1909 年皮里故鄉賓夕法尼亞州費城出版的這幅北極探險地圖，以粗虛線和粗實線顯示庫克與皮里兩個人前往北極的路線

其實，不論是庫克，還是皮里，都沒能拿出強有力的證據證明，自己到了北極點。即使是今天，也無人能在北極點留下永久印記，那裏是移動的浮冰。人們只有在地圖上，才能確立紙面上的北極點。

當時公開報道中，許多地圖出版者都採用了「客觀」的雙視圖。比如，1909年皮里故鄉賓夕法尼亞州費城出版的這幅北極探險地圖（MAP OF North Pole EXPEDITIONS），它顯示的就是庫克與皮裏兩個人前往北極的路線。

此圖總結了歷史上的北極探險，右下角圖例顯示了主要北極探險家與探險北極時間：如，麥克盧爾，1850－53；南森，1878－79；皮里，1906；但列表中沒有庫克。或許，為了顯示爭議，也顯示公平。圖面用粗虛線畫出了庫克到達北極點的路線，用黑實線畫出的皮裏到達北極點的路線，並在兩條路線上用黑體字母標註了「Cook」和「Peary」，即庫克和皮里的名字。

雖然，誰先到達北極點的爭論一直沒有定論，但有人到達了，這是即成事實。

其實，搶登北極點，沒什麼地理學意義。它像是一場極地越野賽，誰先到達的北極點，也只是體育上的冠軍。但是，回頭看幾百年來發生在北極圈裏的西北航道、東北航道和北極點的探險，以及描繪這些探險的地圖，目睹一代又一代探險家在生死考察中逐一擊破古典時代的種種猜想，最終用「發現」終結了「發現」。他們給後人留下的除了航海、地理學，甚或是體育競賽的進步，更多的是跨越時空的傷感與永恆的傳奇。

第十五章

南極海圖：人類最後的一塊大陸

本書的開篇講過「傳說中的世界地圖」。如，阿那克西曼德世界地圖、狄凱爾卡斯世界地圖、埃拉托色尼世界地圖等等，可惜都沒能傳世。否則，人們就能看到北半球先哲怎樣描繪南半球想像中的「南方大陸」。

公元 2 世紀，希臘地理學家托勒密從理論上再次認定：在赤道與南極之間，有一塊巨大的「未知的南方大陸」，與北半球的大陸保持平衡。可惜，表現這一理論的托勒密世界地圖沒能傳世。

1488 年，迪亞士繞過南非好望角以航海實踐證明，至少非洲大陸，並不與「未知的南方大陸」相連。1577 年，德雷克發現美洲南端「火地」之南，是一片汪洋大海，這裏也不與「未知的南方大陸」相連。至此，航海家已在世界兩塊大陸最南端證明了非洲與美洲大陸都不與所謂的「未知的南方大陸」相連。

但是，托勒密《地理學》仍有很大影響。1570 年亞伯拉罕・奧特里烏斯，在安特衛普出版了第一部現代意義上的世界地圖集《寰宇劇場》。此書首頁上是一幅最新的世界地圖，圖中的「未知的南方大陸」是巨大的南極大陸。這個憑猜想繪製的南極大陸是否真實存在，將由此後的航海活動來證實。

又過了幾百年，大航海已令世界再沒有什麼土地可供發現。於是，人們開始向更南邊的大洋裏尋找那片心心念念的土地。1772－1775 年，英國航海家庫克率領「決心」號和「冒險號」帆船，三次進入南極圈，曾一度進入了南緯 74 度 10 分的海面。這個地球最南端的航行記錄，保持了整整半個世紀。同時，庫克三次進入南極圈，也將大航海第四階段的任務——極地冰海航行，推向高潮。

在庫克船長三次進入南極圈之後，人們相信，如果有「未知的南方大陸」，那也是一片冰封之地。英國放棄了佔領冰封的南方大陸的想法，轉而展開對南極海域的氣象、地理、磁學的科學考察。看上去，這是整個大航海時代，最純粹、最乾淨的航海活動，但話也不能說得太滿。1836 年，美國國會通過了一項法案，授權總統「派出一支考察隊前往太平洋和南海進行勘察和探險」。其文件是這樣表述的：「雖然，這次探險的主要目標是促進商業和航海的巨大利益，但你們將利用一切與你們的偉大事業不相悖的場合，擴展科學的界限，並促進知識的獲取與更新。」人類不論走到哪裏，哪怕荒無人煙，哪怕冰天雪地，利益永遠存在。

1839 年 4 月 8 日，蘇格蘭航海家詹姆斯 · 克拉克 · 羅斯上尉爵士（1800－1862 年）奉命指揮一支南極科考隊，目的是「磁力研究和地理發現」。這是人類首次對南極進行磁力勘測。1831 年羅斯曾在加拿大北部的布西亞半島確定了北磁極的位置，這項成就使他成為無可爭議的地磁方面的頂尖專家。1841 年羅斯在南緯 72° 發現用他的名字命名的「羅斯海」和「羅斯冰障」。

閱讀極地地圖或海圖會發現，它有一個向前輩或先烈致敬的傳統。在許多極地地圖上，常常會看到圖例中，列出一串過往的航海家、探險家的名單及其探險時間，並會在圖面上，畫出過往的航海家、探險家繁複的航跡，還有冰上行走的足跡。以此展示人類探索極地的艱苦歷程，並引領後來人完成那未競的探險事業。比如，1890 年巴黎出版法文南極洲地圖，右上角圖例中排列出一串歷史上的南極探險家：Cook、Weddell、Dumont-d’Urville、Wilkes、Ross、Nares。即庫克、威德爾、杜蒙 - 杜維爾、威爾克斯、羅斯和納爾斯。2025 年 2 月，筆者乘太平洋世界號進入南極洲。行前專門研究了「南極洲算不算一個洲？」的問題。其實所謂「七大洲」，並不是一個公認的大洲劃分模式。比如，美國和澳大利亞並不認為「大洋洲」（Oceania）是一個大洲，他們認為在地質學上澳大利亞洲（Australia）已是一個獨立的「洲」。俄羅斯、東歐國家和日本普遍使用「六大洲」。更奇特的是國際奧委會，它的五環標志只承認有人類居住的「五大洲」。南極洲從未派人參加奧運會，所以在奧委會這裏，「南極洲」不算一個洲。

20 世紀，人類的野心到了「極點」，那就是要征服南北極點。

征服南北極點，比征服珠穆朗瑪峰更有哲學意義。如果說「山在那」是個存在，那麼看不到摸不着的極點，則是虛無。它讓所有的意義，失去意義。珠峰只是最高的存在，極點則是地理的「黑洞」。它打碎了空間，是最南，又是最北；它亦無時間，地球轉與不轉都一樣。若論其「實」，就是「足下」。如是，謂之征服，也未嘗不可。

第一節　第一位駛入南極圈的航海家

——庫克等航海家南半球航跡圖（1778 年）

英國皇家海軍三次派庫克船長跨洋尋找「未知的南方大陸」。

1769－1670 年，庫克的第一次太平洋探險沒能完成這項任務。

1772－1775 年，庫克的第二次太平洋探險也沒能完成這項任務。

值得大書特書的是，庫克第二次探險，首次將人類向南極進軍的軌跡畫進了南極圈，並首次完成環繞南極海域一周的航行。

庫克至少在 1776 年就完成了這幅南極地圖。因為，納撒尼爾．丹斯 1776 年繪製的那張最帥、最有名的庫克肖像中，就使用了這幅地圖最初的英文版本作為道具。這幅航海圖是那個時代質量最高的地圖。這不僅歸功於庫克本人的高超的製圖技巧，也得益於六分儀的進步，更重要的是 1772－1775 年庫克的第二次太平洋航行，還有一個任務就是檢驗在約翰．哈里森發明的 H4 基礎上仿製 K1 經度鐘（也稱航海鐘）是否經得起海上顛簸的考驗——這是人類第一次在大洋航行中使用科學儀器確定經度。1775 年庫克遠航歸來，盛讚航海鐘給經度測定帶來的方便，把它稱為「我最可信賴的朋友」。所以，庫克第二次太平洋航行繪製的航海圖，別人幾乎無法再進行修正和補充。它標誌着世界海圖測繪與製作真正進入「現代」，也為英國後來在南太平洋上的統治地位奠定了基礎。

1778 年倫敦出版的庫克所著《前往南極和環球航行》中刊載了這幅名為「庫克等航海家南半球航跡圖」，這裏選用的 1780 年巴黎出版的法語版本，圖縱 48.5CM 橫 48.5CM。注意，圖上列出了緯度和經度表，角落處顯示了許多新測量的島嶼和海角坐標。地圖圓圈外，有詳細的緯度和發現表格，涵蓋約 60 個島嶼、海灣、和其他地區。兩側的文字稱：「表格，包含最後在南海發現的島嶼的緯度和經度，如本地圖所示。」

這是一幅極地投影地圖，從南極點輻射八方。從圖上的緯度尺可以看出其描繪範圍是從南極點到赤道。圖中描繪了新荷蘭（即後來所說的澳大利亞，塔斯馬尼亞仍與大陸相連）、新西蘭、東南亞部分地區、非洲和南美洲的海岸線。圓形投影周圍是南太平洋島嶼的緯度和經度表。注意：南極圈內沒有陸地。事實上，一直到 1820 年俄羅斯航海家別林斯高晉率領的南極探險隊，人類才第一次看並記錄了似是而非的尚未證明的「南極大陸」。

此圖最重要的主題是詳細描述 1595 年至 1775 年間 13 位探險家的南半球探險航程。探險家航線被標記出來，用箭頭顯示行進方向，並刻有各自的航行日期。在南極圈周圍的船隻軌跡特別註明，並標註了航行期間看到的冰原：

1. 門達納（Mendaña）1595 年。於 1567 年 9 月率領西班牙探險隊前往所羅門羣島，但他的船員迫使他返回祕魯。1595 年 6 月，又進行了一次返回所羅門羣島的嘗試，但航海圖並未準確繪製。

2. 基羅斯（Quiros）1606 年。基羅斯陪同門達納進行了第二次航行，他是一位熟練的領航員。返回西班牙後，他説服當局相信，如果他們給他船隻和補給，他就能找到南方大陸。他於 1605 年出發，最終抵達瓦努阿圖。

3. 勒梅爾（Le Maire）和斯霍滕（Schoeten）1616 年）。這是艾薩克 · 勒梅爾和威廉 · 舒騰領導的一次環球航行，旨在打破荷蘭東印度公司（VOC）對麥哲倫海峽的航行壟斷。他們繞過火地島海岸，並在該島嶼和史坦頓地之間發現了一條海峽。

4. 塔斯曼（Tasman）1642 年。塔斯曼是荷蘭探險家，他被派去查看範迪門土地（塔斯馬尼亞）以外的西南太平洋是否有財富。他是第一個接觸新西蘭的歐洲人。

5. 哈雷（Halley）1700 年。哈雷是一位天文學家。英國海軍部授予他一艘船的指揮權，進行了三次測量地磁變化的探險活動。在 1690 年代末，兩次前往南大西洋，是第一個在南大西洋進行廣泛航行的人，在途中看到了冰山。

6. 羅格溫（Roggewein）1722 年。這位荷蘭海軍上將乘「阿雷納」號，在 1722 年 4 月 5 日復活節下午，首次登上孤懸於太平洋東部波利尼西亞最東邊的一個小島，島上居民稱它為」世界肚臍」。羅格溫稱它為「復活節島」。

7. 布維（Bouvet）1738－39 年。讓 - 巴蒂斯特 · 查爾斯 · 布維 · 德 · 洛齊爾被法國東印度公司派去尋找南部大陸。他穿越南大西洋，發現了一座小島，並以他的名字命名，但他錯誤地標記了坐標，因此不得不於 1808 年重新發現該島。

8. 拜倫（Byron）1765 年。拜倫參加了 1760 年代英國海軍部組織的三次環球航行中

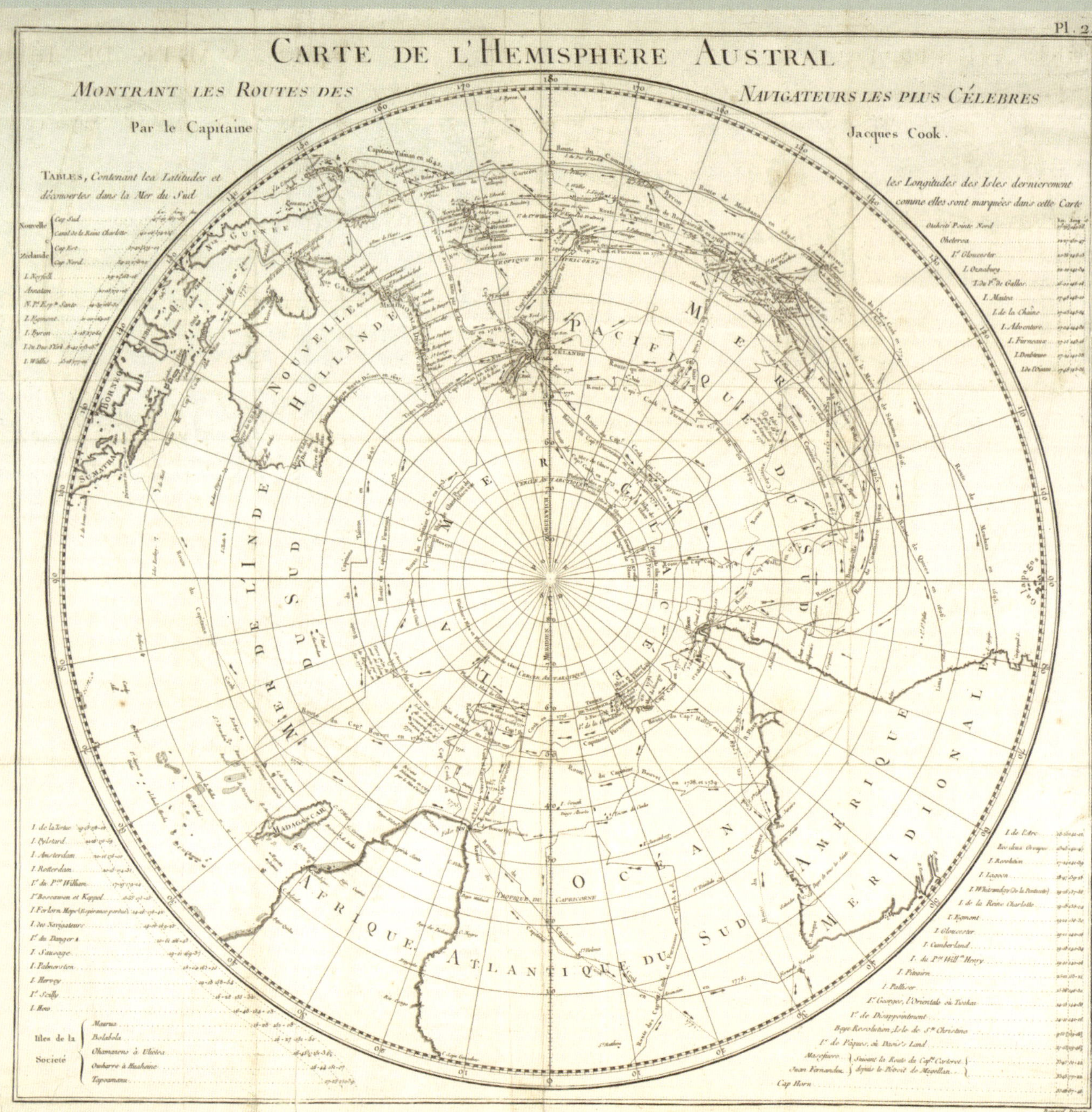

圖 15.1：1778 年倫敦出版的庫克所著《前往南極和環球航行》中，首度刊載了名為「庫克等航海家南半球航跡圖」。1780 年巴黎出版了此圖的法語版

的第一次。拜倫原本應該在南美海岸附近尋找英國駐地的位置，然後跨入太平洋尋找南部大陸。他確實聲稱英國擁有福克蘭羣島，但很少在南海進行探險。相反，拜倫在離開後不到兩年就匆匆漂洋過海回到了英國，創造了環球航行的記錄。

9. 沃利斯（Wallis）1767 年。沃利斯率領英國海軍再次前往太平洋。他再次去尋找「未知的南部大陸」。相反，沃利斯在塔希提島登陸，他帶回了這個田園詩般的島嶼的消息，正好使它成為詹姆斯·庫克第一次觀察金星凌日探險的目的地。

10. 卡特雷特（Carteret）1767 年。卡特雷特與拜倫一起航行到世界各地，並在沃利斯回國後立即受命陪伴他。卡特雷特的船「燕子」號 遇到了很多困難，無法與沃利斯的「海豚」號同行。相反，卡特雷特獨自環球航行，並在南太平洋取得了相當大的發現，因為他比當時大多數船隻更向南航行。他發現了皮特凱恩島、卡特雷特羣島和其他幾個羣島，包括重新發現了所羅門羣島。

11. 布甘維爾（Bougainville）1768 年。布干維爾是第一位帶領環球航行的法國人。布干維爾早些時候曾因對福克蘭羣島的主權要求而與英國和西班牙發生衝突。1766 年，他踏上太平洋航行，在沃利斯登陸塔希提島後不到一年。1769 年，他與塔希提人阿胡托魯（Ahutoru）一起返回法國。

12. 蘇維爾（Surville）1769 年。蘇維爾是一名商船船長，與布幹維爾一樣，為法國東印度公司工作。1769 年，他離開印度前往瓦利斯和布幹維爾探索的地區尋找商業機會。他航行到新西蘭，然後到達智利，後來溺水身亡。

13. 庫克的第二次航行的航線。這也是時間最近南太平洋航跡。在這次航行中，庫克他和船員三次駛入南極圈：

1773 年 1 月 17 日決心號首度跨入南極圈；

1773 年 12 月決心號二度進入南極圈；

1774 年 1 月 26 日決心號三度駛入南極圈，並於 1 月 30 日成功駛至南緯 71 度 10 分離南極洲不遠的海域，成為整個 18 世紀中，航海家到過最南的地方，也是人類有史以來到過的地球最南部。

庫克三入南極圈將大航海時代第四階段的任務——極地冰海航行，推向高潮。

第二節　美國威爾克斯首繪南極大陸

——南半球和南極地圖 平克頓（1818 年）

——第一幅南極大陸海岸地圖 威爾克斯（1840 年）

19 世紀初，美國捕撈船逐漸耗盡了美國附近和南美洲周圍的鯨魚和海豹資源，一些捕撈船開始向南極地區未知海域推進。但是，一直到 1818 年，在約翰·平克頓（John Pinkerton）繪製的南極投影的南半球地圖上，南極圈內仍被描繪成一片被稱為冰海的廣闊海洋。

1819 年美國海豹捕獵者納撒尼爾·帕爾默（Nathaniel Brown Palmer）開始在合恩角地區、南極西部以及在新發現的南設的蘭羣島附近，尋找新的海豹棲息地。1820 年 11 月 18 日，帕爾默在發現了奧爾良海峽，和後來證實為從南極大陸延伸出來的南極半島的西北岸。後來，美國地圖繪製者為紀念他，將南極半島西部海岸和島嶼延伸的一部分命名為帕爾默地和帕爾默羣島。但作為商業水手帕爾默並沒有意識到他發現了南極大陸，甚至沒繪出地圖，所以，他始終是一個「疑似」南極大陸發現者（另一位是 1820 年環繞南極的俄羅斯航海家別林斯高晉率領的探險隊，聲稱 1820 年 1 月 16 日發現了南極大陸，也沒有地圖記錄，但南極半島現在有別林斯高晉海）。

帕爾默在南設的蘭羣島附近尋找新的海豹棲息地的信息，鼓舞了美國水手和海豹獵人約翰·戴維斯（Johnny Davis）。1821 年 2 月 7 日，戴維斯乘海豹捕獵船塞西莉亞號（Cecilia）和在南極半島最北端附近的休斯灣（Hughes Bay，64° 01’ S）登陸。這是有記錄以來第一位踏上南極大陸的人。今天南極半島的這一片海岸也被稱為「戴維斯海岸」。戴維斯在他的航海日誌中寫道「我認為這片南部土地是一個大陸」，並報告說有一大片沒有海豹的海岸。

1836 年，美國國會通過了一項法案，授權總統派出一支考察隊前往太平洋和南海進行勘察和探險。其文件是這樣表述的：「雖然，這次探險的主要目標是促進商業和航海的巨大利益，但你們將利用一切與你們的偉大事業不相悖的場合，擴展科學的界

圖 15.2：平克頓 1818 年出版的南半球和南極地圖，南極圈內仍被描繪成一片冰的海洋

100°
110°
120°
130°
140°
Antarctic Continent as seen by the U.S. Ship Peacock, January 19th A.M. 1840.
Antarctic Continent as seen by the U.S. Ship Peacock, January 19th P.M. 1840. Lat. 66° 37' S. Long. 153° 40' E. Peak bearing S.W.
Antarctic Continent as seen by the U.S. Ship Vincennes January 30th 1840. Lat. 66° 37' S. Long. 110° 16' E. in Piners Bay
Antarctic Continent as seen by the U.S. Ship Vincennes February 17 1840. Lat. 66° 12' S. Long. 137° 22' E.
Antarctic Continent as seen by the U.S. Ship Vincennes, February 11th 1840. Lat. 65° 55' 40 S. Long. 106° 18' E.
A N T A R C T I C

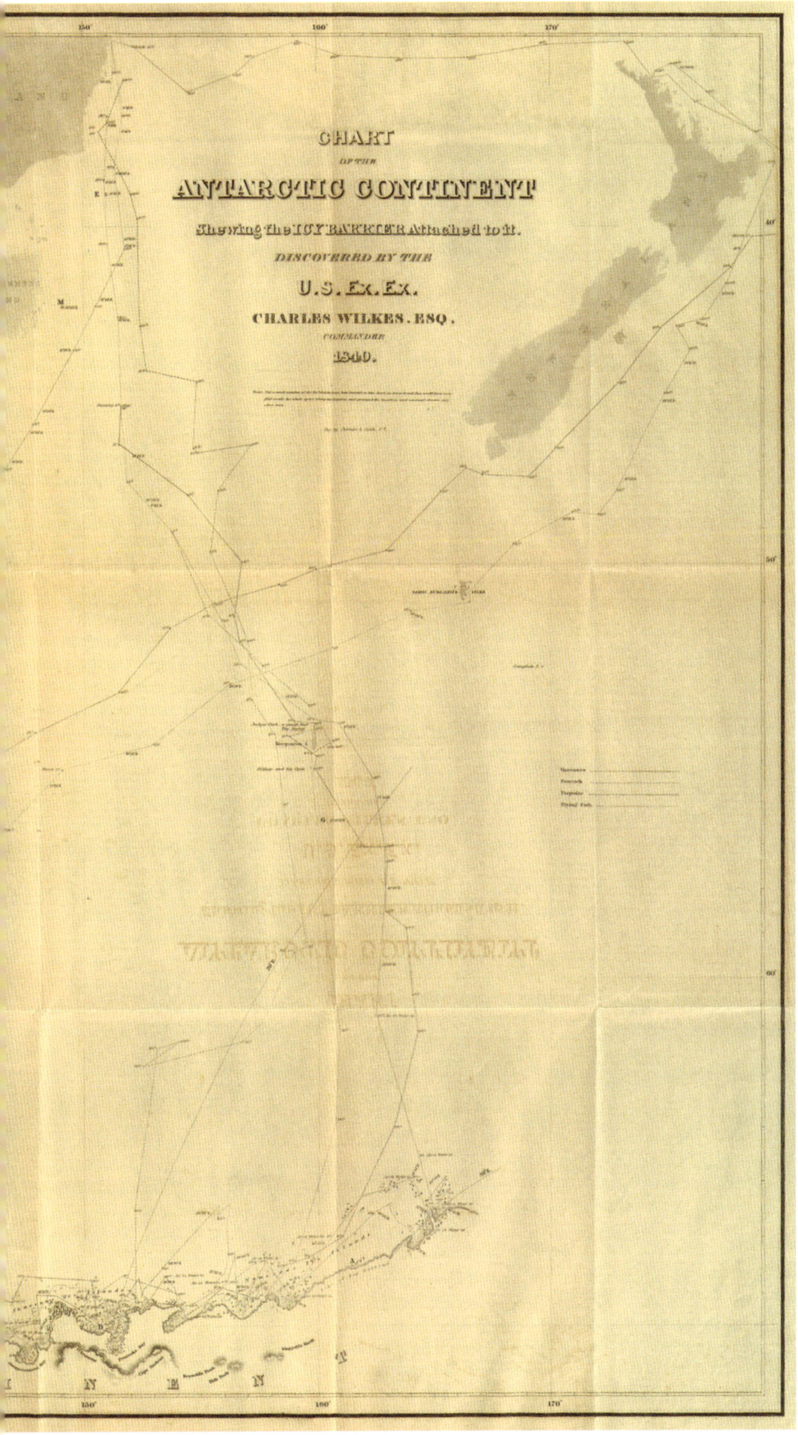

圖 15.3：1840 年美國海軍軍官威爾克斯經過實地測繪完成人類第一幅南極大陸海岸地圖

限，並促進知識的獲取與更新。」

1838 年 8 月 18 日，美國海軍軍官查爾斯 . 威爾克斯（Charles Wilkes，1798－1877 年）帶着 6 艘小型船隻、82 名軍官、342 名水手，以及 9 名科學家和藝術家，啟航前往南部海域進行探索。這次探險隊名為「美國探險隊」，其任務是探索最南端的水域，以了解更多有關天氣、海況、未知土地，以及其他具有科學和經濟意義的信息。

威爾克斯於 1798 年 4 月 3 日出生在紐約，是倫敦前市長約翰 . 威爾克斯的姪子。從哥倫比亞大學畢業後，於 1818 年進入美國海軍，1826 年當上中尉。雖然，他還不是一個經驗豐富的海軍軍官，但他在航海調查方面顯示出卓越才能。

從 1838 年到 1843 年，威爾克斯對南極海域進行了多次探險。在四年後，探險隊完成了在南大洋探險任務，他們繪製了澳大利亞海岸的部分地區、一些南太平洋島嶼和北美西海岸的大部分地區的地圖。最為重要的是威爾克斯探險隊成功發現並測繪了南極大陸。

1844 年威爾克斯在費城出版了五卷本，並附有地圖的《美國探險隊的足跡（1838－1842）》一書。書中記錄了 1840 年 1 月威爾克斯駕駛旗艦 USS Vincennes，繪製了 1500 英里的南極東部海岸線的事跡。同時，刊登了威爾克斯 1840 年完成的「人類第一幅南極大陸海岸地圖」，圖縱 57CM 橫 85CM。

這幅地圖的標題，首次用「Antarctica」（南極大陸）指稱南極地圖。實際上，威爾克斯最終比其他船長繪製了更多的南極大陸地圖。他是第一個能夠證明他看到的是大陸而不是冰雪覆蓋羣島的人。注意此圖左上方，這裏繪出了有五個「以海望陸」剪影視角的側視圖，描繪出冰封的南極大陸和海岸。

此圖顯示了威爾克斯勘察的位於今天的東經 160 度到 100 度之間（澳大利亞正南方）2414 公里的南極海岸線。證明威爾克斯不僅確定了南極這部分海岸線的長度和形狀，還確認了南極存在陸地的事實，也實證了威爾克斯的南極大陸的測繪與探險成就。

1866 年 7 月 25 日，威爾克斯被提升為退役名單上的海軍少將。大多數 19 世紀的南極洲地圖都沒有承認威爾克斯 1840 年的非凡壯舉，就連美國報紙上的他的訃告，也只是順便提到了威爾克斯的極地發現。

1912－13 年，澳大利亞探險家道格拉斯·莫森（Douglas Mawson）首次重訪南極東海岸。莫森非常欽佩威爾克斯駕駛木製帆船在冰海上航行與測繪成就，遂將澳大利亞正南方所對着的南極大陸海岸命名為「威爾克斯之地」。

1940－1950 年代，美國和澳大利亞等國科學家先後到達南極上空進行航空勘測後，人們將威爾克斯地圖與航空勘測進行比對，發現兩者有多處對應點和重疊處。威爾克斯的南極大陸地圖，最終得到了它應有的榮譽。這一新聞登上當時的《紐約時報》頭條。

地理學者通常這樣講——「南極大陸是最後一塊被畫上地圖的土地」——威爾克斯繪製「人類第一幅南極大陸海岸地圖」。

第三節　羅斯，尋找南磁極

——南極海圖 羅斯（1840－1847 年）

庫克三次進入南極圈之後，人們相信，如果有所謂「未知的南方大陸」，那也是一片冰封之地。英國放棄了佔領「未知的南方大陸」的想法，轉而展開對南極海域的氣象、地理、磁學的科學考察。

1839 年 4 月 8 日，詹姆斯·克拉克·羅斯上尉（1800－1862 年）奉命指揮一支南極科考隊，目的是「磁力研究和地理發現」——這是人類首次對南極進行磁力勘測。1831 年羅斯曾在加拿大北部的布西亞半島確定了北磁極的位置，這項成就使他成為無可爭議的地磁方面的頂尖專家。

羅斯指揮英國皇家海軍「埃里伯斯」（Erebus）號，弗朗西斯·克羅澤船長與阿奇博爾德·麥克默多中尉一起指揮「恐怖」（Terror）號。這兩搜船原本是海軍一種不尋

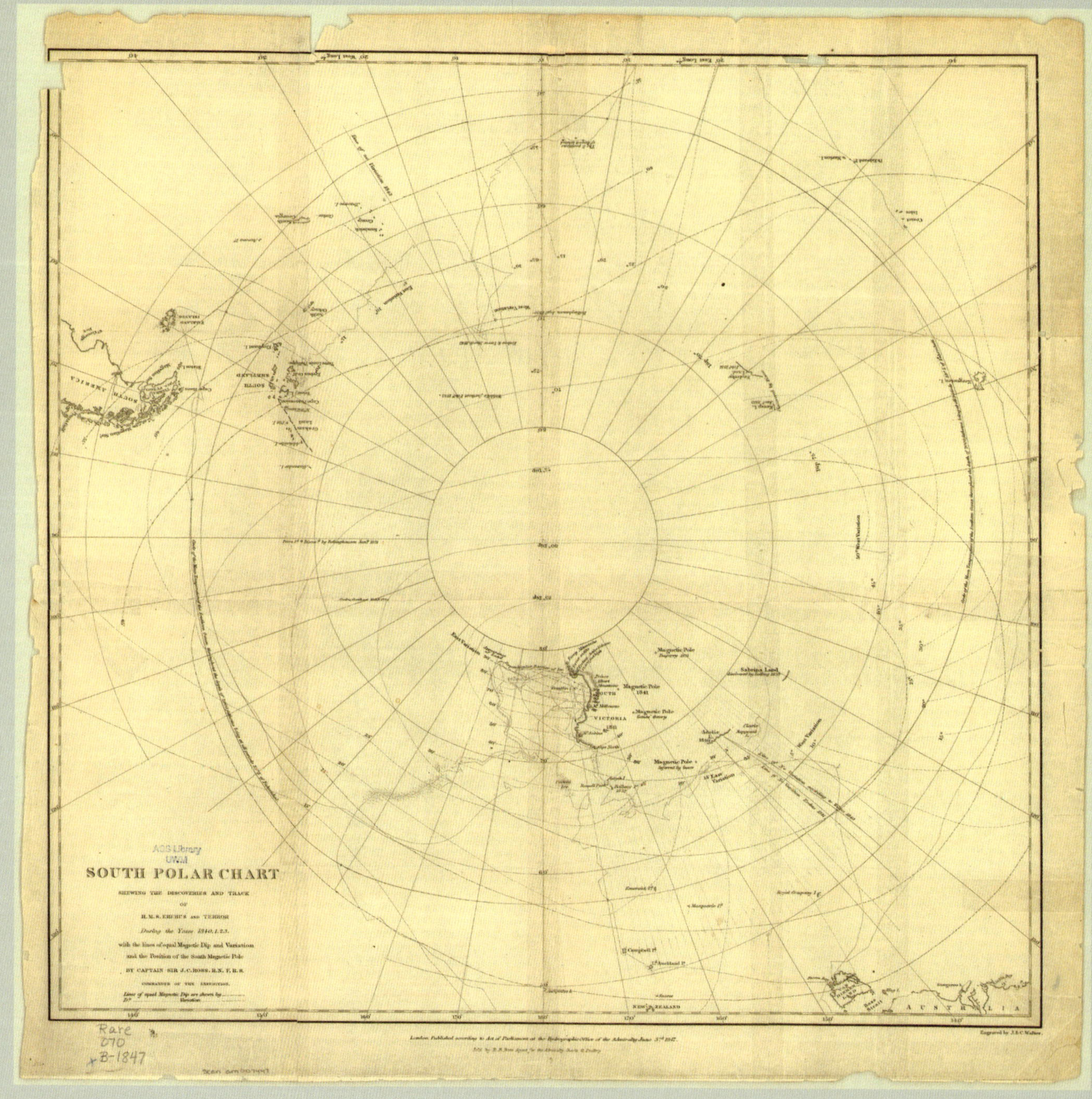

圖 15.4：這幅羅斯上尉 1847 年繪製的南極海圖，顯示了 1840、1841、1842 和 1843 年英國皇家海軍埃里伯斯號和恐怖號的發現和軌跡

常的戰艦，以發射迫擊炮彈而命名，擁有極其堅固的船體，可以承受重型武器的後坐力，也能夠抵抗厚冰的壓迫，所以被選來執行南極科考任務。

科考隊於 1839 年 10 月 5 日起航，在聖赫勒拿島和好望角建立了固定磁力觀測站，然後，前往澳大利亞南部的過冬，在 200 名囚犯幫助下，建造了另一個磁力觀測站。

1841 年 1 月 5 日，羅斯從塔斯馬尼亞向南航行。不久之後，他發現了羅斯海和維多利亞地，繪製了 900 公里的新海岸線，於 1 月 12 日到達波塞申島。1 月 22 日，他們超越了詹姆斯·韋德爾（James Weddell）所保持的最南端紀錄，並以兩艘科考船命名了羅斯島的兩座火山，分別是埃里伯斯山（南極洲最高點）和恐怖山。隨後，在南緯 72° 左右，羅斯遇到一座高出水面 50 至 100 米，一直延伸到目力所及之處的「大冰屏障」。科考船沿着懸崖般的冰障向東航行了 460 公里，仍看不到這個無比長的冰障盡頭，他們不得不折返西行。後來，這裏被命名為「羅斯冰障」（實際上，這個大冰障有 800 公里長），還有「羅斯海」。

在南緯 76° ，羅斯尋找通往南磁極的航路被無法通行的冰蓋所阻擋。他們估計南磁極位於內陸 160 英里（260 公里）處。如果他們能找到安全的過冬地點，可以通過雪橇到達南磁極。然而，沒有找到港口，探險隊只好返回塔斯馬尼亞。

羅斯 1847 年繪製的這幅南極海圖，顯示了 1840、1841、1842 和 1843 年英國皇家海軍埃里伯斯號和「恐怖」號的發現和軌跡。圖上有相等的磁傾角和變化線，以及南磁極的位置。南磁極距地理南極點 2800 多公里。地圖上記錄的磁偏角測量結果顯示，羅斯測定的南磁極已經接近真正的南磁極點。此圖由英國海道測量局正式發佈。它憑藉其磁偏角的徘徊線，構成了南極洲專題測繪最早的例子之一。

羅斯的航行持續了四年，繪製了海岸圖，發現了羅斯冰障、埃里伯斯山（南極洲最高點）等地物，並推斷了南磁極的位置。1843 年羅斯被授予地理學會金質獎章；1844 年被封為爵士；1848 年當選為英國皇家學會會員；2007 年他的頭像被印在了塑料版的 2 元「南極鈔票」上。

第四節　斯科特，發現南極高原

——南極地圖 阿歇特（1890 年）

——英國國家南極探險隊地圖 穆洛克（1904 年）

人類在 1820 年首次看到了南極大陸後，南極航行沒有太大突破，沒有人知道這個大陸是什麼樣子。這是 1890 年巴黎路易 . 哈歇特的出版公司製作的法文版南極洲地圖，縱 27CM 橫 35CM。此圖通過多條南極探索路線反映該地區相對原始的探索狀態。圖的右上角圖例中排列出歷史上的南極探險家：Cook、Weddell、Dumont-d’Urville、Wilkes、Ross、Nares。即庫克、威德爾、杜蒙 - 杜維爾、威爾克斯、羅斯和納爾斯。

圖中記錄的 19 世紀最後一位進入南極圈的是英國皇家海軍喬治 · 斯特朗 · 納爾斯（George Strong Nares）。1874 年，納爾斯率「挑戰者」號（HMS Challenger）蒸汽船，從非洲南端進入印度洋，經過凱爾蓋朗羣島和赫德羣島後，向南進入南極圈，最遠到達南緯 66° 40’，剛好進入 66° 34’ 的南極圈。「挑戰者」號，由此成為第一艘進入南極圈的蒸汽船（最早進入南極圈的帆船是庫克的「決心」號和「冒險」號）。

此圖總結了 1890 年之前的南極探索，看得出所有的航行探險，最終都停留在南緯 80 度的緯度圈之外。如此來看，接下來 20 世紀初的南極探險和突破就顯得尤為重要。

這幅 1904 年英國國家南極探險隊地圖（Map Showing the Work of The National Antarctic Expedition 1904），圖縱 34CM 橫 66CM。它詳細介紹了 1901－1904 年斯科特指揮的英國國家南極探險隊的足跡。這個具有里程碑意義的南極探險，被認為是 20 世紀初最重要的南極探險航行之一。它開啟了幾位重要的南極探險家的職業生涯，其中包括領導這次探險的羅伯特 · 法爾肯 · 斯科特（Robert Falcon Scott），以及歐內斯特 · 沙克爾頓（Ernest Shackleton）、愛德華 · 威爾遜（Edward Wilson）、弗蘭克 · 懷爾德（Frank Wild）、湯姆 · 克林（Tom Crean）和威廉 · 拉什利（William Lashly）。

此圖標題欄寫有作者名字：喬治・FA・穆洛克（George F.A.Mulock）中尉繪製。他是斯科特的副指揮官，地圖由皇家地理學會《地理雜誌》出版，圖縱34CM橫66CM。它記錄了斯科特乘坐「發現」號，從新西蘭利特爾頓港出發，經維多利亞土地前往愛德華七世國王土地的日期和路線。並通過暈線、點高度顯示南極山脈地勢，並展示斯克特等探險家橫貫南極山脈的內陸前往南極點的足跡。此次英國南極探險活動旨在收集有關大部分未勘探陸地的科學和地理數據。

羅伯特・法爾肯・斯科特（Robert Falcon Scott，1868－1912年）在被任命為英國國家南極探險隊隊長之前，是英國皇家海軍軍官。1899年，他偶然遇到了皇家地理學會的主席克萊門茨・馬卡姆（Markham）爵士，由此得知了計劃中的南極探險，他在馬卡姆爵士的大力支持下（1904年馬卡姆在英國皇家地理學會主持了「地緣政治之父」哈爾福德・麥金德（Halford John Mackinder）的著名演講「歷史的地理樞紐」），如願領導了這次探險。「發現探險隊」是皇家地理學會和英國皇家學會聯合組織的，高層一度為探險優先和考察優先、船長本位和科學家本位而爭論不休，最終馬卡姆力排眾議，斯科特最終被任命為這支隊伍的探險與科研總指揮。

這50多人的探險隊伍，幾乎完全沒有在極地水域的航行經驗，開船之前，也沒有受過什麼設備或技術方面的專門訓練。1901年8月，探險船離開英國海岸的前一天，英國國王愛德華七世登船送行，並授予指揮官斯科特皇家維多利亞勛章。

經過一年的艱苦前行，1902年12月31日，斯科特、沙克爾頓和威爾遜到達南緯82度17分的地方，刷新了人類到達最地球南端的世界紀錄，距離南極點約853公里。由於身體原因，沙克爾頓提前離開了探險隊返回英國。

1903年，斯科特的西部之旅達到了頂峰，發現南極高原和「乾谷」。今天通過現代測繪我們知道南極大陸是平均海拔2350米的大高原，是世界上平均海拔最高的洲。大陸幾乎全被冰川覆蓋，佔全球現代冰被面積的80%以上。

1904年2月14日，「發現」號在前來營救的「早晨」號和「特拉諾瓦」號用炸藥破冰的幫助下，終於掙脱了兩年的冰封，重歸大海。這年9月，斯科特探險隊返回英國，他們成為家喻戶曉的國家英雄。英王愛德華七世在巴爾莫勒爾城堡接見斯科特，

OCÉAN PACIFIQUE
OCÉAN ANTARCTIQUE
PÔLE AUSTRAL
TERRES AUSTRALES
NOUV^e ZÉLANDE
AUSTRALIE
Queensland
Nouv^e Galles du Sud
Australie du Sud
Tasmanie
I^s Chatham
I^s Balleny
I^s Macquarie
I^s Biscoe
I. Heard
Arch. de Chonos
I. Chiloé
Shetland du Sud
Cercle Polaire
Limite extrême des glaces flottantes
Antipodes de Paris
Pôle magnétique en 1841 d'après Ross
Pôle magnétique en 1840 d'après Dumont d'Urville
Apparence de Terre Ross 23 Fév. 1842
T^e Victoria
T^e Adélie
Côte Clarie
T^e de Knox
T^e Termination
T^e de Kemp
T^e d'Ender
T^e de Budd
Cook 1773
Cook 1774
Ross 1842
Wilkes 1840
Bellingshausen 1821
Weddell Fév. 1823
Nares Févr. 1874
Gd Golfe Australien
HACHETTE ET Cie PARIS
9-91

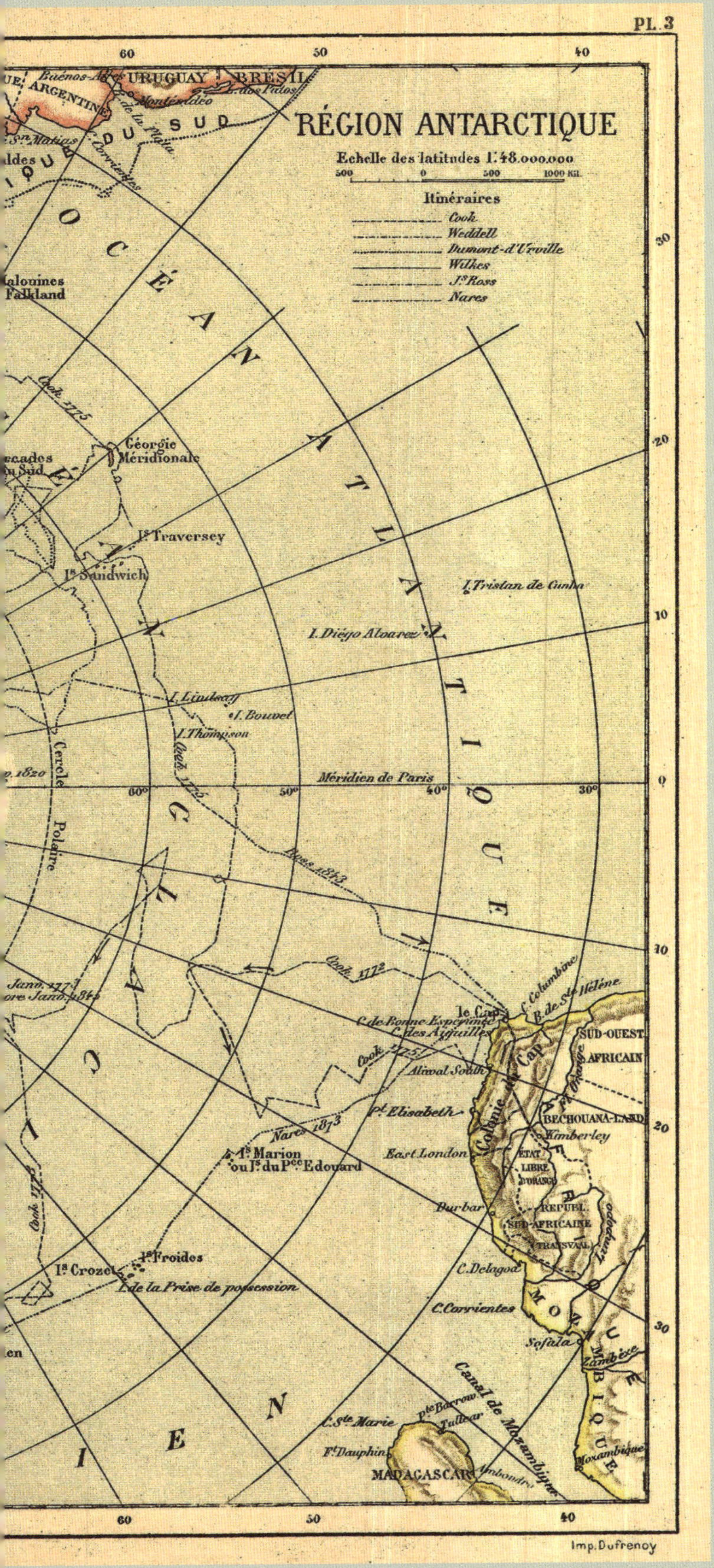

圖 15.5：1890 年巴黎哈歇特出版公司製作的法文南極洲地圖

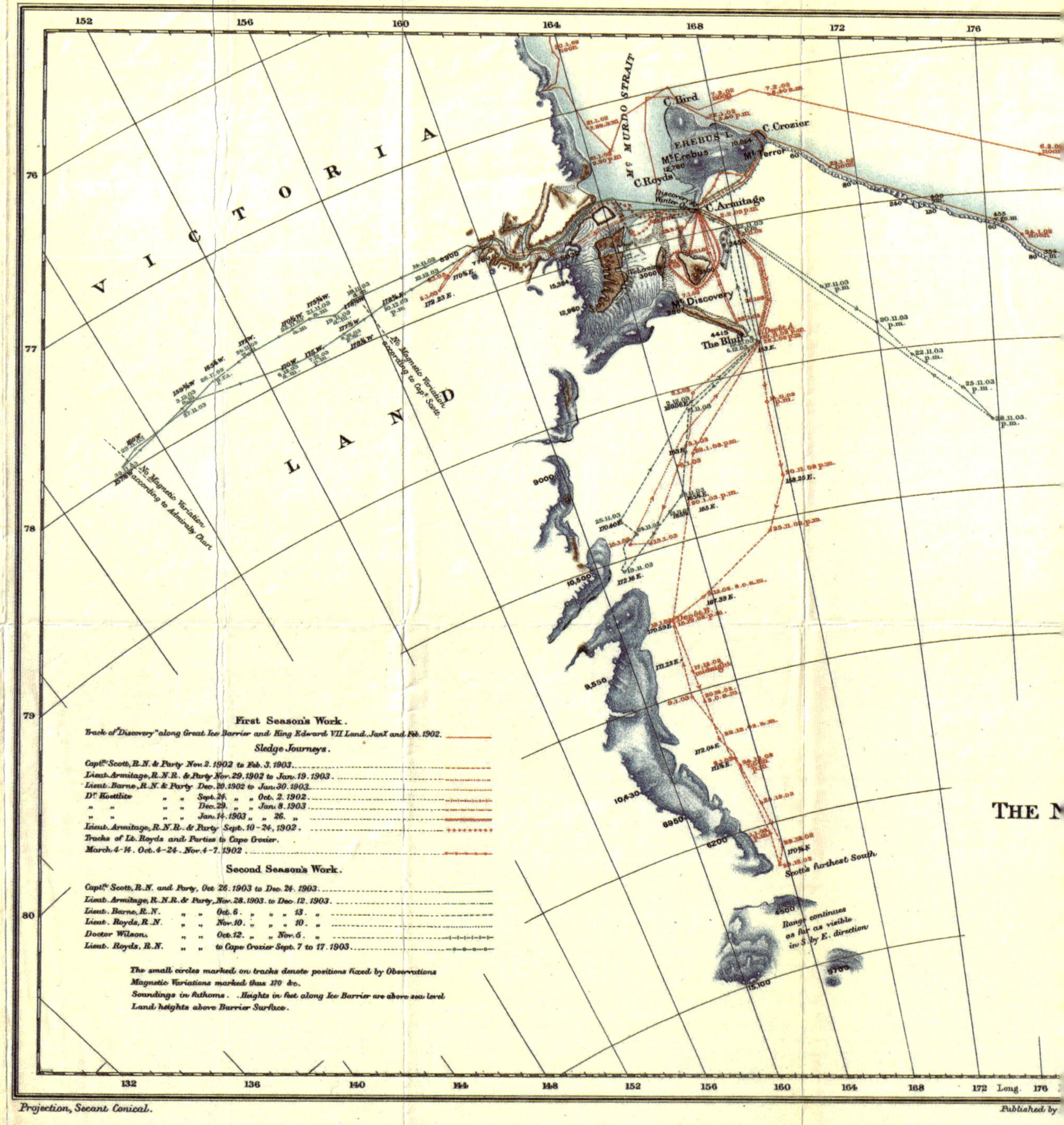
VICTORIA LAND
Mc MURDO STRAIT
C. Bird
EREBUS I.
Mt. Erebus
C. Royds
C. Crozier
Mt. Terror
Discovery Winter Qrs.
C. Armitage
Mt. Discovery
The Bluff
Depot A
Depot B
Scott's furthest South
No Magnetic Variation according to Capt. Scott.
No Magnetic Variation according to Admiralty Chart
Range continues as far as visible in S. by E. direction
THE N
First Season's Work.
Track of "Discovery" along Great Ice Barrier and King Edward VII Land, Jany. and Feb. 1902.
Sledge Journeys.
Captn. Scott, R.N. & Party Nov. 2. 1902 to Feb. 3. 1903.
Lieut. Armitage, R.N.R. & Party Nov. 29. 1902 to Jan. 19. 1903.
Lieut. Barne, R.N. & Party Dec. 20. 1902 to Jan. 30. 1903.
Dr. Koettlitz " " Sept. 24. " " Oct. 2. 1902.
" " " " Dec. 29. " " Jan. 8. 1903
" " " " Jan. 14. 1903 " " 26. "
Lieut. Armitage, R.N.R. & Party Sept. 10 - 24, 1902.
Tracks of Lt. Royds and Parties to Cape Crozier.
March 4-14. Oct. 4-24. Nov. 4-7. 1902.
Second Season's Work.
Captn. Scott, R.N. and Party, Oct 26. 1903 to Dec. 24. 1903.
Lieut. Armitage, R.N.R. & Party, Nov. 28. 1903. to Dec. 12. 1903.
Lieut. Barne, R.N. " " Oct. 6. " " " 13. "
Lieut. Royds, R.N. " " Nov. 10. " " " 10. "
Doctor Wilson. " " Oct. 12. " " Nov. 6. "
Lieut. Royds, R.N. " " to Cape Crozier Sept. 7 to 17. 1903.
The small circles marked on tracks denote positions fixed by Observations
Magnetic Variations marked thus 170 &c.
Soundings in fathoms. Heights in feet along Ice Barrier are above sea level
Land heights above Barrier Surface.
Projection, Secant Conical.
Published by

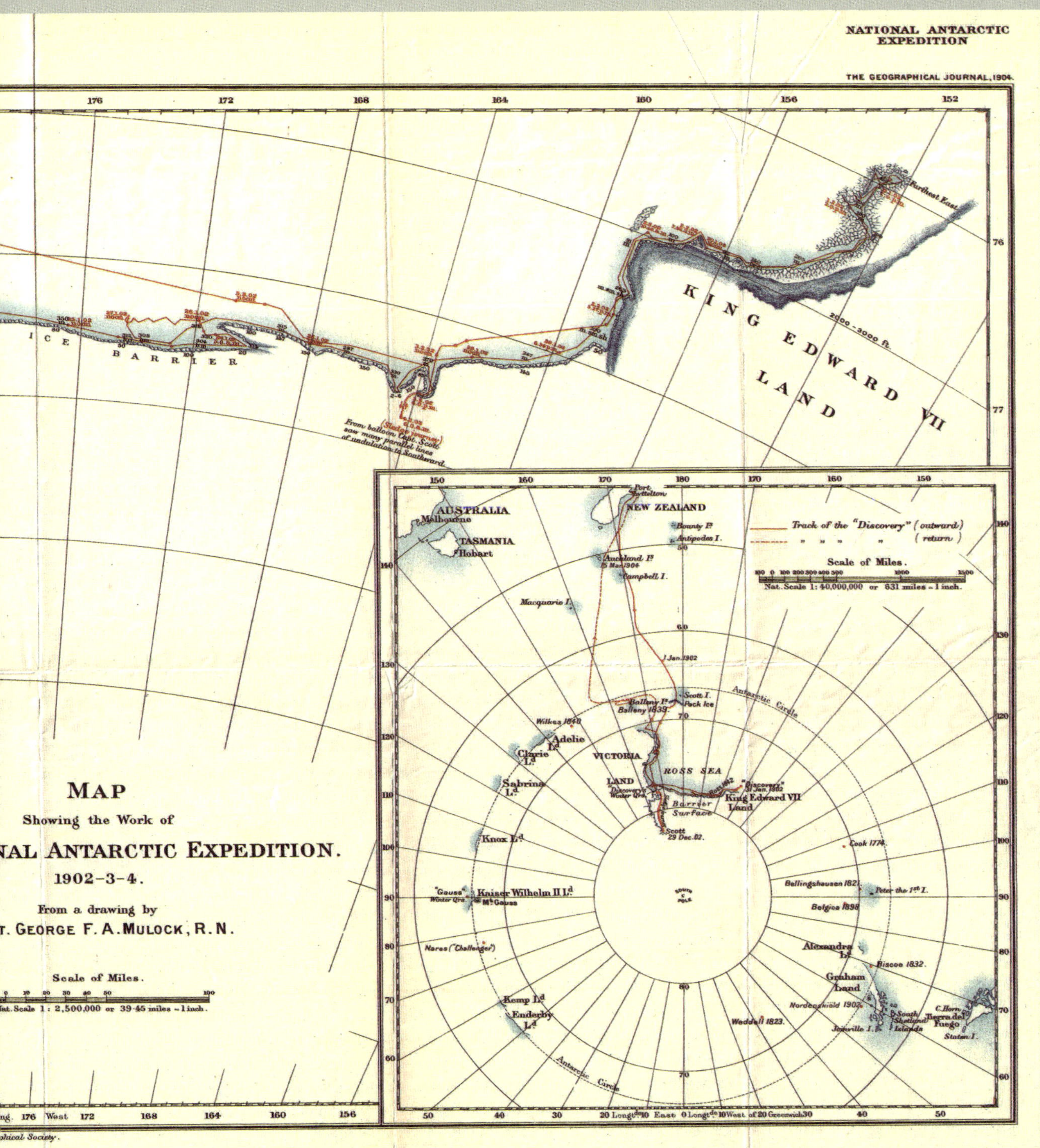

圖 15.6：斯克特 1904 年國家南極探險隊工作地圖

並提拔他為維多利亞皇家騎士團的司令，晉升為海軍旗艦艦長。1805 年斯科特出版兩卷本《「發現」號之旅》，風靡一時。

1908 年 9 月 2 日，斯科特在漢普頓皇宮和著名女雕塑家凱瑟琳結為連理，並於次年喜得貴子，達到人生和事業的巔峰。但斯科特還有個未了心願，即成為踏上南極點的第一人。這個願望使得他又領導了 1910－1913 年「新地探險隊」，這個願望使這位英雄，最終成了悲劇英雄。

第五節　挪威阿蒙森率先踏上南極點

——阿蒙森南極遠徵地圖（1913 年）

1903 年至 1906 年間，阿爾德·阿蒙森（Roald Amundsen）曾帶領僅 6 人團隊，駕着 47 噸、13 馬力的單桅小船「佳阿」號率先從東向西航行第一次打通西北航道。此後，阿蒙森還想創造最先到達北極點的探險紀錄。但是 1909 年，他得知美國人皮里和庫克都宣稱已經最先達到北極點之後，他決定改變計劃，將目標轉向尚未有人拿下的南極點。

為防止這個計劃泄露，阿蒙森甚至將挪威國王和導師南森都蒙在鼓裏。因此，各種準備工作他都是親力親為。1910 年 8 月 10 日，阿蒙森率領「前進」號和 20 名隊員，還有 97 條狗，悄悄離開奧斯陸。兩個月後的 9 月 6 日，阿蒙森到達非洲西海岸後，才給國王和南森寫信通報他的南極點探險，並致歉。也是在此時，他才向全體船員宣佈南極探險計劃，並讓水手自由選擇去留，結果，全體隊員選擇向南極點進發。

經過 16000 公里瞞天過海，「前進」號於 1911 年 1 月 14 日抵達南極羅斯冰架的鯨魚灣，並迅速搭建好小木屋，同時支起 15 個賬篷，阿蒙森將冰上營地命名為「弗雷姆之家」。從 2 月 10 日至 4 月 11 日，阿蒙森沿着新的線路先後 3 次啟動運輸隊，每架雪橇配置 6 條狗、一人押送，把 3 噸食物、燃料先後存儲到南緯 80°、81°、82°，並沿途投放乾魚做路標，在 3 個補給點東西方向 4 英里處，各插一個界樁。這些科學部署為衝刺南極點提供了生命保障。9 月 8 日，太陽回歸南極之後，阿蒙森等人帶着 90 條狗，7 隻雪橇和 90 天給養，向南極點進發，但畢竟時令尚早，－60℃的溫度又難以忍受，7 天後只能返回營地。10 月 20 日，阿蒙森等五勇士乘着由 42 條愛斯基摩犬拉的 4 架雪橇，向南極點發起突擊。他們他們跨過南緯 82°後，步步為營，每隔 8 公里設一個路標，100 公里建一個小型糧食倉庫，以供回程之需。12 月 14 日下午 3 點，阿蒙森等 5 位挪威勇士，終於到達南緯 90 度——地球最南點。

由於準備充分，阿蒙森 12 月 17 日開始的返程十分順利，1400 多公里的路程，他們僅用了 39 天，就回到羅斯冰架的鯨魚灣大本營。1912 年 3 月 7 日，阿蒙森從澳大利亞發出電報，挪威人率先抵達南極點的消息震驚媒體，轟動世界。

這幅 1913 年英國皇家地理學會出版的阿蒙森 1911－1912 南極遠征路線圖，記錄了這次艱難的遠征：此圖用文字和黑色實線標註了阿蒙森在南極圈裏的行進路線和到達極頂的日期。並標註了到達極頂的日期：1911 年 12 月 14－17 日。

這個日期，給了他的對手，英國著名極地探險家斯克特以巨大打擊，它甚至關聯到那個極地悲劇——斯克特之死。

阿蒙森完成了南極探險後，世界上已經不存在能挑戰這個探險天才的地方了。然而他還想做一件事情：飛向北極點。1926 年乘坐阿蒙森、埃爾斯沃思和意大利人安貝托·諾比爾共同領導了從斯瓦爾巴德羣島乘「挪威號」飛艇飛越北極前往阿拉斯加的探險飛行。這些探險家飛越了此前人所未知的地域，填補了世界地圖上最後一個空白點，白色的荒原。

但意大利人安貝托·諾比爾不想與阿蒙森分享，這個紀錄。兩年後諾比爾乘坐「挪威」號的姊妹飛艇「意大利」號進行第二次北極飛行，中途失蹤。阿蒙森參加了前往尋找飛艇的搜救隊。另外一隻搜救隊發現了飛艇和仍然活着的諾比爾。但是阿蒙森與他的夥伴，卻再也沒有回來。這位征服南極的挪威探險家，最終倒在了北極。

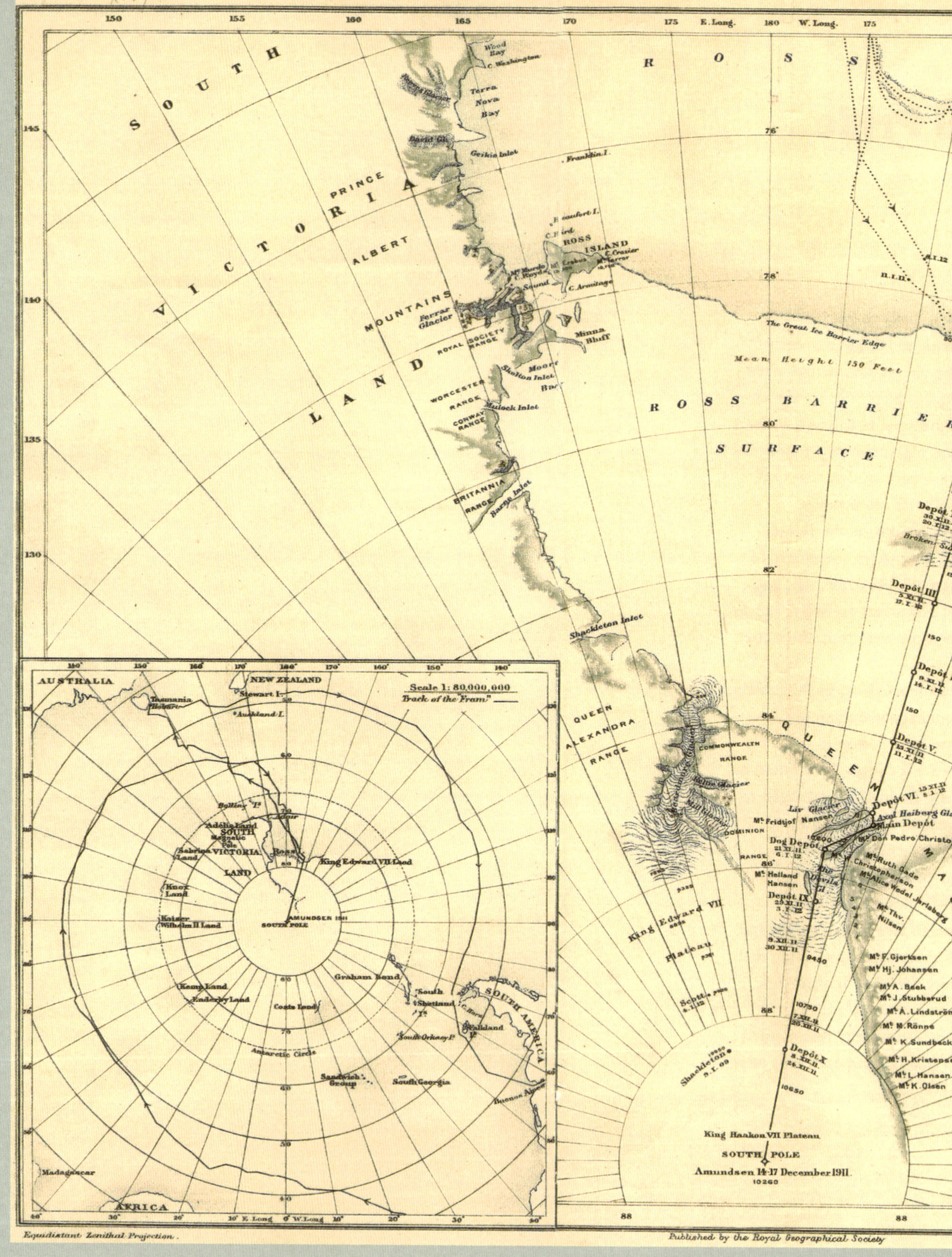

SOUTH VICTORIA LAND
PRINCE ALBERT MOUNTAINS
ROSS ISLAND
The Great Ice Barrier Edge
Mean Height 150 Feet
ROSS BARRIER SURFACE
QUEEN ALEXANDRA RANGE
COMMONWEALTH RANGE
DOMINION RANGE
King Edward VII Plateau
King Haakon VII Plateau
SOUTH POLE
Amundsen 14-17 December 1911
AUSTRALIA
NEW ZEALAND
Scale 1: 80,000,000
Track of the "Fram"
SOUTH AMERICA
AFRICA
Equidistant Zenithal Projection.
Published by the Royal Geographical Society

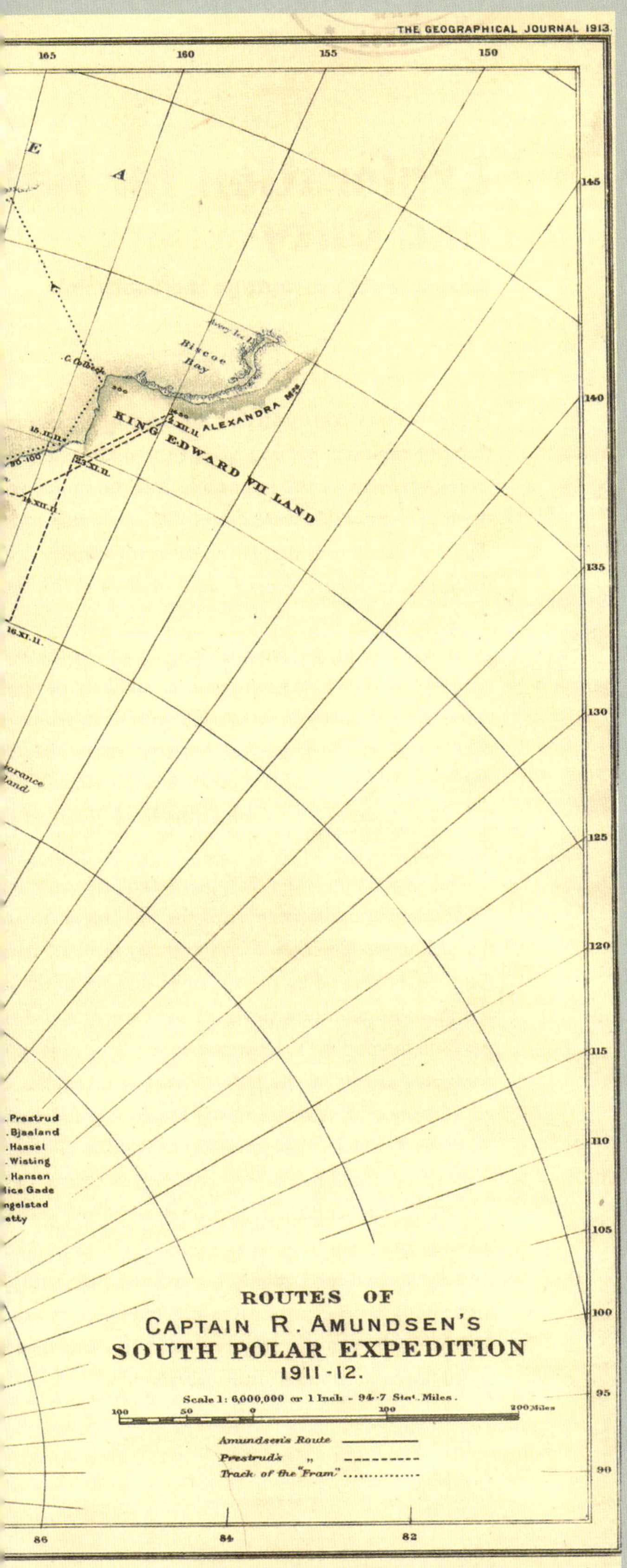

圖 15.7：這是 1913 年英國皇家地理學會出版的阿蒙森南極遠征路線圖，圖上用黑色實線標註了阿蒙森南極行進路線，並標註了到達極頂的日期：1911 年 12 月 14－17 日

第六節　斯科特，悲情遲到者

——英國南極探險隊地圖（1913 年）

1902 年英國探險家斯科特，發現南極高原，到達南緯 82 度 17 分的地方，刷新了人類到達最地球南端的世界紀錄，距離南極點約 853 公里。

1909 年 9 月 13 日，斯科特發佈了他雄心勃勃的再赴南極規劃，隨後以 12500 英鎊重金購買量捕鯨船「特拉諾瓦」號，並加強了破冰能力，英國政府和澳大利亞、新西蘭、南非相繼出資，成就這次民辦公助的盛舉。

1910 年 6 月 15 日，斯科特的特拉諾瓦號起航，10 月 12 日途徑墨爾本的斯科特，在這裏收到挪威探險家阿蒙森 10 月 3 日從奧斯陸發來的電報——簡單而禮貌的戰書：「請允許我知會你，『前進』號將開赴南極」。斯科特四處宣傳他的南極計劃時，完全不知道會有阿蒙森奇襲南極。

斯科特十分驚詫，卻只能不動聲色地快馬加鞭。1910 年 12 月 29 日，「特拉諾瓦」號裝載着 19 匹西伯利亞矮種馬、34 條狗、3 台摩托雪橇，離開新西蘭駛向南極。1911 年 1 月 4 日，斯科特抵達羅斯島。此後，斯科特的副手坎貝爾還曾和阿蒙森在鯨魚灣不期而遇。這時還完全看不出兩支探險隊的勝負。

但接下來，斯克特的突擊行動一直不順利，減緩了前進速度。1912 年 1 月 3 日，在距離南極點約 241 公里處，斯科特最後決定威爾遜、奧茨、鮑爾斯、埃德加 · 埃文斯和他一起衝擊南極點。1 月 17 日，斯科特一行終於達到南極點，但這裏已不是「處女地」了。斯科特在阿蒙森留在南極點的賬篷裏發現 33 天前阿蒙森留下的便條和給國王哈康七世國王的信。

但是，這還不是最令人哀傷的，最令人哀傷的是他們的歸程：先是埃德加 · 埃文斯死去；接着是，不想以病體拖累同伴的勞倫斯 · 奧茨自殺；3 月 19 日，斯科特、威爾遜、鮑爾斯被連續 10 天的暴風雪阻擋，身體疲憊到極致、而糧食和燃料也告罄；最後，三位探險家做出選擇——在賬篷中從容迎接死亡。

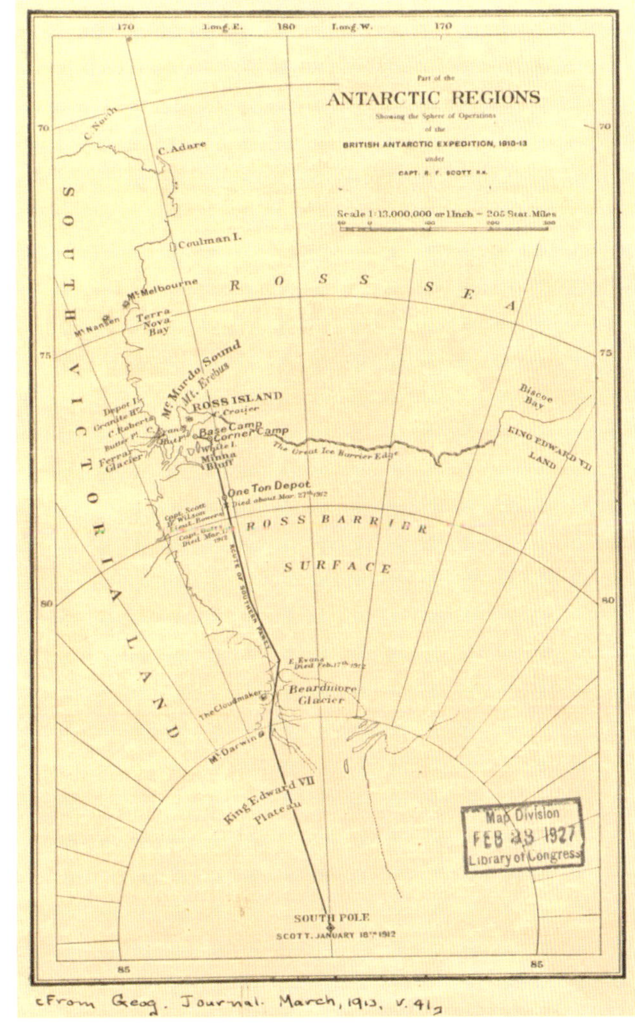

圖 15.8：1913 年英國《 地理雜誌》刊登了英國南極探險隊地圖，圖上顯示了斯科特探險隊抵達南極點的時間：1912 年 1 月 18 日，也標註了五位勇士的死亡地點

1912 年 11 月 12 日，前來搜救的夥伴在斯科特遺體旁發現了他寫給妻子的信。信是分幾天寫成的。開頭他還有些樂觀地說，「身體很好，充滿活力」。隨後，告訴妻子「這裏極冷，是零下 70 多華氏度。幾乎無法寫字。除了避寒的賬篷，我們已一無所有…… 你知道我很愛你。但是，最糟糕的是我無法再見到你——這不可避免，我只能面對」。隨着處境的惡化，信裏開始談論身後的事「假如有合適的男人和你共同面對困難，你應該走出悲傷，開始新的生活」。他告訴妻子，面對死亡，他沒有任何遺憾和後悔，「關於這次

遠征的一切，我能告訴你什麼呢？它比舒舒服服地坐在家裏不知要好多少。」最後，他談到了年僅 3 歲的兒子，「我無法成為一個好丈夫了，但我將是你們美好的回憶。我們的孩子會為他的出身感到自豪。」這封遺書寫於 1912 年 3 月，收信人是「我的寡婦」。

前來搜救的夥伴，在斯科特、威爾遜和鮑爾斯的賬篷裏，不僅發現了他們的遺體和探險日記、照片，還發現他們在最後一刻也沒有丟棄的 17 公斤重的植物化石和礦物標本。這些遺物為後來的南極科學研究留下寶貴的線索。

1913 年英國地理學會的《 地理雜誌》刊登了由斯科特上尉領導的 1910－1913 年英國南極探險隊地圖。圖下方南極點顯示了斯科特探險隊抵達南極點的時間:1912 年 1 月 18 日。

這也是一幅「探險烈士地圖」，圖中央寫有「One Ton Depot」（一噸營地）旁邊寫下了「Scott、Wilson、Bowers、Oates」即斯科特、威爾遜、鮑爾斯和奧茨，四位死者的名字。「Evans」（埃文斯）的名字標註在更南邊的比爾德莫爾冰川附近。這是一串死亡的坐標，也是五位勇士的紀念碑。

為了讓人們永遠地紀念這些南極探險家，美國把 1957 年建在南極點的科學考察站命名為「阿蒙森 - 斯科特站」。

第七節　史詩級的南極探險與救援

——沙克爾頓穿越南極計劃圖（1916 年）

——南極探險、遇險與救援圖 沙克爾頓（1918 年）

2022 年 3 月由歷史學家、航海家、考古學家和科學家組成的考察勘探團隊，在南極外海威德爾海 3008 米深處的海牀，找到了一艘沉沒古船。海洋考古學家說：「這是迄今為止見過的狀態最好的木質沉船，它傲然挺立在海牀上，完好無損。」當沉船尾部弧形船號——「Endurance」被認出時，考察隊專家全都驚呆了。它就是一百多年前沉沒的英國探險家沙克爾頓南極探險的「堅忍」號。

歐內斯特·沙克爾頓（Ernest Shackleton 1874－1922 年）出生於愛爾蘭，10 歲時，全家遷往英國。執着於海上探險的沙克爾頓，16 歲棄學，開始海員生活，24 歲獲得船長執照，1901－1914 年間，曾四次赴南極探險。

第一次南極探險，沙克爾頓是隨斯科特領導的「發現」號探險隊赴南極探險（1901－1904 年）。

第二次南極探險，沙克爾頓自己組織了獵人號探險隊赴南極探險（1907－1909 年）。1909 年 1 月 9 日，沙克爾頓於把英國國旗插在了南緯 88 度 23 分，創造了比當時任何人都更接近南極點的紀錄，因此享譽全世界，並被英王授予爵士稱號。

沙克爾頓原本想衝擊南極點，但挪威探險家阿蒙森已於 1911 年底到達了南極點。他只好另設一個難度挑戰自己——從威德爾海登陸，乘雪撬橫穿南極大陸，到達另一端的羅斯海——完成人類首次穿越南極大陸。

第三次南極探險，沙克爾頓的探險計劃被製作成「沙克爾頓計劃穿越南極大陸地圖」為多家報刊廣泛報道。如，這幅策劃地圖所示：南極探險隊將分為兩支隊伍，一隊由沙克爾頓帶隊乘「堅忍」號從南美洲巴西向南駛往南極大陸的威德爾海（圖上方繪有粗虛線，其終點注標註 Weddell Sea），在這裏登陸後，乘雪撬穿越南極大陸；一隊乘「極光」號從澳大利亞南端的塔斯馬尼亞島向南駛往南極大陸的羅斯海（圖下方繪有粗虛線，其終點標註 Ross Sea），由麥克默多灣登陸，在羅斯冰架上沿着早期南極探險路線建立一系列補給站，接應沙克爾頓穿越南極大陸，完成返程。

如同，「堅忍」號百年之後被在海底找到一樣神奇。當年，沙克爾頓手繪製的南極探險、遇險與救援地圖，在消失了幾十年之後，竟然出現在蘇富比拍賣會上，最終以 7 萬英磅被一位私人藏家收藏。

這是沙克爾頓親手繪製並簽名（右上角）的南極探險、遇險與救援圖（1914－1916 年），以藍色和紅色蠟筆繪製，紙本手稿，圖縱 141CM 橫 94CM。此圖真實記錄了這次傳奇探險、遇險與史詩級救援：

1914 年 8 月 1 日，沙克爾頓率領着依家族格言「堅忍制勝」命名的「堅忍」號探險船和 27 名隊員，從倫敦出發駛往布宜諾斯艾利斯。圖右側用藍色繪出南美洲南端的

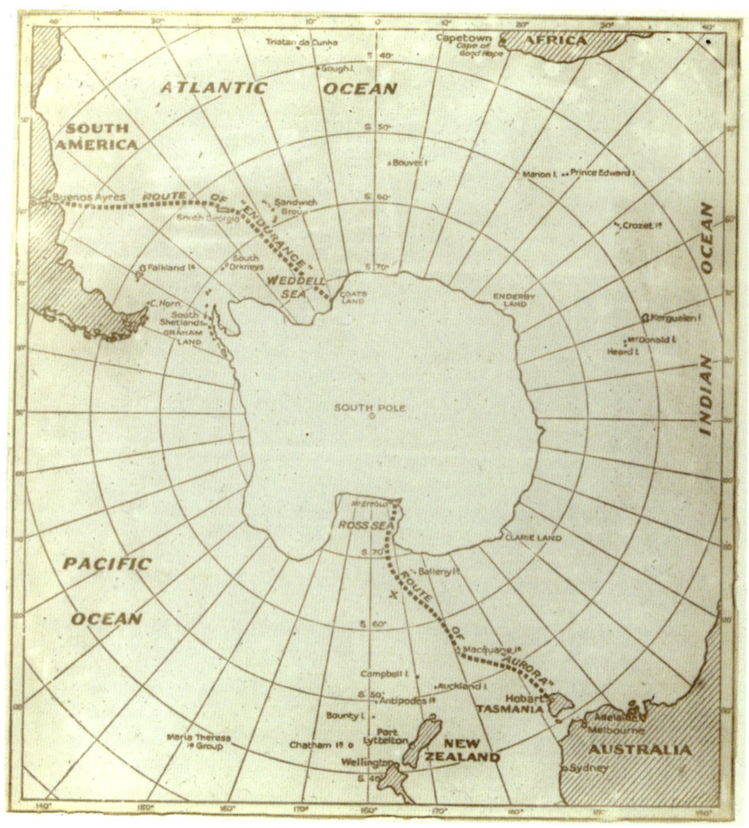

圖 15.9：1916 年很多媒體刊登過這種沙克爾頓穿越南極計劃圖

合恩角，以藍色字母標註「C，Horn」；藍色虛線是進入南極的航線。1915 年 1 月「堅忍」號到達南極大陸邊緣威德爾海，不久即陷入冰川之中，無法着陸，11 月堅忍號被冰壓入海底。沙克爾頓和船員們只能在零下 57 攝氏度的浮冰上生活。圖中的紅色虛線，表現的是「堅忍」號在海上漂流了十個月後，沙克爾頓離開將要沉沒的「堅忍」號，又在冰上又漂流了五個月。第二年的春天，沙克爾頓探險隊駐留的浮冰不斷碎裂。1916 年 4 月 9 日，沙克爾頓只好率領船員乘 3 艘救生船在冰海中漂流。作者用藍色在南極半島東北部繪出並標註的荒島「Elephant」（象島），是全探險隊 28 人最後落腳的點。此時，據探險隊出發已過去 497 天。

在象島，沙克爾頓挑選了 5 名強壯船員乘最大的救生艇，穿越冰海出去尋找救援。他們向東南偏東橫渡了 16 天，劃行 1300 公里，沿着圖上所繪的紅虛線，終於抵達

圖 15.10：這是沙克爾頓親手繪製並簽名的 1914－16 年南極探險與救援圖手稿，日期為 1918 年 11 月 27 日

來時曾駐足的南喬治亞島。作者用藍色字母在圖上方標註了「Endurance」(「堅忍」號)和「S，Georgia Islands」(南喬治亞島)。

1916 年 5 月 20 日，沙克爾頓的求援小隊靠着一根繩索、兩把冰鎬，翻過南喬治亞冰山，終於找到最近的一個捕鯨站。他們借來一艘捕鯨船，又耗費了三個月，終於重返象島。8 月 30 號，堅信沙克爾頓一定能回來的 22 個同伴，終於在象島上等到了救援船。全探險隊 28 人，一個不少地實現大團員——從而完成史詩般的極地大營救。

此圖下方，既有沙克爾頓 1907－1909 年那次探險到達最南端 88 度 23’的簽名，也有用紅虛線表示的另一支探險隊，於 1914 年 12 月乘坐蒸汽船「極光」號（Polarlys）從新西蘭到達了羅斯海岸的航線。他們在羅斯冰架上建立補給站，但最終沒有等到穿越南極大陸的沙克爾頓探險隊，於 1917 年返回英國。

歷史上，有過很多探險隊在類似的危情之下，分崩離析，最終全軍覆沒的例子。比如，富蘭克林 129 人的探險隊。但沙克爾頓的團隊靠着「堅忍制勝」的信念，從冰海中死裏逃生，全員平安返回。雖然，沙克爾頓沒能創建人類橫穿南極大陸的紀錄，卻創造了極地探險史上值得永久頌揚的生存「紀錄」。

此圖左下角寫有製圖日期：1918 年 11 月 27 日。沙克爾頓是一位經驗豐富的講師，這可能是他為演示那次探險與救援行動而繪製的南極探險、遇險與救援圖。

第四次南極探險，也是沙克爾頓的最後一次南極探險，時間是 1921－1922 年。此次探險的目標是環游南極洲，並繪製其海岸線地圖。1921 年 9 月 18 日，沙克爾頓率探險船「探索」號離開英國。1922 年 1 月 4 日，沙克爾頓到達第三次南極探險與脫險的南喬治亞島，次日凌晨，因心臟病發作，猝然離世。應他妻子要求，他被安葬在南喬治亞島上。今天，這裏已成為進入南極旅行和探險的人都要敬拜的重要「家廟」。

南極大陸，最終被證明是一塊冰結的大陸，總面積 1405 萬平方千米，約佔世界陸地總面積的 9.4%，它被平均厚達 2200 米的冰蓋所覆蓋。它「兑現」了古代希臘人關於「未知的南方大陸」的臆想。但是，除了它是一塊「大陸」之外，這裏的一切都與古希臘人的想像不一樣。這裏不僅不熱，而且極其寒冷，從未有人類在此生活，也無法正常在這裏生存。

它算是上天賜給地球的最後一塊淨土。

第十六章

「全」世界地圖：地理學進入「人類世」

求全，是人類對美的一種追求，也是想囊括所有的野心。

自從古希臘地理學家認識到大地是個圓球之後，製圖師就開始研究如何把地球在紙面上擺平。但是，地球作為一個球體，其表面是一個不可展平的曲面，所以運用任何數學方法進行各種轉換，都會產生誤差和變形，為按照不同的需求縮小誤差，就產生了各種各樣的地圖投影，即按照一定的數學法則將球面上的經緯線轉移到平面上的製圖方法。

托勒密《地理學》中發佈了兩款地球投影，即圓錐投影和球面投影。這種投影的世界地圖在歐洲流行了上千年，也產生了一種北半球視野的世界地圖。這種當時認知的已知「人居地帶」，實際上僅表現了半個地球。1492 年哥倫布發現新大陸，特別是 1522 年麥哲倫船隊完成環球航行後，描繪地球的另一面或表現東西半球，遂成為製圖師的新課題。

最初人們用了類似心形的投影表現完整的世界。威尼斯的伯納德 · 席爾瓦努斯（Bernard Sylvanus）1511 年製作出單心世界地圖。法國著名數學家、天文學家、製圖師奧倫提烏斯 · 費納烏斯（Oronteus Finaeus）1531 年製作出雙心形世界地圖。這種北極視角的心形投影世界地圖，看上去是一個近乎立體的地球，但它的兩邊變形大、容量小的缺點有待改進。

1542 年法國迪耶普學派製圖師讓 · 羅茨（Jean Rotz）製作出了最早的東西半球世界地圖。這種以赤道球面投影製作的東西半球世界地圖，好處是各有分工，缺點是兩個半球斷了聯繫。此後，又有了北極圈航海探險和南極大陸的探索，引發了表現極地探索和新的地球投影的地圖。如，用極點正軸投影的南北半球世界地圖。

法蘭西迪耶普學派製圖師紀堯姆 · 勒泰斯圖（Guillaume Le Testu）可能是 16 世紀，最能探索地圖投影的製圖師，僅在他 1556 年編撰的《依據航海者的宇宙志》的地圖集中，就可以看到 6 種不同的地球投影：扇形的、心形的、橢圓形的、雙碗形的、單球的和四瓣的地球投影。1566 年他又單獨發表了一幅上下半球地球圖，好像是將一幅橢圓形平面地球，從赤道切分出上下兩個半球地圖。

1668 年荷蘭製圖師弗雷德里克 · 德威特（Frederick de Wit）推出了現在人們所能看到的最為經典的四球世界地圖。東西南北，各自半球。從雙球到四球，製圖師採取了各種設計，欲在一幅地圖上，將觀察看地球外表的可能性一網打盡，但總有不盡人意的地方。

於是，有人採取了最為極端的設計，從地球的一極，也就是北極，以正投影的方式「一腳把世界踩平」。現在已無人記得意大利製圖師烏爾巴諾 · 蒙特（Urbano Monte）和他的北極投影世界地圖（集）。這個世界地圖集的所有地圖拼裝在一起，就是一幅北極正投影的地球圖。它從北極一直連帶到南半球，甚至南極地區，「踏平」在一幅地圖上。不過，蒙特的高明之處，可不止於此。倘若把這幅巨大的北極投影地圖，除去其添加的變形空間，它還會從二維地圖轉換成三維立體圖，變成是一個不錯的地球儀。也就是說，蒙特的這個設計還包含了用二維平面，又儘可能地將地球完整地還原為三維球體。

時間來到 20 世紀時，可以說，傳統的地理學家已經無事可做，地球上幾乎沒有不被地圖覆蓋的土地或海洋了。以描繪和展示而論，已經是全方位，或全視角了，就連地球儀也可是萬象地球儀，差不多已是「上帝視角」。從製圖學上講，人類已完全掌控地球。

諾貝爾化學獎得主荷蘭大氣化學家保羅 · 約瑟夫 · 克魯岑（Paul Crutzen），在 2000 年提出了「人類世」的概念。即，人類活動的痕跡完全覆蓋整個地球表面的年代，人類活動對地球的影響足以開創一個新的地質時代。其實，人類在 20 世紀開始，就已步入地理學或製圖學的「人類世」。全視角的地圖已覆蓋了整個地球表面。這無疑是「人類世」前提或開局。

人類成了地球的主角？

第一節　從「上帝的網兜」到「全球」地圖

——托勒密圓錐投影世界地圖（1295 年）

——托勒密球面投影世界地圖（1467 年）

——魯伊斯圓錐投影世界地圖（1508 年）

——羅塞利球面投影世界地圖（1508 年）

本書最後一章要講本該第一章就講的天文學家、地理學家克勞狄烏斯·托勒密（Claudius Ptolemaeus 約 90－168）。為什麼要把開篇人物放在收尾來講？這是因為所有研究托勒密《地理學》的人都沒見過原始的「托勒密地圖集」。目前發現最早的托勒密《地理學》抄本是公元 3 世紀的紙莎草本，僅有 50 行城市列表的殘篇，列出了部分歐洲城市的坐標數據。其他抄本皆是 13 世紀末和 14 世紀初的羊皮紙抄本。羊皮紙抄本中始有地圖出現，但依然是當時世界最「科學」的地圖。

從「全景化」描繪世界的角度講，托勒密是第一位可考的採用投影法制作世界地圖的人。從這個角度講，把托勒密世界地圖放在這一章來介紹，也不算太晚。

托勒密的圓錐投影法和球面投影法

早在公元前 6 世紀，古希臘數學家畢達哥拉斯就率先提出了「地圓説」和「地球」這一概念。地理學家運用任何數學方法都無法將地球曲面在莎草紙上完全展開，各種轉換都會產生誤差和變形，為按照不同的需求縮小誤差，就要研究出不同的地球投影。

最早在紙面上嘗試地球投影的是托勒密，公元 2 世紀，他為了將世界裝在一幅地圖上，發明了一千多年之後仍不落伍的圓錐投影法和球面投影法。在托勒密《地理學》第一卷末尾他介紹了這兩種投影法。

圓錐投影法。想像從太空中看地球中心，設想其表面畫着一條條幾何經線和緯線。他認為，經線「可以讓人誤以為是直線，只要把（地球或眼睛）從一邊轉到另一邊，讓每一條經線正對（眼睛），讓其子午面正穿過視線頂點」。然而，緯線「讓人看來像是往南鼓出的圓弧」。這種投影法顯示的世界像扇子一樣展開，後世稱其為「托勒密的扇子」。這種投影法的示意圖，各種抄本相同，説明原稿已有一個圓錐投影法示意圖。

球面投影法（也被戲稱「兜帽投影法」）。球面投影法地圖上的緯線，仍是同心圓弧，但各經線改為一組曲線。這個方案中還繪出了北回歸線，即緯度為 23° 50’ 的緯線。此圖中任意經線與中央經線的夾角不再是常數（在圓錐投影中該夾角為常數，等於兩線所代表的經度差乘以一個小於 1 的常數因子），而是變為緯度的函數。托勒密認為，第二種能更好地反映實際情況，只是操作使用起來不如第一種方便。

雖然，托勒密《地理學》原始稿本中有沒有地圖，沒有實物可證。不過，正如托勒密書中所言，僅憑他的經緯坐標列表，就足以完成某地的地圖。對於製圖師來講，可以依此轉換為「圖像版」的地圖或地圖集。

目前發現最早的以「圓錐投影法」繪製的「托勒密世界地圖」抄本，由君士坦丁堡修道士馬克西姆斯 · 普蘭努德斯（Maximus Planudes，1260－1330 年）發現（據説，他還發現和整理《伊索寓言》的「古代手稿」）。這個抄本大約完成於 1295 年，現保存在梵蒂岡圖書館。1406 年雅各布斯（Jacobus Angelus）完成了該書從古希臘語向拉丁語的翻譯，此書隔了一千多年後，重新在歐洲流傳。

從時間而論，1295 年的這個羊皮紙抄本中的世界地圖，應是消失的托勒密地圖中最早「現身」的地圖。此圖用大幅面羊皮紙繪製，縱 41CM，橫 57CM。此圖的最東邊，可以看到兩個重要標註，北邊的「Serica」（賽里斯）和南邊的「Sinae」（秦尼）。這是世界地圖上最早的關於中國標註，也是分別從陸路經西域到達中國（賽里斯）；和從海路經紅海和印度洋到達中國（秦尼）；這是西方人最早的關於路上和海上「絲綢之路」的地理表達。

目前發現最早的以「球面投影法」繪製的「托勒密世界地圖」，現保存在波蘭國家圖書館。它是由巴登 - 符騰堡賴興巴赫修道院僧侶「日耳曼人尼克勞斯」（Nicolaus Germanus 1420－1490）1467 年複製在一張羊皮紙上，縱 29CM 橫 42CM。（現存的 1458－1490 年間的《地理學》的手稿，有十二份都和「日耳曼人尼克勞斯」有關。據説，最早的拉丁文版托勒密《地理學》中的一幅世界地圖和 26 幅區域地圖就來自他的

圖 16.1： 大約在 1295 年普蘭努德斯依循「圓錐投影法」繪製的「托勒密世界地圖」。右側北部的賽里斯（Serica）和南部的秦那（Sinae）是西方對中國最早的兩個稱呼

CIRCIUS
EURUS
Libia interior
Ethiopia sub egypto
Ethiopia interior
felix arabia
ARIA
AFFRICUS
EURONOTUS
Circulus capricorni
15
30
45
60
75
90

圖 16.2：1467 年尼克勞斯依循「球面投影法」繪製的「托勒密世界地圖」。此圖左上角繪出斯堪的納維亞地區，已超越了托勒密原著「視野」

編撰）。此圖有一大特徵，即左上角超越了托勒密原著「視野」，不僅繪出斯堪的納維亞地區，還繪出了格陵蘭島。據考證，這些地理信息來自於丹麥人克勞迪烏斯．克拉烏斯（Claudius Clavus，1388-？）一位曾在羅馬生活過的丹麥人，也經常被視為是北歐地區最早期的地圖製圖師之一。這也說明，後世在抄錄托勒密《地理學》時，加入了當時的地理新發現。

「托勒密世界地圖」有幾個特點值得注意：首先是它確立了地圖方位應是「上北下南左西右東」，並明確在繪出了經緯網格；此外，以「圓錐投影法」繪製的「托勒密世界地圖」旁邊繪有十二星座符號，這種帶有濃重天文特色的描繪，表明它與托勒密的天文學家的身份有着密切的關係；還有，地圖的四個邊，每邊都繪有「風神頭」在吹風，暗示着不同的地區風向和氣候帶，這是風神在地圖上最早表現，後來很長時間裏，一直是世界地圖和航海圖的特有符號。

托勒密的投影法是地圖投影學的巨大進步，但受歷史條件所限，也留下了「著名錯誤」。托勒密似乎不追求地球中心的確定（如果有這個「中心」，或許在他所居住的埃及首都亞力山大城），更在意標註已知的「人居地帶」範圍：地圖西極——所謂的「零經度」，此處的幾個小島被標註為「Fortunate Isles」（幸運島，亦稱福島），即後來的加那利羣島，今西經 20 度和北緯 30 度左右。托勒密將此島錯畫到了北回歸線以南，並且向東偏了 7 度。地圖東極——東經 180 度，今東京 100 度左右，也就是說托勒密所畫的 180 度，實際上只有 120 度，把已知「人居地帶」範圍拉寬了，亞洲向東擴展得太遠。這個「著名錯誤」，後來誤導了哥倫布。

托勒密的球面投影法的球形世界地圖，對後世產生了很大影響。

魯伊斯和羅塞利，將「人居世界」提升為「全球地圖」

自從托勒密的世界地圖抄本被發現後，就有人在改良它。其中一個重要的改良點，就是把它從已知的「人居世界」提升為「全球」地圖。

最早改良托勒密圓錐投影世界地圖的是約翰內斯．魯伊斯（Johannes Ruysch）。在 1508 年羅馬銅版印刷的托勒密《地理學》，在 27 幅傳統的托勒密地圖之外，又增加了六幅新地圖；其中一幅就是魯伊斯改編 1506 年孔塔里尼和羅塞利世界地圖（第七章中有此介紹），用以改進託托勒密圓錐投影世界地圖，縱 40CM 橫 54CM。此圖上方比 1506 年的原圖增加了一行飄帶標題：「Universalior cogniti orbis tabula exrecentibus confecta Observationibus」即「根據近期觀察繪製的已知世界通用地圖」，它通常被稱為「魯伊斯世界地圖」。

這幅以扇形圓錐投影顯示的世界地圖，對孔塔里尼和羅塞利世界地圖進行了「全景」擴充，將經度範圍擴充到 360 度，並在四周的經度框中明確標明，由此變為「全球」地圖。如果將地圖兩側對接起來，這個扇子地圖將形成一個 360 度的圓錐體。此圖的緯度範圍，也從北極點擴充到南緯 38 度。

魯伊斯的世界地圖，不僅在投影上有所進步，在內容上，也超越了托勒密世界地圖。新內容主要表現在新大陸，在地圖左下方，魯伊斯採用亞美利哥．韋斯普奇（Amerigo Vespucci）的命名「新世界」，即「Mundus Novus」標記南美大陸，可謂最早在地圖上標註出「新世界」的印刷版世界地圖。

此圖是托勒密世界地圖的「現代」變體，但它並未產生多大的影響。後來廣為世人所接受的是佛羅倫薩的弗朗西斯科．羅塞利（Francesco Rosselli，1445－1513 年）1508 年繪製的橢圓投影（Oval Projection）世界地圖，縱 42CM 橫 37CM。這種投影是托勒密的「球面投影法」的升級版。

羅塞利橢圓世界地圖是現存最早的「全球」地圖之一，它在橢圓形投影內，以 360 度經度和 180 度緯度的地圖網格的形式顯示整個地球表面，是當時最新的「全景化」地圖。

16 世紀初的製圖師要面對的主要問題是，如何將托勒密對世界地理的理解與世紀之交的大航海帶來的地理發現相協調。羅塞利橢圓世界地圖是最初的，也是最成功的嘗試，這種「全景化」的世界描繪，很快被許多製圖師所採用。

羅塞利橢圓世界地圖沒有標註的經線和緯線標尺，這個缺憾在 1532 年塞巴斯蒂安．明斯特的橢圓世界地圖上得到了完善。1570 年奧特里烏斯又改進了明斯特的橢圓世界地圖，將其編入《寰宇劇場》裏，這部地圖集以多種版本，多種語言反覆出版，影響巨大，遂使這種橢圓世界地圖成為世界地圖的定式，一直到今天這種橢圓「全球」地圖仍是世界地圖的主流形式。

VNI
EX REGEN
VERSALIOR
TIBVS CONFECTA
COGNITI ORBI
OBSERVATIONI
CIRCVLVS ARTICVS
IAVA MAIOR
TERRA SANCTE CRVCIS
SIVE MVNDVS NOVVS
GAETVLIA
LIBYA
INTERIOR

圖 16.3：魯伊斯 1508 年繪製的圓錐投影世界地圖，是最早在地圖上標註出「新世界」的印刷版世界地圖，也是最早的 360 度的「全球」地圖

CORVS
CIRCIVS
HISPANE INSVLE
GERMANIA
EQVINOCTIALIS
TERRA.S.CRVCIS.SIVE
MVDVS NOVVS
C. CAPRICORNI
ANTARTICV
AVSTER

圖 16.4：羅塞利 1508 年繪製的球面投影橢圓世界地圖。以 360 度經度和 180 度緯度的地球網格顯示整個地球表面

第二節　地球的「心」路歷程

——單心形世界地圖 席爾瓦努斯（1511 年）

——單心形世界地圖 費納烏斯（1534 年）

——雙心形世界地圖 費納烏斯（1531 年）

哥倫布發現美洲，麥哲倫船隊環繞地球之後，已有的投影法所描繪的世界地圖，不足以表現不斷被發現的世界了。地理學家和製圖師開始在新出版的地圖中，嘗試用新的方法來製作世界地圖。

席爾瓦努斯的單心形世界地圖

在羅塞利製作新形的橢圓世界地圖的同一時期，威尼斯的伯納德·. 席爾瓦努斯（Bernard Sylvanus）1511 年在製作印刷版托勒密《地理學》時，直接改造了托勒密世界地圖。他採用不同尋常的北極單心形投影。這種心形投影名為「維爾納投影法（Werner projection）」。它是紐倫堡的牧師、數學家和地理學家約翰尼斯·維爾納（Johannes Werner，1468－1522），於 1500 年左右開發的新地圖投影法。由於心臟是基督教的某種象徵，因此心形投影也使得地圖的內容具有某種神學意義。

在心形地圖投影中，經線（從北極延伸到南極的線）通常是彎曲的，在兩極會聚並向赤道延伸，而緯線（從東西向延伸的線）是直的，但彼此靠得更近當它們遠離赤道時。這導致地圖向兩極有些扭曲，以便將地球的自然形狀彎曲成心形。這種地圖傾向於保留面積（使其成為等面積投影），但會扭曲形狀，特別是地圖邊緣。後人也稱它為「偽圓錐投影」。

席爾瓦努斯的心形投影世界地圖，縱 43CM 橫 56CM。從一個想像中的高點來府視 360 度的世界，將缺失半個地球的傳統托勒密世界地圖，「全景化」和「現代化」。它不僅在投影上改造了托勒密世界地圖，而且在內容上也曾加了歐洲人剛剛發現的新大陸，西印度羣島和南美洲，好望角顯示在南非前端。

圖 16.5：威尼斯製圖師席爾瓦努斯 1511 年製作的單心形世界地圖

此外，這幅木刻地圖還通過鑲嵌在木版中的大寫活字地名，「套紅」印刷，因而以「第一幅歐洲雙色印刷地圖」而知名。

費納烏斯的單心形和雙心形世界地圖

席爾瓦努斯的投影形式被後來的幾位製圖師採用，並由「單心」演變出「雙心」，成為16世紀重要的「全景化」世界地圖之一。其中，最為出名，也最為精緻的是法國著名數學家、天文學家、地圖大師奧倫提烏斯．費納烏斯（Oronteus Finaeus，1494－1555）製作的單心和雙心投影的世界地圖。

費納烏斯出身於學者世家，他的父親、祖父都是物理學家，費納烏斯本人也在巴黎接受過良好的教育，並取得了藥學的學位。但他取得的成就則在天文學、數學和製圖學領域。1531年，他被法國國王弗朗索瓦一世創辦的法蘭西學院任命為首席數學教授。他的製圖學特色就是數學模型指導下的地球投影。比如，這幅費納烏斯1534年製作的單心投影世界地圖下方，就以大字標明：「由數學家奧倫提烏斯．費納烏斯製作（Oronteus.F.Delph Regis mathematic facebiut）」，此圖縱51CM橫57CM，制是費納烏斯代表性地圖作品之一。圖中的地球如同一顆人類的心臟，懸浮在磚紅色的背景之中，心形框加之內，歐、亞、非、美四個已知的大洲分佈在淡藍色的海洋之中，南極有着巨大的大陸。這種北極視角的單心投影世界地圖，看上去是一個近於立體的地球，但它變形大、容量小的缺點有待改進。

圖 16.6：法國製圖師費納烏斯 1534 年在巴黎出版的單心形世界地圖

ET INTEGRA
ORBIS DESCRIPTIO
ORIENS
TROPICVS CANCRI
OCEANVS ATLANTICVS
AMERICA
TROPICVS
CAPRICORNI
NVPER INVENTA, SED NONDVM PLENE EXAMINATA
SEV
MERIDIES
DELPH. REGI
MATHEMATIC? FACIEBAT.
ANNOTATIO.
EX HAC PLANA TERRARVM ORBIS
REGALI PORRO CAVTVM
Parisiis,

NOVA, ET INTEGRA VNIVER
SEPTĒ TRIO.
PARS BO REALIS.
Mare Indicum
Mare abba cuch
ARCTICVS
TROPICVS CANCRI.
AEQVATOR
HERMANNVS VENRAED
ad Lectorem.
En tibi Candide Lector Geographi
hactenus non uisam, accurateq; impress
Orontius Fineus Delphinates lepido uu
offert, quæ quidem cordis humani faci
formamq; obtinet (& prouide tibi cordi
atq; etiam Prouintias, Insulas, Maria, F
mina, Montes, hactenus non uisa, neq; P
lomeo, neq; Eudoxo, neq; Eratosteni, a
Macrobio cognita, sed que in tenebris
hunc usq; diem iacuerunt, tuo obtutui p
sentat. Tu igitur hoc munusculum (si sap
ambabus ulnis suscipito boniq; consulit
Anno 1531.

圖 16.7：法國製圖師費納烏斯 1531 年在巴黎出版的雙心形世界地圖

最早製作出南北兩極雙心投影世界地圖的也是費納烏斯，其對世界的描述成為未來幾十年裏許多製圖師效仿的模板。

這幅 1531 年巴黎出版的南北兩極雙心形投影世界地圖，名為「對宇宙的全新而完整的描述（Nova, et integra universi orbis description）」。費納烏斯將此圖獻給法國弗朗索瓦一世，地圖上部繪出了法國王室的盾徽。圖上的雙心，左邊的心形是北極投影，右邊的心形是南極投影，其中央部分通過非洲將兩個半球連接到一起。1538 年製圖大師墨卡托複製了這款雙心形投影世界地圖，使這種投影地圖產生了廣泛影響。

費納烏斯的雙心形投影世界地圖，至少有三大地理學貢獻：一是，右側的心形顯示了一塊以南極為中心的巨大土地，上面標註：「Terra Australis center inventa, sed nondu plene cognita」。意思是「最近發現，但尚未完全了解的南方大陸」。這是已知最早使用「南方大陸（Terra Australis）」名稱的世界地圖。二是，第一次將格陵蘭島描繪為島的形狀。三是，右邊的心形對南極的描繪，與後來人們發現的南極大陸輪廓，出奇地相近；這可能是簡單的製圖方面的巧合，也許是精確的估算。

此圖左邊的心形對北極的描繪，依然是錯誤的北極四島。真正的南北半球極地區的科學描述，還要更晚一些，一直到極地探險的成功，人類才真正將地球的東西南北完整地描繪出來。

第三節　東西半球的世界地圖

——羅茨東西半球世界地圖（1542 年）
——洪第烏斯東西半球世界地圖（1590 年）
——普朗修斯東西半球世界地圖（1594 年）

不論是單心形，還是雙心形投影，此類世界地圖都有巨大的變形和閱讀障礙問題。於是，製圖師又發明了另一種投影的世界地圖，這就是東西半球世界地圖。

1542 年，羅茨東西半球世界地圖

一直有一種説法，認為威尼斯學者吉羅拉莫．魯塞利（Girolamo Ruscelli，1500－1566 年）1561 年重要修訂的托勒密《地理學》時，添加新的「托勒密」雙半球世界地圖，是地圖史上第一幅雙半球世界地圖。

其實，從傳世文獻看，最早以雙球描繪世界地圖的是法國迪耶普學派製圖師讓．羅茨（Jean Rotz，1505－1560 年）。早在 1542 年，他為亨利八世製作的《水文地理志》（Boke of Idrography）中，就率先刊出了雙球世界地圖。羅茨的雙球世界地圖，採用的是赤道投影，似乎為了強調這種投影的準確性，羅茨還在赤道上繪出等角放射線。

此圖的東半球，並沒有表現東方大國中國，而是突出表現了西方航海家最關注的中南半島和東印度，特別是羅茨描繪的「南極大陸與印度尼西亞之間」的「大爪哇」（Lytil Jaua），暗標了這裏是人們正在探索的「未知的南方大陸」，所以，此圖也被看作是最早描繪澳大利亞的地圖。

此圖的西半球，表現了歐洲大陸和新發現的美洲大陸，北美加拿大地區和南美的麥哲倫海峽。羅茨並沒有將麥哲倫海峽以南的土地視為廣闊的南美大陸的一部分，而是將該地區留作空白，通過火地島的開放線，暗示南部將來會有新的發現空間。

這種新形投影世界地圖，後來影響了許多製圖師，甚至影響了墨卡托的雙半球世界地圖，一直到今天還是一種常用的地圖投影。

1590 年，洪第烏斯東西半球世界地圖與子午線

古希臘地理學家為地球加上了經緯線，將地球裝入「上帝的網兜」；到了尼德蘭製圖時代，製圖師好像要對地球描繪進行決算，不只是反映地理大發現，還有對地球的重新「管理」，比如，為地球加上與天文相關的黃道，加上與東西半球相關的經度子午線。這些都在約道庫斯．洪迪烏斯（Jodocus Hondius，1563－1612 年）1595 年出版的雙球世界地圖中有所表現。

洪第烏斯東西半球世界地圖，圖縱 41CM 橫 56CM，表現內容十分豐富，不僅表現

THE·GREIT·OCCEANE·SEY

圖 16.8：法國迪耶普學派製圖師讓·羅茨在 1542 年製作了最早的雙球世界地圖

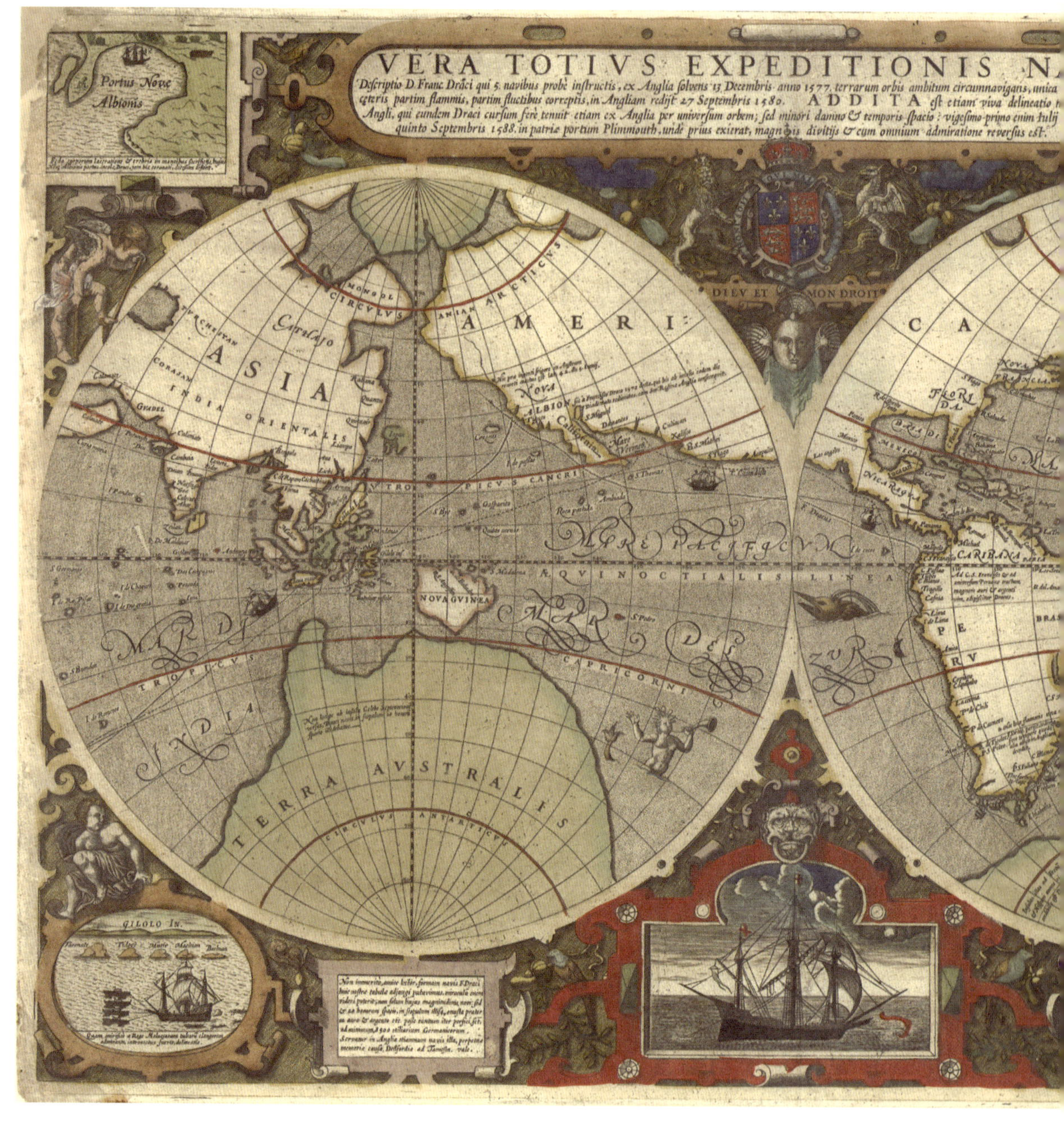

圖 16.9：洪第烏斯 1590 年出版的雙球世界地圖，不僅給出了德雷克和卡文迪什的環球航線，還繪出了不站在任何國家立場的子午線

了德雷克以及卡文迪什代表英國的環球航行，四個角還安排了德雷克金鹿號的插圖：左下是金鹿號在摩鹿加羣島、右下是金鹿號在西裏伯斯島的暗礁羣、左上是金鹿號在爪哇島開始返航，右上是金鹿號在加利福尼亞港。這是金鹿號最早的歷史圖像記載。

雖然一些世界地圖上有著名的瓜分地球的教皇子午線，但它並不被新教海上列強認可，地理上的子午線似乎是列重要的航海需求。大航海興起後，航海大國都曾定立過自己的零度經線，葡萄牙定在南部的聖文森角，西班牙定在加那利羣島，荷蘭定在阿姆斯特丹……洪迪烏斯看到了這一真正的地理意義上的需求，於是在他的雙球世界地圖上，在東西半球上各劃了一條經線子午線，而且是對跖的子午線。這對子午線不站在任何國家立場，設在兩個大洋中央。其中東半球子午線與後來定下的日界變更線大體一致，透出了某種地理科學的前瞻性。此圖最早於 1590 年倫敦出版，後於 1595 年前後在荷蘭再版。一直被看作是 17 世紀最具代表性的雙球世界地圖。

順便說一句，一直到 1884 年國際會議確定格林尼治為世界統一的零經度之前，世界上至少有 14 種標準不同本初子午線。但最早的一條科學子午線，是法國天文學家約瑟夫·德朗布爾和安德烈·梅尚在 1809 年完成經由巴黎到非洲的子午線實地測量，這條線直通古老的巴黎天文台，是當時最為

圖 16.10：普朗修斯 1594 年出版的東西半球世界地圖與「五方大陸」插圖，後來成為持續一個多世紀的地圖裝飾模式

精確的子線。

1590－1594 年，普朗修斯東西半球世界地圖與五大洲插圖

後來的東西半球世界地圖有很多，但由佩特魯斯．普朗修斯（Petrus Plancius，1552－1622 年）設計，著名雕刻師喬安妮斯．范．杜特庫姆（Joannes van Doetecum）製版，1594 年在阿姆斯特丹出版的東西半球世界地圖，意義非同尋常。

1590 年此圖首次印刷出版時，沒有外圍的插圖。圖面上只呈現了西半球和東半球，兩個半球的大西洋和印度洋上有三艘大帆船在穿越栖息着海怪的大洋。這種描繪代表了當時新教國家荷蘭和英格蘭探險家熱切尋找大西洋與東印度羣島連接起來的通道。同時，南部的天空，也因環球航行被仔細觀察，於是有了南方的天體圖，與舊星座相連接的新的星座系統。

1594 年這幅再版時增加了插圖，這一版的東西半球世界地圖被關注地圖藝術史的學者稱為「第一幅以裝飾性寓言人物作為邊框的印刷地圖」，圖縱 40CM 橫 58CM。它的邊框安排了世界六個地區的「五大洲」寓言化身的精美插圖。從左上角插圖開始，順時針方向插圖為：歐羅巴、亞洲、非洲、麥哲倫尼卡、祕魯和墨西哥。小插圖中，每個女人都代表了當歐洲人所認為的那個特定地方的品質，其背景則展示了風景、動植物和人民。

其中，最為突出的是麥哲倫尼卡（Magallanica），或可理解為「麥哲倫地」。這片麥哲倫海峽與火地島和巨大的「南方大陸」相連。其寓言女性在正下方，她騎在大象的背上，鸚鵡下面托着當地的植物羣。背景展示了一隻天堂鳥在騎着大象的軍隊上空翺翔。在16 世紀末，大象與一系列被認為是人類最好品質的美德聯繫在一起。

這種邊框插圖的裝飾內容與風格，後來成為持續一個多世紀的地圖裝飾模式。簡而言之，這些地圖及其圖像將世界觀念與當前市場利益結合起來，引發了對地球地形、自然哲學、生物學和民族學的不同想像。

第四節　南北半球的世界地圖

——南北半球世界地圖 佚名（1587 年）

——南北半球世界地圖 桑松（1567 年）

雖然，16 世紀中後期，人類已經有了幾次偉大的「環球航行」，但無論是大航海的領航者葡萄牙和西班牙，還是後崛起的荷蘭、英格蘭、法蘭西，但對於極地的探索仍面臨着層層歷史迷霧。極地是海上探險者的「生命禁區」，同時也是最具誘惑力的探險「天堂」。

此時的製圖師，在設計東西半球世界地圖之時，也在努力拼湊南北半球的大陸與海洋輪廓，新的世界地圖投影也在摸索中呼之欲出。

1569 年，墨卡托用著名的「墨卡托投影」繪製的「平面世界航海圖」的左下角，採用了正軸投影首次完成北緯 60 度範圍內的北極地圖，這是歐洲製圖師第一次嘗試繪製完整的北極地圖，但還缺少南半球的描繪，特別是在一幅地圖上同時展示南北半球的地圖。

1587 年，最早的南北半球世界地圖

尼德蘭製圖學的黃金時代，許多世界地圖由東西兩個半球組成，但很少有北半球和南半球的雙球投影世界地圖。

如果，選擇一幅經典的南北半球世界地圖，人們一定會選佛蘭德製圖師傑拉德·德喬德（Gerard de Jode）1593 年發表在他的第二版世界地圖集《世界之鏡》（Speculum Orbis Terrae）中用佛蘭德語製作的南北半球世界地圖。

德喬德 1578 年出版他的首版世界地圖集《世界之鏡》，旨在與奧特里烏斯的世界地圖集《寰宇概觀》，展開一場市場競爭。但奧特里烏斯首版《寰宇概觀》於 1570 年發行，很快在市場上佔據了主導地位。儘管，德喬德的製圖聲譽由來已久，但他的首版《世界之鏡》銷量並不好。不過，他並沒有退縮，重新擴充了這部地圖集，但 1591 年，沒能等到第二版的《世界之鏡》出版，他便去世了，未竟的出版工作由他的兒子小德喬德，即科內利斯·德喬德（Cornelis de Jode）接手，並於 1593 年出版。

雖然，德喬德的《世界之鏡》賣不過奧特里烏斯的《寰宇概觀》，但地圖史家認為他的許多地圖，都優於奧特里烏斯的地圖作品。比如，第二版添加進去的南北半球世界地圖就是這部地圖集中的珍品。當然，德喬德和奧特里烏斯一樣，他們的許多地圖都是改編自別人的作品。比如，這幅一直被認為是德喬德的南北半球世界地圖，也不是原創。

2009 年人們首次發現，1587 年安特衛普出版的一幅佚名南北半球世界地圖，就是德喬德的南北半球世界地圖的直接來源。或者說，德喬德只是照搬了這幅 1587 年的佚名作品。

不過，這幅地圖應是對紀堯姆·波斯特爾（Guillaume Postel）世界地圖的有趣改編。1561 年波斯特爾在巴塞爾出版了《宇宙學文獻彙編》（《Cosmographicae Disciplinae Compendium》），在這本書中波斯特爾提出了「五大洲」概念：傳統的亞洲、非洲、歐洲都沒有什麼變化，他把美洲分成了美洲和南方大陸兩部分。他將麥哲倫海峽以南的區域視為南方大陸，並獨創「CHASDIA」這個名字，用在 1578 年他出版的極地投影世界地圖上（這幅地圖早已亡佚）。他還在南方大陸上標註「CHASDIA seu Australis

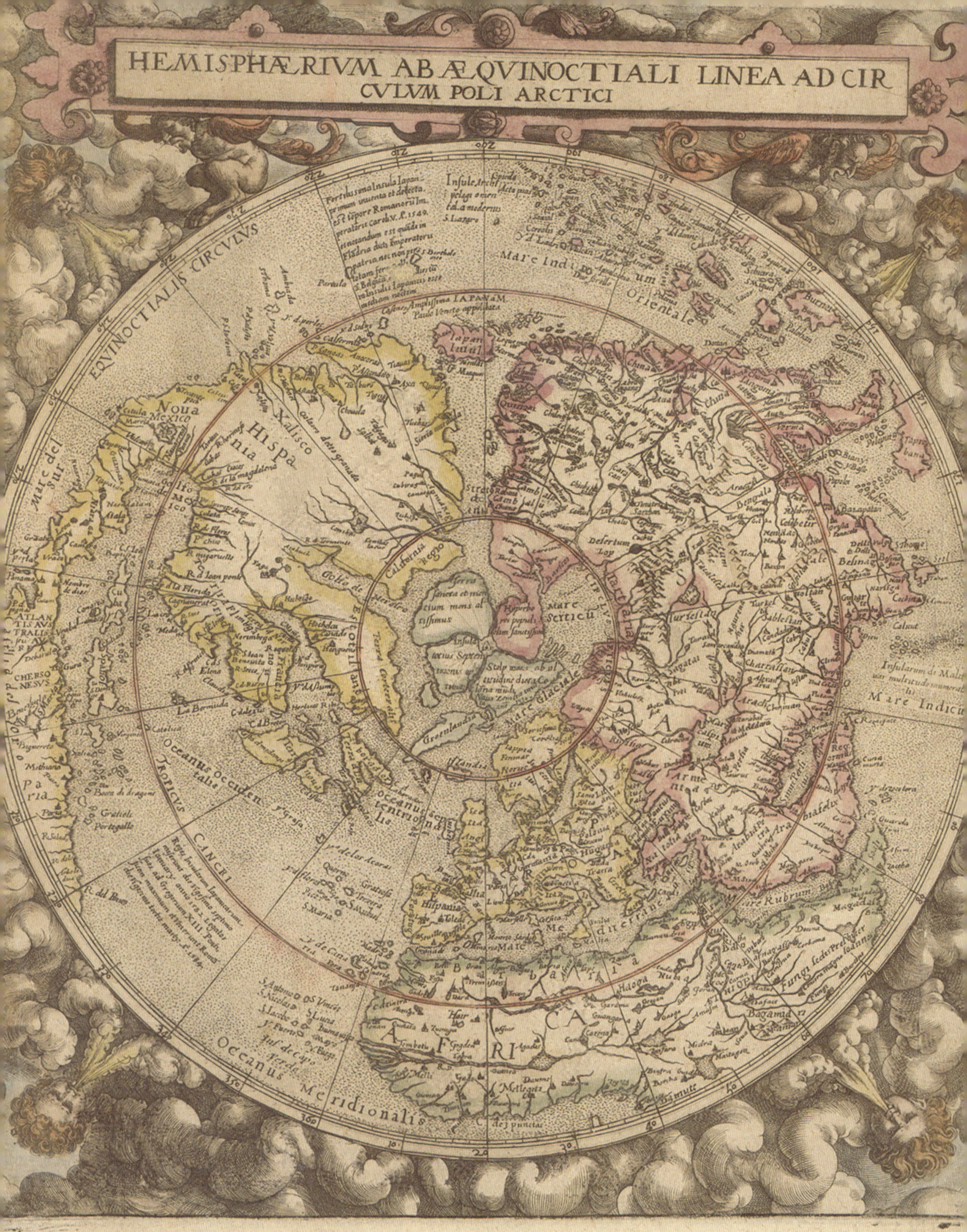

HEMISPHÆRIUM AB ÆQUINOCTIALI LINEA AD CIRCULUM POLI ARCTICI

Æquinoctialis Circulus

Tropicus Cancri

Mare Indicum Orientale

Mare del Sur

Oceanus Occidentalis

Oceanus Septentrionalis

Mare Glaciale

Mare Scythicum

Oceanus Meridionalis

Mare Indicu

Mare Rubrum

Nova Hispania

Africa

Asia

圖 16.11：這幅 1587 年出版的佚名南北半球世界地圖，採用了雙半球極地投影，兩個半球都畫到赤道，考慮了對接成一個地球的完整性

terra, quam Vulgus nautarum di fuego vocantalii Papagallorum dicunt 」，大意是：「CHASDIA」或者南方大陸，普通水手稱其為「火地島」，有人稱其為「鸚哥地」。雖然「CHASDIA」這種說法早被遺忘，但在 1593 年出版的德喬德的南北半球世界地圖的南極圈裏，人們找到了「CHASDIA」，這一獨特標註。

2010 年世界著名地圖收藏家羅德尼・雪莉（Rodney Shirley）首次確認了這幅佚名地圖的存在，並將它收入《世界地圖》的附錄之中，由此這幅地圖進入古地圖研究者的視野，並對南北半球世界地圖的產生有了新的認識。

這幅 1587 年版佚名的南北半球世界地圖，採用了雙半球極地正軸投影。它與墨卡托 1569 年的北極地圖只畫到南緯 60 度不同。這幅地圖的雙球球都畫到赤道，顯然考慮了南北兩個半球在赤道對接的完整性。雖然，赤道附近地區具有明顯衰減變形的特徵，但仍為人們提供了南北半球明顯輪廓。

北半球地圖上，北美洲和亞洲大陸是分開的，中間是傳說中的阿尼安海峽通道「Streto de Anian」，（即白令海峽），海峽出口處橫亘着日本「Japan」。北極圈內，既有歐洲人已經有所了解的格陵蘭島（Groonlant），也有錯誤描繪的加利福尼亞「California」島。北極點四周是傳說中的花瓣一樣的四塊陸地，中間水道暗示着傳說與推測中的

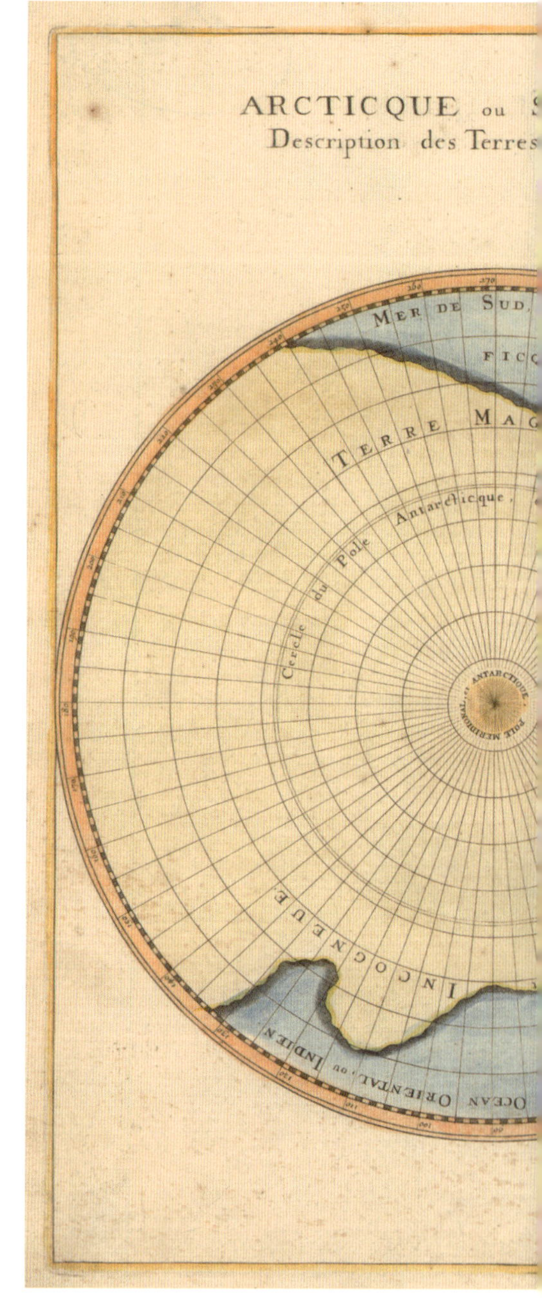

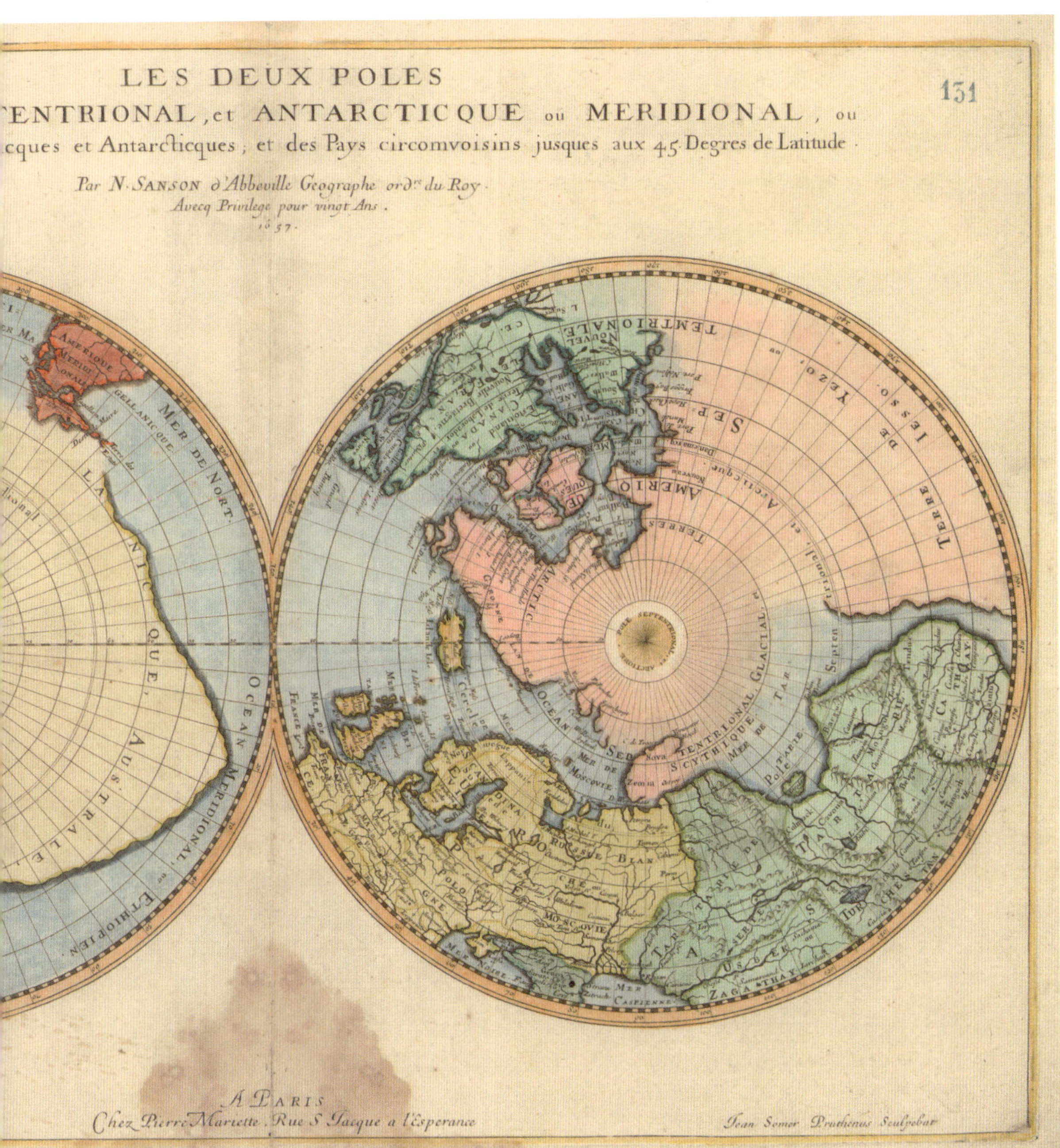

圖 16.12： 桑松 1657 年首次在巴黎出版的南北半球世界地圖

北極東北和西北航道，會穿越北極點。

南半球地圖上，這裏的投影更加簡單，一塊中心標註着「CHASDIA」的南方大陸統治了整個畫面。這是一塊大陸平衡學說中推測必定會存在的一塊陸地。歐洲人從航海探險者帶回來的碎片信息中推測南方大陸的輪廓，尚不知道後來的澳大利亞、新西蘭，以南還有着巨大冰封的南極大陸。南美大陸南端巴塔哥尼亞（Patagones）隔着狹窄的麥哲倫海峽、幾乎同未知的南方大陸連為一體，這種錯誤的認識一直到 1615 年荷蘭航海家賈各·勒梅爾（Jacob Le Maire，1585－1616）和威廉·柯那利·斯考滕（Willem Cornelisz Schouten，1567－1625）繞過合恩角才開始逐漸消除。

1567 年，桑松的南北半球世界地圖

地圖史家通常稱「現代」地圖學始於尼德蘭學派主導歐洲製圖時期，其代表人物有奧特利烏斯、墨卡托、洪迪烏斯和布勞。這個「四大天王」的時代之後是法蘭西學派主導歐洲製圖時期，其開始日期通常被定為 1650 年代，而終結尼德蘭學派的是「法國製圖師之父」尼古拉斯·桑松（Nicolas Sanson，1600－1667）。他的地圖作品因其地理準確性和高水平的雕刻而受到讚譽。

桑松是法蘭西皇家地理學家，曾給路易十三和路易十四兩位法王上地理課，是「國王的地理學家」。桑松製作過 300 多幅地圖，出版過多部地圖集。這裏介紹的北極和南極的雙半球世界地圖是其代表作之一。這是一幅法語版地圖，其描述性標題為：「北極和南極地區，以及緯度 45 度周圍的地區」，1657 年首次在巴黎出版，縱 43CM 橫 58CM。

桑松的地圖側重於第一手地理信息製作準確的地圖，而不是純粹推測性的或簡單的裝飾性特徵，所以，這幅雙半球周圍的未知空間，故意留白。大陸的輪廓和內部信息的插圖在當時是非常準確的。

北極圖上，北極與格陵蘭島和斯匹茨卑爾根島相連，但極地地區幾乎沒有其他詳細的海岸線。

南極圖上，南美大陸描繪至麥哲倫海峽和火地島，明確描繪了最新的地理發現，

即 1615 年荷蘭航海家賈各 · 勒梅爾繞過的合恩角，並標註出以勒梅爾之名（Le Maire）命名的海峽，和艾斯塔多島（Estados）。南美洲的尖端與南極大陸之間，不再相連，留出了明顯的空白地帶。當然，桑松也未能倖免於他那個時代的製圖神話，在南極顯示了推測的南極大陸奇怪的輪廓。

雖然，這些混雜着真實與想像的極地地理輪廓與我們今日所了解的實際地理信息天差地別，但在人類探索南北兩極的歷史背景下，這種以南北極地為中心視角的兩極投影地圖，也會給讀者特別是極地航海家以把握「全球」的信心與勇氣。

在那個時代裏，這些絢爛的地圖依然是科學與探索精神的絕佳載體。

第五節　用「十球」投影完成一個「全球」表達

——四球世界地圖 德威特（約 1668 年）

——十球世界地圖 諾林（1690 年）

有了東西半球世界地圖，有了南北半球世界地圖，製圖師仍不滿意，於是，又有人設計出同一畫面上融合了東西南北四個半球的世界地圖，估且稱為四球世界地圖吧。

現在人們所能看到的最為經典的四球世界地圖來自於弗雷德里克 · 德威特（Frederick de Wit）1668 年出版的《世界海事地圖集》（Orbis Maritimus Ofte Zee Atlas）。德威特（Frederick de Wit，1630－1706 年）生於阿姆斯特丹，荷蘭著名雕刻家和出版商。1648 年，他在阿姆斯特丹成立了一家出版公司，第二年開始出版發行地圖。德威特親手繪製並註明日期的第一幅地圖是 1659 年的丹麥地圖。1660 年他開始編輯出版世界地圖和大型掛圖。1668 年他開始出版海洋地圖集、世界地圖集和城市地圖集。

這幅編入德威特海洋地圖集的四球世界地圖，原作者不詳，最初的雕刻者是荷蘭著名雕刻師羅梅恩·德·胡格（Romeyn de Hooghe，1645－1708）雕刻。胡格是一位多產的雕刻師，幾乎涵蓋了讀者感興趣的所有主題。他的每一幅印刷作品都體現了精湛的工藝和廣博的學識。但地圖上的標題顯示為「Nova Totius Terrarum Orbis Tabula ex Officina F. de Wit Amstelodami」，即「一幅新的全球地圖，F. 德威特，阿姆斯特丹」。圖縱 48CM 橫 56CM。

值得一提的是此圖大寫標題「ORBIS」，這是一個拉丁語單詞，原意為「圓形」、「球狀」，這裏或可理解為「環球」。出版人突出這個標題，意在強調：世界是個圓球，四個球面是完整表現地球的最佳方式。

這四個半球世界地圖儘可能地收入最新的地理發現，如，塔斯曼在 1642－44 年第一次和第二次澳大利亞探險中的發現，還有新西蘭的局部海岸線，還有火地島。

最引人矚目的是地圖四角精美而飽滿的插圖。這四幅插圖表現了古希臘哲人所說的宇宙四要素「土、水、火、氣」：左上為火，表現為戰爭和破壞；右上為氣，表現為黃道十二宮統治，並由阿波羅神聖化的諸鳥飛翔的天空；

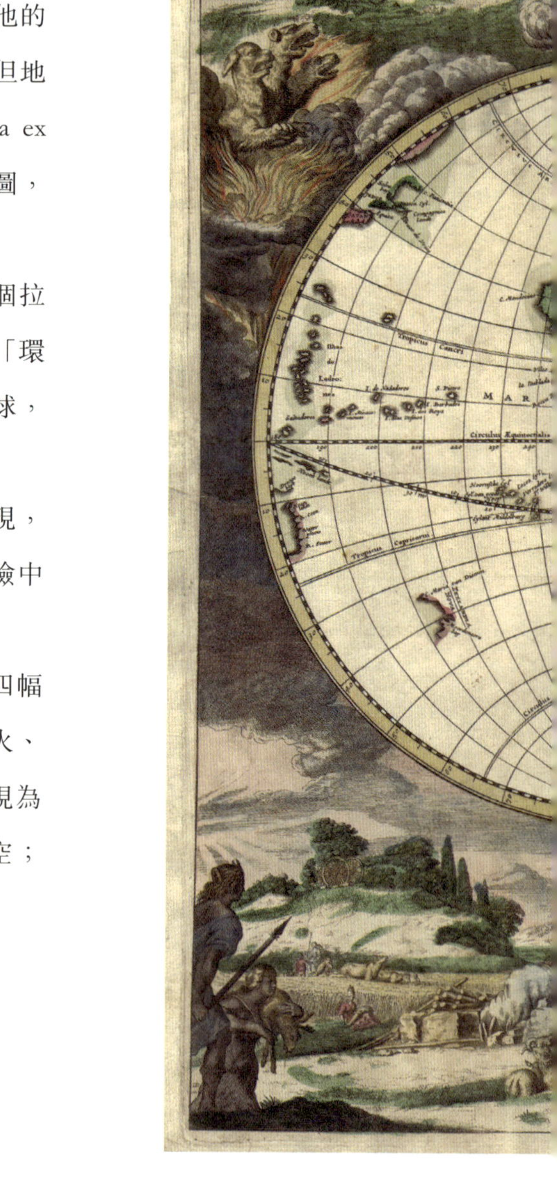

圖 16.13：最為經典的四球世界地圖出自德威特 1668 年出版的《世界海事地圖集》

AMERICA
MAR DEL
NORT.
MAR DI
INDIA.
HOLLANDIA
NOVA.
Nova Totius
TERRARUM
ORBIS
TABULA
ex officina G. a Schagen
Amstelodami

左下為土，表現為有人耕種和收割的大地；右下為水，表現為有荷蘭船隻的大海和噴水的鯨魚。在這四個場景的旁邊，分別描繪了主導宇宙的希臘諸神：奧林匹斯十二主神之首宙斯和妻子赫拉（左上）；冥王哈迪斯和妻子珀耳塞福涅（右上），豐收的女神德墨忒爾（左下）和海神波塞冬（右下）。

這是17世紀最具裝飾性的世界地圖之一，也是荷蘭地圖製作黃金時代的地圖裝飾的最佳典範。此圖出版後，不斷被翻印和改編，成為17－18世紀許多世界地圖範本。四個半球的世界地圖問世後，又有人嘗試用十種不同的半球投影製作出十球世界地圖。最早製作這種世界地圖的是法國著名的製圖師讓·巴蒂斯特·諾林（Jean Baptiste Nolin，約1657－1708年）。他曾路易十四的雕刻師，接受各種皇家委托製作的地圖，有幸接觸到法國官方的地理資料。此外，他作為地圖出版商還與著名的威尼斯宇宙學家和地球儀設計師文森佐·瑪麗亞·科羅內利（Vincenzo Maria Coronelli）保持著密切的商業聯繫。

這幅地圖上方標題為「Le globe terrestre represente en deux plans-hemispheres et en diverses autres figures」大意為「兩個半球和其它半球投影的世界地圖」，主標題下邊一行，雕刻了諾林出版公司的地址「Quay de l' Horologe des Palais proche la Rue de Harlay a l' Enseigne de la Place Des Victoires」。圖中央兩大半球之間雕刻有題獻「Louis Phelippeaux de Ponchartrain」即獻給法國財政部長路易·菲利普·德·龐沙特蘭。

<hr>

圖 16.14：法国著名雕刻家諾林 1690 年出版的十种不同半球投影世界地圖，嘗試描繪一个更完整更全面的地球

題獻下邊雕刻有諾林「J.B Nolin」的名字。不過，此圖並非諾林的原創，其底圖基本來自科羅內利 1688 年製作的雙半球投影世界地圖，這應當是兩人的合作產品。

這幅地圖 1690 年在巴黎首次出版，銅版印刷，帶有原始輪廓顏色，紙張尺寸縱 46CM 橫 61CM。這是一幅雕刻精美的「全方位」的世界地圖，體現科羅內利地球儀設計的精湛技藝和諾林細膩的雕刻手法，這是他們共同努力的結果。此圖以雙半球投影為主體，這裏對科羅內利以往地理作品唯一重大補充是所羅門群島的出現。此外，地圖周邊設計了八個不同的半球投影，展現出作者對地理透視的數學表達的多樣性的迷戀。注意，地圖兩個上角裝飾著一對半球，它們從斜視的角度描繪地球，左邊的北半球以巴黎為中心，右邊的南半球從對跖點的對應角度描繪世界。此外，地圖上部還有一對以卵形投影描繪的世界半球，在兩個主半球之間的空間中，還有一對以兩極為中心投影描繪的世界。在左下角，整個世界被描繪于以北極為中心的投影上。

需要特別指出的是，這幅地圖的右下角，這裏描繪的是一個心形投影世界地圖。它似乎讓讀者從文藝復興時期首次出現心形投影世界地圖以來，全面回顧歷代製圖師的多樣性描繪地理這個球體的進步歷程。

第六節　桔瓣地球，或者一腳把地球「踏平」

——四瓣平面世界地圖 勒泰圖（1556 年）

——三十六瓣平面世界地圖 蒙特（1587 年）

製圖師早就知道將地球這個球體展示在平面上的「祕訣」，即「剝桔子皮」法，將剝開的桔子皮，分成若干瓣，壓平在紙面上，三維就轉換成二維了。

1566 年，勒泰圖的四瓣平面世界地圖

法蘭西迪耶普學派製圖師紀堯姆·勒泰圖（Guillaume Le Testu，1509－1572 年）可能是 16 世紀中葉，最能探索地圖投影的製圖師，僅在他 1556 年編撰的《依據航海者的宇宙志》的地圖集中，就可以看到 6 種不同的地球投影：扇形的、心形的、橢圓形的、

圖 16.15：勒泰圖 1556 年製作的四瓣平面世界地圖

雙碗形的、單球的和四瓣的地球投影。1566 年他又單獨發表了一幅上下半球地球圖，好像是將一幅橢圓形平面地球，從赤道切分出上下兩個半球地圖。

看得出勒泰圖在諸多地球投影的試驗中，萬變不離其宗，就是對球體的不離不棄，並尋求平面地球還原回三維球體之道。這之中，最能體現這一想法的無疑是四瓣北極地球投影地圖。此圖是以北極為中心將地球均分為 4 份（四瓣）的平面世界地圖。如果將四瓣收攏縫合，充實其內部，它又可形成一個地球儀。

這種四瓣平面世界地圖，後來還演變出十二瓣平面世界地圖，道理都是一樣，只是「瓣」越多變形會越小，但計算與設計更加複雜。

1587 年，蒙特三十六瓣平面世界地圖

雖然，勒泰斯圖的四瓣平面世界地圖可以還原為三維地球儀，但作為平面世界地圖，其圖面的曲度還是無法克服，看上去還是一個高度分裂的地圖。

如何將北極正投影的地球圖，連帶南半球廣大地區，甚至南極地區，在一幅地圖上扯平，將是一個極為複雜的前無古人的設計。還真就有人完成了這個極為複雜，又不討好的任務。時間把許多當年驚天動地之舉和赫赫有名的人物沖刷得了無痕跡。現在已無人記得意大利製圖師烏爾巴諾·蒙特（Urbano Monte，1544－1613）和他的北極投影世界地圖（集）。

蒙特出生於米蘭，一生衣食無憂，專心學術研究，甚至積攢起一間在本地聲名遠揚的圖書室。40 歲時，他的興趣轉向了地理學，並於 1587 年完成一部 60 頁的北極投影世界地圖（集）。蒙特在書中詳細描述了如何排列平面球體圖的各個部分，並明確表示，整幅地圖應被固定在一塊 5.5 臂長見方（brachia/braccio，古意大利長度單位，5.5 臂長約合 10 英尺），約 3 米的木板上，並在北極點位置釘一顆釘子或軸銷，便可以此處為中軸，繞之旋轉。這個拼圖程序是，先由 4 張圖組成第一環；隨後第一環和由 8 張圖組成的第二環拼到一起；之後前兩環和由 12 張圖組成的第三環拼到一起；然後，前三環和由 18 張圖組成的第四環拼合；前四環再和由 18 張圖組成的第五環拼合；最後，這五環和方形的四個角拼接，加上標籤，最終拼出三十六瓣的完整的平面世界地圖。

圖 16.16：蒙特的三十六瓣平面世界地圖，從北極點到南極點，一腳把地球「踏平」。其真實的想法是，在二維平面上將地球呈現得更接近一個三維的球體，一眼「看透」地球

蒙特的這一設計，當時在它的書中無法實現，最終是由收藏此圖的斯坦福大學研究人員按蒙特的設想將60幅分圖整合成一幅完整北極投影世界地圖。整合後的完整地圖2.7米正方，可算已知存世的歐洲最大的古代世界地圖（中國明洪武二十二年（1389年）的大明混一圖，縱3.86米，橫4.56米）。這個複雜的世界地圖，不僅是一件複雜的地理工具，它還能顯示氣候、日食現象、日照信息、一天的長度、區域內的距離、各地習俗、海陸動物、各國國王……還出現在了蒙特本人的肖像，其裝飾之精緻，內容之細緻，涉及面之廣泛，令人叫絕。

這幅三十六瓣平面世界地圖，其視角設在北極點正上方，屬於北極方位投影法，即等距方位投影法（north polar azimuthal projection）。此投影法能更直觀地展示各塊大陸與海洋之間的相對關係，儘管在南極周圍有所扭曲。

這幅北極投影世界地圖，反映出了最高水平的設計理念；包含的科學觀念在當時是十分先進的；看上去，蒙特的透視是從北極點越過赤道，一直進入南緯90度，好似把地球，從北極點到南極點，一腳「踏平」（當然，南極變形部分已像裙子邊一樣散開）。其設想是將三維的地球，在二維平面上一次性展開，這樣能更直觀地展示各塊大陸與海洋之間的相對關係。蒙特的高明之處，不止於此，諾是把這幅巨大的北極投影地圖，除去其添加的變形空間，它還會從二維地圖轉換成三維立體圖，可以是一個不錯的地球儀；也就是說，蒙特的這個設計還包含了用二維平面儘可能地將地球完整地還原為三維球體。

這是一個平面與立體融合的複雜設計，在製圖史上獨一無二。

從平面到球體，從球體到平面，製圖師把所有的方法都用上了，就是想製作一幅「全視角」的世界地圖，最後的結果是地球上所有的角落都被「發現」，連極點也不放過，但是，沒有一種方法是「全視角」的，即使是地球儀，萬象地球儀，人也只能看到這面，看不到另一面，看到了平面，就看不到球體，看到了球體，就丟失了平面。因為人的視角，本身有是有限的。人類不是神仙，不可能真正體會「上帝視角」。